天津市精品课程《财政学》主选教材
天 津 财 经 大 学 重 点 建 设 教 材

财 政 学

主编　武彦民

中国财政经济出版社

图书在版编目（CIP）数据

财政学/武彦民主编. —北京：中国财政经济出版社，2011.1
天津市精品课程《财政学》主选教材　天津财经大学重点建设教材
ISBN 978 - 7 - 5095 - 2709 - 2

Ⅰ.①财…　Ⅱ.①武…　Ⅲ.①财政学 - 高等学校 - 教材　Ⅳ.①F810

中国版本图书馆 CIP 数据核字（2011）第 001991 号

责任编辑：杨　静　　　　责任校对：黄亚青
封面设计：天女来

中国财政经济出版社 出版
URL：http：//www.cfeph.cn
E - mail：cfeph @ cfeph.cn

社址：北京市海淀区阜成路甲28号 邮政编码：100142
发行处电话：88190406　财经书店电话：64033436
北京财经印刷厂印刷　　各地新华书店经销
787×1092毫米　16开　31.5印张　570 000字
2011年1月第1版　2011年6月北京第2次印刷
印数：6001—11 000　定价：46.00元
ISBN 978 - 7 - 5095 - 2709 - 2/F·2304
（图书出现印装问题，本社负责调换）
本社质量投诉电话：010 - 88190744
反盗版举报热线：88190492、88190446

总序

面对知识经济、信息社会对高等教育的严峻挑战，面对加入WTO后教育的国际化所带来的深刻影响，天津财经大学（原天津财经学院）对课程体系、教学内容和教学方法进行了较大改革。根据新的课程体系和教学内容，本校教材委员会决定组织各教学系（部）编写一套基本能够涵盖经济管理类各专业的基础课程教材，这套教材也是天津财经大学本科教学计划所规定的核心课程。近两年来，在校教材委员会的直接领导下，各教学部门多次召开会议，讨论教材编写大纲和遴选教材编写人员。教材脱稿后，又组织专家评审，最后定稿。

教材是实现教育目的的重要工具，教材建设是高等学校的一项基础性工作，是深化教学改革的重要保证。为此，在编写这套教材时，我们确定的基本原则是：坚持学科体系的系统性和完整性，处理好现代内容与经典理论之间的关系，及时反映学科前沿动态和发展趋势；坚持理论与实践相结合，在系统阐述本学科的基本理论和基础知识的基础上，注重理论体系的逻辑性和教学活动的渐进性，合理安排教学内容，以充分体现教材建设的先进性、思想性、科学性和实践性。

为了保证教材质量，促进教学改革、专业建设和课程建设的发展，在组织编写这套教材的过程中，我们遴选了学术水平高、教学经验丰富、具有高级职称的教师主持教材编写工作。在这些编写人员中，大多数具有主编或参编本专业课程教材的经验，并曾获得过国家级或省部级的教学和科研奖励。

本套教材在编写体例上，每章章前都有内容概括，章后都有简短小结和重要概念，并附有较多的思考题和讨论题，而且每章后（或书后）都附有自学参考书目。对于实务课程，还附有教学案例或练习题。其目的在于增加联系实际的内容，帮助学生进一步消化、理解和巩固教材中的基本理论、概念和规律。本套教材都将配有辅助教学课件，有的还有试题库。这些教学课件和试题库对于提高教学质量都将产生积极而深远的影响。

这套教材是天津财经大学许多老师的共同劳动成果，它在一定程度上代表了天津财经大学的教学实力和科研水平。希望这套教材能够成为财经类各专业广大师生的良师挚友，同时，真诚欢迎各界朋友提出宝贵的意见和建议，以使教材内容不断更新，保持活力。

天津财经大学教材委员会

2010年6月

目录

绪　论 …………………………………………………… (1)

第一章　市场经济与财政职能 …………………………… (12)

第一节　市场经济的运行原理及市场缺陷 …… (13)

第二节　公共物品理论 …………………………… (18)

第三节　公平与效率的权衡 ……………………… (24)

第四节　财政职能 ………………………………… (29)

第五节　公共财政与计划（国家）财政 ……… (36)

第二章　政府失灵与公共选择 …………………………… (41)

第一节　政府失灵 ………………………………… (42)

第二节　公共选择理论与公共财政 …………… (49)

第三节　财政透明度与财政监督 ……………… (58)

第三章　财政分配关系 ………………………………… (67)

第一节　政府财政与企业之间的分配关系 …… (68)

第二节　政府财政与个人之间的分配关系 …… (78)

第三节　政府财政与行政、事业单位之间的分配关系 ……………………………………… (83)

第四节　中央财政和地方财政之间的分配关系 ……………………………………………… (87)

第四章　财政支出概述 ………………………………… (91)

第一节　财政支出范围与分类 ………………… (91)

第二节　财政支出规模 …………………………… (96)

第三节　财政支出结构 …………………………… (107)

第四节 财政支出效益与绩效评价 …………………………… (116)
第五章 购买性支出：政府投资 …………………………… (134)
第一节 政府投资概述 …………………………… (134)
第二节 基础设施投资 …………………………… (139)
第三节 财政投融资制度 …………………………… (142)
第四节 财政农业投资 …………………………… (146)
第六章 购买性支出：社会消费 …………………………… (157)
第一节 文教科学卫生支出 …………………………… (157)
第二节 行政管理支出 …………………………… (176)
第三节 国防支出 …………………………… (181)
第七章 转移性支出 …………………………… (188)
第一节 社会保障 …………………………… (188)
第二节 财政补贴 …………………………… (211)
第三节 税收支出 …………………………… (218)
第八章 财政收入概述 …………………………… (226)
第一节 财政收入的概念和分类 …………………………… (226)
第二节 财政收入的总量界限 …………………………… (234)
第九章 税收理论 …………………………… (251)
第一节 税收分类 …………………………… (251)
第二节 税收原则 …………………………… (254)
第三节 税负转嫁与归宿 …………………………… (261)
第四节 税收效应 …………………………… (267)
第十章 税收制度 …………………………… (275)
第一节 税收制度的概念与结构 …………………………… (275)
第二节 税制要素 …………………………… (278)
第三节 中国税收制度概况 …………………………… (284)
第四节 中国现行流转税制度 …………………………… (288)
第五节 中国现行所得税制度 …………………………… (303)
第十一章 国际税收关系 …………………………… (312)
第一节 国际税收的概念、产生与发展 …………………………… (312)
第二节 税收管辖权 …………………………… (316)
第三节 国际重复课税及其免除 …………………………… (321)

第四节　国际避（逃）税及其防范措施 …………………… (326)
第五节　国际税收协定 …………………… (330)
第十二章　国有资产管理 …………………… (336)
第一节　国有资产管理概述 …………………… (336)
第二节　国有资产管理制度 …………………… (341)
第十三章　公债理论与制度 …………………… (351)
第一节　公债理论 …………………… (351)
第二节　公债功能与效应 …………………… (361)
第三节　我国公债规模的实证分析 …………………… (366)
第四节　公债市场 …………………… (377)
第十四章　政府预算管理 …………………… (387)
第一节　政府预算概述 …………………… (387)
第二节　政府预算形式 …………………… (393)
第三节　政府预算编制、执行与决算 …………………… (403)
第四节　政府预算管理制度改革 …………………… (410)
第五节　预算外资金管理 …………………… (415)
第十五章　财政政策 …………………… (422)
第一节　财政政策的概念和构成要素 …………………… (422)
第二节　财政政策类型 …………………… (431)
第三节　财政政策的效应与时滞 …………………… (436)
第四节　财政政策和货币政策的配合 …………………… (442)
第五节　市场化进程中的中国财政政策（1993—2010 年） …………………… (447)
第十六章　政府间财政关系 …………………… (458)
第一节　财政管理体制的概念和内容 …………………… (458)
第二节　财政分权理论 …………………… (462)
第三节　我国预算管理体制的沿革 …………………… (467)
第四节　我国分税制财政管理体制 …………………… (473)
第五节　政府间财政转移支付制度 …………………… (479)
主要参考资料 …………………… (489)
后　　记 …………………… (492)

绪论

本绪论旨在向初学者提供学习财政学的基本理论前提和方法论。财政的概念、财政的产生和发展过程、财政学的学科性质和研究方法等构成绪论的基本内容。获得入门知识，掌握基本的学习方法，是本绪论的主要目的。

财政是一个存在历史久远、影响范围广泛的经济范畴。财政的英文称谓是“public finance”，直译应为“公共财政”。追根溯源，财政一词是舶来品，日本人最早将“public finance”意译为财政。19 世纪末，中国维新派在引进西洋文化时间接从日本“进口”了“财政”概念。至于我国目前广泛使用的“公共财政”概念，与其说是对“public finance”的原译，不如说是在改革过程中，相对于原计划（国家）财政的一种新的财政分配模式。

财政是国家主导的重要经济行为之一。公共工程投资、企业技术改造、国家机器运转、社会事业发展、人民生活提高、社会秩序稳定等等，都须臾离不开国家财政。教育公平、医疗保障、房价高企、收入分配、政务公开、币值升降、粮食安全等社会热点问题，都与国家财政有密切关系。每一个社会主体，包括行政机关、企事业单位、社会团体、居民个人，甚至外籍居民等，都是财政分配的当事人。在市场经济中，安全、稳定、秩序、公正等公共物品或公共事务需要国家财政提供资金保证，而大量私人事务在其累积到一定程度时，也需要国家财政介入其中，如大量劳动者失业、众多家庭贫困、大批企业倒闭、许多商品价格同向波动等。市场经济固然以市场机制为经济调控的主导力量，但政府调控这只“看得见的手”（包括财政调节）也是绝对必须的，2008 年下半年以来发端于美国的全球性金融危机，给世界各国财政的积极干预提供了绝佳舞台。因此，了解财政分配原理，掌握财政基础知识，预测财政政策效果，熟悉财政规章制度，是我们每一个人，特别是大学生和国家各级管理人员应有知识结构的重要组成部分，也是做好经济理论研究和经济政策设计的必要前提条件。

一、财政的概念

概念是对特征的独特组合而形成的知识单元，① 或者是通过使用抽象化的方式从一群事物中提取出来的反应其共同特性的思维单位。② 对财政概念的归纳，可通过对众多财政现象的分析整理得出。在我们的生活中发生频率较高、对社会影响较大的财政现象有：

（一）税收

税收是最著名的财政现象，也是最古老的财政范畴之一。目前税收是我国最主要的财政收入形式，也是国家调节社会经济生活的重要杠杆。商品销售、财产转移、收入分配、盈利获取、基建投资、特种消费等，都是应税行为，正如美国著名政治家、科学家本杰明·富兰克林（Benjamin. Franklin）所说：“人的一生有两件事是不可避免的，一是死亡，一是纳税。”2009 年，我国税收收入总额为 63104 亿元（不包括关税和农业税），比上年增长 9.1%，占全部财政收入的比重达到 92%。

（二）国家预算

国家预算是关于一个国家在一定时期内（通常是一个预算年度）财政收支规模和结构的计划。每年年初，国务院和地方各级人民政府都要向同级人民代表大会提交有关上年财政决算和本年财政预算的报告，待人大通过后再向全国公布，以求家喻户晓，以利万民监督。

（三）财政赤字

财政赤字是财政支出超出财政收入的数额。1979 年以来，除 1985 年出现过

---

① 中华人民共和国国家标准 GB/T 15237．1—2000。

② 德国工业标准 2342。

0.57 亿元的财政结余外，其余年份均是赤字财政。2009 年财政赤字为 9500 亿元，占当年 GDP 的比重超过 28%，直逼 3% 的控制红线。伴随着财政赤字规模的不断增大，持续年份的拖长，人们对财政赤字的态度也由过去的全面排斥，发展到相对兼容；赤字也由纯粹的账面现象变为政策工具。

（四）国家债务

债务是弥补赤字的手段。财政赤字的尾大不掉也将国家债务推到一个前所未有的高度。自 1981 年恢复发行国债以来，国债规模不断扩大，国债品种不断增多，国债功能不断强化。2009 年共发行国内外债务 16280.66 亿元，年底累积国债余额达到 60237.68 亿元，占当年 GDP 比重为 18%。国债也是人们非常青睐的投资工具（所谓“金边债券”），购买国债正在成为许多人经常从事的经济行为。

（五）财政透支

财政透支即财政向银行借款。如果发行国债不能弥补所有的财政赤字，向银行透支就是财政最终的平衡手段。1995 年以前中央财政累计向银行透支 1582.1 亿元。此后在《中华人民共和国预算法》和《中国人民银行法》的双重约束下，没有发生新的财政透支行为，但理论分析和中外财政实践都可以证实，一旦国债对赤字的弥补功能严重弱化，财政透支肯定会重登历史舞台。

（六）财政补贴

财政补贴是国家对部分企业和居民的无偿补助。国有企业亏损补贴最多曾达到近 600 亿元（1989 年），价格补贴在鼎盛时期也曾达到 1042.28 亿元（2000 年），2009 年仅中央财政对农民的四项补贴（粮食直补、农资综合补贴、良种补贴、农机具购置补贴）支出达到 1274.5 亿元。有的产业依靠财政补贴获得发展，部分企业依靠财政补贴勉强度日，许多职工依靠财政补贴维持生计。

（七）公共投资

国家财政直接或间接用于公共工程建设的投资基金。道路、学校、医院、环保、通讯、机关、军事等纯公共工程或准公共工程，其建设资金必须全部或部分由财政拨款。我国目前正处在社会经济大发展的起飞阶段，基础设施经常处于发展的“短板”，各级政府特别是地方政府肩负繁重的投资责任，以至于不少地方政府频频利用各种投融资方式，为辖区内的基础设施提供建设资金。而且，公共投资也是掌握在政府手中的重要经济调控武器。

（八）职务消费

职务消费也称公务消费，公共管理人员为履行职责而发生的公共消费支出。没有人怀疑职务消费具有合理性的一面，但也没有人怀疑职务消费的确存在大量明公暗私、形公实私、公中有私、公私兼顾的一面。国家行政学院竹立家教授推算2004年“三公”（公车消费、公款吃喝、公费出国）支出约9000亿元。[①] 鉴于职务消费支出的主基调是“灰色”，因此，对于我国职务消费支出的确切规模也存在很大争议。[②]

此外，比较重要的财政现象或财政范畴还有许多，如社会保障、政府采购、部门预算、收支两条线、对外借款、税费改革、分税制、转移支付、国库集中支付等。

所有财政现象有如下共有特征：(1) 以国家为主体。国家不仅是财政分配活动的直接参与者，而且在完备的法律约束下，国家也是财政分配过程的直接决定者。(2) 以劳动者创造的财富总值（主要是GDP）为分配对象。总量适度和结构协调是财政分配的基本原则。(3) 以国家权力为根据，包括国家的政治权力和经济权力。(4) 以满足社会公共需要为目的，这些公共需要的物质载体就是公共物品。

将这些共有特征综合起来，即形成财政的定义：国家基于一定的法律许可，为满足社会公共需要，凭借自己的特有权力，对社会财富的价值进行的分配、再分配活动。

财政是历史范畴和经济（分配）范畴的统一。作为历史范畴，一方面财政现象仅仅同人类社会发展的一定历史阶段相联系，并不伴随人类社会始终；另一方面，财政发展的不同阶段均有不同的特征和本质。作为经济范畴，财政是社会收入分配体系的特殊组成部分，它有自己的运行规律，有自己的本质体现。本书绪论只讨论财政作为一个历史范畴，财政理论界已经取得的比较公认的研究成果，包括财政的产生过程和财政的发展过程。关于财政作为一个经济范畴所形成的理论体系，将在以后各章介绍。

二、财政的产生和发展

由定义可知，财政现象与国家之间存在本质联系，财政随着国家的产生而产生，随着国家的发展而发展。

---

① 竹立家：《政府管理改革的几个切入点》，《学习时报》2006年3月13日。

② 针对竹立家教授推算的职务消费数据，2006年4月10日，财政部预算司有关负责人在接受《人民日报》专访时表示，2004年全国公款消费中公车消费1000亿元，公款伙食费172亿元，干部公费出国费用29亿元，三项支出总额约1201亿元，实际生活中估计会略高于这一数字，但远远没有达到竹立家教授所说9000亿元的水平。

（一）财政的产生

财政产生的直接条件是国家的产生，根本条件或经济条件是生产力的发展、剩余产品的出现。

原始社会不具备财政产生的土壤。在原始社会，社会生产力水平很低，人们通过采集和狩猎，只能获取极少的劳动产品，从中极难分离出剩余产品。与原始的生产方式相适应，劳动者只有联合起来，使用极为简陋的劳动工具（石器等），共同劳动，才可能同恶劣的自然现象和敌对力量相抗衡。因此，在原始社会，不具备产生私有制、阶级和国家的物质基础，也不可能有财政。

在原始社会末期，劳动工具的改进和社会分工的出现，使生产力水平得到提高，劳动者创造的产品中不仅有维持自身生存所必需的必要产品，还有了剩余。剩余产品的出现，使一部分人占有别人的劳动产品成为可能。原氏族公社的领导成员，利用自己有利的社会地位，捷足先登，把原本共有的生产资料攫为己有，形成人类历史上第一批私有者。私有制和剩余产品的出现，将社会成员分裂为两个对立的社会集团，一方是剥削阶级和压迫阶级，另一方是被剥削阶级和被压迫阶级。为使阶级剥削和阶级压迫秩序化、稳定化，人类创造了国家。按照马克思主义的国家学说，国家在本质上是阶级压迫的工具，它体现统治阶级的意志。但从社会进步的角度看，国家是人类社会迄今为止最为天才的创造，它为社会稳定发展提供了精妙的制度保障，是在特定历史条件下维护公平与效率相对均衡的主要制度安排。但国家本身是一个纯消费实体，其本身不具有任何直接意义上的生产功能。为了实现自己的职能，国家必须凭借自己的权力（主要是政治权力），参与社会产品的分配和再分配，财政分配活动由此产生。正如经典作家所说：“为了维持这种公共权力，就需要公民缴纳费用——捐税。”① “赋税是政府机器的经济基础，而不是其他任何东西。”②

（二）财政的发展

伴随人类社会的进步和国家的更迭，财政依次经过了奴隶制国家财政、封建制国家财政、资本主义国家财政和社会主义国家财政等四个阶段。不同的财政发展阶段无不在财政存在基础、财政分配内容、财政分配形式、财政管理方式等方面打上其所在社会的烙印。

奴隶制国家财政是与奴隶社会相适应，根本上服务于奴隶主阶级的财政阶段。

---

① 《马克思恩格斯选集》第4卷，人民出版社1972年版，第167页。

② 《马克思恩格斯选集》第3卷，人民出版社1972年版，第22页。

其存在的社会基础是奴隶主占有生产资料，并直接占有劳动者——奴隶本身的生产关系。奴隶制国家财政的主要收入有王室土地收入、掠自弱小国家的贡物收入、自由民上缴的税收等。财政支出主要有军事支出、祭祀支出、王室支出、官员俸禄支出等。该时期产生了最早的田赋制度，或称税收的雏形——贡、助、彻，所谓“夏后氏五十而贡，殷人七十而助，周人百亩而彻，其实皆什一也”。[①] 与自然经济相适应，奴隶制财政分配主要采用实物和力役形式。由于奴隶制国家的国王和国家合为一体，所谓“普天之下，莫非王土；率土之滨，莫非王臣”，[②] 因此，奴隶制国家财政和国王私人收支是密不可分的。

封建制国家财政是与封建社会相适应的财政发展阶段，其存在的经济基础是封建主占有社会最基本的生产资料——土地，并不完全地占有农民或农奴本身。它从根本上反映封建地主（领主）阶级的利益。封建制国家财政收入主要有官产收入、诸侯贡纳、捐税收入、专卖收入。主要支出有国家机器支出、皇室费用、宗教支出等。与商品经济的逐步发展相适应，封建制财政分配逐步过渡到以货币形式为主。由于封建制国家在经济和政治上的分封和割据，造成其财政管理上的不统一。

资本主义财政是与资本主义社会相适应的财政阶段，它以资本主义生产关系为存在的经济基础。财政在资本主义阶段，无论是理论体系、本身功能，还是制度架构，都获得了长足的发展。鉴于资本主义财政的许多理论和政策都是以市场经济为根据的，我国的体制改革也以社会主义市场经济为终极目标，因此，我国正在进行的财政改革和政策实践，很多都是师承资本主义财政或西方财政的。财政学作为一门独立的经济学科始建于资本主义时期，古典经济学代表人物亚当·斯密（Adam Smith）被公认为财政学的鼻祖。恩格斯在评价亚当·斯密时曾指出：“他在1776年发表了自己的关于国民财富的本质和成因的著作，从而创立了财政学。”[③] 税收是资本主义财政收入的主要形式。公债和通货膨胀在该阶段也达到了前所未有的高度。现代资本主义财政不仅是政府聚敛和分配财富的工具，也是国家调控经济生活，维护社会稳定的重要政策武器。英国著名经济学家凯恩斯对财政功能作了创造性发挥，他以《就业、利息和货币通论》为代表构建的“危机经济学”（Crisis Economics），至今依然是西方宏观经济学的主要基础。事实上我国1998年以来实施的各种类型的财政政策，包括2008年以来为应对国际金融危机而采取的力度空前

① 《孟子·滕文公》（上）。

② 《诗经·小雅·北山》。

③ 《马克思恩格斯全集》第1卷，人民出版社1972年版，第675页。

的积极财政政策，某种意义上也是凯恩斯理论的实践。萨缪尔森（P. A. Samuelson）、汉森（Alvin Hansen）、马斯格雷夫（R. A. Musgrave）、布坎南（J. M. Buchanan）等著名经济学家都对西方财政学的发展作出了不可磨灭的贡献。资本主义财政（也就是西方财政）的许多理论观点和政策措施实际上是与市场经济相联系的，完全可以为我所用。

社会主义财政是与社会主义社会相适应的财政阶段。从全世界来看，社会主义还是一种新生事物，它的许多理论（包括财政理论）和制度（包括财政制度）尚处在探索和完善之中。由于本书是以社会主义财政作为主要阐述内容的，故不在此处赘述。

三、财政学的学科性质和研究方法

（一）财政学的学科性质

财政学是一门宏观经济学科。财政学的研究内容主要是国家这个最高层次的社会主体的经济（分配）行为，研究领域主要是社会经济中的总量平衡关系和高层次的比例关系，主要关注的是如何通过财政资金的筹集和使用，保持或恢复国民经济的总量平衡和社会经济的结构协调，实现“高级盈利最大化”。尽管财政学也研究企业和个人等微观经济主体的行为方式，但其动机主要是揭示财政政策和制度的作用机制，以更好地实现宏观调控目标。

财政学是一门应用经济学科。财政学是一门“致用之学”，它不仅为政府从事财政分配提供具体理论指导，使政府更加合理地组织财政收入和安排财政支出，同时也为财政分配的相对人——特别是纳税人等提供同政府发生分配关系时必备的专业知识。我们在理解财政学是“致用之学”时，一方面要强调财政学研究的出发点和归宿是如何提高财政部门的工作效率，为政府进行财政制度、财政政策的设计提供理论基础；另一方面也强调财政学对一般社会主体（企业和个人）维护自身合法权益，更合理地安排自己的行为所具有的重要性。

财政学是一门基础理论学科。完整的财政学科体系由财政学、财政史学、国家预算学、公债经济学、国有资产管理学、财政法学、国际财政学等具体学科组成。其中，财政学由于其研究和揭示财政分配领域的一般规律，为学习其他学科提供了最基本的理论前提，故此，财政学是整个财政学科体系的基础理论学科。

（二）财政学研究方法

工欲善其事，必先利其器。正确的研究方法有助于准确把握财政理论，提高财政学学习效率，取得事半功倍的学习效果，甚至取得一定的科研成果。当然，这些研究方法并非为财政学所独有，其他学科特别是其他经济学科也在广泛使用。

1. 理论联系实际。财政学研究不同于某些自然学科，后者可以通过实验室的工作，求证研究结论，获取研究成果。财政学等社会科学的实验室就是本研究领域丰富的实践活动。从纷繁复杂的财政实践中整理、归纳出某种带规律性的东西，上升为财政理论，再将其放回财政实践中去检验和矫正，也就是“从实践中来，到实践中去”，是财政学学习和研究的最重要方法。要力戒两种倾向：(1) 只沉浸在貌似严密的理论体系中孤芳自赏，习惯于纸上谈兵，毫不顾及现实财政实践的丰富多彩，不善于从独具特色的中国财政实践中抽取出新的财政理论；(2) 沉湎于复杂的财政现象中不能自拔，片面强调实践活动的多因素性和不确定性，不善于从中总结出带规律性的理论成果，排斥一切理论指导，将理性的财政实践陷于无序的浑浑噩噩之中。我们需要并提倡一定的怀疑精神，但决不等于怀疑一切，否定所有现存的理论成果，拒绝理论对实践的指导作用；我们强调理论学习和理论研究的重要性，也决不意味着将所有的财政理论奉若神明，冻结财政理论的更新和发展。尽管影响财政活动的因素很多，从而财政学永远不是严密的科学，但不断地理论联系实际，可以使我们不断完善财政理论体系，日益接近财政科学的彼岸。

2. 全面分析同重点分析相结合。全面分析是对研究对象的总体状态进行的分析和把握，只有全面分析，才能得出科学的结论，力避结论的片面性。重点分析是对研究对象的主要矛盾和主要因素进行的个别探究，以求将研究工作引向深入。财政理论学习和研究必须将这两种分析方法有机结合起来，既注重全面分析，以便使自己的研究成果具有较强的适应性，不至于出现“攻其一点，不及其余”的漏洞；也要在全面分析中融入重点分析，抓主要矛盾，找主攻方向，以使研究结果具有可操作性，为财政制度和财政政策的制定提供依据。

3. 横向比较同纵向比较相结合。有比较才能鉴别。在财政理论研究中，只有进行对象选择适当、有典型意义的横向比较，才能在纷繁复杂的财政现象中，找出它们之间的差异以及形成这种差异的原因，为改进财政分配工作提供指导。而通过纵向比较，则有助于我们在对财政现象进行历史分析中，理出财政分配的轨迹，分析不同财政制度和财政政策的效果，总结出财政分配规律，并对财政分配的未来走势作出大致判断。

4. 定性分析与定量分析相结合。从哲学上讲，量变和质变是事物发展的两种状态，定量和定性分析则是对事物状态进行分析的两种方法。定性分析会告诉人们事物的性质和类型是什么，定量分析会告诉人们事物变化的具体程度或相对关系。比如，财政运行过程经常伴随有财政风险，确定财政风险处在安全、风险、危机，抑或崩溃的哪个阶段，属于定性分析的范畴；确定财政风险具体处在什么程度，则是定量分析的范畴。无论是定性还是定量分析，都需要运用数学分析工具。因此，对于现代经济学和现代财政学的研究者来说，娴熟的数学分析功底是使研究走向深入的重要条件。

5. 实证分析同规范分析相结合。实证分析和规范分析是两种常规经济分析方法。前者的典型分析范式是“现在是什么——为什么”，包括确认现有财政现象的性质和程度，分析其形成原因，并提出相应的政策选择意见。后者的典型分析范式是“应该是什么——为什么”，包括确定财政分配活动的理想目标和应有状态，原因何在，以及如何实现这种目标或达到这种状态。在现有的财政学（也包括其他经济学科）的教材和研究性文章中，这两种分析方法的运用比比皆是。

四、对本书理论体系的一点解释

（一）本书的总体架构是“基础理论—财政支出—财政收入—财政管理”

如此安排是目前大部分财政学版本的通行做法。基本考虑是：通过对市场经济运行机制的理论分析，归纳出财政在社会经济运行中应负有的职责（财政职能）；为履行自己的职责必须安排总量适中、结构合理的财政支出；财政支出需要的满足当然要靠财政收入的科学组织；为保证财政各项职能的实现需要有效地组织财政管理。

（二）本书的论述主题是中国现阶段的财政分配过程

鉴于我国正在实现经济运行机制的转变，市场经济的色彩逐渐浓厚，因此，本书适当使用了一些西方经济学的分析工具，但我们试图做到“有的放矢”，切忌“喧宾夺主”。

（三）本书在内容设计上力图做到继承和发展的统一

我国财政理论发展过程经历了“大浪淘沙”的洗礼，不少传统理论观点被抛弃，但也有大量科学的结晶应该被继承。其实，现在一些用新的辞藻包装起来的财政理论概念，就其内涵来说不过是被传统财政理论论证过的结论。因此，我们在本书中力求用扬弃的态度对待过去的财政理论体系。当然，我们也决不排斥业已被公认的财政理论研究的新成果。

绪论小结

1. 所有财政现象有如下共有特征：(1) 以国家为主体。国家不仅是财政分配活动的直接参与者，而且在完备的法律约束下，国家也是财政分配过程的直接决定者。(2) 以劳动者创造的财富总值（主要是 GDP）为分配对象。总量适度和结构协调是财政分配的基本原则。(3) 以国家权力为根据，包括国家的政治权力和经济权力。(4) 以满足社会公共需要为目的，这些公共需要的物质载体就是公共物品。归纳起来，财政就是国家基于一定的法律许可，为满足社会公共需要，凭借自己的特有权力，对社会财富的价值进行的分配、再分配活动。

2. 财政是历史范畴和经济（分配）范畴的统一。作为历史范畴，财政现象仅仅同人类社会发展的一定历史阶段相联系，财政发展的不同阶段均有不同的特征和本质。作为经济范畴，财政是收入分配体系的特殊组成部分，它有自己的运行规律，有自己的本质体现。

3. 财政与国家之间存在本质联系，财政随着国家的产生而产生，随着国家的发展而发展。财政产生的直接条件是国家的产生，根本条件或经济条件是生产力的发展和剩余产品的出现。不同的财政发展阶段在财政存在基础、财政分配内容、财政分配形式、财政管理方式等方面打上其所在社会的烙印。

4. 财政学是一门宏观经济学科、应用经济学科和基础理论学科。财政学的研究方法主要是理论联系实际、全面分析同重点分析相结合、横向比较同纵向比较相结合、实证分析同规范分析相结合。

主要概念

财政　奴隶制国家财政　封建制国家财政　资本主义国家财政　社会主义国家财政

复习思考题

基础性思考题：

1. 什么是财政？各种财政现象有哪些共有特征？
2. 如何理解财政的产生和发展过程？
3. 财政学的学科性质和研究方法有哪些？

扩展性思考题：

1. 请简单归纳一下西方经济学中关于财政调节经济运行的理论。
2. 请运用实证分析和规范分析的方法分析一个经济热点问题。

第一章

DIYIZHANG

市场经济与财政职能

本章属于财政学基础理论知识。本章主要提供关于市场经济的运行原理、市场机制的固有缺陷、国家财政如何通过发挥自身职能来向社会提供公共物品、协调公平与效率的关系，以及我国传统的计划（国家）财政与现代公共财政之间的区别等方面的知识。明了财政运行的经济基础和制度环境，掌握市场经济条件下财政的职能，是本章的重点。

1992 年中国共产党第十四次全国代表大会确立了我国体制改革的终极目标是社会主义市场经济。经过近 20 年持续不断的社会经济体制改革过程，社会主义市场经济体制的雏形业已基本建立，市场机制已经成为经济运行的主导力量，以市场经济为基本生存环境的公共财政体系正在构建。通过分析市场经济的作用原理，列举出市场机制的失效之处或力所不及之处，归纳出社会经济生活对国家财政的基本要求，进而导出财政应担负的社会经济职责或财政职能，应当是一个合乎逻辑的论述过程。

第一节

市场经济的运行原理及市场缺陷

一、市场经济的运行原理

市场经济是以市场机制作为调节经济运行主导力量的经济制度。鉴于人类需求的无限复杂性，如果以最大限度地满足社会需求作为经济活动的终极出发点和归宿点的话，那么，市场经济就是人类社会建立的最好的经济运行制度。从纯粹的意义上说，社会化大生产阶段的经济制度只有两种——计划经济和市场经济，但就结果的主流来看，市场经济是能够将人们的个体利益和社会（公众）利益最有机结合起来，将社会发展的各种动力源泉最大限度凝合起来的最佳制度安排。古典经济学的代表人物亚当·斯密在其代表作《国民财富的性质和原因的研究》中指出："用不着法律干涉，个人的利害关系与情欲，自然会引导人们把社会的资本尽可能按照最适合全社会利害关系的比例，分配到国内一切不同用途。"① 我们曾经在很长时间内进行过多种理论和实践探索，谋求建立一个使各种利益"一损俱损，一荣俱荣"的经济体制，希望形成一个合力最大化的动力机制。在我们经过十多年的"摸着石头过河"的艰难跋涉后，方知道市场经济制度就是达到既定目标的最佳途径。

竞争性市场经济的运作机理大致可以这样描述：消费者在其收入和商品价格的双重约束下，根据自己的消费偏好和可接受的价格获得所需的消费品；生产者按照利润最大化的原则提供商品；生产者与消费者之间通过市场在均衡价格的约束下得以完成交易。

市场经济的制度基础或哲学基础是"经济人"（economic man）② 的存在。经

① 亚当·斯密：《国民财富的性质和原因的研究》（下卷），商务印书馆 1994 年版，第 199 页。

② 经济人也称为"经济人假设"（Hypothesis of Economic Man），该假设起源于享受主义哲学和英国经济学家亚当·斯密（Adam Smith）的关于劳动交换的经济理论。归纳起来，亚当·斯密"经济人"假设可以归纳为以下四点含义：第一，"经济人"必然是自利的，且不是孤立的。追逐个人利益的动机（利己心）是"经济人"行为的驱动力，"经济人"不能孤立地生存，只有在与他人进行经济交往中体现出来。第二，"经济人"总是凭借所处的市场环境判断自身利益，努力使用各种手段，追求自身利益最大化。第三，"经济人"唯一目的是追求私人利益，但最终是促进社会公共利益。但是，这一过程需要有良好的法制和规则作为保证。第四，"经济人"追逐私利的手段和内容会随着社会发展发生变化，但其自利本性不变。

济人是追求个人利益最大化的理性人。在经济活动中，经济人作为一个生产者，会千方百计地向社会提供价高利大的产品；作为一个消费者，他又会想方设法购买那些价低值高的物品。在扮演着不同角色的时候，经济人在主观上受利己主义的支配，但在客观上又都促进社会福利的提升。“我们每天所需的食品和饮料，不是出自屠户、酿酒家和烙面师的恩惠，而是出于他们利己的打算。我们不说唤起他们利他心的话，而说唤起他们利己心的话。我们不说自己有需要，而说对他们有利。”①

推动市场经济运行的主导力量是市场机制。市场机制是以市场主体的经济利益为纽带在各个市场要素之间建立的联动关系。某一个市场要素发生变动后，各个市场主体基于维护和提升自己的经济利益的需要，必然随之发生连锁变动。比如，某种产品生产的技术条件获得改善，成本水平降低，销售价格下降，需求量上升，生产规模扩大，企业纯收入上升，劳动者收入增加，所有者权益提高，资源配置结构调整，企业重组……。在市场机制的作用下，资源配置结构改善，国民福利提升，社会经济发展。当然，不是所有的因素变动都会引起其他市场要素的相应变动，如果初始因素变动微弱，再加上经济生活中存在逆向变动因素，也可能某些后续环节的传递过程会中断，市场机制的作用强度会较小，但是，市场机制在总体上肯定扮演经济运行主要调节力量的角色。

市场机制的核心要素是广义价格机制。价格机制指市场供求状况与商品价格之间相互关系、相互制约的依存关系，包括价格形成和价格影响两个环节，前者是商品供求状况决定商品价格水平和结构的过程，后者是价格变动引起商品供求关系相应变动的过程。如果这里的价格不仅包括物质商品价格，同时也包括资金、劳动力、技术、无形资产和知识产权，乃至一切可用于交易的对象的价格，这时的价格机制就是广义价格机制。价格是市场主体利益关系的集中体现，市场机制的作用过程，亦即各种市场要素的联动调整过程，往往表现为价格的连锁反应过程。

价格机制的力量源泉是价格分配。价格分配是在商品交换过程中，由于价格和价值的背离，在交换双方之间实现的国民收入再分配。价格高于价值（或生产价格），一部分国民收入从买者手中向卖者手中转移，厂商获得丰厚利润，生产规模随之扩大，需求相应受到抑制；价格低于价值（或生产价格），一部分国民收入从卖者手中向买者手中转移，厂商利益会受损，生产规模相应萎缩，而需求却受到激励。不难理解，上述价格分配过程也就是价格机制和市场机制的作用

① 亚当·斯密：《国民财富的性质和原因的研究》（上卷），商务印书馆 1994 年版，第 14 页。

过程。马克思主义经济学认为，商品经济的基本经济规律是价值规律，而价值规律是在价格不断与价值背离中表现自己的存在的，故此，价格分配是价值规律的精髓。通过价格分配，市场经济的三大问题获得解决：生产什么——生产那些价高利大、一般也是符合社会需要的商品；如何生产——使用生产成本最低，最有竞争优势的生产方式；为谁生产——将商品提供给那些出价最高、一般也是最需要这种商品的消费者。

最富效率的市场经济只存在于完全竞争性市场。在完全竞争性市场上，有足够多的买者和卖者，大家共同决定某种商品的价格水平，任何一个单独的买者都只是市场价格的被动接受者，而不能影响价格水平。生产者都可以自由进入或退出该行业，不存在任何进入和退出障碍。交易双方都只占有充分的信息，并能够正确地使用这些信息。不存在交易成本和资源再配置成本。交易中生产和消费行为不存在外部性等。

但是，现实的市场并不严格符合完全竞争市场的假定条件，完全竞争市场（也就是纯粹的市场机制）的结果也并不是十全十美的。这就是说单纯的市场机制未见得一定导致资源配置的“帕累托最优”（Pareto Optimality），政府的宏观调控也是现代市场经济体制的重要组成部分。

有必要特别强调的是，我国体制改革的目标模式是社会主义市场经济体制。邓小平同志曾经指出：“社会主义市场经济方法上基本上和资本主义相似”，[①] 因此，我们对社会主义市场经济运行原理的介绍等同于一般市场经济。但是，“我们也要看到，迄今为止，市场经济总是与各国特有的历史条件和社会基本制度联系在一起，因而不能不具有各自的特性。在社会主义条件下，市场经济是和社会主义基本制度结合在一起运行的，因而也就必然会形成一些自身的特点”。[②] 社会主义市场经济的特点主要体现在两个方面，一是制度环境，二是社会目标。制度环境又分为经济制度和政治制度。社会主义基本经济制度就是以公有制为主体，多种经济成分共同发展。尽管我们正在探索公有制的多种实现方式，努力使公有经济更具有效率，但保持公有经济的控制力是我国改革的底线。社会主义政治制度的最大特点是坚持共产党的领导，这也是我国政治体制改革不可逾越的底线。当然，共产党领导的具体实现方式，或者说如何将共产党的一元领导和市场经济的自由运转结合起来，我们尚需不懈地探索。社会主义市场经济以全体社会成员的共同富裕为自己追

---

① 马洪等：《什么是社会主义市场经济》，中国发展出版社 1993 年版，第 6 页。

② 同上书，第 7 页。

求的目标。把握好上述社会主义市场经济的基本特点，有助于更准确、更深入地理解我国“两个转变”过程中一些独特的现象，也是在我国从事经济研究，包括财政理论和制度研究的基本前提。

二、市场缺陷

市场缺陷（market failure）也称作市场失灵或市场失败，指纯粹市场机制的现实调节结果不能达到理想状态。市场缺陷有两种类型，第一种是条件性市场缺陷，指现实的市场环境不符合纯粹市场经济所必需的条件假定。由于这类市场缺陷的存在，使得市场机制不具备充分发挥作用的前提条件，自然无所谓理想调节效果。第二种是原生性市场缺陷，指即使具备纯粹市场经济所需要的完整运行环境，市场机制的调节效果也有不尽如人意之处。

（一）条件性市场缺陷

1. 竞争的不完全性。如上所述，市场机制的高效率依赖于完全竞争，众多交易主体的存在使任何一个买者和卖者都不具有控制市场供求和价格的能力。但在现实生活中，由于规模效益、产品差别、地域限制、厂商串通，甚至是制度障碍即行政性垄断，使得部分市场极易产生垄断。我国的石油、电力、铁路、电信、金融、军工、天然气等，是全国人民耳熟能详的高度垄断行业。垄断一旦产生，如果没有完备的法律约束体系和外部监督体系，垄断者可通过限制产量，抬高价格，使价格高于边际成本，获得垄断利润，从而丧失市场效率。

2. 外部效应（Externality）。指人们从事某项经济行为对他人产生的影响，但行为人并未支付相应的成本（称为外部成本或外部不经济）和获得应有的货币报酬（称为外部效益或外部经济）。我们在描述市场经济的作用原理时，曾指出市场经济的制度基础或哲学基础是“经济人”的存在，而经济人是以个人利益作为唯一行为动机的，外部效应——包括外部成本和外部效益——不可能成为经济人的决策根据。这样，客观存在的外部效应必使经济活动的社会效应偏离内部效应（社会效应等于内部效应和外部效应之和），从而市场经济的调节结果不可能符合总体效率原则。具有外部成本的产品，市场供给量必然过多，社会成本补偿必不充足；具有外部效益的产品，市场供给量必然较少，社会收益分配也略显不足。具有外部效益或外部经济的典型例子是公共物品。

3. 信息不充分。市场经济高效率运行的条件之一是信息提供是充分的，交易主体也能够正确地处理或接受。但实际上，这样的条件从来不曾具备过。生产者不能准确地知道消费者需要什么产品、需要多少，导致不时出现供给缺口或需求缺口；消费者也可能在产品性能、销售价格等方面出现信息不灵，不能作出正确的购买决策。而关于未来的信息更具有不确定性，自然灾害、战争、技术创新、消费观念的变化、体制改革的走向和时间安排等很难在当时清楚准确地预知。信息不充分不仅表现在交易双方共同具有的信息不完整上，尤其表现在交易双方信息不对称上，即供给者往往比需求者占有更多的信息，某些供给者还采取种种手法，强化这种不对称，甚至构成恶意欺诈，其结果不可能实现资源配置的高效率。

4. 交易成本（Transaction Costs）。完全竞争市场描述的是一种无任何阻力和摩擦的市场，所有交易和资源再配置都是零成本。但在现实生活中，交易和资源再配置都是需要耗费资源或付出成本的。产品销售需要做市场调查，财产交易需要进行价格评估，约定交易需要签订合同，交易争端甚至需要诉诸法律仲裁等，任何一种交易方式和内容都需要耗费大量精力和财力（广义成本是包括非货币成本的）。生产结构的调整也不可能在瞬间无成本地完成。比如，某电冰箱厂发现自己的产品供大于求，积压滞销，打算转产微波炉，但因为转产是企业的重大经营行为，此前必须进行详细的调查论证，而且部分生产资料的专用性，使得转产通常会造成过去的投资浪费和现存产品的报废。总之，资源重新配置过程也是交易成本的付出过程。

5. 偏好不合理。个人偏好（Personal Preference）的合理性是市场机制有效运转的前提性条件，因为消费者是根据自己的偏好选择消费结构的，生产者是根据消费者选择的消费结构决定资源配置结构的。合理的个人偏好应将消费者的目前满足和长远满足结合起来，个人满足和社会满足统一起来。但在现实生活中，个人偏好不合理的情况比比皆是。某种物品或服务本来可以给消费者带来较大的利益，但消费者本人却没有意识到这一点，只给予它较低的价值评价（表现为只愿意出过低的价格）；相反，某些物品或服务对消费者的长远好处并不大，有的甚至是有害无益，但消费者却给予其很高的价值评价（表现为愿意出过高的价格）。例如，教育本来对人的长远发展非常重要，但总有一些人不以为然，不愿意为子女受教育支付必要费用，宁可在一些不必要的消费项目上一掷千金，甚至让适龄儿童弃学经商；香烟本来有损健康，偏偏有人嗜烟如命，出很高的价格购来“享用”；甚至有人给毒品以极高的效用评价，倾家荡产来“消费”毒品，摧残自己的余生。在经济学上，凡是消费者的评价低于合理评价的产品称为优值品（merit goods），凡是消费者的评价高于合理评价的产品称为劣值品（dismerit goods）。不难理解，只要消费者偏好不合理，消费行为选择非理性，消费者不能给物品以合理的价格评价，市场对资源的配置效率肯定较低。

（二）原生性市场缺陷

1. 收入分配不公。一个社会理想的收入分配结构应是同时兼顾公平和效率的分配结构，收入分配虽有差距，但控制在社会可容许的范围内。但纯粹由市场机制决定的分配结构却存在两极分化倾向。因为市场经济是按照各社会主体在财富生产中所作的贡献大小来分配收入的。由于各人所拥有的体力、智力、天赋、资本等生产要素在质和量上都存在很大差别，他们据此在收入分配中占据的份额肯定大相径庭，而当前所形成的收入分配差距又会对今后或下一代产生重要影响，使这种差距在代际之间或较长时期内纵向传递。收入分配不公的后果不仅与社会公平的目标相抵触，危及社会稳定，也会在宏观上影响经济效率，并最终威胁到市场机制本身的存在。

2. 经济波动。市场机制在微观层面，在社会化大生产的低级阶段，其调节效果可能是比较完美的。但在宏观层面，在社会化大生产的高级阶段，单纯的市场机制肯定会酿成经济波动，破坏经济效率。众多的产业部门、繁多的产品品种、密切的经济联系、复杂的交易过程等，都使得人们对经济形势的判断更加困难，信息缺失、目光短浅、相互示范、盲目跟风等，使人们的行为选择极易雷同，在宏观上造成经济运行在高峰和低谷间不断波动，造成大量经济资源的浪费。

上述分析证实如下结论：现代市场经济以市场机制为主导调节力量，但单纯的市场机制（所谓“看不见的手”）又存在许多不尽如人意之处。政府力量（所谓“看得见的手”）的存在是现代市场经济和谐发展的必须条件。政府的作用对象主要是公共服务领域，政府活动的结果是向社会提供公共物品，满足社会共同需要。

第二节 公共物品理论

一、公共物品的概念和性质

公共物品（public good）是满足社会共同需要的物品。1954 年，美国著名经济学家萨缪尔森（Paul A. Samuelson）首先提出公共物品的概念：“每个人对这种物品的消费，都不会导致其他人对该种物品消费的减少。”①

人类的需要尽管五花八门，但从最终需要来看无非是两大类：私人个别需要和社会共同需要。私人个别需要是满足社会成员个人需要的行为。社会共同需要则是满足社会成员共同需要的行为。关于私人个别需要和社会公共需要的区分，马克思在谈到不同分配方式时曾指出：“在任何社会生产（例如，自然形成的印度公社，或秘鲁人较多时人为发展的共产主义）中，总是能够区分出劳动的两个部分，一个部分的产品直接由生产者及其家属用于个人的消费，另一部分即始终是剩余劳动的那个部分的产品，总是用来满足一般的社会需要，而不问这种剩余产品是怎样分配，也不问谁执行这种社会需要的代表职能。”② 在社会发展的现阶段，私人个别需要构成人类消费行为的主体，通常情况下也是人们感受最直接、关注程度最高的需要种类。满足私人个别需要的物品是私人物品。但是，尽管社会共同需要在现阶段尚不构成消费活动的主体，人们对社会共同需要的感受度远不及私人个别需要那么强烈，但是，从长远来看，社会共同需要在人们生活中所占的比重肯定会越来越大，甚至在某种程度上，社会共同需要的满足是私人个别需要得以满足的前提条件。

同私人物品相比，纯粹公共物品的根本特征是效用的不可分割性。私人物品消费带来的效用是可以在物品之间或消费者之间进行分割的，社会对某种私人物品的需求总量是所有个人需要量的数学加总，在市场均衡图形上表现为，社会需求曲线是所有个人需求曲线的横向相加（参见图 1－1（a））。但纯粹公共物品的效用只有一份，不可能在消费者之间进行切割，比如国防安全，其效用作为一个整体是普施于全社会，不可能在消费者之间划分，尽管面对同样的国防安全，不同消费者获得边际效用不同，从而有不同的公共物品“价格”（参见图 1－1（b））。

图 1－1 描述的是 A、B 两个消费者分别在私人物品和公共物品中面对的供求均衡过程，D_A 和 D_B 是他们各自具有的需求曲线。私人物品的需求总量是每个消费者需求量的和，因此，在私人物品供求均衡图形图 1－1（a）中，总需求曲线 DD

① 1954 年萨缪尔森在其著名论文《公共支出的纯理论》中运用数学方式描述的纯公共物品的含义。他认为，对于私人产品而言，其社会总消费量等于所有个人消费量（额）的总和。因此：$x_j = \sum_{i=1}^{I} x_j^i$，$(j=0, \cdots\cdots, J)$，式中 i 表示个人，显见，有 I 个个人；j 表示产品，有 J 个产品。而对于公共产品而言：$x_k = \sum_{i=1}^{I} x_k^i$，$(k=J+1, \cdots\cdots, J+K)$。表示 I 个消费者消费 k 种公共物品（分别标为 $J+1, J+2, \cdots\cdots, J+K$）。

② 《马克思恩格斯全集》第 25 卷，人民出版社 1972 年版，第 992—993 页。

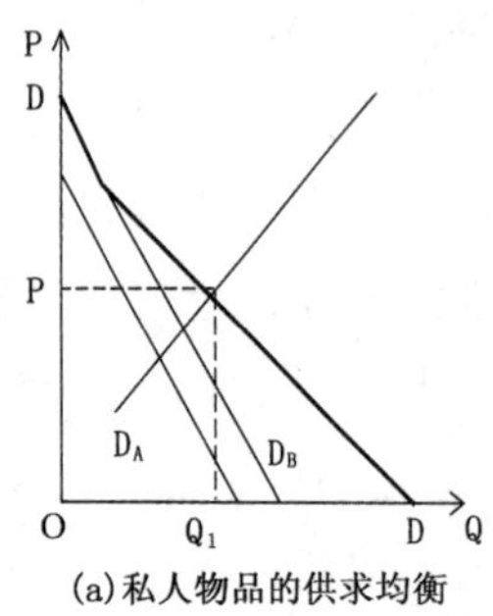

(a)私人物品的供求均衡

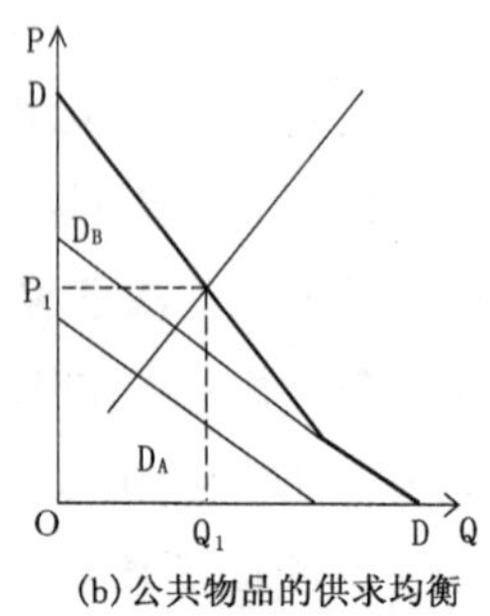

(b)公共物品的供求均衡

图 1－1 私人物品和公共物品的供求均衡

是 A、B 两条需求曲线 D_A 和 D_B 的横向相加。公共物品的现实供给量是一定值，但每个消费者的效用评价不同，因此，在公共物品的供求均衡图形图 1－1（b）中，总需求曲线 DD 是两条需求曲线 D_A 和 D_B 的纵向相加。

在效用不可分割性的基础上，公共物品具有非排他性和非竞争性的特征，这和私人物品的排他性和竞争性形成鲜明对照。非排他性有两个含义：（1）公共物品的提供者在技术上难以将不付费的消费者从受益者行列中排除出去，或者排除成本过高；（2）任何人消费公共物品不排除别人同时消费。公共物品的非排他性使得私人不可能介入公共物品的提供过程，否则，会形成“免费搭车者”，即坐享公共物品带来的利益，却不愿意承担相应费用的人。如果人人争当“免费搭车者”，只想坐享其成，不愿作出牺牲，结果就是公共物品无人提供，公共需要无法满足，社会利益受损。非竞争性也有两个含义：一方面公共物品只能由国家独自“垄断式”提供，其他社会成员一般不直接参与公共物品的提供过程；另一方面指在一定区间内，公共物品边际成本是零，即消费者的增加不会引起提供成本的增加，因此，公共物品不需要消费者通过出价竞争获得消费权力。

在现实中，公共物品最典型的特征是免费提供，这和私人物品的市场交换形成强烈对比。从直接意义上说，人们消费公共物品，无需付出代价，自然，公共物品的消费权力和消费者的支付能力不发生任何关系，家财万贯者和家徒四壁者具有同等的公共物品消费权力。公共物品和私人物品在提供方式上的区别可通过图 1－2 表示。

现实中国家免费提供的公共物品和理论上界定的纯粹公共物品之间是有差异的。比如义务教育，其效用其实是可分割的，其在技术上也很容易实现排他性和竞争性，目前的“贵族小学”，以前的“私塾”都是该阶段教育通过市场提供的极好例证。它在现阶段之所以能够取得公共物品的身份，由国家免费提供，只具有非排

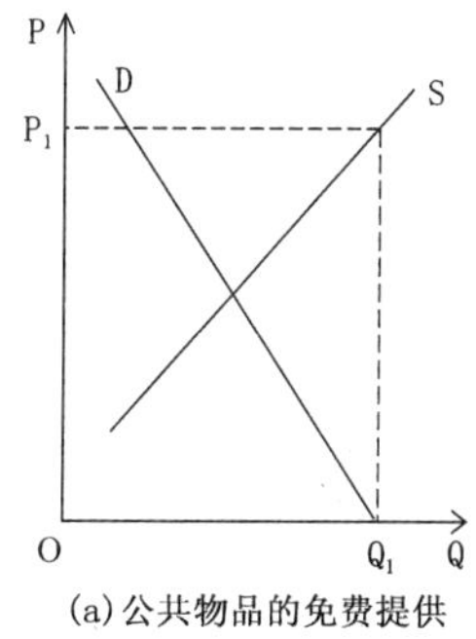

(a)公共物品的免费提供

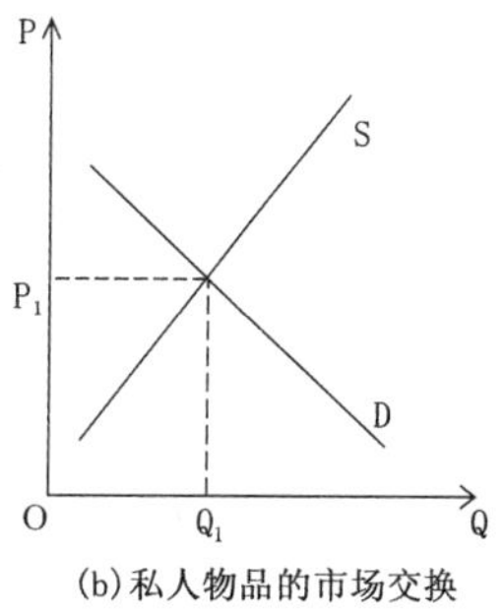

(b)私人物品的市场交换

图1-2　免费提供的公共物品和市场提供的私人物品的区别

他性，不具有非竞争性（边际成本不是零，而且在教育资源一定条件下，接受义务教育者太多，教育质量也会下降），并非其天然禀赋使然，完全是国家人为规定的结果。因此，现实中公共物品根据产生的原因的不同，可以分为两类，一种是天然性公共物品，这种物品因为具有效用的不可分割性，任何社会都只能将其作为公共物品提供，比如国防安全、社会稳定、环境保护、社会公正等；另一种是制度性公共物品，这种物品不具有效用的不可分割性，其能够成为公共物品，完全是国家根据自己的价值判断直接规定的结果。由于制度性公共物品是国家根据自己对社会经济发展的判断人为规定的结果，故此其存在范围是有一定弹性的。

二、混合物品

混合物品（mixed goods）也称准公共物品，是兼有公共物品和私人物品双重属性的物品。

混合物品的存在有两个原因。第一个原因是某些物品达到一定规模以后，继续增加消费需求，会出现“拥挤性”，亦即边际成本不再为零，这些物品尽管可能是非排他的，但在超过一定规模后，又的确是竞争的，消费者只有竞相进入，才可能获得消费权力。所谓竞相进入有两种方式，或者接受物品提供者规定的收费标准（价格），或者忍受拥挤带来的消费满足程度降低（付出了非货币成本）。物品一旦取得混合物品的身份，公共物品在形式上具有的两个特性——非排他性和非竞争性——便不复存在，私人物品的排他性和竞争性得到形式上的确立，只是程度不及私人物品那么强烈罢了。第二个原因是某些物品具有明显的外部经济性，消费者对这种物品的消费，会给他人或社会带来积极影响。高等教育是典型的外部经济性混合物品。求学者在接受高等教育后，肯定会获得一定的内部收益——毕业后一般会比没有接受高等教育的人获取高得多的货币收入，因此高等教育阶段可以收取一部分费用；但是，高等教育也有明显的外部效益——它会提升整个国家的竞争力，提高国民素质，推动社会经济有一个较快的发展速度等，因此，高等教育的提供成本不能全部加在受教育者身上，国家也应该承担一定份额。当然，混合物品中究竟公共性和私人性各占据多大比重，需要根据消费者的支付能力、国家对这种物品的需求量、财政资金的提供能力等因素而定。

图 1-3 描述的是两种性质的混合物品的市场均衡过程。

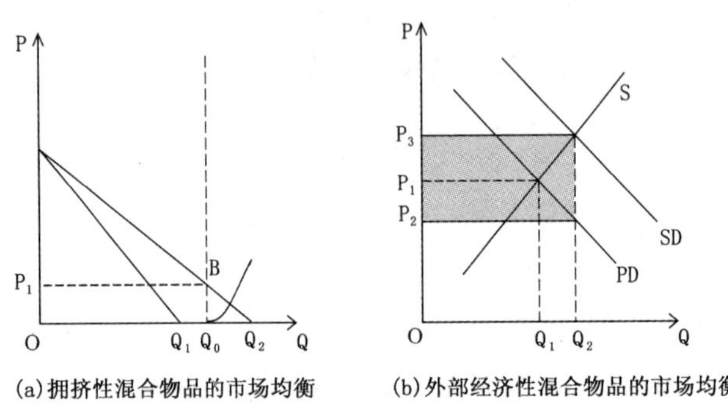

图 1-3 混合物品的市场均衡过程

假定图 1-3（a）图描述的是一座政府投资的桥梁的市场均衡过程。设计车流量为 Q_0，在最高车流量不超过该点时，比如 Q_1，增加的车流量边际成本为零，可以免费使用。如果车流量继续增大，最高车流量升至 Q_2，会出现桥面拥挤，通过缓慢，边际成本逐步提高。即使按照市场均衡价格收费，也会存在一定程度的交通拥堵，因此，应该将收费标准提至 P_1，将车流量抑制在设计流量之内。

图 1-3（b）图描述的是某种具有外部经济性产品（比如高等教育）的市场均衡过程，PD 为私人需求曲线，SD 为社会需求曲线，它们之间的差额为外部收益。如果只考虑内部收益的话，供求均衡数量仅为 Q_1。如果再加入外部收益，理想的供求数量应为 Q_2，但该点的提供成本达到 P_3，收费标准则必须降低至 P_2，其间的差额需要国家财政进行补贴（图中阴影部分）。

三、公共物品的生产和提供

如上所述，如果不考虑混合物品的存在的话，物品按照属性可以分为公共物品和私人物品两类，它们的生产和提供组合方式由四个要素构成：

公共生产——以政府为生产资料所有者，通过国有行政机关、事业单位和国有企业组织的生产；

私人生产——以私人为生产资料所有者，由私人企业或其他私人生产单位组织的生产；

公共提供——政府免费向消费者提供产品或服务，消费者可以不受自身支付能力的约束，无偿取得产品和服务的消费权；

市场提供——消费者用自有收入，在市场上通过付出价格的方式获得产品和服务的消费权。

上述四个要素可以组合成物品的四种生产和提供方式（见表1-1）。

表1-1　　不同物品生产方式和消费方式的组合类型

	公共生产（1）	私人生产（2）
公共提供（A）	A_1	A_2
市场提供（B）	B_1	B_2

第一种组合方式为公共生产和公共提供。即政府直接投资兴办国有企业、事业单位等，产品或服务免费向国民提供，如国办学校，免费就学。

第二种组合方式为私人生产和公共提供。即由私人直接组织生产，政府购买其生产的物品和服务后，免费提供给国民消费，如私立学校，其学费由政府报销。

第三种组合方式为公共生产和市场提供。政府直接投资兴办国有单位，生产的物品和服务通过市场销售给消费者，如国办学校，全额收取学费。

第四种组合方式为私人生产和市场提供。私人企业直接向消费者销售物品和服务，如私立学校，全额收取学费。

由于公共物品的主要现实特征是免费提供，因此，只有第一种和第二种组合方式与公共物品有关。第三种方式从表面上看也与国家有关系，因为毕竟需要国家出资兴办企业，但只要它们根据市场价格销售产品给消费者，没有任何混合物品的特性，这些企业提供的物品实质上属于私人物品，而且，根据公共财政理论，国家应当尽快退出第三种生产—提供的组合方式。

究竟国家选择何种方式提供公共物品、确定多大范围的公共物品、公共提供的介入程度有多深等，主要考虑的是如何处理效率和公平的关系。

第三节
公平与效率的权衡

一、公平与效率的概念

任何社会、任何国家都面临一个基本问题，即公平和效率的权衡。如何在资源有限的条件下，通过高效率的产出和合理的分配，最大限度地提升国民的整体福利水平，是所有社会或国家的基本追求。

公平和效率是一个约定俗成的概念。实际上，公平和效率的关系是由两个层次的关系构成的：公平与差别、稳定与效率。前者是分配结构，后者是分配效应。

（一）公平

公平指社会收入分配结构处在全体社会成员都满意的理想状态。可以从三方面对这样一个非常简短的定义进行补充或解释。首先，公平的本质是社会成员生活质量的公平，通常情况下，生活质量和收入水平之间存在差异，这种差异主要是由大量存在的实物补贴和非中性税收造成的，而实物补贴的泛滥又是因为个人支配公共资源的能力不同、单位效益不同、价格政策引起的实际价格和市场价格的不同等，总之是因为经济的货币化程度低造成的。其次，所谓令全体社会成员都满意的分配结构在现实社会实难达到，“帕累托次优”（Pareto second - optimality）——大多数社会成员比较满意就已经需要社会或国家竭尽全力了。再次，不同社会制度、不同发展阶段、不同历史传统、不同生存背景等因素都可使公平的具体评判标准产生变化。在市场经济中，公平一般由两个要义构成：（1）必须有差别，平均主义的分配制度也是不公平的；（2）差别必须有度，这种差别应当控制在社会可容忍的范围内。因此，公平的评价既是一个经济问题，更是一个价值判断问题。

广义公平有三个含义：起点公平、规则公平和结果公平。但结果公平应是公平的基本含义或核心含义，前两个公平只是影响结果公平的手段。

起点公平（又称机会均等）指人们参与社会经济生活的起点应是一致的，如同赛跑时人们站在同一条起跑线上。起点公平是很多仁人志士在很长时间内矢志奋斗的目标，在某种意义上也是我们这个社会的政策目标之一，比如推行义务教育、缓解城乡差别、降低就业和投资门槛、提倡男女平等等。但实事求是地说，严格的起点公平太难实现了。家庭背景、智力天赋、岗位要求、制度缺陷等都可能使起点公平永远处在不断追求中，甚至在一定意义上起点不公平还是社会动力机制的一部分呢。

规则公平指社会或国家应该为人们参与社会经济活动提供统一的、一视同仁的竞争规则。比如不同经济成分应当面对同样的税收制度，同样的信贷环境，同样的产业进入、退出政策，同样的社会评价机制等。但是，目前我们的社会还存在大量不公平的竞争规则，使其接近公平还需要我们相当长时间的努力。

结果公平是公平的狭义概念，它强调各社会成员之间所拥有的收入份额的相对关系。虽不能说人们在关注收入分配结果时毫不顾及收入来源的不同性质，比如，人们对个别官员的腐败收入和一般职工的劳动收入是有不同看法的，但总体上说，结果公平强调的重点是收入数额，而不是收入来源。关于结果公平前面已有一些论述，不再赘述。

公平的评价指标有两种：（1）贫困指数；（2）基尼系数。贫困指数（Poverty Index）是处在贫困线以下的人口占总人口的比重。根据国家统计局数据，2009 年我国农村贫困人口为 3597 万人，贫困指数为 2.7%。[①] 贫困指数与公平程度成反比。但贫困指数有两个缺陷。首先，该指数受所定贫困线（poverty guideline）高低的影响，而贫困线并没有一个非常客观，具有足够的横向、纵向可比性的标准。虽说贫困线应以满足人们基本生活所需要的收入数额来定，但这个基本生活水平无论在品目选择，还是各品目具体数额的确定上，实在有较大的主观判断，贫困线的一高一低，计算出的贫困指数可能大相径庭，而其实际分配状态可能是没有差别的；另外，随着社会的发展，贫困线也在不断上调，比如 2009 年我国农村贫困线是 1196 元，而 2007 年绝对贫困线则是 785 元，贫困人口 1479 万人。其次贫困指数只能反映贫困线以下人口的比重，却不能反映贫困线以上不同收入水平的人们相对结构的变动，故其对分配结构总体变动的反映程度是不够的，或者说是不敏感的。

基尼系数（Gini Coefficient）是评价分配结构的比较科学的指标。基尼系数是对洛伦茨曲线（lorenz curve）描述的收入分配结构状态的集中反映。关于洛伦茨曲线和基尼系数的关系见图 1－4。

在图 1－4 中，正方形的对角线为绝对平均曲线，任何 20% 的人口都等量支配

① 国家统计局：《中华人民共和国 2009 年国民经济和社会发展统计公报》。据统计，2009 年末全国总人口 133474 万人。另外，这里只使用了农村贫困人口数，因为我国的贫困人口主要分布在农村。

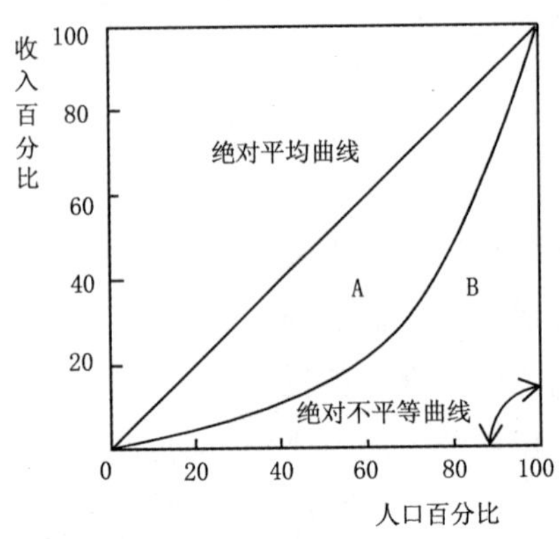

图 1－4　洛伦茨曲线与基尼系数

20% 的收入。两条直角线构成绝对不平等曲线，全部收入由最后一个人占有。绝对平均曲线和绝对不平等曲线之间的弧线为洛伦茨曲线。洛伦茨曲线与绝对平均曲线围成的面积为 A，直角三角形余下的面积为 B，那么基尼系数可用下列公式表示：

$$基尼系数 = \frac{A}{A+B}$$

基尼系数的变动范围为 0—1 之间，数值越大，收入差距越大。国际上认为基尼系数与公平分配程度之间存在如下关系：0.2 以下为过于平均，0.2—0.3 之间为比较平均，0.3—0.4 之间为比较适当，0.4—0.6 之间为差距较大，0.6 以上为差距过大。当然，各国在不同时期确定自己的基尼系数控制标准时，还需要根据本国的经济发展水平、历史文化传统、经济体制的类型和变革基础、国家调节社会成员关系的方式、国民的整体素质等因素加以适当修正。

（二）效率

效率（Efficiency）是指现有经济资源的使用结果可以给国民带来最大限度的满足。效率的满足需要三个条件：（1）人们的消费意愿的表达是自愿和理性的，既不被强制性扭曲，也不存在非理性消费；（2）所有资源均投入使用，不存在闲置资源；（3）资源配置结构是合理的，能够最大限度地满足消费需求。三个条件缺一不可。

假定第一个条件不成问题，效率的实现可以用图 1－5 来描述。

图 1－5 中，利用既有经济资源生产 A、B 两种产品，能够达到的生产可能性边界为 A_1B_1，它和最大限度的无差异曲线（等效用线）I_1 相切于 E_1 点，该点就是最富效率的资源配置结构。反之，如果不在切点上，比如 E_2，因为只能和较低的

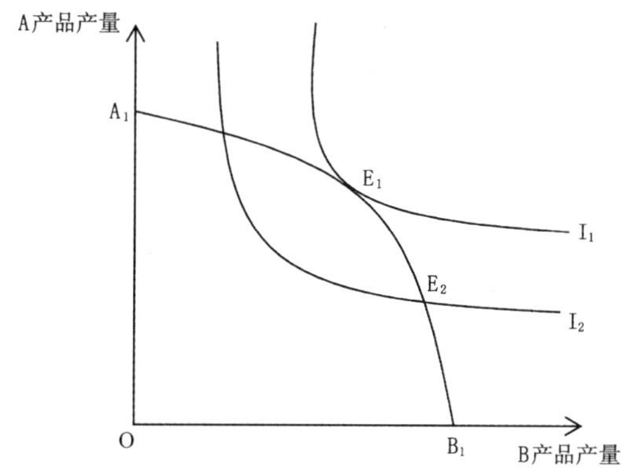

图 1-5 效率的实现过程

无差异曲线 I_2 相交，其资源配置效率肯定较低。至于在 A_1B_1 可能性边界之内的其他资源配置结构，因为存在闲置资源，当然不会有较高的效率。

经济工作的核心就是提高资源利用效率。无论是宏观上的积极财政政策、优化产业结构、减轻农民负担、改善投资环境等，还是微观上的产品适销对路、激发劳动者潜能、严格管理制度、资本流动重组等，都旨在减少闲置资源，逼近可能性边界，优化资源配置，实现“帕累托改进”(Pareto improvement)。

效率的实现程度与收入分配状态存在密切的关系。如果我们的分配机制可以使分配结果最大限度地和人们付出的生产条件（包括量和质）相一致，就可以充分调动人们使用自身资源的积极性，效率的提高将是必然结果。

二、公平和效率的权衡

如前所述，公平和效率的关系是公平与差别、稳定与效率两对关系的集合，本质是如何形成合理的收入分配结构，促进社会稳定与经济效率的双赢。因此，公平与效率的权衡主要表现为对合理收入分配结构的追求。

公平与效率的关系总体上是相互促进的关系。公平的收入分配结构起码会在三个方面促进效率。首先，公平维护了社会稳定，而稳定的社会环境是任何社会经济资源高效率使用的前提条件。我国历史上不时上演的“严重两极分化—社会动荡不安—社会经济凋敝—国家改朝换代—相对公平分配—社会经济发展”的活剧，就是公平促进效率的典型例证。其次，一些公平促进政策本身就是效率机制的组成部分。比如，义务教育、贫穷救济、税费改革、地区间转移支付、降低进入门槛、公平竞争环境等，不仅能够促进收入分配公平，也能够激活人们的潜能，优化资源配置结构，促进效率的提升。再次，合理的分配政策和分配制度可以实现公平和效率的双赢。按劳分配和按要素分配相结合、与责任和贡献相联系的绩效工资制度、灵活多样的报酬给付方式等，既满足了公平的需要，也能够刺激效率的提高。反过来，效率的提升也可以促进更高水平、更加稳定的公平。富于效率的分配机制可以促进社会财富的增加，增强公平的物质基础。否则，资源使用上的低效率，十分贫乏的物质财富，再“公平”的分配制度也不可能坚持长久。我国改革开放以前的平均主义分配制度，导致经济停滞、物资匮乏、“走后门”、搞特权，名义上是平均主义分配制度，实际上已经显露两极分化的倾向。

但另一方面，公平与效率之间也存在着矛盾。公平程度过高，平均主义色彩浓厚，多劳不能多得，少劳也不少得，人人不思进取，只求坐享其成，必然影响经济效率；反之，只强调市场机制对收入分配的决定作用，造成收入分配差距过大、基尼系数过高，高收入者腰缠万贯，低收入者家徒四壁，必然破坏社会公平，导致社会不稳定。因此，必须在公平与效率之间选择一个最佳点，将国民整体福利水平升至应有高度。

公平与效率之间的关系可用图 1 - 6 来说明：

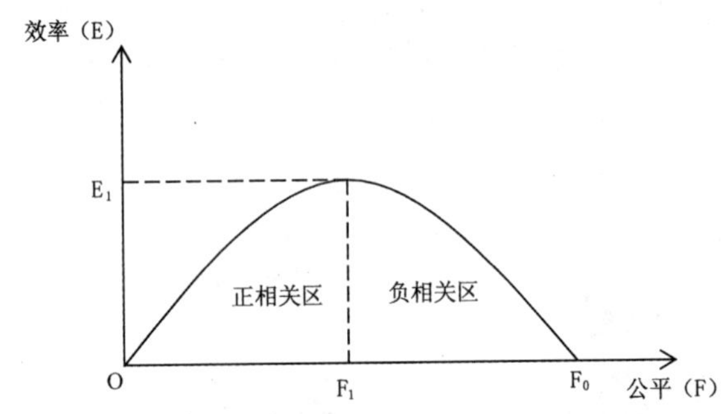

图 1 - 6 公平与效率的相关关系

图 1 - 6 中，原点 O 表示收入分配极不公平，基尼系数为 1；F_0 表示收入分配完全平均，基尼系数为 0。在这两个极端上，都不会有任何效率存在。相对于极不公平的分配状态，适当加大公平程度，会提升效率，图中描述为“正相关区”；公平达到一定程度后，继续在分配制度中注入平均因素，会引起效率的逆向变动，进入所谓“负相关区”。公平与效率的最佳结合点为 F_1，它会带来最高的效率 E_1 和一定程度的公平。当然，F_1 只表示最佳结合点的存在，并不说明基尼系数的最佳值为 0.5。

协调公平与效率的关系，实现社会稳定和健康发展的双赢，是所有政府的永远的追求，政府手中所有调节工具，就其本质来说，都是协调公平和效率的武器。财政分配作为以国家直接掌控的分配工具，必然在该关系的协调中发挥核心作用。

第四节

财　政　职　能

财政职能是财政客观具有的功能或能力，就是财政该“干什么”的问题。在市场经济条件下，财政的主要作用领域是市场机制力所不及之处，主要目标是实现社会公平与效率的双赢。但凡市场机制能够有效地发挥作用，财政就要“无为而治”，否则即为“越位”；但凡市场机制不能有效发挥作用，财政就要“有所作为”，否则即为“缺位”。根据前面对市场缺陷的描述，国家财政应该优先关注的领域主要有三：资源优化配置、经济稳定发展、收入公平分配①。财政的职能也就要从这三方面进行归纳。

一、资源配置职能

资源配置职能是财政客观具有的矫正资源配置结构，提高资源配置效率的能力。许多原因的存在使得市场机制不能保证资源配置的高效率，诸如信息失灵、消费者偏好不合理、竞争不充分等，但最主要的原因是大量存在的外部性。作为经济人，众多的市场主体制关注内部收益和内部成本，至于广泛存在的外部成本（external cost）和外部收益（external return），不会成为他们的决策依据。但国家作为最高层次的社会主体，必须担负起克服外部性给资源配置带来的误导性影响，是社会成本和社会收益成为资源配置的最终依据。财政手段是矫正外部性的主要工具。

外部性和国家的矫正手段主要有如下类别：

（一）对于有外部成本的矫正

1. 外部成本极大的经济行为。比如毒品的生产、贩卖和吸食。这类物品的供

---

① 美国著名财政学家理查德·马斯格雷夫（Richard · A. Musgrave）在其1959年出版的经典著作《公共财政理论》（The Theory of Public Finance）中把政府的经济作用或财政的职能分为三种：稳定经济（维护充分就业条件下的经济）、收入分配、（资源）再配置。该财政职能观已经成为东西方财政学界的主流观点。

给者贪图不义之财，消费者只顾一时的非理性满足，全然不顾自己的行为给社会、家庭带来的巨大危害。对这类外部成本极高的经济行为，国家必须采取法律手段强行禁止，少量社会需要可组织许可生产（参见图1－7（a））。

2. 内部成本很低、外部成本很高的经济行为。比如卷烟。这类物品因为内部成本很低，生产者有丰厚的盈利可得，有强烈的内在扩张冲动，但社会却在卷烟厂内部成本之外付出了巨大的外部成本（烟民因抽烟而花费的医药费，以及对社会发展带来的间接损失等）。这类物品因为种种原因暂时不能禁绝，但国家可以通过“重税—高价”机制，寓禁于征，限制它们的生产和消费。这种调节过程就是“外部成本内部化”，也叫“庇古税（Pigouivaintax）”（参见图1－7（b））。

（二）对于有外部收益的矫正

1. 内部收益较低，外部收益较高的经济行为。比如农用生产资料。这类物品在多种因素的约束下，只能获得低于平均利润率的利润水平，但它们的生产和消费对社会经济的和谐发展又有着较强的外部效益。国家可以通过减税、免税等手段，使这类物品的实际税负低于中性税负，用减免税额冲抵实际利润与平均利润之间的差额。这种矫正手法被称作“外部收益内部化”（参见图1－7（c））。

2. 外部收益较高，但内部收益为负数的经济行为。比如高等教育、改革初期的农产品经营等。它们是典型的混合物品，其价格或收费标准一般由国家直接规定，或者受到国家的严格管制，价格水平远低于成本价格，不能满足这些物品的简单再生产，但它们属于外部经济性强烈的物品，国家的低价主要是为了保护甚至促进消费，维护社会经济的稳定发展。通过付出价格补贴，弥补规定价格与成本价格甚至市场价格之间的差额，是这类物品外部收益内部化的主要做法。该物品的外部性及其克服也可以通过图1－7（c）得到说明。

3. 外部收益很大，但毫无内部收益的经济行为。比如国防安全、社会秩序、社会公正、义务教育等。这类物品属于典型的公共物品。社会的和谐稳定发展需要这类物品，但它们又不能通过市场机制获得需要的资源或发展条件，免费是它们的现实特征。财政全额拨款是保证这类物品获得足够资源供给的唯一办法（参见图1－7（d））。

国家财政也可以深入到其他领域发挥资源配置作用，比如地区结构等，但它们也可以通过外部性获得解释。换言之，财政的资源配置功能主要就体现在矫正外部性对市场机制的影响，矫正手段就是外部成本或收益内部化。如果某类物品外部性不太明显，国家财政自然不需要介入，已介入的也要逐步退出，因为这是市场机制的作用领域。

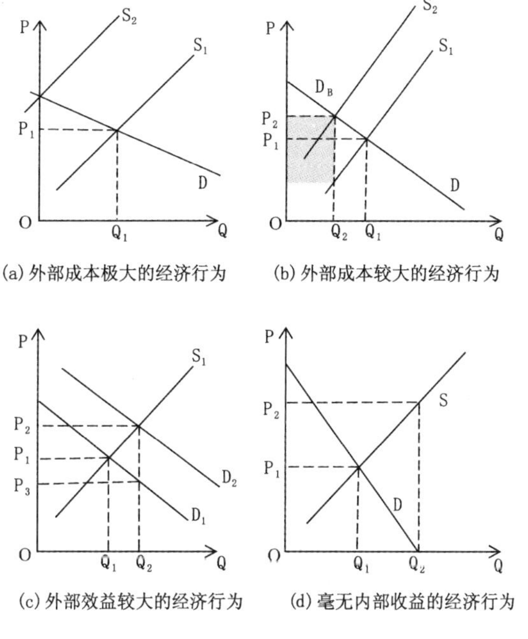

(a) 外部成本极大的经济行为　(b) 外部成本较大的经济行为

(c) 外部效益较大的经济行为　(d) 毫无内部收益的经济行为

图 1－7　外部性的几种类型与矫正

财政的资源配置功能有两种作用方式。一种是直接方式，比如财政投资支出、财政经费拨款等，这种方式可以使一些具有外部经济性的物品直接获得一部分资源供给，矫正市场供给不足的缺陷，结果具有确定性；另一种是间接方式，比如差别税收政策、价格补贴、财政贴息等，这种方式是通过财政工具，改变一些市场参数，比如价格、利率等，间接引导经济资源投向，矫正单纯由市场机制决定的资源配置结构，但结果的不确定性较大。

必须指出的是，财政资源配置功能的作用领域不能过大，毕竟市场机制是市场经济中资源配置的主导力量。只要外部性不太强烈（因为所有物品都具有一定程度的外部性），对社会利益和长远利益不产生太大影响，就听凭市场机制发挥作用，财政不要轻易“出手”。这就要求财政收入占 GDP 的比例不能太高，差别税负、价格补贴的适用范围不能太大，税率档次不宜过多。矫正不是取代，绝不能用财政机制代替市场机制。

二、经济稳定和发展职能

财政客观具有干预经济运行、减缓经济波动、促进国民经济稳定运行的能力。如果说资源配置属于财政的结构性调节职能的话，本职能就属于财政总量调节职能。理论和实践都已证实，纯粹的市场机制不能保证经济运行长期处在均衡状态，经济波动，甚至是严重的波动在所难免。J. M. 凯恩斯（John Maynard Keynes）在这方面的贡献是划时代的。保持或恢复经济总量均衡从此构成现代市场经济国家中财政职能的重要组成部分。

经济稳定和发展职能是财政政策的主要实施根据。逆对经济风向，熨平波动力量，是经济稳定和发展职能的主要作用方式。调整财政收支结余方向与数额是经济稳定和发展职能的主要作用手段。以调节需求为主，但也主动调节供给，是经济稳定和发展职能的主要着力点。非财政性需求过旺，通货膨胀抬头，供给缺口偏大，该项职能将通过紧缩型财政政策表现自己；非财政性需求萎缩，出现通货紧缩的迹象，需求缺口有扩大趋向，该项职能将通过扩张型财政政策表现自己。

经济稳定是与经济发展和充分就业相联系的经济稳定。单纯讲经济稳定和物价稳定，不考虑资源利用状况，使大量资源闲置，尤其是置劳动者失业于不顾，这样的供需平衡、经济稳定是没有什么意义的。因为，单纯的市场机制并非不能将失衡的经济运行调至平衡，比如在经济萧条时，劳动者失业，购买力下降，物价低迷，企业亏损，破产倒闭，供给萎缩，通过这样一个过程也会使经济运行恢复均衡，但这种均衡是以经济停滞和人民福利水平下降为代价的，也许还要付出社会动荡、战事连绵的沉重成本。因此，所谓经济稳定是在经济发展和充分就业前提下的经济稳定，只提稳定，不谈发展，并不能解释财政总量调节功能的全部含义。

经济稳定和发展职能主要通过两个方式得以实现：

（一）“自动稳定器”（built－in stabilizer）

也称内在稳定器，指财政分配的某些方面能够自动逆对经济风向，减缓经济波动，无须政府有意操作。“自动稳定器”是国家财政应对经济波动的第一道防线。具有自动调节功能的财政分配制度主要是累进课税制度和转移支付制度。

1. 累进课税制度。随着应税收入数额的增加，适用的税率水平也随之提高。主要应用于个人所得税中。累进税制的自动调节作用体现在两个方面：（1）它会自动调节税收收入水平，从而调整财政收支结余方向与数额，影响财政形成的净需求规模；（2）它还会反向调节纳税人的可支配收入水平，影响纳税人形成的需求规模。在经济周期的不同阶段，个人收入水平会有较大幅度的变化，在累进税制的各项要素既定的条件下，纳税人适用的具体税率水平也会相应不同。图 1－8 描述了累进税制的“自动稳定器”功能。

假定财政支出 G 与经济增长无关。当 GDP 在繁荣期间增加时，税收收入也自动随之增加，导致财政盈余产生或增加，同时使得家庭和企业支出下降，形成紧缩

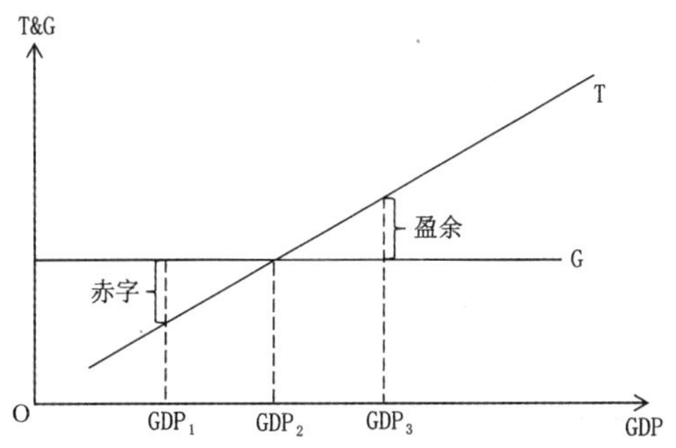

图 1－8　累进税制的自动调节功能

型政策格局；反之，在经济萧条期间 GDP 下滑时，税收收入随之下降，出现或增加财政赤字，同时增加家庭和企业可支配收入，刺激非财政性支出增加，这是扩张型财政政策的重要内容。

累进税制的自动调节功能可以在多大程度上发挥作用，即图 1－8 中 T 线的陡峭程度或斜率究竟多大，既取决于财政总收入占 GDP 的比重（财政收入集中率），以及累进税收入占财政总收入的比重，也取决于累进税制本身。财政收入集中率越高，累进税在财政收入中的比重越大，其自动调节功能就越显著；反之，财政收入集中率低，累进税收入在财政总收入中所占比重较小，比如我国 2009 年个人所得税收入只占财政收入的 6.25% 左右，其自动调节功能不可能太明显。累进税制本身的要素设计也影响调节效果。在应税收入总额一定的条件下，收入级次越多，边际税率越高，税收收入对应税收入的变动越是敏感，自动调节功能就越明显；反之，收入级次少，边际税率又较低，税收收入对应税收入的变动不可能太敏感，自动调节功能就无从表现自己。

2. 转移支付制度。国家财政对特殊人群的无偿补助。转移支付的内容很多，但最具自动稳定功能的项目是贫穷（社会）救济和失业保险。国家财政用在这两个项目上的款项与经济周期性运行有密切的因果关系。在通货膨胀时期，企业资金运转加快，财务状况一片晴好，个人收入总体攀升，就业机会较多，贫困指数下降，这样，国家只需支付较少的社会救济金和失业保障金。同时，通货膨胀时期国家也应采取以减少支出为重要内容的紧缩性财政政策。社会救济和失业保障的变动方向与财政政策的内在要求相一致，对膨胀的需求发挥自动抑制作用。在通货紧缩时期，需求不振，物价低迷，企业资金周转困难，财务状况纷纷“飘红”，被裁的员工日渐增多，大量家庭处在贫困线和低保线之下，国家不得不支付更多的救济金和失业保障金。而此时国家的财政政策选型也正好是扩张型，增加财政支出是该项政策的重要内容，两者“不谋而合”。

同累进税制一样，转移支付可以在多大程度上发挥自动调节作用，也受制于三个因素：财政支出占 GDP 的比重、具有自动稳定功能的转移支付支出占总支出的比重、转移支付制度本身内在结构。其中，前两个因素与转移支付的自动调节功能之间的因果关系比较明显，不再赘述。在有关转移支付项目中，低保标准的高低、贫穷救济的具体方法、失业保险期长短、失业保险给付标准、失业保险费提取标准等，都会影响到转移支付支出对经济周期的敏感程度。我国目前转移支付的“自动稳定器”功能不太明显，完全可以从上述三个方面找到原因。

“自动稳定器”是神奇的，但它不能达到政府所有的调节意图。“内在稳定器的作用在于减少经济制度的任何波动的一部分，它不能百分之百地消除波动。消除它所留下来的波动是斟酌使用的财政和货币政策的任务。”①

（二）自觉调节功能

也称斟酌使用的财政政策，指政府有意识地变动财政分配诸要素，引起财政收支结余方向与数额的相应变动，达到消除经济波动、稳定经济运行的目的。由于我国现行财政制度的内在稳定功能总体较弱，经济稳定职能的实现主要依靠自觉调节，它也构成我国总量型财政政策的主要内容。

具有自觉调节功能的政策手段几乎涵盖所有财政分配制度。但使用最经常的是公共投资支出、工资性支出、福利性支出、国债、税收等。在需求过旺、通货膨胀时期，在自动稳定器稍作抵挡以后，政府只能主要依靠紧缩投资支出、稳定甚至适当降低财政供养人口工资水平、降低福利支出标准、提高税率、扩大税基等手段，减少财政支出，增加财政收入，减少财政净需求，弥合供给缺口。在需求萎缩、通货紧缩时期，国家财政将反其道而行之，增加投资支出、适当提高工资支出标准、增加福利支出数额、提高出口退税比例、取消或暂时停征一些税种、降低税率等增支减收，增加财政净需求，弥合需求缺口。国债是一种很特别的总量调节工具，仅靠发行国债本身并不能判定财政政策的具体类型，而必须结合财政支出的变动趋势。增加国债发行规模，相应增加财政支出，属于扩张性财政政策；增加国债发行规模，但并不增加财政支出，则属于紧缩型财政政策。我国 1998—2004 年和 2008 年以来的积极财政政策，就是财政自觉调节功能的有益实践。

---

① ［美］萨缪尔森：《经济学》（上册），商务印书馆 1979 年版，第 508 页。

三、收入分配职能

财政客观上具有矫正收入分配结构、维护社会稳定的能力。矫正收入分配的目的是实现社会公平，因此该项职能也称作公平职能。严格地讲，公平应有两个含义：（1）收入分配的差距不能突破社会心理防线；（2）收入分配结果和人们的贡献相联系。这就是说，公平既排斥两极分化，也排斥平均主义。但在市场经济环境中讨论公平，主要是相对于收入分配差距过大而言，因为，由市场机制决定的收入分配结构最容易出现的倾向是两极分化，而不是平均主义。我国目前正处在体制转轨阶段，传统的以平均主义为主要特征的分配制度尚未完全退出历史舞台，某些领域甚至还比较强烈，这使得在这些领域适当拉开收入差距也是财政公平职能的重要内容。但是，我们毕竟有了一个市场经济的初步环境，市场机制逐步在分配领域占据主导地位，各个分配领域的“马太效应”（Matthew Effect）已经显现。所以，收入分配职能的发挥主要是在不同阶层的生活水平中适当注入平均因素，使人们生活水平的差距低于财政介入之前。

收入分配职能的作用点主要有两个：消费成本和可支配收入。

所谓调节消费成本指通过商品税、价格补贴、公共提供等方式，改变某些商品的价格结构，进而调节不同阶层人们的消费成本和实际生活水平。对主要供高收入者消费的商品（奢侈品）课以重税，使其价格在较高水平上形成，导致高收入者用较多的货币购买价值量较低的商品，提升高收入者的消费成本，相对降低高收入者的实际生活水平。对主要由低收入者消费，或者在低收入者消费结构中所占比重较大的商品，即生存资料，课以轻税、零税，付出价格补贴，甚至免费分配的方式，降低低收入者消费成本，相对提高低收入者的生活质量。不言而喻，对消费成本的调节会使不同阶层人们的实际生活差距低于货币收入差距。

所谓调节可支配收入指通过累进税、所得税、转移支付，或者直接调节工资结构等方式，改变不同阶层人们的可支配收入结构，实现可支配收入结构的相对公平。在累进税条件下，高收入者自动适用较高的税率，低收入者只能适用较低税率，或者不缴税，其结果是相对缩小高、低收入者的可支配收入差距。如再加上贫穷救济、失业保险、收入补贴等“负税”，财政对可支配收入的矫正效应更加明显。

财政收入分配职能的作用效果主要体现在降低基尼系数上。尽管我国具有收入矫正功能的财政要素在财政分配总额中所占比重不高，但也可以体现出该项职能的存在。美国 1999 年收入最低的 20% 家庭的原始收入比重为 1.1%，税收和转移支付后可支配收入比重升至4.9%；收入最高的20%家庭的原始收入比重为54.8%，税收和转移支付后可支配收入比重降至46%。[①] 美国收入矫正系统的作用是相当有效率的。可以预期，我国财政的收入分配职能会有越来越好的作用环境和越来越明显的作用效果。

第五节

公共财政与计划（国家）财政

公共财政是与市场经济相适应的、以提供公共物品或公共服务为目的的财政模式。1998年中央财政工作会议正式提出以公共财政作为我国财政改革的目标。经过十多年的努力，我国公共财政体系建设取得了一些进展。但毫无疑问，无论是本质层面还是形式层面，我国公共财政体系建设都还存在很多缺憾，而且改革越是深入，制约我国公共财政改革的根本性因素越是凸显，推进改革的难度也就越大。

与公共财政相对应的财政模式称作计划财政或国家财政[②]。该种财政模式是与计划经济相适应的、以满足政府职能为目的的财政模式。无论是作为理论框架，还是作为制度体系，计划财政在我国财政史上稳居了40年的主导地位，它在财政运行的计划性、平衡性、统一性、集中性等方面有着非常不错的表现，至今被许多人津津乐道。但是，自从我国确立了社会主义市场经济的改革终极目标后，特别是随着市场经济改革步步深入，计划财政赖以生存的经济基础和运行环境发生了根本性变化，公共财政取代计划财政是我们财政改革的必然选择。

公共财政与计划（国家）财政之间有着广泛的区别。除去上面谈到的本质区别是存在的社会经济基础不同——公共财政是与市场经济相适应的财政模式，计划

① ［美］坎贝尔·R. 麦克南、斯坦利·L. 布鲁伊著：《经济学——原理、问题与政策》（第15版），中国财政经济出版社2004年版，第707页。

② 厦门大学张馨教授曾提出与自然经济、计划经济、市场经济相适应的财政模式应是家计财政、国家财政、公共财政。当然，也有学者对此有另外的看法，比如同为厦门大学的邓子基教授认为，与计划经济相适应的财政模式应概括为“大一统财政”。我们认为其间并无根本性区别，只是归纳的依据不同而已，计划财政是依据财政存在的经济基础，是从计划经济而来，国家财政是基于该财政模式的活动，目的是为了实现政府的职能而来，而大一统财政则是基于财政活动的边界非常广阔，而且统一性特别强烈而来。因为计划财政和国家财政的使用频率比较高，故而在此使用之。

财政则是与计划经济相适应的财政模式之外，它们之间起码在以下四个方面存在鲜明区别：

一、服务内容不同

公共财政以公共性物品为服务对象，计划财政的提供内容则涵盖所有社会物品的所有层面。计划财政最显著的特征就是无所不包。总量均衡、结构合理、社会稳定、国家安全、环境保护等宏观层面需要国家财政提供资金保证；企业投资、产品品种、供销渠道、交易价格等企业微观层面的问题，国家财政也要进行相当大程度的干预；甚至家庭收入决定、消费结构选择等个人生活问题，国家财政也有一定决定作用。之所以在计划体制下没有公共物品、混合物品和私人物品的概念之分，就是因为国家承担所有物品和服务的提供责任，各种物品基本上都取得公共物品（特别是制度性公共物品）的属性。而市场经济则不然，市场机制的作用范围天然以私人物品为界，市场机制力所不及的公共服务领域自然成为公共财政的活动边界。

二、集中程度不同

计划财政特别强调高度集中，财政分配权力由中央财政集中掌控；公共财政特别强调分级管理，地方财政有较大的财政分配权力。财政管理模式的不同，归根到底是由经济管理体制决定的。计划经济中，经济活动的责任、权力、利益高度集中于中央，作为这种体制的财力保证，也必须有高度集中统一的财政管理体制相配套，统收统支体制、集权主导型体制，甚至包括“分灶吃饭”体制等，都是计划财政的管理模式。而与市场经济相适应的公共财政，地方财政的独立性将大大增强，真正意义上的分级财政管理模式将得到确立，一级政权，一级财政，各级政府之间职责明确，各级预算相对独立，自求平衡，与此相适应的财政管理权将由各级政权分享，地方政权依法享有独立的财政立法权、举借债务权、预算审批权、预算调节权等。

三、法制化程度不同

计划财政以“人治”为主，公共财政具有高度法制性。这是计划财政与公共财政的本质区别。在计划经济时期，政府集所有权与经营权于一身，企业是政府的附属物，个人是用人单位的附属物，它们之间的这种关系，使政府的法制化管理缺乏存在的前提条件。企业向国家财政上缴收入多采用直接利润上交，税收制度大多由国务院以条例形式颁布实施，收入形式的重大调整（比如主体税种由工商统一税改变为工商税等）大多由政府直接决定，预算审批基本上流于形式，立法机关的矫正能力太差，政府有关部门的预算调整权力太大，特别是在处理国家财政与相对主体的财政关系上，财税工作人员的左右权力过大等。总之，计划财政在本质上与法制化是相抵触的。公共财政以市场经济为存在基础，企业和个人相对于国家来说，是具有独立责、权、利关系的市场主体，它们之间的所有关系，包括财政关系只能建立在法制的基础上。预算法、税法、税收征管法、行政许可法、银行法、海关法、企业法等是调整国家与相对人之间财政关系的法律规范。国家预算要由全国人民代表大会依法严格审批，收入依法获取，支出依法拨付，调整依法报批，过程依法监督，政府收支高度预算化，分配过程高度透明化。总之，公共财政与法制化之间是有本质联系的。

四、管理机制不同

计划财政的管理完全是由政府主导的，公民基本没有参与财政管理的渠道和方式；公共财政管理的本质则是公众广泛参与财政运行的监管，政府只是接受公民的委托负责财政分配的具体事务。在计划财政模式下，财政分配的计划权、发布权、调整权、评价权、监督权等几乎完全由政府掌控，甚至我国从1964年至1977年的14年间，国家预算被当成国家机密，不在全国人民代表大会上发布，不接受人大代表审议和质询。民众只有依法履行纳税的义务，却鲜有参与国家财政管理的权力，财政运行基本上在政府机构内部封闭性管理，财政活动的透明度极低，财政官员的自由裁量权太大。公共财政的本质是财政管理的公共化。财政资金的分配过程要高度透明，财政管理的主体应是国家各级权力机构，财政保障对象和保障程度要依法确定，财政监督权力要真正赋予民众，财政管理的科学性、精细性程度要大大提升。总之，公共财政应当是“谁的钱，谁决定；谁的钱，谁知道；谁的钱，谁监督”①。

---

① 厦门大学张馨教授在2009年11月29日“2009中国公共经济学论坛暨2009公共经济与管理国际会议”上的讲话。

本章小结

1. 市场经济是以市场机制作为调节经济运行主导力量的经济制度。市场经济的制度基础或哲学基础是“经济人”的存在。最富效率的市场经济只存在于完全竞争性市场。市场机制的核心内容是广义价格机制，其力量源泉则是价格分配。社会主义市场经济的特点主要体现在制度环境和社会目标两个方面。

2. 市场机制不是万能的，它存在两方面的缺陷或失灵之处：(1) 条件性市场缺陷，如竞争的不完全性、外部效应、信息不充分、交易成本、偏好不合理等；(2) 原生性市场缺陷，如收入分配不公和经济波动等。

3. 公共物品是满足社会共同需要的物品。公共物品的根本特征是效用的不可分割性，在此基础上，又有非排他性和非竞争性的特征。现实中的公共物品可以分成两类，一类是天然性公共物品，另一类是制度性公共物品。它们的共有特点是免费提供。混合物品是兼有公共物品和私人物品双重属性的物品。不同物品生产方式和消费方式的组合类型有四种，其中两种与公共物品有关。

4. 任何社会、任何国家都面临一个基本问题，即公平和效率的权衡。公平指社会收入分配结构处在全体社会成员都满意的理想状态，但需要做三个方面的补充。广义公平包括起点公平、过程公平和结果公平。结果公平的衡量指标有贫困指数和基尼系数。效率指现有经济资源的使用结果可以给国民带来最大限度的满足。效率的实现需要三个条件：(1) 人们的消费意愿的表达是自愿的和理性的；(2) 所有资源均投入使用；(3) 资源配置结构是合理的。公平和效率之间既相互依存，也有矛盾，必须求得二者之间的均衡。

5. 财政有三个职能：资源配置、经济稳定和发展、收入分配公平。资源配置职能主要体现在对外部性的矫正上。经济稳定和发展职能的主要作用方式是“自动稳定器”和斟酌使用的财政政策。收入分配职能的作用点主要是消费成本和可支配收入。

6. 公共财政与计划（国家）财政的本质区别是二者存在的社会经济基础不同。在此基础上，它们之间在服务内容、集中程度、法制化程度、管理机制等方面存在明显不同。构建公共财政体系是我国财政改革和完善的终极目标。

主要概念

市场经济　经济人　市场机制　价格机制　价格分配　市场缺陷　条件性市场缺陷　外部效应　优值品　劣值品　公共物品　免费搭车者　混合物品　公平　起点公平　规则公平　结果公平　贫困指数　基尼系数　效率　财政职能　资源配置职能　自动稳定器　自觉调节职能　收入分配职能

复习思考题

基础性思考题：

1. 如何理解市场经济的运行原理？
2. 市场机制有哪些缺陷？
3. 什么是公共物品？它有哪些特征？
4. 什么是混合物品？它的产生原因是什么？
5. 公共物品和私人物品有哪些生产与提供的组合方式？
6. 如何理解公平与效率的概念？
7. 市场经济条件下财政有哪些职能？
8. 财政的资源配置职能如何发挥？
9. 如何理解财政的经济稳定和发展职能？
10. 什么是自动稳定器？其作用原理是什么？
11. 财政的收入分配职能的作用点和作用效果体现在哪些方面？
12. 计划（国家）财政和公共财政的区别有哪些？

扩展性思考题：

1. 社会主义市场经济与西方市场经济之间有哪些区别？
2. 如何理解公平与效率的关系？
3. 如何评估我国公共财政建设的进程？

第二章

DIERZHANG

政府失灵与公共选择

本章属于财政学基本理论知识之一。本章从克服政府失灵的角度提出关于公共选择理论和操作问题。在论述内容上，本章是对上一章关于市场失灵理论的补充。学习本章的目的在于明确市场不是万能的，政府也不是万能的，两种机制必须很好地配合起来，方能实现社会经济运转的高效率。

市场机制是一架结构精巧而且富有效率的经济运转“机器”，这一点已经为几百年来市场经济发展的实践所证实，但市场并不是万能的，市场失灵的存在为政府制定经济干预政策提供了理论依据和现实基础。那么，政府决策是怎样形成的呢？决策的结果怎样呢？政府决策是否就一定是有效的，或者是否也存在失灵之处呢？能否改进政府决策机制以改善决策结果，提升决策的效率呢？传统的经济学并不研究政府行为和决策机制，将其视为经济运行的外生变量，而将这一领域留给了政治学。20 世纪 60 年代，以詹姆斯·布坎南（James Buchanan）为代表的一些经济学家开始利用现代经济学方法来研究政府的运行机制和特点，分析了包括政府失灵、政治投票机制、利益集团、寻租等一系列政府问题，形成了公共选择学派及相关理论。

本章将在分析政府与市场关系的基础上介绍政府失灵问

题，同时结合公共选择的主要理论讨论财政决策机制、财政透明度和财政监督问题。

第一节
政府失灵

一、市场经济条件下政府与市场的关系

现代市场经济条件下政府的角色已经从亚当·斯密时代单纯的“守夜人”变为一国政治稳定、经济繁荣、社会发展的主导力量，政府的职能也从一个相对比较狭小和有限的空间拓展到几乎无处不在的各个领域。谁也不能否认市场机制在资源配置和经济发展中所发挥的基础性作用，但同样也不能否认政府在社会发展全局中的主导性作用。财政学主要研究政府收支分配活动及其对经济的影响，财政行为本身是政府政治活动经济化的重要表现。因此，有必要分析现代市场经济条件下政府的功能和定位。

政府与市场在现代经济社会中究竟应当保持怎样的关系是现代经济学研究的重要领域。解决这一问题的首要方面是政府应当以怎样的深度和广度，怎样的方式和程序去干预市场，解决市场失灵。正如前面章节中我们已经讲过，市场是一只“看不见的手”市场机制是人类迄今为止所发现的最为有效的配置资源的形式，通过价格机制和竞争机制的双重作用，市场可以帮助人们实现资源的最优配置。与此同时，市场机制并不是万能的，不应当把它加以神化。由于条件性及原生性市场缺陷的存在，现实的市场经济运行中存在诸多“失灵”之处，这就为政府干预提供了合理的依据。例如，在资源配置方面，由于存在外部性、公共品、垄断、信息不对称等现象，资源配置不可能实现效率标准，政府有责任介入，以改善资源配置效率。在收入分配方面，市场经济按要素分配虽然符合效率要求，但由于个人要素禀赋、教育机会、劳动能力等存在差异，收入差距拉大是必然结果，社会最终不可避免地存在着弱势群体。因此，政府必须运用收入和支出手段，公平收入分配。在经济稳定增长方面，凯恩斯主义为政府干预提供了理论基础，主张政府在稳定宏观经济方面应发挥积极作用。因此，资源配置、公平分配和稳定经济就成为现代政府的

三大经济职能。

世界银行曾经在《1991年世界发展报告》中指出[①]，除非在特定的领域中证明政府干预会更有效率之外，应该让市场发挥作用。在公共产品方面由于私人部门经常不能胜任，政府应当进行干预，保障基本教育、基础设施、人口控制、贫困救济和环境保护的支出。当私人部门能够做好时，政府就应当放手；当私人部门失败或者不适宜时，政府就应当接手。当市场缺乏时，政府就应当培育市场，为市场成长提供合理的政策环境和必要的法规，加强产权和市场纪律。市场有自己的纪律和规则，政府不应当长期扭曲市场信号。同时，政府的干预应当简单、透明、遵循规律，而不是由官员任意决定。总之，政府对经济的干预应当适度，应该有进有退，即“有所为，有所不为”。

二、政府失灵

根据前文的分析，在市场失灵的地方需要政府介入，以便提高资源配置效率，对经济运行进行宏观调控，缓解收入分配差距。但是，只有政府进行经济干预方能弥补市场失灵的这一命题，隐含了这样一个假定前提，即似乎政府能够代表社会的利益去纠正市场所出现的过错，而且政府纠正市场的活动又不会造成新的恶果。斯蒂格利茨曾将这种推论比喻为皇帝对两个乐手的比赛作出这样的判断：“只听了第一个乐手的演奏（感到不满意），就将奖杯授予第二个乐手。”[②]

事实上，自20世纪70年代以来，政府干预经济的弊端也日益显露，理论和现实都对传统的经济理论提出了挑战。一方面，制度经济学关于市场、企业、政府都不过是交易的不同组织形式的观点，表明政府也存在某种缺陷。特别是当政府决策或集体行动所采取的手段不能改善经济效率或道德上可接受的收入分配时，政府决策的弊端就变得尤其明显；另一方面，政府在作为公共产品生产单位时，确实出现了许多诸如效率低下，财政赤字居高不下，官僚腐败等问题。由此西方经济学家和政治学家逐渐认识到，政府干预虽然在弥补市场失灵，促进平等和提高效率方面起到一定的积极作用，但由于政府本身也有难以克服的弱点和缺点，政府的行为也可能是低下的，政府干预的结果未必能完全矫正市场失灵，甚至有可能把事情弄得更糟，即存在着“政府失灵”现象。

政府失灵（Government Failure），是指个人对公共物品的需求在现代代议制民

---

① 世界银行：《1991年世界发展报告》，中国财政经济出版社1991年版。

② 阿特金森、斯蒂格利茨：《公共经济学》，上海三联书店、上海人民出版社1994年版，第11页。

主政治中得不到很好的满足，公共部门在提供公共物品时趋向于浪费和滥用资源，致使公共支出规模过大或者效率降低，政府的活动或干预措施缺乏效率，或者说政府做出了降低经济效率的决策或不能实施改善经济效率的决策。正如(Paul. A. Samuelson) 萨缪尔森所指出的："应当先认识到存在着市场失灵，也存在着政府失灵……当政府政策或集体运行所采取的手段不能改善经济效率或道德上可接受的收入分配时，政府失灵便产生了。"①

政府失灵可以概括为以下几种情况：第一种是政府干预经济活动达不到预期目标。由于缺少足够的财力资源，政府面对众多的"市场失灵"与多元化的社会发展目标，其干预行为往往顾此失彼，陷入干预不足与调控疲软的困境。第二种情况是即使政府干预经济活动达到了预期目标，但是成本高昂，造成大量的社会资源浪费。在这种情况下，政府干预不仅不能有效地克服"市场失灵"，反而加剧和引发其他矛盾，不利于资源配置的优化。第三种情况是虽然政府干预经济活动达到了预期目标，效率也较高，但却带来了其他负面效应。比如政府干预引致政策手段与宏观目标的矛盾与冲突、政府机构扩张、寻租活动猖獗等。

基于以下三点理由我们将政府失灵理论引入财政学：第一，财政行为本身是政府资金的收支分配问题，属于政府行为的核心内容，因此，"财政失灵"同样属于政府失灵；第二，所有政府职能的履行都必须通过财政分配行为加以实施，政府职能与财政职能具有高度的一致性，因此，政府失灵必然会影响到财政职能的作用效果；第三，提高财政透明度和加强财政预算监督是减少政府失灵，改善政府行为的有效方式。

三、政府失灵的表现

政府失灵的表现可以概括为以下几个方面：

1. 政府的公共政策容易受利益集团的影响。在选举政治的过程中，政治家的中心就是在选举中得到足够多的选票并在当选后仍能得到足够的支持。为了得到足够的选票，政治家（常常联合成政党）力图制订为大多数人所欢迎的政策。然而由于信息不对称，政治家或政党很难得到全体选民偏好的信息。选民们都有隐瞒自己对公共产品的偏好的动机，而一些特殊利益集团则千方百计提供制订有利于他们的政策的信息，使得政治家制订的政策并不能代表广大选民们的偏好和利益，而受

① 参见 P. A. Samuelson and W. D. Nordhaus: Economics, 16th Edition, McGraw - Hill Book Company, 1998, P769。

到了少数特殊利益集团影响。此外，政治家及政党也不是中立的。在一个腐败的政府里，他们通过直接接受利益集团的贿赂而制订有利于他们的政策。而在一个透明的政府里，他们在各种特殊利益集团的赞助下当选，为了回报赞助人，他们也会制订有利于这些利益集团的政策。因此，在西方民主制度下，通过政治程序作出的公共选择，如立法、政策方案，往往体现的是财力雄厚的极少数人的利益偏好，并不一定能代表广大选民的利益和愿望。

2. 政府行为目标的短期化和周期性。在西方民主制中，政治竞争具有周期性特点，政治家要通过选举才能当选要职，才能连选连任，即便可以连选连任，也不可能终身当政，他要受法律规定的最高连任次数的限制。这样，竞选压力和政治竞争的间断性会产生一种“政治的经济周期”（Political Business Cycle），从而必然导致政府公共决策上受短期利益影响。因此，政治家往往重视的是眼前的地位和未来的选票，国家的长远利益在他们的执政过程中容易成为被忽视的“变量”。这种短期化和周期性的特点导致政府乐于采用那些在短期内见效的政策方案，并尽量回避那些现在花费而在未来获益的，对改善国民福利更有价值的政策方案。“前人栽树，后人乘凉”的事情政治家往往是不愿意做的。

3. 政府在制定和实施公共政策时会出现低效率。本来政府介入经济活动的理由是市场失灵，但是事实说明，政府的经济干预往往并不能矫正市场失灵。例如，像失业、经济波动、通货膨胀、环境污染、生态破坏、收入和财富分配不平等这些问题，市场机制固然不能解决，但在很多情况下，政府也未必能彻底解决。有些政府可以有所作为的领域，却因为要么成本很高，要么副作用很大，致使国民最终无法接受。此外，政府与官僚主义历来是密切联系在一起的，这首先体现在政府做出一项决策要比私人部门决策慢得多，其中要经过几个时滞（Time Lags）：认识时滞、决策时滞、执行与生效时滞。任何政府公共决策都不可避免这些时滞，当针对某一问题的政策真正起作用的时候，情况已经发生了变化。官僚主义还体现在政策实施情况和最初政策意图的不一致。因为政策制定者和执行者一般不是同一个政府机构。可能纯粹由于政策意图本身的模棱两可，执行机构对政策的解释和理解不一定符合政策制定者的初衷，虽然这不一定是前者的有意所为。在更多的时候，由于政策的执行结果在很大程度上取决于执行人员的效率和公正廉明，而政府官员自己的利益或偏好与社会利益往往并不完全一致，这会使政策的执行结果大打折扣。虽然可以通过教育和监督要求政府官员克己奉公，但事实上不可能完全做到。

4. 政治决策的复杂性容易导致决策失误。政治决策程序本身的局限性也是政府不可克服的缺陷之一。现代民主制度并不能很好的实现有效的决策结果。政府决策作为非市场决策有着不同于市场决策之处。在政府决策中，虽然单个选择者也是进行决策的单位，但是作出最终决策的通常是集体，而不是个人，以公共物品为决策对象，并通过有一定秩序的政治市场（即用选票来反映对某项政策的支持来实现）。因此相对于市场决策而言，政治决策是一个十分复杂的过程，具有相当程度的不确定性，存在着诸多困难、障碍或制约因素，使得政府难以制定并实施好的或合理的公共政策，导致公共决策失误。例如，如果政府的干预方式是把价格固定在非均衡水平上，将导致生产短缺或者生产过剩；如果政府干预的政策措施变化得太频繁，行业的经济效率就会蒙受损失，因为企业难以规划生产经营活动。

5. 政府机构规模的膨胀增加财政负担。行政官员们总是希望不断扩大机构规模，增加其层次，扩大其权力，以相应提高其机构的级别和个人待遇（如更高的薪金、更舒适的办公室条件、豪华的轿车及旅游式的出差等）。在一个等级制的组织中，官僚扩大其所在机构的目标可以通过扩大其下属的人数来实现，而不管政府机构中的工作量是否增加。这就是所谓的帕金森定律。另外，为了扩大本机构的规模，每个机构的官员都挖空心思地证明本部门比别的部门更重要，以争取更多的预算，这就导致政府部门支出水平不断增长，政府提供的公共物品不断增加，有供给过多的趋势。

四、政府失灵的原因分析

1. 信息不完全。如同私营部门面临信息不完全一样，公共部门制定和实施决策时也有信息不完全的问题。例如，由于政府难以确知各个家庭的收入、财产和生活状况，这就使得政府有时候把福利给了那些不该享受这种福利的人。如果要把真正应该享受福利的人与不应该享受福利的人严格区分开来，其成本可能是很高的。由于对外部效益和外部成本难以准确测评，也可能出现政府补贴对象和标准、课税对象和税率的把握不太准确的失误。由于信息的有限性，政府即使抱着“民众利益高于一切”的目的，也难免出现决策失误，政府“犯错误”并不少见，一再修改自己的决策甚至否定过去的做法也是常事。

2. 政府官员动机偏差。政府机构中的官僚也像经济中其他任何人一样，也是“经济人”。他们在制定和执行政策中也会“输出”自己的个人偏好。研究发现，行政官员的效用函数和国民并不一致[①]，这导致他们的动机与行为方式往往会与选民的愿望背道而驰。例如，行政官僚经常努力实现其机构规模最大化，以便掌握尽可能大的预算资金支配权。如果行政官僚所管理的行政机构在其预算之内还有任意处置权，则行政官僚虽然希望出色地工作，但是他们可能更倾向于避免犯错或“明哲保身”。为此，他们制定了复杂的、拖沓的办事程序。人们并不一定认为行政官僚喜欢这种负责程序，但是该程序保证了在错误发生后，责任不会由特定的个人负责，而是由官僚阶层分担。再如，行政官僚几乎对机构创新和行政改革不感兴趣。因为创新、改革往往“费力不讨好”，而且有较大的风险，甚至失败。

3. 难以预期人们对政府决策、计划的反应。这主要表现在政府对私人市场反应的控制能力有限。政府行动的成败不仅取决于政府官员的动机，而且取决于人们所作出的具体反应。某些情况下，微观经济主体没有按照市场机制做出合乎理性的选择也可使政府政策失灵。因此，人们对政府行动的意外反应往往导致政府政策不能取得预想的结果。例如，政府通过医疗保健计划向老年人提供近乎免费的医疗保健，但是这项计划却导致老年人对医疗服务的需求大量增加，由此导致政府在这方面的开支远远高于原先所预期的水平。又如，政府给老年人提供足够的养老金会导致老年人与他们的子女“分灶吃饭”，这或是因为老年人现在有独立生活的经济能力，或是因为子女想卸掉养老的包袱。其结果是，养老金的真正受益者是养老金领取者的子女，因为他们现在无需花费养老支出。再如，政府所制定的对有未成年子女家庭的援助计划（AFDC）往往导致一些家庭解体，因为这项计划规定，接受这项福利援助的家庭必须是没有成年男子的家庭。

4. 政府行为缺乏有效竞争。由于官僚机构垄断了公共物品的供给，没有竞争对手，就有可能导致政府部门的过分投资，生产出多于社会需要的公共物品，增加了财政负担，同时由于政府各部门提供的服务是特定的，政府部门之间缺乏有效竞争，无法直接评估政府各部门内部的行为效率，也不能评价各部门间的运行效率，更难以设计出促使各部门展开竞争、提高效率的机制。另一方面，受终身雇佣等法规的保护，政府工作人员之间缺乏竞争，他们没有足够的压力去努力提高其工作效率，改善服务态度。此外，由于大部分官员和一般工作人员是逐级任命和招聘的，“避免错误和失误”便成为政府官员的行为准则。当然，在多党轮流执政的西方国

① 经济学家尼斯卡宁指出：“有几个变量可能进入官僚的效用函数，它们是薪水、公务津贴、公共声望、权力、庇护、机构的产出、变革的便利性以及管理机构的便利性。我认为，除最后两个变量外，所有变量都是机构总预算的正单调函数。”（转引自斯蒂格利茨：《公共经济学》，上海三联书店 1997 年版，第 393 页）。

家，新政府产生之前会有较激烈的竞争，不同党派会通过竞相宣传自己的执政理念和政策走向，谋求竞选成功；但一旦新政府成立，上述竞争缺乏效应也会暴露无遗。我国实行的是共产党领导下的多党合作制，没有所谓执政党和在野党之分，这就要求我们必须有更为完善、更加强势的政府监督体系，尽力缓解竞争缺乏效应。

通过以上对政府失灵问题的分析，我们可以得出这样的结论，在现代市场经济中，政府的作用固然非常重要，政府支出除了提供公共产品与服务外，在福利和收入再分配等涉及社会公平方面和减轻周期性失业方面，都起了很大的作用。但是，由于政府自身的特点，政府决策机制和政府成员个人的原因使政府干预经济在各方面均不同程度的存在失灵现象。当然，归根到底，政府失灵的领域无非是其在弥补市场失灵的过程中发生的“失灵”。值得指出的是，在承认政府存在的必要性的前提下，必须强调两点：一是政府在改进市场失灵时，不能影响经济自身效率的实现，即帕雷托最优状态。如果政府干预影响了市场机制的正常运行，则只能产生负面作用。二是政府犯错误的几率并不低于私人，由于市场存在失灵而由政府提出矫正或补偿措施，也会由于种种原因而失效。政治家为了扩大其权力范围和政府开支，往往有意夸大市场失灵，甚至创造市场不完全，这就使得“看不见的手”的作用和政府规模呈此消彼长的变化，其结果是政府干预愈多，效率损失愈大。因此，现代经济学认为，促进经济发展的最根本动力仍是市场机制，市场机制是迄今为止人类经济社会中最有效率的运行机制，政府的主要功能就是通过制度、法令和适度的经济手段保证公平的市场竞争环境，保持社会公正，保证公众的利益不受侵犯，最终还是要保证市场机制的顺利运行。

“市场失灵”和“政府失灵”这两方面的理论为我们进行的社会主义市场经济体制的建设提供了一种思考：市场和政府都不是十全十美的，我们既不能迷信市场也不能迷信政府。我们不仅要认识到“看不见的手”有其严重的缺陷，而且也应该认清“看得见的手”的不足之处。市场失灵并不意味着政府在各个方面都能成功。政府作为一个机构，同样存在着各种不尽如人意之处。问题的关键不在于要不要市场或要不要政府的问题，而在于寻找市场与政府的最佳结合点，发挥市场效率的同时，发挥政府在市场不能起作用和市场调节不到的领域所起的作用，以提高政府干预经济的有效性，尽量减轻或避免政府干预经济的失效。如果一国经济生活中出现市场失灵的种种迹象，说明政府没有起到应有的作用，干预的力度不够，或者干预手段使用不当，应当增强政府的作用；如果出现了政府失灵问题，则显然是政府干预过多，应当减少政府对经济活动的干预，让市场发挥更多的作用。

第二节

公共选择理论与公共财政

一、公共选择理论的缘起

公共选择理论（Public Choice Theory），又称“新政治经济学”（the New Political Economy），是一门介于经济学和政治学之间的交叉学科。它以新古典经济学的基本假设（尤其是理性人的假设）、原理和方法作为分析工具，来研究政治市场上的主体（选民、利益集团、政党、官员和政治家）的行为和政治市场的运行机制与特点。因此，公共选择理论是用研究经济的一系列方法来分析和研究政府政策的制定过程，是对政府决策的经济研究，或者说是经济学在政治学中的应用。就公共选择本身而言，它是通过集体行动和政治过程来决定公共产品的提供等市场失灵问题。

公共选择学派发源于20世纪40年代。英国北威尔士大学的经济学教授邓肯·布莱克（Duncan Black，1908—1991）被尊为“公共选择理论之父”，他于1948年发表的《论集体决策的原理》[①] 一文为公共选择理论奠定了基础。60年代，詹姆斯·布坎南和戈登·塔洛克[②]在美国率先推动了公共选择问题的研究。他们开始主张把政治因素纳入到经济分析之中，并强调规则和制度对经济发展的重要影响。1962年他们发表了重要的理论著作《同意的计算》，该书为现代公共选择理论的最终形成奠定了强有力的基础。1986年，布坎南因为对公共选择理论所作的杰出贡献而获得诺贝尔经济学奖。此时，公共选择理论成为各国学者分析市场失灵、政府失灵及政府经济决策等问题的不可缺少的理论方法，特别是从公共选择理论发展起来的政府理论主要用于解释政府失灵现象是怎样产生的，又如何克服这种现象。

西方传统的经济学和政治学认为，政府是由一些追求社会福利或公共利益最大化的政治家组成的，这些政治家或者如同慈善家一样，是乐善好施的；或者是超个

① 载《政治经济学杂志》，1948年2月号。

② 戈登·塔洛克（Gordon Tulloc，1922— ），美国著名经济学家，公共选择理论的代表人物，寻租理论的创始人之一。

人主义的，一心为人民谋福利。公共选择理论则认为，面对社会成员的偏好和不同的利益集团的压力，政府不可能计算出社会福利函数的最优解。政府机构的组成人员和其他社会机构的组成人员一样，都是由具有个人动机和个人利益的个人所组成的；由这些个人组成的政府自然要把个人利益带进政府和政府决策中。于是，政府失灵就是必然了。

公共选择理论将经济学的分析方法引入政治领域，主要体现在将市场经济中的“经济人”的假设引入政治决策，认为从政的人并不像传统政治理论所假设的那样，都是公益人，即都是为公共利益而献身的人。事实上，参加政治决策的个人与市场决策的个人一样都是经济人，既不更好，也不更坏。他们认为，人类社会有两个市场组成，一个是经济市场，另一个是政治市场。在经济市场上活动的主体是消费者（需求者）和厂商（供给者），在政治市场上活动的主体是选民、利益集团（需求者）和政治家、官员（供给者）。在经济市场上，人们通过货币选票来选择能给他带来最大满足的私人物品；在政治市场上，人们通过民主选票来选择能给其带来最大利益的政治家、政策法案和法律制度。前一类行为是经济决策，后一类行为是政治决策，个人在社会活动中主要是要作出这两类决策。

关于经济市场与政治市场的异同点，公共选择理论作了如下比较。政治市场与经济市场既有某些重要的相似之处，也有许多显著差异。其相似之处是：(1) 对于政府官员（作为政治市场上的公共产品供给者）和一般选民（作为政治市场上的公共产品需求者）而言，在政治市场中，当他们面临若干取舍方案需要进行决策时，也自觉地倾向于选择那些对自己更为有利的方案。(2) 公共产品供求过程可以视为对公共产品数量、质量、价格（税收）进行“讨价还价”的过程。选民希望以最小的成本换取最多的公共产品消费，政府官员则希望通过公共产品提供获得更多的好处。(3) 政治市场上也存在着竞争，正如经济市场上的竞争是生产者之间争夺消费者惠顾一样，政治家之间也要通过特定手段来赢得选民的支持。生产者向消费者提供有用的东西获得了利润，政治家向选民提供有用的公共产品与劳务以换取政治地位和选票。

但是，经济市场与政治市场也有区别，主要区别在于：(1) 相对于经济市场而言，政治市场上个人选择的结果有更大的不确定性。这是因为政治市场选择具有集体选择特点，单个个人的决策权微乎其微。换言之，政治市场的各种参与者及其行为都具有社会性特征，而这种社会性特征使得个人既无法独立改变公共产品可供选择的价格与范围，也无法直接感到个人的选择对社会的经济资源配置所产生的影响。(2) 就买方而言，经济市场的竞争是连续的，而政治市场的竞争则是间断的、按照规定的年限进行。就卖方而言，经济市场竞争的结果允许多个卖主同时存在，而政治市场竞争的结果则或是占有一切，或是一无所有。（3）政治市场上的选择具有某种内在的强制性，这是因为在少数服从多数的民主选举中，个人偏好与集体统计描述的偏好不一致时，个人偏好只能服从集体偏好。经济市场上的选择则完全是自愿的。（4）因为（1）、（2）、（3）最终导致在政治市场上，所有参与者的职责与损失是分开的，即相互关联程度很小，甚至完全脱节。这种情况在经济市场上一般不会出现。所以，应该特别引起注意的是，政治市场上经常会发生资源浪费和对决策结果不负责任的严重问题。

与传统经济学和政治学相比，公共选择理论的主要特点是：（1）试图建立一种严谨的、原理式的政府一般理论；（2）把政治看做一种个人相互交易的市场，并且用新古典经济理论对其进行分析；（3）分析有关的政治活动，通过这些分析使人们对政府产生怀疑，进而使人们相信要缩小政府活动的范围。

二、公共选择理论的财政渊源

在现代西方国家的财政学理论中，普遍吸收运用了公共选择理论，特别是其中的投票理论、官僚行为理论和公共决策理论。我国目前正在建立社会主义市场经济体制，研究公共选择理论有助于我们更深入理解市场经济国家现行政治决策机制，包括财政体制的形成机制和运行特点，从而使我国的政府财政活动尽快地纳入公共选择过程，这也是建立我国公共财政体制的必然要求。

之所以将公共选择理论引入财政学领域，其中一个重要的原因在于公共选择思想最初就产生于公共财政理论，财政理论是公共选择的理论源泉。财政理论是关于政府税收和政府支出的理论。税收和政府支出是政府或集体的活动，而不是单个的个人行为。在政府的收支过程中，消费者面对的是国家或政府，而不像在经济市场上面对的是企业。这些特点把财政学与经济学其他分支区别开来，后者大都集中研究非政府的决策人（如消费者、生产者）的活动，前者则把公共经济引入解释私人经济活动的分析体系。为此必须研究税收和支出选择的政治决策机制，而政治决策则是公共选择理论研究的主题。西方早期的公共选择思想大都来源于对公共财政理论的研究。19 世纪末，一些经济学家开始运用古典经济学的分析方法来分析决定公共活动的结构，这种分析内容构成公共财政理论的一部分。例如，瑞典经济学家维克塞尔[①]（Knut Wicksell）认为传统的公共财政理论割裂了经济学和政治学的

① 维克塞尔在他的代表作《财政理论研究》中提出了早期的公共选择思想。

联系，在他的政治的一致性原则中，他认为“如果一项公共支出要使被批准的话……一般地，它必定含有这样的假定，即这种支出准备用于一种对全社会有益的活动，并且所有社会成员都无一例外地这样认为。”① 布坎南曾经在一篇题为《公共选择与财政理论》的论文中追述公共选择理论的产生过程时说：“毫不奇怪，现代公共选择理论的主要创始人都是一些受过欧洲财政理论传统训练的经济学家。”②当然，当公共选择理论作为一个学派在20世纪逐渐形成后，它已经脱离单纯的财政领域，广泛的运用于解决财政以外的诸多问题。布坎南说：“一个偶然的机会，我拜读了维克塞尔的书，接着开始对意大利学者的著作进行了研究。这使得我的注意力从正统的财政学问题逐渐转移到了分析政治决策机构，研究宪法规则上。”③

三、公共选择理论的基本内容

公共选择理论内容庞杂，涉及政治、社会、经济、文化等众多领域问题，但对研究财政理论最有价值的内容集中在投票理论、利益集团理论、寻租理论和政府失灵理论。有关政府失灵的问题在第一节中已经有所介绍，在此仅对前三个理论给以介绍。

（一）投票悖论与阿罗不可能定理

鉴于公共物品的特殊性质，使得公共物品的供给不是通过市场价格机制把个人需求偏好直接传递给生产者，而是首先把这种偏好通过政治程序转换成公共决策，然后再通过政府行动——集体行动的集中表现——提供公共物品。在民主政治体制下，大量重要的公共产品的需求决定及其他一些公共选择，一般要通过投票机制才能最终得出结果。于是，选举和投票制度便成为连接公共物品需求者和供给者之间的媒介，也成为公共选择理论所要重点分析的问题之一。在决定公共产品需求的民主决策中，保证决策结果既有效率又尽可能地代表最大多数人的利益主要取决于投票规则。投票规则是指把个人偏好综合成集体决策的方法。在现代西方民主制度下，投票规则主要有一致同意规则和多数票规则。

按照一致同意规则（Unanimity Rule），一项政治决策或议案，须在全体投票人一致赞同情况下或在没有任何一个人反对情况下才能获得通过，即一票否决制。

---

① 参见 R. A. Musgrave and A. T. Peacock, eds., Classics in the Theory of Public Finance, London: The Macmillan Press Ltd. 1958. 89。

② ［美］布坎南著，罗根基、雷家瑞译：《经济学家应该做些什么》，西南财经大学出版社1988年版，161页。

③ 同上。

由于一致同意规则在实际实施上存在较大困难且决策成本太高，因此大多数情况下，人们选择使用多数票规则（Majority Rule），即指一项政治决策或议案只要经过1/2以上投票人赞成便可通过的一种投票规则，这就是我们通常所说的“少数服从多数”。多数票规则又分为简单多数票规则和比例多数票规则。按照简单多数票规则，只要赞成票超过半数，议案或决策就可以通过。按照比例多数票规则，赞成票必须以高于半数以上的相当大的比例（如2/3比例，3/5比例等），议案才能获得通过。

然而，人们经过研究发现，采用多数投票规则，最终的选择结果可能不是唯一的，而是完全依赖于投票过程的次序，不同的投票次序会导致不同的集体选择结果，甚至产生所谓的“投票悖论”现象[①]。我们通过以下事例来说明这一问题。

假定有三个投票人甲、乙、丙，有三个关于政府开支的被选方案A、B、C，三个人对这三个方案的偏好次序如下：

甲：$A > B > C$

乙：$C > B > A$

丙：$B > C > A$

现在开始投票表决，采用两两表决，少数服从多数的方法。

第一轮投票先就A和B两个方案表决：乙和丙都认为B优于A，于是投B的票，只有甲投A的票。于是，B方案获胜（2∶1）。

第二轮投票就B和C两个方案表决：甲和丙都认为B优于C，于是投B的票，只有乙投C的票。于是，B方案获胜（2∶1）。

第三轮投票就A和C两个方案表决：乙和丙都认为C优于A，于是投C的票，只有甲投A的票。于是，C方案获胜（2∶1）。

通过以上三轮投票表决，B方案获胜两场，所以最终的决策结果应当是B方案获得通过，而且B方案的获胜与三轮投票的顺序无关，因而此结果是均衡的。至此，一个公共选择的过程得已完成并取得确定的结果。

然而，当我们把上述案例的假设稍加修改，就会发现一个公共选择过程未必一定能够取得确定的结果。甲和丙的偏好次序不变，而乙的偏好次序修改为$C > A > B$，即：

---

① 早在18世纪80年代，法国社会学家孔多塞和数学家博尔塔就观察到多数票规则的一个重要特性——它不能在多个备选方案中达成均衡，或在各种可选择方案中形成循环。这种现象被称作投票悖论或孔多塞悖论。

甲：A > B > C

乙：C > A > B

丙：B > C > A

还是采用同样的表决方式和投票规则：

第一轮投票先就 A 和 B 两个方案表决：甲和乙都认为 A 优于 B，于是投 A 的票，只有丙投 B 的票。于是，A 方案获胜（2 : 1）。

第二轮投票就 B 和 C 两个方案表决：甲和丙都认为 B 优于 C，于是投 B 的票，只有乙投 C 的票。于是，B 方案获胜（2 : 1）。

第三轮投票就 A 和 C 两个方案表决：乙和丙都认为 C 优于 A，于是投 C 的票，只有甲投 A 的票。于是，C 方案获胜（2 : 1）。

经过三轮投票，每一轮都有一个不同的胜者，集体投票选择出现了一种不合逻辑的现象：A 优于 B，B 优于 C，C 优于 A。进一步研究，我们还可以发现，如果仅采用两轮投票，那么会由于投票次序的不同，三个方案都有获胜的可能性①。可见，如果通过主观或独断的方式来决定投票次序可以控制最终的投票结果，这显然不符合民主制度的要求，因此在多数票决策制下，可能没有稳定一致的均衡结果，这种现象被称为投票悖论或循环投票困境（Paradox of Cyclical Voting）。投票悖论现象说明，当个人的偏好不同时，任意加总或总合这些偏好时，其结果可能是不相容的。产生投票悖论现象的原因在于，投票人偏好并非都是单峰形偏好（即投票者可以将付诸表决的不同方案加以排序，只出现一个峰值），其中有些投票人的偏好属于多峰形偏好（如图 2－1 所示）。

从图 2－1 中我们可以看到，甲和丙的偏好曲线只有一个峰值，即单峰形偏好；乙的偏好曲线呈现两个高点，即双峰形特点。我们可以得出结论：如果所有的投票人偏好都是单峰形的，就不会出现投票悖论的结果。

既然多数票规则往往导致投票循环，那么，是否存在一种政治机制或社会决策规则，能够消除这种投票悖论现象呢？换句话说，在民主社会里，能否找到一种投票程序，它所产生的结果不受投票顺序的影响，同时又能将所有个人偏好转换为一种社会偏好呢？美国经济学家阿罗（Arrow）通过研究得出结论：不可能存在一种能够把个人对 N 种备选方案的偏好次序转换成社会偏好次序，并且能准确表达社会全体成员的各种各样的个人偏好的社会选择机制。这就是阿罗不可能定理（Ar-

① 如果只采用第一轮和第二轮投票，那么 A 方案胜出；如果只采用第二轮和第三轮投票，那么 B 方案胜出；如果只采用第一轮和第三轮方案，那么 C 方案胜出。

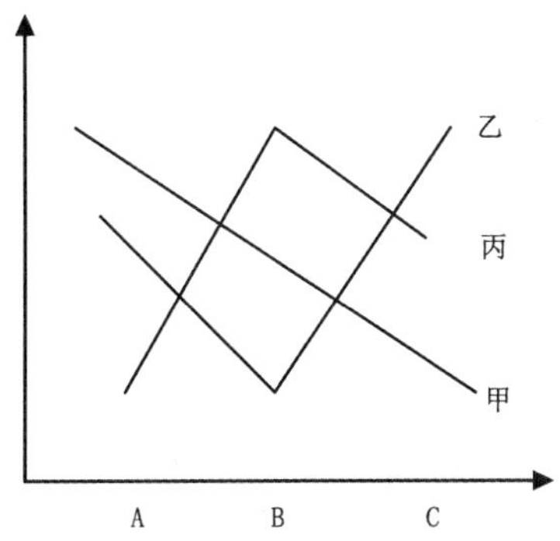

图 2－1　单峰形偏好与多峰形偏好

row's Impossibility Theorem)[①]。

阿罗不可能定理有一个重要的含义，即虽然人们经常有意无意地给政府提出很高的要求，但事实上政府不可能像人一样理性，不可能做到行动的前后一致，更不可能比人更英明。

（二）利益集团理论

在西方政治学中，利益集团（Interest Group）又称压力集团（Pressure Group），通常被定义为那些有某种共同的利益目标并试图对公共政策施加影响的个人的有组织的实体。利益集团（或组织）的存在是为了增进其成员的利益，有共同利益的个人或企业所组成的集团通常总是具有进一步增进这种共同利益的倾向，个人可以通过代表其利益的集团来实现或增进他的个人利益。例如，工会的目的是为了给工会会员争取更高的工资和更好的工作条件，农场主协会谋求的是对农产品价格进行保护的法律和政策。

传统理论认为，理性的经济人可以通过纯粹个人的、没有组织的行动来有效地增进其个人利益。但是，公共选择理论认为，如果仅仅依靠没有组织的个人行动，要么根本无法增进共同利益，要么不能有效地增进共同利益。特别是在社会经济变得复杂多变、政府经常干预经济的情况下，人们就会不断提高对集体行动的需要。于是，理性的经济人便通过结成利益集团来追求和实现他们的共同利益要求。集团或组织的存在是为了谋求个人不能通过它的纯粹个人行动来增进的那一部分利益。这种理论还认为，社会中的每一个人总要归属于某一个或几个利益集团，由于这些

① 阿罗提出了完善的社会抉择原则和手段应满足以下五个条件：（1）个人偏好排序的普遍相容性；（2）社会评价与个人评价正相关；（3）不相关选择对象的独立性；（4）不受限制的范围；（5）非独裁性。

利益集团的目的各不相同，于是在这些利益集团之间产生竞争，而错综复杂的社会政治活动就源于这种竞争的压力。

不过，公共选择理论在承认利益集团有增进共同利益的作用的同时，也注意到各种社会组织采取集体行动的目标几乎无一例外地都带有重新分配（而不是增加）现存财富的色彩。因此，利益集团对经济生活还会产生以下两类负面影响：一是利益集团的分利行动不但降低了社会的经济效率，而且降低了经济增长率。例如，某些利益集团为了维护其成员的利益，往往要人为地阻碍新技术的开发和应用，阻碍经济改革，阻碍资源的自由流动和资源的重新配置，由此导致经济增长停滞；二是利益集团的分利行动还给社会生活带来许多额外成本。例如，普遍性的利益集团院外游说活动，增加了立法的复杂性，社会要为此付出更多的管理成本。

（三）寻租理论

寻租理论也是公共选择理论中的热点内容。所谓“寻租”（Rents - seeking），或称为“直接非生产性寻利”（Directly Unproductive Profit - seeking，DUP），是指为了维护既得利益，为了取得垄断利益，或对既得利益进行再分配的各种非生产性活动。寻租活动往往是和利益集团联系在一起的，即个人和单个厂商通常是通过他所在的利益集团从事寻租活动。

“租”或“经济租”，原指一种生产要素的所有者通过垄断地位所获得的收入中超过这种要素机会成本的剩余（或超额利润）。这种超额利润，不同于企业家创新后短期内获得的超额利润，后者被视为创租（Rent - creation），是合法活动。

寻租本身是一种社会内耗，其社会成本相当高：（1）它使有限的经济资源被用于非生产活动；（2）竞争性寻租进一步导致社会资源的浪费；（3）限制寻租活动也是有成本的，最后导致社会资源的空耗，影响整体经济发展。寻租活动易导致国家经济利益为少数人所获得，政府腐败也由此产生。

公共选择理论研究寻租问题的重要意义在于：（1）一国政治制度与经济发展之间存在着密切联系，寻租活动对一国政治制度廉洁与否、效率与否会产生直接影响。（2）寻租活动关系着经济发展的水平、绩效，这是因为寻租活动与腐败现象的程度，通过经济制度的传导，影响着社会经济运行的交易成本。（3）寻租活动的基本路径是通过政府和政治过程进行的，因此限制寻租的主要办法就是限制政府。（4）国与国之间的经济发展水平的差异，往往也可以通过政治制度的廉洁程度予以说明。

寻租理论认为，一个人在为社会提供某种角色或服务的时候，不可能不考虑自身的经济利益，对多数人来说，通常是在理性支配下追求自身收益的最大化。如果这些人拥有了公共权力的话，少数意志薄弱者就极有可能通过公共权力的行使，实现权钱交易，用公共权力在市场中寻找租金。这被西方普遍形容为“权力寻租”。因此，公共选择理论得出的结论是：政府及其公共权力的行使者，一定要最大化地减少政府对市场活动不必要的干预，更好地发挥市场自身的功能，否则就可能大大增加权钱交易的机会和可能。

四、财政决策的公共选择问题

由于财政问题本身的某些固有属性，决定了大多数财政决策都可以吸收和借鉴公共选择理论。财政，如果从字面意义上去理解，似乎可以理解为它是一种“公共理财行为”或“公共理财的政治”。由于财政是以国家政权为依托，为实现国家职能的分配活动，因此财政分配活动是国家政治行为经济化的集中体现，也是国家政治行为与经济行为的最重要的结合点。财政通常是国家利益、民众利益的最直接代表。而公共选择理论恰恰是用经济学的方法来解决政治问题的理论。这样，作为经济学分支的财政学就与政治学结合在一起，财政决策也就成了财政的公共选择问题。例如，公民对财政问题的偏好如何正确地充分地表达出来？如何根据公民对财政问题的偏好做出正确的财政决策？何种政治投票的原则、制度有利于全民正确表达财政偏好即形成正确的财政决策？阶级、利益集团、政党、政府在反映公民财政偏好及确定执行财政决策中的作用。财政的公共选择问题还具体体现在以下两个方面：

1. 从单纯的经济角度考虑，公共产品的供给是资源配置领域市场失灵的重要表现，政府提供公共产品的过程实质上是财政归集社会资金（主要是税收）提供公共产品的过程。传统的经济学已经解决了公共财政提供公共产品的理论问题，然而，公共财政如何实现公共产品的提供，以怎样的方式和程序提供，提供怎样的数量和结构？同时，在政府官员也是“理性人”，行政官僚和社会民众目标函数并不一致的情况下，怎样保证公共财政在提供公共产品时不输出政府自身的偏好？这些问题的解决恐怕都要借助公共选择的分析工具。从另一个方面讲，公共选择所作出的决策内容大都与公共产品的提供有关。从现实的角度讲，公共产品的财政供给问题由社会公众通过公共选择来民主地决策，其效率要高于少数政府官员的单边决策。因此，市场经济下的公共财政不仅是提供公共产品的财政，更是公共选择的财政。

2. 从财政管理的角度分析，财政部门本身也属于政府行政管理部门，因此政府失灵的情况同样也存在于各级财政管理活动中。财政是以国家为主体的分配活动和分配关系，财政管理机关则是集中性社会资金的分配主体，其垄断着集中性社会资金的分配权。因此，在相关监督机制不健全的情况下，财政管理主体可以通过这种垄断的权力取得内部利益集团的相关利益，这种利益既可以表现为财政管理机关的部门利益，也可以表现为财政管理机关的内部利益（如中央财政与地方财政之间的利益博弈）。此外，相关政府官员也可以利用这种权力进行寻租活动或为自己的升迁铺平道路，西方国家政府领导经常出现的财政丑闻概出于此。社会民众与政府财政的关系类似于一个股份公司，民众是广大股东，议会是董事会，政府（财政）是经理。股东对经理实行激励与约束促使经理与股东的目标函数一致。但由于信息的不对称、委托的链条太长，以及激励约束不够等原因，经理在经营过程中也会违背民众的意愿，实现自身的利益。解决这一问题的途径除了减少政府对经济的干预之外，最重要的一个方面就是引入公共选择机制，建立民主的、有良好监督的公共财政，即实现财政管理的公共化。从这个意义上讲，公共财政的发展过程就是财政管理公共化程度不断加深的过程，其实质也是一个公共选择的发展过程。

第三节 财政透明度与财政监督

公共选择理论认为，在现行的民主制度下，没有一种选择机制可以称得上是最优选择机制或最有效率的选择机制。既然政治市场上现行的选择机制是失灵的，那么出路何在？公共选择理论为此提出了两条思路：其一是市场化改革，其二是宪法制度改革。所谓宪法改革，是试图通过建立一套经济和政治活动的宪法规则来对政府权力施加约束，通过改革决策规则来改善政府行为。这一点具体在财政活动方面，就是对提高财政透明度和加强财政监督提出了要求。

一、财政透明度的必要性

财政透明度最初在欧盟国家得以强调和执行。由于担心其中一国不良的财政政策造成的后果将成为其他国家的沉重负担，在面临各成员国为实现《马斯特里赫特条约》规定的财政目标而有可能大造假账的严峻形势下，欧盟国家首先对财政透明度问题进行了讨论，并将其作为加强财政管理的首要目标。一些经济转型国家，如东欧各国，在转型过程中出现了严重的贫困问题，公众和一些非政府组织将解决此问题的希望寄托于预算改革，迫使政府增加财政透明度和民主参与度。

根据国际货币基金组织《财政透明度手册》的定义，财政透明度是透明度问题在公共财政领域中的延伸，是一个与公司财务透明度相对应的概念，其主旨为：向公众公开政府的结构和职能、财政政策的意向、公共部门账户和财政预测（Kopits 和 Craig，1998）。修订的《财政透明度手册》（2001）指出，财政透明度应遵循四项基本原则：（1）作用和责任的澄清。涉及政府的结构和职能、政府内部的责任以及政府与经济中其他部门的关系。（2）公众获得信息的难易程度。强调在明确规定的时间公布全面财政信息的重要性。（3）预算编制、执行和报告的公开。涉及提供关于预算程序信息的种类。（4）对真实性的独立保证。涉及数据的质量以及对财政信息进行独立检查的需要。因此，财政透明度的核心是要求以及时的、系统的方式对所有相关的财政信息（包括预算信息）的充分披露，包括用来编制预算的经济假设、政府资产和负债、税式支出以及对数据可靠性的建议。

经济学中将存在"信息不对称"的状态定义为"缺乏透明度"、"不透明"（Geraats，2002）。这意味着透明度的提高，将改善各种经济主体往来关系中所存在的"信息不对称"、"信息不均"现象。财政透明度是博弈均衡在财政管理活动上的体现。在这个博弈局中，政府和国民是一对利益相悖的博弈战略行为人。通过演绎推理或者是向其他国家的最佳实践学习，政府往往可以发现更好、更透明的公共治理方式。但作为一个行为主体，政府也不愿意因改善公共治理而失去对资源的自由支配权。国民作为此博弈的另一极战略行为人，为了促进政府更透明、更规范地使用财政资金，更高质量地提供公共产品与服务，将不断地重新评价和试图修正现有的公共治理政策。通过政治市场上的讨价还价，财政透明度制度不断演进，实现着从一个财政管理活动的点状均衡向另一个更优点状均衡的迁移。

公共财政所要解决的一个重要问题是公共资金投入与政府责任归属，其目的是以政府行政绩效作为公共资金分配的直接依据。在具体的财政活动中，政府行为与财政资金分配的关联很大程度上要归结于财政透明度。因此，财政透明度既是政府内部各机构行政行为绩效公平考核的制度条件，也是政府外部（社会公众）进行财政监督的基础条件。提高财政透明度对政府有效的公共治理将产生一系列积极作用。

首先，提高财政透明度，通过政府对公众和公众对政府之间的信息交流的公开性、及时性和充分性，减少信息不对称，而且促使政府对公众提供公共服务的方式、数量和质量发生根本性转变，从而提高政府的回应力，增强政府的合法性，提高公共服务的质量和效果。

其次，财政透明度是增强政府责任意识和社会公众监督意识的“双刃剑”，最终效果便是增强了财政资金使用效率，提高了政府行为的绩效。“各机构应对其征收或使用的资金负责[①]。”财政透明度的一个重要特点是借助财政信息公开所有政府活动。由此，政府一切行为成为“阳光下的行动”。这对政府责任意识是一个有力而有效的鞭策。同时，对于社会公众而言，只有建立充分透明化的政府治理和财政制度，才能使公众在广泛参与政府治理过程中形成制约和监督的力量。

最后，提高财政透明度，通过政府合理的决策程序，增强与公众信息交流的“诚实性”和“共同理解性”，以促进政府组织决策系统的科学化。根据透明度理论的解释，政府与公众之间的信息成功交流的关键在于双方之间能够真正理解，为了真正理解需要对信息进行加工、组织、压缩、简化；在信息加工过程中，过滤、消化和吸收信息的功能，则决定了信息的使用效率。

二、财政透明度的基本要求

财政透明度要求向公众最大限度地公开关于政府的结构和职能，财政政策的意向，公共部门账户和财政预测的信息，并且这些信息是可靠的、详细的、及时的、容易理解并且可以进行比较的，便于社会公众准确地估计政府的财政地位和政府活动的真实成本和收益。George Kopits 和 Jon D. Craig（1998）从制度透明度、会计透明度、指标与预测的透明度等三个方面对财政透明度的要求进行了详细说明。

1. 制度透明度。对政府财政行为进行全面制度界定，包括公开政府的结构及功能，对公共部门和私人部门要有清晰的界定；公开预算过程，解释预算方案的财政目的和优先顺序、披露绩效评价和财务审计结果；税收方面，强调公民纳税要有明确的法律基础；公开政府管制的成本估计等。

2. 会计透明度。向公众详细披露有关财务信息，包括各个政府部门的明细报表、部门之间的资金往来等。政府预算报告的财务账目范围应包括中央政府和地方政府在内的一般政府基金和社会保障基金等预算外基金以及公共企业的准财政活动。他们列举了一些提高会计透明度方面的必要措施，主要是按照权责发生制记账（以弥补收付实现制只着眼于现金流的不足）、准确评价政府资产和债务（金融资产）、公开年度支出的各个经济主体和用途的细目，公开年度收入细目等。

3. 指标与预测的透明度。政府不仅要公布与财政平衡相关的若干指标以及政

---

① 国际货币基金组织：《财政透明度手册》，P26，www.imf.org/external/np/fad/trans/chi/manualc.pdf。

府总负债和净负债等与财政相关的指标，而且还应公布对一些财政分析性指标的测算，包括结构性和循环性的财政平衡、财政的可持续性（稳定债务的基本水平）、未设偿债准备金的政府债务净值等。他们指出，要实现短、中、长期财政预测的透明，就应尊重事实，明确区分基本情形（政策未发生变化的情况下）和政策发生变化时的情形。

此外，财政透明度的提升还需要一系列基础性工具，构建财务和政务两个信息平台。

1. 财务信息平台：

（1）会计制度：应当建立、全面统一的会计制度，为评估收付提供可靠的基础。这是财政透明度的一项基本要求。会计制度应以现有的内部控制体系为基础，能够在承诺阶段获得并记录信息，编制收付报告，及时涵盖所有由外部融资的交易并保持对实物援助的记录。会计制度的最佳做法是按权责发生制进行核算和报告，并编制现金报告。

（2）政府财务报告制度：政府的综合年度财务报告（CAFR）对于政府的财务管理者至关重要，它是财政透明度的具体表现形式。从政府的综合年度财务报告中可以获得有助于计划、控制以及评估财务业绩的大量信息。它可以正式地传播政府财务状况信息、运作结果、现金流量以及预算的执行情况，便于立法机构和监督机构制定政策，公众（社会媒体）进行投票和经济决策。

（3）政府财务管理信息系统：政府财务管理信息系统是现代信息技术在公共管理领域的最佳应用平台。它可以使公共预算采用更有效率的方法，并构建一个可以发挥电子商务、互联网优势来降低行政管理成本和增强民众支持度的信息技术密集的财务系统。

2. 政务信息平台：

（1）电子政务：电子政务的本质是运用先进的信息技术对现有的行政管理体制、政府组织结构和工作流程进行全面优化和改造革新，以便更好地向全社会提供高效优质、规范透明和全方位的管理与服务。它是现代政府管理观念与信息技术融合的产物。电子政务并不是将传统的政府管理和运作简单地搬上互联网，而是要对现有的政府组织机构、运行方式、行政流程进行重组和再造，充分提升行政透明度。

（2）政府决策组织系统：政府决策组织系统是行政决策信息收集和决策过程的组织载体。实现政府决策的科学化不仅要求组织系统的中枢机构、咨询机构、信息机构和监控机构的设置完整、功能齐全，而且要求机构之间运转协调、结构合理、沟通畅通。通过构建网络化政府，利用信息技术改变传统的科层管理，减少中间管理层，使决策组织体系趋于“扁平化”，使政府能够及时了解社会的动态与意图，有利于决策民主化和透明度的提高，有利于提高治理过程中政府与企业、中介和公民的协同性。

三、财政监督与财政管理公共化的路径选择

公共财政首先是财政管理的公共化，加强对政府财政行为的监督和制约。有学者认为，我国的政治制度是按民主集中制原则组织起来的人民代表大会制度。这种制度不同于西方国家的普选制、议会制、三权分立制和多党制。因此，公共选择理论与中国和中国财政的关系不大。但是，这并不能说明我国当前的财政管理和财政决策机制就是最优的，最有效率的。中国改革的目标是建立社会主义市场经济体制，就市场这种基础性的资源配置方式而言，中国与西方国家是一样的。建立在市场经济基础之上的财政体制和模式也有共同的地方。因此，借鉴公共选择理论，完善我国的财政管理和财政决策机制，逐步提高财政透明度，加强财政监督，扩大财政决策的民主化是理论和现实的客观要求。

公共选择机制本质上是一种把社会成员的个人偏好转换成社会公共决策依据的机制，这种机制在多大程度上显示个人的真实偏好直接影响着决策的效果和资源配置的效率。

我国传统的计划经济体制中的资源配置的基本依据是，经济社会必须为满足社会成员的“有益需求”① 而生产“有益产品”。该依据的哲学基础是“家长主义”，即认为普通消费者个人对于产品和服务的价值判断往往不可靠、不合理，因而需要一批（组成政府的）具有适当能力的人（计划者）来制定“有益需求”和“有害需求”的标准，然后根据这些标准配置社会资源并组织各项生产活动。于是，计划经济体制下，政府财政活动的基本目标被确定为满足经济社会的有益需求，并且要直接插手社会经济的生产、再生产过程以实现全社会经济资源的合理配置。传统的社会主义财政的上述特点还产生于这样的一种观念，即受过良好教育并有较高职业技能的政府官员可以掌握更多的信息，可以在经济活动过程里做出比消费者个人决策更优的判断，从而以政府偏好代替消费者偏好具有更大的合理性。因此，在上

---

① 按照美国经济学家理查德·A. 马斯格雷夫的观点，有益型公共需求被定义为这样的一种需求：“它们反映统治阶级的偏好标准并强加给个人消费者。”（《比较经济分析》，上海人民出版社、上海三联书店1996年版，第7页）。

述思想指导下的计划经济体制下政府的一切活动，包括经济活动完全是通过强制性的行政命令方式进行的。财政管理和决策机制也不存在将个人偏好转化为最大化的社会公共偏好的问题。甚至财政活动可以不考虑个人偏好和任何经济规律的制约，政府也不必将财政收支情况向社会公众公开。民众对财政行为的合理监督与财政民主的要求也因政府在经济生活中的特殊地位而难以实现。

我国已经初步建立起公共财政的基本制度框架。公共财政是国家或政府为市场提供公共服务的分配活动或经济活动，它是与市场经济相适应的一种财政类型和模式。以市场的资源配置基础作用决定了公共财政的作用领域只能是市场失灵的领域，用一句通俗的话来说，就是“市场能做的，政府就不要去做；市场不能做的，政府就要去做”。政府及其财政只能做市场不能做而又需要做的事，只能站在市场活动之外去为所有市场主体的活动提供服务，从而表现出是一种“公共”活动。因此，公共财政的这一重要特征决定了公共财政应当通过某种公共决策选择机制将个人偏好和个人决策表达为一种社会的偏好和公众的决策。这恰恰是公共选择的作用机制。因此，我国的公共财政应当也必然是公共选择的财政。公共选择财政的前提便是通过提高财政透明度，完善财政决策程序，加强财政监督，提高公共财政民主化的程度。从我国的现实情况看，在财政体制改革中引入公共选择理论的某些作用机制将对建立和逐步完善我国的公共财政体制起关键作用。主要可以从以下方面着手：

1. 强化国家权力机关对财政行为的监督和约束。在财政监督工作中，中央及地方权力机关要采取听取财政工作汇报、审议、视察检查、撤销违法的财政法律文件和规范性文件、述职评议、质询、罢免、特定问题调查等方式进行监督，做到充分行使职权，依法办事，把对事的监督与对人的监督结合起来，提高监督的实效。同时，要借助审计信息，弥补自身监督手段的缺陷和力量的不足。目前，尽管宪法赋予了人民代表大会在财政活动上的根本权限，但除了相关税法和财政立法工作之外，日常的、例行性的对财政决策的监督活动还有待加强。即使每年都要经过人代会审议的预算报告也存在诸多问题。这主要表现在：（1）中国的预算年度自公历1月1日起，至12月31日止。国家预算经全国人大批准后才能施行，时间一般是在每年的3月份。这就使得预算的执行部分成了既成事实，批准与否都不会影响政府开支。而有些地方的预算更是要到四、五月份才能完成批准的程序。因此，应当修改预算法，变更预算年度，改变各级财政运行的原则，例如，可以实行跨年度预算，每年的4月1日至来年的3月31日为一个预算年度。这可以体现财政运行的法制性，从根本上明晰政府的收支行为。（2）社会公众对财政资金的有效监督存在一个基本前提，那就是所有政府资金纳入预算管理。而我国目前有相当部分的财政性资金游离于预算管理之外，这使得公众对财政活动的监督大打折扣。因此，“全口径”预算管理是财政有效监督的必要前提。(3) 目前的预算法有一个重要的缺陷就是对预算失误，没有做任何追究与处罚的规定。从资金的审批、拨付到使用，任何人都不需承担法律责任，这就造成了部门敢开口，有权力的敢批，拿到钱的敢用。(4) 预算的透明度不高，预算报告不够细化。比如一些地方预算中的待安排项目及预留资金多达上百亿元，经人代会审议整体通过后，具体怎么花，政府或财政部门事实上就拥有了决定权。而在国外的议会中，财政监督是一项日常工作，例如美国国会的会计局，人数达到2500人。还需要设立预算委员会、拨款委员会等机构，在议会授权下，对预算以及每笔拨款，行使审批和监督权，大的拨款支出，则还需进行议会辩论和投票。

2. 逐步建立社会公众对政府财政决策的参与机制和利益表达机制。缺乏社会公众对政府财政决策的社会约束和监督机制，是我国财政活动效率不高的原因之一。以满足社会公共需要为着眼点的公共财政，带有明显的“公共性”特征。政府受公众的“委托”筹集财力，并按照社会公共的意愿来安排使用这些收入。这个过程是一个集体行动和集体决策的公共选择过程。从目的到手段的整个过程都应体现社会公众的偏好和意愿。但政府机构不是抽象的，也是由一个具有自我利益的个人组成的，他们不是道德的圣人，也不是无所不知的超人，要使他们的行为始终不偏离公共目的，就必须把他们“花钱”的行为让社会公众了解，让社会公众来制约、监督，需要一整套贯穿于整个财政运行过程的规则和制度来约束，只有这样，才能克服徇私枉法、贪污腐化，保证其产生最大的社会效用和配置效率。因此，在完善公共财政体制框架的过程中，要通过公共选择机制逐步建立社会公众对财政决策活动的参与机制和利益表达机制。提高财政收支运作的法制化，财政收支决策的科学化，财政资金使用的透明化，最终使财政活动高效化。

3. 要逐步建立和完善财政管理机关内部的约束机制。目前我国政府机关，包括财政管理机关在从事公共经济活动中，还存在某些不规范和无约束问题，例如，财政活动中的“诸侯经济”，地方政府的乱收费、乱摊派问题，预算外资金和制度外资金问题等。这些问题的解决必须从整治、约束、规范财政管理机关自身的行为入手，有些也必然牵涉到政治程序和具体财政制度的改革。这其中非常重要的一方面就是要对财政管理部门行政人员政绩考核标准的改革和完善。因为财政管理机关是财政工作的主体，他们对公共资源配置起着重要的作用。在承认其人员存在自身利益的前提下应当通过建立相应的财政问题集体决策的制度，专家咨询的制度，责任追究制度来规范、约束、监督其行政行为，从而使财政管理活动合理、合法，程序完备，公开、公正、廉洁高效、责权统一。应当尽量减少财政决策中的有法不依、有章不循的现象，对个别政府官员主观随意决策，乱批条子、乱上项目而导致财政的损失进行责任追究。因此，形成对政治权力运作的根本约束限制机制及其相关的政治制度与程序，是确保财政运作符合市场根本要求的关键所在。

本章小结

1. 市场不是万能的，市场失灵的存在为政府制定政策干预市场经济运行提供了理论依据和现实基础。然而，政府在干预经济运行解决市场失灵的过程中也存在诸多缺陷。政府失灵意味着公共部门在提供公共物品时趋向于浪费和滥用资源，致使公共支出规模过大或者效率降低，政府的活动或干预措施缺乏效率等等。

2. 政府失灵主要体现在：政府的公共政策容易受利益集团的影响；政府行为目标的短期化和周期性；政府在制定和实施公共政策时会出现低效率；政治决策的复杂性容易导致决策失误；政府机构规模的膨胀导致增加财政负担。而导致这些问题产生的原因主要是：信息不完全；政府官员动机偏差；难以预期人们对政府决策、计划的反应；政府行为缺乏有效竞争等。

3. 以政府失灵为理论分析起点，西方兴起公共选择理论。公共选择理论是一门介于经济学和政治学之间的交叉学科。它以新古典经济学的基本假设、原理和方法作为分析工具，来研究政治市场上的主体的行为和政治市场的运行机制与特点。公共选择理论的主要内容有：投票理论、利益集团理论、寻租理论和政府失灵理论。

4. 公共选择理论针对政府失灵所提出的加强对政府行为的约束在财政上具体表现为提高财政透明度，加强财政监督。公共财政的公共性决定了财政问题也是财政的公共选择问题。提高财政提供公共产品效率需要进行公共选择；财政部门本身作为政府部门同样需要引入公共选择机制以加强监督，而这些都必须建立在财政透明度提高的基础之上。

主要概念

政府失灵 公共选择理论 一致同意规则 多数票规则 投票悖论 阿罗不可能定理 利益集团 寻租 财政透明度

复习思考题

基础性思考题：

1. 政府失灵的含义是什么？在现代经济社会中，政府失灵的表现有哪些？
2. 简述公共选择理论的含义及其主要内容。
3. 政治市场与经济市场有哪些重要的相似之处和区别？
4. 与传统经济学和政治学相比，公共选择理论的主要特点是什么？
5. 什么是投票悖论与阿罗不可能定理？
6. 什么是寻租？寻租的社会成本表现在哪些方面？
7. 如何理解公共选择理论与公共财政的关系？

扩展性思考题：

1. 解析抑制政府官员寻租和行政管理体制改革的关系。
2. 怎样利用公共选择理论建立和完善我国的公共财政体制？
3. 如何循序渐进地推进中国财政透明度的改革？

第三章

DISANZHANG

财政分配关系

本章也属于财政学基本理论知识之一。本章主要提供关于政府财政分配关系体系方面的知识。在浩繁的财政实践活动中，这些分配关系是财政分配工作的基本脉络。掌握处理各种分配关系的基本理论知识，为做好我国的财政分配工作提供直接的理论指导，是本章的主要目的。

财政分配在形式上表现为一种货币收支运动。财政收入是一部分国民收入流进国家财政手中，财政支出表现为一部分国民收入从财政手中流出。但是，财政分配的本质是所有财政分配的当事人（包括直接当事人和间接当事人）之间的分配关系。因为财政分配活动的存在，不仅部分社会主体和国家之间的分配关系发生改变，而且他们各自之间的分配关系也得到调整。全部财政分配工作的核心就是如何正确处理所有财政活动当事人之间的分配关系，以图形成最大合力，推动社会经济的发展。现代市场经济环境下，政府财政的分配关系表现为两个方面，一是财政与经济活动中各微观经济主体的分配关系；二是公共部门（包括财政部门）内部以财政资金为纽带的分配关系。为了更形象地了解财政分配活动，我们可以借助下面这个市场经济运行图，如图3－1所示。

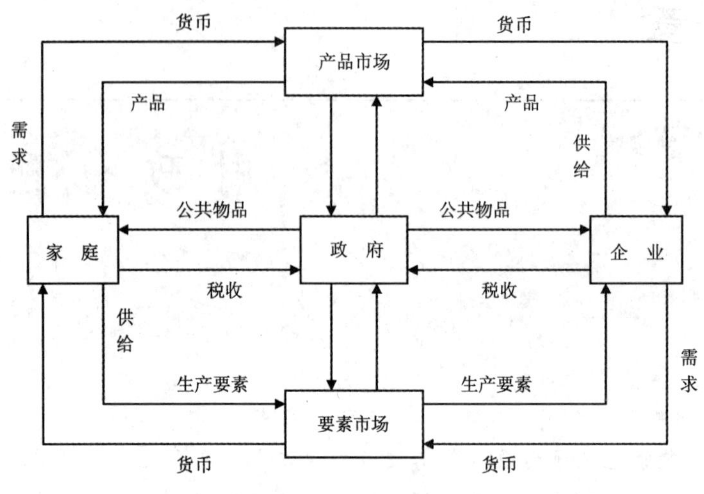

图 3－1 市场经济运行图

第一节

政府财政与企业之间的分配关系

一、市场经济中政府与企业关系的定位

企业是从事生产、流通与服务等经济活动，以生产或服务满足社会需要，实行自主经营、独立核算、依法设立的一种盈利性经济组织。企业通过各种生产经营活动提供满足社会公众物质和文化生活需要的产品和服务，它是市场经济中最基本的微观经济主体，也是市场竞争的主体。由于社会经济活动的主要过程，即生产和流通，都是企业来承担和完成的，离开了企业，市场就成了无源之水，无本之木。因此，企业的景气指数往往成为社会经济发展的“晴雨表”。

在市场经济中，政府与企业分别扮演者不同的“角色”，发挥不同的功能。

从企业的角色来看，企业的生产经营活动主要以市场为中心，围绕市场这个轴心运行。企业的生产要素（包括劳动力、资金、技术等）主要从市场上获得，企业生产什么，生产多少，根据市场需要进行安排和决定。市场的需求状况直接决定企业生产经营的好坏，企业按市场竞争法则优胜劣汰。从企业含义来看，它必然是以盈利为目的的经济实体，它的最基本职能就是生产社会所需要的，并能在生产过程中向社会需求量最大，且利润最高的组合点靠拢，从而达到资本化加速之目的。但其实现资本化与促进社会福利增长的前提是：企业必须成为自主经营、自负盈亏、自我发展、自我约束的经济实体。

从政府的角色来看，政府职能与企业职能的区别主要表现在宏观层面上，政府主要负责具有战略性、全局性、方向性、社会性的工作。具体来看，要保证社会总需求与总供给的平衡，制定战略目标与实施步骤；根据社会发展调整产业方向与结构，制定产业规划与产业改革；制定、实施税收与金融政策，并调节个人收入分配和地区之间的经济不协调；通过制定相关法律法规维护市场公平竞争，对市场行为加以监督和制约。总之，以有利于微观运行为特征的整体性设计是每一个国家政府所不能逃避的责任。

政府与企业的关系在我国经历了一个历史演进的过程。在计划经济体制下，企业隶属于政府部门，政府各部门直接干预企业的产供销和人财物，完全代替了市场的功能。建立社会主义市场经济体制需要“政府运用经济手段、法律手段和必要的行政手段管理国民经济，不直接干预企业的生产经营活动”①。根据政企分开的原则，转变政府职能。“政府的经济管理职能要真正转到制定和执行宏观调控政策，搞好基础设施建设，创造良好的经济发展环境上来，使不应由政府行使的职能逐步转给企业、市场和社会中介组织”②。从而为企业创造一个公平的竞争环境，使企业的行为符合社会的需要。

现代市场经济中的政府与企业的关系我们可以归纳为以下四个方面：（1）征税人与纳税人的关系。这对于国有企业与私有企业都是一视同仁的，至于战略上的问题可以通过转移支付或通过调节税收来完成，但绝非行政上的关联；（2）债权人与债务人的关系。不论政府是以贷款投资形式或以其他形式出现，政府都是一个人格化的实体，企业决不能依赖以往对政府的无限责任制来转移投资形式；（3）监督人与被监督人的关系。企业必须在法律许可与政府政策允许的范围内活动，否则政府会通过行政的或法律的、经济的等手段对其进行必要的惩罚。当然政府有时并不直接干预，它还可通过中介性、社会力量来实现自己的监督人的目的，同时政府行为也必然受到企业与社会力量的监督；（4）服务人与被服务人的关系。

---

① “中共中央关于建立社会主义市场经济体制若干问题的决定”，《经济日报》，1993年11月17日。

② 谢庆奎：“政府职能转变的涵义”，《经济日报》，1993年5月13日。

政府为了实现其经济社会发展的目标，有必要也必须为企业创造一个有利于发展的环境条件，例如抑制垄断、打击非法交易、创造平等竞争机会、提供社会保障制度等等①。

上述四个方面的关系反映了政府针对企业的四个方面职能，而政府职能的履行又必然涉及财政资金的运行。因此，可以说财政分配活动是保持上述关系得以协调运转的基础和前提。

二、政府财政与国有企业之间的分配关系

（一）国有企业的界定

国有企业是一种特殊企业，它是指资本全部或主要由国家投入，其全部资本或主要股份归国家所有，依法设立并从事生产经营活动的组织。按照国有企业内国有资产投资或者持股份额的比例，一般可将国有企业分为国有资本完全控股、绝对控股和相对控股等类型。国有资本完全控股的企业，也就是国有独资企业，是指国有资本是企业出资的唯一来源，国有资本投资本身即为企业出资。国有资本绝对控股的企业，是指国有资本投资在整个企业出资中占据50%以上。国有资本相对控股的企业，是指企业股权比较分散，不存在持股比例超越50%的股东，而国有资本投资或持股比例在各股东中相对占据优势地位，能够对企业实施控制性影响。在所有的国有企业中，由国务院国资委管理的中央企业按习惯称为央企；其他国企，主要包括中央其他部门管理的企业和地方国资委管理的企业。

（二）当前我国政府财政与国有企业分配关系的基本内容

我国基本的政治经济制度决定了国有企业在我国财政分配活动中具有特殊性，处于极为重要的地位。从上述对国有企业的界定可以看出，国家和政府要通过财政资金的注入保持对国有企业的绝对或相对控制力。可以说，政府财政与国有企业之间的分配关系是我国当前财政分配关系的主体，国有企业是我国财政分配过程的最重要的参与者。

首先，国有企业依然是财政收入最重要的缴纳者：（1）国有企业是税收收入的重要缴纳者。据统计，从20世纪50年代初开始，一直到1980年前后，国有企业上缴的税收占全国税收总额都在80%以上。那时候可以说国有企业是全社会上缴税收的主体。尽管随着经济体制改革的进程，国有企业上缴的税收占全国税收总额的比例已经大幅度下降，2009年这个比例为33.3%。但是，国有企业上缴的税

① 陈吉："如何正确处理政府与企业之间的关系"，《大地》，2001年第24期。

收却从1953年的53.4亿元，增加到2009年的2.3万亿元①。另外，根据《国务院国资委2009年回顾》中的数据，2002年到2009年，中央企业上缴税金从2915亿元增加到11475亿元，年均增长21.62%，累计向国家上缴税金5.4万亿元。国有企业的税负明显高于其他类型企业，近年来税负均值为27.3%，是私营企业税负综合平均值的5倍多，是其他企业中税负最高的股份公司的税负平均值的2倍。从资产的税收产出效率看，在占有同样单位的资产量时，国有企业提供的税收额要高于各类企业约45%；从人力的税收产出效率看，在占有同样单位的就业人数时，国有企业提供的税收额要高于其他企业约190%。（2）国有企业须将利润的一部分上缴国家财政。依照法律，在我国需要向财政部缴纳部分利润的国有企业分为三类：无论归国资委管理的中央企业，还是归财政部管理的金融机构，或者地方国有企业，这些由政府投资设立的企业，其中国有股份创造的利润，都应该属于全体社会公众。国有企业向国家上缴利润的政策在我国几经变化。1993年以前，国企需要向国家交利润。1993年，我国实行分税制财政管理体制改革。其中对国有企业的利润分配问题作出规定，国有企业应该上缴国家的部分采取税的形式，并按照统一的税率征收，剩余的部分全部归企业所有，即在一定时间内不向国有企业收取利润。但从2007年9月开始，国家试行“国有资本经营预算”制度。这意味着政府作为国有企业的股东，有权力要求国企向政府分红。截至2009年，中央企业已经向国家上缴国有资本收益累计达到1371亿元。当然，国有企业对于财政分配更为重要的是，国有企业仍然在国民经济中发挥主导作用，并在关系国民经济命脉的重要行业和关键领域占据支配地位②。因此，可以说，国有企业承担了向国家提供财政收入的主要责任，保证了国家宏观经济的正常运行（见表3-1）。

表3-1　　2003—2009年国有企业相关税收指标

年份	国企上缴税收总额（万亿元）	国企上缴税收占全国财政收入比重（%）	央企上缴税收占全国财政收入比重（%）	央企上缴税收占全部国企上缴税收的比重（%）	国企对于全国财政增收的贡献率（%）
2003	0.8	37.3	16.4	44.0	37.3
2004	1.0	38.3	17.6	46.1	42.8

① 根据相关资料，1953年的GDP为1241亿元，2009年的GDP为335353亿元。这也就意味着，在GDP增长270倍的情况下，国有企业上缴的税收增加了431倍。

② 这些行业和领域包括：涉及国家安全的行业，自然垄断的行业，提供重要公共产品和服务的行业，以及支柱行业和高新技术产业中的重要骨干企业。

续表

年份	国企上缴税收总额（万亿元）	国企上缴税收占全国财政收入比重（%）	央企上缴税收占全国财政收入比重（%）	央企上缴税收占全部国企上缴税收的比重（%）	国企对于全国财政增收的贡献率（%）
2005	1.2	37.7	18.3	48.5	34.5
2006	1.4	36.0	17.6	49.0	28.4
2007	1.8	34.5	17.1	49.7	29.9
2008	2.1	34.1	17.0	49.8	32.4
2009	2.3	33.3	16.8	50.3	26.1

数据来源：冯仑："与私企税负相比，国企税负究竟高在何处"，《中国税务报》，2010 年 8 月 25 日。

其次，在财政分配的支出阶段，国有企业也以非常重要的角色参与其中。这种角色体现在以下五个方面：（1）财政资金以无偿拨款形式流向国有企业，成为支持国有企业发展的重要动力。这方面主要表现为：一是政府财政对国有企业资本金的注入，从而形成对国有企业的直接控制力；二是政府为支持国有企业发展在预算中安排的某些资金，比如基建贷款贴息支出、专项基建支出、企业挖潜改造资金、地质勘探费、科技三项费用、流动资金等；三是国有企业根据国家政策获得的某些财政专项资金，例如，国有企业在科技研发、节能减排、区域经济发展等领域如果满足相关政策条件可以获得财政专项资金；四是国有企业可以获得政策性亏损补贴，即国有企业根据国民经济的发展需要，为保障供给和稳定物价，实现政府特定的社会公益目标而生产经营专项、特种商品，由于国家限价原因而产生的亏损。（2）财政资金以有偿贷款的形式流向国有企业。1979 年开始，国家为了提高财政资金的使用效益，加强建设单位的经济责任制，进行了"拨改贷"的改革，就是原来实行的列入国家预算由国家直接无偿拨款的基本建设投资，除无偿还能力的项目外，改为由贷款解决。"拨改贷"资金名义上属于"贷款"，建设单位使用该项资金需要偿付本息，但其本质上仍旧属于财政资金①。（3）财政资金通过购买国有企业产品和服务的形式支付出去。公共财政要求政府提供市场所不能提供的公共产品和公共服务，但是公共产品和服务并不一定必须由政府直接生产和提供，而是完全可以通过市场化的方式，由政府购买之后，再免费让社会公众享用。国有企业由

① 根据《国务院批转国家计委、财政部、国家经贸委关于将部分企业"拨改贷"资金本息余额转为国家资本金意见的通知》（国发［1995］20 号）文件，大部分企业的"拨改贷"资金本息陆续转为国家财政投入国有企业的资本金。

于其在国民经济中实力、地位和提供产品的特殊性，往往成为政府购买的主要对象。例如，政府投资建设市政公用基础设施时，由国有大型建筑企业承担建设任务。（4）国有企业通过社会公益性支出，履行社会责任，在一定程度上减轻了政府财政支出的压力。例如，通过国有股划转充实社会保障基金。2009 年国有企业合计完成向社保基金转持国有股 55.3 亿股，对应的市值为 429.68 亿元。将国有股转由社保基金持有，有力地充实了社保基金，为建立健全社会保障制度作出了积极贡献①。（5）部分地方国有企业担当起地方融资平台的角色，成为地方财政支出的直接承担者。地方政府可以通过土地、规费、财政补贴等资金担保，以国有企业的名义在市场融资并进行市政公用事业的建设投资，从而替代财政资金对这些领域的支出。

（三）我国政府财政与国有企业分配关系的历史沿革

1. 传统体制下财政与国有企业分配制度（1949—1977 年）。在以高度集权为特征的传统经济体制下，作为微观经济主体的国有企业仅是政府的附属物，其与政府财政的分配是单一的固定模式，即基本呈现全额上缴的“统收统支”特征——国有企业将所得利润全部上缴财政，而后从财政再分配获得投资资金。

（1）统收统支和奖励基金制度（1949—1957 年）。为了集中力量恢复和发展国民经济，国有企业除了缴纳规定的税款外，一切中央政府或地方政府经管的工厂企业，均须将折旧金和利润的一部分，按期解交中央人民政府财政部或地方政府，同时要求国营企业只能分别提取计划利润的 2.5%—5% 和超计划利润的 12%—20% 作为企业奖励基金。这样的制度安排使“一五”计划提前超额完成，从而进入大规模经济建设时期。

（2）利润留成制（1958—1960 年）。1958 年开始改革财政管理体制，取消奖励基金制，实行企业留成制，留成比例以主管部门为单位计算确定，1958 年企业留成比例 13.2%，随后逐年增加。留成主要用于生产，少部分用于职工福利支出。

（3）利润留成制过渡到企业奖金制（1961—1965 年）。1961 年 1 月 23 日，中共中央批转财政部《关于调低企业利润留成比例加强企业利润留成资金管理的报告》，将国营企业留成资金占企业利润的比例，由原来的平均 13.2% 调低到 6.9%，并且留成利润必须大部分用于“四项费用”（技术措施费、新产品试制费、劳动保

---

① 根据《境内证券市场转持部分国有股充实全国社会保障基金实施办法》（财企［2009］94 号）第六条规定：股权分置改革新老划断后，凡在境内证券市场首次公开发行股票并上市的含国有股的股份有限公司，除国务院另有规定的，均须按首次公开发行时实际发行股份数量的 10%，将股份有限公司部分国有股转由社保基金会持有，国有股东持股数量少于应转持股份数量的，按实际持股数量转持。

护费、零星固定资产购置费)、技术革新等。1962 年起，除了商业部门仍实行利润留成办法外，其他部门的企业停止实行利润留成办法，改为提取企业奖金的办法，“四项费用”由国家拨款。

(4) 统收统支制 (1966—1977 年)。“文化大革命”的爆发使刚有所恢复的国民经济再一次处于崩溃的边缘，国家与国企之间初步理顺的利润分配关系也随之遭到破坏。从 1967 年起，国营企业不再向国家上缴折旧基金，而原先由财政预算拨款的用于固定资产更新和技术改造之用的资金转为由折旧基金提供。1969 年企业综合奖改为附加工资，固定发放，这样企业奖励基金制度就被取消。1970 年起，对国营企业只征收工商税。“文革”后，1977 年开始国企一部分折旧基金被重新纳入财政预算管理，50% 上缴财政，50% 留给企业。

2. 改革开放以来财政与国有企业的分配体制 (1978—2009 年)。经济体制改革的出发点是打破高度集中的计划经济体制，建立使企业充满生机和活力的新体制。在这样的背景下，服务于“搞活国有企业”这个中心，财政与国有企业的分配体制经历了以下六个阶段：

(1) 企业基金制度 (1978—1979 年)。改革开放之初，为了鼓励企业加强经济核算，改善经营管理，国务院决定在实行独立核算的国营工商企业中全面实行企业基金制度。国营企业若完成国家规定内的八项年度计划指标①，最高可按职工全年工资总额的 5% 提取企业基金，主要用于职工集体福利设施、弥补职工福利基金不足、发放职工奖金等。

(2) 利润留成制度 (1979—1982 年)。为了进一步扩大企业的经营自主权，1979 年改按工资总额提取企业基金的办法，实行利润留成，且留成比例逐步提高。国务院 1980 年 1 月 22 日下发《国营工业企业利润留成试行办法》，明确规定允许企业利润留成比例为 40%，其余 60% 上缴国家。

(3) 利改税制度 (1983—1987 年)。由于利润留成使得财政收入整体下滑，同时 1980 年“以税代利”试点取得显著效果，因此，自 1983 年1 月1 日起实施利改税试行办法。这是我国实行的第一步利改税，即税利并存的制度：凡是有盈利的国营大中型企业，实现利润均按 55% 的税率缴纳所得税；凡是有盈利的国营小型企业，实现的利润按八级超额累进税率缴纳所得税。1984 年 10 月 1 日起，试行第二步利改税，即完全的利改税制度：将国营企业应当上缴国家财政的利润按照 11

① 这八项指标包括：产量、品种、质量、原材料、燃料、动力的消耗、劳动生产率、利润和流动资金专用。

个税种向国家缴税，税后利润由企业自己安排使用。

（4）承包经营责任制（1987—1993 年）。鉴于两步利改税仍然无法理顺财政与国有企业的分配关系，国家决定从 1986 年开始对国营大中型企业实行承包经营责任制。在此制度下，国企以下列形式向国家上缴利润：在缴税的基础上，上缴利润递增包干；基数包干，超收分成；微利企业上缴利润定额包干；亏损企业减亏包干。

（5）税利分流制（1994—2007 年）。伴随着分税制改革，新的国企利润分配制度——税利分流于 1994 年开始全面推行。具体做法是：统一企业所得税率为 33%，增设 27% 和 18% 两档照顾税率，并取消各种包税的做法；作为过渡措施，对 1993 年以前注册的多数国有全资老企业实行税后利润不上交的办法。

（6）重启央企利润上缴制度（2007 年至今）。2007 年 12 月 11 日，国家国资委会同财政部颁发了《中央企业国有资本收益收取管理办法》，明确规定收益收取对象为中央管理的国有独资企业，国有独资企业应交利润的比例按照不同行业分三类执行：第一类为烟草、石油石化、电力、电信、煤炭等具有资源性特征的企业，上交比例为 10%；第二类为钢铁、运输、电子、贸易、施工等一般竞争性企业，上交比例为 5%；第三类为军工企业、转制科研院所企业，上交比例 3 年后再定。国有控股、参股企业应付国有投资者股利股息按照股东大会决议通过的利润分配。

（四）政府财政与国有企业分配关系必须坚持的原则

1. 国家必须通过国有企业对整个经济运行保持控制力。改革以来我国社会经济结构发生了很大变化，非国有经济茁壮成长，国有经济比重相对下降。但是，一些涉及社会经济发展全局的行业或领域，诸如银行、电力、铁路、航空、重要原材料、能源、重要生存资料等，国家必须具备控制力，国有经济必须在其中发挥主导作用。

2. 必须为国有企业和非国有企业营造公平竞争的外部环境。这个环境既包括产业进入环境、信贷资源环境、人才获取环境等目前尚不利于非国有企业发展的外在因素，同时也包括政企关系环境、经营机制环境、社会负担环境等不利于国有企业发展的外在因素。

3. 政府财政必须以社会管理者和资产所有者双重身份参与国有企业的纯收入分配。作为前者，无论是分配形式还是分配比例，国有企业和其他企业应该一致；作为后者，政府财政可以通过利润上缴、股息、租金等形式直接参与国有企业的利润分配，并相应承担一定的亏损弥补责任。

4. 国有企业作为独立法人，拥有包括政府在内的所有出资者形成的全部法人财产权。企业纯收入在政府和国有企业之间依法分配后，剩余利润由国有企业自主支配，任何部门和个人无权再次染指。

5. 总体上看，国有企业的财政负担会高于其他企业，但国有企业也会在财政资金的分配使用中获得更多的利益。

三、政府财政与非国有经济单位之间的分配关系

为了分析问题的完整性和严谨性，我们将政府财政与国有企业之外的其他企业或经济单位之间的分配关系统称为“政府财政与非国有经济单位之间的分配关系”。根据国家统计局2002年《关于统计划分经济成分的规定》，将我国境内所有经济成分划分为两类五种，即公有经济，包括国有经济和集体经济；非公有经济，包括私有经济、港澳台经济、外商经济。因此，我们将非国有经济单位定位为，国有和国有控股企业以外的多种经济单位的统称，具体包括：个体经济、集体企业、私营企业、港澳台企业、外资企业等。

改革开放以来，我国个体、私营等非国有经济不断发展壮大，已经成为社会主义市场经济的重要组成部分和促进社会生产力发展的重要力量，相应地非国有经济与政府财政的关系也越来越重要。1978年，我国国有企业资产总额占全部工业企业资产总额的92.0%，到2008年，国有及国有控股工业企业资产总额占全部工业企业资产总额的比重降至43.8%，30年间下降了一半还多。即使在近几年中，国有经济比重下降的趋势依然存在。从2005年到2008年，国有及国有控股企业在工业主要经济指标中的比重都有所降低，其中，资产总额比重由48.1%下降为43.8%，工业总产值的比重由33.3%下降为28.3%，利润总额的比重则由44.0%下降为26.7%。与此相应的，非国有经济的比重则呈现不断提高的态势，如表3-2所示。

表3-2　　国有及国有控股企业在工业主要经济指标中的比重

单位：个、亿元、万人、%

各项指标		总值				比重			
		2005	2006	2007	2008	2005	2006	2007	2008
企业数	国有	27477	24961	20680	21313	10.11	8.27	6.14	5.00
	非国有	244358	277000	316088	404800	89.89	91.73	93.86	95.00
工业总产值	国有	83749.92	98910.45	119685.65	143786.66	33.28	31.24	29.54	28.34
	非国有	167869.58	217678.51	285491.49	363498.23	66.72	68.76	70.46	71.66

续表

各项指标		总值				比重			
		2005	2006	2007	2008	2005	2006	2007	2008
资产总计	国有	117629.61	135153.35	158187.87	188811.37	48.05	46.41	44.81	43.78
	非国有	127154.64	156061.16	194849.50	242494.18	51.95	53.59	55.19	56.22
利润总额	国有	6519.75	8485.46	10795.19	9063.59	44.04	43.51	39.75	29.66
	非国有	8282.79	11018.98	16360.00	21498.78	55.96	56.49	60.25	70.34
税金总额	国有	5387.37	6428.40	7785.54	8504.09	48.50	46.26	43.68	38.10
	非国有	5719.98	7467.93	10039.93	13816.18	51.50	53.74	56.32	61.90
从业人员	国有	1874.85	1804.00	1742.99	1794.10	27.19	24.52	22.13	20.30
	非国有	5021.11	5554.43	6132.21	7043.53	72.81	75.48	77.87	79.70

注：表中“国有”指的是规模以上国有及国有控股工业企业。“非国有”指的是全部规模以上工业企业扣除国有及国有控股企业后的部分。

数据来源：任真：“解析‘国退民进’论断真伪”，《企业文明》，2010年第1期。

另外，据第二次全国经济普查数据，2008年年末，全国共有工业企业法人单位190.3万个，从业人员11738.3万人，其中，私营企业145.7万个，占76.6%；港、澳、台商投资企业5.7万个，占3.0%；外商投资企业6.5万个，占3.4%。在工业企业法人单位从业人员中，私营企业占44.4%，港、澳、台商投资企业占10.7%，外商投资企业占11.7%。目前，全国GDP的70%、新增就业岗位的80%、税收总额的66%是由非国有经济单位贡献的。非国有经济单位在繁荣城乡经济、增加财政收入，有利于扩大社会就业、改善人民生活，优化经济结构、促进经济发展方面越来越具有重要的战略意义。因此，财政必须对非国有经济给予更多的关注，以更积极的态度来正确处理政府财政与非国有经济单位的分配关系。

总地来说，政府财政与非国有经济单位的分配关系要相对简单、确定得多。

财政收入方面，国家只能以社会管理者的身份，凭借政治权力参与非国有经济的收入分配，采取的分配形式只能是那些与政治权力相联系的税收、罚没、收费、基金等强制性手段，不可能直接参与非国有经济单位的利润分配。因此，非国有经济单位的纯收入上缴财政的份额肯定低于国有企业。

财政支出方面，尽管非国有经济单位不可能像国有企业那样获得政府财政的资本金的注入，但是其仍然可以以无偿的形式获得政府财政资金的分配。例如，《国务院关于进一步促进中小企业发展的若干意见》（国发［2009］36号）规定：“加大财政资金支持力度。逐步扩大中央财政预算扶持中小企业发展的专项资金规模，重点支持中小企业技术创新、结构调整、节能减排、开拓市场、扩大就业，以及改善对中小企业的公共服务。加快设立国家中小企业发展基金，发挥财政资金的引导作用，带动社会资金支持中小企业发展。地方财政也要加大对中小企业的支持力度"[①]。此外，与国有企业类似，非国有经济单位也可以通过向政府部门销售产品和服务的方式获得财政资金的支持。

国家与非国有经济单位之间的分配关系也有继续完善的必要。首先，国家必须为非国有经济营造公平的竞争环境，铲除不必要的产业进入障碍、产品（服务）供给障碍、社会评价障碍、资源（资金）获取障碍、参政议政障碍等，其中也包括一些不利于非国有经济发展的财税障碍，比如非税负担、服务态度、政策优惠、管理层次（一般纳税人或小规模纳税人）等，总之，国家应为非国有经济单位提供大体一致的竞争环境，其中不仅外资经济和港澳台经济需要享受国民待遇，私营经济也存在提供国民待遇的呼声。其次，非国有经济单位也必须逐步提高自己的内在素质，通过不断提升自己的奉公守法，尤其是依法纳税意识来赢得社会的尊重和认可。实事求是地说，目前非国有经济单位中违反财经法制和财经纪律的比率是比较高的，部分非国有经济单位甚至主要靠偷税、漏税，甚至抗税来获取盈利，这实际上也是一种不公平竞争。总之，非国有经济在赢得自身长足发展的同时，也必须"强身健体"，争取实现内在素质和外在扩张的"双赢"。

第二节

政府财政与个人之间的分配关系

在市场经济运行的流程图中，个人与企业一样都属于微观经济主体。但与企业不同的是，个人是社会经济的终极主体，一切经济活动的根本目的是提高个人的生活质量和福利水平。因此，从根本上说，所有的财政分配关系本质上都是财政与个人之间的分配关系。能否在不同的个人之间形成轻重适度的财政负担，实现国家的

① 中国政府网的数据显示：我国95%以上的中小企业是非公有制经济，95%以上的非公有制经济是中小企业，非公有制经济和中小企业互为主体。http：//www.gov.cn/2010lh/content_ 1559840.htm，2010年3月19日。

财政利益和个人利益的“双赢”，是评价财政分配质量的根本标志。

一、计划经济体制下政府财政与个人的分配关系

在传统的计划经济体制下，几乎所有的经济资源为政府财政所直接控制，因此，政府财政在与个人的分配关系中处于绝对的“强势”地位。由于实行高度集中、统收统支的收入分配体制，政府通过实行城市职工八级工资制和农副产品统购统销制度，完全控制了城市和农民的个人收入。可以说，国民收入初次分配之后的劳动所得是当时个人的唯一收入来源。在城市，为了在落后的民族经济基础上迅速建立起比较完整的国民经济和工业体系，国家实施“高积累、高速度、低消费”政策，致使职工个人工资水平极低。由此个人劳动成果的相当部分以国有企业利润上缴或国有企业再投资的形式成为财政收入或支出的一部分。与之相对应，职工日常生活中的教育、医疗、养老和住房等问题由政府财政以计划配给的方式全部或部分给予提供。在农村，农民通过价格分配，将自己创造的一部分价值，通过其他经济部门上缴国家财政。这个价格分配就是著名的“剪刀差”——工农业产品不等价交换的动态表现。随着时间的推移，工业品价格越来越高于其价值，农产品价格越来越低于其价值，将这种现象绘成图表，呈现出张开的剪刀状，故名“剪刀差”。剪刀差的财政效应体现在两个方面：

1. 农民按较低的价格出售自己生产的农产品。这一方面使其他经济部门可以按较低的价格获得生产资料（轻工业尤其是这样），财务上表现为较低的物化成本；另一方面还可以使城镇居民维持较低的生活成本和工资水平，使其他经济部门在财务上表现为较低的活劳动成本。较低的成本可以使其他部门实现较多的纯收入和财政收入。上述机制在传统的“三低”（低工资、低物价、低消费）时期或城镇居民恩格尔系数较高时期（比如1989年城镇居民的恩格尔系数为0.545），表现得尤其明显。

2. 农民按照较高的价格购买工业产品。假定全社会只生产工业品和农产品两种产品，如果农产品价格较低，也就是工业品价格较高，两者幅度相同，方向相反。较高的工业品价格，可以使工业部门实现较多的销售收入，在成本一定时，可以实现较多的纯收入和财政收入。

“剪刀差”的实质是将农民创造的部分收入转移到其他经济部门实现，农民借助于其他部门辗转为国家财政作贡献。

二、市场经济体制下政府财政与个人的分配关系

经济体制转型以后，政府财政与个人之间已经基本上采取了市场化的分配方式。国家实行按劳分配为主体、多种分配方式并存的分配制度，在初次分配和再分配环节处理好效率和公平的关系。目前政府财政与个人之间的分配关系主要体现在再分配环节，从形式上看，仍然包括收入和支出两个方面。

（一）收入方面

如果只考虑直接上缴财政收入的比重，个人的财政收入地位与企业无法相提并论，而且个人与企业的相对地位在相当长时间内不会有质的变化。目前在我国的财政收入体系中，完全、直接由个人缴纳的收入项目只有个人所得税，参与缴纳的收入项目有部分财产税种（车船税、房产税等）、部分行为税种（车辆购置税、契税、印花税等）、部分收费项目、罚没收入等，购买国债也是个人为国家财政增添收入的重要方式。体制改革前的30多年中，由于个人收入水平太低，以及人们之间的收入差距极小，使得个人收入不具备成为直接财政收入对象的必要性和可能性条件。改革开放以后，社会经济的发展不仅使个人收入的财政地位取得零的突破，而且，国家财政从个人手中获取收入的主导形式——个人所得税的财政地位也一直与时俱进，成为近几年增长最快的一个税种（见图3－2）。2009年，个人所得税总额达到3949.27亿元，占财政收入的比重达到6.64%，而在1997年，我国个人所得税在财政总收入中的占比只有3%。

但就现实水平来说，我国目前个人在财政收入中的地位还是相当低的，这不仅限制了个人收入财政功能的充分发挥，也从根本上制约着个人所得税的自动稳定功能和收入再分配功能的发挥程度。相比而言，个人所得税是美国联邦政府最大的财政收入来源，2009财年政府所得到的个人所得税在9000亿美元以上，占联邦政府收入近一半。我国个人收入财政地位的未来走向主要受如下五个因素的影响：

1. 个人收入水平。该因素说明的是个人对直接税负的承受能力，也是决定个人所得税在财政收入中的地位的可能性条件。

2. 社会收入结构。鉴于个人所得税的存在价值之一是它有收入矫正功能，因此，国民经济初次分配中形成的收入差距过大的现象可以通过个人所得税制度加以调整，从而使再分配趋于公平合理。

3. 公民自觉纳税意识。该因素与个人在财政收入中的地位也成正相关关系。自觉纳税意识强的国家，可以实现较高的税收征收效率，缩小应纳税额和实纳税额的差距，提升个人所得税在财政收入中的比重。纳税意识与收入水平、征管水平、

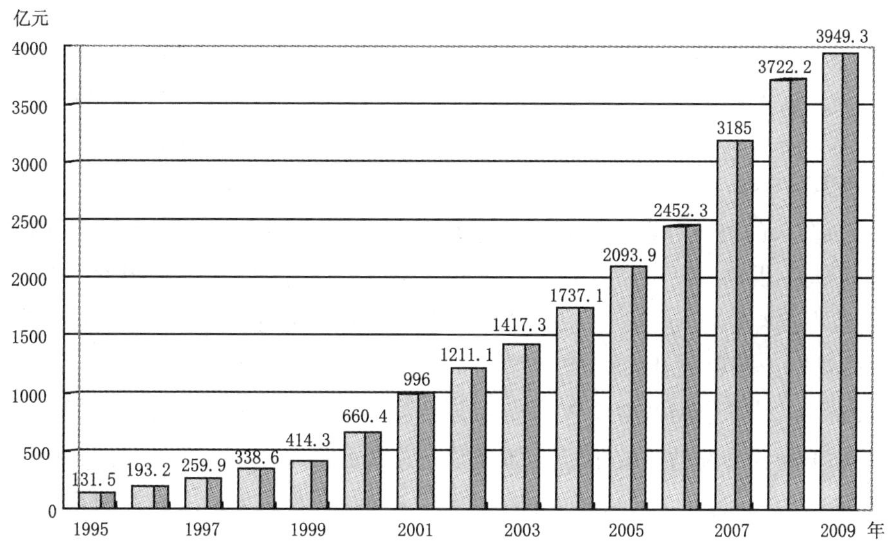

图 3－2　1994—2009 年个人所得税收入增长情况

数据来源：《2009 中国税务年鉴》和财政部相关网站。

国民素质等存在密切联系。

4. 税收征管水平。较高的税收征管水平会提升当时的税收征收效率，实现应收尽收，从长远来看，也有助于缩短公民自觉纳税的养成教育时间。

5. 税制结构。税制结构越是向直接税，尤其是个人所得税倾斜，个人收入越是具有较高财政地位的制度性条件。反之，在间接税占绝对主导地位的条件下，个人所得税难有大的作为。

除了第五个条件尚有不确定性外，其他四个因素都昭示着我国个人收入的财政地位肯定会有上升的趋势。

（二）支出方面

个人也是财政支出的重要接受者。从财政支出的角度分析，直接面向个人，构成个人收入来源渠道的财政支付形式主要有：

1. 财政供养人员的薪酬。财政供养人员是指行政和事业单位中用财政一般预算拨款（补助）支付基本工资的职工（不包括优抚对象和军队人员）。据统计，2008 年全国财政供养人员共计 4630.7 万人，财政供养系数为 28①。对财政供养人

① 财政供养系数是指一个国家或地区的总人口与其政府财政供养人员的数量之比。这个比率是衡量财政供养规模的基本尺度。

员的工资津贴等薪酬支出是财政对个人支出的主要形式。

2. 社会保障支出。是指政府通过财政向由于各种原因而导致暂时或永久性丧失劳动能力、失去工作机会或生活面临困难的社会成员提供基本生活保障的支出。社会保障支出的原则是公平地对待每个国民并确保其基本生活权益，政府财政要通过再分配保护困难群体利益，缩小贫富差距，促进经济发展。

3. 对个人的财政补贴。是指政府财政为了实现国家特定的政治经济和社会目标，向个人提供的一种补偿。例如，政府财政为了提高农民生产积极性，对种粮农民个人的直接补贴；为了促进消费，近年来国家先后实施了对家电下乡、汽车家电“以旧换新”给予财政补贴。

总地来说，政府财政对个人的庞大支出规模，不仅是单纯的收入分配问题，也是国家矫正收入分配的重要手段，部分对个人支出，比如社会救济和失业保障，还是重要的自动稳定器。对个人的支出和个人税收结合起来，构成一幅国家调节个人收入的严密体系。

三、政府财政与个人之间分配关系的完善

近年来，我国政府、企业收入占国民收入的比重不断上升，居民收入的比重不断下降，社会收入分配差距也有扩大的趋势。据收入法计算：1993—2007 年，政府收入占 GDP 的比重由 11.68% 增至 14.81%，增幅为 3.13 个百分点，企业的资本收益由 38.83% 增至 45.45%，增加 6.62 个百分点；而居民的劳动报酬占 GDP 的比重由 49.49% 降至 39.74%，降低 9.75 个百分点。按照资金流量表核算：1992—2006 年，政府收入增加 2.02 个百分点；企业收入增加 5.01 个百分点；而居民收入则下降 7.08 个百分点。如何做大居民收入蛋糕，缩小贫富差距，已成为全社会热切关注的焦点。而解决这个问题的一个重要方面是完善政府财政与个人的分配关系。

首先，必须尽快完善个人所得税制度。虽然前面我们已经讲过，应当逐渐提高个人所得税占国家财政收入的比重，提高个人在财政收入中的地位。但是这并不一定意味着普遍提高个人的税收负担。目前，中国工薪阶层缴纳个人所得税收入占个人所得税总收入的比重约为 50% 左右，构成了个人所得税的最大税源。而美国税收政策中心在一份评估报告中指出，2009 年美国共计有 47% 的家庭不用缴纳联邦个人所得税。其中，所得最低的 40% 家庭，因享有各种抵税福利超过应缴税额，这使他们不仅不需要向联邦政府缴税，相反他们还可以得到政府的退税。而早在 2006 年，平均年收入逾 36 万美元的富裕家庭，缴付了联邦政府个人所得税总收入

的73%。因此，我们应该通过个人所得税的改革，改变中国个人所得税收入来源的结构，增加高收入群体的个人所得税，降低工薪阶层的税收负担。

其次，努力提高居民收入在国民收入分配中的比重，实现居民收入增长和经济发展同步、劳动报酬增长和劳动生产率提高同步，低收入者收入明显增加，中等收入群体持续扩大，贫困人口显著减少，人民生活质量和水平不断提高。健全扩大就业增加劳动收入的发展环境和制度条件，促进机会公平。逐步提高最低工资标准，保障职工工资正常增长和支付。完善公务员工资制度，深化事业单位收入分配制度改革。可以考虑实施“国民收入倍增计划①”，一方面通过经济的高速增长来实现国民增收和促进经济与社会全面协调发展；另一方面通过国民增收和经济社会全面协调发展来促进经济持续增长。三者互为促进，相辅相成。

最后，政府要坚持把保障和改善民生作为加快转变经济发展方式的根本出发点和落脚点。逐步完善符合国情、比较完整、覆盖城乡、可持续的基本公共服务体系，提高政府保障能力，推进基本公共服务均等化。完善保障和改善民生的制度安排，把促进就业放在经济社会发展的优先位置，加快发展各项社会事业，坚定不移地走共同富裕道路，使发展成果惠及全体人民。

第三节

政府财政与行政、事业单位之间的分配关系

政府内部的财政分配关系涉及两个方面：一是政府财政部门与其他行政事业单位之间的分配关系；二是政府财政体系内部不同层级之间的分配关系。本节主要讨论第一方面，下一节讨论第二方面。

政府行政机关和事业单位同属于财政拨款单位，是政府财政分配的重要参与者。鉴于行政、事业单位整体上的非经营性，它们通常不能在市场上创造出足以维持自身再生产的收入来源，因此，行政、事业单位与国家财政的资金流动关系总体

① 1960年，日本新上台的首相池田勇人宣布启动为期10年的“国民收入倍增计划”，并定下目标：国民生产总值和国民收入年平均增长速度为7.8%，人均国民收入年平均增长速度为6.9%。在该计划下，池田内阁引入了最低工资制，扩展社会保障，完善养老保险金，提高健康保险付给率。

上是单向的——一部分财政资金由政府财政手中流向行政、事业单位。但由于行政机关和事业单位各自生产产品的社会属性不同，它们与国家财政的具体分配关系不尽一致。

一、我国政府财政与行政单位之间的分配关系

（一）行政单位的界定

行政单位是指进行国家行政管理、组织经济建设和文化建设、维护社会公共秩序的单位，主要包括国家权力机关、行政机关、司法机关、检察机关以及实行预算管理的其他机关、政党组织等。与传统的行政机关是有区别的，这里主要是财政上的概念。

（二）政府财政与行政单位之间分配关系的特点

行政单位为履行自身职能所需的正常经费必须由国家财政全额保障。行政机关是受社会公众委托管理公共事务的组织系统，它向社会提供的物品属于典型的公共物品，诸如社会安全、社会公正、社会秩序、社会协调等，这些物品具有明显的非排他性和非竞争性，免费提供（少量规费收入除外）是所有国家提供行政性公共品的共有特征。为使行政机关正常履行自己的职能，社会赋予行政机关一定的公共权力，比如公正裁决、制定法律法规、维护社会治安、保卫国家安全等，但这种公共权力无论如何只是提供行政性公共物品的手段，绝不允许任何单位将社会赋予的公共权力演变为部门、小团体，甚至是个人的“寻租”工具。同样，对行政机关合理的资金需求，国家财政必须给予充分满足，在经济上铲除它们寻求非正常收入来源的必要性。反之，只是讲道理，定规章，不许行政机关乱开非法收入渠道，却不能充分满足它们的合理资金需要，就不能很好地处理政府财政与行政部门的财政分配关系。假如某政府部门为了履行自己的职责，每年的正常经费需求为 2 亿元，但财政部门由于种种原因，只给提供 1.5 亿元，这时，该政府部门就有两个选择，或者消极地“按酬付劳”，将特定公共物品的提供量削减 25%，此举必然引发“木桶理论”中的“短板效应”，引起民众的强烈不满；或者积极开辟非正常经费来源渠道，比如乱收费、乱罚款、乱摊派、乱集资等，以弥补正常经费来源的不足。当然，上述分析旨在证实政府财政对行政单位经费全额保障的必要性，绝没有为“三乱”或“四乱”张目的意思。但实事求是地说，目前分配渠道的混乱，预算外和制度外收入的泛滥，与国家财政最初的经费保障不足是有直接联系的，只不过这些创收渠道开通后，创收机关掺杂了更多的渔利动机而已。

二、我国政府财政与事业单位之间的分配关系

（一）事业单位的界定

事业单位，一般指以增进社会福利，满足社会文化、教育、科学、卫生等方面需要，提供各种社会服务为直接目的社会组织。事业单位不以盈利为直接目的，其工作成果与价值不直接表现或主要不表现为可以估量的物质形态或货币形态。

（二）政府财政与事业单位之间分配关系的特点

1. 相对于行政机关而言，事业单位与国家财政的分配关系要复杂得多，主要原因在于各种事业产品的社会属性不同。根据事业产品与财政或与市场的关系不同，事业产品可分为三类，即公共物品、混合物品、私人物品，相应地，生产不同性质产品的事业单位与国家财政的关系也有三种类型：

（1）全额保障型。一些事业单位的资金需求由国家财政全额供给。毫无疑问，这些事业单位向社会提供的事业产品是纯公共物品，社会成员消费这些事业产品，无需支付任何代价。比如义务教育、基础性科研工作、公共体育设施等。关于公共物品的供求均衡过程，可参阅本书第一章图 1－1（b）。

（2）部分保障型。一些事业单位的资金需求由市场和财政合力满足。显然，这些事业单位的产品属性是混合物品。首先，这些事业产品可以通过收费（市场）补偿一部分成本，消费者只有适当交费，才能获得该事业产品的消费权力；但同时，国家为了保证一定的需求规模，收费标准定得比较低，在收费标准和成本价格或市场价格之间形成缺口，这个缺口必须由财政给予补贴。高等教育是典型的混合物品，高等院校是典型的部分保障型事业单位。鉴于混合型事业产品的收费标准与财政支出有直接关系，因此，这些事业产品的收费标准属国家管制定价，其具体定价水平是国家综合考虑了居民承受能力、财政供给能力、国家对某种事业产品的期望提供规模等因素后最终确定的。关于混合物品的供求均衡过程，可参阅第一章图 1－3。

（3）不予保障型。一些事业单位的资金需求完全靠市场满足，国家财政基本不提供资金。这些事业单位的产品属性肯定是私人物品。收费标准基本由市场供求关系决定，即使由国家决定，定价水平也要足以弥补平均成本，并可适当获得利润。图书、报刊、影视剧等都是典型的私人性事业产品。

2. 根据 2008 年 8 月 11 日，中央编办正式印发《关于事业单位分类试点的意见》。该意见根据现有事业单位的社会功能，将其划分为承担行政职能的、从事公益服务的和从事生产经营活动的三个大类。

（1）承担行政职能的事业单位。即从事行政决策、行政执行、行政监督等行政管理工作，按照行政机构方式运行的事业单位。如金融监管机构、执法监督机构等。其中，完全或基本承担行政职能的事业单位，结合行政管理体制改革，逐步转为行政机构；只承担部分行政职能的事业单位，将行政职能和公益服务职能与有关单位进行职能整合或机构整合。今后，除法律法规授权外，不再批准设立承担行政职能的事业单位。

（2）从事生产经营活动的事业单位。即从事生产经营活动，已经实现或经过相应调整可以实现由市场配置资源的事业单位。如开发应用型科研机构、招待所等。这类单位应当逐步转为企业，并注销事业单位，核销事业编制。今后，不再批准设立从事生产经营活动的事业单位。

（3）从事公益服务的事业单位。即为社会提供公益服务或者为政府行使职能提供支持保障的事业单位。事业单位分类改革后，原则上只有这类单位继续保留在事业单位序列。根据其职责任务、服务对象和资源配置等方面的不同情况，可具体划分为三个类别。

公益一类。即从事关系国家安全、公共安全、公共教育、公共文化、公共卫生、经济社会秩序和公民基本社会权利的公益服务，不能或不宜由市场配置资源的事业单位。如义务教育机构、公共卫生机构等。这类单位所需经费由财政予以保证，严格执行国家确定的宗旨和业务范围，不开展经营活动，不收取服务费用；履行职能依法取得的行政事业性收费或基金，实行“收支两条线”管理，收入上缴国库或财政专户，不能自主支配。

公益二类。即面向全社会提供涉及人民群众普遍需求和经济社会发展需要的公益服务，可部分实现由市场配置资源的事业单位。如普通高等教育机构、非营利医疗机构等。这类单位所需经费由财政给予不同程度投入，同时鼓励社会力量投入；提供公益服务取得的服务性收入，符合条件的实行“收支两条线”管理；依法取得的经营性收入，纳入单位预算管理，主要用于公益事业发展，并依法纳税。

公益三类。即提供的服务具有一定公益属性，可基本实现由市场配置资源的事业单位。这类单位实行经费自理，自主开展公益服务活动和相关经营活动。根据需要，政府购买其有关服务。

第四节

中央财政和地方财政之间的分配关系

中央和地方是统一的国家政权的两个层次，财政作为国家实现职能的分配工具，自然需要按恰当的比例和方式分配于中央和地方之间，从而形成中央财政与地方财政以及地方各级财政之间的分配关系。在我国改革开放之前，由于一直实行高度中央集权的财政管理体制，地方政府基本没有或较少拥有自身的经济利益和财政权限，也就不存在政府间财政利益的协调。改革开放以来，我国各级政府逐渐形成了独立的经济利益，政治上的分权与财政上的让利使地方财政利益日益凸显。特别是鉴于公共物品天然的层次性，财政资金也确实有必要在中央和地方之间做出恰当分配。因此，高质量地处理中央和地方的财政分配关系，会充分发挥各级政权的积极性和创造性。这既有利于宏观控制，又有利于微观搞活，既有利于中央统一协调，又有利于地方灵活机动，形成最大合力，使各个层次公共物品的提供步入良性循环轨道。反之，该分配关系处理得不好，会在各级政权的事权和财权之间形成“错位”——有的政权层次财权大于合理事权，引起功能越位；有的政权层次财权小于合理事权，导致功能缺位。关于如何处理中央和地方的财政分配关系，属于财政管理体制的内容，本书将在第十六章专门讨论，此处不再赘述。下面我们主要强调一下实现中央和地方财政分配关系协调有效的三个原则。

一、必须坚持财权与事权相匹配的原则

依据政府职能划分事权，是合理划分财权的出发点。财政属于政府的分配，而不同级次的政府所执行的特定职能或侧重点是不同的。因而应根据各级政府行使职能的需要，相应地划分财权和财力，为不同级次的政府履行其职责提供物质保证。要使每一级政府都拥有相对稳定的财权，并与其事权相匹配，至少需要如下条件：(1) 有足够的税种在各级政府之间分配；(2) 各级政府之间的事权划分清晰，而且稳定；(3) 每一级政府通过自己拥有的财权可以获得相应的财力；(4) 当不同层级政府之间出现利益矛盾时，由第三方来裁决。与依据具体的法律划分政府间事权的国家相比，我国宪法对各级政府的支出范围只作了原则性规定，某些具体事务

上，中央政府与地方政府的职责权限并不明确，经济性事务的划分则更为模糊，实践中缺乏可操作性。譬如，现行制度安排中，应由中央承担的许多职责被转嫁给地方，而地方应承办的事务则由中央代为安排。

二、处理好集权和分权的关系，加强纵向约束的同时，逐渐强化横向监督

从世界各国财政发展历史来看，集权或分权是中央和地方财政分配关系的两种基本模式。中国是一个传统的中央集权的国家，因此在中央和地方财政分配关系的处理上，中央比地方有着更多的“话语权”，财力“向上”集中的“色彩”更鲜明。但是由于中央和地方政府之间存在着“委托—代理”的关系，相当多的中央政策需要地方去贯彻实施，这就必然涉及财政资金的配合问题。然而，经济学理论已经证明了多层次的“委托—代理”会导致信息失真和政策衰减。因此，中央在监督政策执行的同时，必然会加强对财政资金使用从上到下的纵向约束，这就加大了财政分配的监督成本。而如果从分权的理念出发，适当地进行分权会有利于增加地方政府的责任，促进地方政府之间开展竞争和提高经济效率，进而增强地方政府的参与意识。分权的财政理念需要对财政资金的使用加强横向监督，即由地方本级的权力机关（代议机构）加大对财政资金的审查和监督。

三、以法律为准绳处理中央和地方之间的分配关系

理论与经验表明，确保财政管理体制有效运行的关键在于寻求处理政府间财政关系的法律依据。缺乏明确而具有法律效力的约束，国家整体利益与地方既得利益将顾此失彼，降低资源配置效率。因此，有必要研究和制定各级政府间的财政关系基本法。尽管我国中央与地方间的事权职责、财力分配还存在交叉模糊地带，但中央和地方财政关系应该具有的基本框架和需要遵循的一般原则，已经比较明朗，立法的时机和条件已经成熟。可以先将各级政府之间的财力分配、事权划分、税收立法、上下级之间的收支联系方式等问题的基本原则通过立法加以明确。至于中央与地方如何具体划分支出、税收和财政责任，可以暂不涉及，条件充分后再分别立法。

本章小结

1. 我国基本的政治经济制度决定了国有企业在我国财政分配活动中具有特殊性，处于极为重要的地位。国家和政府要通过财政资金的注入保持对国有企业的绝对或相对控制力。可以说，政府财政与国有企业之间的分配关系是我国当前财政分配关系的主体，国有企业是我国财政分配过程的最重要的参与者。经过多年的不懈探索，我们已经在处理政府财政和国有企业之间的分配关系上形成一些共识。

2. 政府财政与非国有经济单位的分配关系总体上说要简单和确定得多。一方面，政府只能以社会管理者的身份，凭借政治权力参与非国有经济的收入分配；另一方面，在分配比例上，非国有经济创造的纯收入中上缴财政的份额肯定低于国有经济单位。当然，该分配关系也有继续完善的必要。

3. 政府财政与个人之间的分配关系是所有财政分配关系的基础。个人收入财政地位的未来走向主要受个人收入水平、个人收入差距、公民纳税意识、税收征管水平和税制结构等五个因素的影响。个人也是财政支出的重要接受者。

4. 行政、事业单位与政府财政之间在资金流向上基本是单向流动的。但由于行政机关和事业单位各自“生产产品”的社会属性不同，它们与政府财政的具体分配关系不尽一致。行政机关所需经费必须由国家财政全额保障。事业单位因为“产品”的具体属性不同（公共物品、混合物品、私人物品），它们与政府财政的关系分别是全额保障型、部分保障型和不予保障型。

5. 中央和地方是统一的国家政权的两个层次，财政作为国家实现职能的分配工具，自然需要按恰当的比例和方式分配于中央和地方之间，从而形成中央财政与地方财政以及地方各级财政之间的分配关系。

主要概念

国有企业　政策性亏损补贴　“剪刀差”　行政单位　事业单位　全额保障型　部分保障型　不予保障型

复习思考题

基础性思考题：

1．政府财政分配关系体系包括哪些内容?

2．当前我国政府财政与国有企业分配关系的基本内容有哪些?

3．政府财政与国有企业分配关系必须坚持的原则有哪些?

4．决定个人收入财政地位的因素有哪些?

5．构成个人收入来源渠道的财政支付形式主要有哪些?

6．如何理解国家与行政、事业单位之间的财政分配关系?

7．实现中央和地方财政分配关系协调有效的三个原则有哪些?

扩展性思考题：

1．在不违背四项基本原则的前提下，谈一下自己对处理政府财政与国有企业之间分配关系的看法。

2．谈谈政府财政与个人之间的分配关系如何完善?

第四章

DISIZHANG

财政支出概述

本章属财政支出基本理论。本章主要提供关于财政支出概念、范围、分类、总量和结构，以及财政支出效益与绩效评价方面的知识。本章是对随后三章内容的理论概括。掌握财政支出基本理论，熟悉支出效益的若干评价办法，是本章的主要目的。

第一节

财政支出范围与分类

一、财政支出范围

财政支出是国家对所集中起来的财政资金进行有计划的分配的过程。鉴于公共财政的服务对象是公共物品或服务，公共物品或服务又是那些无法通过市场机制获得成本补偿的物品，因此，公共性、非市场性将成为划定财政支出范围的基本依据。就保障对象的社会属性来看，只有纯公共品和混合品可以列作财政支出对象。

1. 国家机构的运转经费。包括国家权力部门（各级人民代表大会)、行政部门、执法部门、国家安全部门等，考虑到我国的具体国情，该部分支出保障对象的外延可扩至执政党和参政党，以及群众团体的活动经费。上述国家机构向社会提供最主要的纯公共品种类，其提供成本不可能通过市场获得任何补偿。尽管因为诸多原因，该部分支出在财政支出体系中所占比重不同，甚至因为支出过多引起各方诟病，但它永远是财政支出范围的重要内容。

2. 社会事业的提供经费。包括教育、科技、文化、卫生、体育、媒体等部门的运转经费。事业部门在我国一直被定位于公共部门，它们不仅向社会提供公共性程度各不相同的事业产品，也在某种程度上承担一些本应由政府履行的社会职责。就具体性质来说，事业产品中既有纯公共品，也有混合品，甚至包括部分私人物品，但作为整体，事业产品当属于混合物品，需要财政给予一定程度的资金保障。我国现在正在力推“民生财政”，其主要体现就是社会事业支出正在占据越来越大的比重。

3. 公共基础设施的建设和管理经费。包括道路、桥梁、港口、水利设施、环境工程等纯公共物品，以及铁路、邮政、石油、公交、供水、供电、供气、供热等自然垄断性、国家主导性、管制价格性、短线制约性的基础设施，它们也部分行使政府的功能，有些公用事业也是财政支出的传统保障部门。

4. 社会公平的支持费用。包括社会保障支出、财政补贴支出、抚恤与救济支出、社会福利支出等。如前所述，收入分配（公平）职能是财政分配的最主要功能，该功能的履行程度关乎稳定、安全、公正、秩序等公共物品的提供情况。财政支出是改善社会公平程度的重要手段。无论是计划（国家）财政阶段，还是公共财政阶段，社会公平的支持费用总是财政支出的重要内容。

二、财政支出分类

所谓财政支出分类，是指从不同的角度出发，根据一定的标准，把各种不同用途的财政支出进行划分和归类。目前，我国财政理论研究和实际部门预算编制中都能体现的财政支出分类方法主要有以下三种：

（一）国家职能分类法

按财政支出与国家职能的关系分类，可将财政支出分为经济建设支出、社会事业支出、行政管理支出、国防安全支出，以及其他支出等五大类。鉴于国家职能包括政治职能（含政权建设、对外交往、国防安全、法制维护等）、经济职能（含经济建设投资、国企技术改造、产业结构调整、弱势产业扶持等）、社会职能（含社会保障、社会事业、环境保护、社区事务等），如将政治职能拆分为行政管理和国防安全的话，上述财政支出分类与国家职能的实现程度之间存在着十分密切的联系。如果我们抱怨国家在教育发展、住房保障、医疗卫生（也就是上学难、住房难、看病难的所谓“新三座大山”）等方面做得很不够的时候，实际上是指责财政的社会事业支出安排得很不到位；如果我们抱怨国家对经济波动信息反映很不敏感，调控力度严重不足时，实际上是在批评财政的经济建设支出安排得很不恰当。我们平时经常讨论的所谓“大社会、小政府”或“大政府、小社会”，经常对比分析的中外政府之间的职能结构等，如放在财政支出平台上，无疑就是利用国家职能分类法对财政支出结构的分析。因此，国家职能分类法是最重要的财政支出分类方法。2007 年以前，我国的财政收支统计中有相应的财政支出结构数据，即使是目前的官方统计资料中不再公布依据国家职能分类法反映的财政支出结构，取而代之的是所谓按照国际惯例，将财政支出划分为 17 个类级科目，即一般公共服务、外交、国防、公共安全、教育、科学技术、文化体育与传媒、社会保障和就业、社会保险基金支出、医疗卫生、环境保护、城乡社区事务、农林事务、交通运输、工业商业金融等事物、其他支出、转移性支出[①]等，但这些支出类别与国家职能的关系依然是相当清晰的，具体的对应关系可参加本章第三节的分析。

（二）经济性质分类法

根据经济性质不同，财政支出可分为购买性支出和转移性支出两大类。购买性支出是指政府在商品和劳务市场上购买所需商品和劳务的支出。就购买对象来说，购买性支出既包括政府对普通商品和服务的购买行为，也包括劳动力的购买行为，即工资性支付；就政府的身份来说，政府在购买性支出过程中扮演物品、服务、劳动力的采购者的角色，在交易中仅仅是价值形态不同，价值量基本没有变化；就支出领域来说，主要包括政府用于经济建设、社会文教、行政管理、国防支出等方面的支出项目。转移性支出是指政府单方面的、无偿的资金支付，不相应地取得商品和劳务。政府在这里仅仅是财政资金分配者角色，其间不存在直接的交易行为。主要包括社会保险和救济方面的各种福利支出、对居民的补助支出、债务利息支出、捐赠支出等。

经济性质分类法的主要功效是对不同财政支出对社会经济的影响程度进行比较分析，帮助政府选择更有效的财政政策工具。从对经济运行的影响来看，购买性支出可以直接变成当期的社会购买力，有助于优化资源配置，提高资源的利用水平，但对收入分配只产生间接影响。转移性支出只是资金使用权的转移，对收入分配产

① 财政部预算司：《政府收支分类改革问题解答》，中国财政经济出版社 2006 年版，第 8 页。

生直接影响，但由于资金的受领者在实际使用时间和比例上存在差异，不会立即和全部形成社会购买力，对资源配置的影响是间接的，而且时滞较长。由此可见，当购买性支出在财政支出总额中占有较大的比重时，财政支出对经济运行的影响较大，执行资源配置的功能较强；当转移性支出在财政支出总额中占较大比重时，财政支出对收入分配的影响较大，执行国民收入分配的功能较强。如果政府迫切需要变动需求规模，实施非中性财政政策，最有效的手段是调整购买性支出（如我国为应对全球性金融危机而推出的4万亿元综合投资计划）；如果迫切需要改善收入分配结构，缩小贫富差距，维护社会稳定，最优先的选择当是增加转移性支出。

购买性支出和转移性支出要求有不同的管理方式。对购买性支出应实行较严格的效益指标管理。这是因为购买性支出是在市场上通过交易进行的，交易双方都要遵循等价交换原则和成本—效益原则，购买性支出的效益一般可以有比较明显易查的效果指标，这就是说，购买性支出具备实行效益指标管理的前提条件。而转移性支出只能实行投入指标管理。这是因为转移性支出的效果很难进行严格的量化评价，政府与转移性支出领受者之间不存在等价交换关系，也基本不存在服务承诺关系，支出规模很难通过成本效益核算来确定。因此，要提高转移性支出的使用效益，只能通过科学的调查研究，合理地确定受益对象和支付标准，以求将支付规模控制在大体合理的水平上。

（三）支出用途分类法

按财政支出用途分类是我国财政支出的主要分类方法，它的理论依据是马克思的社会产品价值构成理论。

社会总产品在价值构成上分为C、V和M三个部分。如果不从事扩大再生产，社会总产品的最终使用可分为补偿和消费两大部分，与补偿支出相对应的社会总产品价值为C，与消费支出相对应的社会总产品价值为V+M。而在扩大再生产条件下，社会总产品中M的部分不用于消费，而是通过一个投资的过程形成积累。C的价值也并非全部用于补偿消耗掉的生产资料，因为在固定资产规模不断扩大的情况下，全社会的固定资产折旧价值中有一部分可以用于积累性的投资。V的价值也不等于全部消费，作为劳动者收入的V有一部分会以储蓄的形式沉淀下来，再通过各种渠道转化为投资。由此，社会总产品的运动，从静态价值构成上划分，可以分为补偿性支出、积累性支出和消费性支出；而从动态的再生产角度考察，则可以分为投资性支出与消费性支出。在市场经济社会中，社会总产品的分配是通过市场和政府两种渠道进行的。因而，任何经济社会中的财政都参与社会总产品的分配活动，其过程与财政收支的形成有密切关系。财政支出首先用于满足社会消费，剩余部分用于扩大再生产的积累，即用于新增投资。

新中国成立以来我国的财政支出结构基本上是遵循马克思的社会产品价值构成理论来安排的。我国财政支出按用途分类，主要有基本建设支出、流动资金支出、挖潜改造支出和科技三项费用（新产品试制费、中间试验费、重要科学研究补助费）、地质勘探费、工交商部门事业费、支援农业生产支出、各项农业事业费、文教科学卫生事业费、抚恤和社会救济费、国防费、行政管理费、价格补贴支出等。若按社会总产品的静态价值构成来看，其中挖潜改造资金属于补偿性支出；基本建设支出、流动资金支出、科技三项费用、地质勘探费、支援农业生产等支出中用于增加固定资产的部分属于积累性支出；工交商部门事业费、各项农业事业费、文教科学卫生事业费、抚恤和社会救济费、国防费、行政管理费等则属于消费性支出。若从动态的再生产角度归类，投资性支出包括基本建设支出、流动资金支出、挖潜改造支出、科技三项费用、地质勘探费、支援农业生产等支出中用于增加固定资产的部分；消费性支出包括文教科学卫生事业费、抚恤和社会救济费、国防费、行政管理费等。

从2007年开始我国实行政府收支分类改革，对政府支出按照支出的经济性质和具体用途进行了新的分类，具体科目设置情况见表4－1。这种分类方法，主要反映政府支出的经济性质和具体用途，有助于考察财政支出与社会总产品分配过程、社会再生产之间的关系，从而正确安排国民经济中各种支出的比例。从社会总产品的静态价值构成来看，类级科目中商品和服务支出属于补偿性支出；债务利息支出、债务还本支出、基本建设支出、贷款转贷及产权参股支出属于积累性支出；工资福利支出、对个人和家庭的补助、对企事业单位的补贴、转移性支出、赠与属于消费性支出。若从动态的再生产角度归类，投资性支出包括类级科目中的债务利息支出、债务还本支出、基本建设支出、贷款转贷及产权参股支出；消费性支出包括类级科目中的工资福利支出、商品和服务支出、对个人和家庭的补助、对企事业单位的补贴、转移性支出、赠与。

表4－1　　2007年政府支出按经济性质和具体用途分类

类级科目	下设的款级科目
工资福利支出	基本工资、津贴补贴、奖金、社会保障缴费、伙食费、伙食补助费、其他工资福利支出

续表

类级科目	下设的款级科目
商品和服务支出	办公费、印刷费、咨询费、手续费、水费、电费、邮电费、取暖费、物业管理费、交通费、差旅费、出国费、维修（护）费、租赁费、会议费、培训费、招待费、专用材料费、装备购置费、工程建设费、作战费、军用油料费、军队其他运行维护费、被装购置费、专用燃料费、劳务费、委托业务费、工会经费、福利费、其他商品和服务支出
对个人和家庭的补助	离休费、退休费、退职（役）费、抚恤金、生活补助、救济费、医疗费、助学金、奖励金、生产补贴、住房公积金、提租补贴、购房补贴、其他对个人和家庭的补助支出
对企事业单位的补贴	企业政策性补贴、事业单位补贴、财政贴息、其他对企事业单位的补贴
转移性支出	不同政府间转移性支出、同级政府间转移性支出
赠与	对国内的赠与、对国外的赠与
债务利息支出	国库券利息、向国家银行借款付息、其他国内借款付息、向国外政府借款付息、向国际组织借款付息、其他国外借款付息支出
债务还本支出	国内债务还本、国外债务还本
基本建设支出	房屋建筑物购建、办公设备购置、专用设备购置、交通工具购置、基础设施建设、大型修缮、信息网络购建、物资储备、其他资本性支出
贷款转贷及产权参股	国内贷款、国外贷款、国内转贷、国外转贷、产权参股、其他贷款转贷及产权参股支出
其他支出	预备费、预留、补充全国社会保障基金、未划分的项目支出、其他支出

资料来源：财政部预算司：《政府收支分类改革问题解答》，中国财政经济出版社 2006 年版，第 8 页。

第二节 财政支出规模

一、财政支出规模的定义及其衡量指标

财政支出规模反映着政府在一定时期集中、占有和使用财政资源的数量状态。财政支出规模直接关系到政府、财政与市场的关系，关系到公共品提供的总体状况，也体现了财政职能的发挥程度。对财政支出规模进行规范性分析和实证性分

析，探寻财政支出规模增长的客观规律，提出合理的财政支出规模的存在区间，是当前社会各界十分关注的热点问题，也是一个极具挑战性的理论问题。

测度财政支出规模的指标有两个：一是绝对数指标，用财政支出总额来表示，它可以直观地反映财政支出规模的现状及变动情况；二是相对数指标，一般用财政支出总额占国内生产总值（GDP）的比重来表示。它们反映了社会资源在政府与私人部门之间的最基本的分配比例。毫无疑问，最具分析价值的是相对数指标。

二、财政支出绝对规模不断扩张

从一个较长的历史时期来看，世界上几乎所有国家的财政支出总量均处在不断增长的趋势。

（一）我国财政支出绝对规模增长情况

我国财政支出的绝对规模上从1978年的1122.09亿元，快速增长到2009年的75873.64亿元，32年间增长了近67倍（见表4－2）。从1950年国家财政支出的68.05亿元到1998年跨入第一个万亿元台阶，用了49年；2002年财政支出登上第二个万亿元台阶，仅用了4年；2005年财政支出跨上第三个万亿元台阶，仅用3年；2006年财政支出跨上第四个万亿元台阶则只用1年时间。此后又经历三年时间，我国财政支出已经登上第七个万亿元台阶。

表4－2　　1978—2009年我国财政支出情况　　单位：亿元

年　份	GDP	全　国	中　央	地　方	财政支出占GDP比重（%）		
					全　国	中　央	地　方
1978	3645.2	1122.09	532.12	589.97	30.78	14.60	16.18
1980	4545.6	1228.83	666.81	562.02	27.03	14.67	12.36
1985	9016.0	2004.25	795.25	1209.00	22.23	8.82	13.41
1990	18667.8	3083.59	1004.47	2079.12	16.52	5.38	11.14
1991	21781.5	3386.62	1090.81	2295.81	15.55	5.01	10.54
1992	26923.5	3742.20	1170.44	2571.76	13.90	4.35	9.55
1993	35333.9	4642.30	1312.06	3330.24	13.14	3.71	9.43
1994	48197.9	5792.62	1754.43	4038.19	12.02	3.64	8.38
1995	60793.7	6823.72	1995.39	4828.33	11.22	3.28	7.94
1996	71176.6	7937.55	2151.27	5786.28	11.15	3.02	8.13
1997	78973.0	9233.56	2532.50	6701.06	11.69	3.21	8.49
1998	84402.3	10798.18	3125.60	7672.58	12.79	3.70	9.09

续表

年份	GDP	全国	中央	地方	财政支出占 GDP 比重（%）		
					全国	中央	地方
1999	89677.1	13187.67	4152.33	9035.34	14.71	4.63	10.08
2000	99214.6	15886.50	5519.85	10366.65	16.01	5.56	10.45
2001	109655.2	18902.58	5768.02	13134.56	17.24	5.26	11.98
2002	120332.7	22053.15	6771.70	15281.45	18.33	5.63	12.70
2003	135822.8	24649.95	7420.10	17229.85	18.15	5.46	12.69
2004	159878.3	28486.89	7894.08	20592.81	17.82	4.94	12.88
2005	183217.4	33930.28	8775.97	25154.31	18.45	4.77	13.68
2006	211923.5	40422.73	9991.40	30431.33	19.17	4.74	14.43
2007	257305.6	49781.35	11442.06	38339.29	19.95	4.59	15.36
2008	300670.0	62592.66	13344.17	49248.49	20.82	4.44	16.38
2009	335353.0	75873.64	15279.84	60593.80	22.63	4.56	18.07

资料来源：《2009年中国统计年鉴》，2009年数据摘自《财政部关于2009年中央和地方预算执行情况与2010年中央和地方预算草案的报告》。

（二）西方发达国家财政支出绝对规模增长情况

西方发达国家在自由资本主义时期，由于受到经济发展规模的限制，以及政府对经济干预尽量减少到最小的要求，因而财政支出被控制在较小的范围和规模之内，但是尽管如此，财政支出的绝对规模仍然表现为逐渐上升的趋势。到了垄断资本主义时期，经济规模进一步扩大，市场经济的发展客观上要求政府对经济进行有效的干预，财政支出规模呈现快速膨胀的态势。以美国联邦政府为例（见表4－3），1929年美国联邦政府支出为22亿美元，到1999年上升为17536亿元，60年的时间，政府支出绝对规模增长了近800倍。而在这之后，进入21世纪以来，西方国家普遍财政支出总量持续快速增长（见表4－4）。美国联邦政府支出2007年为29768亿美元，是2000年18271亿美元的1.63倍。这些数据充分反映了西方国家在自由资本主义时期与垄断时期的财政支出绝对规模变化的不同情况。

表4－3　　1929—2007年美国政府支出　　单位：十亿美元

年份	GDP	联邦政府	州和地方政府	各级政府总计	占国内生产总值的比重（%）		
					联邦政府	州和地方政府	总计
1929	103.7	2.2	7.2	9.4	2.12	6.94	9.06
1930	91.3	2.5	7.5	10.0	2.74	8.21	10.95

续表

年份	GDP	联邦政府	州和地方政府	各级政府总计	占国内生产总值的比重（%）		
					联邦政府	州和地方政府	总 计
1931	76.6	3.4	6.5	9.9	4.44	8.49	12.92
1934	66.0	5.3	5.3	10.6	8.03	8.03	16.06
1939	92.0	7.5	7.2	14.7	8.15	7.83	15.98
1942	161.8	55.0	7.8	62.8	33.99	4.82	38.81
1945	223.0	84.7	8.5	93.2	37.98	3.81	41.79
1949	267.7	29.4	17.4	46.8	10.98	6.50	17.48
1955	415.2	60.5	26.3	86.8	14.57	6.33	20.91
1960	527.4	85.8	34.1	119.9	16.27	6.47	22.73
1970	1039.7	198.6	88.2	286.8	19.10	8.48	27.58
1975	1635.2	345.4	152.1	497.5	21.12	9.30	30.42
1980	2795.6	576.6	235.5	812.1	20.63	8.42	29.05
1981	3131.3	659.3	264.4	923.7	21.06	8.44	29.50
1982	3259.2	732.1	293.0	1025.1	22.46	8.99	31.45
1983	3534.9	797.8	315.7	1113.5	22.57	8.93	31.50
1984	3932.7	856.1	335.9	1192.0	21.77	8.54	30.31
1985	4213.0	924.6	366.1	1290.7	21.95	8.69	30.64
1986	4452.9	978.5	399.6	1378.1	21.97	8.97	30.95
1987	4742.5	1018.4	439.9	1458.3	21.47	9.28	30.75
1988	5108.3	1066.2	466.5	1532.7	20.87	9.13	30.00
1989	5489.1	1140.3	501.3	1641.6	20.77	9.13	29.91
1990	5803.2	1228.7	549.4	1778.1	21.17	9.47	30.64
1991	5986.2	1287.6	592.2	1879.8	21.51	9.89	31.40
1992	6318.9	1418.9	628.1	2047.0	22.45	9.94	32.39
1993	6642.3	1471.5	659.1	2130.6	22.15	9.92	32.08
1994	7054.3	1506.0	690.7	2196.7	21.35	9.79	31.14
1995	7400.5	1575.7	718.0	2293.7	21.29	9.70	30.99
1996	7813.2	1635.9	748.6	2384.5	20.94	9.58	30.52
1997	8300.8	1678.8	785.8	2460.8	20.22	9.47	29.65
1998	8759.9	1705.9	819.4	2523.2	19.47	9.35	28.80
1999	9256.1	1753.6	871.2	2619.5	18.95	9.41	28.30

续表

年份	GDP	联邦政府	州和地方政府	各级政府总计	占国内生产总值的比重（%）		
					联邦政府	州和地方政府	总 计
2000	9824.6	1827.1	938.7	2765.8	18.60	9.55	28.15
2001	10082.2	1936.4	1015.2	2951.6	19.21	10.07	29.28
2002	10442.1	2073.9	1050.9	3124.8	19.86	10.06	29.93
2003	10960.8	2301.3			21.00		
2006	13178.4	2799.2			21.24		
2007	14077.7	2976.8			21.15		

资料来源：2002 年以前数据根据大卫·N. 海曼著，张进昌译：《财政学——理论在政策中的当代应用》（第八版），北京大学出版社 2006 年版，计算而得，2002 年以后数据根据 2010 国际统计年鉴摘录计算而得。

表 4－4　　部分西方国家近几年中央政府财政支出状况　　单位：亿本币

国　家	2000 年	2003 年	2005 年	2007 年
美国	18271	23013	27992①	29768
加拿大	2110	2211	2450	2730
法国	—	7494	7887	8412
德国	—	6988	7008	7031
英国	—	4369	4966	5647

资料来源：中华人民共和国国家统计局网站，①为 2006 年数据。

三、各国财政支出相对规模情况

（一）我国财政支出相对规模“V”形发展趋势

我国财政支出的变化趋势是，在任何体制背景下，财政支出绝对规模都是不断增长的，但相对规模在计划经济时期一直稳定在较高水平上，自 1978 年经济体制改革以来，财政支出的相对规模由 1978 年的 30.78% 下降到 1996 年的 11.15%，1996 年以后开始回升反弹，到 2007 年上升为 19.95%，呈现“V”形变动轨迹，近几年来我国财政支出的相对量仍处于连年上升的态势（见表 4－2 和图 4－1）。

（二）西方发达国家相对规模先升后稳的发展趋势

以美国为例，1980 年以前，美国财政支出的相对量虽然在 1942 年前后和 1949 年前后曾有过两次起落，但从整体来看，其发展轨迹仍是一条从左至右向右上方倾斜的抛物线。1980 年以后美国的财政支出相对量变化幅度不大，基本保持在 29% 至 31% 的变化区间内，尤其近几年来，美国财政支出的相对量呈现出基本持平的

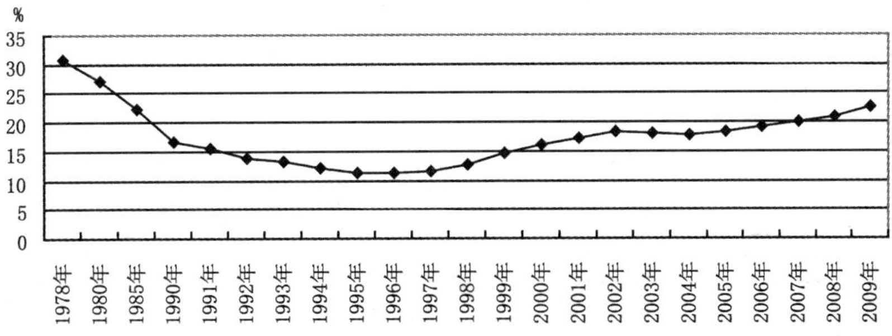

图 4－1　我国财政支出相对规模变化情况

注：根据表 4－2 数据绘制。

状态（见表 4－3 和图 4－2）。美国财政支出相对量的这一发展态势同样也出现在西方其他发达国家，表 4－5 中列出了 21 个主要 OECD 国家近年来一般政府支出占 GDP 的比重，可以看出大多数国家，如澳大利亚、比利时、加拿大、西班牙、瑞典等，近年来该比重数值均上下变动不大。

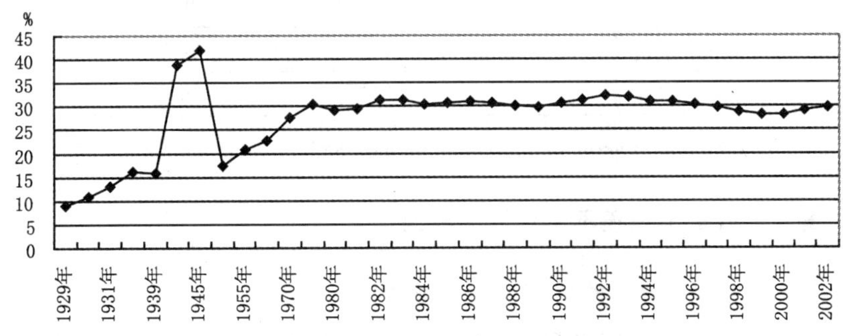

图 4－2　美国财政支出相对规模变化情况

注：根据表 4－3 数据绘制。

表 4－5　　主要 OECD 国家的一般政府支出占 GDP 的比重（%）

国　　家	1990 年	1995 年	2000 年	2004 年	2006 年
澳大利亚	36.2	39.2	35.7	35.9	36.1
奥地利	51.5	56.0	51.4	49.9	48.0
比利时	51.9	51.4	48.6	48.7	49.1
加拿大	48.8	48.5	41.1	39.9	40.7
丹麦	55.9	59.5	53.9	55.1	55.6
芬兰	48.3	59.0	48.8	50.8	52.3

续表

国　家	1990 年	1995 年	2000 年	2004 年	2006 年
法国	49.3	54.4	51.6	53.5	50.8
德国	44.5	48.3	45.1	47.0	44.0
希腊	50.2	51.0	52.1	49.8	34.3
冰岛	41.7	43.0	42.7	47.3	48.1
爱尔兰	42.9	41.2	31.5	33.7	35.5
意大利	54.4	53.4	46.9	48.7	45.6
日本	31.8	35.9	38.3	37.5	31.7
卢森堡	43.3	45.0	38.6	45.2	40.5
荷兰	52.5	49.3	43.4	46.6	47.2
挪威	54.0	51.5	42.7	46.7	59.8
葡萄牙	40.6	43.4	43.7	46.5	42.2
西班牙	42.5	44.1	38.9	38.8	40.3
瑞典	61.9	67.7	57.4	59.3	57.6
瑞士	30.0	34.6	33.9	36.7	35.2
英国	42.2	45.0	37.5	43.9	42.2

资料来源：OECD Economic Outlook 2005，OECD in Figures 2007 Edition。

四、各国财政支出规模不断扩大的原因

（一）财政支出规模不断扩张的理论解释

1. 瓦格纳公共支出增长法则。瓦格纳（Adolph Wagner）是德国财政经济学家，他通过对西方国家 18 世纪到 19 世纪间近百年财政实践的观察，在 19 世纪 80 年代提出了“瓦格纳定律”——随着人均收入的提高，社会公共需要的规模也随之增长，财政支出必然以比生产增长更快的速度增长。该规律也被称为“瓦格纳公共支出增长法则”。虽然瓦格纳并未明确指出所谓财政支出增长是指绝对规模还是相对规模，但后来人们一般都认为瓦格纳是对“公共部分相对规模增长的表述。”①

瓦格纳将财政支出增长的原因分为政治因素和经济因素。所谓政治因素，是指随着工业化的发展，市场的扩张，在市场中各种经济主体之间的关系趋于复杂，这就引起了对商业法律和契约的需要，并要求建立司法组织来执行和监督这些法律与

① 陶继侃：《当代西方财政》，人民出版社 1992 年版，第 113 页。

契约的执行。因此，就需要把更多的资源用于提供治安与法律设施。所谓经济因素，是指工业发展加快了城市化进程，人口集中、交通拥挤、住房困难，这就给政府增加了进行管理与协调的工作，即社会管理工作加重。此外，对于教育、文化、卫生、福利方面的支出，瓦格纳认为，随着国民生产总值的增长，由于需求的收入弹性上升，用于这些方面的支出增长也要快于 GDP 的增长。瓦格纳公共支出不断增长的规律得到了各国财政实践的证明，许多经济学家随后又从不同角度对该规律进行了解释。

2. 皮考克和卫斯曼的梯度渐进增长论。英国学者皮考克（A. T. Peacock）和卫斯曼（J. Wisemen）对英国 1890—1955 年间的公共支出进行了研究，在此基础上，他们于 20 世纪 60 年代初提出了梯度增长理论。他们的研究是建立在以下假设的前提下：政府喜欢多支出，公民不愿意多交税，因此，当政府在决定预算支出规模时，就必须密切关注公民对于赋税的承受力的反应。公民所能容忍的税收水平，就是政府支出的约束条件。

在上述假设条件的约束下，他们认为导致政府财政支出的增长，可以分为内在因素和外在因素（Internal factors and external factors），而且认为外在因素是财政支出超速增长的主要原因。所谓内在因素，是指在正常条件下，经济发展，收入水平就会上升，以不变的税率所征得的税收也会上升，于是财政支出的增长就与 GDP 的增长呈线性关系。所谓外在因素，是指社会发展总不是一帆风顺的，有时会遇到一些危害安全的突发事件，如战争、自然灾害等。应对突发事件，化解社会风险是政府的重要职责，因此政府就会提高税率，增加财政收入，以应对急剧增加的财政支出。这时公众也会在危机时期接受政府提高了的税率，即公众对赋税的承受能力增加了。新的较高的税收水平取代了原来较低的税收水平，公共支出取代了私人支出，这就是所谓的“替代效应”（substitution effect）。不时出现的“替代效应”，使财政支出占 GDP 的比重呈梯度增长态势（见图 4 -3）。图中 A 区代表正常时期，B 区则代表非正常时期。

图 4 -3 清楚地描述了财政支出相对规模的梯度增长轨迹，非正常时期的比例陡升是说明这种增长的主要根据。那么，在危机之后公共支出为什么也不会退到上升之前的水平呢？这是因为突发事件之后，比如战后，一个国家为了应付战争而发行的大量公债需要战后偿还本息，退伍军人和专业军人需要政府通过财政支出进行扶持性安置等，这就要求战后的公共支出仍然要维持高水平。此外，公共支出是要接受公众审查的，在非常时期，公众已通过投票赞成政府扩大公共支出预算，使执政者看到了公众所容忍的税收水平已经有所提高，即选民可以理解和接受这种提高

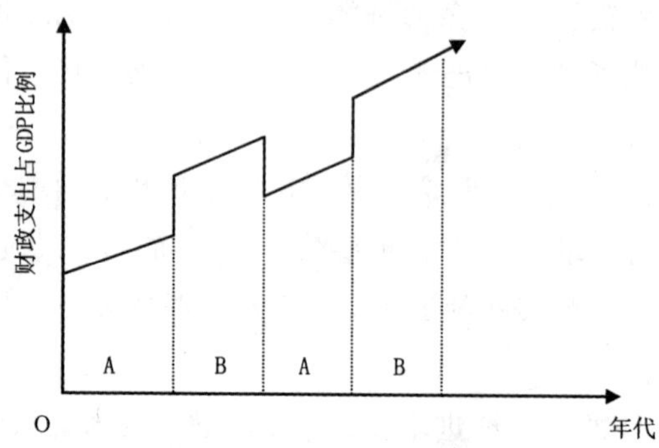

图 4-3　公共支出梯度渐进增长论

了的税收水平。所以，这种较高的税收水平也就不会退回到原来的状态，因而政府才能继续维持高额的公共支出水平。

3. 经济发展阶段论。美国学者马斯格雷夫（R. A. Musgrave）和罗斯托（W. W. Rostow）在 20 世纪 70 年代提出了用经济发展阶段论来解释公共支出增长的原因。这一理论在罗斯托的《经济成长的过程》、《经济成长的阶段》等著作中得到了集中体现。他们把以农业为主的社会称为传统社会，把由传统社会向现代工业经济发展的历史演变划分为三个阶段，即经济发展的早期阶段、中期阶段和成熟阶段。在早期阶段，推动公共支出增长的主要因素是政府投资性支出的大量增加，投资的重点是基础设施，比如改善交通系统、卫生系统、教育、卫生和健康、法律建设等方面的开支。这是因为在早期阶段，政府对基础设施的投资是为私人资本的投入改善投资环境的，只有搞好基础设施建设，才能引导大量私人资本的投入。当然，这就必然会推动政府公共支出总量的增加。

在经济发展的中期阶段，一方面政府投资仍然会继续增加，这是因为需要保持经济持续稳定的发展，又需要满足经济发展对社会基础设施在数量与质量方面所提出的新的需求，但政府投资在全社会投资的比重会逐渐下降。另一方面由于经济的发展，公众对社会消费支出的需求增加了，要求政府在教育、卫生、安全等方面增加支出。同时，在经济发展中，贫富分化开始加剧，成为社会和经济的不安定因素，也需要政府给予密切关注。因此，在经济发展的中期阶段，公共支出不仅不会下降，反而会进一步增加。

在经济发展的成熟阶段，人们的收入水平有了很大提高，对消费需求提出了更高层次的要求。政府的任务就是针对公众更高层次的消费需求，相应地提高在教育、卫生、福利、环保等方面的公共支出，以提高国民素质，保障国民经济福利水平的增长和社会经济的可持续发展。因此，在经济发展的成熟阶段，公共支出仍呈增长态势，只是支出的重点发生了明显的变化，即由以基础设施投资为重点，转变为以人力资源支出和转移性支出为重点了。

（二）财政支出规模不断扩张的现实原因

前面对财政支出增长的理论解释中，已经涉及关于财政支出增长的一些具体原因，这里再作进一步的归纳：

1. 政府职能扩张。从西方财政发展的历史看，早期资本主义国家与垄断资本主义国家相比，财政支出绝对量要小得多，究其原因，主要是政府职能的范围和规模不同所致。国家从早期资本主义时期的单纯的“守夜人”，到垄断资本主义时期的调节社会经济的重要力量，职能内容大大增加，每一个具体职能的含义不断丰富，肯定要求国家安排更多的财政支出，势必抬升财政支出的总量。从当前中西方各国政府职能的现状来看，因政府职能扩张而促进财政支出增长，突出地表现为以下几个方面：第一，为了加强宏观调控，在需求不足的情况下，主动加大政府开支，一般表现为公共工程支出快速增长；第二，为了解决社会分配公平问题，政府着重提高了用于社会保障和社会福利方面的支出；第三，为了促进经济的可持续发展，各国普遍都在增加用于环境保护、自然资源保护和卫生防疫等方面的财政支出。另外，政府职能的扩张导致政府机构的增加，由此引起行政管理部门的人员经费和公用经费的增长。

2. 政府提供公共产品的质量提高。公共产品的质量是个很难明确定义的概念，决定公共产品质量高低的因素也非常之多，但通常生产质量较高的公共产品所需要有效使用的要素，要比生产质量较低的公共产品来得多。因此，公共产品质量的变化，导致了其需要有效使用要素的变化，进而影响财政支出。如为了提高教育水平，降低学生与教师的数量比例，提供较现代化设备的教室和教育制度，就必然要求增加教师数量和增加教育支出的投资规模与经费数额；再如医生和病人比例的变化、医疗水平的提高等，也都要求政府医疗卫生支出的相应变化和提高等。

3. 人口增加。人口增加是财政支出增长的重要原因之一。人口增加必然要求政府提供更多的公共产品和服务，但对不同公共产品和劳务的要求是不同的。一般地说，纯公共产品比如国防安全等，在一定范围内，增加一个消费者的社会边际成本为零，因此，人口数量的增加短期内不会导致此类公共支出的上升。但是对于纯度较低的公共产品来说，尤其是直接为公民提供服务的公共产品和服务，如警察、司法、文化、教育、消防、市政设施、社会保障等，虽然在短期内有一定的消费剩余容量，但迟早会由于人口的增加而加大对这些公共产品和劳务的提供。

4. 物价上涨。从统计资料看，中西方各国物价变动的长期趋势都是上升的。例如，1978 年至 2007 年 30 年间，我国居民消费价格指数 CPI 三起三落，如果以 1978 年 CPI 为 100 作为基准来计算的话，到 2007 年 CPI 上涨到 500 左右，也就是说，30 年间我国的物价上涨了 4 倍①。再如，如果以 2000 年 CPI 为 100 作为基准来计算的话，2008 年美国、法国、德国、加拿大、意大利、英国的 CPI 分别为 125、116.6、115.5、119.6、120.7、126.1②。可见，由于物价上升，使政府购买商品和劳务的支出上升、管理费用增加，从而使财政支出总量增加。

5. 科技进步。科学技术的进步对财政支出增长的促进作用主要表现在两个方面：一方面是由于科技进步创造了一些新的需求，其中部分新需求是需要政府出资提供来满足的。比如，发明了火车，可能需要政府修建铁道；发明了汽车，可能需要政府修建公路；发明了电视，可能需要政府修建电视台，如此等等。另一方面是科技进步会提高政府提供产品和服务的成本。比如，今天政府机关办公设备与过去的办公设备是大不相同了，现代军队的武器装备与过去军队的武器装备有了天壤之别等，由此导致政府在这些方面的财政支出增加。

6. 突发事件。突发事件促进财政支出增长是一个临时性原因，但随着经济社会的发展，各类突发事件频发，又使它在总体上成为一种常态。在现实中任何突发事件都会逼迫财政增加支出，这主要表现在以下三个方面：第一，为了遏制突发事件的蔓延和控制其危害，需要采取果断措施，进行应急治理，需要财政投入大量的应急治理支出；第二，为了对突发事件造成的损失进行积极挽救和采取必要的防范措施，需要投入大量的资金，这属于后期治理支出，一般都具有长期性；第三，为了扶持遭受突发事件冲击的行业和劳动者渡过难关，财政还要出台一些救助政策，为此，财政还要增加政策性支出。由于应对突发事件，化解社会风险，提供社会安全等属于社会共同需要的公共产品，国家财政必须提供资金保障，而在现代社会中，突发事件出现的频率在增加，因此，它成为促进财政支出增长的重要因素。我国 2003 年上半年突发的“SARS”疫情和 2008 年 5 月 12 日四川汶川大地震等对财政支出的影响就是典型的例证。

7. 政府服务环境。政府财政支出的大小还受到服务环境的制约，即生产某种水平产出所需资源的一组社会经济和地理变量的制约。以警察服务为例，如果某一地区财富增加，吸引了更多的罪犯，则政府提供保护的成本将上升。为了使该地区

---

① 数据来源：《香港文汇报》，2008 年 11 月 9 日。

② 数据来源：《2010 年国际统计年鉴》，中国统计出版社 2010 年版。

居民获得与以前相同水平的警察服务，政府需要雇用更多的警察，开支更多用于社会治安的经费。即在没有改变警察服务水平的情况下，警察服务的总成本也会上升。例如，2010 年为了应对部分省市突发的幼儿园、小学遭袭事件，已有省市采取措施加派警力，提高用于社会治安的财政开支。因此公共服务水平没有提高，财政支出也会增加。这并不是因为提供公共服务的无效率，而是服务环境改变了。

第三节
财政支出结构

财政支出结构指站在不同的角度，或者基于不同的分类标准，财政支出各个部分之间的相对关系。财政支出结构是本章第一节财政支出分类的量化结果。分类标准、组成部分、比例关系是财政支出结构的三个要件。第一节关于财政支出分类讲了三种分类法，但从充分发挥财政支出对社会经济的能动作用来说，本节只从两个角度对财政支出结构进行剖析。

一、我国财政支出结构的变化趋势

（一）按国家职能分类的财政支出结构

2007 年以前我国财政支出基于国家职能分类法的结构状况见表 4－6。2007 年以后，我国实行政府收支分类改革，从而对财政支出实行了支出功能分类法，其主要反映政府各项职能活动及其政策目标，具体情况见表 4－7。

表 4－6　　国家财政按功能性质分类的各项支出占财政支出比重　　单位：%

年　份	经济建设费	社会文教费	国防费	行政管理费	其他支出
1978	64.08	13.10	14.96	4.71	3.16
1980	58.22	16.20	15.77	6.15	3.66
1985	56.26	20.38	9.56	8.53	5.27
1990	44.36	23.92	9.41	13.44	8.86
1991	42.18	25.09	9.75	12.22	10.75
1992	43.10	25.92	10.10	12.38	8.50

续表

年　份	经济建设费	社会文教费	国防费	行政管理费	其他支出
1993	39.52	25.38	9.17	13.66	12.26
1994	41.32	25.92	9.51	14.63	8.61
1995	41.85	25.74	9.33	14.60	8.47
1996	40.74	26.21	9.07	14.93	9.04
1997	39.50	26.74	8.80	14.72	10.24
1998	38.71	27.14	8.66	14.82	10.68
1999	38.38	27.59	8.16	15.32	10.54
2000	36.18	27.60	7.60	17.42	11.19
2001	34.24	27.58	7.63	18.58	11.97
2002	30.26	26.87	7.74	18.60	16.53
2003	28.04	26.24	7.74	19.03	18.94
2004	27.85	26.29	7.72	19.38	18.75
2005	27.46	26.39	7.29	19.19	19.67
2006	26.56	26.83	7.37	18.73	20.51

资料来源：根据《2007年中国统计年鉴》计算而得。

表4-7　　2008年国家财政主要支出项目及其所占比重　　单位：亿元

项　　目	国家财政支出	占全部财政支出的比重%
总　　计	62592.66	100
一般公共服务	9795.92	15.65
国内外债务付息	1305.09	2.09
外交	240.72	0.38
对外援助	125.59	0.20
国防	4178.76	6.68
公共安全	4059.76	6.49
武装警察	664.13	1.06
教育	9010.21	14.39
科学技术	2129.21	3.40
文化体育与传媒	1095.74	1.75
社会保障和就业	6804.29	10.87
医疗卫生	2757.04	4.40

续表

项　　目	国家财政支出	占全部财政支出的比重%
环境保护	1451.36	2.32
城乡社区事务	4206.14	6.72
农林水事务	4544.01	7.26
交通运输	2354.00	3.76
车辆购置税支出	1002.74	1.60
工业商业金融等事务	6226.37	9.95
地震灾后恢复重建支出	798.34	1.28
其他支出	2940.79	4.70

资料来源：《2009 年中国统计年鉴》，中国统计出版社 2007 年版。

我们可以将新的功能分类法与传统的分类法近似地对接起来：一般公共服务、外交、公共安全可近似地与行政管理支出对应起来，2008 年三项合计占比 22.52%，高出 2006 年该项比例近 4 个百分点；国防支出没有变化，2008 年国防开支所占比重为 6.68%；教育、科学技术、文化体育与传媒、社会保障与就业、医疗卫生、环境保护、城乡社会事务等可近似地与社会文教支出对应起来，2008 年各项合计占比 43.85%，高于 2006 年该项支出比例约 17 个百分点，我们考虑应是传统分类法中的“其他支出”类的部分内容被明确划入相应科目，2006 年其他支出类比重为 20.51%，新分类法中只有 4.7%，相差的近 16 个百分点的主要去向应是新分类法中的部分项目；农林水事务、交通运输、工业商业金融等事务、地震灾后恢复重建支出等可近似地与经济建设支出对应起来，2008 年四项合计占比 22.25%，低于 2006 年该项支出比例约 4.3 个百分点，其主要原因应是该项支出的总体下滑趋势，以及新旧两种分类法的归并误差所致。

（二）按经济性质分类的财政支出结构

如前述，经济性质分类法的结果是将财政支出分为购买性支出和转移性支出两大类。购买性支出和转移性支出在财政支出中所占比重的大小，反映出财政在不同经济发展阶段的财政职能的相应变化。购买性支出和转移性支出占财政支出的比重，各个国家有所不同。一般来说，在经济发达国家，由于政府较少直接参与生产活动，财政收入较为充裕，财政职能更侧重于促进经济稳定和调节收入分配，因而转移性支出占财政支出的比重较大。在发展中国家，由于政府较多地直接参与生产活动，财政收入相对匮乏，因而购买性支出占财政支出的比重较大。发达国家和发展中国家购买性支出占财政支出的比重平均为45.2%和61.6%，转移性支出占财政支出的比重平均为41.0%和22.5%①。2005年我国包括政策性补贴、企业亏损补贴、债务支出、抚恤和社会福利救助费在内的转移性支出占财政支出比重为19.7%②，低于发展中国家水平，更远低于发达国家水平，反映出我国政府财政支出中以直接参与生产活动的购买性支出为主，政府直接干预经济运行，财政转移性支出作为自动稳定器自发调节经济健康发展的作用较弱。2007年实行支出科目改革后，比较明显的接近转移性支出的项目只有国内外债务付息支出和社会保障和就业支出，2008年这两类支出的比重分别为2.09和10.87，合计占比约13%。尽管该数字未必反映我国转移性支出的全貌，与以前的计算结果也有较大出入，但我国财政支出是购买性支出占主导地位确实千真万确。

二、当前我国财政支出结构的特点

（一）经济建设支出占财政支出比重远高于西方发达国家

我国财政支出中按功能性质分类的支出中有一类经济建设支出，而西方发达国家并没有相应的一项财政支出名为经济建设支出。财政支出统计口径的差异给我们做比较带来了一定困难，但中西方国家都有政府资本性支出（即政府投资）的统计资料。2006年经济合作与发展组织（OECD）发布名为《中国公共支出面临的挑战》的报告，该报告指出，根据OECD的数据，中国大部分公共支出用于政府投资，2002年政府投资占GDP的比重为9%，几乎高于所有OECD国家和多数发展中大国。而从政府投资的内涵来看，其统计口径有相当部分是和我国经济建设支出相交叉重合。我国目前政府资本性支出按经济性质可以划分为盈利性投资、基础性投资和公益性投资（生产公共商品）三部分。经济建设支出是指国家用于生产性投资和基本建设方面的财政支出，这些支出或者是与社会公共需要有关，或者是与宏观调控有关，它是我国财政预算内支出的主要部分，其范围主要包括：用于国有企业、农业、林业、水利、气象、铁道、交通、邮电、国内商业、对外贸易、城市公用事业等的基本建设拨款或贷款、挖潜改造资金、简易建筑费以及核工业、航天工业流动资金拨款等；支援农业生产支出；国家物资储备支出；城市维护费等。由此可以发现，我国的政府资本性支出和经济建设支出都主要包括用于基础设施建设、支持农业生产、提供公共产品三个方面的支出。因而我们可以大致推断出我国

① 摘自陈共：《财政学》（第六版），中国财政经济出版社2009年版，第96页。

② 摘自陈共：《财政学》（第六版），中国财政经济出版社2009年版，第97页。

经济建设支出占财政支出的比重远高于西方发达国家的结论。

再从我国经济建设支出占财政支出的纵向变化来分析，我国的经济建设支出占财政支出的比重从 1978 年的 64.08% 下降到 2006 年的 26.56%，下降了 37.52 个百分点，是各类财政支出占财政支出比重中下降最为迅速的支出类别（见表 4－6）。但尽管如此，经济建设支出仍然在财政支出中占据相当高的比重。这说明我国政府在经济生活中扮演极其重要的角色，财政支出是我国发展和结构调整的重要财力支撑。尽管西方财政的经济支出也对其经济产生重大的影响，但其调控能力与我国财政相比有质的区别。人们不否认在社会主义市场经济中非国家的社会主体应当在经济发展中发挥越来越大的作用，甚至应该是主力军作用，但我国所处的发展阶段、国民经济的所有制结构等，使我国政府和财政有必要在经济生活中保持较为强势的地位，财政的经济建设支出也需要保持一个恰当的比重。要求国家财政完全突出经济建设过程的观点是站不住脚的。

我国经济建设支出对推动国民经济发展的重大意义集中体现在加快我国基础产业的发展上面。首先，在整个产业链条中，基础产业属于“上游”部门，应当获得优先发展。尤其我国还是一个发展中国家，为了缩短与发达国家的差距以及提高我国企业的国际竞争力，国家应该在基础产业的发展上给予更多的投资。其次，基础产业投资一般具有建设周期长、沉淀资金多、投资回收期长的特点，属于典型的资本密集型行业。一般来说，私人资本由于能力和动力不足，难以使基础产业获得必要的发展，形成制约社会经济发展的“瓶颈”。相对于社会经济快速发展来说，能源、交通运输、通讯等是“瓶颈”行业；相对于工业来说，农业是“瓶颈”产业；相对于加工业来说，原材料是“瓶颈”产业。只有政府强有力的资金支持，才能避免基础产业落后产生的“瓶颈”制约问题。再次，基础产业大多属于自然垄断行业，如电力、煤气、自来水、电信等。具有“自然垄断”性质的企业，在一定范围内会出现随着产量的增加，导致边际成本下降和边际收益上升的情况，有可能实现较大的产量和较低的价格，提升社会福利水平。但企业成为垄断生产者时，为了获取最大利润，它可能控制产量，抬高价格，获取垄断利润，降低资源利用效率。在我国，市场经济处在发育之中，非政府投资主体还不完善，对某些具有自然垄断性质的企业，政府投资占主导地位，仍有重大意义。

（二）行政管理支出增长过快，与体制改革的方向背道而驰

在所有财政支出中，我国的行政管理支出是上涨速度最快的，从改革开放初期的 1978 年至 2006 年的 28 年间，我国行政管理支出从 52.90 亿元增长到 7571.05 亿元，增长了 142 倍。其占财政总支出的比重，在 1978 年仅为 4.71%，到 2006 年

上升到18.73%（见表4-6）。2007年支出科目改革后，与传统行政管理支出最为接近的一般公共服务支出、外交支出、公共安全支出之和占财政总支出比重依次为2007年24.5%、2008年22.5%。根据2006年经济合作与发展组织（OECD）发布的报告《中国公共支出面临的挑战》上的数据显示，我国的行政管理支出占财政支出的比重高于除希腊、意大利和比利时以外的大部分OECD国家，远高于很多发达国家，如美国、英国、法国（见图4-4）。国际货币基金组织曾经规定行政管理支出占财政支出不应高过15.6%的标准①，那么按此标准，以我国的现实数据来看，我国无疑是世界上行政成本昂贵的国家。而且，行政管理支出比重上升迅速，说明政府机构依然庞大，政府监管依然过渡，与构建社会主义市场经济体制，建立“大社会、小政府”的社会框架的方向是相逆的。目前各方热议的“国进民退”等现象，应该引起人们的高度关注。

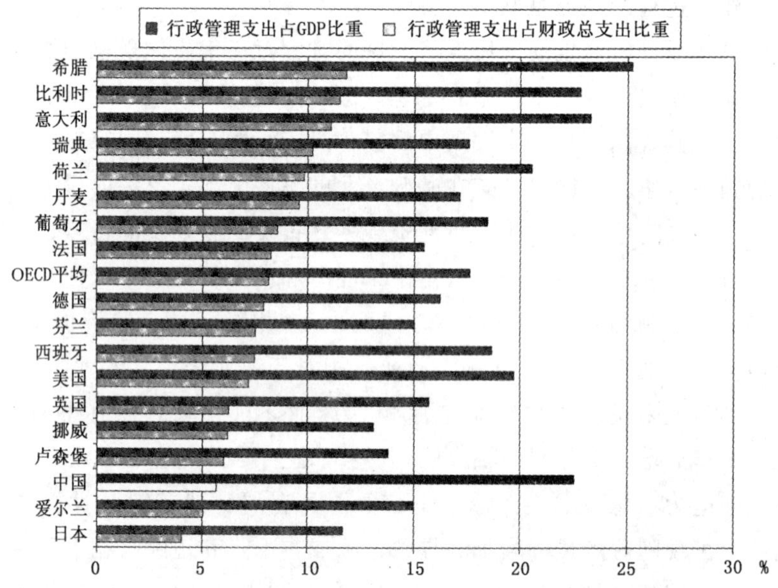

图4-4 2002年行政管理支出占GDP和占财政总支出的比重

资料来源：世界经济合作与发展组织：《中国公共支出面临的挑战》，清华大学出版社2006年版（本书为OECD，Challenges for China's Public Spendings：Toward Greater Effectiveness and Equity，2006的中文译本）。

① 2007年3月12日，全国政协委员冯培恩出席全国政协十届五次会议第四次全体会议时，做名为“加大节约型政府的建设力度刻不容缓”的大会发言中曾引用该标准。

（三）民生类支出比重依然过低

一些重要的民生类支出项目，如教育支出、医疗卫生支出、社会保障和福利支出等近年来虽快速增长，但由于起点较低，其占财政支出比重仍然距离西方发达国家有很大差距。我国公共教育支出占 GDP 比重的历史最高纪录是 2002 年的 3.41%，仍然不足 4%，与西方发达国家有一定差距，另外研究与开发经费支出也低于英、美等西方发达国家（见表 4－8）。2006 年我国医疗卫生支出占 GDP 的比重为 4.6%，略高于低收入国家的水平，不及中等收入国家水平，远低于美国的 15.1%、法国的 11%、德国的 10.6%（见表 4－9）；社会保障和就业支出近几年虽然每年保持平均 900 亿元以上的绝对额增长，但其占 GDP 的比重仍只有 2.48%（见表 4－10）。而发达国家在 20 世纪末的社会保障和福利支出占 GDP 的水平就已经超过了 5%，最高的德国甚至达到了 16.9%（见表 4－11）。

表 4－8　部分国家研发支出和公共教育经费支出占国内生产总值比重

国家和地区	研究与开发经费支出占国内生产总值比重%		公共教育经费支出占国内生产总值比重%	
	2005 年	2006 年	2005 年	2006 年
世界	2.14	2.31	4.60	4.57
高收入国家	2.40	2.48	4.93	5.26
中等收入国家	0.91		4.44	4.24
中国	1.33	1.42		
加拿大	1.98	1.97	4.93	
美国	2.62	2.61	5.34	5.69
法国	2.13	2.12	5.67	5.63
德国	2.49	2.52	4.54	4.44
意大利	1.10		4.45	4.76
英国	1.78	1.80	5.54	
澳大利亚			4.84	5.16

资料来源：《2010 年国际统计年鉴》，中国统计出版社 2010 年版。

表 4－9　部分国家医疗支出占国内生产总值比重及人均医疗支出

国家和地区	医疗支出占国内生产总值的比重（%）			人均医疗支出（现价美元）		
	2004 年	2005 年	2006 年	2004 年	2005 年	2006 年
世界总计	10.0	9.9	9.8	649	686	724
高收入国家	11.1	11.2	11.2	3687	3830	3998

续表

国家和地区	医疗支出占国内生产总值的比重（%）			人均医疗支出（现价美元）		
	2004 年	2005 年	2006 年	2004 年	2005 年	2006 年
中等收入国家	5.9	5.6	5.3	138	125	131
低收入国家	4.7	4.2	5.3	24	19	22
中　国	4.7	4.7	4.6	71	81	94
加拿大	9.8	9.7	10	3038	3430	3917
美　国	15.4	15.2	15.3	6096	6350	6719
法　国	10.5	11.2	11	3464	3819	3937
德　国	10.6	10.7	10.6	3521	3628	3718
意大利	8.7	8.9	9	2580	2692	2813
英　国	8.1	8.2	8.2	2900	3064	3332
澳大利亚	9.6	8.8	8.7	3123	3181	3302

资料来源：中华人民共和国国家统计局网站。

表 4－10　　2003—2009 年我国社会保障和就业支出情况

年　份	支出数额（亿元）	占国内生产总值比重（%）
2003	2712.24	2.0
2004	3185.57	1.99
2005	3787.11	2.06
2006	4394.11	2.08
2007	5447.16	2.18
2008	6804.29	2.26
2009	8330.67	2.48

资料来源：根据《2009 年中国统计年鉴》和中华人民共和国财政部网站的相关数据计算而得。

表 4－11　部分 OECD 国家社会保障和福利支出占国内生产总值比重（%）

国　家	1970—1975 年	1980—1985 年	1994—2000 年
加拿大	7.4	8.2	9.2
美　国	7.5	6.8	5.4
法　国	14.5	16.5	
德　国	12.7	13.1	16.9
澳大利亚	4.7	7.2	8.4

资料来源：中华人民共和国国家统计局网站。

三、调整和优化我国财政支出结构的对策

（一）有效发挥政府投资示范效应，调节社会投资总量

如前所述，我国的政府投资在国民经济中的地位及其作用与西方发达国家有着很大的不同。鉴于我国居民消费依旧不足，当经济发展萧条时，在刺激投资和刺激消费之间，政府往往更多地选择刺激投资。这是因为尽管刺激居民消费对经济增长的作用很大，但是政府的作用空间却很小。我国的政府投资对于反经济周期调控和促进国民经济协调稳定运行有着重要意义。但值得注意的是，政府投资可以带动民间投资，也可以产生挤出效应，关键在于对政府投资的范围、结构和力度的掌控。在市场经济体制相对完备的情况下，政府投资应该限定在民间资金不愿意投资的非盈利领域，为公共利益、环境建设和民间投资创造条件。在这种范围内的适时适量的政府投资一定会起到示范作用，即我们熟知的“汲水效应”，从而达到促进民间投资、调节社会投资总量、刺激经济增长的目的。

（二）提高科技支出投入，促进自主创新和经济增长

国家财政支出必须向科技发展倾斜，才能促进自主创新和经济增长。国家财政应在财力上完全支持基础性科学研究，加大财政科技投入和财政补贴力度。政府对于基础研究、国家科技基础设施建设、国家安全重大项目及地区发展项目等方面的科技投入有利于解决市场资源配置机制不能有效解决的基础科研和公益科技为主的投入问题，而且财政补贴不仅表明政府对推进科技自主创新的决心和扶持力度，而且也向企业传达了一种“政府偏好”，有利于发挥其杠杆作用，带动企业科技自主创新投入。

（三）增加公共服务领域投入，保障和改善人民生活

根据公共服务的层次性，相对动态地划分基本与非基本公共服务，整合各种财政资源，增加对基本公共服务领域的投入，优先保障和改善民生，重点加大教育、就业和社会保障、医疗卫生、保障性安居工程、生态环境等方面的投入，逐步实现基本公共服务的区域协调发展。抓紧建立健全保障公共服务均等化的相关机制。比如，一是完善教育投入机制，特别是改革农村义务教育经费保障机制改革和免除城市义务教育阶段学生学杂费政策，进一步提高农村中小学公用经费水平。二是完善社会保障制度建设和促进就业支持机制，推动建立并完善制度统一、标准有别的城乡居民最低生活保障制度，推进和规范农村养老保险试点，进一步完善失业保险制度，认真落实减免税费、小额担保贷款财政贴息、职业培训补贴等促进就业的财税政策。当然，其他公共服务领域的财政投入保障机制也应逐步健全和规范。

（四）合理界定财政保障范围，严格控制一般性开支

坚持勤俭办一切事业，制订完善一般性开支标准，推进服务型、节约型政府建设。推进事业单位分类改革，加大对公益性事业单位的保障力度，支持具有经营性质的事业单位逐步走向市场。严格控制行政成本增长幅度，尤其是公务用车、会议经费、公务接待、因公出国等职务消费支出的增长，以及党政机关事业单位办公楼等楼堂馆所建设和信息化建设项目，推进机关节能减排工作。超编人员不得纳入工资统发范围，擅自增设的机构不得纳入预算保障范围。中央和省级单位要全面推广应用公务卡。根据《财政部　中国人民银行关于印发〈中央预算单位公务卡管理暂行办法〉的通知》（财库［2007］63号）的有关规定，中央预算单位工作人员必须持有和使用公务卡，主要用于日常公务支出和财务报销业务，并兼顾私人消费的信用卡，且不可办理附属卡。公务卡并非一般意义上的银行卡，而是将财政财务管理的有关规范与银行卡的结算方式相结合，形成的一种新型财政财务管理工具和手段，其透明度高，所有的支付行为都有据可查、有迹可寻。另外，要严肃财经纪律，坚决反对大手大脚花钱和铺张浪费行为，通过压缩一般性支出，腾出财力增加保障和改善民生方面的支出。

第四节

财政支出效益与绩效评价

厉行节约、讲求财政支出效益，是财政支出的核心问题。所谓效益，就是人们在有目的的实践活动中，“所费”与“所得”的关系。所费，就是活劳动和物化劳动的耗费和占用；所得，就是有目的的实践活动所取得的有用效果。所谓提高财政支出的经济效益，对生产性支出来说，就是要求尽可能地降低成本，取得盈利，少投入，多产出；对非生产性支出来说，就是要“少花钱、多办事，把事办好”。

一、财政支出效益内涵与特点

由于资源是有限的，政府在集中资源时，应当首先考虑将有限的资源是交由政府还是交由微观经济主体更能促进经济的发展和社会财富的增加，这里存在一个机

会成本的问题，因而也就产生了一个效率衡量的问题，也就是要分析和评价财政支出效益。只有当资源掌握在政府手中能够发挥更大的效益时，政府占有资源才是对社会有益的。从这个角度说，财政支出要提高效益不仅财政支出规模应该适当，结构应该合理，还要完善支出制度并加强管理。因而，完整的财政支出效益内涵应包含四个方面：财政支出总量效益，即财政支出规模与社会经济发展的总体状况是否匹配；财政支出结构效益，即支出结构是否科学，各类支出占财政支出比重是否合适；财政支出项目效益，即具体支出项目所产生的效益；财政支出的部门绩效评价和财政支出的单位绩效评价。

财政支出效益与微观经济主体的效益相比较，在如下方面存在特殊性：

1. 计算效益的范围不同。效益是通过对“所费”与“所得”的对比分析计算出来的。对微观经济主体来说，比如企业，它只计算发生在企业自身核算范围以内的直接的、有形的所费和所得；但政府除了要计算这部分所费和所得外，还要考虑长期的、间接的、无形的所费和所得。

2. 衡量效益的标准不同。微观经济主体的支出目的是追求自身经济效益的最大化，只要获得利润，即所得大于所费，都是可以选择的目标。但财政支出更重要的是追求社会效益最大化，即使某项支出从其自身看可能出现亏损，但对整个社会能取得较大的社会效益，这项支出也是必要的。

3. 效益的表现形式不同。微观经济主体支出效益的表现形式是单一的，只采取用货币计算的价值形式就可以满足决策的需要。而财政支出的效益，其表现形式是多样的，除了可以用价值形式表现出来以外，还可以用其他形式表现出来，如社会稳定、国家安全、社会事业发展等。该特性是前两个特性的派生。

二、衡量财政支出效益的方法

（一）“成本—效益”分析法

“成本—效益”分析法是西方国家在20世纪40年代，把私人投资决策的财务分析法运用到财政分配领域，作为政府进行财政支出决策，从而有效地使用财政资金的重要方法。其基本原理是，根据国家所确定的建设目标，提出实现该目标的若干备选方案；通过计算各个方案的成本—效益率，确定优先采用的次序。这种方法，特别适用于那些支出效果可以取得货币指标的投资性支出项目的分析。

假设为了防止某地区洪水泛滥，政府决定建设防洪设施。为此，专家组提出了7个备选方案，其成本—效益如表4－12所示。

表 4－12　　某防洪工程的成本—效益分析表　　单位：万元

计划项目（或方案）	成本 C	效益 B	净效益 B－C	B/C	（B－C）/C	按比率的排列次序
Ⅰ	5000	10000	5000	2	1	2
Ⅱ	3750	5250	1500	1.4	0.4	4
Ⅲ	2500	4000	1500	1.6	0.6	3
Ⅳ	1250	3000	1750	2.4	1.4	1
Ⅴ	6250	7500	1250	1.2	0.2	5
Ⅵ	7500	7500	0	1	0	6
Ⅶ	8750	7875	－875	0.9	－0.1	7

分别测算 7 个项目的成本与效益之后，可计算出它们各自的成本—效益率。其中，总效益（B）与成本（C）之比率，即 B/C，凡比值低于 1 的项目在经济上是不可取的。因此，其最低限应是 1，或者说如果该比率大于 1，则此方案就有被选择的可能。另一个比率是净效益（B－C）与成本（C）之比，即（B－C）/C 是负值的项目在经济上是不可取的，因此，它的最低限应为 0。或者说只有在该比率大于零时，该方案才有被选择的可能性。据此可以排出各项目的优劣次序。

在编制上述备选方案的过程中，必然会遇到以下三个需要解决的问题。

1. 如何归纳成本和效益。如前所述，财政支出的效益具有特殊性，因此在归纳其成本与效益时，与微观经济主体有很大的不同。在上述防洪工程的例子中，其成本与效益可分为两大类，即实际成本与效益和金融成本与效益。在实际成本与效益中又可分成直接成本与效益和间接成本与效益；中间成本与效益和最终成本与效益；内部成本与效益和外部成本与效益。在直接的和间接的成本与效益中，还可以区分开有形成本与效益和无形成本与效益。表 4－13 简要说明了上述防洪工程的不同类型的成本与效益。

在表 4－13 中，所谓实际成本是指建设工程在人力、物力上的实际耗费，以及对社会、经济和人民生活所造成的实际损失；实际效益则是指由于该工程的建设而生产出更多的社会财富，并推动了社会发展和人民生活水平的提高。金融成本与效益，是指由于工程的建设而对当地社会所产生的影响，比如引起土地价格的升降，使一些人增加了所得或减少了收入，但由于可以在社会成员之间相互抵消，故对整个社会总成本和总效益并不能产生增减变化的影响。在进行“成本—效益”分析时，必须考虑所有发生的实际成本与效益，而应把金融成本与效益排除在外。

表 4－13　　某防洪工程成本与效益类型

成本与效益类型			成　　本	效　　益
实际的	直接的	有形的	建筑工程所投入的费用（人力、物力、管理和维修费用）	农产品产量的增加、水力发电、养殖、旅游等
		无形的	未开发土地的损失	美化环境，增强人民健康
	间接的	有形的	水流转向的损失	减少了土壤的侵蚀
		无形的	野生资源的破坏	对农业生产的保护
	中间的		兴建旅游设施费用	增加旅游收入
	最终的		建设本工程所投入的费用和未开发土地的损失	增加农作物产量、减少土壤侵蚀、水力发电
	内部的		建设、管理、维护本工程建设的支出	对本地区提供的直接福利（包括以上全部）
	外部的		下游地区对本工程建设的支持	帮助下游控制了洪水
金融的			地价升高，使工程造价提高	土地所有者增加了收入

资料来源：本表引自刘永桢主编：《资本主义财政学》，东北财经大学出版社 1988 年版，第 90 页，引用者作了一些变动。

直接成本是指为建设、维护和经营该项工程而投入的人力、物力的耗费；直接效益是指该工程直接使社会增加的产品量与劳务量，或使社会成本能够降低的价值。间接成本又称为次级成本，是指由于该项工程的建设而附带产生的人力、物力耗费，或者由于连锁反应而引起其他相关部门产生的人力、物力耗费；间接效益又称次级效益，包括由该工程建设而引起的相关部门增加的产量和其他福利。无论是直接成本与效益还是间接成本与效益，在编制方案时都必须考虑在内。

在直接和间接成本与效益中，又分为有形和无形的成本与效益。有形的成本与效益是指那些可以用市场价格计算，并可以记入会计账簿的一切成本与效益；无形的成本与效益是指不能由市场估价，因而也就是不能记入会计账簿的一切成本与效益，比如农产品产量的增加是有形效益，而环境得到美化则属于无形效益。

内部成本与效益，是指在建设工程所实施的管辖区之内所发生的一切成本与效益，而在建设工程实施的管辖区之外所发生的成本与效益，则属于外部成本与效益。

中间成本与效益，是指建设工程中加入的其他经济活动所产生的一切成本与效益，最终成本与效益是指建设工程作为最终产品所产生的一切成本与效益。

2. 如何计算成本与效益。运用“成本—效益”分析法，需要对备选方案的成本与效益进行比较分析，这就需要有一个统一的计量尺度。当然价值（货币）形式是最优的计量尺度。这对于有形成本与效益的计算是较为容易的，因为它们一般都可以找到相应的市场价格。在这里需要慎重考虑的是所使用的市场价格是否符合其价值，如果这种市场价值受到了非经济因素的影响，被人为地扭曲了，则应进行调整。在这种情况下，就要用影子价格来计量支出方案的成本与效益。所谓影子价格就是指某种资源得到合理利用时的估算价格。最后困难的是对无形成本与效益的计量，因为它们难以直接用货币进行计量，为此，人们通常使用一些替代的办法进行间接估算。比如当我们估算上述防洪工程的建立对美化环境和有利于人民健康所产生的效益时，就可以用当地卫生防疫费用和医疗费用的减少额来替代，当然这只能求得近似值。

3. 要考虑货币的时间价值。在分析备选方案的成本与效益时，不能简单地把每个年度内发生的成本与效益相加，必须考虑货币的时间价值。由于成本与效益发生的时间和数额分布不同，其经济效果也不一样。在用货币形式表现其总额时，应把未来若干年里发生的成本与效益按一定的折现率折算为现在的价值。这里需要指出，贴现率的高低对方案的取舍有很大关系，一般而言，贴现率低对时间较长的项目的折现值就越大，有利于收益期限长的投资项目的选择，但不利于投入期长的项目；贴现率高，时间较短的投资项目现值越大，则有利于对收益期限短的项目的选择，不利于投入期短的项目的选择。

根据前面对表 4－12 的分析，凡是总收益率（B/C）>1 或净收益率（B－C）/C>0 的项目（或方案）都具有选用价值，到底选用到什么程度，取决于财政支出规模。在财政支出规模已定的条件下，所选定的支出项目的成本之和与支出规模相符合时，同时满足净收益值最大的条件，应是最佳的支出方案。最后，还要对选定的财政支出项目组合进行机会成本对比分析。如果机会成本大于政府支出的效益，则政府支出是不可取的。这就需要重新调整财政支出总量和结构了。

综上所述，“成本—效益”分析法的实施一般须经过这样几个步骤：（1）政府根据国民经济发展的要求，组织专家为支出项目制定出若干备选方案；（2）用贴现率计算各备选方案的成本与效益及其比率并排出优劣；（3）根据已确定的财政支出总规模，在选用项目的纯收益率大于零的前提下，从诸备选项目中，选择一个最佳的方案，即现有支出规模能够达到的纯收益率最高的方案。

（二）最低费用选择法

最低费用选择法，是对每个备选的财政支出方案进行经济分析时，只计算备选方案的有形成本，并以成本最低为择优标准。换言之，就是选择那些使用最少的费用就可以达到财政支出目的的方案。最低费用选择法是“成本—效益”分析法的补充，对于支出效果不能取得货币指标的支出项目，通过使用最低费用选择法，也可以起到提高财政支出效益的目的。该方法主要适用于军事、政治、文化、卫生等支出项目。

最低费用选择法的操作步骤与“成本—效益”分析法大体相同，由于不计算支出的无形成本与效益，故运用起来比“成本—效益”分析法简单一些。但是需要指出，该分析方法是以支出目的或支出效益（即目标值）一定为前提的，但由于许多支出项目都含有政治因素、社会因素等，如果只是以费用高低来决定方案的取舍，而不考虑其他因素也是不妥当的。这就需要在综合分析、全面比较的基础上进行择优选择。

（三）公共定价法

公共定价是指对政府通过财政支出为社会提供的某些公共物品收取适当费用的办法，借以提高财政支出效益。在市场经济中，价格一般是由市场供求关系决定的，价格机制是实现资源最优配置的主要力量。但由于在现实经济生活中，存在着市场缺陷，市场价格并不能保证资源配置自动实现高效率，在某些情况下还要通过政府定价来矫正资源配置结构。

公共定价的主要内容包括两个方面：一是政府对自然垄断行业的产品和服务实行政府直接定价，主要有能源、通信、交通、煤、石油、原子能、钢铁等行业的产品和服务；二是政府对竞争性管制行业实行价格管制，主要有金融、农业、教育、保健等行业。

1. 对自然垄断行业的公共定价。自然垄断行业的产品或服务可以按三种情况定价，如图4－5：第一种是按边际成本定价，即边际成本曲线MC与社会需求曲线AR的交点所决定的价格水平P_1。因为边际成本低于平均成本，企业要出现亏损（$D-P_1$）A，虽充分满足了社会需要，但要增加财政补贴；第二种是按利润最大化原则定价，即按边际收益曲线MR与边际成本曲线MC的交点为所决定的价格水平P_2。这时价格最高，企业获得垄断利润（P_2-E）C，但资源没有得到充分利用，降低了社会福利水平；第三种是按平均成本定价，即平均成本曲线AC与社会需求曲线AR的交点所决定的价格水平P_3。这时由于价格等于平均成本，经营中既没有超额利润，也没有亏损，在财务上处于收支相平衡的状态，在产量上大于按利润最大化定价的产量，小于按边际成本定价的产量，能尽量实现社会需求的满足，但有一定的效率损失。

在具体的价格实践中，政府对自然垄断行业的产品或服务进行定价时一般采取

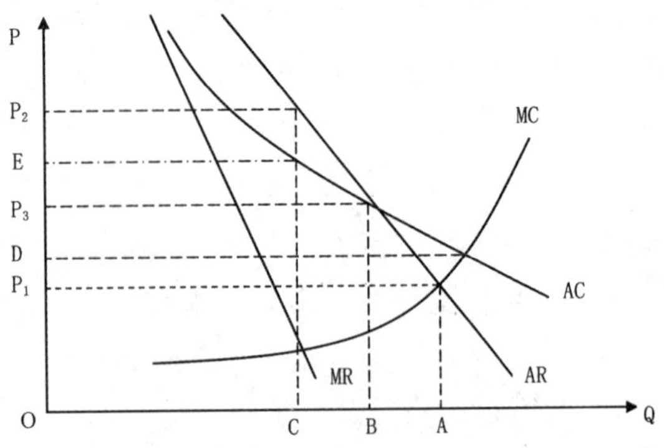

图4－5　自然垄断行业不同的定价方式和水平

平均成本定价法、二部定价法和负荷定价法。所谓平均成本定价法，是指政府在保证企业收支平衡的条件下，使之尽可能满足社会需求的定价方法，如图4－5中的P_3。所谓二部定价法，是指产品的价格由两部分构成：一部分是固定费用，采用定额计算的方法分摊给用户，不管用户的使用量多少，都要交纳固定费用。实际上这是用户取得该项服务的消费许可而定额缴纳的费用，有助于企业财务的稳定；另一部分是从量费用，采用从量计算的方法，按用户使用数量计算应缴纳的费用，如电话费的收取就是采用二部定价法，即收取租费和话费。所谓负荷定价法，是指在不同的时间，根据需求状况而规定的价格，目的在于平衡供求关系，合理利用资源，比如电力在用电高峰时高收费，在用电低峰时少收费。

2. 对蛛网市场的公共定价。所谓蛛网市场，是指那些生产时间主要是自然力作用时间，使供给对需求的反应比较迟钝，导致在不同生产周期之间，市场价格和供求数量大幅度波动的市场。农产品是最典型的蛛网型市场。本期农产品的价格由本期农产品的供给量决定，而本期产品的价格又决定着下期农产品的供给量。本期农产品价格较低时，下一个种植周期只有较少的供给量，由此导致下期农产品价格上升；再下一个种植周期可能有较大的供给规模，农产品价格又将趋于下跌……价格和供求数量持续处在波动过程，反映在局部均衡市场上，就呈现出蛛网状的纵横交错状态。当供给弹性小于需求弹性时，形成收敛型蛛网市场，产量与价格的变动与均衡产量与均衡价格的距离渐渐递减，最终趋向均衡产量和均衡价格（参见图4－6）。当供给弹性大于需求弹性时，形成发散型蛛网市场，产量与价格的变动会与均衡产量和均衡价格的距离逐渐加大（参见图4－7）。当供给弹性等于需求弹性时，形成封闭型蛛网市场，产量与价格的变动与均衡价格和均衡产量的距离既不缩小也不扩大（参见图4－8）。上面的分析表明，发散型蛛网市场与封闭型蛛网市场依靠自身难以实现均衡。而收敛性蛛网市场自身可以实现均衡，但要经历较长的时间。

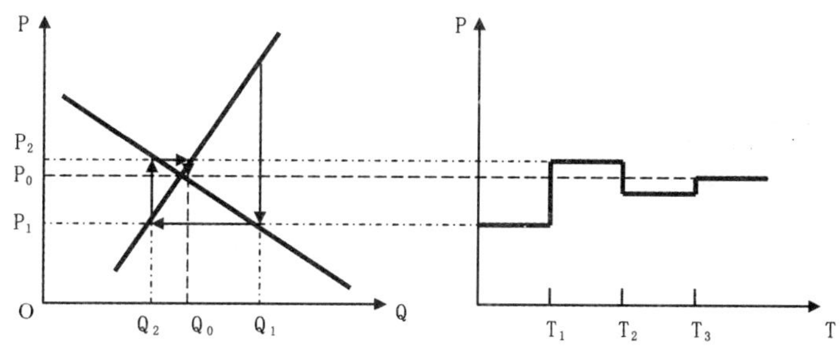

图 4-6 收敛型蛛网市场与价格波动情况

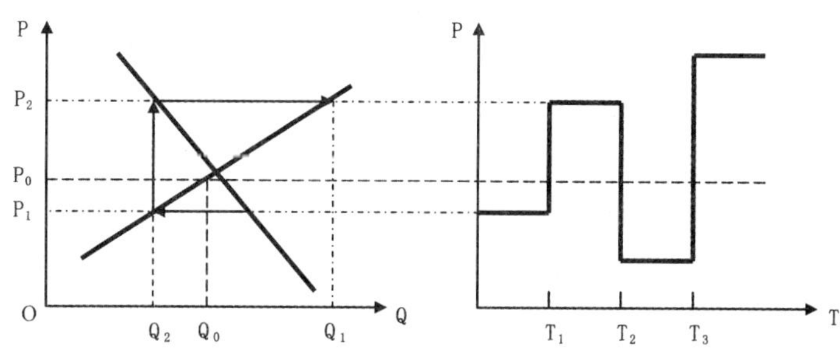

图 4-7 发散型蛛网市场与价格波动情况

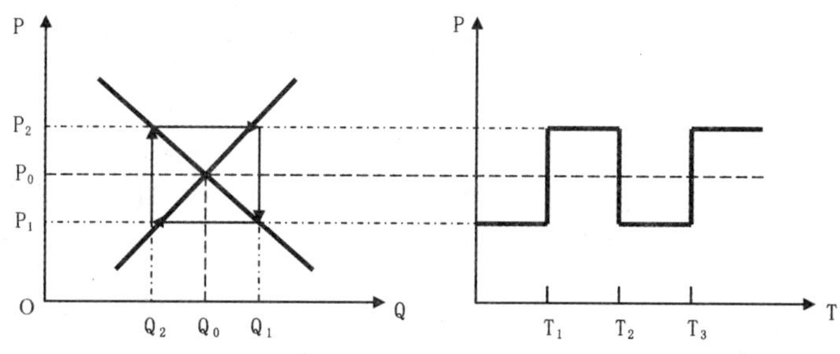

图 4-8 封闭型蛛网市场与价格波动情况

农产品市场是一个发散型蛛网市场，为此要实行公共定价，目的是使农产品价格稳定在边际效用等于长期边际成本的均衡水平上，有助于长期均衡的实现，实现资源的有效配置。当农产品供给量超过长期均衡产量时，形成超额供给，国家要对超额供给部分进行收购或出口；当农产品供给量因灾下降到长期均衡量以下时，市场上出现超额需求，国家应销售库存农产品或进口农产品以消除超额需求，使物价平稳，维持农产品的长期均衡价格。各国对农产品都实行公共定价。

3. 对竞争市场的公共定价。在竞争市场上，大部分产品的价格是通过供求双方的相互作用而形成的。但是有些产品，如生活必需品和奢侈品依然需要受到政府的价格管制。比如，政府可以对生活必需品规定较低的价格，以保证低收入者的基本生活需要；对奢侈品规定较高的价格，以降低高收入者的实际收入，借此改善高收入者与低收入者之间的相互福利状况，实现公平的目标。一般认为，在竞争市场上使用公共定价方法来实现公平，效率是比较低的，不如使用对贫困者补贴和对高收入者课税的效率高。

三、政府采购与提高财政支出效益

（一）政府采购的概念和特点

政府采购指政府使用财政资金采购所需货物、工程和服务的行为。政府采购的主体是各级政府和有关的公共部门，具体包括国家行政机关，实行预算管理的社会团体、事业单位及政党组织。政府采购的客体即购买对象，是各种商品、劳务以及公共工程。政府采购的目的是用最经济的方式为社会公众提供一定量质的公共服务。政府采购资金来源主要是财政资金，资金支付采取由财政部门集中支付的方式。政府采购是在财政的监督下，通过法定程序和法定方式进行的。

同私人采购相比，现代政府采购具有以下特点：

1. 政府采购的目的是提供公共物品。在市场经济中，私人采购或者为了满足个人消费需要，或者为了企业生产和经营的需要，而政府采购则是为了满足公共需要，是为了高效率地向社会提供公共物品。本书第一章曾经讨论过公共物品生产和提供的几种方式，政府采购则属于私人或公共生产，政府提供的组合方式。

2. 政府采购的资金来源具有公共性。私人采购使用的资金是私有资金，而政府采购所使用的资金是财政资金，最终来源于纳税人缴纳的税款、政府的债务收入和政府公共服务的收费。按照社会契约理论，政府扮演着公共托管人的角色，政府采购所使用的资金自然是委托人——社会公众纳税所形成的财政资金。

3. 政府采购对象具有广泛性。所谓广泛性是指政府采购对象十分庞杂，包罗万象，从日常办公用品到武器装备无所不有。按采购对象的性质不同，一般分为货物、工程和服务三大类。货物是指各种原料、产品、设备、用具等物品；工程是指建造房屋、兴修水利、修建交通设施、铺设地下管网等建设活动；服务是指各专业维修、技术服务、人力培训等。

4. 政府采购具有非营利性。一般的商业采购均以利润最大化为目标，是为卖而买。而政府采购不是以盈利为目标，而是为政府部门提供消费品或向社会提供公共利益。政府采购也要遵守自愿平等的市场交易原则，也要讲究经济效益，但更重要的是要保证提供良好的公共服务和广泛的社会效益。

5. 政府采购具有严格的政策性。政府采购的根本目的是为了实现政府职能，向公众提供公共产品和服务，因此，采购单位在采购时不能体现个人偏好，必须严格遵循国家的有关政策，比如要最大限度地节约财政资金、支持民族工业的发展、贯彻国家的产业政策、防范政府官员的腐败行为等。

6. 政府采购具有公开性。政府采购一般具有较大的透明度，采购过程、采购法律、采购程序等都是公开的，政府采购人员及整个采购活动都要受到财政、审计、社会公众的全方位监督。

7. 政府采购的数量是巨大的。政府采购的规模很大，据世界贸易组织统计，全世界的政府采购约占世界生产总值的15%左右。政府采购的变化往往影响一国社会经济的发展状况，从而成为政府一种宏观调控的手段。

（二）政府采购的流程

政府采购有一套相对完整、统一的程序。一般来说，一个项目完整的采购流程包括以下几个方面：

1. 确定采购需求。采购需求由各采购方提出，并报预算管理部门审核。政府采购预算没有单独编审程序，政府采购项目确立的过程，是随着部门预算的编审程序而完成的。各部门在编制部门预算时，凡是属于政府采购法规定的政府采购项目，无论是项目支出项目还是基本支出项目，都要在部门预算的相关科目中详细列明，包括项目具体名称和预算等事项。人大批准了部门预算，也就批准了其中的政府采购预算。只有经人大批准的采购项目，才能开展采购活动。

2. 选择采购方式。采取竞争性谈判方式采购的，应当遵循下列程序：第一，成立谈判小组。谈判小组由采购人的代表和有关专家共三个以上的单数组成，其中专家的人数不得少于成员总数的三分之二。第二，制定谈判文件。谈判文件应当明确谈判程序、谈判内容、合同草案的条款以及评标成交的标准等事项。第三，确定邀请参加谈判的供应商名单。谈判小组从符合资格条件的供应商名单中确定不少于三家的供应商参加谈判，并向其提供谈判文件。第四，谈判。谈判小组所有成员与单一供应商分别进行谈判。第五，确定成交供应商在规定时间内进行最后报价，采购人根据符合采购需求、质量和服务相等且报价最低的原则，从谈判小组提出的成交候选人中确定成交供应商，并将结果通知所有参加谈判的未成交的供应商。

采取单一来源采购方式采购的，采购人与供应商应当遵循政府采购法规定的原则，在保证采购项目质量和双方商定合理价格的基础上进行采购。

采取询价采购方式采购的，应当遵循下列步骤：第一步与第二步与采取竞争性谈判方式采购方式的前两步类似。第三步，询价。询价小组要求被询价的供应商一次报出不得更改的价格。第四步，确定成交供应商。采购人根据符合采购需求、质量和服务相等且报价最低的原则确定成交供应商，并将结果通知所有被询价的未成交的供应商。

3. 签订和履行采购合同。无论采取何种方式进行政府采购，最终都要签订合同。供应商在签订采购合同时，须按标准交纳一定数额的履约保证金。供应商要按合同规定，向采购方提供合格的商品、服务或工程。

4. 验收与结算。采购方对合同执行结果进行验收，验收合格后，由预算管理部门与供应商进行结算。

5. 监督检查。政府采购监督管理部门应当加强对政府采购活动及集中采购机构的监督检查，包括对有关政府采购的法律、行政法规和规章的执行情况；采购范围、采购方式和采购程序的执行情况；政府采购人员的职业素质和专业技能的监督。审计机关应当对政府采购进行审计监督。政府采购监督管理部门、政府采购各当事人有关的政府采购活动，应当接受审计机关的审计监督。监察机关应当对参与政府采购活动的国家机关、国家公务员和国家行政机关任命的其他人员实施监察。任何单位和个人对政府采购活动中的违法行为，有权控告和检举，有关部门、机关应当依照各自职责及时处理。

（三）政府采购的博弈原理分析

所谓博弈是指两个以上存在利害关系的主体，在处理相互之间的利害关系时，一方的决策受他方制约，同时又对他方产生影响，一方的支付受他方制约同时又对他方产生影响的活动。政府采购要求政府购置设备和服务时，实行政府集中采购，以纠正自行采购、个别交易中的腐败问题，使有限的财政资金得到科学合理的使用。实行政府采购是以公开招标、投标为主要方式选择供应商，从国内、国外市场上为政府或所属团体购买商品或劳务的一项经济行为。从经济学的角度看，政府采购能否解决交易中的腐败问题，实现社会福利的帕累托改进，是一个充满博弈的过程。

在计划经济体制下，实行政府所需商品和劳务由采购单位分散个别采购的制度，容易出现供应商和采购实体合谋共同对付国家的现象，使得在供应商和采购实体利益最大化的同时，国家成为最大的受损方，在这种管理模式下，财政资金的使用效率非常低下，下面是对计划经济体制下供应商和采购实体的博弈均衡分析。

表 4－14 计划经济体制下分散采购的合谋型博弈矩阵

供应商 \ 采购实体	合　谋	不合谋
合谋	1000，1000	600，900
不合谋	0，800	600，500

表 4－14 是计划经济体制下供应商与采购实体之间的合谋型博弈矩阵，假设某采购实体，如某部委购买设备，其支付底线 600 元，供应商价格底线 500 元。如果该部委和供应商均采取不合谋的战略组合，供应商与该部委从博弈中获得的效用水平分别为 600 和 500。如果双方一致合谋的情况下，各得 1000 个单位的效用。如果采取供应商不合谋＋该部委合谋的战略组合，供应商将失去机会，所得为 0，而该部委通过寻找其他供应商，在买方市场条件下，该部委只需付出不大的搜寻成本，就可得到 800 个单位的效用。如果采取供应商合谋＋该部委不合谋的战略组合，该部委只愿支付给供应商 600 的效用水平，而由于供应商的选择是合谋，该部委将获得额外的效用，其效用水平将达到 900（这个水平高于供应商不合谋时采购实体需要付出搜寻成本才能得到的 800 个效用，但又低于双方一致合谋下能得到的 1000 个效用）。显然，对于供应商而言，无论该部委采取何种战略，合谋总是有利的，因而是一个超优战略。对于该部委来说，在缺乏必要监督的情况下，易于置国家利益于不顾，追求局部利益的最大化，此时无论供应商采取何种战略，均以合谋为其最优选择。由于博弈双方都有超优战略，最后的结果也就不言自明，供应商和采购实体相互合谋，此时局部博弈均衡所导致的福利最大化并不意味着整个社会福利的同时最大化。由于财政资金使用的监督控制不健全，局部利益单位在追求福利最大化的过程中，往往是以损害国家的利益为代价，这也是国家预算支出数额屡屡突破计划及财政资金使用效率低下的根源所在。

市场经济条件下的政府采购制度由于是政府为财政开支单位集中采购所需商品和劳务，并在采购过程中引进了招投标的竞争机制，采购实体与供应商之间的合谋型博弈转化为囚徒困境型博弈。采购实体在众多的供应商中，要经过竞争选出最优中标，众多投标商在竞标中，市场化的成本增大，中标的风险加大，中标概率下降，供应商行贿的预期下降，而采购主体在招标和评标的标准程序中所起的作用较之计划经济制度下也大打折扣，其主动合谋的预期支付函数也因成功的概率太低和风险（即揭发或查处的危险）较大而降低。表 4－15 是市场经济条件下供应商与采购实体之间的囚徒困境型博弈均衡分析。

表 4－15　市场经济条件下政府集中采购的囚徒困境型博弈矩阵

供应商＼采购实体	合　谋	不合谋
合谋	800，800	200，1000
不合谋	1000，200	600，500

假设某部委要购买设备，由政府采购部门为其代理采购，其支付底线 600 元，供应商价格底线 500 元。这时的博弈为囚徒困境型博弈，采购实体和供应商都有两种战略，合谋或不合谋，虽然合谋是双方的最有利的选择，但是由于顾虑到对方有可能为了获得最大可能利益而采取不合谋的战略，最后的均衡解是双方都选择不合谋，双方的效应值分别为 600 和 500。这种博弈的结果是博弈双方个人效用最大化的理性选择与双方集体效用最大化矛盾，囚徒困境博弈产生，此时国家财政资金的使用效率及社会福利水平得到有效的提高。

（四）政府采购的意义

市场经济条件下的政府采购实质上是把市场竞争机制和财政支出管理有机地结合起来，其实施有三点重要意义：

1. 有利于提高财政资金的使用效益。一方面，按规定的方式统一进行采购，能降低单位业务成本，实现规模效益；另一方面，政府可以在公开、公平、公正的原则下，通过引入竞争机制，以公开招标的方式，用有限的财政资金在国内外市场上取得价廉物美的商品和劳务。

2. 有利于加强对财政资金的管理。政府采购制度实现了预算指标和预算资金的分离，改变了原有采购者分散采购商品和劳务的方式，变为财政集中采购、国库统一支付，变分散采购的合谋型博弈为政府采购的囚徒困境型博弈，财政就能对政府部门和公共部门的商品和服务的采购行为实行有效的监督，保证财政对预算资金的流量和流向的控制。

3. 有利于完善政府宏观调控的水平。政府采购制度可以更有机地把政府部门和公共部门的消费行为组织起来，进而更有效地将国家确定的财政政策、产业政策、货币政策及社会发展计划的各项要求落到实处。

（五）我国开展政府采购的情况

政府采购制度作为财政制度的组成部分，在西方国家中已经有很长一段历史。我国政府采购制度的建立是近十多年的事情。1995 年 11 月，亚太经合组织（APEC）在日本大阪召开领导人会议。当时，除中国以外的 APEC 所有成员国均已建立了政府采购制度。我国在向 APEC 提交的单边行动计划中承诺，最迟于 2020 年与 APEC 成员对等开放政府采购市场。1996 年，我国在同世界银行合作过程中首次引入了政府招标采购的做法。同年上海市成为全国首个政府采购制度的试点城市，从而拉开了我国政府采购制度建设的序幕。1999 年 4 月，财政部颁布《政府采购管理暂行办法》，该办法是第一部有关政府采购的全国性部门规章。作为配套措施，政府还制定和颁布了《政府采购信息公开管理办法》、《关于加强政府采购信息统计报表编报工作的通知》、《政府采购运行规程暂行规定》等，并明确财政部预算司中设立专门机构负责政府采购的管理职责。2002 年 6 月，第九届全国人民代表大会常务委员会第二十八次会议通过了《政府采购法》，标志着我国的政府采购制度正式确立并逐步迈入法制化阶段。

经过十余年的实践，我国的政府采购制度不断完善，已经取得了显著的成绩。首先，政府采购的规模不断提高，2009 年全国政府采购规模为 7413.2 亿元，比上年增加 1422.3 亿元，增长 23.7%，占当年财政支出的 9.8%，占当年全国 GDP 的 2.2%；其次，政府采购的结构不断优化，2009 年通过公开招标采购方式进行的政府采购规模为 5576.4 亿元，占采购总规模的 75.2%，比上年增长 3.6 个百分点。全国集中采购机构采购 5106.4 亿元，比去年同期增长 26.1%；全国部门集中采购 1340.5 亿元，比去年同期增长 22%；最后，政府采购的效益不断提高，2009 年全国政府采购资金节约率达到 11.5%①。

四、财政支出绩效评价体系的建立

（一）财政支出绩效评价的内涵

所谓财政支出绩效评价，是财政部门和预算部门（单位）根据设定的绩效目标，运用科学、合理的评价方法、指标体系和评价标准，对财政支出的产出和效果进行客观、公正的评价。这里需要指出的是，财政支出绩效评价强调的是“结果导向”。在现代政府公共活动的管理中，基于结果的支出绩效管理在整个政府支出管理中占据了一个十分重要的地位，它既是提高公共部门运行效率、增强公共部门责任意识的需要，又是提高公共部门信息的透明度、加强公众监督和推进社会民主建设的需要。财政支出绩效评价体系更侧重通过科学的指标、标准对财政支出进行后评价，与通过前面我们所介绍的几种衡量财政支出效益的一般方法来对各个支出项目进行评估的事前评价是有区别的。

① 摘自中国政府采购网 www.ccgp.gov.cn。

（二）完善我国财政支出绩效评价制度的基本思路

近年来，随着我国社会主义市场经济的不断完善，以及公共财政框架的逐步建立，财政支出绩效评价工作也日趋规范。2009 年 6 月 22 日，财政部颁布《财政支出绩效评价管理暂行办法》，明确规定了财政支出绩效评价的对象、内容、目标、指标、评价标准和方法、组织管理、工作程序、评价报告、评价结果及其应用等具体问题。今后，结合国内外财政支出绩效评价的实践及发展经验，完善我国财政支出绩效评价的基本思路主要包括以下三点：

1. 健全法律依据。在目前我国财政支出绩效评价工作已取得一定实践成效的基础上，应加强财政支出绩效评价的方法，对相关指标体系作出规定，对评价主体和评价机构作出权利和责任的约束，对违法违规行为作出制裁与处罚的规定。这样，使财政支出绩效评价有法可依。目前在评价工作的实践中，也可先以暂行规定方式出台，用以约束和指导财政支出绩效评价工作。

2. 明确评价主体。目前我国仅有财政部门推动财政支出绩效评价工作。虽说我国审计部门开始向绩效审计过渡，但这只是一种事后监督，与严格意义上的财政支出绩效评价仍有很大差距。因此，我国财政支出绩效评价的主体也应向多元化方向发展。一是财政部门作为财政支出绩效评价的主管部门，负责评价指标体系的确立和评价工作的组织实施。财政部门的评价应更具综合评价特征，以便更好地配合年度预算审核和下一年度预算资金分配。二是审计部门扩大绩效审计范围，同时把绩效审计与财政支出绩效评价方法进行对接，对各个部门进行绩效评价。三是各级人大及其专门委员会对各级政府和职能部门提供的财政支出绩效评价报告进行监管。四是使用和支配财政资金的各部门按财政部门评价办法和要求，组织和实施各部门的财政支出绩效评价。五是社会中介机构广泛收集社会公众信息，参与各部门财政支出绩效评价工作。这样，财政支出绩效评价主体由财政、审计、人大和各部门及社会中介机构共同构成。

3. 完善评价指标。目前，我国在这方面的工作范围仍很狭窄，更多的是集中在项目合规性评价和项目本身的评价，项目评价初始目标设定缺乏一定的科学性。我国财政支出绩效评价应扩展范围，包括三个层次：一是项目投资性支出，这种评价工作不仅要考虑项目本身的绩效，还要考虑项目的影响评价及可持续评价。二是公共机构支出评价，如教育、医疗等，评价其支出的合理性和有效性。三是政府部门支出评价，评价其初始目标与最终目标的一致性状态。据此，应针对三个层次内容设计不同层次的评价指标体系和组织管理程序以及不同的评价方法。目前，我国财政支出绩效评价中虽然设计了许多评价指标体系，但仍缺乏科学、统一和完整的指标体系，仍不能满足从不同层面、不同行业、不同地区以及不同支出性质等方面的综合评价。特别是由于我国地区经济发展不平衡，一个行政辖区地理跨度大，民族、语言文化差距大，因而各地区财政支出结构差异明显。因此，在设计我国财政支出绩效评价指标体系时，必须考虑到这种区域性、民族性差异，这样的绩效评价也才能体现出公平。

本章小结

1. 财政支出是国家对所集中起来的财政资金进行有计划的分配过程。财政支出的活动范围主要是为各级政府机构的正常运转、科教文卫事业的正常发展，以及基础设施的投资和运营提供经费，并对社会公平提供财政支持。

2. 财政支出分类是指从不同的角度出发，根据一定的标准，把各种不同用途的财政支出进行划分和归类。财政支出可以按照国家职能、经济性质、支出用途、支出产生效益的时间等进行分类。

3. 财政支出规模反映着政府在一定时期集中、占有和使用财政资源的数量状态，有绝对数和相对数两种测度指标。财政支出规模不断扩张是世界各国共同的发展趋势。瓦格纳的公共支出增长法则、皮考克和卫斯曼的梯度渐进增长论、经济发展阶段论等是西方学者关于财政支出增长的经典解释。政府职能扩张、政府提供公共产品的质量提高、人口增加、物价上升、科技进步、突发事件以及政府服务环境恶化等是财政支出增长的具体原因。

4. 我国财政支出结构与西方发达国家相比有着自己的特点，今后优化财政支出结构仍然是我国财政支出管理中的主要任务，要从控制政府投资力度及结构、加大教育及科技支出、提高对公共服务的投入、控制一般性开支几个方面来入手。

5. 厉行节约、讲求财政支出的经济效益，是财政支出的核心问题。财政支出要提高效益不仅财政支出规模应该适当，结构应该合理，还要完善支出制度并加强管理。因而，完整的财政支出效益内涵应包含财政支出总量效益、财政支出结构效益、财政支出项目效益以及财政支出的部门绩效评价和财政支出的单位绩效评价。

6. 财政支出效益有自己的特殊性。针对不同的财政支出项目，评价和提高财政支出效益的方法有机会成本分析法、成本—效益分析法、最低费用选择法、公共定价法等。

7. 政府采购是财政支出的重要形式。实行政府采购可以将传统分散采购下采购实体和供应商之间的合谋型博弈变为囚徒困境型博弈。政府采购对提高财政资金的使用效益、加强财政资金的管理、完善政府宏观调控的水平等有重要作用。

8. 财政支出绩效评价强调的是“结果导向”。财政支出绩效评价体系更侧重通过科学的指标、标准对财政支出进行后评价，与通过衡量财政支出效益的一般方法来对各个支出项目进行评估的事前评价是有区别的。

主要概念

财政支出　财政支出分类　购买性支出　转移性支出　财政支出规模　财政支出效益　成本—效益分析法　最低费用选择法　公共定价法　蛛网市场　政府采购　财政支出绩效评价

复习思考题

基础性思考题：

1. 什么是财政支出？财政支出的范围是什么？
2. 如何对财政支出进行分类？
3. 简述“瓦格纳公共支出增长法则”和“梯度渐进增长”理论。
4. 财政支出增长的具体原因有哪些？
5. 简述政府采购的运行机制。
6. 简述“成本—效益”分析法。
7. 最低费用选择法的适用范围和步骤是什么？
8. 对自然垄断行业进行公共定价的方式有哪些？
9. 蛛网市场有哪些类型？它们与公共定价的关系是什么？

扩展性思考题：

1. 如何调整和优化我国财政支出结构？
2. 如何理解“经济发展阶段”理论？
3. 如何理解政府采购制度对提高财政支出效益的作用？
4. 如何完善我国财政支出绩效评价制度？

第五章

DIWUZHANG

购买性支出：政府投资

本章对政府投资进行规范性和实证性分析。本章提供关于政府投资的特点和范围、影响政府投资的因素、基础设施投资的特点和提供方式、财政投融资制度的基本情况以及财政农业投资的必要性和使用重点等方面的知识。本章的主要目的是使学生掌握政府投资的具体内容和财政投融资制度。

第一节 政府投资概述

一、政府投资的特点和构成

（一）政府投资的特点

在任何社会中，社会总投资都是由政府投资和非政府投资两大部分构成。政府投资也称财政投资，是指以政府为投资主体，以财政资金为主要资金来源的投资活动，主要为社会提供公共物品或准公共物品。而非政府投资也称民间投资，是具有独立经济利益和法人身份的微观经济主体（如企业和个人）去执行的。与非政府投资相比较，政府投资具有如下特点：

1. 从投资动机看，政府投资追求的是社会效益。由于政府居于宏观调控的主体地位，它可以从社会效益和社会成本角度来评价和安排自己的投资，政府投资可以微利甚至不盈利，但是，政府投资建成的项目，如社会基础设施等，可以极大地提高国民经济的整体效益，甚至对非政府投资具有“挤进效应”。非政府投资以追求利润最大化为目标，它们的盈利是根据自身所能感受到的微观效益和微观成本计量的。追求微观上的盈利性是非政府投资的基本特点。

2. 从投资来源看，政府财力雄厚，其投资的资金来源于财政资金，大多是无偿的，可以投资于大型项目和长期项目。而非政府投资的资金主要来源于自身积累和外部融资，资金来源是有偿的，而且由于受到企业自身规模的限制，筹措资金的能力有限，通常投资于周期短、见效快、投资规模相对较小的项目。

3. 从投资领域看，政府由于在国民经济中居于特殊地位，可以从事社会效益好而经济效益一般的投资，可以而且应该将自己的投资集中于基础性、全局性、外部效益较强的建设项目，如社会基础设施、农业、能源、通信、交通等有关国计民生的领域。而非政府投资受微观利益所限，不可能顾及非经济的社会效益，其主要投资于微观性、竞争性的领域。可见，如果一个经济社会完全依靠非政府投资，投资结构是很难优化的。

（二）政府投资的构成

从财政支出项目分类来看，我国政府投资主要包括基本建设支出、挖潜改造资金和科技三项费用以及支援农村生产支出等。在这几项中，基本建设支出是最主要的部分，而其他各项支出占政府投资支出的比重要小很多（见表 5 -1）。我国基本建设支出始终是财政支出中的一个重要支出项目，基本建设支出规模每年都是增长的，增长率及其占财政支出的比重各年有所波动，但随着经济体制改革的深化和政府职能的转变，总的趋势是增长率逐步减缓，占财政支出的比重逐步下降，参见表 5 -2。

需要指出的是，2007 年我国实行政府收支分类改革，对政府支出科目按照“支出功能分类”和“支出经济分类”进行了重新设置（具体情况可参见第四章第一节的相关内容）。由于分类标准、科目涵盖内容不同，新的支出科目与原支出科目之间并不存在严格的一一对应关系。比如，2006 年“基本建设支出”，包括企业、事业、行政单位的基建支出，而从资金来源上分既有发改委，也有财政等部门安排的资金。由于 2007 年支出经济分类的“基本建设支出”只反映发改委安排的部分。因此，2006 年的“基本建设支出”要分具体情况进行支出对应。属于发改委安排的，对应到支出经济分类的“基本建设支出”；其他部门安排的基建支出，属于企业的，对应到“对企事业单位的补贴”；属于行政事业单位的，对应到其他资本性支出。可见，2007年政府收支分类改革后，支出科目的统计口径产生了变化。为了保证数据的可比性，本章涉及相关科目的情况时，数据一般都截止到2006年。

表5－1　　我国政府投资的支出项目构成情况　　单位：亿元

年　份	基本建设支出	挖潜改造资金和科技三项费用	支农支出
1990	547.39	153.91	221.76
1995	789.22	494.45	430.22
2000	2094.89	865.24	766.89
2001	2510.64	991.56	917.96
2002	3142.98	968.38	1102.70
2003	3429.30	1092.99	1134.86
2004	3437.50	1243.94	1693.79
2005	4041.34	1494.59	1792.40
2006	4390.38	1744.56	2161.35

资料来源：《中国统计年鉴2007》，中国统计出版社2007年版。

表5－2　　我国基本建设支出增长率及其占财政支出的比重（%）

年　份	比上年增长	占财政支出的比重
1978	50.2	56.3
1980	22.0	28.2
1985	22.1	27.7
1990	20.5	17.8
1995	23.4	11.6
2000	－1.0	13.2
2001	19.9	13.3
2002	23.9	14.1
2003	9.1	13.9
2004	0.2	12.1
2005	17.6	11.9
2006	8.6	10.9

资料来源：《中国财政年鉴2007》，中国财政杂志社2007年版。

从财政支出行业分类来看，我国政府投资分布于公益性行业、基础性行业和竞争性行业。公益性行业，包括科教文卫、福利、行政管理和国防安全等，这些行业所提供的产品和劳务，基本上属于公共物品或准公共物品。基础性行业，是为社会经济各部门提供共同生产条件，包括基础产业和基础设施等。竞争性行业提供的产品属于典型的私人产品，价格完全通过市场竞争形成，包括工业（不含能源）、建筑业和大部分第三产业。

根据上述三类行业的不同性质和特点，以及市场经济中政府投资和非政府投资的特点，投资范围应作如下划分：竞争性行业应以企业为投资主体，通过市场筹集建设资金，其中部分项目，政府可以有选择地加以支持，参与投资；基础性行业主要应由政府集中必要的资金进行建设，并引导社会资金、企业资金和外资参与投资；公益性行业主要由各级政府投资建设，但是有些公益项目如教育投资，部分地吸引社会个人投资也是必要的。总之，政府投资应以公益性和一部分基础性行业作为重点。

二、政府投资的作用

（一）政府投资是弥补市场调节不足，协调社会投资结构的必要手段

在市场经济中，非政府部门是社会投资的主体，对优化资源配置发挥基础作用。但是非政府部门投资的固有特点，使其在投资项目的选择上具有明显的局限性，即难以使非政府部门对公益性和基础性项目进行大量的投资，而这些局限又是市场机制本身不能克服的。因此，政府对公益性和基础性项目的投资就弥补了市场调节的不足，为社会和经济的和谐发展提供了条件。尤其在发展中国家，基础设施的薄弱往往成为该国经济发展的瓶颈制约。

（二）政府投资是国家进行宏观调控，优化资源配置的重要手段

从调控对象来看，政府投资可以调节社会投资总量，也可以调节社会投资结构。由于政府投资具有远远大于非政府投资的乘数效应，因此，政府完全可以把自身的投资作为一个调节社会投资总量的杠杆，逆对经济风向，自觉收缩或扩张政府投资，维护社会经济的快速平稳发展。另外，通过政府投资自身结构的改变以及对非政府部门投资的正确引导，使全社会的投资结构符合国家产业政策。

三、影响政府投资的因素

政府投资在各国社会总投资中所占的比重存在着相当大的差异，影响这个比重的因素主要有两个：一是经济体制的不同。一般来说，实行市场经济的国家，非政

府投资在社会投资总额中所占的比重较大；实行计划经济或政府主导型的国家，政府投资所占比重较大。二是经济发展阶段的不同。一般来说，发达国家的非政府投资占社会总投资的比重较大，欠发达国家和中等发达国家的政府投资所占的比重较大。

由于存在上述差异，政府投资和非政府投资在一国投资活动中发挥作用的主从次序便有所不同。在市场经济下，属于市场活动的非政府投资在资源配置中起基础性作用，而政府投资主要在基础设施、关系国计民生的基础产业、支柱产业和高新产业领域发挥作用。形成这种投资格局的差异，主要不在于政府投资规模的大小，而在于经济运行机制的不同。对于实行市场经济的国家来说，社会经济活动主要由成千上万个独立的法人商品生产者去组织，投资当然也主要由他们去执行，政府的经济职能主要是根据宏观经济目标对非政府部门的经济活动进行调节。对于经济发达国家来说，市场机制已经走向完善和成熟，主要通过市场的充分竞争实现经济的有效运行，政府主要是通过间接手段进行宏观调控。而欠发达国家和仍处于经济体制转轨时期的国家，仍然需要政府通过政府投资等直接手段培育市场，调整经济结构，并维持适度的经济增长速度。

四、政府投资的决策标准

1. 资本—产出比率最小化标准，又称“稀缺要素标准”，是指政府在确定投资项目时，应当选择单位资本投入产出最大的投资项目。由于资源是有限的，是相对短缺的，所以任何投资（不论是私人投资，还是政府投资）都要奉行这个标准，特别是发展中国家更是如此。一国在一定时期内的储蓄率是既定的，而资本—产出比率是可变的。在投资过程中，只要遵循资本—产出率最小化标准，就可以以有限的资源实现产出的最大化，达到预期的经济增长目标。

2. 资本—劳动力最大化标准，是指政府投资应选择使边际人均投资额最大化的投资项目。资本—劳动比率越高，说明资本技术构成越高，劳动生产率越高，经济增长越快。因此，这种标准是强调政府应投资于资本密集型项目。

3. 就业创造标准，是指政府应当选择单位投资额能够动员最大数量劳动力的项目。这种标准要求政府不仅要在一定程度上扩大财政投资规模（外延增加就业机会），而且还要优先选择劳动力密集型的项目（内涵增加就业机会）。也就是说，政府在决定财政投资的支出时，要尽可能地估价这种投资支出可能产生的总就业机会。不仅要考虑财政投资支出的直接就业影响，还要考虑间接就业影响，即财政投资项目带动的其他投资项目所增加的就业机会。

考虑到我国所处的发展阶段及其中国独特的国情，政府投资应更多地投向吸纳就业人口较多的劳动密集型行业，兼及少量技术含量高、产业带动性强、可以提升整个经济发展水平的资本密集性行业。

第二节 基础设施投资

一、基础设施的概念和特点

基础设施主要是指关系到国民经济整体利益和长远利益的物质基础设施。基础设施主要分为两大类：一是经济基础设施，即整个社会的经济生活所依赖的基本设施。这些基础设施包括公共设施，如电力、电信、自来水、卫生设施、排污设施、管道煤气、固体废弃物的收集与处理系统；公共工程，如公路、大坝、灌溉与排水工程；其他交通部门，如铁路、城市交通、港口、内河航道与机场。二是社会基础设施，即提供无形产品或服务的文教、医疗、科研等部门。本节讨论的是经济基础设施，它是政府投资的主要领域。

基础设施具有不同于其他产业的特点，这也是政府从事或介入基础设施活动的主要理论依据。

（一）基础设施具有准公共产品的性质

基础设施部门所提供的产品和服务几乎是整个国民经济共同需要的，具有共同受益的特点，有些基础设施的服务对象不能像私人产品那样能够加以自由选择或排斥，或实现排斥的成本过高，因此，基础设施具有一定程度的公共属性。但另一方面，运用基础设施提供的产品和服务也可以通过收费或销售获得一定的补偿，使基础设施又具有一定的市场属性。根据基础设施所提供产品和服务的排他性与竞争性的强弱，可以对基础设施进行更加具体的分析。比如在西方，电信业主要以私人企业投资为主，因为它具有较强的竞争性和排他性，几乎接近私人产品；又如，农村环卫、交通标志一般都由财政出资建设，因为它具有弱的排他性和竞争性，几乎属于纯公共产品。而大多数基础设施要么竞争性弱而排他性强（如城市间高速公路），要么竞争性强而排他性弱（如城市道路），具有准公共产品的性质。

（二）基础设施的规模经济效益明显，具有自然垄断性质

电信、交通和电力等行业，都存在规模经济的问题。这些行业的固定成本虽然很高，但项目一旦建成，随着生产规模的扩大，产出就会大幅度增加，平均成本则明显递减，直到生产能力达到极限为止。因此，在这种情况下，有必要让垄断者从事整个生产。可是，如果由不受管制的私人垄断者来提供基础设施服务，私人垄断者为了使利润最大化，就会收取垄断价格，不仅有失公平，而且会导致效率损失。为此，基础设施服务最好由政府来提供，政府作为生产单位比较容易管制。

（三）基础设施建设具有投资大、周期长、回收慢、风险高的特点

基础设施大都属于资本密集型行业，需要大量的资本投入，而且它们的建设周期比较长，投资后形成生产能力和回收投资的时间往往需要许多年，这些特点使得基础设施投资具有潜在的高风险，决定了基础设施很难由个别企业的独立投资来完成，尤其在经济发展的初级阶段，没有政府的强有力支持，很难有效地推动基础设施的发展。

基础设施的重要作用表现为它既为整个社会的生产提供了共同生产条件，也为整个社会的消费提供了共同生活条件。基础设施的质量好，效率高，就会降低整个社会的生产成本和消费成本，从而促进整个国民经济的发展。提高基础设施的服务水平，还有助于提高低收入阶层的消费水平，从而提升社会公平。同时，为加强基础设施建设而增加的公共支出又是刺激经济发展的重要工具。在发展中国家，基础设施投资占公共投资的比重一般为40%—60%，占总投资的比重一般为20%。

二、基础设施投资的提供方式

1. 政府筹资建设，或免费提供，或收取使用费。由政府独资建设的项目主要出于三种考虑：一是关系国计民生的重大项目，诸如长江三峡工程、青藏公路等关系国家社会经济发展以及人民的当前和长远利益的重大项目，只能由政府采取多种渠道集资来提供；二是维护国家安全的需要，如宇航事业、核电站、战备公路等；三是反垄断的需要，垄断排斥竞争，垄断利润可能是以损害社会福利为代价的，例如垄断行业可能提供高的垄断价格和低质的服务，因此政府对垄断行业可以通过公共定价严加管理，也可以由政府直接承担投资责任。还有一些基础设施，诸如市区道路、上下水道、过街天桥等，具有明显的非排他性或很高的排他成本，单项投资不大，数量众多，也适于作为纯公共物品由政府投资提供。

2. 私人出资、定期收费补偿成本并适当盈利，或地方主管部门筹资、定期收费补偿成本。典型的例子是地方性公路和桥梁等公共设施的建设，如“贷款修路，

收费还贷”就是这种提供方式。

3. 政府与民间共同投资的提供方式。对于具有一定的外部效应、盈利率较低或风险较大的项目，政府可以采用投资参股、优惠贷款、提供借款担保、低价提供土地使用权、部分补贴和减免税收等方式，与民间共同投资，混合提供。如高速公路、集装箱码头及高新技术产业等基础设施建设，适于采取这种提供方式，政府在其中主要发挥资金诱导和政策支持作用。

4. 政府投资，法人团体经营运作。这种提供方式有几个优点：一是政府拥有最终的决策权，可以使政府从具体的经营活动中解脱出来；二是法人团体拥有经营自主权，责任明确，可以提高成本效益的透明度，提高服务质量。道路、港口甚至中小型机场等适于采用这种提供方式。

5. BOT 投资方式（建设—经营—转让投资方式）。BOT 投资方式是近年发展和兴起的一种基础设施的提供方式，是指政府将一些拟建基础设施建设项目通过招商转让给某一财团或公司，组建项目经营公司进行建设经营，并在双方协定的一定时期内，由项目经营公司通过经营偿还债务，收回投资并盈利，协议期满，项目产权收归政府。这种投资方式的最大特点是鼓励和吸引私人投资者（特别是外国直接投资者）对发电厂（站）、高速公路、能源开发等基础设施进行投资。

三、基础设施投资的融资渠道

（一）财政融资

财政资金是基础设施融资渠道的重要组成部分。财政融资渠道的资金来源包括各级政府预算内收入、预算外收入、政府间转移和其他收入。在我国，财政融资渠道的资金经历了数量由少到多，渠道由单一到多样化，以及来源由不稳定到逐步稳定并以税收形式确定下来的过程。但是，相对于基础设施的融资需要而言，财政融资渠道的资金筹措能力依然无法解决发展和基础设施建设中巨大的资金缺口问题。而且，财政融资渠道的稳定性还大大受制于国家财税体制的变化。不过，到目前为止，财政资金依然是基础设施最基本的融资渠道。

（二）市场融资

1. 银行信贷。在我国，银行信贷资金包括各政策性银行及商业银行对基础设施项目建设的贷款。

我国目前基础设施可利用的政策性银行主要是国家开发银行。国家开发银行是国务院直接领导的政策性金融机构，主要任务是按照国家的法律法规及其相关政策，筹集和引导境内外资金，重点向国家基础设施、基础产业和支柱产业项目以及重大技术改造和高新技术产业化项目发放贷款。我国财政投融资活动就是由国家开发银行等政策性金融机构负责管理和经营的。有关财政投融资制度将在下节做专门介绍。

商业银行贷款就是从商业银行获得短期或中长期贷款，主要有信用贷款和担保贷款两种方式。在基础设施融资中，当投资项目规模较大时，融资方还可以通过由数家银行联合组成的银团获得贷款资金。

2. 资本市场。资本市场的融资，是通过资本市场发行股票或者债券进行权益融资和债务融资。通过资本市场可以在很短时间内聚集大量的投资资金，而且在市场机制下，通过分散化决策，资本市场还大大分散了大规模投资可能带来的风险。从基础设施投资项目的性质看，对于可经营性基础设施行业，对于销售性较强的基础设施项目，一般比较容易在资本市场上获取资金。

（三）利用外资

利用国外资本、利用国际金融机构的资金是基础设施的另一个重要融资渠道。一方面，一些国际金融组织本身就以帮助发展中国家完善基础设施摆脱贫困为宗旨，还有一些政府间贷款则以国家政治的需要而对发展中国家提供资助性金融支持；另一方面，由于发达国家市场规模的限制，目前世界上存在大量寻求获利机会的资本。因此应积极利用国外资金，加强我国基础设施的建设。

利用国外资金的渠道主要包括外商直接投资（FDI）、外国政府贷款、国际金融组织贷款和国际商业贷款。另外，还可以利用国外资本市场，在国外股票和债券市场对外发行股票和债券。

第三节 财政投融资制度

一、财政投融资的概念和特征

所谓财政投融资，是政府为实现一定的产业政策和其他政策目标，通过国家信用方式筹集资金，由财政统一掌握管理，并根据国民经济和社会发展规划，以出资（入股）或融资（贷款）方式，将资金投向急需发展的部门、企业或事业的一种资金融通活动，所以它也称为“政策性金融”。

财政投融资的基本特征如下：

1. 财政投融资是一种政府投入资本金的政策性融资，它是在大力发展商业银行的同时构建的新型投融资渠道。随着社会主义市场经济体制的逐步建立和完善，市场融资的份额将扩大，专业银行商业化的趋势不可逆转。在这种条件下，构建政策性投融资机制只会加快而不会阻碍专业银行商业化的发展方向。这是因为，只有把专业银行的政策性业务分离出来，专业银行才可能真正实现商业化的经营目标。

2. 财政投融资的目的性很强，范围有严格限制。概括地说，它主要是为具有提供“公共物品”特征的基础设施和基础产业部门融资。随着体制改革的深化，由体制性因素形成的“公共物品”应逐步减少，市场商品的范围应扩大，许多基础工业产品在条件成熟时将进入市场，价格放开，并通过组建股份公司和企业集团形式谋求发展。因此，财政投融资的范围有严格限制，主要是为那些需要政府给予扶持或保护的产品或直接由政府控制定价的基础性产业融资。

3. 计划性与市场机制相结合。虽然财政投融资的政策性和计划性很强，但它并不是脱离市场，而是以市场参数作为配置资金的主要依据，并对市场的配置起补充调整作用，投融资机构在结合范围内拥有经营自主权，实行市场化运营。

4. 财政投融资的管理由国家设立的专门机构——政策性金融机构负责统筹管理和经营。政策性金融机构既不是一般意义上的金融企业，也不是制定政策的机关，实际上是一种执行有关长期性投融资政策的机构，是政府投资的代理人。财政投融资由政策性金融机构负责统筹管理，可以避免有偿性投资与一般性投资相互混淆，提高政府投资运作的总体效率。

二、财政投融资的必要性

国际经验表明，财政投融资采取将财政融资的良好信誉与金融机构的高效运作有机地结合起来的方法，进行融资和投资，是发挥政府在基础设施投资中的作用的最佳途径。在我国市场经济发展的现阶段，构建财政投融资体制具有重要的现实意义。

1. 财政投融资是我国经济发展初级阶段的需要。我国尚处在经济发展的初级阶段，市场化改革的时间不长，“市场失灵”的问题还相当突出。建立和发展财政投融资体系，积极发挥财政投融资的功能，按照政府的政策意图配置和调节社会投资，矫正“市场失灵”，以期合理配置资源，促进经济和社会稳定、协调的发展。

2. 财政投融资是政府提供准公共物品的重要手段。准公共物品如果完全依赖财政无偿投资，会受到政府财力的限制，出现瓶颈制约；如果完全依靠企业本身筹资或银行融资，会因准公共物品存在外部性，出现供给不足，甚至无人投资。财政投融资填补了财政无偿投资和商业金融投资的空白，成为政府提供准公共物品的重要手段。

3. 财政投融资可以形成对企业和商业银行投资的诱导机制。财政投融资对经济增长的作用不仅体现为短期内“数量的增加”，更表现为长期内“质量的提高”。利用财政投融资作为一个融资体系，直接把资金引入政府优先发展的领域，形成一种“财政投融资先行——商业银行投融资跟踪——企业投资随后”的连锁反应机制，从而有力地促进经济结构的调整。

三、我国财政投融资的现状和改革措施

（一）我国财政投融资的现状和问题

1. 融资渠道单一，融资范围狭窄。我国财政投融资的资金来源主要依靠财政，包括各项财政周转金、预算执行中的间歇资金、专户储存的预算沉淀资金以及行政摊发的国家债券或金融债券，既缺乏市场性融资手段，又不能适应市场的进程，适时地吸收邮政储蓄、社会保险基金和借助于一些社会财力，甚至一些应纳入财政投融资范围的资金也没有到位。

2. 财政投融资管理体系不健全。由于缺乏全国统一领导、规划，财政投融资管理比较散乱，不成体系。财政投融资的机构名目众多，既有财政信用机构，又有财政部门内设的诸如农财处、行政处等业务机构，还有政策性银行，形成条块分割、各自为政的局面，缺乏一个统筹资金、协调行动的管理机构。财政投融资管理混乱，缺乏严格的计划与法制管理。由于中央政府缺乏统一的规划和管理，在各地相继成立了政府投融资机构，有些也没有制订统一的管理办法，致使各地的政府投融资机构发展不均衡，政策目标不一致，影响了其职能作用的发挥。

3. 财政投融资与商业银行投融资界限不清，缺乏法律上的依据。一方面，财政投融资范围界定不严，一些本应通过市场融资的项目却通过财政投融资筹措资金，从而扭曲了资金结构，损害了金融业公平竞争；另一方面，商业银行过分扩张投资性贷款，投资资金过分依赖银行，这不仅加剧重复建设和结构失调，还会导致银行不良债务急剧上升而阻碍金融体制改革的深化。

4. 财政投资缺乏规范管理。目前，在许多财政投融资项目上，有偿资金往往

无偿使用，资金投放前缺乏全面科学的可行性分析、成本效益分析，工程建设中缺乏有效的监督约束机制，项目结束后也不进行评估，使财政投融资无法维持自身“融资—投资—还款”的良性循环。

（二）完善我国财政投融资的改革建议

1. 拓宽融资渠道，壮大投融资规模。从当前我国的实际情况来看，财政投融资应从以下渠道筹集资金：一是预算拨款，但作为无偿使用的资金，预算拨款在整个资金来源中不能占太大比重。二是邮政储蓄存款和社会保障基金的剩余金，从发展趋势看，应将其成为重要资金来源。三是政府担保债券和政府担保借款，诸如向各专业银行发行中长期建设债券等。四是各种民间资金，应作为资金来源的重要组成部分。五是预算外资金“专户储存”中间歇资金的一部分，但不包括那些周转快、间歇时间短的预算外资金。六是增加政策性银行筹资量。财政投融资机构除采用借款等融资方式外，还可发行股票、债券和其他有价证券等方式进行直接融资。

2. 明确财政投资的原则、范围和领域。财政投资的基本原则是：致力丁公共福利的增进；不能对市场的资源配置功能造成扭曲和障碍；不宜干扰和影响民间的投资选择和偏好；不宜损害财政资金的公共性质，进行风险性投资。为此，应进一步明确财政的投资范围和领域，这主要包括市场机制难以发挥作用的公共领域。在今后相当长一段时间内，我国财政投融资的重点对象应当是基础设施和基础产业、农业、科技进步、区域发展、环境保护等过去忽视的范围和领域。

3. 健全和规范财政投融资运作组织结构。建立合理、高效的财政投融资管理机构，中央一级可考虑在财政部内部设置专门管理财政投融资的机构，统管全国的财政投融资工作，制定全国的财政投融资政策，同时负责中央财政投融资资金的筹集与使用。

4. 加强对财政投融资的监督管理。制定财政投融资资金使用的审批制度、监督检查制度、回收和效益考核制度、预决算制度、财政投融资内部财务核算制度及其配套管理办法，并切实按照相关规定组织实施财政投融资活动，保证财政投融资资金的有效投放和健康运行。

第四节

财政农业投资

一、财政农业投资的必要性

（一）农业是国民经济的基础

农业是国民经济的基础表现在农业为整个国民经济提供产品贡献、市场贡献、要素贡献和外汇贡献。

1. 提供产品贡献。农业为整个国民经济提供食品和原料。一方面“无粮不稳”，充足的食品供应是人类生存和发展的基础，同时也是国民经济稳定发展的必要条件。另一方面农业是上游产业，它为国民经济的其他部门提供了原料，农业发展状况决定着这些下游产业，特别是轻工业的发展速度。马克思曾经讲过：“食物的生产是直接生产者的生存和一切生产的首要条件！”[①] 这一科学论断充分说明了在世界各国，不论是发达国家，还是发展中国家，农业为基础的规律是普遍发生作用的。

2. 提供市场贡献。农业能够扩大国内市场规模。发达的农业需要消费大量的农业生产资料和工业消费品。农村作为一个重要的市场，尤其是在发展中国家，农业人口众多，农村经济发展了，农民实现了增收，会增加对工业品和其他生产部门产品的需求，从而使国内市场规模进一步扩大。

3. 提供要素贡献。农业对国民经济的要素贡献包括资本转移和劳动力转移。很多国家都曾采用过依靠农业进行工业化原始积累的方法，即通过压低农产品价格，将农产品部分价值转移到工业产品中，以完成工业化所需的资本原始积累。我国工业化的资金积累，主要就是通过在工农业产品价格之间长期存在的“剪刀差”的形式进行的。据统计，从 1953 年到 1978 年农业为国家工业化提供的资金积累约占同期农业净产值的 1/3。同时，农业为非农业部门提供劳动力。农业部门的剩余劳动力向非农业部门转移，不仅农业人口获得了就业机会，而且非农业部门以非常

① 《马克思恩格斯全集》第 25 卷，人民出版社 1975 年版，第 885 页。

低的机会成本获得了劳动力，这在一定程度上促进了经济的增长。

4. 提供外汇贡献。农产品是重要的出口产品，农业的发展会促进外贸的发展，可以为国家取得更多的外汇收入。1980—1985 年，我国初级产品出口额占出口商品总额的比例高达 47%，自 1986 年开始，该比例逐年下降，到 2008 年下降到 5.4%。

（二）农业是弱势产业

1. 农业的自然风险与市场风险并存。当前农业的物质基础薄弱，抗御自然灾害的能力差。而农业又必须依赖于良好的自然条件，才能得到较好的收益。自然条件的变化无常，给农业带来了很强的自然风险。为了农业的发展必须加强对农业支撑体系的建设，这是保障农业稳定发展的重要条件。从市场风险角度看，农业的再生产周期长，对市场信息反应滞后，在一个生产周期内，农产品供给弹性极小，生产者难以灵活地改变生产决策以转移风险，因此，在市场经济中农业总是处在弱者地位。由于自然风险和市场风险的双重存在，政府必须加强宏观调控，对农业予以保护和支持。

2. 农产品在供给与需求方面具有特殊性。农产品是初级产品，需求方面的弹性较低，经常保持相对稳定；但在不同的生产周期之间，受自然条件的影响，农产品在供给上有很大的波动性，由此导致农产品供求和价格变动之间呈现蛛网状（可参见第四章图 4－6、图 4－7、图 4－8）。因此，农业发展需要政府加以全面管理，以稳定农产品价格和供求关系，稳定社会经济发展。

3. 农业的比较优势偏低。在市场经济中，由于农业投入回收周期长，风险大，投资效益较低，往往得不到社会平均利润，使农业在市场竞争中处于不利地位，不仅难以吸引外部资金，就是农业内部资金也大规模地流向效益好的非农业部门。

总之，农业的国民经济基础地位及其在各产业中的弱势地位需要政府的干预和保护，而财政农业投资是政府支持农业发展的重要手段。

二、财政农业投资的范围和重点

（一）财政农业投资的范围

在农业方面，政府的投入主要表现为财政支援农业的投入，分为预算内资金投入和预算外资金投入两部分。前者是指列入国家预算，财政直接拨付的支农资金；后者是指不列入国家预算由地方财政部门和农业有关主管部门用于发展农业的投入。列入国家预算支出的支农资金，主要包括以下内容：

1. 农林、水利、气象等方面的基本建设支出。指国家财政用于国有农场、生产建设垦区、国有林场、植树造林、水利设施、气象台站等方面的基本建设投资。

2. 农林企业挖潜改造资金支出。指国家财政用于农垦、农牧、农机、林业、水利、水产、气象等企业的挖潜改造资金。

3. 农林部门科技三项费用。指国家财政用于农业、畜牧、农机、林业、水利、水产、气象等部门的新产品试制费、中间试验费和重要科学研究补助费等科学技术三项费用。

4. 农林、水利、气象等部门的事业费支出。这是财政用于农垦、农场、农业、畜牧、林业、农机、水利、水产、气象、乡镇企业，以及农业资源调查和土地管理等方面的事业费。

5. 支援农村生产支出。这是国家财政对农村集体单位和农户的各项生产性支出的支援。主要包括：小型农田水利和水土保持补助费、支援农村合作生产组织资金，农机推广和植保补助费、农村草场和畜禽保护补助费、农村造林和林木保护补助费、农村水产补助费，农业发展专项资金和发展粮食生产专项资金支出等。

预算外资金也是国家增加农业资金投入的重要来源。由于预算外资金具有分散性的特点，这就需要财政部门加强管理，积极引导，使之成为发展农业生产的重要投入。

除此之外，国家还利用信贷、价格以及税收优惠等多种手段，全方位地支援农业生产发展。

信贷支援是指财政向银行增拨信贷资金，作为银行自有资金来源，而后由银行向农村发放各种农业贷款的支农方式。这笔信贷资金由农业银行负责运营。财政还对银行发放的某些农业贷款提供贴息补助。

价格支援是指国家通过提高农副产品的收购价格，降低农用生产资料的销售价格来支援农业发展的一种方式。农副产品收购部门及农用生产资料生产部门由此产生的亏损由财政予以补贴。

税收优惠是指国家利用减免税手段支援农业发展的方式。新中国成立以来，我国政府对农业部门一直实行“稳定负担，增产不增税”的轻税政策。在遇到自然灾害或其他意外事件时，则常常采取减税或免税措施，支援农业生产的恢复。为了减轻农民负担，2006 年我国已经取消了农业税。对农村兴办的乡镇工商企业，在税收上也给予减免优惠。这些措施大大减轻了农业生产的负担。

（二）财政农业投资的重点

公共财政支农重点的选择，应考虑以下三个因素：一是要符合公共财政的基本职能要求；二是要考虑农业投资项目的基本性质，即属于基础性项目，公益性项目还是竞争性项目；三是要符合实现农业现代化的基本要求。选择支农重点的基本原则是：凡是市场能解决的就应由市场调节来解决，财政不能越位；凡是市场不能解决的就应由财政进行大力扶持，财政不能缺位。根据上述要求，我国财政农业投资的重点应该是以下几个方面：

1. 农业基础设施。这是农业生产和农村经济繁荣的必要条件。主要包括大型水库和各种灌溉工程等。农业基础设施投资的特点是投资量大，投资期限长，牵涉面广，投资以后产生的效益不易分割，而且投资的成本及其效益之前的关系不十分明显。由于上述特点，农业基础设施投资不可能由分散的农户独立进行。此外，许多农业基础设施还具有极强的外部性和公益性，都在一定程度上体现了满足公共需要的公共产品性质，成为公共财政的投资重点。

2. 农业科研与推广。这是支撑农业社会化服务体系的重要内容。农业发展的根本途径在于改造传统农业，提高农业劳动生产率，这就需要政府增加农业科研和科技推广领域的投资。另外，农业科研具有风险大、周期长、见效慢的特点。农业科技成果的推广又具有很强的外部性，因为在推广的过程中难以保密进行，科技成果难以专利形式进入市场，通过交易提供给用户，科技成果供给者难以得到相应的回报，因此，农业科学研究的投入是不能依靠市场得到满意解决的。

3. 农村教育。发展农村教育，培养大批有文化有技术专长的农民是我国实现农业现代化的人才条件。这里所说的农村教育，是指农村九年义务教育。目前全国农村有1.33亿应受九年义务教育的学生，按公共财政的职能要求应与城市儿童享受同样的义务教育的实惠，但实际上有很大差距。2000年小学在校学生每人平均预算内经费，城镇为658元，农村仅为479元，只相当于城镇的72%。因此，应进一步加大农村教育投入，促进农村教育事业的发展。

4. 农业生态环境建设。要改善农业生产条件，确保农业可持续发展，农业生态环境的保护非常重要。为此，政府应增加对植树造林、水土保持、沙漠农业发展和防护林建设的投入，减少风、水、沙对土地的侵蚀，大力改善农业生态环境，增加可耕地面积。

三、完善我国财政支农政策

近年来，贯彻中央“少取多予”的方针，财政连续采取多项措施，不断加大对农业的投入。2006年全国全部取消农业税，这一政策的实施，减轻农民负担1250亿元，人均减负140元。随着政府对农业重视程度的提高，财政对农业的支出总量不断增长，支出增长速度也比较快。但还存在投资总量不足、结构不合理、效益低下等问题。为此，应进一步完善我国财政支农政策，加大农业投资力度，建立农业投入的稳定增长机制，优化财政支农支出结构，突出支农重点。

（一）我国财政农业投资的现状

1. 财政对农业的投资总量逐年递增，增幅较大。近年来，随着投资主体多元化的形成，国家虽然在整个投资领域的地位逐渐弱化，但国家对农业的支出逐年递增。2003—2007 年我国财政对农业的支出总量年增长率分别为 33.2%、4.82%、29.5% 和 36.1%。除 2005 年外，每年的增长幅度远大于同期财政总支出的增长速度和国内生产总值的增长速度。2005—2007 年连续三年，农业支出占财政支出的比例分别为 7.22%、7.85% 和 8.67%，呈现增长趋势。这些都反映了政府部门对农业的重视，也体现了我国经济从以往的“以农哺工”阶段向“以工哺农”阶段转变（见表 5-3）。

表 5-3　　2003—2007 年财政农业支出占财政支出、GDP 的比重

	GDP（亿元）	财政支出（亿元）	财政农业支出（亿元）	财政农业支出占财政支出的比重	财政农业支出占 GDP 的比重
年份	(1)	(2)	(3)	(4) = (3) / (2)	(5) = (3) / (1)
2003	135822.80	24649.95	1754.45	7.12%	1.29%
2004	159878.30	28486.89	2337.63	8.21%	1.46%
2005	183217.40	33930.28	2450.31	7.22%	1.34%
2006	211923.50	40422.73	3172.97	7.85%	1.50%
2007	249529.90	49781.35	4318.30	8.67%	1.73%

资料来源：根据《中国财政年鉴》和《中国统计年鉴》相关数据整理得出。

各级财政用于农业支出的总量逐年增加的同时，还加大了财政对“三农”的投入力度，有力地促进了农业生产、农民增收和农村经济社会事业全面发展。2009 年，全国财政“三农”支出[①] 20042.6 亿元，占总支出的 26.3%，比 2008 年增加 4409.1 亿元，增长 28.2%（见图 5-1）。

综合来看，全国财政“三农”支出主要用于支持农业生产和农村社会事业发展。一是农业生产支出 7013.1 亿元，占“三农”支出的 35%。主要用于支持大中型和重点小型病险水库除险加固，加强农业综合开发，支持中低产田改造，增加粮

① “三农”支出是指财政对农业、农村、农民投入的总和，并不是单独的预算科目。为了便于大家了解总体投入情况，这里专门把涉农的各方面支出项目综合反映在“三农”支出中，因此与教育、医疗卫生等相关支出会有所交叉。

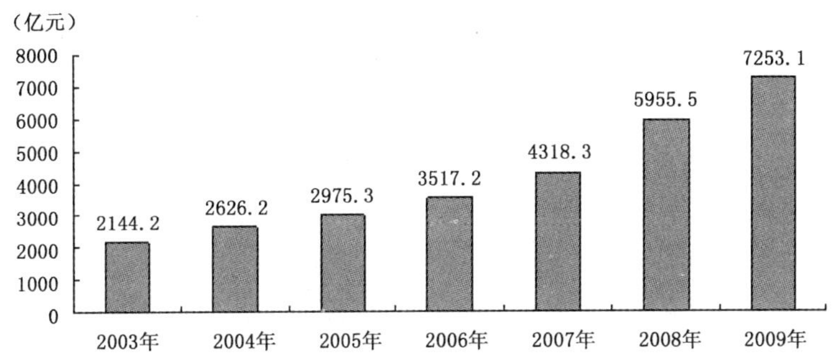

图 5－1 2003—2009 年中央财政支持“三农”投入情况

资料来源：中华人民共和国财政部网站。

食综合生产能力，完善中央财政农业保险保费补贴政策；加强农村贫困地区基础设施建设、产业发展和农村贫困劳动力培训等工作，创新财政扶贫开发机制，支持解决扶贫对象温饱问题并努力实现脱贫致富。二是农村社会事业发展支出 10773.1 亿元，占“三农”支出的 53.8%。主要用于逐步解决农村教育发展问题，增加新型农村合作医疗补助资金，建立并完善农村社会保障制度，建立完善农村最低生活保障体系和自然灾害生活救助制度，支持农民培训和农村劳动力转移就业等。三是对农民的粮食直补、农资综合补贴、良种补贴和农机具购置补贴支出 1305.2 亿元，占“三农”支出的 6.5%。四是农产品储备费用和利息等支出 951.2 亿元，占“三农”支出的 4.7%。主要用于增加国家粮油储存数量，支持连续较大幅度提高粮食最低收购价，实施主要农产品临时收储政策等。

2. 我国农业投资多集中在农业生产和农业事业费，对基础设施建设和科技三项费用投资较少。目前，我国财政对农业的支出主要有五个方面：支援农村生产支出和农林水利气象部门事业费支出、农业基本建设支出、农业科技三项费用、农村救济费用及其他费用。从总量上看，国家财政对农业支出的各项费用都在大幅增长。但从投入结构看，为了保证农村生产的连续性，在国家财政对农业的各项支出中，支援农业生产和各项农业事业费的支出比重一直较大。从表 5－4 中可以看出，2000 年以来，支援农业生产和各项农业事业费的支出比例基本都在 65% 以上，最高的年份达到 73%。2006 年，这五项支出项目占财政农业支出总额的比例分别为 68%、16%、1%、6% 和 10%。农业基本建设支出所占比重在逐年下降，由 30% 下降到 16%。农业科技支出稳定在 1% 左右，科技投入比例较低。救济和其他费用比重逐年增加，由 10% 上升到 36%，这是政府不断增加对农民补贴政策的体现。

表 5－4　　国家财政用于农业的支出　　单位：亿元

年份	财政农业支出合计	支援农村生产支出和农林水利气象部门事业费		农业基本建设支出		农业科技三项费用		农村救济费
		绝对量	相对量	绝对量	相对量	绝对量	相对量	
1991	347.57	243.55	70.07%	75.49	21.72%	2.93	0.84%	25.60
1992	376.02	269.04	71.55%	85.00	22.61%	3.00	0.80%	18.98
1993	440.45	323.42	73.43%	95.00	21.57%	3.00	0.68%	19.03
1994	532.98	399.70	74.99%	107.00	20.08%	3.00	0.56%	23.28
1995	574.93	430.22	74.83%	110.00	19.13%	3.00	0.52%	31.71
1996	700.43	510.07	72.82%	141.51	20.20%	4.94	0.71%	43.91
1997	766.39	560.77	73.17%	159.78	20.85%	5.48	0.72%	40.36
1998	1154.76	626.02	54.21%	460.70	39.90%	9.14	0.79%	58.90
1999	1085.76	677.46	62.40%	357.00	32.88%	9.13	0.84%	42.17
2000	1231.54	766.89	62.27%	414.46	33.65%	9.78	0.79%	40.41
2001	1456.73	917.96	63.02%	480.81	33.01%	10.28	0.71%	47.68
2002	1580.76	1102.70	69.76%	423.80	26.81%	9.88	0.63%	44.38
2003	1754.45	1134.86	64.68%	527.36	30.06%	12.43	0.71%	79.80
2004	2337.63	1693.79	72.46%	542.36	23.20%	15.61	0.67%	85.87
2005	2450.31	1792.40	73.15%	512.63	20.92%	19.90	0.81%	125.38
2006	3172.97	2161.35	68.12%	504.28	15.89%	21.42	0.68%	182.04

资料来源：根据《中国统计年鉴 2007》整理得出。其中相对量是指该项支出占财政农业支出总额的比重。

（二）我国财政农业投资存在的问题

1. 财政农业支出占全国 GDP 和财政总支出的份额小。我国农业支出占财政总支出的比重在 7%—9% 徘徊，近年尽管有较大幅度的提高，但所占比重仍然比较低，与农业的基础地位很不相称。特别是一部分地区常年靠财政补贴维持正常运转，自身财力都难以保证，很难向经济效益相对较低的农业、农村追加投入。在美国、加拿大等农业发达国家，政府对农业提供的财政支持相对应农业本身生产总值的 25% 以上，日本、以色列高达 45%—95%，即使在发展中国家的印度，财政对农业的投资也占农业生产总值的 10%，而我国仅占到 5%—6%。

2. 农业投资结构不合理，科技投入比例较低。我国的农业投资结构不尽合理，致使农业基础设施落后，农业生产效率不高，农产品的质量和档次较低，最终导致我国农产品的研发能力弱，新产品开发少，农产品专用程度和品质不能满足加工业的需要。同时，产品加工深度不够，加工转化和增值率低，不能满足国际、国内两个市场的需要。这些主要表现在：农业投资中用于农业生产费用支出的多，用于基本建设的少；用于非农生产的多，用于农业生产的少；用于短期投资的多，用于长期投资的少；一般性项目投入的多，技术含量高的深加工项目少。

科技作为第一生产力，农业科技三项费用支出理应占较大比重，但在我国的农业投入中，农业科技支出所占比重却较低，仅为农业总支出的1%，占农业总产值的比重低至0.087%。而美国农业科研的政府预算经费近乎达12亿美元，占农业总产值的2%；日本国立农林水产省下属的科研单位的经费几乎100%由农林水产省拨款。正是由于财政的强有力支持，发达国家农业科技在农业增长中的贡献份额由第二次世界大战初期的20%—30%，上升到近代的60%，甚至达80%。

3. 财政对农业投资年度不均衡。随着我国财政支出规模的不断扩大，我国财政对农业投资的绝对量在不断增长。但是由于我国以前的政策导向一直偏重于工业，农业支出占国家财政支出的比例浮动较大。统计数据显示，2005年比2004年仅增长了4.82%，而2004年以前和2005年以后的增长率都在30%左右，这种农业投资的大幅波动很容易导致农业生产的波动。财政投入政策的不稳定，难以为农村持续快速发展提供稳定的财力支持。

（三）完善我国财政农业投资的对策建议

1. 加大财政农业投资力度，建立农业投入的稳定增长机制。财政应进一步提高对农业问题重要性的认识，从科学发展观的高度来认识农业投资的重要性，调整产业投资政策，向农业倾斜，加大财政农业投资的力度，为各类资金进入农业领域创造良好的条件。同时，国家要构建财政支农资金的稳定增长机制，保证财政支农支出的增长幅度不低于财政总支出的增长幅度，重点放在收入增量的调整上，从制度上保证财政农业投资的稳定性，从而保证农业的稳定发展。

2. 优化财政农业投资结构，突出支农重点。在加大财政农业投资的同时，更要重视改变财政投资的方向，优化财政支农支出结构，突出支农重点。财政支农资金使用的重点应放在农业和农村经济发展迫切需要增加投入、而依靠市场和非政府部门解决不好或解决不了的关键环节上。为此，要加大农业基础设施建设，改善农业生产条件；要增加对农业科技开发和农村教育的投入；要大力支持农业生态环境建设。

本章小结

1. 政府投资也称“财政投资”，是指以政府为投资主体，以财政资金为主要资金来源的投资活动，主要为社会提供公共物品或准公共物品。政府投资具有如下特点：政府投资追求的是社会效益；政府财力雄厚，其投资的资金来源于财政资金，大多是无偿的，可以投资于大型项目和长期项目；政府可以从事社会效益好而经济效益一般的投资，可以而且应该将自己的投资集中于基础性、全局性、外部效益较强的建设项目。

2. 从财政支出项目分类来看，我国政府投资主要包括基本建设支出、挖潜改造资金和科技三项费用以及支援农村生产支出等。从财政支出行业分类来看，我国政府投资分布于公益性行业、基础性行业和竞争性行业。政府投资应以公益性和一部分基础性行业作为重点。

3. 政府投资在各国社会总投资中所占的比重存在着相当大的差异，影响这个比重的因素主要有两个：一是经济体制的不同。一般来说，实行市场经济的国家，非政府投资在社会投资总额中所占的比重较大；实行计划经济或政府主导型的国家，政府投资所占比重较大。二是经济发展阶段的不同。一般来说，发达国家的非政府投资占社会总投资的比重较大，欠发达国家和中等发达国家的政府投资所占的比重较大。

4. 政府从事或介入基础设施活动的主要理论依据就是基础设施具有不同于其他产业的特点，即基础设施具有准公共产品的性质；基础设施的规模经济效益明显，具有自然垄断性质；基础设施建设投资大、周期长、回收慢、风险高。从我国的实践来看，基础设施投资的提供方式主要有以下几种：政府筹资建设，或免费提供，或收取使用费；私人出资、定期收费补偿成本并适当盈利，或地方主管部门筹资、定期收费补偿成本；政府与民间共同投资；政府投资，法人团体经营运作；BOT 投资方式。基础设施的融资渠道主要有财政融资、市场融资和利用外资三种。

5. 所谓财政投融资，是政府为实现一定的产业政策和其他政策目标，通过国家信用方式筹集资金，由财政统一掌握管理，并根据国民经济和社会发展规划，以出资（入股）或融资（贷款）方式，将资金投向急需发展的部门、企业或事业的一种资金融通活动，所以它也称为“政策性金融”。我国财政投融资起源于 20 世纪50年代，进入80年代以后得到迅速发展。但随着我国市场经济的日渐完善和公共财政框架的逐步确立，原有财政投融资体制的问题日益突出，迫切需要对其进行改革。

6. 农业是国民经济的基础，是最典型的基础产业，也是我国作为发展中国家最需要发展的产业。正是由于农业在国民经济中的这种重要地位以及农业自身的特点，政府必须介入农业生产活动，以各种政策手段促进农业发展，特别是要用财政投资形式支持农业。我国财政农业投资的重点应该是以下几个方面：农业基础设施；农业科研与推广；农村教育；农业生态环境建设。我国财政对农业的支出总量不断增长，支出增长速度也比较快。但还存在投资总量不足、结构不合理等问题。为此，应进一步完善我国财政支农政策，加大农业投资力度，建立农业投入的稳定增长机制，优化财政支农支出结构，突出支农重点。

主要概念

政府投资　非政府投资　基础设施　BOT投资方式　财政投融资　财政农业支出

复习思考题

基础性思考题：

1. 如何理解政府投资的特点和范围？
2. 影响政府投资的因素有哪些？
3. 简述政府介入基础设施活动的主要理论依据。
4. 基础设施投资的提供方式有哪些？
5. 基础设施投资有哪些融资渠道？
6. 简述财政投融资的概念和特征。
7. 我国构建财政投融资体制有哪些现实意义？
8. 简述财政农业投资的必要性。

9. 财政农业投资的重点是什么？

扩展性思考题：

1. 试阐述我国财政投融资的现状、问题以及改进的建议。
2. 试分析如何完善我国财政支农政策。

第六章

DILIUZHANG

购买性支出：社会消费

本章对社会消费支出进行实证性分析。本章提供关于文教卫生支出、行政管理支出、国防支出等方面的知识。掌握这些消费支出的概念和内容，明了各项支出的变动趋向，找出控制办法，是本章的目的。

社会消费性支出是指财政为了保证国防安全、社会稳定，维持政府机构的正常运转，并保证其提供充足优质的公共物品和公共服务的能力，同时促进文化、教育、科技、卫生、体育等公益性社会事业的发展而提供的财政支出经费。社会消费性支出主要包括文教科卫事业、行政管理、国防支出三类。

第一节 文教科学卫生支出

一、文教科学卫生支出的性质和地位

文教科学卫生支出，是指国家财政用于文化、教育、科

学、卫生、出版、体育、档案、文物、地震、海洋、通讯、广播电影电视等社会事业部门的经费支出。

（一）文教科学卫生支出的经济属性

文教科学卫生支出的性质，可以从两方面来考察：

1. 文教科学卫生支出属于非物质生产性支出。关于文教科卫支出到底是属于生产性的还是非生产性的，理论界的争论非常热烈，时至今日恐怕也很难说得出了大多数人都能接受的结论。我们只能采用目前国内统计文献比较常用的做法，根据马克思关于生产劳动和非生产劳动的科学划分，将文教科学卫生事业支出归入非生产的范畴。从根本上说，文教科学卫生等部门不是直接从事物质生产的部门，是典型的非物质生产部门，投入文教科卫领域的劳动并不直接创造物质财富，甚至在部分领域劳动者还需要大量消耗社会物质财富，国家财政用于文教科学卫生方面的经费支出理应属于非物质生产性支出。

但同时我们也应注意：文教科卫支出中的教育、卫生、体育等投入属于人力资本投资范畴；科学技术研发投资属于科技进步的必要条件，甚至文化事业开支保障的也是可以丰富人们业余生活的重要精神食粮。因此它们都与物质财富的生产有着非常密切的关系——这些支出项目可以直接作用于物质生产的构成要素（劳动力和生产资料），对未来物质生产水平或综合要素生产率产生根本性影响，是导致经济增长率国际差异的决定性原因。我们在将其归入非物质生产性支出时，也应强调以下三点：（1）将文教科卫支出归入非生产性范畴，只是某种静态的、相对的意义，它只是说明，用于这些事业的支出不能对当年的物质财富的生产做出直接贡献；（2）从动态的、绝对的意义上说，文教科卫事业的发展将不断提高劳动者、劳动工具和劳动对象的素质并改善三者的结合方式，在知识经济或信息社会时代，它们对物质财富生产的贡献越来越大；（3）将文教科学卫生支出计入非物质生产性支出一类，其实际意义，只是要求社会在安排全部国民收入的用途时，应全面考虑生产的当前需要和未来发展的需要，让文教科学卫生支出在其中占有一个重要的位置，不能因为这类支出的主体部分不产生当前的经济效益，甚至需要连年累月的持续性重复投入，而对这类支出持消极应付态度。反之，随着社会劳动生产率的提高和经济增长，要让这一类支出的比例不断提高，甚至超过 GDP 的增长速度。①

2. 文教科学卫生支出属于社会消费性支出。从支出内容上看，它仅包括财政对文教科学卫生等部门的经常性支出，即用于人员工资和公用经费等方面的开支，

① 陈共：《财政学》（第六版），中国人民大学出版社，2009 年版，第 114 页。

而不包括国家财政向这些部门拨付的投资性支出，因此该支出通过消耗社会资源给公众提供公益性服务的消费属性得到了普遍认同。

（二）文教科学卫生事业支出的能动性

文教科学卫生事业在人类社会经济和政治发展进程中，具有决定性作用。20世纪90年代，科技兴国已成为许多国家的基本国策，“科学技术是第一生产力”的论断日益深入人心。综观人类社会发展史，不难看出，科学技术已经成为经济增长、劳动生产率提高的“发动机”和“倍增器”，是推动经济发展的最具能动性的因素，这已为现代各国经济发展的实践所证明。我国目前正处在经济发展的关键时期，中国共产党第十六次全国人民代表大会提出了全面建设小康社会的目标，2004年3月召开的第十届全国人民代表大会第二次会议提出了全面、协调、可持续发展的科学发展观，主要靠要素投入、靠拼资源来换取经济发展速度的粗放型增长模式将成为过去。加大科技含量在经济发展中的贡献，将是未来经济发展的主要手段。而我国的科技水平从整体上说，还是比较落后的，这就迫切需要大力发展科技事业，需要国家财政给予适当倾斜政策，加大投入，这也是知识经济时代的客观要求。

教育是维持劳动力再生产和提高劳动者素质的重要条件，也是解决经济发展过程中结构性失业问题的主要手段，“百年大计，教育为本”。只有通过良好的系统教育，人们才可能掌握各种基础知识、专业知识，才能进一步掌握和运用已取得的科技成果，并且不断创造出新的科技成果。可以说，教育是保证科学技术发展的基础，科学研究人才的培养、科研成果的推广及其应用、科学文化知识的普及和提高都离不开教育。教育作为一种以培养人为目标的社会活动，是劳动力再生产的必要前提。教育发达程度、教育投入水平常常是衡量一个国家、一个民族综合素质和文明程度的重要指标。因此，教育支出在各国公共支出中占有重要地位。

国家用于文化和卫生方面的支出，直接关系到人们的文化生活水平的提高和健康状况的改善，也直接地服务于和促进着我国的现代化建设进程，因而也都是必须保证和不可缺少的。文化事业的发展对于劳动者精神文明建设，精神文化需要的满足，综合素质的提高，有着不可低估的积极作用，从而，对社会生产力的发展也会起到一定的推动作用。与此同时，医疗卫生保健是人类必不可少的产品，卫生事业发展程度以及医疗保健水平是衡量一国社会制度先进与否的重要标志之一。综上所述，鉴于文教科卫事业在各国政治经济发展进程中扮演的重要角色，各国政府无不投入大量资金，给予了足够重视。我国近年来社会文教支出占财政支出的比重情况参见表6－1。

表 6-1　　我国文教科学卫生支出占财政支出的比重（1978—2006 年）

年份	数额（亿元）	比例（%）	年份	数额（亿元）	比例（%）
1978	112.66	10.04	1997	1903.59	20.62
1980	156.26	12.72	1998	2154.38	19.95
1985	316.70	15.80	1999	2408.06	18.26
1990	617.29	20.02	2000	2736.88	17.23
1991	708.00	20.91	2001	3361.02	17.78
1992	792.96	21.19	2002	3979.08	18.04
1993	957.77	20.63	2003	4505.51	18.28
1994	1278.18	22.07	2004	5143.65	18.06
1995	1467.06	21.50	2005	6104.18	17.99
1996	1704.25	21.47	2006	7425.98	18.37

资料来源：《中国统计年鉴 2007》，中国统计出版社 2007 年版。

（三）文教科学卫生事业的特性

事业单位与企业单位有着本质的区别。企业直接从事物质产品的生产，其生产经营的直接目的是取得经济效益。而文教科学卫生事业单位一般不直接从事物质产品的生产，其从事事业活动的根本目的是增进社会的共同利益和长远利益。但是，在社会主义市场经济条件下，逐利性的投资者和消费者在决策时不会考虑文教科卫事业给其他经济主体带来的外部利益，他们仅仅根据经济学中边际收益等于边际成本的私人利益最大化原理决定市场产出水平，该水平会明显低于对整个社会来说最有效率的产出水平，从而存在较为明显的效率缺失。因此，文教科学卫生等事业单位所提供的“产品”的属性、资金来源和企业部门相比也发生了相当大的变化，受益者付费和财政拨款已成为公益性事业发展资金的两种不同来源渠道。

这主要表现在：(1) 事业单位与企业一样也向社会公众提供一定的产品，当然，主要是非物质形态的“服务产品”。与企业提供的主要为满足个人消费需要的产品不同，事业单位提供的产品主要是为了满足社会公共需要。但是，文教科学卫生事业产品中的一部分产品的属性具有了双重性质。比如，教育就是一种具有双重性质的产品。作为私人产品，接受教育的人可以从中得到相应的收益，因而也愿意付出相应的成本；但是，教育还有一些不同于纯粹私人产品的特点，具有公共产品的性质，这就要求政府介入教育服务的提供。基于教育的这种兼具私人产品和公共产品的性质，教育经费一部分应当由政府提供，另一部分应由受教育者提供。在政府提供的部分中，侧重点是义务教育和基础教育，同时也必须注意培养高层次人才。（2）事业单位进行业务活动虽然不以营利为目的，但可以实行有偿服务，在国家规定范围之内多渠道筹集资金。比如，健康对个人来说能提高劳动生产率，增加其收入；而全体国民健康则能提高国家的劳动生产率，促进经济的良性循环，增加社会财富。所以，基本医疗是一种准公共产品，其最有效的提供方式应是市场提供和财政补助相结合。相应地，提供有偿服务的事业单位可以通过服务收费的方式获得补偿。（3）1996 年 10 月国家财政部颁布的《事业单位财务规则》规范了财政资金在事业领域的供应范围，改革了事业单位预算管理形式，要求事业单位加强财务管理，注重提高资金使用效益。

二、文教科学卫生事业支出的内容

（一）按照支出部门划分

从 2007 年政府收支分类改革后，文教科卫支出各项内容不再同属一项支出科日，以 2010 年政府预算收支科目为基本参照，文教科学卫生支出日前可以分为：

1. 教育支出。反映政府的教育事务支出。包括教育管理事务，如行政运行（主要针对教育部及其下属各级教育厅局）、机关服务支出等；普通教育支出，如学前教育、中小学教育、高等教育、化解农村义务教育债务支出等；职业教育（初等、高等职业教育，中专、技校、职业高中教育等）支出；成人教育支出；广播电视教育（广播电视学校、教育电视台）支出；留学教育（出国留学、来华留学）支出；特殊教育（特殊学校、工读学校）支出；教师进修及干部继续教育支出；教育费附加和地方教育附加（城市农村的中小学校舍建设和教学设施投入）支出；学校收费支出；教育考试考务费支出等。

（1）教育服务的性质要求政府介入教育事业产品的提供过程。

①教育具有不完全的非竞争性和非排他性，并非纯粹的天然性公共物品。教育事业服务的非排他性主要表现在教育消费过程的一定范围之内，一名学生在班级中听课，并不影响该班级其他同学在同一时间地点听课，但同时这种非排他性也是有限的，这不仅表现在一个教学单元的学生人数没有严格限制，也表现在受教育部门教学资源（师资配备、教室容量、教学设施等）的限制，教育部门的招生名额总是有限的，一部分学生被录取，必然意味着另一部分学生无法被录取，排他性由此产生。

教育事业产品的非竞争性同样表现在教育消费过程的一定范围之内，当学生人数相对有限时，增加学生数量不会影响到教师授课质量和学校运行成本，但同时这种非竞争性也是有限的，当教学环境由每班 30 人的小班授课改为每班超过 100 人的合班授课时，教师授课质量的下降成为必然，学生人数进一步上升时，学校将增聘教师、新建校舍，边际成本为零的规律被打破，竞争性也由此出现。

②教育具有明显的正外部性。多数教育事业产品都属于具有正外部性（效用外溢性）的混合物品。一方面，受教育者提高了自己的工作技能和学习能力，能够创造出更多的劳动价值换取丰厚的劳动报酬，教育收益具有一定内部性；另一方面，教育收益还可以通过受教育者外溢给社会，提高社会劳动生产率和国民经济的发展速度，乃至影响国民福利水平，原因在于教育更可以改善国民道德和文化素养，减少社会不安定因素和政府的行政管理成本，保证民主政治制度的有效运行。教育投资的社会总收益是高于私人教育投资的内部收益的。

③教育是一种优值品。由于部分消费者的偏好不合理，大大低估了教育产品所应该具有的价值。比如有些家长为了眼前利益，不愿意支持子女继续求学，因此纯粹的市场提供必然导致针对教育事业产品的效率缺失。现实的选择就是由政府出面，通过财政手段解决此类偏好不合理的市场缺陷。

④教育可以保证公平机制的实现。教育作为一种人力资本投资，要受到每个家庭收入情况的制约。如果教育服务实行严格的排他性制度，那么穷人家庭的子女即使天资聪颖也会因为无力支付学费而被教育部门拒之门外，成人后更不可能和高收入家庭的子女进行公平的竞争，形成“贫者愈贫，富者愈富”的“马太效应”。

⑤教育资本市场的不完全性。教育作为一种人力资本投资，其最终成本收益率的高低存在很大的不确定性，受到受教育者周边环境、主观努力程度等多方面的影响。当受教育者向金融机构申请教育融资类的助学贷款时，由于信贷双方的信息不对称，将本逐利的金融机构对这种缺乏担保品的投资对象缺乏兴趣，担心无法及时足额得到偿还而不愿进行教育融资。政府出面提供教育产品或进行教育贷款担保成为必然选择。

（2）政府对教育的提供方式。不同类别的教育模式也要求政府对其采用不同的提供方式。教育服务采取什么类型，和教育提供方式的效率高低直接相关。按照目前公认的分类方法，我们可以将我国目前的教育体系分为基础教育（小学、初中）、高中教育、高等教育、职业教育、成人教育、广播电视教育等，不同层次类别的教育阶段政府的提供模式也不尽相同。

①基础教育。本书第一章提到，基础教育属于制度性公共物品的范畴，以满足社会公众的共同需要为主要目标。基础教育在我国主要指小学六年初中三年的九年制义务教育，其效用的外溢性比起高等教育等其他教育阶段更强，《中华人民共和

国义务教育法》更是从立法层面上保证了每名适龄儿童都有权利接受义务教育。而如果由私人部门按照市场化的管理模式经营义务教育，在不考虑外部收益的模式下，基础教育的提供规模必然低于全社会的帕累托最优水平。因此，基础教育阶段的教育经费主要应由公共财政负担。鉴于义务教育的免费口径包括小口径（只免学费）、中口径（免学费和基本书费）、大口径（免学费、基本书费和基本生活费）三种，而且只有做到大口径免费，才能真正使接受义务教育与家庭经济能力之间不发生任何直接关系，因此，随着国家财力的持续增长，我国完全应该做到由小口径免费向大口径免费的过渡。目前我国率先在农村地区推行的“两免一补”、城市中小学“一费制”等政策，均体现出公共财政在基础教育领域将“有所作为”的决心。

②高中教育。高中教育在我国表现出一种独特的“大学预科[①]”的状态。高中毕业生如果不能进入大学继续深造，其直接就业的预期收益也并不比初中毕业生高出多少，相反如果高考成绩理想进入高校深造成为“天之骄子”，不仅就业时可以得到较高的起点优势（私人收益），而且凭借效用的外溢性使得国民经济发展和公众文化素养提高，整个社会群体都从中受益匪浅（外部收益）。因此我国的高中教育阶段属于一种内部或有收益较低、而外部或有收益较高的教育产品，财政应该就其较高的或有外部收益进行经费补偿，同时收取较低的学费作为学校运行的补充经费来源。

③高等教育。本书第一章提到，高等教育属于典型的具有外部收益的混合物品，其消费过程具有排他性，收益成果的享用具有独占性。而且相对于基础教育来说，高等教育的外部性较低，因此没有必要完全由政府免费提供，个人应该承担高等教育的部分成本。目前国内各高校的主要经费来源：一是向在校生收取的学费；二是由主管行政部门拨付的财政教育经费。同时对于因学费无力支付而面临辍学风险的困难学生，政府应采用直接的奖学金、助学金，或间接的低息贷款、提供贷款担保等方式进行资助。

④职业教育和各种专业教育。职业教育（如各种职高、职专等）以应用型技能培训为主，注重对学员或劳动者进行短期、实用性教育，以适应具体工作岗位的要求。职业教育针对性强，突出了个人的教育选择，收益的外溢范围相对较小，基本符合私人产品的性质。各种专业教育（如技校等）同样也是首先直接作用和影

① 在我国高中毕业生似乎只有高考的“独木桥”可挤，依靠分数决定学生今后进入什么样的大学，接受什么档次的高等教育。

响个人及其家庭成员物质生活和精神生活，或以满足企业生存和发展需要为主要目标，直接受益者属于微观经济主体。在公共财政能力有限的情况下，此类教育经费不应进入公共财政的负担范围。

（3）我国财政性教育支出的状况。从近几年来我国教育财政支出的数据来看，绝对数额虽然不断增长，但其占 GDP 和财政支出的比例却表现出了非常明显的波动，部分阶段甚至出现显著的下滑趋势。时至今日，1993 年我国政府发布的《教育和改革发展纲要》中提出的“20 世纪末将财政教育经费占 GDP 比例提高到 4%”的目标仍然没有实现，而在 2010 年 7 月 29 日正式公布的《国家中长期教育改革和发展规划纲要（2010—2020 年）》中，又一次明确这一目标要在 2012 年正式实现，国家财政教育支出基本情况参见表 6 - 2。

表 6 - 2　　我国财政教育支出情况表

年份	财政性教育经费（亿元）	全部教育经费（亿元）	财政教育支出占全部教育经费比例（%）	预算内教育经费占财政支出比例（%）	财政教育支出占 GDP 比例（%）
1992	728.75	867.05	84.05	14.40	2.71
1993	867.76	1059.94	81.87	13.88	2.46
1994	1174.74	1488.78	78.91	15.26	2.44
1995	1411.52	1877.95	75.16	15.07	2.32
1996	1671.70	2262.34	73.89	15.27	2.35
1997	1862.54	2531.73	73.57	14.70	2.36
1998	2032.45	2949.06	68.92	14.50	2.41
1999	2287.18	3349.04	68.29	13.77	2.55
2000	2562.61	3849.08	66.58	13.13	2.58
2001	3057.01	4637.66	65.92	13.66	2.79
2002	3491.40	5480.03	63.71	14.12	2.90
2003	3850.62	6208.27	62.02	14.01	2.84
2004	4465.86	7242.60	61.66	14.14	2.79
2005	5161.08	8418.84	61.30	13.75	2.82
2006	6348.36	9815.31	64.68	14.34	3.00
2007	8280.21	12148.07	68.16	15.38	3.22
2008	10449.63	14500.74	72.06	15.47	3.48

资料来源：《中国统计年鉴 2009》、《2008 年全国教育经费执行情况统计公告》。

从表 6 - 2 数据来看，虽然政府教育投入的绝对数额从 1992 年开始有了明显增长，但是整体水平仍显不足。预算内财政支出中用于教育的开支始终维持在13%—15%的水平，没有明显上升，反倒是教育经费来源格局从20世纪90年代初财政的一家独大，发展到当前由教育产业化带来的多种力量办学，导致了教育经费总额增长速度远远超过财政性教育经费的增长速度。世界银行数据显示：政府教育投入占GDP的比重，早在1997年全世界的平均水平就已经达到4.8%，即便是低收入国家也达到了3.3%，而直到10年之后我国的政府投入才勉强达到了这一水平。如果更进一步按照在校学生的人均经费比较，刚刚取代美国成为世界上最大“博士生产国”的中国差距会更大。究其原因，经济发展水平整体较低，财政资金供应紧张固然是一方面，但教育投资收益的迟效性、外部性、无形性、非货币性等，以及由此导致的部分政府官员的消极应付，肯定也是教育支出长期滞后的重要原因。

2. 科学支出。科学支出是指由各级科技行政主管部门归口管理的事业费以及科学研究方面的支出。包括：

（1）科学技术管理事务支出。包括行政运行、一般管理事务、机关服务支出等。

（2）基础研究支出。反映从事基础研究、近期无法取得实用价值的应用研究机构的支出，专项科学研究支出，以及重点实验室、重大科学工程的支出。包括机构运行、重点基础研究规划、自然科学基金、重点实验室及相关建设、重大科学工程、专项基础科研、专项技术基础支出等。

（3）应用研究支出。反映在基础研究成果上，针对某一特定的实际目的或目标进行的创造性研究工作的支出。包括机构运行、社会公益研究、高技术研究、专项科研试制等支出。

（4）技术研究与开发（R&D）支出。包括机构运行、应用技术研究与开发、产业技术研究与开发、科技成果转化与扩散等支出。

（5）科技条件与服务支出。反映用于完善科技条件及从事科技标准、计量和检测，科技数据、种质资源、标本、基因的收集、加工处理和服务，科技文献信息资源的采集、保存、加工和服务等为科技活动提供基础性、通用性服务的支出。包括机构运行、技术创新服务体系、科技条件专项等支出。

（6）社会科学支出。包括社会科学研究机构、社会科学研究、社科基金支出等。

（7）科学技术普及支出。包括机构运行、青少年科技活动、学术交流活动、科学普及活动、科技馆站等的支出。

（8）科技交流与合作支出。包括国际交流与合作、重大科技合作项目等支出。

（9）科技重大专项支出。

科学研究的性质决定了政府应提供充足的科研经费支撑。

首先，科学研究具有较强的外部性。科学技术的进步是对人类历史发展起决定作用的革命性力量，西方经济学近年来的理论研究成果，很多都集中在技术进步对经济发展的推动作用上。科学技术是第一生产力，但是不同层次的科学研究和科技成果对于社会经济发展的推动能力是不同的：基础性科学研究的成果具有明显的公共物品非排他和非竞争的特点，而且很难在短时间内投入企业的生产活动并转化为现实的生产力，追求盈利的微观经济主体将不会把研发重点投入基础研究。但是基础研究是所有其他科技类活动的基础，因此经费来源主要应通过政府资助的方式实现，农业科研、重大医学研究课题（传染病防治）等均属此类。应用型科学研究则相反，研究成果主要针对企业生产活动中的具体问题，可以在短期内转化为现实的生产力，由于知识专利和工业产权制度的保护具有明显的竞争性和排他性，“免费搭车”难以实现，因此应用型研究更需要通过市场化方式运行，由直接受益者——微观经济主体（企业或科研人员自身）自筹资金，政府则主要提供知识产权保护的相关法规对其合法权益进行制度保护。

其次，科学研究具有风险大、周期长等特点。科学研究的风险性主要体现在研究成果的适用范围以及可获取性上。尤其是在部分自然科学项目研究中，经过无数次失败实验最终被无奈放弃的研究项目比比皆是，或者是研究成果在短期内不具备使用条件而被长期搁置，但是我们不能因噎废食，否定科学研究的真实效益存在。另外许多科研人员往往需要投入很长时间进行科学研发活动，有的甚至于穷毕生心血投入某项重大科研进程，成果一旦产出必将造福社会、造福人类。因此对科研人员的绩效考评不能单纯以成败、以数量论英雄。

最后，市场无法对科研人员的付出与努力做出合理的价值评价。在科学知识生产过程中，由于科学家智力投入与科研成果产出关系的不确定性，并且科学家智力投入的数量和质量又很难衡量，企业又只是按照自己的需要对科研成果进行购买和消费，因此市场是无法对科研人员劳动成果进行公正评价的，缺乏行之有效的激励机制。比较适合的解决机制就是政府介入科技生产领域，用财政经费为科研人员提供基本报酬。

综上所述，多元化的筹资格局是科学研究的必然选择。但是在多元化的科研资金筹集来源中，财政资金无疑是最重要的支撑点。从实证状况来看，和教育支出相类似，虽然我国财政资金用于科学研究支出的绝对数额是逐年递增的，但是其相对比例尤其是占财政支出的比例则呈现出了明显的波动甚至是略有下降的趋势。1995年中共中央在《关于加速我国科学技术进步的决定》中提出的到上世纪末全社会研发支出占GDP 1.5%的目标直至2008年才正式实现，详细情况见表6－3。当然科研支出只是财政投入的一种渠道，税式支出和科技三项费用等政策也可以在一定程度上引导企业增加科研投入，成为技术创新的主体，企业自筹资金占科技经费筹集额的比例已经从1990年的43.3%增长到2008年的接近70%。

表6－3　　我国科技支出情况表

年　份	财政科学研究支出（亿元）	科研支出占财政支出的比重（%）	R&D经费（亿元）	R&D经费占GDP比重（%）
1990	139.12	4.51	125.43	0.71
1994	268.25	4.63	222.00	0.50
1995	302.36	4.43	286.00	0.50
1996	348.63	4.39	327.00	0.50
1997	408.86	4.43	481.50	0.64
1998	438.60	4.06	551.10	0.69
1999	543.85	4.12	678.90	0.83
2000	575.62	3.62	895.70	1.00
2001	703.26	3.72	1042.50	1.09
2002	816.22	3.70	1287.60	1.07
2003	975.54	3.96	1539.60	1.13
2004	1095.34	3.85	1966.30	1.23
2005	1334.91	3.93	2450.00	1.33
2006	1688.50	4.18	3003.10	1.42
2007	1783.04	3.58	3710.20	1.44
2008	2129.21	3.40	4616.00	1.54

资料来源：历年《中国统计年鉴》，中国统计出版社。

3. 医疗卫生支出。医疗卫生支出的主要内容有：医疗卫生管理事务支出（卫生部及下属行政机构支出）；公立医院支出；基层医疗卫生机构支出；公共卫生支出；医疗保障支出；中医药支出；食品和药品监督管理事务支出等。

（1）医疗卫生事业的特性。

①医疗卫生服务的正外部性。作为一种人力资本投资，医疗卫生服务不仅解决劳动者所受的病痛折磨，而且可以提高劳动者的劳动生产率，具有创造国民收入的

溢出效应。其中如传染病防治、公共卫生事件的处理等，几乎都是天然性纯公共物品，必须要由政府出资提供。

②医疗卫生市场垄断性和信息不对称。我国的医疗卫生市场优质资源高度集中在发达地区发达城市内部的大型公立医院之中，优质医疗资源的供给相对于由我国庞大的人口基数所形成的对医疗卫生服务的需求严重不足，卖方市场垄断效应明显，基本医疗卫生公共服务的普及仍然是我国新阶段卫生事业改革的重要内容。而信息不对称特点则表现在医生和患者群体之间：医生既掌握着病情相关信息，又负责决定治疗方案，而病人又通常不敢拿自己的生命健康冒险，违背医生的治疗意愿。这种信息不对称可能导致医生治疗的随意性，会出现医生为牟利提供过多不必要的医疗服务、要求患者购买不必要的昂贵进口药品等现象，扭曲医疗资源配置的结构，影响医疗卫生市场运行的合理效率。

③医疗卫生市场运行效率和收入分配体系关系密切。市场化的劳动报酬金额是由个人劳动力边际产出水平决定的，劳动力产出和劳动者身体健康状况又密切相关，身患疾病将导致劳动者劳动能力下降乃至丧失。按照市场化原则雇主将不会支付给患病雇员和其他职工一样的同等报酬，收入下降后的贫困者更难以享受到优质医疗服务，健康状态可能进一步恶化，深陷“贫病循环”。尤其是在经济发展水平相对落后的国家或地区，“因病致贫”或“因病返贫”现象层出不穷。如果依赖私人保险市场上的医疗保险解决这一问题，商业保险公司的趋利避险动机将形成“逆向选择”，于是政府出资主办的带有公益色彩的医疗类社会保险成为解决这一问题的唯一途径。

④公共卫生医疗、食品药品安全事件社会反响强烈。2003 年突发的传染性非典型肺炎（简称“SARS”）、2008 年北京奥运会后引发全国关注的“三鹿”奶粉事件、时至今日仍为人们谨慎提防的“甲流”，各种医疗卫生、食品药品安全事件一次次考验我国公共卫生体系对此类群体性事件的应急处理能力。从“SARS”防治超过百亿元的财政经费（包括预备费）动用，到三聚氰胺事件中各级医疗机构垫付资金免费救治患儿，政府出资买单已成为责无旁贷的公共财政支出责任。

（2）医疗卫生事业的提供方式。并不是所有的医疗卫生事业都属于外部性较强的公共物品，因此财政对医疗卫生事业的介入应有合理界限。一般情况下医疗卫生事业可分为医疗服务和公共卫生两个部分，医疗服务又可以进一步分为基本医疗和特需医疗两类。一般意义上的公共卫生服务外部性最强，属于纯公共物品，具有明显的非排他性和非竞争性，主要包括卫生监督、健康教育、疾病监控、医疗救助以及重大卫生课题（如癌症、艾滋病）研究等，提供此类服务项目属于政府重要职责，资金来源主要来自公共财政卫生专项经费；基本医疗服务则是一种带有准公共品性质的外部收益性混合物品（对患者提供的基本医疗首先的受益者是患者和家庭，而全体国民的健康又能促进宏观经济的良性循环）[①]，提供此类服务的资金来源主要包括：医疗保险费（劳动者和雇主共同缴纳）、政府医疗支出、私人支付、社会慈善机构捐助等[②]；特需医疗则是为满足少数人高层次的医疗保健需求提供的特殊门诊、家庭医生、特别护理等，具有明显的竞争性和排他性，属于典型的私人物品范畴，主要应由消费者个人付费。

（3）我国医疗卫生支出的投入状况。20 世纪 80 年代以前，中国在医疗卫生事业发展中取得了举世瞩目的成就，被世界卫生组织赞誉为“用最低廉的成本保护了世界最多人口的健康”。进入 90 年代以后，医疗卫生事业的投入水平却明显滞后于世界平均水平，出现了很多明显的公共卫生隐患，甚至计划经济时代已被控制的部分传染病、地方病又开始死灰复燃，地方政府为追求经济发展不惜破坏生态环境的一些急功近利的做法也进一步加剧了公共卫生健康指标的恶化。进入 21 世纪之后，特别是经历了“非典”危机后，政府卫生投入的规模有了一定程度的增长，参见表 6 –4。

表 6 –4　近年来我国政府医疗卫生费用投入情况

年份	财政预算医疗卫生支出（亿元）	财政医疗卫生支出占财政支出比重（%）	总卫生支出占 GDP 的比重（%）	总卫生支出来源构成（%）		
				政府预算	社会支出[③]	居民个人
1995	383.10	5.61	3.86	17.00	32.80	50.30
1996	461.00	5.81	4.21	16.10	29.60	54.30
1997	522.10	5.65	4.55	15.40	27.70	56.90
1998	587.20	5.44	4.47	15.50	26.60	57.80
1999	640.90	4.86	4.66	15.30	25.50	59.20
2000	709.50	4.47	4.62	15.50	25.60	59.00

---

① 对我国的基本医疗服务应涵盖的内容目前尚无统一标准，世界银行基本标准如下：妇女怀孕、计划生育服务，肺结核控制，传染病控制，常见婴幼儿严重疾病，轻微临床治疗等。

② 2009 年 4 月发布的《中共中央国务院关于深化医疗卫生体制改革的意见》明确了“把基本医疗卫生制度作为公共产品向全民提供”、“人人享受基本医疗卫生服务”。明确了政府在公共卫生和基本医疗服务中的主导地位：公共卫生服务主要由政府筹资，向城乡居民均等化提供；基本医疗服务由政府、社会、个人三方合理负担费用，承诺政府将逐步增加投入，使居民个人基本医疗卫生费用负担有效减轻。

③ 社会支出主要指卫生开支中由劳动者所在的企事业单位负担的部分。国家党政机关行政人员的医疗费用主要由财政承担，因此不需列入社会支出范畴。

续表

年份	财政预算医疗卫生支出（亿元）	财政医疗卫生支出占财政支出比重（%）	总卫生支出占 GDP 的比重（%）	总卫生支出来源构成（%）		
				政府预算	社会支出	居民个人
2001	800.60	4.24	4.58	15.90	24.10	60.00
2002	908.50	4.12	4.81	15.70	26.60	57.70
2003	1116.90	4.53	4.85	17.00	27.20	55.90
2004	1293.60	4.54	4.75	17.00	29.30	53.60
2005	1552.50	4.58	4.73	17.90	29.90	52.20
2006	1778.90	4.40	4.64	18.10	32.60	49.30
2007	2297.10	4.61	4.39	20.30	34.50	45.20
2008	3590.10	5.74	4.83	24.70	34.90	40.40

数据来源：根据历年《中国统计年鉴》，《2009 年我国卫生事业发展情况简报》整理得出。

从表 6－4 数据可以看出，近十几年来我国财政预算内医疗卫生资金投入绝对数额保持了较快的增长速度，从 1995 年到 2008 年增长了接近 10 倍，但是占财政支出的相对比例却经历了一个“U”型的变动轨迹，这一变动趋势和我国医疗卫生领域的两次大规模改革有着直接关系。2009—2011 年，三年财政部新医改投入的 8500 亿元①，将全部是增量，近七成用于患者，主要向中西部地区倾斜。可以预计，该项改革计划必将进一步增加政府医疗卫生投入在财政支出和卫生总费用中所占的比例，进一步减轻居民个人的医疗负担，使得全国范围内的基本医疗服务可以尽早实现均等化。

4. 文化体育与传媒支出。文化事业是社会生产力发展和社会文明进步的结果，文化事业的发展与复兴，不仅关系到国家社会的稳定与发展，而且对经济的发展也会有积极的促进作用。同时文化事业的兴盛还可以为公众的日常生活带来丰富的精神食粮，对于抑制“黄赌毒”、净化社会环境、降低公安司法成本同样具有促进作用。体育则关乎人口素质和劳动力内涵扩大再生产状况，也是一国国际声望的重要体现。传媒则是现代信息社会的主要载体。财政的文化体育与传媒支出主要包括：

（1）文化事业支出。反映政府用于公用文化设施、艺术表演团体及文化艺术

① 2009 年 1 月 21 日，国务院原则通过《2009—2011 年深化医药卫生体制改革的意见》，并给出实施方案。

活动等方面的支出，主要包括：文化展示及纪念机构、艺术表演团体经费、艺术表演场所经费、图书馆经费、群众文化经费和文化交流与合作经费等。

（2）文物事业支出。反映文物保护和管理等方面的支出，主要包括：文物保护、博物馆、历史名城与古迹支出等。

（3）体育事业支出。主要包括：运动项目管理、体育竞赛、体育训练、体育场馆、群众体育、体育交流与合作、外国团体来华登山注册费、车手等级认定费支出等。

（4）广播影视事业支出。主要包括：广播、电视、电影、广播电视监控支出等。

（5）新闻出版事业支出。主要包括：新闻通讯、出版发行、版权管理、出版市场管理支出等。

（6）文化事业建设费支出。主要包括：精神文明建设、人才培训教学、文化创作、文化事业单位补助、爱国主义教育基地支出等。

（7）国家电影事业发展专项资金支出。主要包括：资助国产影片放映、资助城市影院、资助少数民族电影译制支出等。

文化体育与传媒支出具有不同的层次性，其公共物品的属性和被市场认可的程度在不同层次间有很大的区别。比如同样是文艺演出，有演艺公司包装的通俗歌星和有深厚历史底蕴的地方戏曲专业演员，财政的介入程度明显是不一样的；同样是体育事业，公众关注程度较高的项目，如足球、篮球的市场化、职业化改革，和仍使用传统“举国体制”，却总在奥运赛场为祖国增光添彩的冷门项目如举重体操等相比，财政的支持力度当然也不尽相同。目前国家财政主要根据文体传媒部门自身是否具有盈利能力去确定财政补助的范围和数额。

（二）按照支出的用途划分

1. 工资福利支出。主要包括在职职工和临时聘用人员的各类劳动报酬以及为上述人员缴纳的各项社会保险费。主要项目有：基本工资、津贴补贴、奖金、社会保障缴费、伙食费、伙食补助费、绩效工资等。

2. 商品和服务支出。主要是指单位购买商品和服务的支出。主要项目有：办公费、印刷费、咨询费、手续费、水费、电费、邮电费、取暖费、物业管理费、交通费、差旅费、出国费、维修（护）费、租赁费、会议费、培训费、招待费、专用燃料费、福利费、劳务费、委托业务费等。

3. 对个人和家庭的补助支出。主要指政府对家庭和个人的无偿性补助支出。这部分一般包括离休费、退休费、退职（役）费、抚恤金、生活补助、救济费、助学金、奖励金、医疗费、住房公积金、提租或购房补贴等支出。

三、文教科学卫生事业支出的管理

（一）文教科学卫生事业支出管理的基础

定员定额管理是文教科学卫生事业支出管理的基础工作。定员定额是指通过制定文教科学卫生单位的人员编制和财务收支限额来安排和控制文教科学卫生事业支出的管理制度。

1. 定员管理。定员也称“定编”。定员是国家根据事业单位的性质、特点、规模大小、业务范围和工作任务量所规定的人员配置。定员可以采取规定人员编制和定员比例两种方式确定。前者主要是根据事业单位的级次、规模、业务量、内部机构设置等因素规定，比如，对科学研究院、文化馆、图书馆等。后者是按照特定的业务计算单位规定，比如，规定不同学校教师与学生的比例、医院门诊量（或病床数）与医护人员的比例等。

2. 定额管理。定额是国家根据事业单位开展工作的客观需要，同时考虑其承担的业务量，结合国家财力的可能，对事业单位财力、物力的配备、使用、消耗、补偿以及成果等方面所规定的指标额度。例如学校每一教师平均每周多少课时；医院每张病床一年平均收入多少等。

按照定额的性质可以分为收入定额、支出定额；按定额包含的范围可以分为单项定额、综合定额和扩大综合定额；按定额反映的效果分类可以分为人工功效定额、设备功效定额和成果费用定额；按定额的计量单位划分可以分为货币定额和实物定额等。

实行定员定额管理对文教科学卫生支出的管理具有重要意义。它不仅使财政向这些部门单位供应经费有据可依，而且有利于加强经济核算，增收节支，提高资金使用效益，也有利于国家对文教科学卫生支出规模和效益的考察。根据新时期事业单位业务活动的特点和财务管理工作的要求，健全定员定额管理制度，全面加强定员定额管理具有十分重要的意义。（1）有利于处理好人力、物力、财力与事业计划之间的比例关系，做到人尽其才、物尽其用，优化资源配置。（2）有利于加强财务管理，使部门人员配备、资金占用、财务收支、物资储备、设备利用等都有了明确统一的衡量标准，便于提高资金使用效益。（3）定员定额是规定人员编制及经费多少的尺度，是具有平均先进性和约束性的限额指标，用定员定额作为分析、检查、考核单位预算执行情况的尺度，可以发现问题，及时采取有效措施，改进财务管理工作，纠正和解决存在的问题。

（二）文教科学卫生事业单位预算管理形式

预算管理形式是指国家对事业单位预算收支管理方式的规定。事业单位类型很多，其工作任务、业务特点、收支状况等都不尽相同，如何根据事业单位的实际情况和财务管理工作的需要，正确确定事业单位的预算管理办法，是事业单位财务管理工作非常重要的问题。

多年来，国家财政与事业单位之间的关系主要为单方面的经费供给关系，根据不同事业单位的性质和经费自给率，分别实行三种预算管理形式，即“全额预算管理”、“差额预算管理”和“自收自支管理”。但是，随着经济体制改革的深入，尤其是在社会主义市场经济体制的新形势下，“三种预算管理形式”不可避免地暴露出一定的局限性，已经不能适应经济发展的需要，必须打破单纯反映财政预算拨款及其支出的传统单位预算管理体系，将事业单位取得的各项收入及其各项支出全部纳入单位预算，实行统一核算，统一管理，进而建立起一个能够全面反映单位各项财务收支和资金活动的单位预算管理体系。预算管理形式是合理划分权限，规范事业单位预算收支的制度基础，改革势在必行。已经在全国范围内逐渐铺开的部门预算体系正是该项改革的起步。

1997年1月1日起实行的《事业单位财务规则》规定，取消原“三种预算管理形式”，事业单位统一实行“核定收支，定额或者定项补助，超支不补，结余留用”的预算管理办法，新办法的主要内容是：

1. “核定收支”。事业单位将全部收入（包括财政拨款）与各项支出统一编列预算，报经主管部门和财政部门核定；主管部门或者财政部门根据事业单位的特点、事业计划和工作任务、单位财务收支状况以及国家财政政策和财力可能，核定单位年度预算收支规模，包括财政拨款的具体数额。

2. “定额或者定项补助”。国家规定对事业单位实行定额或者定项补助；“补助”还是“拨款”反映了国家对事业单位和行政单位所采取的不同的财政政策。将过去的“拨款”改为“补助”，实质上是改变了长期以来事业单位基本由国家财政包下来的传统做法，将多数事业单位推向市场，更有利于体现国家财政对不同类型事业单位发展的差别政策，更有效地发挥财政杠杆的作用。

“定额补助或者定项补助”是对非财政收入不能满足支出的事业单位实行的办法，单位首先用自己组织的收入抵补单位支出，如果收入不能满足单位支出需要，国家财政给予定额或者定项补助。定额补助是指国家财政根据事业单位的性质、特点和收支情况，按照有关标准确定一个总的补助数额。比如，对高等学校按照每生定额进行的相关补助，对医院按照每张病床进行的补助等。定项补助则是根据事业单位收支情况、单位开展业务活动的特殊需要，而对某些特定支出项目进行的补助。比如，对事业单位的大型修缮、大型设备购置等的补助。具体项目因各事业单位情况不同而有所差别。

不论是实行定额还是定项补助办法，其补助标准均要根据事业单位特点、事业发展计划、国家财政政策和财力情况，并结合单位财务收支状况决定。

3. “超支不补，结余留用。”单位预算在经主管部门和财政部门核定以后，由各单位在预算执行中自求平衡。除非特殊原因，其单位预算执行过程中增加的支出，主管部门和财政部门均不予追加经费，同样，因增收节支形成的结余，留归单位独立支配，继续使用。

对一部分用自己组织的收入（非财政补助收入）就可以抵补其支出并有余额的事业单位，可以实行收入上缴办法，但要视情而定。

（三）财政对文教科卫类事业单位的补助原则

1. “满足社会共同需要”原则。财政要按照“满足社会共同需要”原则确定补助范围，这是市场经济的必然选择。因此，国家财政资金的供应范围应当限定在那些代表社会共同利益和长远利益的非营利性领域，即那些不能够或不便于由企业、私人来提供或者由市场调节的没有直接经济利益的领域。比如，对于基础教育、基础研究和公益性事业单位，国家财政应当按照维持其正常发展的需要核拨经费；对于那些收入比较稳定，又具有较大公益性的事业单位，如高等教育等，财政可以根据国家事业发展规划和事业单位财务收支状况，采取定额或者定项补助的办法核拨一部分经费，使单位以自身组织的收入和财政补助收入能够满足事业发展需要；对那些可以进入市场的事业单位，应当促使其积极创造条件，逐步走向市场，财政不再供应资金；对于一些不符合“社会共同需要”标准，而仍由财政供应资金的单位，应当尽快与财政在经费上脱钩，推向市场，自负盈亏。此外，国家应鼓励和支持企业、个人兴办这类事业，既满足社会需要，又能减轻财政负担。

2. 确保重点，照顾一般原则。在财政能够提供的补助资金总额一定的条件下，国家财政对各类事业单位的支持不能平均用财，必须体现区别对待。财政部门要根据国家有关政策，事业单位的不同性质和业务特点，确定财政补助的重点支持范围，并要随着事业经费总额的不断增长，调整支出结构，加大对重点领域和项目的投入力度。比如，按照国家实施“科教兴国”战略的要求，财政对教育事业和科学事业发展的需要应当给予重点保证；而且，即使是国家财政重点支持的事业，也要根据其内部各类具体事业的性质、特点、收支状况等实际情况，采取不同的支持力度。比如，对教育事业而言，其内部有基础教育、高等教育、各类成人教育、职业教育和特殊教育等；科学事业内部也有基础研究、公益性研究、高新技术研究、技术开发性研究等；卫生事业内部的差别也非常鲜明，有综合性医院、各类专科医院、疗养院、妇幼保健机构、防治防疫机构、药品监督管理机构等。对不同事业的资金投入，在贯彻“社会共同需要”原则的前提下，还要区别情况，筛选出重中之重，优先保证投入。

3. 公平、公正原则。财政补助额度要与事业单位经费自给水平相适应。事业单位的经费自给率是衡量单位依法组织收入的能力和满足单位经常性支出程度的重要财务分析指标，单位组织收入的能力和水平是与各事业单位性质、业务特点密切相连的。一般来说，具有经营性特点的事业单位，组织收入的能力就强，收入水平和经费自给率也比较高，如体育场（馆）、出版社等；而那些具有公益性特点的事业单位，组织收入的能力则比较弱，收入水平和和经费自给率也比较低，如图书馆、文化馆、博物馆等。因此，财政部门要根据不同单位的实际情况，确定不同的财政补助定额或标准，尽可能做到科学合理。

（四）零基预算法

在确定了补助原则的基础上，选择科学的、切实可行的补助方法是实现事业单位财务管理目标的重要环节，也是加强单位财务管理的需要。传统体制下的分配方法已经越来越不适应市场经济的要求，应该以一种全新的“零基预算法”替代陈旧的“基数法”。其基本做法是：（1）摸清底数，核实事业单位的基本数字，如职工人数（包括离退休人员）；房屋建筑物面积；办公设备种类、数量及状况；车辆数量等；作为测算财政补助数额的基础资料。（2）按照规定方法和程序，制定出合理的支出定额，如按国家规定标准确定人员经费；按照业务工作需要，并参照物价水平确定公务费、业务费等费用支出数额；根据现有房屋设备数量和状况等实际情况，确定修缮购置费等。（3）在完善的支出定额基础上，按照有关基本数字测算出单位支出总量，结合单位自身组织业务收入和其他收入情况确定财政补助数额。对事业单位的一些特殊需要，可以另行核定、安排。

第二节

行政管理支出

一、行政管理支出的性质和意义

行政管理是政府的一项基本职能，是政府向社会提供的纯公共物品之一。

行政管理支出是国家财政用于各级权力机关、行政管理机关、司法检察机关和外交外事机构行使其职能所需费用的开支。国家权力机关是国家权力的体现者和行使者，分为最高国家权力机关和地方国家权力机关，我国国家权力机关是全国人民代表大会和地方各级人民代表大会。国家行政机关也就是国家管理机关，或简称“政府”。在我国，国家行政机关是权力机关的执行机关，由中央政府——国务院及各省、自治区、直辖市；设区的市、自治州；县、自治县、不设区的市、市辖区和乡人民政府组成。各级政府机构下设有专门的管理机关，如民政机关、工商管理机关、文化机关、教育机关、卫生机关、体育机关等。此外还包括执政党机关、共青团、政协、工会、妇联等社会团体。这些部门和单位虽然不是国家行政机关，但在预算管理上视同行政单位。司法检察机关则是营造社会稳定和谐氛围、建立公平合理的市场经济竞争制度的机构，如公安机关、检察院、司法机关、人民法院等部门。

在政府的职能中，行政管理职能是其必须履行的基本职能，属于纯公共产品的范畴。行政管理支出是维持国家政权存在、保障各级国家管理机构正常运转必须的费用，是纳税人必须支付的社会成本。行政管理支出按其经济性质来说属于非物质生产性支出，其支出方向是社会消费，对国家财政支出而言又是属于购买性支出，因为国家会因此而得到可支配的相应的商品和劳务，其经费一经使用，就引起对社会物质产品的消耗，“藏富于国”或者“藏富于民”的提法实际上就是在全社会经济资源总量一定的条件下，理性选择资源配置结构的两种方向。行政管理支出还具备一定的连续刚性，即“上去容易下来难”，一般不受技术条件限制，容易乱开口子，任意扩大开支范围、提高开支标准。总的来说，行政管理支出是国家机器存在和政府基本职能实现的保证，它为社会成员的正常生产和生活提供基本条件，为国民经济正常运转提供必不可少的外部条件。

行政管理支出的合理安排，对于国家政权机关及其他各类管理机关开展卓有成效的工作是十分重要的。如果必要的行政经费供应不足，必然会影响国家管理机关工作的正常开展，从而可能导致服务效能的下降；但是，从另一方面讲，还应该看到，行政管理支出毕竟不会直接创造社会物质财富，因此，对行政管理支出要进行适当控制，妥善处理行政管理支出与经济总量、财政总支出、经济建设支出等指标的比例关系。

二、我国行政管理支出的主要内容

行政管理支出的内容决定于国家行政管理机关的结构及其职能。按照传统的国家预算科目划分，我国行政管理支出包括行政管理费、外交外事支出、公检法司支出和武装警察部队支出。

行政管理费的内容具体又包括人大经费、政府机关经费、政协经费、共产党机关经费、民主党派机关经费和社会团体机关经费。

外交外事支出的内容主要包括：外交支出，这是中央支出专用科目，包括驻外机构经费、出国费、招待费和其他外事费等；国际组织支出及偿付外国资产支出，包括国际组织会费、国际组织捐赠支出、联合国维和摊款和偿付外国资产款支出等；对外援助支出。此外还有地方外事费、对外宣传经费和边境联检费等。

公检法司支出主要包括公安支出、国家安全支出、检察院支出、法院支出、司法支出、监狱支出、劳教支出和缉私警察支出等。

武装警察部队支出包括内卫部队、边防部队、消防部队和警卫部队等的经费支出。

2007 年政府收支分类改革后，原行政管理支出的内容主要被反映在一般公共服务（原行政管理费）、外交（原外交外事和对外援助）、公共安全（原公检法司和武装警察部队）支出三项当中。按照 2010 年政府收支分类科目：

一般公共服务支出的内容具体又包括 30 项：人大、政协、政府办公厅（室）、发展与改革、统计信息、财政、税收、审计、海关、人力资源、纪检监察、人口与计划生育、商贸、知识产权、工商行政管理、质量技术监督与检验检疫、国土资源、海洋管理、测绘、地震、气象、民族、宗教、港澳台侨、档案、共产党、民主党派及工商联、群众团体和彩票事务支出。其中测绘、地震等项事务支出在分类改革前原本属于文教科卫支出范围，同时原本列入“基本建设支出”的资金也根据其使用部门和用途部分归入到“一般公共服务”支出范围中，这也是造成分类改革前后行政管理费与一般公共服务支出无法实现无缝对接，进行跨期连续分析的主要原因。

外交支出的内容具体又包括7项：外交管理事务、驻外机构、对外援助、国际组织、对外合作与交流、对外宣传、边界勘界联检等支出。

公共安全支出的内容具体又包括10项：武装警察、公安、国家安全、检察、法院、司法、监狱、劳教、国家保密、缉私警察等支出。

三、我国行政管理支出的现状与形成原因

（一）我国行政管理支出的现状

随着社会经济的发展速度日新月异，经济活动日趋复杂，政府要履行的公共职能必然日益增多，行政管理支出不断增加有其合理性。但是，行政支出增加同时也可能带来政府机构庞大、冗员过多、干预过深、财政支出负担沉重等许多弊端。改革开放以来，我国财政支出占GDP的比重不断下降，而行政管理支出占财政支出的比重却不断上升。基本情况如表6－5所示：

表6－5　　我国行政管理支出变动趋势（1978—2008年）

年份	行政管理支出（亿元）	行政管理支出占财政总支出的比重	行政管理支出占GDP的比重	行政管理支出对财政支出的弹性	行政管理支出对GDP的弹性
1978	52.90	4.71%	1.46%		
1980	75.50	6.15%	1.67%		
1985	171.00	8.53%	1.90%		
1990	414.50	13.44%	2.24%		
1991	414.00	12.22%	1.91%	－0.01	－0.00729
1992	463.40	12.38%	1.74%	1.14	0.513817
1993	634.20	13.66%	1.83%	1.53	1.227852
1994	847.60	14.63%	1.82%	1.36	0.961156
1995	996.50	14.60%	1.70%	0.99	0.70096
1996	1185.20	14.93%	1.75%	1.16	1.177226
1997	1358.80	14.71%	1.82%	0.90	1.511595
1998	1600.20	14.82%	2.04%	1.05	3.407197
1999	2020.60	15.32%	2.46%	1.19	5.529546
2000	2768.20	17.42%	3.09%	1.81	4.102922
2001	3512.40	18.58%	3.61%	1.42	3.065303

续表

年份	行政管理支出（亿元）	行政管理支出占财政总支出的比重	行政管理支出占 GDP 的比重	行政管理支出对财政支出的弹性	行政管理支出对GDP 的弹性
2002	4101.30	18.60%	3.91%	1.01	2.076501
2003	4691.20	19.03%	4.23%	1.22	1.252292
2004	5521.90	19.38%	4.03%	1.14	1.058017
2005	6512.30	19.20%	3.56%	0.94	0.53128
2006	7571.10	18.73%	3.59%	0.85	1.071279
2007	12215.70	24.54%	4.90%	2.65	3.346237
2008	14096.40	22.52%	4.69%	0.60	0.751211

资料来源：历年《中国统计年鉴》，根据相关数据整理计算，2007、2008 两年行政管理支出数据参照新的收支分类科目，将一般公共服务、外交和公共安全三项加总求出，因统计口径的变动不具备连续分析的意义。

表 6－5 反映出行政管理支出变化的几个特点：

1. 行政管理费（广义口径，包括行政机关的投资支出）的快速增长和占财政支出比重的提高与改革开放同步。1978 年前，行政管理支出的增长率较低，1977 年为 4.2%，此后，这一指标逐年提高，特别是 1999—2006 年阶段，行政管理支出增长率提高过快，绝对数额几乎每年都以千亿的数量级递增，平均增速达到 21.7%。1978 年以前，行政管理支出占财政支出的比重平均为 5.3%，此后，这一比重迅速提高，2000 年以来，平均高达 18.71%，提高了 10 多个百分点。

2. 行政管理支出的增长速度大大快于财政支出的增长速度。1978 年以前，行政管理支出的增长速度与财政支出比较接近；此后的多数年份里，行政管理支出的增长速度快于财政支出增长速度，这一现象可以通过经济学中涉及的“弹性”概念进行阐释。表中所列的“行政管理支出对财政支出的弹性”是指财政支出每增长 1%，行政管理支出增长的百分比，数值大于 1 意味着行政管理支出相比财政支出增长过快。进入 20 世纪 90 年代之后，绝大多数年份这一指标都大于 1，从 1991—2006 年 15 年间，该弹性算术平均值达到 1.1。

3. 作为一项消耗国民财富的非生产性开支，行政管理支出在社会资源配置体系中理应得到有效控制。但是在我国，行政管理支出占 GDP 的比重从 1995 年的 1.70% 迅速提高到 2006 年的 3.59%，弹性系数的算术平均值更是高达 2.253。

（二）导致我国行政管理支出增长过快的原因

1. 人员经费方面。导致行政管理支出增长的因素是很多的，比如：社会经济增长的客观需要，对外开放和交往扩大的必然，政府职能和机构设置的需要，物价水平变动和行政经费的使用效率等。但是，具体分析我国行政管理支出增长过快的原因，可以发现，人员经费支出的增长是直接因素，而人员经费增长过快的原因又主要在于行政人员数量增加和报酬提高。据统计资料，1978 年年底，我国国家机关、政党机关和社会团体行政人员只有 467 万人，2008 年年底增加到 1248 万人，是 1978 年的 2.67 倍。在行政人员增加的同时，国家全面推行了公务员制度，多次提高公务员工资待遇标准，同时行政机关公务员自身不缴纳社会基本养老保险金，养老金均由国家财政统一拨付，也直接导致了人员经费总量的急剧上升。

2. 公用经费方面。行政管理支出管理不严格，缺乏财务预算的约束机制，也是造成支出增长过快的原因之一。当没有合理的政府部门行政职能履行的绩效评价机制的时候，各行政管理单位缺乏自觉节约经费的意识。比如，一些地方、部门追求公共消费的高档与豪华，政府所属的楼堂馆所建设的富丽堂皇，与此同时铺张浪费，公款吃喝、公款旅游屡禁不止等。

（三）提高行政管理支出效率和行政效率的主要着力点

1. 继续推行政府机构改革。政府机构设置及其人员配置与行政管理支出呈正相关关系。20 世纪 80 年代以来，国家进行过五次行政机构改革，其中，影响最大的是 1998 年开始实行的第四次从中央到地方的政府机构改革。此次改革，中央和省级政府机关人员精简近 50%，党中央和省委部门人员精简 20% 左右，市、县、乡党政机关人员精简也达 20%，政府机构的人员总编制精简了 47%。改革的直接结果是，全国使用行政费的人员大为减少，机关工作效率大大提高。至于目前我国正在不断持续推进的“大部制”改革，很多行政管理专家都认为它是 2003 年机构改革的延续，目的仍然是避免机构臃肿重叠带来的人浮于事、推诿扯皮的弊端，以及造成的政府行政效率低下。由此可见，机构改革不是一劳永逸的，随着市场经济的深入推进，进一步转变政府职能，不断精简政府机构势在必行。

2. 严格执行政府公务员竞争机制。比如，公务员的公开考试录用制度、机关干部淘汰（辞退）制度、责任追究制度等，改变目前行政机关人员动力不足、压力不大、只进不出的工作局面，通过提高工作效率来提高行政经费支出的使用效率，同时还要注意此类竞争机制的推行应保证民主和透明的操作流程。

3. 加强预算管理，严格执行《行政单位财务规则》。1998 年财政部颁布的《行政单位财务规则》规定，行政单位实行“收支统一管理，定额、定项拨款，超支不补，结余留用”的预算管理办法，简称“收支统管”。同年，党中央做出了部队、党政机关不得经商的规定，并限期“脱钩”。又通过国库集中支付制度进一步提高预算单位采购资金的使用效率，避免出现大范围的财政资金在途、沉淀，乃至截留挪用的不规范现象。

为了充分调动部门、单位和职工增收节支的积极性，提高资金使用效益，可以对行政机关实行“预算包干”，即行政单位对财政拨款收入包干使用，超支不补，结余留用。对预算外资金要全部纳入行政预算，分类管理，支出按照计划和规定用途，专款专用。近年来中央政府痛下决心对“小金库”进行治理，也是一种增强财政监督和预算监督力度的有效方式。

4. 全面实行政府采购，加强行政性公共物品提供过程的监督。政府采购制度是市场经济国家普遍推行的制度，推行这一制度具有重要的经济意义和政治意义。政府采购制度的显著特征是公平交易，采购活动始终在公开、公平、公正的环境中运作。在行政支出中全面推行政府采购制度，能够节约资金，提高资金使用效益，从源头上防止公共采购中的各种腐败现象。

5. 建立行政支出财务分析体系，规范行政支出效益考核。行政支出情况分析主要包括对行政支出总量、结构比重、运用渠道、开支标准和使用效益的分析。此外，还要对定员定额、资产负债等进行分析。行政支出效益考核范畴既包括经济效益，也包括社会效益。

第三节　国防支出

国防是纯公共产品，它在提供和消费过程中具有非竞争性和非排他性，由于公众普遍存在的“免费搭车”的心理，国防必须由政府统一提供。类似于行政管理支出，国防开支对社会公众而言也是一种纯消耗性支出，过多的国防投入必然意味着政府要在其他领域压缩开支规模。国防支出的需求来自于社会成员对安全的渴望，国防支出代表的是全体社会成员为消费国家安全这一公共产品而支付的一种成本。

一、国防支出的范围

国防支出是财政用于国防建设、国防科研事业、军队正规化建设和民兵建设方面的费用支出。防御外来侵略，保卫国家安全和领土主权的完整是国家的重要职能，国防支出是国家实现这一职能的财力保证。

（一）国防支出的内容

我国的国防支出大多为中央财政掌握的专用支出，比如：军费（现役、预备役和民兵部队）、国防科研事业费、国防动员经费（兵役征集、经济动员、人民防空、交通战备、国防教育等）和专项工程经费等，主要用于陆海空各军兵种的经常费用，国防建设和科研，还包括战争时期的作战等。只有民兵事业费中有一部分为地方财政支配，其他各项支出均属中央预算专用科目。就国防支出的具体内容来看，国防支出可分为人员生活费、训练维持费和装备费三个部分。我国的国防经费，均由中央军委负责统一管理，由中国人民解放军总后勤部根据中央军委的指示具体组织实施。

（二）影响国防支出的因素分析

国防费规模的合理安排是一个非常重要的问题，我国政府一直奉行防御性国防战略，这种国防政策使得国防支出占财政总支出的比重较低。改革开放以来，该指标呈不断下降的趋势。

一般来说，影响国防支出水平的因素有以下几种：

1. 经济发展水平。国防支出规模从根本上说是由一国经济发展水平决定的，经济实力强大，社会财富雄厚，可用于国防支出的资金规模就多；经济实力弱小，社会资源有限，国防开支必然会受到很大的限制。

2. 国际局势变化情况。在和平时期和战争时期，国防支出变化会很明显。在爆发战争和处于军事对峙状态时期，国防开支会大幅度上升；反之，在和平时期，国家周边局势安宁，国防开支会相应减少。

3. 国家主权范围。国家主权领土面积越大，人口越多，用于保卫国土、保卫国民安全的防御性支出就会越大；国家管辖控制的范围越小，人口越少，相应地国防支出也就越少。

4. 国防目标定位。这主要是指国家是将本土安全定位为国防目标，还是在将本土安全定为第一位的同时，把全球安全也定位进来。前者定位前提下的国防支出必然小于后者定位下的国防支出。伴随一国的经济发展，其融入全球化的程度会越来越高，该国利益将在全球战略布局中发挥愈益重要的作用，因此，国防目标定位肯定要实现由本土安全型向全球安全型的过渡。

5. 国家财力的制约。这是与第一个因素有关的制约因素，国家经济发展水平越高，国家财力越充裕，用于国防支出的份额可以适当增加；反之，国家经济发展水平不高，财力不足，应适当控制国防支出，将尽可能多的财力用于经济建设。

此外，物价水平的变动、经济管理体制、国防支出效益、兵役制度等因素也都影响着国防支出总水平。

（三）国防支出的管理

国防支出对于绝大多数国家来说都是非常重要的，但由于国防支出就其性质而言属于非物质生产性和纯社会消费性支出，所以，过高的国防支出规模将会给经济发展造成巨大的压力和负担，将会减缓经济发展的能力和速度，直接后果将是政府无力支撑国防所需的人力、物力和财力以及科技水准，国防建设和发展将难以进行。但同时，国防支出比例太低又会影响到人民军队保家卫国的能力，滋生社会不稳定因素，无法满足社会成员对国家安全这一公共物品的消费需要。

综上所述，为了实现我国“积极防御”的国防战略，在国家经济发展的基础上，应保持国防支出的适度增长，并优化分配结构，科学合理地确定国防费的投向与投量，妥善处理国防建设中的一系列比例关系，比如国防支出与经济建设支出之间、各军种之间、传统与高技术兵器之间、人员与技术装备费之间的比例关系等，在国防投资上探索一条适合中国国情的军民结合的道路。

二、我国国防支出规模及国际比较

（一）我国国防支出规模的实证状况

比较常见的衡量国防支出规模的指标主要包括军费支出、国防支出总额、支出增长速度、国防支出占财政支出和 GDP 的比例等。第二次世界大战结束之后，“冷战”促成了少数国家大搞军备竞赛的行动，进入 20 世纪 80 年代之后，全球范围内的几次大规模的裁军使得国际形势趋于缓和，我国对内也明确了“一个中心，两个基本点”的基本国策，所以国防开支开始处于一种低投入的维持性状态。进入 90 年代之后，为了适应世界军事变革的形势，我国的国防开支略有增长，但是基本属于弥补国防基础薄弱的补偿性增长。表 6－6 反映出我国近年来国防支出的绝对规模及其占财政支出比例的变动情况。

我国国防支出规模的有限性不仅仅是从其占财政支出的比例连年下降表现出来。另有资料显示①，2001 年我国全国资本存量相当于 1978 年的 8.14 倍，年平均增长率为 9.6%，而 2001 年的国防资本存量相当于 1978 年的 1.71 倍，年平

① 胡鞍钢：“中国国防建设大大滞后于经济建设”，《中国国防经济》，2003 年第 2 期，第 57—62 页。

均增长率仅为2.4%，比全国总资本存量的增长率低7个百分点以上。2002年我国的GDP相当于1978年的8.56倍，年平均增长率为9.4%，而同年我国的国防费仅相当于1978年的2.88倍，年平均增长率为4.2%，比GDP平均增长率低5.2个百分点。

表6－6 我国国防支出数额比重变动情况表（1978—2008年）

年份	数额（亿元）	比例（%）	年份	数额（亿元）	比例（%）
1978	167.84	15.0	1998	934.70	8.7
1980	193.84	15.8	1999	1076.40	8.2
1985	191.53	9.6	2000	1207.54	7.6
1989	251.47	8.9	2001	1442.04	7.6
1990	290.31	9.4	2002	1707.78	7.7
1991	330.31	9.8	2003	1907.87	7.7
1992	377.86	10.1	2004	2200.01	7.7
1993	425.80	9.2	2005	2474.96	7.3
1994	550.71	9.5	2006	2979.38	7.4
1995	636.72	9.3	2007	3554.91	7.1
1996	720.06	9.1	2008	4178.76	6.7
1997	812.57	8.8	2009	4829.85	6.4

资料来源：《中国统计年鉴2009》、关于2009年中央和地方预算执行情况与2010年中央和地方预算草案的报告。

（二）国防支出规模的国际比较

反观美国，在金融危机经济衰退的条件下，国防预算却逆势而动、迭创新高。2009年，全美国防预算高达6110亿美元，除去伊拉克和阿富汗战争开支，军费为5150亿美元，相比2008年增加7%，在2009年财政预算总量中占比19.7%。印度政府2009年2月16日公布的2009年至2010年财政年度临时预算中，国防预算比上一年度增加24%，增长幅度是自印度1947年独立以来最大的一次。新财政年度国防预算总额约为1.41万亿卢比（1美元约合48.5卢比），占财政预算总额的15%。2007年，中国年度国防费相当于美国的7.51%、英国的62.43%；军人人均数额是美国的4.49%，日本的11.3%，英国的5.31%，法国的15.76%，德国的

14.33%。从国家国防负担的相对比例看，中国国防费仅占国内生产总值的1.38%，而美国占4.5%，英国占2.7%，法国占1.92%。[①]

通过以上国际比较可以看出，在过去相当长一段时期内，中国的国防建设的发展速度，与高速增长中的经济基础极不协调。另外，改革开放前，国防开支占国家财政支出的平均比例为21%，改革开放后（1978—2002年）锐减到10.6%，2003至2008年更是跌破7%且有进一步降低的趋势。这说明，历年来我国国防费规模增长的因素主要来自国家财政调控能力，而与社会经济发展状况并无太大关联，财政对国防发展的支持能力也比较低。

本章小结

1. 社会消费性支出是指财政为了保证国防安全、社会稳定，维持政府机构的正常运转，并保证其提供充足优质的公共物品和公共服务的能力，同时促进文化、教育、科技、卫生、体育等公益性社会事业的发展而提供的财政支出经费。社会消费性支出主要包括文教科卫事业、行政管理、国防支出三类。

2. 财政的文教科学卫生支出是国家财政用于文化、教育、科学、卫生、出版、体育、档案、文物、地震、海洋、通讯、广播电影电视等社会事业部门的经费支出。从性质上看，文教科学卫生支出属于非生产性支出、社会消费性支出，不包括国家投资性支出。社会主义市场经济条件下，文教科学卫生事业单位的“产品”属性也发生了相当大的变化，财政拨款已不再是其事业发展资金的唯一来源。

3. 文教科学卫生支出的内容很多。2007年政府收支分类改革后，原本的文教科学卫生支出被分别反映在教育、科学、医疗卫生、文化体育与传媒等四大科目中。管理基础是定员定额管理，预算管理形式是“核定收支，定额或定项补助，超支不补，结余留用”。财政要按照“社会共同需要”原则确定补助范围，同时还要体现保证重点、照顾一般和公平、公正的原则。

4. 行政管理支出是国家财政各级权力机关、行政管理机关、司法检察机关和外交外事机构行使其职能所需费用的开支。2007年政府收支分类改革后，原行政管理支出的内容主要被反映在一般公共服务（原行政管理费）、外交（原外交外事

---

① 2008年《中国的国防》白皮书。

和对外援助)、公共安全（原公检法司和武装警察部队）支出三项当中。改革开放以来，我国行政管理支出比重一直呈过快上升趋势，应加强管理，提高支出效益。

5. 国防支出是国家财政用于国防建设、国防科研事业、军队正规化建设和民兵建设方面的费用支出，应妥善处理国防建设中各项经费的比例关系，进一步提高国防支出的使用效益。我国的国防支出大多为中央财政掌握的专业支出。历年来我国国防费规模增长的因素主要来自国家财政调控能力，而与社会经济发展状况并无太大关联。

主要概念

文教科卫支出　教育支出　科学支出　医疗卫生支出　人员经费　公用经费　对个人和家庭的补助支出　定员管理　定额管理　零基预算法　一般公共服务支出　外交支出　公共安全支出　国防支出

复习思考题

基础性思考题：

1. 简述文教科卫支出的性质。
2. 简述教育支出的主要内容。
3. 简述科学支出的主要内容。
4. 简述医疗卫生支出的主要内容。
5. 简述文教科卫事业支出管理的基础。
6. 简述文教科卫事业单位预算管理的形式。
7. 财政对事业单位补助的原则是什么？
8. 简述行政管理支出的内容。
9. 简述改革开放以来行政管理支出变化的特点。
10. 简述国防支出的内容。

扩展性思考题：

1. 改革开放以来，文教科卫事业单位资金来源及产品属性变化的主要表现有哪些？

2. 试述行政管理支出与政府职能的关系。

3. 提高行政管理支出效益的途径有哪些？

4. 试对影响国防支出规模的因素进行分析。

第七章

DIQIZHANG

转移性支出

本章主要介绍财政转移性支出，包括社会保障支出和财政补贴。社会保障的概念和特征、内容和作用、我国社会保障制度的基本内容，以及财政补贴的性质和特征、内容和影响、财政补贴的特殊形式——税式支出等方面的知识是本章的主要内容。使学生了解社会保障的一般理论和制度框架，以及财政补贴作为一项重要的支出项目和政策工具的作用机理是本章的基本目的。

第一节 社会保障

一、社会保障与社会保障支出

（一）社会保障与社会保障制度

1. 社会保障的概念与特征。社会保障（social security）是国家向丧失劳动能力、失去就业机会以及遇到其他事故而面临经济困难的社会成员提供的基本生活保障。社会保障是财政范畴，社会保障支出属于不可控支出，一旦个人和用人单位缴付的款项不能满足社会保障的资金需要时，国家财政负最终平衡之责任。

社会保障作为以国家为主体的保障行为，与商业保险和其他局部保障（如劳动者的就业单位为职工进行的小范围经济保障）相比，具有其自身的特性，主要表现在以下几方面：

（1）社会保障的主体是国家和政府。国家和政府在社会保障过程中总是处于决定和主导地位，社会保障的方式、形式和标准等都是由国家或代表国家的政府确定的。同时，也只有国家和政府才能在全社会范围内组织、实施社会保障。

（2）社会保障的对象是需要经济帮助的特殊社会成员。社会保障主要是为那些失去劳动能力，没有收入来源，或收入不足以满足其基本生活需要的社会成员提供的保障，包括因年老、失业、疾病、工伤、残疾、受灾等原因而需要物质帮助的社会成员。

（3）社会保障的目标是满足社会成员的基本生活需要。社会保障是基于人的生存权这一基本权利，对处于过低生活水平的社会成员给予生活保障，以满足其基本生活需要为目标。因此，社会保障应能够使每个社会成员达到维持生存所需的生活标准，并围绕这一目标来确定相应的制度。

（4）社会保障是国家通过立法或行政措施来保证实施的。社会保障的目标需要通过国民收入再分配来实现，往往会出现资金的提供者与直接受益者分离的情况，因此，必须以强制性的法律和行政措施保证其实施。在市场经济条件下，社会保障制度更是以健全、完备的法律体系为支点。国家须以法律形式规范社会保障机构的设置、职能、工作程序、各项社会保障缴费（税）比例以及给付标准、社会保障基金的管理与运营方法等，使社会保障制度的运作制度化、规范化。

2. 社会保障制度的内容。社会保障制度是国家以法律或规章形式规定的，作为一定时期内实施各项社会保障行为依据的一系列制度的总称。不同于政府采用的赈济灾民、救助急难等临时性、非系统的社会保障措施。

社会保障制度是近现代大工业的产物，最早产生于19世纪的德国。1883年俾斯麦政府颁布了世界上第一部《社会保险法》，标志着德国社会保障制度的确立。此后，其他欧洲国家纷纷效仿，并向美洲乃至全世界发展。1935年，美国罗斯福政府颁布《社会保障法》，使社会保障体系更加完善。第二次世界大战以后，发达国家在“福利国家”的口号下，建立了以高福利为标志的，包括社会保险、社会救济、社会福利等各种形式的完整的现代社会保障制度体系，其中的社会保险基本可以涵盖人生全过程，所谓“从摇篮到坟墓”。

由于各国经济发展水平不同，人口结构不同以及其他因素的影响，各国的社会保障制度存在较大差异。一般说来，社会保障制度主要包括社会保险、社会救济和社会福利。

（1）社会保险。社会保险是国家以立法的形式，采取强制手段，通过国民收入的分配与再分配，对法定受保人在遭受未来年老、疾病、工伤、生育、失业、死亡等风险时，给予其一定物质帮助以满足其基本生活需要的社会保障制度。

社会保险是现代社会保障制度的核心内容。其基本途径是通过个人、用人单位缴纳保险费（有些国家采用征收社会保险税的形式）和国家给予一定补贴，形成专门的社会保险基金，再根据规定的保险项目安排使用。社会保险与商业保险有相似之处，即都要求受保人预先缴费（税）才能享受保险金的支付，具有风险分担、互助互济的性质。两者又存在根本的区别，主要体现在：第一，社会保险具有强制性，是国家通过立法方式强制实施的社会政策；而商业保险不具备法律强制性，是自愿的市场行为。第二，社会保险不以盈利为目的，其主体是代表全社会利益的国家和政府，主要目标是保障社会成员的基本生活需要，促进社会的稳定与和谐；而商业保险以最大限度地赚取利润为目的，是一种有明确盈利性的商业经营行为。第三，社会保险具有国家保证性，如果社会保险基金入不敷出，国家财政将会给予资助，以保证受保者的利益；而商业保险的经营风险完全由保险公司承担，如果出现经营亏损，可能使投保者利益受损。第四，社会保险具有保障基本性，其保障范围通常包括养老、工伤、失业、健康、生育等方面，保障水平也只能满足受保人基本生活需要；而商业保险可提供多种保险项目，保障水平由受保人根据需要和自身经济实力自主决定，可以对社会保险形成补充。

那么，既然商业保险也可以分散风险，为什么国家还要实施强制性的社会保险呢？其根本原因在于保险市场存在着道德风险（moral hazard）和逆向选择（adverse selection）等市场缺陷。所谓道德风险指投保人依仗受保身份，可能不再主动去规避损失。逆向选择指越有可能索赔的人越有可能购买保险。鉴于道德风险存在于所有保险市场，并非社会保险市场所独有，故此社会保险市场的失灵主要体现在逆向选择方面。逆向选择的主要原因是信息不对称，保险机构很难确定不同个人所面临的风险大小，因而只能对不同的个人收取相同的保险费。而个人对自己的情况则比较清楚，相对于保险机构而言，他们能够比较准确地判断自己所面临风险的大小。也就是说，在投保人和保险机构之间存在着信息不对称。在保险费标准给定的条件下，必然出现这样的情况：风险较小的投保人认为自己的付出会大于可能得到的利益，因而不愿意投保；而愿意投保的往往是风险较大的个人，这被称为“逆向选择”。由于逆向选择的存在，那些对每个人来讲风险都很大的情况，如年老、生病、死亡等就成为社会成员共同需要的保险项目，而以盈利为目的的商业保险无法满足或不愿提供这类保险，这时社会保险就成为必要。

社会保险的主要内容包括养老保险、疾病保险、失业保险、工伤保险、生育保险以及死亡保险。

①养老保险。养老保险也称“老年保险”，是国家为解决劳动者在达到国家规定的解除劳动义务的劳动年龄界限，或因年老丧失劳动能力后的基本生活而建立的一种社会保险制度。一般而言，在劳动者就业期间，其本人和雇用单位必须履行缴纳保险费的义务。当劳动者达到法定退休年龄，退出劳动领域以后，可以享受养老保险金，保险金的支付标准会随社会经济发展和物价上涨而相应提高。

养老保险是社会保险的主要组成部分。因为老年基本上是每个人生命周期中的必经阶段，劳动者进入老年就意味着劳动能力的逐渐丧失，由此带来的收入减少甚至中断是不可避免的风险。当劳动者退出劳动领域之后，养老保险制度为其提供的养老金成为他们的主要收入来源。这种稳定的社会养老机制明显优于传统的家庭养老，既能较好地满足老年人的基本生活需要，又有利于促进社会文明和进步。

根据筹资方式不同，养老保险可分为三种模式。第一，完全基金制（fully funded system）。劳动者在就业期间向社会保险计划缴款，存入政府管理的专项基金中，该项基金随着时间的推移不断积累并生息，待该劳动者退休后，每年领取的养老金来自专项基金的利息收入。第二，现收现付制（pay - as - you - go system）。用劳动者和用人单位当期的缴款提供养老金的制度，或者用当期的社会保障税（费）满足本期养老金所需，或者干脆由国家财政直接列支。第三，部分基金制（partially funded system）。同时具有完全基金制和现收现付制双重性质的混合制度。社会保障税（费）一部分用于当期养老金支付，一部分（剩余部分）投资于政府管理的专项基金，该基金用于将来养老金的支付。

②疾病保险。疾病保险是国家通过立法规定对患病的社会成员提供假期、医疗服务和收入补偿的社会保险制度。受保者患病后，可以依照法律获得一定期限的假期，报销一定比例的医疗费用以及得到一定的疾病津贴。

由于疾病可以导致社会成员减少或丧失收入，而且还需支付医疗费用，因此，疾病成为其一生中最可能遇到的失去收入来源的风险之一，疾病保险也自然而然地成为社会保险的重要内容。与疾病保险相联系的是有些国家实行的医疗保险制度。医疗保险也是对社会成员患病进行保险，但在保险范围上与疾病保险有所不同。医疗保险一般只对受保者患病期间的治疗费用提供保障，而不提供生活费用的补贴。疾病保险或医疗保险的实施可以促进受保者健康的恢复，有利于提高社会成员的健康水平，改善人口质量。

③失业保险。失业保险是国家依据法律规定对失业的劳动者提供物质帮助，以保障其基本生活需要的社会保险制度。失业保险只对被动失业的劳动者给予保障，而不包括主动放弃工作机会的人。劳动者在就业期间，需按规定缴纳失业保险费（雇主也须缴纳）。失业后，可在规定的给付期限内领取失业保险津贴，数额一般相当于原工资标准的一定比例。超过给付期限的失业者，只能领取失业救济金，以保证基本生活需要。此外，失业待遇中还可能包括对失业者家属、子女的补助。失业保险通过对失业者提供生活帮助，可以为劳动力再生产创造条件，有利于失业者再就业，也有助于稳定和协调社会关系。

④工伤保险。工伤保险是国家通过立法规定，对在劳动过程中因工作原因造成意外受伤、患病或致残的劳动者提供生活和医疗保障的社会保险制度。工伤保险缴纳保险费的义务完全由雇主承担。劳动者在从事经济活动时负伤，不管责任出自劳动者本人，还是出自用人单位或其他方面，负伤者均有权获得应有的经济或收入的补偿，受益者除了劳动者本人，往往还包括其家人。

工伤又称为“职业性伤害”，主要包括劳动事故和职业病两类，在现代经济生活中都是难以避免的风险。工伤及其导致的残疾甚至死亡给劳动者与其家人带来极大的经济负担与精神痛苦。为此，世界各国普遍建立了工伤保险制度，既可以为工伤者提供生活和治疗上的物质帮助，减轻其家庭经济负担，又有助于稳定劳动者的情绪和维持企业的正常运转。

⑤生育保险。生育保险是国家通过立法实施的，对因生育而暂时离开工作岗位的女性劳动者提供物质帮助和身体恢复条件的社会保险制度。生育保险待遇一般包括妇女产前产后一定时间的假期，一定的收入补偿额（通常相当于原工资标准），有的还包括生育补助费。

在现代社会，生育保险是世界各国普遍建立的一种社会保险制度。有些国家规定，享受生育保险的妇女需提前投保，有些国家则不要求。生育保险的目的在于保证女性劳动者在生育期间的医疗护理和基本生活需要，为其尽快恢复体力创造必要条件。

⑥死亡保险。死亡保险也称“遗属保险”，是国家规定在公民死亡后为其提供丧葬费用和遗属生活补助费的社会保险制度。死亡保险包括工作伤害造成的死亡和非因公死亡的保障。劳动者死亡后，其遗属可以领取一定的丧事办理和安葬费用以及抚恤金，抚恤金一般相当于死者生前一定时期的工资收入，未成年子女和无收入的配偶还可以按期领取补助。

（2）社会救济。社会救济也称“社会救助”，是国家对因各种原因而无法维持最低生存需要的社会成员给予物质援助，以保障其最低生活水平的社会保障制度。

社会救济与社会保险的区别主要体现在资金来源上。社会保险具有权利与义务对等的特点，受保人必须预先缴纳保险费，才能享受保险金的支付；而社会救济是对收入低于特定水平的社会成员的救助，并不考虑这些人是否缴纳了必要的税费（事实上，救济对象一般不具有缴费能力），其资金主要来源于税收。因此，社会救济实质上是一种贫困救济金。对于没有缴费能力，无法享受社会保险的人群，社会救济可以给予保障，起到社会最终“安全网”的作用。

社会救济的对象是失去最低生活保障的社会成员，主要包括以下三类人群：第一，无收入来源且无人抚养或赡养的人，如没有劳动能力的孤儿、不享受养老保险的孤寡老人等；第二，有一定生活来源，但收入水平低于法定最低收入标准的居民或家庭；第三，因各种灾害导致生活出现暂时困难的居民或家庭。

社会救济的目的是消除贫困。由于世界各国的社会经济状况不同，对贫困的衡量标准也不同，社会救济的具体内容也存在差异。各国的社会救济归结起来有两大类内容：灾害救济和贫困救济，其中贫困救济是社会救济的主体。目前世界银行确定的国际贫困线标准为每天收入 1.25 美元①，年收入约合人民币 3100 元。2009 年美国的联邦贫困线为：单身年收入低于 10830 美元，两口之家低于 14570 美元，三口之家低于 18310 美元，四口之家低于 22050 美元，五口之家低于 25790 美元，六口之家低于 29530 美元，七口之家低于 33270 美元，八口之家低于 37010 美元，超过 8 人每人多加 3740 美元②。我国不同的城市有各自的最低生活保障线。2009 年，我国政府新确定的农村贫困标准为人均年收入 1196 元，仍远低于国际标准③。最低生活保障线或贫困线不只是核算社会贫困人口或计算贫困指数的统计标准，更是政府的一个承诺制度，只要覆盖对象的收入水平低于该线，政府必须补足差额。在发达国家，社会救济的方式有现金救济和实物救济两种。现金救济是以现金方式发与低收入者的社会救济，包括对无收入或收入低于政府规定的贫困线的居民的救济，对收入低的多子女家庭的救济，对没有参加过工作的老人、盲人及其他丧失劳动能力的居民的救济。现金救济有助于低收入者根据自己的偏好安排支出结构，不影响市场机制的正常运作。实物救济是与特定物品或服务的消费相联系的救济方

① 资料来源：世界银行网站。

② 资料来源：美国卫生及公共服务部（Department of Health and Human Service）。

③ 资料来源：中国统计局网站。

式，包括食品救济、住房救济和医疗救济等，如美国政府对贫困家庭发放食品券，向救济对象提供免费或廉价住房，以及提供免费医疗服务等。实物救济能够将救济资金真正用在特定物品的消费者身上，以免救济对象滥用救济资金。实物救济通常是通过免费或低价方式实现的。

（3）社会福利。社会福利是一个内涵非常复杂的概念，在不同国家对其有不同的理解。在英国，它被理解为包含全部公共文化、教育、卫生设施和社会救济以及社会保险在内的体系，这是广义的社会福利。而在美国，社会福利指的是社会保障制度中的一项内容，与社会保险和社会救济并列，这是狭义的社会福利。我们在此介绍和分析狭义的社会福利，包括社会福利事业、残疾人劳动就业和社区服务。

社会福利的资金来源于国家一般性税收，在这一点上与社会救济相同。同时，社会福利又有其自身特点。首先，社会福利的对象不需要衡量经济、资产状况，只要是符合某种条件，就可以享受社会福利。比如，很多国家提供的老年人福利，只要是符合规定年龄的老人，不论其是否有养老金，都可以享受福利待遇。其次，社会福利的目的不仅是保障社会成员的最低生活需要，而是通过免费或低价提供某种生活用品、服务或是现金补贴，来减轻社会成员的负担，使其生活得到改善。第三，社会福利的服务提供者可以有多种层次，包括国家、地方政府、企业事业单位、社区以及民间团体，资金来源既有财政资金，又有社会组织的专项基金以及群众集资等。

在不同的国家或同一国家的不同发展阶段，社会福利所包含的内容都有所不同，其内容的多少一般与社会经济发展水平呈正相关。具体说来，可以包括以下几方面：第一，未成年人福利，如国家举办的义务教育、儿童少年营养、学生免费午餐等；第二，老人福利，如老人免费体检、敬老院、老人娱乐等；第三，残疾人福利，包括向残疾人免费提供假肢、就业培训，举办残疾人参与的福利生产，建立盲童学校、聋哑学校等；第四，劳动者福利，如建设集体福利设施，为妇女劳动者提供的福利等。由于社会福利为社会成员提供了多方面的便利，考虑到了个人及其家庭的生存和发展的全方位需要，所以，社会福利也成为社会保障体系的最高层次。

上述的社会保险、社会救济和社会福利仅是各国社会保障制度的主要内容。不同的国家根据自己的具体国情，在这三者的基础上又衍生出一些其他形式。比如，许多国家都以立法的形式，对现役军人、烈士及其亲属等给予优待和抚恤，这方面的社会保障兼有社会保险和社会福利的性质，还包含社会救济的成分，是一种综合性的特殊的社会保障。基于此，有些国家将其归入上述三者中的某一项制度中，而有些国家则将其单独作为社会保障体系的一个组成部分，如我国。此外，一些国家还把社会互助保险、个人储蓄积累保险以及商业保险等纳入社会保障体系，作为社会保障的补充。

（二）社会保障支出及其作用

1. 社会保障支出的内容。社会保障支出是政府财政安排的用于社会保障的资金，是财政转移性支出的主要部分。社会保障支出所包含的内容非常广泛，与各国的社会保障制度密切相关。一般说来，社会保障支出包括两大类内容：

（1）社会保险基金支出。社会保险基金支出是政府有关部门按照规定从强制征收的社会保险税（费）中支付给社会保险对象的支出，基本目的是维持各项社会保险基金的平衡运作。包括养老保险支出、疾病（医疗）保险支出、失业保险支出、工伤保险支出以及社会保险经办机构的经费支出等。

以美国为例，联邦政府的主要社会保险支出包括老年退休金、失业保险、医疗保险、残疾军人补助等，参见表 7 - 1。此外，州和地方政府在社会保险方面也有较多的支出。

表 7 - 1　　美国联邦政府的社会保险支出　　单位：亿美元

项目＼年份	1994	1995
老年退休基金	3205	3333
社会医疗保险	1437	1565
失业保险	292	
残废军人补助	150	382
铁路工人退休基金	45	
煤矿工人“黑肺”保险	14	

资料来源：《美国政府预算——1995 财政年度的前景分析》，美国政府出版物办公室。Executive Office of the President（1996）。

（2）社会福利救济支出。社会福利救济支出是国家从一般性税收收入中安排的用于社会福利、社会救济等方面的支出。包括各种以现金和实物形式安排的社会救济与社会福利。表 7 - 2 是美国联邦政府社会福利救济项目的支出情况。

2. 社会保障支出的作用。

（1）促进社会稳定。在社会经济运行的任何一个时期，总会有一部分成员处于年幼、年老、疾病、伤残等不能正常从事劳动的状态，因而导致其没有收入或收入很低。如果没有社会和国家的经济帮助，他们将无法维持最低生活需要，不能正常生存。这势必会引发严重的社会问题，进而影响社会的稳定和经济的运行。而国家通过社会保障支出使每个公民都能维持基本生活需要，将有助于实现社会的稳定、团结，并能为经济发展储备一定的劳动力资源。

表 7－2　　美国联邦政府主要社会福利救济项目支出（1994 年）　　单位：亿美元

	支　出
现金支付：	
对有小孩的家庭的救济	164
对老人社会保险金的补贴	267
非现金转移：	
医疗补助	872
食品券	255
儿童营养	73
住房补贴	238
就业培训	71
残疾人教育	69

资料来源：《美国政府预算——1995 财政年度的前景分析》，美国政府出版物办公室。

（2）促进收入分配的公平。市场经济条件下的收入分配是以生产要素为依据的，个人收入的多少取决于要素的数量、质量以及要素的市场价格。这种收入分配机制必然形成收入差距悬殊，贫富分化严重，违背社会公平。国家通过社会保障支出，主要保证了低收入者的基本生活需要，在不同收入水平的人群中实现了收入的再分配，从而缩小了贫富差距，促进了收入分配公平目标的实现。

（3）促进经济稳定增长。社会保障制度中的失业保险和社会救济等项目能够自动减缓经济波动，促进经济增长，具有“自动稳定器”的功能。在经济衰退时，失业和贫困人口的增加使政府的失业保险金支出和社会救济支出自动增长，缓解和抑制总需求不足的状况，起到促进经济复苏的作用。反之，当经济过热，出现通货膨胀时，就业率和人们的收入往往也上升，财政的失业保险金支出和社会救济支出相应减少，能够抑制总需求的增长，缓解通货膨胀。

二、我国的社会保障制度

我国的社会保障制度是在新中国成立之初开始建立的。1951 年 2 月，政务院颁布了《中华人民共和国劳动保险条例》（以下简称“《劳动保险条例》”），奠定了我国社会保障制度的基础。此后，政府又陆续制定和颁布了有关社会福利、社会救济和优抚安置的法规条例，并进行了多次补充和修改，逐渐形成了包括社会保险、社会救济、社会福利和社会优抚几部分内容构成的社会保障制度体系。截至2007年年末，我国已经形成了收入达10812.3亿元、支出达7887.8亿元、累计结余达11236.6亿元的社会保险基金规模。1989年以来我国社会保险基金收支及累计结余情况见表7－3。

表7－3　　我国社会保障收支及累计结余　　单位：亿元

年份	合计	基本养老保险	失业保险	城镇基本医疗保险	工伤保险	生育保险
基金收入						
1989	153.6	146.7	6.8	—	—	—
1990	186.8	178.8	8.0	—	—	—
1995	1006.0	950.1	35.3	9.7	8.1	2.9
2000	2644.5	2278.5	160.4	170.0	24.8	11.2
2001	3101.9	2489.0	187.3	383.6	28.3	13.7
2002	4048.7	3171.5	215.6	607.8	32.0	21.8
2003	4882.9	3680.0	249.5	890.0	37.6	25.8
2004	5780.3	4258.4	291.0	1140.5	58.3	32.1
2005	6975.2	5093.3	340.3	1405.3	92.5	43.8
2006	8643.2	6309.8	402.4	1747.1	121.8	62.1
2007	10812.3	7834.2	471.7	2257.2	165.6	83.6
基金支出						
1989	120.9	118.8	2.0	—	—	—
1990	151.9	149.3	2.5	—	—	—
1995	877.1	847.6	18.9	7.3	1.8	1.6
2000	2385.6	2115.5	123.4	124.5	13.8	8.3
2001	2748.0	2321.3	156.6	244.1	16.5	9.6
2002	3471.5	2842.9	186.6	409.4	19.9	12.8
2003	4016.4	3122.1	199.8	653.9	27.1	13.5
2004	4627.4	3502.1	211.0	862.2	33.3	18.8
2005	5400.8	4040.3	206.9	1078.7	47.5	27.4
2006	6477.4	4896.7	198.0	1276.7	68.5	37.5
2007	7887.8	5964.9	217.6	1561.8	87.9	55.6

续表

年份	合计	基本养老保险	失业保险	城镇基本医疗保险	工伤保险	生育保险
累计结余						
1989	81.6	68.0	13.6	—	—	—
1990	117.3	97.9	19.5	—	—	—
1995	516.8	429.8	68.4	3.1	12.7	2.7
2000	1327.5	947.1	195.9	109.8	57.9	16.8
2001	1622.8	1054.1	226.2	253.0	68.9	20.6
2002	2423.4	1608.0	253.8	450.7	81.1	29.7
2003	3313.8	2206.5	303.5	670.6	91.2	42.0
2004	4493.4	2975.0	386.0	957.9	118.6	55.9
2005	6073.7	4041.0	519.0	1278.1	163.5	72.1
2006	8255.9	5488.9	724.8	1752.4	192.9	96.9
2007	11236.6	7391.4	979.1	2476.9	262.6	126.6

资料来源：《中国财政年鉴》，中国财政杂志社2008年版。

（一）社会保险制度

1. 养老保险制度。

（1）城镇居民养老保险制度。

①城镇居民养老保险制度的建立与发展。1951年政务院颁布的《劳动保险条例》规定，企业按职工工资总额的3%缴纳统筹费用，在税前列支，在工伤、医疗、养老、生育方面所需要的费用由劳动保险基金支付。

1953年1月2日，政务院颁布了修订的劳动保险条例；同年1月26日，劳动部颁布了《劳动保险条例实施细则修正草案》，将劳动保险的范围扩大到一般工厂、矿场和交通事业的基本建设单位、国营建筑公司，并普遍提高了保险待遇的标准。

1955年12月，国务院颁布了《关于国家机关工作人员退休处理暂行办法》，规定机关事业单位的退休费用全部由财政支出。

1978年，国务院颁发了《关于安置老弱病残干部的暂行办法》和《关于工人退休、退职的暂行办法》，建立了离退休制度，对老弱病残干部及工人退休、退职后的安置和待遇都做了明确规定，规定企业职工的退休费用由企业行政支付，党政机关和事业单位的退休费用由财政支付。

1982年起，我国开始在江苏的泰州市、广东的江门市和东莞市等少数几个地区进行职工养老金社会统筹改革试点。1984年扩大了试点范围。

1986年7月，根据国务院《国营企业实行劳动合同制暂行规定》，国家实行劳动合同制度，建立了劳动合同制工人的养老保险制度，规定合同制工人的养老保险采取企业和合同工本人按照合同工工资的一定比例缴纳养老保险费的办法，改变了过去养老保险费完全由国家和企业负担的办法。这是我国社会保险史上第一次建立个人缴费制度。

1991年6月，《国务院关于企业职工养老保险制度改革的决定》出台，确定了基本养老保险与企业补充养老保险、职工个人储蓄性养老保险相结合的制度，并明确提出社会养老保险金要由国家、企业和个人三者共同承担，并在江西等地进行改革试点。

1993年，《中共中央建立社会主义市场经济体制若干问题的决定》明确了养老保险实行“社会统筹与个人账户相结合”的原则。

1995年，国务院发出《关于深化企业养老保险制度改革的通知》，进一步明确了个人缴纳养老保险费的原则和具体办法，使个人缴费制度在实行社会保险制度的企业得到普遍实施。至此，我国企业基本形成了国家、企业、个人共同承担社会养老保险费的养老保险筹资模式。

1997年7月，国务院颁布了《关于建立统一的企业职工基本养老保险制度的决定》，提出在全国范围内实施统一的养老保险方案，包括：统一企业和职工个人的缴费比例，统一个人账户规模，统一基本养老金计发办法，为现行企业职工养老保险制度的建立奠定了基础。

1998年8月，国务院发布了《关于实行企业职工基本养老保险省级统筹和行业统筹移交地方管理有关问题的通知》，停止实行社会养老保险的全国性行业统筹，并将行业统筹的全部管理工作统一移交地方管理。

1999年，国务院颁布了《社会保险费征缴暂行条例》，对包括养老保险费在内的社会保险征缴进行了规范。

2000年12月，国务院发布《关于完善城镇社会保障体系的试点方案》，并选择辽宁作为试点省，实行社会统筹账户与个人账户由过去的通道式管理转变到板块式的分账管理，职工所缴养老保险费全部记入其个人账户和真正做实个人账户成为基本养老保险制度的现实政策。

2005年12月，国务院颁布了《国务院关于完善企业职工基本养老保险制度的决定》，确定了现行企业职工养老保险制度的基本框架，提出了完善企业职工基本养老保险制度的主要任务：确保基本养老金按时足额发放，保障离退休人员基本生活；逐步做实个人账户，完善社会统筹与个人账户相结合的基本制度；统一城镇个体工商户和灵活就业人员参保缴费政策，扩大覆盖范围；改革基本养老金计发办法，建立参保缴费的激励约束机制；根据经济发展水平和各方面承受能力，合理确定基本养老金水平；建立多层次养老保险体系，划清中央与地方、政府与企业及个人的责任；加强基本养老保险基金征缴和监管，完善多渠道筹资机制；进一步做好退休人员社会化管理工作，提高服务水平。从2006年起，各地开始逐步做实个人账户，并对基本养老金计发办法进行修改，对基础养老金、个人账户养老金和“中人”过渡性养老金这三部分进行结构性调整，建立了参保缴费的激励机制。

2008年2月国务院通过了原劳动保障部、人事部和财政部指定的《事业单位工作人员养老保险制度改革试点方案》，确定在山西、上海、浙江、广东、重庆5省市先期开展试点，与事业单位分类改革配套推进。试点的主要内容包括：养老保险费用由单位和个人共同负担，退休待遇与缴费相联系，基金逐步实行省级统筹，建立职业年金制度，实行社会化管理服务等。

②城镇居民养老保险制度的主要内容。城镇企业职工养老保险的覆盖范围：城镇各类所有制企业及其职工，包括国有企业、城镇集体企业、私营企业、股份制企业、外商投资企业的职工以及城镇个体工商户的帮工，都必须参加社会养老保险。

城镇企业职工养老保险基金的筹集：城镇企业职工基本养老保险采用社会统筹和个人账户相结合的部分积累模式，由单位和个人共同缴费。职工按缴费工资基数的8%缴纳基本养老保险费，全部计入个人账户；企业按全部职工缴费工资总额的20%缴纳基本养老保险费，全部进入社会统筹。

城镇企业职工养老保险基金的支付：养老保险金的待遇分老人、新人和中人三种。以1997年国务院颁布的《国务院关于建立统一的企业职工基本养老保险制度的决定》为界限。该决定实施前已退休的人员为“老人”，按国家原来的规定发给基本养老金，同时执行基本养老金按当地职工上一年度平均工资增长率的一定比例进行调整的办法。“新人”是指该决定实施后参加工作、缴费年限（含视同缴费年限）累计满15年的人员。退休后按月发给基本养老金，基本养老金由基础养老金和个人账户养老金组成。退休时的基础养老金月标准以当地上年度在岗职工月平均工资和本人指数化月平均缴费工资的平均值为基数，缴费每满1年发给1%。个人账户养老金月标准为个人账户储存额除以计发月数。计发月数根据职工退休时城镇人口平均预期寿命、本人退休年龄、利息等因素确定。缴费不足15年的，不享受基础养老金待遇，个人账户储存额一次性支付给本人。“中人”是指该决定实施前参加工作、实施后退休且缴费年限累计满 15 年的人员。按照“新老办法平稳衔接、待遇水平基本平衡”的原则，在发给基础养老金和个人账户养老金的基础上，再发给过渡性养老金。

国家机关和事业单位工作人员采取的是政府负责型的养老保险制度，完全由财政负担。根据 2008 年《事业单位工作人员养老保险制度改革试点方案》规定，试点地区事业单位工作人员的基本养老保险费由单位和个人共同负担，单位缴费比例一般不超过单位工资总额的 20%，具体比例由试点省（市）人民政府确定，因退休人员较多、养老保险负担过重，确需超过工资总额 20% 的，应报劳动保障部、财政部审批。个人缴费的比例为本人缴费工资的 8%，由单位代扣。个人工资超过当地在岗职工平均工资 300% 以上的部分，不计入个人缴费工资基数；低于当地在岗职工平均工资 60% 的，按当地在岗职工工资的 60% 计算个人缴费基数。按本人缴费工资 8% 的数额建立基本养老保险个人账户，全部由个人缴费形成。做实个人账户的起步比例为 3%，以后每年提高一定比例，逐步达到 8%。有条件的试点省（市）可以适当提高起步比例。个人账户储存额只能用于本人养老，不得提前支取。参保人员死亡的，其个人账户中的储存余额可以继承。

该方案实施后参加工作、个人缴费年限（含视同缴费年限，下同）累计满 15 年的人员，退休后按月发给基本养老金。基本养老金由基础养老金和个人账户养老金组成，退休时的基础养老金月标准以当地上年度在岗职工月平均工资和本人指数化月平均缴费工资的平均值为基数，缴费每满 1 年发给 1%。个人账户养老金月标准为个人账户储存额除以计发月数，计发月数根据本人退休时城镇人口平均预期寿命、本人退休年龄、利息等因素确定。该方案实施前参加工作、实施后退休且个人缴费年限累计满 15 年的人员，按照合理衔接、平稳过渡的原则，在发给基础养老金和个人账户养老金的基础上，再发给过渡性养老金。具体标准由各试点省（市）人民政府确定，并报劳动保障部、财政部备案。该方案实施后达到退休年龄但个人缴费年限累计不满 15 年的人员，不发给基础养老金；个人账户储存额一次性支付给本人，终止基本养老保险关系。该方案实施前已经退休的人员，继续按照国家规定的原待遇标准发放基本养老金，参加国家统一的基本养老金调整。

（2）农村社会养老保险制度。

①农村社会养老保险制度的建立与发展。根据国家“七五”计划关于“抓紧建立农村社会保险制度”的要求，民政部早在 1986 年就开始建立农村社会养老保险制度的探索。1991 年，根据国务院指示，在山东省烟台市牟平县等地进行试点，并取得成功。1992 年，在总结试点经验的基础上，民政部制订下发了《县级农村

社会养老保险基本方案》，并在全国有条件的地区逐步推广。该方案规定，农村社会养老保险基金筹集以个人缴费为主、集体补贴为辅；实行个人账户储备积累制，农民个人缴纳的保险费和集体对其补助全部记在个人名下；基金以县级机构为基本核算平衡单位，按国家政策规定运营；保险对象达到规定领取年龄时，根据其个人账户基金积累总额计发养老金。

2009 年，我国探索建立了个人缴费、集体补助、政府补贴相结合的新型农村社会养老保险制度，实行社会统筹与个人账户相结合，与家庭养老、土地保障、社会救助等其他社会保障政策措施相配套，保障农村居民老年基本生活。2009 年试点覆盖面为全国 10% 的县（市、区、旗），根据规划，将于 2020 年前全部实现所有农民都享有新型农村社会养老保险。

②农村社会养老保险制度的主要内容。相对于以前各地开展的农村社会养老保险（“老农保”）而言，2009 年 10 月 1 日前启动的新型农村社会养老保险被称为“新农保”。“新农保”与“老农保”的区别见表 7－4。

表 7－4　“新农保”与“老农保”的区别

	老农保	新农保
筹资结构	自我储蓄模式	个人缴费、集体补助、政府补贴相结合
支付结构	建立农民的账户	分两部分：基础养老金和个人账户养老金

“新农保”的参保范围：年满 16 周岁（不含在校学生）、未参加城镇职工基本养老保险的农村居民，可以在户籍地自愿参加“新农保”。

“新农保”的基金筹集：“新农保”基金由个人缴费、集体补助、政府补贴构成。A. 个人缴费。参加“新农保”的农村居民应当按规定缴纳养老保险费。缴费标准目前设为每年 100 元、200 元、300 元、400 元、500 元 5 个档次，地方可以根据实际情况增设缴费档次。参保人自主选择档次缴费，多缴多得。国家依据农村居民人均纯收入增长等情况适时调整缴费档次。B. 集体补助。有条件的村集体应当对参保人缴费给予补助，补助标准由村民委员会召开村民会议民主确定。鼓励其他经济组织、社会公益组织、个人为参保人缴费提供资助。C. 政府补贴。政府对符合领取条件的参保人全额支付“新农保”基础养老金，其中中央财政对中西部地区按中央确定的基础养老金标准给予全额补助，对东部地区给予 50% 的补助。地方政府应当对参保人缴费给予补贴，补贴标准不低于每人每年 30 元；对选择较高档次标准缴费的，可给予适当鼓励，具体标准和办法由省（区、市）人民政府确定。对农村重度残疾人等缴费困难群体，地方政府为其代缴部分或全部最低标准的养老保险费。

"新农保"的养老金待遇：养老金待遇由基础养老金和个人账户养老金组成，支付终身。中央确定的基础养老金标准为每人每月55元。地方政府可以根据实际情况提高基础养老金标准，对于长期缴费的农村居民，可适当加发基础养老金，提高和加发部分的资金由地方政府支出。个人账户养老金的月计发标准为个人账户全部储存额除以139。参保人死亡，个人账户中的资金余额，除政府补贴外，可以依法继承；政府补贴余额用于继续支付其他参保人的养老金。

"新农保"的养老金领取条件：年满60周岁、未享受城镇职工基本养老保险待遇的农村有户籍的老年人，可以按月领取养老金。"新农保"制度实施时，已年满60周岁、未享受城镇职工基本养老保险待遇的，不用缴费，可以按月领取基础养老金，但其符合参保条件的子女应当参保缴费；距领取年龄不足15年的，应按年缴费，也允许补缴，累计缴费不超过15年；距领取年龄超过15年的，应按年缴费，累计缴费不少于15年。国家根据经济发展和物价变动等情况，适时调整全国"新农保"基础养老金的最低标准。

2. 医疗保险制度。

（1）城镇居民医疗保险制度。

① 城镇居民医疗保险制度的建立与发展。1951年政务院颁布的《劳动保险条例》对包括企业职工及其家属疾病和医疗保健在内的社会保险制度作了具体规定，保险费用由企业按工资总额的14%提取，享受范围除职工本人外，还包括职工供养的直系亲属的医疗费用补助、企业医务人员工资、医疗设备购置、医务经费等。

1952年6月，政务院发布了《关于人民政府、党派、团体及所属事业单位的国家机关工作人员实行公费医疗预防措施的指示》，规定自1952年7月起，对国家机关和事业单位的工作人员分期推行公费医疗制度。国家机关及全额预算管理的事业单位的公费医疗经费来源于各级财政拨款，差额预算管理及自收自支预算管理的事业单位从提取的医疗基金中开支。

1952年9月，政务院颁发了《关于各级人民政府工作人员在患病期间待遇暂行办法》，对国家机关、事业单位工作人员病假期间的生活待遇也作了规定，并在1954年7月和1955年12月进行了两次修订。其规定的病假待遇要略高于企业的有关待遇。

1953年，在政务院修订颁布的《劳动保险条例》和劳动部颁布的《劳动保险条例实施细则修订草案》中，将医疗保险的范围扩大到一般工厂、矿场和交通事业的基本建设单位、国营建筑公司。1956 年，进一步扩大到商业、外贸、粮食、供销合作社、金融、民航、石油、地产、水产、国营农牧场、造林等 13 个产业和部门。

1965 年 9 月，中共中央在对卫生部《关于把卫生工作重点放在农村的报告》的批示中，决定对公费医疗制度进行改革。据此，卫生部和财政部颁发了《关于改进公费医疗管理问题的通知》，劳动部和全国总工会也于 1966 年 4 月联合发出了《关于改进企业职工劳保医疗制度几个问题的通知》，分别对改进和整顿公费医疗和劳保医疗制度做出了具体规定，以期减少和消除企业劳动保险医疗和国家机关工作人员公费医疗中的浪费现象。

1992 年 3 月，劳动部拟定了《关于企业职工医疗保险制度改革的设想》和《关于试行大病医疗费用社会统筹的意见》两个征求意见稿，明确了企业医疗保险制度改革的内容：一是逐渐扩大企业职工医疗保险制度的覆盖范围，将城镇各类职工都覆盖到医疗保险的范围之内；二是逐步建立医疗保险基金，改变医疗费用完全由国家和企业包下来的做法，实行国家、企业、个人三方合理负担，职工少量缴费的制度；三是建立控制医疗费用不合理增长的机制。

1994 年 4 月，国家体改委、财政部、劳动部、卫生部联合制定了《关于职工医疗制度改革的试点意见》，改革核心是建立城镇医疗保险费由个人和企业共同负担，社会统筹与建立个人账户相结合的制度。报国务院批准后下发，并在江苏的镇江市和江西的九江市试点。1996 年，在总结试点经验的基础上扩大了改革试点范围。

1998 年，国务院发布了《国务院关于建立城镇职工基本医疗保险制度的决定》，明确了基本医疗保险改革的目标任务、基本原则和政策框架，要求在全国范围内建立覆盖全体城镇职工的基本医疗保险制度，从而建立了我国现行的城镇居民医疗保险制度。

② 城镇居民医疗保险制度的主要内容。城镇医疗保险的覆盖范围：城镇所有用人单位和职工，包括所有机关、事业单位、各类所有制企业、社会团体和民办非企业单位的职工和退休人员。城镇灵活就业人员也可以参加基本医疗保险。

城镇医疗保险基金的筹集：基本医疗保险费由用人单位和职工共同缴纳，用人单位缴费率一般控制在职工工资总额的 6%，职工缴费率为本人工资的 2% 左右。

职工缴费全部计入个人账户，用人单位缴费分为两部分：一部分划入个人账户，一般为用人单位缴费的 30%，具体比例由统筹地区根据个人账户的支付范围和职工年龄等因素确定，其余部分用于建立社会统筹基金。

城镇医疗保险的待遇支付：统筹基金和个人账户划定了各自的支付范围，分别核算，不得互相挤占。门诊（小额）医疗费用主要由个人账户支付，住院（大额）医疗费用主要由统筹基金支付。立足于参保人的基本医疗需求，确定了统筹基金的起付标准和最高支付限额。起付标准原则上控制在当地职工年平均工资的10%左右，最高支付限额原则上控制在当地职工年平均工资的4倍左右。

起付标准以下的医疗费用，由个人账户支付或由个人自付。起付标准以上、最高限额以下的医疗费用，主要由统筹基金支付，个人也要负担一定比例。

统筹基金的具体起付标准、最高支付限额以及在起付标准以上和最高支付限额以下医疗费用的个人负担比例，由统筹地区根据以收定支、收支平衡的原则确定。

（2）农村合作医疗制度。农村合作医疗，是中国农村社会通过集体和个人集资，用以为农村居民提供低费的医疗保健服务的一种互助互济制度，它既是中国医疗保障制度中有特色的组成部分，也是中国农村社会保障体系中的重要内容。

① 农村合作医疗制度的建立与发展。早在抗日战争时期，解放区就出现过农民集资兴办的合作医疗。新中国成立后，一些地方在土地改革后的农业互助合作运动的启发下，由群众自发集资创办了具有公益性质的保健站和医疗站；1956年，全国人大一届三次会议通过的《高级农业生产合作社示范章程》中亦规定，合作社对于因公负伤或因公致病的社员要负责医疗，并且要酌量给以劳动日作为补助，从而首次赋予集体介入农村社会成员疾病医疗的职责。随后，许多地方开始出现以集体经济为基础，以集体与个人相结合、互助互济的集体保健医疗站、合作医疗站或统筹医疗站。1959年11月，卫生部在山西省稷山县召开全国农村卫生工作会议，正式肯定了农村合作医疗制度。1965年，中共中央批转卫生部党委《关于把卫生工作的重点放到农村的报告》，合作医疗制度在广大农村逐步扩大。到1976年，全国已有90%的农民参加了合作医疗。但随着20世纪80年代农村承包责任制的推行，乡村公共积累下降，管理不得力，各级卫生行政部门又未能及时加强引导，全国大多数农村地区原有的以集体经济为基础的合作医疗制度遭到解体或停办的厄运。

2002年，中共中央、国务院做出《关于进一步加强农村卫生工作的决定》，要求各级政府积极组织引导农民建立以大病统筹为主的新型农村合作医疗制度。2003年，国务院转发了卫生部、财政部等部门《关于建立新型农村合作医疗制度意见的通知》，提出我国推进农村合作医疗的目标是：到2010年，在全国建立基本覆盖农村居民的，以大病统筹为主的新型农村合作医疗制度，实行个人缴费、集体扶持和政府资助相结合的筹资机制。从2003年起，中央财政对中西部地区除市区以外的参加新型合作医疗的农民每年按人均10元安排合作医疗补助资金，地方财政对参加新型合作医疗的农民补助每年不低于人均10元。有条件的地方，可实行大额医疗费用补助与小额医疗费用补助相结合的办法。

从2003年开始，本着多方筹资，农民自愿参加的原则，新型农村合作医疗的试点地区不断增加，试点地区的经验总结为其在全国的全面开展创造了坚实的理论与实践基础。

2006年1月，卫生部、国家发改委、民政部和财政部等部门联合发布了《关于加快推进新型农村合作医疗试点工作的通知》，明确了扩大试点的目标和要求，并加大了中央和地方财政的支持力度。

② 农村合作医疗制度的主要内容。新型农村合作医疗，简称“新农合”，是指由政府组织、引导、支持，农民自愿参加，个人、集体和政府多方筹资，以大病统筹为主的农民医疗互助共济制度。

“新农合”采取个人缴费、集体扶持和政府资助的方式筹集资金。从2006年起，中央财政对中西部地区除市区以外的参加新型农村合作医疗的农民由每人每年补助10元提高到20元，地方财政也相应增加10元。地方财政增加的合作医疗补助经费主要由省级财政承担，原则上不由省、市、县按比例平均分摊，不能增加困难县的财政负担。根据国务院要求，2010年各级政府的补助水平应达到每人每年120元人民币，同时适当提高个人缴费水平和补偿比例。

3. 失业保险制度。

（1）失业保险制度的建立与发展。由于计划经济体制是一种非竞争体制，它推崇低工资、广就业的统包统配的劳动用工制度，因此，在这种体制下，基本不存在失业现象，也就没有建立失业保险制度的需要。20世纪80年代中期，随着国有企业改革的深入，竞争机制被引入了就业领域，失业成为不可避免的社会现象。1986年7月，国务院颁布了《国营企业实行劳动合同制暂行规定》和《国营企业职工待业保险暂行规定》，标志着我国失业保险制度的初步建立。随后几年，我国陆续颁布了近10项有关失业保险的法令条规，对建立健全失业保险制度作了积极探索。1993年4月，国务院出台了《国有企业职工待业保险规定》，扩大了保障范围，并调整了缴费基础和待遇标准。1999年1月，国务院颁布了《失业保险条例》，标志着我国现行失业保险制度的真正建立。

（2）现行失业保险制度的主要内容。失业保险的覆盖范围：城镇企业、事业单位及其职工，城镇企业包括：国有企业、城镇集体企业、外商投资企业、城镇私营企业、其他城镇企业。

失业保险基金的筹集：城镇企业、事业单位按照本单位工资总额的2%缴纳失业保险费，职工按照本人工资的1%缴纳失业保险费。城镇企业、事业单位招用的农民合同制工人本人不缴纳失业保险费。

失业保险的领取条件：第一，按照规定参加失业保险，所在单位和本人已按规定履行缴费义务满1年的；第二，非因本人意愿中断就业的；第三，已办理失业登记，并有求职要求的。

失业保险的待遇支付：按照低于当地最低工资标准、高于城市居民最低生活保障标准的水平，由省、自治区、直辖市人民政府确定失业保险金的领取标准。

失业人员失业前所在单位和本人按照规定累计缴费时间满1年不足5年的，领取失业保险金的期限最长为12个月；累计缴费时间满5年不足10年的，领取失业保险金的期限最长为18个月；累计缴费时间10年以上的，领取失业保险金的期限最长为24个月。重新就业后，再次失业的，缴费时间重新计算。领取失业保险金的期限可以与前次失业应领取而尚未领取的失业保险金的期限合并计算，但最长不得超过24个月。单位招用的农民合同制工人连续工作满1年而且单位已为其缴纳失业保险费的，其劳动合同期满未续订或者提前解除劳动合同的，由社会保险机构根据工龄的长短一次性支付生活补助。

4. 工伤保险制度。

（1）工伤保险制度的建立与发展。1951年颁布的《劳动保险条例》将工伤保险定位于社会保险加单位（或雇主）责任制，要求企业按工资总额的3%缴费，建立劳动保险基金。因公致残的抚恤费和补助费从基金中支付，其他工伤补偿由企业按照规定的标准支付。

1957年2月，卫生部制定并颁布了《职业病范围和职业病患者处理办法的规定》，首次将严重危害工人、职员身体健康，职业性比较明显的职业中毒、尘肺、职业性皮肤病等14种职业病正式列入工伤保险的保障范畴。之后，工伤保险制度经过数次调整，保险范围逐步扩大，保险待遇不断提高。

1996年8月12日劳动部颁布了《企业职工工伤保险试行办法》，把工伤保险覆盖面扩大到各类企业及全体职工，同时要求实行社会统筹，并强调工伤补偿要与工伤预防、工伤康复相结合，对工伤保险缴费实行差别费率和浮动费率等。

2003年国务院颁布了《工伤保险条例》，并于2004年1月1日起实施，我国新型工伤保险制度基本确立。

（2）现行工伤保险制度的主要内容。工伤保险的覆盖范围：各类企业、有雇工的个体工商户均应参加工伤保险，为本单位全部职工或者雇工缴纳工伤保险费。

工伤保险基金的筹集：工伤保险基金的缴费主体为用人单位，职工个人不缴纳工伤保险费。缴费标准为本单位职工工资总额乘以单位缴费率。国家根据不同行业的工伤风险程度确定行业的差别费率，并根据工伤保险费使用、工伤发生率等情况在每个行业内确定若干费率档次。目前，多数地区缴费率为1%。

工伤保险的待遇支付：职工发生事故伤害或者按照职业病防治法规定被诊断、鉴定为职业病后，参保单位可将工伤职工应享受的一次性伤残补助金、伤残津贴、生活护理费或一次性工亡补助金、丧葬费、供养亲属抚恤金及鉴定申请人垫付的劳动能力鉴定费，填表报送所属统筹地区社保机构业务岗，经确认后由掌握工伤保险基金的社会保险机构将相关费用拨付到参保单位，再发放给工伤职工。

5. 生育保险制度。

(1) 生育保险制度的建立与发展。我国的生育保险制度最早出现于1951年政务院颁布的《劳动保险条例》中。

1952年，政务院发布了《关于各级人民政府、党派、团体及所属事业单位的国家工作人员实行公费医疗预防的通知》，把女工作人员生育费用纳入公费医疗项目。

1955年，国务院发布了《关于女工作人员生育假期的通知》，明确了机关、团体、事业单位女职工的生育待遇。

1988年《女职工劳动保护规定》出台后，统一了企业和国家机关、事业单位生育保险待遇，生育保险费用由职工所在单位负担。

1994年，劳动部颁布了《企业职工生育保险试行办法》，将生育保险的管理模式由用人单位管理逐步转变为社会统筹，由各地社会保障机构负责管理生育保险工作。

(2) 现行生育保险制度的主要内容。生育保险的覆盖范围：城镇企业及其职工。

生育保险基金的筹集：生育保险实行社会统筹，建立生育保险基金，由企业向社会保险经办机构缴纳生育保险费，生育保险费率由当地政府根据实际情况确定，但最高不超过工资总额的1%，职工个人不缴费。

生育保险的待遇支付：生育保险待遇包括产假、生育津贴、医疗服务费用等方面。法定正常产假为90天，其中产前假期为15天，产后假期为75天。难产的增加15天。多胞胎生育的，每多生育一个婴儿，增加15天。生育津贴是指产假期间的工资，其标准按照职工所在企业上年度职工月平均工资计发，期限不少于3个月。医疗费用包括生育医疗费用和计划生育手术费用。

（二）社会救济、社会福利与社会优抚制度

1. 社会救济。我国的社会救济是国家通过财政拨款，向生活确有困难的城乡居民提供资助的社会保障项目。

我国原有的社会救济制度主要以农村中的贫困人口为救助对象。目前，其主要内容包括：（1）城镇居民最低生活保障制度。1999年10月1日正式实施的《城市居民最低生活保障条例》规定，持有非农业户口的城市居民，凡共同生活的家庭成员人均收入低于当地城市居民最低生活保障标准的，均有从当地人民政府获得基本生活物质帮助的权利。城市居民最低生活保障标准，按照当地维持城市居民基本生活所必需的衣、食、住费用，并适当考虑水电燃煤（燃气）费用以及未成年人的义务教育费用确定。以家庭人均收入低于当地最低生活保障标准的城市居民为救助对象，由政府给予现金补助。最低生活保障标准由各地人民政府自行确定，各级民政部门负责行政管理，居委会、街道办事处负责具体实施。此外，许多城市还辅之以实物补助的形式，对最低生活保障对象补助米、食用油等粮食和副食品；还有的城市规定了一些配套优惠政策，如对特困居民减免房租、水电费、孩子学杂费等。最低生活保障标准随社会经济的发展水平和物价变动幅度作适当调整。（2）农村居民最低生活保障制度。农村居民最低生活保障制度是指由地方政府为家庭人均纯收入低于当地最低生活保障标准的农村贫困群众，按最低生活保障标准，提供维持其基本生活的物质帮助。该制度是在农村特困群众定期定量生活救济制度的基础上逐步发展和完善的一项规范化的社会救济制度。农村最低生活保障对象是家庭年人均纯收入低于当地最低生活保障标准的农村居民，主要是因病残、年老体弱、丧失劳动能力以及生存条件恶劣等原因造成生活常年困难的农村居民。其保障标准由县级以上地方人民政府按照能够维持当地农村居民全年基本生活所必需的吃饭、穿衣、用水、用电等费用确定，并报上一级地方人民政府备案后公布执行。农村最低生活保障标准随当地生活必需品价格变化和人民生活水平提高适时进行调整。（3）农村“五保”制度。1956年6月召开的第一届全国人民代表大会第三次会议通过的《高级农业生产合作社示范章程》规定，农业生产合作社对于缺乏劳动能力或者完全丧失劳动能力，没有生活依靠的老、弱、孤、寡、残成员，在生产和生活方面给予适当的安排和照顾，保证他们的吃、穿和柴火供应，保证年幼的受到教育和年老的死后得到安葬。根据章程的精神，我国在农村建立了对老、弱、孤、寡、残的“保吃、保穿、保医、保葬、保教（孤儿）”的“五保”制度。（4）自然灾害救济。这是政府和社会对因自然灾害造成生活困难的灾民进行的救助。

2. 社会福利。我国的社会福利是国家向盲聋哑等残疾人和鳏寡孤独的特殊社会成员提供的物质帮助和服务。

我国的社会福利制度于20世纪50年代中期建立。目前，我国的社会福利主要包括社会福利事业（如国家兴办的社会福利院）、残疾人劳动就业（如城市福利工厂）和社区服务等。

3. 社会优抚。我国的社会优抚是国家对现役军人家属、革命伤残人员、复员退伍军人和军烈属等给予的特殊保障。

我国的社会优抚制度建立于1950年。目前，我国的社会优抚主要包括以下几方面：（1）伤残优抚，包括伤残抚恤金和伤残保健金两种。伤残抚恤金是发给退出现役后没有参加工作的伤残军人的经济资助，伤残保健金是发给继续在部队服现役，或服役后参加工作，或享受离退休待遇的伤残军人的经济资助。（2）军人福利待遇，包括为减轻军人生活负担和家务劳动而兴办的集体福利，为丰富军人文化生活而兴办的战士文化活动中心、部队图书馆和俱乐部，为照顾部分军人生活上的特殊开支，减轻个人负担而建立的补助制度。（3）军人救济，主要针对有特殊困难的军人所给予的一种临时性资助。

表7－5反映了改革开放以来我国财政用于社会优抚和福利的支出情况。

表7－5　　我国财政的抚恤和社会福利支出　　单位：亿元

年份	合 计	抚恤支出	离退休费	社会救济福利费	救灾支出	其 他
1978	18.91	2.93	2.34	4.62	9.02	—
1980	20.31	4.51	3.41	5.36	7.03	—
1985	31.15	7.13	4.88	7.71	10.25	1.18
1990	55.04	16.61	9.60	12.07	13.33	3.43
1991	67.32	17.21	10.32	13.18	22.51	4.10
1992	66.45	18.45	12.40	14.36	15.89	5.35
1993	75.27	20.78	14.09	17.01	15.40	7.99
1994	95.14	24.78	20.12	20.55	19.42	10.27
1995	115.46	29.11	22.78	24.19	27.27	12.11
1996	128.03	32.78	10.67	28.98	39.06	16.54
1997	142.14	37.62	13.51	36.57	34.51	19.93
1998	171.26	40.38	16.24	35.29	52.32	27.03
1999	179.88	54.57	19.68	48.52	34.05	23.06

续表

年份	合 计	抚恤支出	离退休费	社会救济福利费	救灾支出	其 他
2000	213.03	59.72	23.72	59.71	28.73	41.15
2001	266.68	69.86	30.26	89.99	35.17	41.40
2002	372.97	60.03	41.28	141.63	32.93	97.10
2003	498.82	99.15	42.19	217.69	55.71	84.08
2004	563.46	107.92	49.57	266.58	49.04	89.54
2005	716.39	148.28	55.57	324.22	62.97	125.35
2006	907.68	187.47	66.11	421.42	70.99	161.69

资料来源：《中国财政年鉴》，中国财政杂志社 2007 年版。

第二节

财 政 补 贴

一、财政补贴的性质与特征

（一）财政补贴的性质

财政补贴是国家根据政策的需要，在一定时期内，向特定的企业或居民个人提供的无偿补助。财政补贴既是一种特殊的财政分配形式，又是调节社会分配关系的重要经济杠杆。

财政补贴属于转移性支出。在不同国家的财政实践中，财政补贴有两种预算处理办法：一种是将财政补贴列为财政支出，这是大多数国家所采用的方法；另一种是将财政补贴作为财政收入的冲减科目处理，这样公布出来的预算收入总额是扣除补贴后的“纯收入”。我国的财政补贴是二者兼而有之。企业亏损补贴是收入冲减科目；价格补贴则是财政支出科目。但不论财政补贴在预算上是列收还是列支，其实质都是国家的一部分财政资金无偿转移给补贴的领受者，是财政资金的使用因素，因此本质上应属于财政支出项目。

（二）财政补贴的特征

财政补贴与社会保障支出同属转移性支出，有很多相似之处。政府的这两类支出都不能换回任何商品和劳务，只是无偿地支付给领受者，使其可支配收入增加，经济状况改善。然而，与社会保障等其他转移性支出相比，财政补贴又有其自身特征，主要体现在以下几方面：

1. 政策性。财政补贴是国家根据一定时期的政策目标所采用的一种财政手段。财政补贴的对象、数额以及补贴的期限等都是按照政策的需要制定的，因而具有很强的政策性。由于国家的政策包含经济、政治和社会等诸多方面，这些政策都可能成为财政补贴的依据，因此，财政补贴不仅是国家调节经济的杠杆，而且是协调各种社会关系，保障社会秩序稳定的重要手段。

2. 可控性。财政补贴是政府的转移性支出，财政部门可以根据一定时期国家政策的需要，灵活掌握财政补贴的对象、方式、数量、环节等内容，由此形成国家对财政补贴过程的直接控制。

3. 灵活性。由于财政补贴是国家实现特定政治、经济和社会政策目标的一种手段，其在补贴方式、数量、期限等方面又具有可控性，可以随形势的变化和政策目标的改变进行及时的调整和修正，因此，财政补贴成为国家掌握的一种比较灵活的经济杠杆。

4. 时效性。财政补贴的时效性是由国家政策的时效性决定的。国家的政治、经济和社会政策会随着政治经济形势的变化而调整、修正和更新。而财政补贴是为实现一定时期的政策目标服务的，当国家的某些政策发生变化时，财政补贴各个构成要素也应做出相应的调整。

二、财政补贴的分类

（一）按照财政补贴的政策目的分类

1. 价格补贴。价格补贴是国家为了影响某些商品和服务的价格水平，实现特定的社会经济目标而对生产者或消费者进行的无偿补助。具体包括农产品价格补贴、工业品价格补贴、公用事业产品价格补贴和进（出）口商品补贴等，其中农产品价格补贴具有世界范围的普遍性。在我国的价格补贴中，最早采用的就是农产品（如絮棉）价格补贴。我国的价格补贴在 1985 年以前是财政收入冲减项目，1985 年以后列为财政支出项目。

2. 企业亏损补贴。企业亏损补贴是国家为了维持企业的生存，对发生政策性亏损的企业给予的补贴。政策性亏损是指由于国家的某项经济政策的影响而使企业发生的亏损，不同于企业因自身经营管理不善而造成的经营性亏损。经营性亏损与企业的主观努力程度有关，不属于财政补贴的范围。但在实践中，由于政策性亏损和经营性亏损难以区分，经常出现以政策性亏损补贴为名，行经营性亏损补贴之实的情况。在预算上，对国有企业亏损补贴作冲减财政收入处理。

3. 出口补贴。出口补贴是国家为降低出口商品的价格，提高出口商品的国际竞争力，而给予出口商品生产者或出口商的补贴。出口补贴的主要形式包括直接的现金补贴、出口退税、减免出口关税和出口信贷等。我国在加入 WTO 之后，根据其精神，已经逐步取消了对出口的直接补贴，而转为以国际通行的补贴方式为主，即所谓“绿箱政策”①。

4. 财政贴息。财政贴息是国家对使用某些规定用途的银行贷款的企业，就其支付的贷款利息提供的补贴。其实质上相当于国家财政代替企业向银行支付利息，企业使用的是低息或无息贷款，体现了国家对企业采用先进技术、开发名优产品等方面的支持。财政贴息包括全额补贴和部分补贴两种。

5. 税收支出。税收支出也称为税式支出，是国家财政对某些纳税人或某些应税行为给予的税收优惠，包括减税、免税、退税、税收抵免、起征点、免征额、等。税收支出从表面上看并未形成财政支出项目，而是减少了财政收入，但其实质与一般的财政补贴支出一样，都意味着国家财力的减少和受益者实际收入的增加。有关税收支出的内容将在本章第三节作详细介绍。

上述分类是对财政补贴最主要、最常用的分类方式，有助于从不同方面分析财政补贴在社会经济发展中的作用。从表 7 - 6 可以看出我国财政补贴的构成及占财政支出的比重变化情况。

表 7 - 6　　我国的财政补贴的演变情况　　单位：亿元

年　份	价格补贴	企业亏损补贴	补贴合计	补贴合计占财政支出比重
1978	11.1	—	11.1	1.0%
1980	117.7	—	117.7	9.6%
1985	261.8	507	768.8	30.6%
1990	380.8	578.9	959.7	26.2%
1995	364.9	327.8	692.7	9.7%
2000	1042.3	278.8	1321.1	8.2%

① 绿箱政策（GreenBox Policies）是用来描述在乌拉圭回合农业协议下不需要作出减让承诺的国内支持政策的术语，是指政府通过服务计划，提供没有或仅有最微小的贸易扭曲作用的农业支持补贴。农业协议规定：政府执行某项农业计划时，其费用由纳税人负担而不是从消费者转移而来，没有或仅有最微小的贸易扭曲作用，对生产的影响很小的支持措施，以及不具有给生产者提供价格支持作用的补贴措施，均被认为是“绿箱”措施，属于该类措施的补贴被认为是绿色补贴，可免除削减义务。绿箱政策是 WTO 成员国对农业实施支持与保护的重要措施。

续表

年　份	价格补贴	企业亏损补贴	补贴合计	补贴合计占财政支出比重
2001	741.5	300	1041.5	5.4%
2002	645.1	259.6	904.7	4.2%
2003	617.3	226.4	843.7	3.4%
2004	795.8	217.9	1013.7	3.5%
2005	998.5	193.3	1191.8	3.5%
2006	1387.5	180.2	1567.7	3.9%

资料来源：《中国统计年鉴》，中国统计出版社 2009 年版。

注：1. 由于专项补贴和财政贴息没有综合统计数据，此表只考虑价格补贴和企业亏损补贴，税式支出将在第三节作详细介绍。

2. 由于企业亏损补贴作冲减财政收入处理，所以，补贴合计占财政支出比重根据以下公式计算：补贴合计占财政支出比重 = 补贴合计/（财政支出 + 企业亏损补贴）。

（二）按照财政补贴的用途分类

按照财政补贴的用途分类，可以分为生活补贴、生产补贴和其他补贴。

生活补贴是对某些居民生活必需品或直接发于消费者个人的补贴，如对粮食、副食品等的补贴；生产补贴是对农业、工业企业某些生产资料的补贴和企业亏损补贴；其他补贴则包括外贸亏损补贴、粮食出口价差补贴等。这种分类方式有助于分析财政补贴在社会生产和居民生活等方面所起到的不同作用。

（三）按照财政补贴的环节分类

按照财政补贴的环节分类，可以分为生产环节补贴、流通环节补贴和消费环节补贴。

生产环节补贴是对特定产品的生产者进行的补贴，以使其增加生产要素投入，促进生产发展，如对生产农业生产资料的企业的补贴；流通环节补贴是对商业企业进行的补贴，以使其正常进行经营活动，增加商品供给，如对粮食流通企业的补贴；消费环节补贴是对消费者进行的补贴，以满足居民的基本生活需要，保证人民生活稳定。这种分类方式有助于分析财政补贴在社会再生产不同环节所发挥的作用。

（四）按照财政补贴的最终受益者分类

按照财政补贴最终受益者分类，可以分为对生产者的财政补贴和对消费者的财政补贴。这种补贴分类法多指价格补贴。

所谓对生产者的财政补贴是指通过财政补贴，使补贴商品的目标价格高于市场价格，补贴商品的生产者或供给者因此获益的财政补贴。毫无疑问，相对于目标价格来说，这种补贴商品的供给大于需求，生产能力过剩；或者是相对于市场价格来说，生产者会受到较大损失。对生产者财政补贴的典型例子是在农产品过剩时，国家通过保护价格方式给予农民或农场主的财政补贴，补贴实现方式有休耕土地、收购储藏、高进低出等。内在补贴机理参见图 7－1。

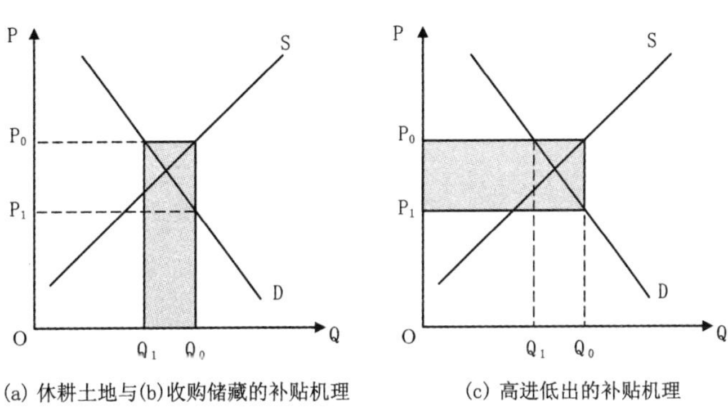

图 7－1　对生产者的财政补贴机理

图 7－1 为生产能力偏大的农产品的供求均衡状态。生产能力达到 Q_0，市场销售价格降至 P_1，政府规定的保护价格为 P_0。在左图（a）中，政府要求农场主执行政府的休耕土地计划，休耕面积的生产能力为（Q_0-Q_1），政府对农场主因此受到的产量损失给予财政补贴，补贴总额为（Q_0-Q_1）$\times P_0$，即图中阴影部分。这种补贴方式的优点是可以节约生产要素的投入，缺点是降低了国民的福利水平。在左图（b）中，过剩的生产能力充分发挥出来，由于市场价格低于保护价格，政府不得不按照保护价格敞开收购，再按照相应的价格顺价销售，结果导致（Q_0-Q_1）部分难以出售，或形成储备，以备余缺调节；或用于外援，作为政府外交政策的工具，总之形成事实上的财政补贴。该方式的缺点也是降低了国民应有之福利水平。在右图（c）中，政府允许过剩的生产能力充分发挥出来，依然按照保护价格 P_0 敞开收购，但是政府不是消极地储存，而是按照市场价格 P_1 完全销售出去。该办法的优点是使国民充分享受到已有生产能力带来的福利水平，符合效率原则，缺点是在农产品的需求弹性较小的条件下，政府的财政补贴负担较重。但总的说来，第三种补贴方式被人们普遍接受。

所谓对消费者的财政补贴是指通过财政补贴，使补贴商品的目标价格低于市场价格，从而使补贴商品的消费者最终受益的财政补贴。我国在 20 世纪 80 年代的价格补贴属于此类。补贴机理参见图 7 - 2。

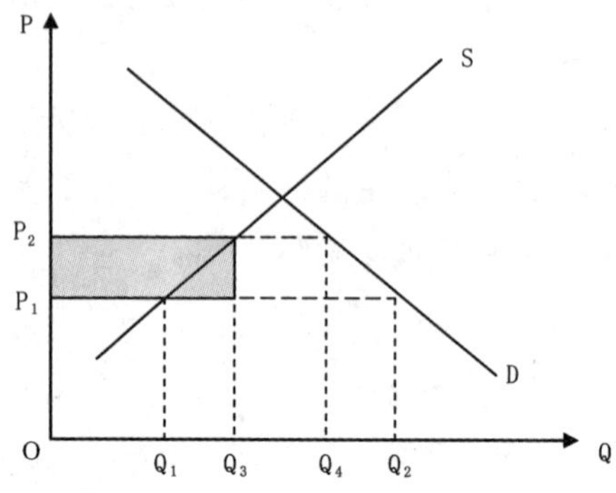

图 7 - 2 对消费者的财政补贴

图 7 - 2 是我国 20 世纪 80 年代的农产品市场。原收购价格和销售价格为极低价格 P_1，农产品市场处在严重供不应求状态，供给缺口达到（$Q_2 - Q_1$）。为调动农民生产积极性，政府提高收购价格至 P_2，供给量上升至 Q_3，但为了稳定城镇居民生活水平，销售价格依然维持在 P_1，由此出现购销倒挂缺口（$P_2 - P_1$），政府付出的财政补贴总量为（$P_2 - P_1$）$\times Q_3$，即图中阴影部分。这时的供给缺口有所缩小，但依然达到（$Q_2 - Q_3$），政府不得不继续维持凭票供应的制度。

（五）按照补贴方式不同分类

按照补贴方式不同，财政补贴可以分为暗补和明补两类。

暗补是补贴的直接受益者和最终受益者不一致的财政补贴。如在补贴商品的收购价格提高后，通过付出财政补贴，使销售价格维持在较低水平上，这时补贴的直接受益者是经销商，最终受益者则是消费者。暗补有助于降低财政补贴的实施成本，保证补贴商品的消费，但不利于补贴商品的节约使用。明补是补贴的直接受益者和最终受益者归为一体的财政补贴。明补的结果会直接增加受益者的货币收入，故而也称收入补贴或现金补贴。比如补贴商品的销售价格提高后，国家直接给消费者增加收入，以弥补消费者的生活成本损失。明补的优点是能够维护消费者主权，使价格信息真实化，提高补贴资金的利用效率。但缺点是不能保证补贴商品的目标消费量。因此，在财政补贴的实践中，应该将明补和暗补结合起来，根据补贴商品的不同特性和调控目标，选择恰当的财政补贴方式。

此外，财政补贴还可以按照补贴支付的形式分类，分为货币补贴和实物补贴等。

三、财政补贴的社会经济影响

（一）财政补贴的积极影响

在市场经济条件下，各国都将财政补贴作为调节社会经济活动的一种重要手段，其根本原因在于：财政补贴可以改变相对价格体系，从而调节需求结构和供给结构，影响社会总供求的平衡关系。财政补贴对社会经济的积极影响主要表现在以下几方面：

1. 保证人民生活水平的提高，促进社会稳定。国家根据一定时期的政策需要，对某些特定社会成员或产品给予财政补贴，可以增加社会成员的实际收入或降低某种产品的价格，以稳定和提高人民生活水平。同时，通过财政补贴可以稳定物价，减轻价格波动引起的社会震动，促进社会的稳定与安宁。对于一些市场价格需要稳定的产品（如农产品），实行财政补贴意义尤为重要。

2. 调整生产结构，优化资源配置。在市场机制的自发运行中，产品生产者往往只关注内部成本与效益，使具有外部效益的产品（如能源、交通运输、基础设施等）供应不足，无法实现资源配置的高效率。国家可以通过财政贴息、税收支出等形式对生产者进行补贴，使外部效益内部化，达到使企业增加生产，优化资源配置的作用。还有部分企业生产和经营那些关乎国计民生而又具有自然垄断性质的产品（如电力、自来水、天然气等），按照国家的低价政策必然出现政策性亏损，难以维持经营。国家对其给予亏损补贴，可以维持企业的生存和运转，使社会产品结构更加合理。

3. 调节消费，促进收入分配结构合理化。由于财政补贴可以增加补贴领受者的实际经济利益，因此，国家可以通过补贴对象、补贴数量、补贴形式等环节的选择，影响不同经济主体的物质利益，实现对国民收入的再分配。总体上说，财政补贴具有强烈的公平效应，不仅明补具有平均分配的特性，而且由于暗补的对象一般是那些消费弹性较小的生存资料，因而暗补也具有一定程度的公平作用。不言而喻，财政补贴的实施，会在高收入者和低收入者的实际可支配价值上增加基本相同的数额，结果必导致人们实际生活水平的差距低于原始收入差距。

4. 调节总需求与总供给，促进社会总供求平衡。财政补贴作为财政支出项目，对社会总供给和总需求都有调节作用。一方面，财政补贴会构成社会总需求的一部分（其中生产补贴会形成一部分投资需求，生活补贴会形成一部分消费需求），国家通过改变财政补贴的数量和结构，可以调节社会总需求的总量与结构；另一方面，财政补贴中的税收支出等形式对社会总供给也会产生调节作用。因此，财政补贴成为国家促进社会总供求平衡的一种调节手段：当社会总供给大于总需求时，应增加财政补贴支出以刺激总需求，同时也可以减少对一些积压商品的税收支出；当社会总供给小于总需求时，应减少补贴支出以抑制总需求，同时也可增加一些供不应求商品的税收支出水平。

（二）财政补贴的消极影响

财政补贴作为政府掌握的一种经济调节手段，其作用是不容忽视的。但是，财政补贴只能作为一种资源配置的辅助性手段，成为市场机制的有益补充，而不能过分干扰市场机制的正常运行，否则，就会对经济产生消极的影响，这是各国政府在运用财政补贴时必须注意的问题。财政补贴的消极影响具体表现为：

1. 财政补贴改变相对价格体系，影响价格杠杆作用的发挥。市场经济条件下，由价值规律自发作用而形成的价格，具有调节经济的杠杆作用。而财政补贴改变了相对价格，使价格形成偏离价值规律，杠杆作用难以充分发挥，进而影响市场机制的运行。

2. 财政补贴增加财政负担，助长财政赤字。财政补贴属于财政支出中难以压缩的项目，具有较强的刚性。如果补贴规模过大，就会削弱国家的财力，导致财政赤字增加，进而诱发通货膨胀，影响国民经济的稳定发展。

第三节

税 收 支 出

一、税收支出的概念

税收支出是国家为了实现特定的政策目标，通过制定与执行特殊的税收法律条款，给予特定纳税人或纳税项目以各种税收优惠待遇，以减轻纳税人税收负担而形成的收入损失或放弃的收入。税收支出属于一种特殊的财政转移支出。

税收支出的概念产生于20世纪70年代，在此之前，税收优惠措施已经在各国得到广泛应用。1973年，美国财政部部长助理、哈佛大学教授萨里（Stanleg S. Sarrey）在其所著的《税收改革之途径》一书中，第一次对税收支出作了理论上的探讨和阐述。1979年，萨里和另一位学者桑利在研究美国所得税税制时指出：

“构成税制结构的第一个因素必定是有关正规所得税的应用方面，诸如所得的确定、年度计算期的使用、纳税实体的确定、税率表及减免税的水平。第二个制度要素是由每一所得税中的特殊规定组成。这些特殊规定通常称为税收鼓励或税收补贴，是与正规税制结构相背离的，是为了鼓励特定的行业、活动和阶层而设置的。”也就是说，美国的所得税制度包括两部分内容：一部分是实施正常税制结构所必需的条款，包括征税对象、税率、纳税人、纳税期限及征收管理等规定，以便有效地取得财政收入；另一部分则是减免税优惠等一些偏离正常税制结构的特殊条款，这些特殊规定构成税收支出体系。

此后，税收支出的概念被西方各国相继使用，并利用国家预算对税收支出加以控制，使之不断完善。现在，许多发展中国家也在逐步接受这一概念，税收支出已经发展为世界性的财政经济范畴。

二、税收支出的形式

税收支出的具体形式主要包括税收豁免、纳税扣除、税收抵免、优惠税率、延期纳税、盈亏互抵、优惠退税、加速折旧和特定准备金等。

（一）税收豁免

税收豁免，是指在一定期间内免除纳税人或纳税项目的应纳税款（在我国的税收实践中称之为“减免税”）。豁免期限、豁免纳税人和豁免纳税项目应根据当时的社会经济形势和政策确定。税收豁免可分为全部豁免和部分豁免。部分豁免是指免除纳税人或纳税项目的部分应纳税款；全部豁免则是免除全部应纳税款。最常见的税收豁免项目有两类：一类是关税和货物税的税收豁免，另一类是所得税的税收豁免。对关税和货物税进行税收豁免，可以降低生产成本，增加企业在国内外市场的竞争力。对所得税进行豁免可以刺激投资，促进经济发展，并有助于某些社会政策的实施，稳定社会正常秩序。

（二）纳税扣除

纳税扣除，是指准许纳税人把一些合乎规定的特殊开支，按一定比例或全部从应税所得中扣除，以减轻其税负。纳税扣除的结果是使纳税人的应税所得额减少，从而税负减轻。在累进税制下，部分纳税人可能因为应税所得额的减少而适用较低的税率纳税，这相当于降低了税率。因而，纳税人的所得额越高，纳税扣除的实际价值就越大。纳税扣除有直接扣除和加成扣除两种。直接扣除是指允许纳税人将其某些合乎规定的费用作全部或部分的扣除。加成扣除是指允许纳税人对其某些规定项目的费用可以超支，以增加费用的方式来减少应税所得。

（三）税收抵免

税收抵免，是指准许纳税人将其某些合乎规定的特殊开支，按照一定比例或全部从其应纳税额中扣除，以减轻其税负。税务机关应规定是否允许抵免额超过应纳税额，如允许抵免额超过应纳税额即为“无限额的抵免”，反之为“有限额的抵免”。税收抵免的形式多种多样，其中最主要的有两种：投资抵免和国外税收抵免。投资抵免是指允许纳税人将一定比例的设备购置费从其当年应纳公司所得税税额中扣除。这相当于政府对私人投资的一种补助，所以又称之为投资津贴，其目的在于刺激民间投资，促进资本形成以增强经济增长的潜力。国外税收抵免是指允许纳税人用其在非居住国（或非国籍国）已纳税款抵免其在本国的纳税义务。其目的是避免国际重复征税，使跨国纳税人税负公平，协调有关国家的税收利益分配关系。

（四）优惠税率

优惠税率，是指对特定的纳税人或纳税项目采用低于一般税率的税率征税。优惠税率适用的范围可视实际需要加以调整，适用期限也可长可短。一般说来，长期优惠税率的鼓励程度大于短期优惠税率，尤其是那些投资巨大但获利较迟的企业，常可从长期优惠税率中得到较大利益。

（五）延期纳税

延期纳税，也称为“税负延迟缴纳”，是指允许纳税人将其应纳税款延迟缴纳或分期缴纳。这种方式可适用于各种税收，特别是那些税额较大的税收。延期纳税实质上相当于纳税人在一定时期内获得政府给予的一笔无息贷款，额度等于其延期纳税数额，这能在一定程度上帮助纳税人解除财务困难。对政府而言，实行延期纳税相当于延后收款，损失的是一定量的利息，负担比较轻微。

（六）盈亏互抵

盈亏互抵，是指允许纳税人以某一年度的亏损，抵消以后年度的盈余，以减少其以后年度的应纳税款；或是冲减以前年度的盈余，申请退还以前年度已纳的部分税款。一般而言，盈亏互抵都有一定的时间限制，且只适用于所得税。

（七）优惠退税

优惠退税，是指国家为了鼓励纳税人从事或扩大某种经济活动而给予的税款退还。退税还有许多情况，如多征、误征的税款，按规定提取的地方附加等方面的退税，都属于规范性的退税，不属于税收支出形式的退税。作为税收支出内容的优惠退税主要包括如下两种形式：出口退税和再投资退税。出口退税是指国家为鼓励出口而给予纳税人的税款退还，如退还进口税、已纳的国内消费税、增值税等，可以使出口产品以不含税的价格进入国际市场，增强国际竞争力。再投资退税是指国家为鼓励投资者将已获得的利润进行再投资，而全部或部分退还其再投资部分已纳的税款。

（八）加速折旧

加速折旧，是指政府为鼓励特定行业或部门的投资，允许纳税人在固定资产投入使用初期提取较多的折旧，以提前收回投资。由于累计折旧不能超过固定资产的可折旧成本，前期提取较多折旧必然导致后期折旧额减少。又因为折旧是企业的一项费用，折旧额与企业应税所得的大小以及企业所得税税负成反比。所以，加速折旧从量上并不能减轻纳税人的税负，而只是使纳税时间推迟，相当于获得政府给予的一笔无息贷款。政府的税收收入前少后多，损失了一部分收入的时间价值。这种方法与延期纳税类似，都是税收支出的特殊形式。

（九）准备金制度

准备金制度，是指政府为了使企业将来发生的某些费用或投资有资金来源，在计算企业应纳税所得时，允许企业按照一定标准将一定量的应税所得作为准备金处理，从应税所得总额中扣除，不必纳税。准备金的种类很多，有投资准备金、技术开发准备金、出口损失准备金、价格变动准备金、国外投资损失准备金等，各自都有其法定的内容。

三、税收支出的预算管理

将贯彻国家政策的各项税收优惠措施称为税收支出，主要有两方面的意义：一是强调了税收优惠政策与直接的财政支出类似，都可以贯彻国家某些鼓励性或照顾性的社会经济政策；二是明确了税收支出必须与直接财政支出一样纳入预算管理，才能发挥其应有的作用。萨里在初次提出“税收支出”概念时，目的也就在于把大量税收优惠以预算形式管理控制起来，即将各项税收支出列入国家预算，以考察其实际效果，并与直接财政支出执行同样的评估和控制程序。

对于如何进行税收支出的预算管理，世界各国的做法不一，大致可归纳为三种类型：非制度化的临时监督与控制、全面的预算控制以及重点项目的预算管理。

（一）非制度化的临时监督与控制

税收支出非制度化的临时监督与控制，是指政府在执行其既定的社会经济政策过程中，只在运用税收支出解决某一特殊问题时，才对放弃的税收收入进行估价。经济合作与发展组织中的许多国家都采用这种方法，它们对税收支出的管理和监督是临时的，没有形成统一、系统的制度。

（二）全面的预算管理

税收支出全面的预算管理，是指国家严格规定统一的税收支出账户，建立规范的税收支出预算。采用此法的国家有美国、加拿大、澳大利亚、奥地利、法国和西班牙等。具体做法是：对全部税收支出项目按年编制报表，连同主要的税收支出成本估价，附于年度预算报表之后。在美国和加拿大，税收支出预算构成整个国家预算分析的一部分。

编制统一的税收支出账户，建立规范的税收支出预算，主要出于以下原因：

1. 税收支出是政府贯彻其各项政策的手段之一，对它应和对待直接财政支出一样，赋予同样的估价和控制程序。

2. 有了统一的税收支出账户，政府就能以相同的方法来衡量直接支出与间接支出的成本，比较两者在实现政府不同政策目标中的效率高低，从而权衡利弊，择其最优者。

3. 建立统一的税收支出账户，可以避免轻易使用直接支出取代税收支出，有利于政府财政支出范围和规模的控制。

（三）重点项目的预算控制

税收支出重点项目的预算控制，是指政府只对那些比较重要的税收支出项目规定编制定期报表，纳入国家预算程序，但并不建立独立的税收支出体系。这种方法介于前两种方法之间，只在意大利、葡萄牙和英国等少数几个国家采用。赞成使用这种方法的理由是：对于一项特定的税收减免，有时很难区分它是属于税收支出，还是属于正规的税制结构；在实践中，连续完整地估价税收支出的成本是不大可能的；即使是在税收支出统一账户内，对于一些税收支出项目的归类也有争议。基于以上的困难，国家只就重要的税收减免项目编制定期报表进行预算分析与控制，而避免实行全面预算管理可能产生的麻烦。

四、我国税收支出的实践

在我国的税收制度中，几乎所有的税种都有税收优惠的规定，但是直到20世纪80年代以后，才将其作为税收支出来研究，而税收支出的预算管理工作至今尚未开展。为实现税收支出的预算控制，应按照以下步骤建立符合我国国情的税收支出预算：

（一）健全税收法律体系，完善税收制度

税收支出作为贯彻国家社会经济政策的手段，需要税法体系的健全和税制的完善。我们应逐步建立健全包括税收实体法、税收程序法、税收诉讼法以及税收支出法等在内的税法体系，并完善现行税制，进一步规范各项税制要素，为建立税收支出预算做好准备。

（二）分析税收条款，确定税收支出的范围和内容

应对各税种的税收条款进行认真分析和研究，区分属于正规税制结构和税收支出的条款，从而明确税收支出的范围和内容。

（三）统一税收支出账户，建立税收支出预算

在明确税收支出范围和内容的基础上，对属于税收支出的税法条款进行归类，编制统一的税收支出账户，建立税收支出的预算控制体系。

本章小结

1. 社会保障是国家或政府向丧失劳动能力、失去就业机会以及遇到其他事故而面临经济困难的社会成员提供的基本生活保障。社会保障属于财政范畴，与商业保障在行为主体、保障对象等方面存在区别。

2. 社会保障制度是国家以法律形式规定的，并按照确定的规则普遍推行和经常实施的社会保障行为和政策。社会保障制度产生于19世纪的德国，现在已推广到世界各国。各国的社会保障制度一般包括社会保险、社会救济和社会福利。此外，有些国家还在上述三者基础上衍生出一些其他形式。

3. 社会保险是现代社会保障制度的核心。其主要内容包括养老保险、疾病保险、失业保险、工伤保险、生育保险以及死亡保险。社会救济也称社会救助，是社会保障体系的重要组成部分，其目的是消除贫困。社会福利是社会保障体系的最高层次。

4. 社会保障支出是政府财政安排的用于社会保障的资金，是财政转移性支出的重要部分。社会保障支出一般包括社会保险基金支出和社会福利救济支出。社会保障支出是政府弥补市场失灵，促进社会稳定的重要手段。其作用具体表现在促进社会稳定，促进收入分配的公平和促进经济稳定增长三方面。

5. 我国的社会保障制度是在新中国成立之初开始建立的，目前由社会保险、社会救济、社会福利和社会优抚几部分内容构成。

6. 财政补贴是国家根据政策的需要，在一定时期内，向特定的企业或居民个人提供的无偿补助。财政补贴属于转移性支出，具有政策性、可控性、灵活性和时

效性的特征。财政补贴可从多个角度进行分类，最主要的分类方式是按照财政补贴的政策目的分类，可以分为价格补贴、企业亏损补贴、出口补贴、财政贴息和税收支出等。此外，还可以按照补贴用途、补贴环节、最终受益者和补贴方式等进行分类，以适应不同的分析要求。

7. 财政补贴是市场经济条件下调节社会经济活动的一种重要手段。财政补贴对社会经济的积极影响主要表现在：一是保证人民生活水平的提高，促进社会稳定；二是调整生产结构，优化资源配置；三是调节消费，促进收入分配结构合理化；四是调节总需求与总供给，促进社会总供求平衡。如果财政补贴运用不当，也会对经济产生消极的影响：一是财政补贴改变相对价格体系，影响价格杠杆作用的发挥；二是财政补贴增加财政负担，助长财政赤字。

8. 税收支出是一种特殊的财政转移支出，是国家出于特定的政策目标，对特定纳税人或纳税项目给予各种税收优惠待遇而放弃的收入。税收支出的具体形式包括税收豁免、纳税扣除、税收抵免、优惠税率、延期纳税、盈亏互抵、优惠退税、加速折旧和特定准备金等。各国对税收支出的管理方式大致分为三种类型：非制度化的临时监督与控制、全面的预算控制以及重点项目的预算管理。我国应逐步建立符合我国国情的税收支出预算。

主要概念

社会保障　社会保障制度　社会保险　道德风险　逆向选择　养老保险　疾病保险　失业保险　工伤保险　生育保险　死亡保险　完全基金制　现收现付制　部分基金制　社会救济　社会福利　社会保障支出　社会保险基金支出　社会福利救济支出　财政补贴　价格补贴　企业亏损补贴　出口补贴　财政贴息　税收支出　生活补贴　生产补贴　生产环节补贴　流通环节补贴　消费环节补贴　对生产者的财政补贴　对消费者的财政补贴　暗补　明补　税收豁免　纳税扣除　税收抵免　优惠税率　延期纳税　盈亏互抵　优惠退税　加速折旧　特定准备金

复习思考题

基础性思考题：

1. 什么是社会保障？什么是社会保障制度？
2. 社会保障有哪些特征？
3. 社会保障制度的内容有哪些？
4. 社会保险与商业保险有哪些区别？
5. 社会保险有哪些主要项目？
6. 社会保障支出有哪些作用？
7. 我国现行社会保障制度包括几方面内容？
8. 什么是财政补贴？它有哪些特征？
9. 财政补贴有哪些分类方式？其中最主要的分类方式是哪一种？
10. 什么是价格补贴？价格补贴有哪些种类？
11. 什么是企业亏损补贴？我国的企业亏损补贴有何特殊性？
12. 如何实现对生产者和消费者的价格补贴？
13. 明补和暗补各有什么优、缺点？
14. 财政补贴有哪些积极作用和消极影响？
15. 什么是税收支出？税收支出有哪些形式？

扩展性思考题：

1. 如何进一步改革完善我国社会保障制度？
2. 如何改革我国财政补贴制度？
3. 如何建立我国的税收支出预算？

第八章

DIBAZHANG

财政收入概述

本章属财政收入基本理论知识，是对随后几章内容的理论概括。本章提供关于财政收入的概念、分类和总量方面的知识。本章的主要目的是使学生掌握财政收入的一般理论，特别是掌握财政收入的分类和总量决定问题，为理解以后各章对具体财政收入形式的分析提供一般理论准备。

第一节 财政收入的概念和分类

一、财政收入的概念

财政收入是政府为满足支出需要，依据政治权力或生产资料所有权，利用各种财政收入形式集中的一定量的货币收入。

对财政收入的理解有广义和狭义之分。通常情况下，财政收入就是政府预算收入即狭义的财政收入。预算收入是在一个财政年度内，政府通过各种方式集中支配的财政资金。我国预算法中明确规定预算收入范围包括：税收收入、依照规定应当上缴的国有资产收益、公共收费和其他收入等。

广义的财政收入除了政府预算收入外还应包括预算外收入。与预算内收入相比，预算外收入一个明显的特征就是非集中性，即不纳入政府预算，是由各地区、各部门、各单位自收自支、自行管理使用的非集中性的财政资金。预算外资金的产生源于统收统支体制下，为提高资金使用效率，因时、因地制宜地解决资金的需要。表 8 -1 反映了我国预算内收入与预算外收入的规模及增长变化情况。

表 8 -1　我国预算内收入与预算外收入的规模及增长变化情况　单位：亿元、%

年份	预算内收入		预算外收入	
	绝对数	增长速度	绝对数	增长速度
1978	1132.3	—	347.1	—
1980	1159.9	1.2	557.4	23.1
1985	2004.8	22.0	1530.0	28.7
1990	2937.1	10.2	2708.6	1.9
1995	6242.2	19.6	2406.5	29.2
2000	13395.2	17.0	3826.4	13.0
2001	16386.0	22.3	4300.0	12.4
2002	18903.6	15.4	4479.0	4.2
2003	21715.3	14.9	4566.8	2.0
2004	26396.5	21.6	4699.2	2.9
2005	31649.3	19.9	5544.2	18.0
2006	38760.2	22.5	6407.9	15.6
2007	51321.8	32.4	6820.3	6.4
2008	61330.3	19.5	—	—
2009	68477.0	11.7	—	—

资料来源：根据《中国统计年鉴》（中国统计出版社 2009 年版）中相关数据计算整理得出。

注：由于 2008 和 2009 年预算外收入数据无法准确获得，所以其绝对数与增长速度暂无法计算。

预算外收入作为预算内资金的补充，曾发挥了重要的积极作用。但是随着我国市场经济体系的建立，其消极的因素日渐显现，因此除了进一步加强预算外资金的管理以外，还要适应经济发展的需要对其进行实时归并和调整。

此外，随着我国经济运行方式的陆续转轨，"政府收入"这个概念也在流行。

按道理说，“政府收入”与“财政收入”这两个概念从经济学原理上讲是相通的，只是表述不同而已，其内涵和外延不应有太大的区别。但从我国现实情况来看，它们的统计口径并不一致。在现行的统计资料中，所谓财政收入其实并没有将以国家名义筹集的所有收入包括在内，或者说现实的财政收入统计口径并没反映全部的“财政收入”的内容，比如大量存在的众多政府部门的行政性收费、集资、摊派等灰色收入并没有全部纳入财政的预算内或预算外收入中，使得“财政收入”与“政府收入”出现了计算口径的不一致。这种没纳入财政预算内或预算外管理的政府部门各种灰色收入统称制度外（或称体制外）收入。制度外收入的存在表明了目前我国政府收入体系不规范。成熟的市场经济国家的经验告诉我们，政府的一切收入都应纳入预算内管理，国家预算编制的一个当然原则就是完整性。我国深入进行的税费改革的最终目的就是要建立规范的法制化的公共收入体系，约束政府职能部门的收费产权问题，逐步消灭制度外收入和预算外收入的概念。

从财政分配角度看，财政分配活动由财政收入和财政支出两个阶段组成，在财政支出之前，政府要先进行财政收入的筹集。因此，对于什么是财政收入也可作一个过程理解，财政收入是财政分配的一个过程，是财政分配活动的第一阶段或基础阶段。从这个意义上考察财政收入，其中有许多问题需要我们关注，比如政府凭借什么取得收入、通过什么形式取得收入、遵循什么原则取得收入、缴纳者完成上缴财政收入义务后，有无可能通过某种方式将实际负担转移给他人承受等等。

财政收入的本质是隐藏在货币收入后面的国家同各种财政资金缴纳者之间的分配关系。不同的财政资金缴纳者与国家财政存在着不同性质的分配关系。比如国家与国有经济、集体经济、私营经济、个体经济、中外合资、合作经济、外国独资经济等不同经济形式之间的分配关系，国家与不同的商品生产者、经营者，或劳务提供者之间的分配关系等等。这些形形色色的缴纳者在履行上缴财政收入义务的过程中，不仅各自会和国家之间发生形式和程度各不相同的分配关系，而且它们各自之间的分配关系也会因此发生调整。

财政收入对于国民经济运行和社会发展具有重要影响。首先，财政收入是政府各项职能得以实现的物质保证。一个国家财政收入规模大小往往是衡量其经济实力的重要标志。其次，财政收入是国家对经济实行宏观调控的重要经济杠杆。宏观调控的首要问题是社会总需求与总供给的平衡问题，实现社会总需求与总供给的平衡，包括总量上的平衡和结构上的平衡两个层次的内容。财政收入杠杆既可通过增收或减收来发挥总量调控作用，又可通过对不同财政资金缴纳者财政负担的大小的调整，来发挥结构调整的作用。再次，财政收入是促进各项社会事业发展的重要物质力量。科技进步、教育发展、文化繁荣、卫生保健等，莫不需要财政收入为其提供强大的物质基础。最后，财政收入也是调整国民收入初次分配格局，实现社会财富公平合理分配的主要工具。

二、财政收入的分类

（一）按财政收入形式的分类

1. 税收。税收是个古老的财政范畴，也是当今世界各国最重要的财政收入形式。近些年我国税收收入占全部财政收入的比重一直保持在90%以上。什么是税收？概括地说，税收是国家依据政治权力，按照法律所规定的标准和程序，强制地、无偿地、定量地取得财政收入的方式。税收作为财政收入的形式，与其他收入形式比较，具有强制性、无偿性、固定性的特征，税收的这三个形式特征，人们也常称之为“税收三性”或税收基本特征。

所谓税收的强制性，就是指国家征税是不依纳税人的意志为转移的。国家征税是依照税法进行的，税法是国家法律的重要组成部分，纳税人必须依法纳税，否则，就会受到法律的制裁。税收制度中违章处理条款是税收强制性的具体体现。税收的强制性说明三个问题：第一，国家征税是依据政治权力进行的。税收强制性的具体表现就是国家以政权身份，用法律形式颁布税收法令制度，纳税人必须依法纳税。第二，国家征税与生产资料占有无直接关系。国家征税不同于在不同的社会制度下、受不同法律保护的诸如资本依法获利、获息、财产出租取得租金等等，这些利润、利息、租金的取得虽然亦须依法进行，但其最终取决于资本的投入数量、时间或出租房产、土地的数量、时间，也就是说源于资产的所有权。因此，在这些收入形式中，政治权力（法律）在其中只是扮演了一个公正的监督执行的外在力量。而国家征税不同于此，它与资产所有权无直接关系，是直接通过国家的政治权力把不同所有者占有的社会产品的一部分变为国家所有。第三，税收既然是以政治权力为依托所进行的一种分配，那么在政治权力所及的范围内，它也具有普遍性的含义，就是说在国家政治权力范围之内，征税可以是对不同的经济形式：国有经济、集体所有制经济、外资企业、个体经济等各种经济形式普遍进行；可以对社会再生产的各个不同环节：生产、分配、流通、消费等环节普遍进行。

所谓税收的无偿性，是指国家依法取得税收收入，既不付出任何代价，也不需要直接偿还。无偿性是强制性存在的经济原因或根本原因。税收之所以具有无偿性，是因为纳税人的收入一旦让国家以税收形式敛走，该收入的所有权已经发生变化。列宁将税收定义为“所谓赋税，就是政府不付任报酬而向居民取得东西。”[①]这一定义，精辟地揭示了税收的无偿性。税收的无偿性是对征收过程而言的，指国家对具体的纳税人不直接偿还，它仅作为税收的一种形式特征存在，并没有否定税收收入最终会对纳税人作整体的更深层意义上的偿还。即马克思所说的：“从一个处于私有地位的生产者身上扣除的一切，又会直接或间接地用来为处于社会成员地位的这个生产者谋福利的性质。”[②] 正是这种无偿性的形式特征，才能使得税收这个经济杠杆在参与社会生活调节的过程中，具有强烈的调节作用，诱导着人们的经济行为。

所谓税收的固定性，是指国家征税是按照预先规定的标准连续课征的。国家在具体征税之前，已经通过法律的形式明确规定了固定的征税对象和征税额度，而且这些征税标准具有连续适用性。税收的固定性首先明确了国家征税的范围，使之既不任意扩大，也不能随意缩小，这说明课税对象的合法性和征税的非惩罚性。其次，税收的固定性明确了征税的额度。说明在课税对象和征收额度之间的量上的局限性。税收的固定性一方面使得国家财政收入的稳定得到保证，另一方面稳定的税收负担，也有利于纳税人履行纳税义务。同时，税收的固定性也是税收政策和作用发挥的基础。税收的固定性，是一种相对固定的意义，当社会政治经济情况发生变化时，随税收制度的变化，固定性的内容也会发生变化。还有必要指出的是，税收的固定性对纳税人和征税人具有同等约束力。

税收的强制性、无偿性和固定性，是税收这一财政收入形式区别于其他财政收入形式的一般特征，是区别税与非税的标准。任何一种财政收入形式，只要同时具备这三个特征它就是税收。强制性、无偿性和固定性是相互联系、不可分割的，作为税收的一般特征，是任何社会制度下的税收共有的。

2. 国有资产收益。国有资产收益是指国家凭借对国有资产的所有权，从国有资产经营收入中所获得的经济利益。其来源是国有企业或国家参股企业的劳动者在剩余劳动时间内为社会创造的剩余产品价值。

现阶段国有资产收益的主要形式有：

（1）股息、红利收入。股息、红利收入，是指实行国有资产股份制经营方式中，国有股份在一定时期内根据企业经营业绩为国家财政提供的收入。

（2）利润上缴。利润上缴是国家凭借生产资料所有权，从国有资产经营收入

---

① 《列宁全集》第32卷，人民出版社1959年版，第275页。

② 《马克思恩格斯选集》第3卷，人民出版社1972年版，第10页。

中取得财政收入的一种形式。在国有企业实行“利改税”之前，国有企业不向国家缴纳所得税，利润上缴一直是国有企业向国家上缴财政收入的最主要形式。由于国有企业是我国国民经济的主体，所以利润上缴在很长时间里也就成为我们最主要的财政收入形式。

（3）租金收入。租金收入是国家在转让财产使用权时收取的财政收入。比如国有土地转让、国有企业租金收入等。租金属契约型经济行为的产物，它能较好地明确出租者与承租者的责、权、利关系，有利于财产的开发和利用。

（4）其他收入形式。除以上几种最常见的国有资产收益形式外，还有一些其他收入形式，如资源补偿费收入、资产占用费收入、国有股权证转让收入、国有资产转让收入等等。

3. 公共收费。公共收费是指公共部门就其所提供的公共服务（包括公用设施）或特定权利而向使用者或权利拥有者收取的费用。公共部门包括国家权力机构以及提供公共服务的非盈利性机构。在市场经济条件下，规范化的政府收费只有使用者收费和规费两种。使用者收费，是指政府对特定服务或特许权收取的价格，用于支付提供这些服务的全部或部分成本[①]，即政府部门就其向社会提供的产品或者特殊服务而收取的费用。使用者收费体现的主要是一种市场交易关系。规费，是政府部门在执行社会管理职能过程中，为国民提供某种特别服务时所获得的特别报偿[②]。规费体现的主要是管理者与被管理者之间的关系。这部分内容将在本书第十三章专门论述。

4. 罚没收入。罚没收入是国家职能机关或行政管理部门，对违反国家法律、法令、或行政法规的行为，收取的罚款收入，或没收的赃款及没收赃物的变价收入。对违法者施以罚款，强制征收一定数量的货币，属于行政制裁范畴，目的是辅助其他行政手段，对违法行为进行禁止和纠正，而取得收入本身并非是直接目的。因此，罚没收入具有征收目的的非财政性、征收对象的非连续性等特征。

5. 公债收入。公债收入是特殊的财政收入形式，它是以国家为债务人，通过信用方式取得的财政收入。同其他收入形式相比，公债收入具有自愿性、有偿性、灵活性的特征。公债收入不仅是筹集财政资金、弥补财政赤字的重要手段，还是国家调节货币流通量、平衡社会供求的重要工具。这部分内容将在本书第十四章专门论述。

---

① 罗纳德·费雪：《州和地方财政学》，中国人民大学出版社 2000 年版，第 154 页。

② 李厚高：《财政学》，三民书局 1984 年版，第 113 页。

（二）按财政收入性质的分类①

2007年，我国政府收支分类进行了改革。改革后的政府收支分类体系由“收入分类”、“支出功能分类”、“支出经济分类”三部分构成。其中，收入分类主要反映政府收入的来源和性质。根据目前我国政府收入构成情况，结合国际通行的分类方法，将政府收入分为类、款、项、目四级。其中，类、款两级科目设置情况如下：

1. 税收收入。分设20款：增值税、消费税、营业税、企业所得税、企业所得税退税、个人所得税、资源税、固定资产投资方向调节税、城市维护建设税、房产税、印花税、城镇土地使用税、土地增值税、车船使用和牌照税、船舶吨税、车辆购置税、关税、耕地占用税、契税、其他税收收入。

2. 社会保险基金收入。分设6款：基本养老保险基金收入、失业保险基金收入、基本医疗保险基金收入、工伤保险基金收入、生育保险基金收入、其他社会保险基金收入。

3. 非税收入。分设8款：政府性基金收入、专项收入、彩票基金收入、行政事业性收费收入、罚没收入、国有资本经营收入、国有资源（资产）有偿使用收入、其他收入。

4. 贷款转贷回收本金收入。分设4款：国内贷款回收本金收入、国外贷款回收本金收入、国内转贷回收本金收入、国外转贷回收本金收入。

5. 债务收入。分设2款：国内债务收入、国外债务收入。

6. 转移性收入。分设8款：返还性收入、财力性转移支付收入、专项转移支付收入、政府性基金转移收入、彩票公益金转移收入、预算外转移收入、上年结余收入、调入资金。

（三）按财政收入层次的分类

按照财政收入的不同层次，可以将财政收入分为中央财政收入与地方财政收入。

1. 中央财政收入。国家财政收入由中央财政收入和地方财政收入组成，在中央统一领导下，实行中央和地方的分级管理。

中央财政收入是指按照财政预算法率和财政管理体制规定由中央政府集中和支配使用的财政资金。②

---

① 《2007年政府收支分类科目》，中国财政经济出版社2006年版。

② 寇铁军：《财政学》，东北财经大学出版社2009年版，第112页。

1994 年实施分税制财政体制后，中央财政收入主要包括：（1）国家税收中属于中央的税收；（2）中央政府所属企业的国有资产收益；（3）中央和地方共享收入中的中央分成收入；（4）地方政府向中央政府的上解收入以及国债收入等。

中央财政收入在我国财政收入中具有重要地位。它担负着保障国家具有全局意义的经济建设、文化建设、科学、国防、行政、外交等各项经费的供给，对支援少数民族地区、调节各级地方预算和救济地方重大自然灾害等，也起着不可替代的重大作用。

2. 地方财政收入。地方财政收入是指按照财政预算法或地方财政法规定划归地方政府集中筹集和支配使用的财政资金。①

地方财政收入主要包括：（1）地方税；（2）地方政府所属企业的国有资产收益；（3）中央和地方共享收入中的地方分成收入；（4）上级政府的返还和补助收入等。

改革开放以来我国中央和地方财政收入及占总收入的比重见表 8－2。

表 8－2　　我国中央和地方财政收入规模及比重（1978—2009 年）　　单位：亿元、%

年　份	中央财政收入		地方财政收入	
	绝对数	比重	绝对数	比重
1978	175.77	15.5	956.49	84.5
1980	284.45	24.5	875.48	75.5
1985	769.63	38.4	1235.19	61.6
1990	992.42	33.8	1944.68	66.2
1991	938.25	29.8	2211.23	70.2
1992	979.51	28.1	2503.86	71.9
1993	957.51	22.0	3391.44	78.0
1994	2906.50	55.7	2311.60	44.3
1995	3256.62	52.2	2985.58	47.8
1996	3661.07	49.4	3746.92	50.6
1997	4226.92	48.9	4424.22	51.1
1998	4892.00	49.5	4983.95	50.5
1999	5849.21	51.1	5594.87	48.9
2000	6989.17	52.2	6406.06	47.8

① 寇铁军：《财政学》，东北财经大学出版社 2009 年版，第 112 页。

续表

年 份	中央财政收入		地方财政收入	
	绝对数	比重	绝对数	比重
2001	8582.74	52.4	7803.30	47.6
2002	10388.64	55.0	8515.00	45.0
2003	11865.27	54.6	9849.98	45.4
2004	14503.10	54.9	11893.37	45.1
2005	16548.53	52.3	15100.76	47.7
2006	20456.62	52.8	18303.58	47.2
2007	27749.16	54.1	23572.62	45.9
2008	32680.56	53.3	28649.79	46.7
2009	35915.71	52.4	32561.29	47.6

资料来源：1978—2008 年数据来源于《中国统计年鉴》，中国统计出版社 2009 年版；2009 年数据来源于中国统计局网站。

第二节 财政收入的总量界限

一、确定财政收入总量界限

国家通过各种收入形式，将一部分国民收入集中起来，形成国家手中直接掌握的资金，这部分资金就是财政收入的规模。财政收入的合理规模就是财政收入的总量界限。在经济发展的一定水平上，财政收入总量有一个比较确定的数量界限，上下浮动的幅度不可能太大。科学合理地确定财政收入的总量界限，是财政收入的基本问题。这一界限过高或过低，都不利于经济发展和财政应有作用的发挥。

财政收入的总量界限有两种表现方式，一是绝对量，即某一财政年度国家财政收入的总量；二是相对量，或称国家财政收入集中率，指一定时期财政收入的总量占同期国内生产总值（GDP）的比重。用公式表示为：

$$财政收入集中率 = \frac{某年财政收入总额}{同期国内生产总值（GDP）} \times 100\%$$

一般来讲，财政收入相对量具有更重要的理论和实践意义，因为它便于在不同财政年度之间、不同经济发展阶段之间、不同国家之间进行横向和纵向比较，总结出有研究价值的变动规律来。

从表 8 - 3 可以看出我国财政收入集中率的变化情况。

表 8 - 3　　我国财政收入集中率的变化情况

年　份	财政收入集中率（%）	年份	财政收入集中率（%）
1978	31.06	1994	10.83
1979	28.22	1995	10.27
1980	25.52	1996	10.41
1981	24.04	1997	10.95
1982	22.77	1998	11.70
1983	22.93	1999	12.76
1984	22.79	2000	13.50
1985	22.24	2001	14.94
1986	20.65	2002	15.71
1987	18.24	2003	15.99
1988	15.67	2004	16.51
1989	15.68	2005	17.27
1990	15.73	2006	18.29
1991	14.46	2007	20.57
1992	12.94	2008	20.40
1993	12.31	2009	20.42

资料来源：1978—2008 年数据根据《中国统计年鉴》（中国统计出版社 2009 年版）相关数据计算整理得出；2009 年数据根据《中华人民共和国 2009 年国民经济和社会发展统计公报》（中国统计局网站）相关数据计算整理得出。

合理确定财政收入的总量界限，应坚持国家利益、企业利益和个人利益相兼顾的基本原则。在组织财政收入的过程中，国家利益和企业利益、个人利益之间的矛盾是财政收入的基本矛盾。国家每项财政收入的取得，都涉及这三者利益关系的处理。一切社会经济关系说到底，都是一种经济利益关系。经济利益是人们从事生产经营参与生产劳动的根本动因和纽带，是促进人们努力工作、多创造社会财富、推动社会经济发展的内在动力。当然，在公有制条件下，人们之间的经济利益关系与私有制条件下人们之间的经济利益关系有着本质区别。国家利益成为人们之间密不可分的共同利益所在。只有社会共同利益的不断增加，才能保障个人利益的相应增长。同样，如果只强调社会共同利益，否定或忽视企业利益和个人利益，也会影响企业和个人的劳动积极性，破坏经济发展的内在动力，割裂企业利益、个人利益同国家利益之间的统一。财政收入总量界限，对于如何处理三者之间的利益关系，具有十分重要的影响。

在确定财政收入总量界限时，要正确处理好需要与可能的关系。即国家履行各项职能对财政收入的需要，和人们承受财政负担的可能之间的关系。合理兼顾需要与可能，就要坚持取之有度的原则，所谓取之有度，就是在既考虑国家财政需要，又考虑纳税人（企业和居民个人）负担能力的前提下，合理确定税收负担水平。国际上通用的衡量税收负担水平的指标称为宏观税率，即税收收入占同期国民收入或国民生产总值的比重。由于财政收入中税收收入占绝大比重，一般在90%以上，所以人们也常将财政收入占国民收入或国民生产总值的比重，视为广义的宏观税率。

宏观税率过高就会加重企业和居民的税收负担，影响国民经济的正常发展和纳税人的正常生产和生活，窒息经济的活力。相反，宏观税率过低，又会使国家财政需要得不到满足，削弱政府投资在社会投资中的地位和作用，使国家必要的建设得不到财力保证，降低国家宏观调控能力，其结果同样也会影响到国民经济的持续、稳定发展。科学地制定宏观税率水平，就是要兼顾国家财政需要与纳税人负担能力两个方面，从而合理地确定财政收入的总量界限。

美国供给学派的代表阿瑟·拉弗所提出的“拉弗曲线”，对于我们确定财政收入总量，寻求最佳财政负担率不无借鉴意义。

拉弗曲线（如图8－1）说明了税率和税收收入之间的函数关系。图中纵轴代表宏观税率，它的变动区间为0—100%，横轴代表由税率和GDP决定的税收收入。当税率为零时，政府无法取得收入，所以税收收入亦为零；当税率提高到100%时，纳税人将放弃生产，政府的税收收入同样为零。因此，当税率在由零开始逐渐提高至100%的变动过程中，税收收入的变动呈现为一条曲线（OEF），即税率在从零到Q点的变动区间内，当税率越高时，税收收入也越多，亦即二者成正相关关系。而当税率超过Q点继续提高时，则税率越高，税收收入越少，亦即它们之间成负相关关系，当税率提高至F点时，税收收入将降至零。图中A点和B点说明取得的税收收入是等量的，而A点是在较低税率水平和较高生产水平（税基大）情况下取得的，B点是在较高税率水平和较低生产水平（税基小）的情况下取得的。与之相比，C点和D点取得的税收收入也是等量的，且均高于A点和B点。

但是C点的税收收入增加是通过提高了税率取得的（相对A点而言），而D点所获得的税收收入的增加，是通过降低了税率所取得的（相对B点而言）。图中的E点是税率与生产的最佳组合，它提供的税收收入最高，因而E点对应的宏观税率Q是最佳税率。图中Q点虽然处在0与100%的中间，但它并不一定代表50%，它只说明在这个变动区间里客观上存在着一个最佳点，宏观税率在这一点上能使GDP与税收收入达到最大。

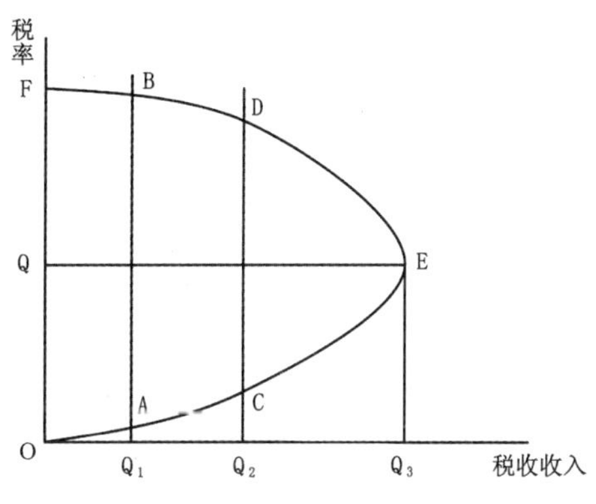

图8－1　拉弗曲线

二、影响财政收入总量界限的若干因素

财政收入规模是衡量一个国家财力的主要指标，保证财政收入的持续稳定增长，也是当今世界各国追求的主要财政目标。但是，财政收入规模大小，增长速度快慢，并不以人们的主观意志为转移，它受到各种政治、经济条件的制约，这些制约目标主要包括：

（一）经济因素

财政收入总量界限的直接决定因素是国家（政府）在社会经济中的地位，后者取决于政府职能的范围和程度。如再往深处分析，影响政府职能范围和程度的因素也有许多，但经济因素是决定财政收入总量界限的基础性因素。该判断符合马克思主义的“生产力决定生产关系、经济基础决定上层建筑”的基本原理。就经济决定财政，财政影响经济的辩证关系而言，经济与财政是源与流，根与叶的关系。源远则流长，根深则叶茂。从财政产生和发展的历史角度看，财政是社会经济发展到一定历史阶段的产物，并随着社会经济条件的发展而发展。考察世界各个国家的财政收入状况，可以发现，发达国家的财政收入规模高于发展中国家，发展中国家中中等收入国家的财政收入规模又高于低收入国家，这从实证角度验证了经济因素是财政收入变动的主要解释变量。

在现代社会条件下，经济因素对财政收入总量界限的决定性，具体体现在四个方面：经济发展水平、经济体制、经济增长方式与经济结构。

1. 经济发展水平。经济发展水平是影响财政收入总量界限的决定性因素，财政收入总量界限与经济发展水平呈正相关关系。

经济发展水平对财政收入总量界限的影响可以从需求和供给两个角度来考察：

从需求角度看，社会经济发展水平的不同程度和阶段，决定着社会对公共产品和服务的需求范围和程度不同，进而决定着政府职能的不同，以及政府履行职能对相应财力的需求水平。

首先，经济发展水平的不同程度对社会公共产品和服务的需求范围和程度的不同影响体现在三个方面：一是随着社会经济的发展，为了保证社会经济发展所必需的“环境条件”，如完善法律规章、保障社会安全、维护社会秩序等公共产品及服务的需求必然随之相应增加；二是随着市场经济的发展，整个社会对克服产业负外部性和提供正外部性的外部性产品需求，如改善生态环境、治理各种污染、发展科学、文教事业、防范各种公共风险等社会性公共产品和服务的需求会相应增加；三是随着社会经济的发展，整个社会对基础设施建设的公共需求，如改善交通、通讯条件的需求会随之增加。所有这些变化，都在客观上要求政府职能体系不断创新，都必须为政府履行职能提供相应的可支配财力，进而决定了财政收入规模必须随之不断扩大。

其次，社会经济发展水平的不同阶段同样决定着社会对公共产品和服务的需求范围和程度的不同。在社会经济发展的早期阶段，为了给经济与社会发展提供必需的基础设施和拉动各种新兴产业的发展，客观上要求政府必须承担起兴办这类公共产业的任务，以便为整个社会经济发展创造必要的条件；社会经济发展到中期阶段，虽然伴随着政府成功兴办新兴产业所产生的示范效应，能够吸引和带动社会成员兴办新兴产业，使民间经济可以替代和置换某些公共产业和公共经济，政府可以从兴办新兴产业的繁重任务中解脱出来，但由于民间经济发展的自身缺陷，易于导致大的经济波动，政府为解决因此造成的经济动荡和社会失业等问题，使政府调控经济的任务会对伴随着这一经济发展的结构性转化而得到继续扩展；当社会经济发展到相对成熟阶段，由于整个社会对文化、教育、保健和社会经济福利等公共需求的快速增长，也促使政府职能在结构上必须进一步扩展。

从供给角度看，经济发展水平决定了社会成员让渡资源的实际可承受能力，决定着社会资源在公共部门和私人部门之间如何配置的财政收入规模的实际可实现程度。

经济发展水平决定财政收入的绝对规模，只有随着经济总量的不断增加和社会成员纳税负担能力的不断增强，财政收入来源才能具有坚实而又稳固的基础，才能保证财政收入规模的不断扩大。具体来讲，经济发展水平从供给角度对财政收入总量界限的影响集中体现在一个国家的经济总量、经济增长速度和经济效益三个方面。其中，经济总量在一定程度上决定了该国家可实现的财政收入存量状况，经济增长速度与经济效益的高低直接影响财政收入的增量状况。从经济总量角度讲，一个国家的经济发展水平越高，GDP 总量越大，意味着该国在生产中创造的社会产品就越丰富，在正常情况下，社会剩余产品也就越多，可供财政参与分配的物质基础就越雄厚，整个社会对财政收入的承受能力也就越强，所提供的财政收入总量就越多。这也正是生产力发展水平高的发达国家的财政收入规模大于生产力发展水平低的发展中国家的原因之一。从经济增长速度角度讲，当一个国家经济增长速度加快时，意味着该国的投资需求、消费需求、出口需求的增长比较快，国内各个产业产值增长加快，创造的各项税收收入、国有企业利润及财政其他非税收入就会增多。从经济效益角度讲，财政收入规模的高低受社会经济效益的影响较大。在生产力发展水平较低时，整个经济效益水平亦不高。低经济效益导致较少的产出和较少的剩余产品，企业利润和个人收入都比较低，而财政收入主要是对剩余产品进行分配，此时，社会的承受能力是不言而喻的，受其限制财政收入规模不可能很大。否则将会造成“竭泽而渔”的局面，严重损害经济的持续稳定发展。而随着经济的发展，经济效益不断提高，产出越来越多，企业利润及个人收入亦不断提高，承受能力就随之不断加强，此时，扩大财政收入规模才有现实基础。

2. 经济体制。在现代社会，经济体制主要分为两种模式：一种是计划经济体制，另一种是市场经济体制。对于不同的国家，由于经济体制以及政府干预社会经济的偏好不同，其政府的职能范围有很大区别，从而影响着对财政收入总量界限的大小。

实行传统计划经济体制的社会主义国家，往往实行“统收统支”或“高度集中型”的财政分配制度，政府充当全社会的总管理者和总经营者，其作用范围并不限于维持一般秩序，提供公共产品，对经济进行间接调控，而是凌驾于市场之上，直接组织，参与生产。此时，国有企业与国家不分彼此，国有企业的绝大部分收益都上交财政。对国有企业的投资、亏损弥补也来源于财政。财政成为整个国家的总出纳，其对社会资金的分配份额自然较高。实行市场经济体制的国家，其政府的职能范围与实行计划经济体制的国家不尽相同。二者的主要区别在于，市场经济国家的国有企业较少，且企业均为独立的生产经营主体。全社会投资的主要来源是私人部门，政府的生产性投资比例不高。因此，财政资金在生产性投资方面的需求很少。另一方面，政治制度相同的国家由于历史传统、价值取向及经济状况不同，其政府的职能范围亦有所不同。例如，同为发达国家，1982 年税收占 GDP 的比重美国为 31.2%，意大利为 33.1%，而瑞典为 50.3%，荷兰为 45.3%，瑞典与美国相差 19.1 个百分点[①]。究其原因，与瑞典等北欧国家政府奉行高福利的政策有关，由于社会福利支出较高，对财政资金的需求增加，相应导致税收收入较多，财政收入规模较大。

3. 经济增长方式。所谓经济增长方式，是指经济增长中各种生产要素的组合方式。经济增长方式分为粗放型和集约型两种。粗放型增长方式是以追求数量、规模、速度、产值等为目的，依靠资金、物资、劳动力的投入以及上项目、铺摊子等手段来实现生产规模的扩大，而对经济增长的质量和效率、效益却重视不够。集约型增长方式则主要是依靠科技进步、更新改造和科学化管理，以求得经济增长的质量、效率、效益的提高。也就是说，粗放型增长方式就是高投入、高消耗甚至高浪费和低质量、低效率、低效益甚至负效益的方式，而集约型增长则是以低投入和低消耗求得高质量和高效率的方式。两者的目的和手段迥然不同，虽然财政收入的增长离不开经济规模的扩张，但经济效益的提高对财政收入规模的影响更大。如果经济增长是高投入的产值速度型，则在 GDP 的增量中能提供的税收收入增量就很有限，因为财政收入增量一大，势必减少投入，尤其是资金投入，从而影响再生产。如果是经济效益型增长，那么同等的经济增量可提供的财政收入要比产值速度型增长提供的财政收入多，财政收入规模也相应提高。

4. 经济结构。产业结构是经济结构的核心组成部分，它通常是指一国经济结构中，第一产业、第二产业和第三产业之间的相对关系。从静态角度来看，产业结构大致具有三种形态：第一种形态是以第一产业，即农业占主导地位，轻工业初步发展，并处于辅助地位的产业形态。第二种形态是以第二产业，即工业占主导地位，第一产业进一步发展，但比重下降，第三产业占有一席之地，但所占比重有限。第三种形态是以第三产业，即金融、贸易服务业等占主导地位，第一、第二产业高度发展，但比重不断下降。依据三个阶段的主导产业不同，人们也将他们分别称为农业经济、工业经济、服务经济。美国学者托夫勒（Alvin Toffler）在名著

① 董庆铮：《外国税制》，中国财政经济出版社 1993 年版。

《第三次浪潮》中将人类社会划分为三个阶段：第一次浪潮为农业阶段，从约1万年前开始；第二阶段为工业阶段，从17世纪末开始；第三阶段为信息化（或者服务业）阶段，从20世纪50年代后期开始[①]。西方社会以工业社会为基准，将社会形态分为前工业化社会、工业化社会、后工业化社会，它们与三次产业主导的经济形态基本吻合，故也可以归为三种产业结构。[②]

产业结构变动对财政收入总量界限的影响主要表现在两个方面：首先，一国的产业结构决定该国的税源结构和税收增长弹性。在农业社会中，GDP增长受土地及自然条件约束较强，宏观税源增长缓慢且不稳定，税收增长缺乏弹性。在部分发展水平很低的发展中国家，农业部门均为主要的产业部门。在大多数发展中国家，大约2/3以上的劳动力从事农业生产，农业产值占GDP20%左右[③]。而在发达国家，农业则不占主导地位。在工业社会中，GDP增长受自然条件约束相对减弱，资本、技术、人力资本成为影响GDP及税源的主要因素，税收增长弹性增强。在服务经济或信息社会中，以科学和技术的研究开发为基础，以人的知识、技能、经验、智力为主要依托的服务业在经济发展中逐步占据主导地位，税收增长弹性充足，税基宽广，税源丰富。其次，由于不同产业以盈利状况体现的比较利益的高低不同，因而，不同产业对财政收入的贡献率是不同的。由于第一产业的比较利益相对较低，当第一产业产值占GDP的比重较高时，财政收入规模相对较低；当第二产业和第三产业产值占GDP比重较高时，财政收入规模也相对较高。正是由于不同产业的比较利益的大小不同，各自对财政收入贡献率的高低各异，因而，伴随着国家产业结构的不断演进，其财政收入规模也会随之发生相应的变化。产业结构的演进程度决定着财政收入规模的变化幅度。

（二）政治因素

根据“量出为入”原理，财政收入的总量界限必然受财政支出需要的影响，而财政支出的多少则取决于一国政府的职能范围，包括政府活动的广度和深度，即政府在社会经济的哪些领域发挥作用，以及发挥作用的程度如何。政府职能是决定财政收入总量界限的直接原因，政府职能范围宽、事权多，相应的需要政府提供的

① 托夫勒，黄明坚译：《第三次浪潮》，中信出版社2006年版。

② 后工业社会是美国社会学家D. 贝尔（Daniel Bell）创造的名词，他在1973年出版的《后工业化社会的来临》中用以描述20世纪后半期工业化社会中所产生的新社会结构，即以高新技术产业为支撑、为主体的时代。贝尔所谓后工业社会的“轴原理”是说“理论知识的中心地位是社会革新和政策形成的根源”。从经济方面来说，其标志是由商品生产经济变为服务经济；从职业方面来说，专业和技术阶级处于优先地位；在决策方面，是创造新的“知识技术”。

③ 陶文达：《发展经济学》，四川人民出版社1992年版。

公共产品与服务的数量就大，财政收入总量就应该大，反之亦然。

对于政府职能的范围，人们站的角度不同，所处时代不同，价值观念不同，看法可谓大相径庭。亚当·斯密、瓦格纳、李嘉图、凯恩斯、马斯格雷夫、布坎南、弗里德曼等各有主张，东方和西方、北美和北欧的观点有时候也有激烈碰撞。但总的讲，瓦格纳的“国家职能随着经济发展而不断加强”的观点得到普遍认同，尽管个别国家因为“转轨效应”[①] 的存在也会使国家职能出现暂时性的萎缩。

许多国家的发展已经印证了瓦格纳的预言。从大多数国家的历史发展长河看，政府职能经历了由小到大，由窄到宽的发展变化过程。我们知道，在亚当·斯密时代，经济学家们普遍认为，政府的职能主要是国防、司法、行政、建立和维护某些公共机构和公共工程。这也是比较符合当时的实际情况的。但是随着资本主义经济的迅速发展，政府的职能在不断扩大。特别是20世纪30年代“凯恩斯革命”为国家调控国民经济活动提供了理论依据和政策思路后，调节经济运行，促进经济稳定增长成为各国政府的重要职能。政府职能的扩展使政府支出的规模迅速膨胀，而政府支出规模的膨胀要求有足够的财政收入来支持，这样财政收入规模的不断扩大就成为必然的事情。第二次世界大战以来，西方各国财政收入占国内生产总值的比重大幅度上升，在工业化起步较晚的国家，尤其是战后新兴的民族国家，政府的影响力更是广泛地存在于工业化过程之中。

政治因素对财政收入总量界限的影响，主要是从需求角度影响公共经济中的财政支出规模，并进而影响财政收入总量界限的。具体来讲，政治因素对财政收入总量界限的影响主要体现在国家的制度框架、社会政局的稳定状况、政府履行职能的行政效率与国际安全形势四个方面。

1. 国家的制度框架。一国的制度框架对财政收入总量界限的影响主要体现在两个方面：一方面，从社会对政府行为的监督能力来看，在不同的制度框架下，社会成员对政府行为的监督能力不同，从而对财政收入总量界限及其变动的规范性影响不同。具体来讲，在分权、制衡特点强的制度框架下，社会成员对政府行为的监督能力强，从而对财政收入总量界限及其变动的规范性影响较大。而在分权、制衡

① “转轨效应”指的是在从计划到市场的经济转轨中，由于市场取代政府成为资源配置的主体，个人的分散决策代替了政府的集中决策，由此带来的政府职能转变及其对财政支出产生的影响。根据姚静的分析，在整个转轨阶段，“转轨效应”和“瓦格纳效应”都在发挥作用，但在转轨过程的不同阶段，二者的作用强度是不一样的，而且呈此消彼长关系。在转轨的初期是“转轨效应”占主导地位，表现为国家职能和财政分配规模在持续下降，比如我国1978—1995年间；此后则是“瓦格纳效应”占主导地位，国家职能和财政规模开始强劲上升。——姚静：“中国财政支出增长的实证分析——基于瓦格纳法则的研究”，《经济论坛》，2009年第15期。

特点弱的制度框架下，社会成员对政府行为的监督能力有限，从而对财政收入总量界限及其变动的规范性影响较小。另一方面，在不同的制度框架下，支出透明度的高低不同，社会成员的纳税意识强弱不同，违反财经纪律的可能性也才存在差异，从而影响着财政的征收率，最终影响到财政收入规模的大小。具体来看，在分权、制衡特点强的制度框架下，支出透明度高，社会成员的纳税意识强，违反财经纪律的可能性小，财政的征收率高，财政的收入规模就大。相反，如果在分权、制衡特点相对较弱的制度框架下，支出的透明度低，社会成员的纳税意识弱，违反财经纪律的可能性大，财政的征收率低，财政的收入规模就小。

2. 社会政局的稳定状况。保持社会政局稳定，是社会公共需要的重要内容，也是国家提供的公共产品或服务的重要“品种”。社会政局的稳定状况不仅影响着政府职能的重心，而且也会影响政府履行其职能所需要的财政支出规模，进而影响财政收入规模。在社会政局出现不稳定状态的初期或比较严重时期，政府一方面会出于通过降低社会经济负担，缓解社会经济矛盾的考虑，不得不适当降低财政收入规模；另一方面，也会出于为强化社会治安而增加公共控制力量的需要，相对提高财政收入规模。在不稳定状态过后，政府可能会出于强化控制力量的考虑，从而增加财政收入规模，比如通过增加国债等方式来增加财政收入。社会政局稳定状况对财政收入规模变化的影响，取决于政府稳定政局的具体选择方式。

3. 政府履行职能的行政效率。在政府职能范围和程度既定时，政府履行职能的行政效率与政府规模、财政收入总量界限之间呈反向变动。当政府行政效率相对较低时，政府履行职能所需要的自身规模和财政收入总量界限较大；当政府行政效率明显提高时，政府履行职能所需的自身规模财政收入总量界限则会相对降低。当然，很多情况下，政府规模也会成为自变量，政府效率和财政收入总量界限则变身为因变量。公共选择学派早就证实，官僚政治具有推动政府规模无限扩展的趋势。威廉·尼斯坎宁（William Niskanen）在1971年出版的《官僚制与代议制政府》（Bureaucracy and Representative Government. Chicago：Aldine - Atherton，1971）中首先阐明了因为多种因素的存在，官僚追求个人利益最大化的内在机理，“构成官僚个人利益的主要因素主要有权力、地位、金钱、特权等，具体而言不外乎‘薪金、职务津贴、社会名望、权力、人事权、较大影响力、轻松的工作负担等’，除最后两项之外，其他所有目标都与官僚所在机构的预算规模呈单调正相关关系。而政府预算规模又与政府权力的大小正相关。”① 根据生产无效率假说，政治家与官僚组成的公共产品生产的双边垄断关系决定了政府的公共产品生产必然缺乏效率。当然，不同国家对政府的监控机制的成熟程度不同，因此各国政府的行政效率也还是有区别的。

4. 国际安全形势。国际安全形势对一国财政收入总量界限也会产生重要影响。当国际安全形势发生变化时，一国政府为确保国家安全和防范战争风险而增加国防开支的财政支出压力，就会直接影响到本国财政收入总量界限的变化。当然，国际安全形势对一国财政状况的影响程度又受到许多具体因素的影响，比如国防目标定位——本土安排还是全球安全（或称防御型还是进攻型），国家开放程度——闭关锁国还是融入全球化，国防经济体制——计划体制还是市场体制，对本国核心利益的侵入程度——高度相关还是间接相关等。另外，如果用军费支出作为国际安全形势的因变量的话，其间也受到诸如军队职能、兵种构成、要素构成等因素的影响。

由于政治因素对财政收入总量界限变化的影响，既具有持续性，又具有特殊情况下的突变性，因而通常是造成非常时期财政收入总量界限发生突变的重要因素。

（三）财政因素

财政收入分配制度、政策及财政收入征管效率等财政因素是决定财政收入总量界限能否处于合理状态的最直接的影响因素。

1. 财政收入分配制度。在社会生产总值中最终有多大比例能成为国家集中的财政收入，取决于现实的分配过程。所以，财政收入的总量界限要受到财政收入分配制度的制约。财政收入分配制度的选择、设计和安排，如果符合财政收入规模合理化要求，则这种财政收入分配制度是合理财政收入规模得以实现的前提和保障；如果背离了财政收入规模合理化要求，则这种财政收入分配制度就会成为合理财政收入规模实现的最大障碍。那么，什么样的财政收入分配制度有助于合理财政收入规模的实现呢？必须从经济发展和社会发展的需要综合考虑，在保证国家财政收入稳步增长的基础上，既能使企业生产得到发展，又能使人民生活水平得以提高的财政收入分配制度才有助于合理财政收入规模的实现。世界银行行长詹姆斯·沃尔芬森（James D. Wolfensohn）在分析各国制度选择对财政收支产生的影响时，将世界各国的公共制度划分为三种类型，即奉行最高纲领的国家、奉行适度纲领的国家和奉行最低纲领的国家。由于各国奉行的纲领及其制度选择不同，使各国财政分配规

① 袁瑞军：“官僚自主性及其矫治——公共选择学派有关论点评介”，《经济社会体制比较》，1999年第6期，第70—75页。

模产生较大的差异。就我国而言，计划经济体制时期奉行统收统支的财政分配制度，由于财政支出范围广、规模大，因而导致当时的财政收入规模也相对较大。财政收入分配制度具有相对稳定性，因而也就成为影响财政收入总量变化的关键因素。

2. 财政收入征管效率。财政收入的征收和管理效率也会影响财政收入的总量界限。如果财政收入征管效率高，就会使财政收入的实际规模与名义规模[①]相一致，反之，如果财政收入征管效率低，财政收入规模的实际规模与财政收入的名义规模则会存在较大的差距。如作为财政收入主要构成内容的税收收入，因其在实际征收管理过程中存在的征收方式、方法和管理严格与否的差异，往往会导致财政收入的实际规模与财政收入的名义规模产生一定的差异，进而使征管效率也成为影响财政收入总量界限的一个重要因素。严格的管理是财政收入稳定增长的重要保证，这里的管理既包括对预算内资金的管理，也包括对预算外资金的管理。加强税收的征管，减少偷税漏税和逃税现象，保证税收收入按时足额收缴，严格管理，提高征管效率，降低征税成本，是财政收入持续稳定增长的重要保证。

3. 财政收入分配政策。财政收入分配政策是影响财政收入总量界限发生临时性突变的重要因素。财政政策是政府用来调控社会经济运行的重要工具，任何时期的财政政策都是在特定背景下为了达到特定目的而制订和实施的。由于财政政策具有特定目的性、特定选择性、特定时效性和随着社会经济条件变化而不断调整的特点，因而，财政政策的多变性是造成财政收入总量经常处于波动状态的最直接的原因。财政收入总量的短期强烈波动现象，通常是由财政收入分配政策的临时调整引起的。例如我国 2009 年在全国范围内推广的家电下乡政策[②]就较好地利用了财政收入分配政策杠杆，不仅实现了惠农强农的目标，而且从促进消费带动生产的角度，为财政收入的增加奠定了物质基础。

财政收入分配政策对财政收入总量界限的影响，虽然在世界各国的表现程度各不相同，但就其各自存在的这种影响而言，却是一种普遍现象。

---

① 财政收入的实际规模是指实际征收的财政收入规模，名义财政收入规模是指应该征收的财政收入都征收到时的财政收入规模。

② 家电下乡政策是深入贯彻落实科学发展观、积极扩大内需的重要举措，是财政和贸易政策的创新突破。主要内容是，顺应农民消费升级的新趋势，运用财政、贸易政策，引导和组织工商联手，开发、生产适合农村消费特点、性能可靠、质量保证、物美价廉的家电产品，并提供满足农民需求的流通和售后服务；对农民购买纳入补贴范围的家电产品给予一定比例（13%）的财政补贴，以激活农民购买能力，扩大农村消费，促进内需和外需协调发展。

（四）其他因素

1. 文化因素。一个国家的文化传统、价值观念及其内含于人们思想中的行为准则，决定着人们的行为习惯，尤其决定着人们对集体与个人、集权与分权、约束与自由、公平与效率、公共产品与私人产品等的需求偏好和习惯性选择，决定着整个社会对公共经济与私人经济的选择，影响政府活动的范围和程度，进而影响着财政收支规模的选择。中华民族经过五千年的文化积淀，依次经历了萌生期、形成期、确立期、繁盛期和总结转型期几大时期，最终形成了崇尚和谐、公平、集体、包容、自强、行善等文化传统。所谓自强不息、厚德载物，这样的文化传统会使国家承担较多的职责，提供较丰富的公共服务，自然要求有较多的财政收入。另外，法国经济学家、曾任法国保险公司总裁的米歇尔·阿尔贝尔（Michel Albert）在1991年出版的《资本主义反对资本主义》一书中，将莱茵河流域的瑞士、德国、荷兰等西欧国家以及斯堪的纳维亚国家所奉行的市场经济模式，称为“莱茵模式”，该种模式依托的文化传统是和谐与公正，这些国家的职能也是广泛和深入的，财政集中率也是较高的。与莱茵模式相对应的是所谓“盎格鲁—撒克逊模式”，广泛存在于英国和北美，其崇尚的文化传统是自由和竞争，倡导放弃管制、削弱国家作用的所谓“国家最小化，市场最大化”原则，国家职责相对较弱，财政集中率也相对较低。

归结起来，一国文化传统对国家和财政收入的影响表现在如下两个方面：

首先，文化具有特殊性，不同的国家乃至同一国家的不同地区，往往具有不同的文化传统，体现着各自的文化特点。各国不同的文化，决定了各国社会成员的价值观念和行为习惯各不相同。在税收文化水平较高的社会，社会成员法纪观念强，自觉依法纳税成风，依法治税易于实现，税收征管效率就高，财政收入规模则大；反之，在一个税收文化水平低下的社会里，社会成员法纪观念淡薄，纳税自觉性低，甚至会出现以言代法，以权压法等现象，依法治税也就难于实现，税收征管效率就低，财政收入规模则小。具体到对公共产品和私人产品的消费需求方面，具有不同文化的社会成员，其消费需求偏好不同。这种不同的消费需求偏好，会导致其对公共产品和私人产品选择的差异性，直接影响着政府按照社会公共需要兴办的公共经济的规模，影响着配置公共部门和私人部门之间资源关系的财政收入规模。

其次，文化具有传播与扩散的特征，文化被创造出来以后，会通过传播与扩散进行发展与创新。文化的发展与创新，既可以通过渐变的方式来实现，有时也会以文化突变来实现跨越式发展。当一个国家或地区的社会成员的文化传统、价值观念和行为准则发生变化的时候，就会引起人们对公共产品和私人产品选择行为上的变化，必然影响到社会对公共需求内容的变化，进而影响到社会成员对政府应该承担的职能的重新认识，影响到政府为履行职能而组织的财政收入规模。以我国为例，在计划经济时期，社会受传统文化的影响，认为政府是整个社会的主体，财政应该大包大揽，因此政府要集中控制尽可能多的财力。改革开放后，新的文化、思想传入我国，公共财政理念逐渐深入人心，人们的价值观念发生了变化，认识到政府与市场之间应该有合理的分工，因而，政府职能在不断地进行合理调整，作为政府职能得以正常履行保障的财政收入规模也随之发生了变化。

2. 人口因素。人口因素也是影响财政收入总量界限变动的一个重要因素。人口因素对财政收入总量界限的影响主要体现在人口总量、人口结构、人口素质、人口流动等方面。

（1）人口总量。人口总量变化对财政收入总量界限的影响主要体现在两个方面：第一，从政府履行职能角度看，一个国家的人口规模越大，政府维持公共秩序的管理难度越大，越需要增加公共管理机构和公共管理人员，而公共管理机构和人员越多，需要消耗的财力越多，越需要财政支出和财政收入规模的扩大，因而人口总量对财政收入规模的影响，使二者呈现为正相关关系。第二，从财政收入规模能否实现的社会供给能力角度看，在社会经济总量和经济效益一定的情况下，社会人口总量越大，其人均 GDP 和人均收入水平越低，社会成员对公共经济的资源让渡能力也就越低，对财政的负担能力也越弱，财政收入的相对规模越小。反之，社会人口总量越小，财政收入的相对规模就越大。从这个角度讲，人口总量对财政收入规模变化的影响，又使二者呈现为负相关关系。当然，如果总人口中的经济活动人口都有就业机会，都有财富创造机会，都有财源积聚机会，那么，人口总量与财政收入规模之间也存在正相关关系的可能性。正、负相关关系的博弈结果，主要取决于经济发展水平决定的就业岗位总量、劳动密集型产业与技术密集型产业的相对关系、就业机制的灵活程度，以及人们的就业观念等。

（2）人口结构。人口结构变化对财政收入总量界限的影响主要体现在三个方面：第一，从社会资源拥有状况体现的人口贫富结构来看，从政府履行职能角度分析，经济资源和经济收入的社会分布状况所导致的社会成员间的贫富差距越大，社会贫困人口越多，社会矛盾越重，政府维护社会稳定的任务越大。与之相适应，财政用于扶贫支出和化解社会矛盾的支出压力越大，所需要的财政收入规模也就越大。而从财政收入来源的供给角度分析，社会贫困人口越多，整个社会成员对财政的负担能力越低，政府组织财政收入越困难，财政收入规模往往越无法扩大。上述两种不同的影响共同发挥作用，决定着财政收入规模的变化。第二，从社会人口的年龄结构来看，从政府履行职能的角度分析，一个国家的老龄化人口越多，老龄人口占社会总人口的比例越大，财政用于社会保障的支出压力越大，所需要的财政收入规模也就越大。从财政收入来源的供给角度分析，一个国家的老龄人口越多，老龄人口占社会总人口的比例越大，适龄劳动人口占社会总人口的比例越小，政府组织财政收入越困难，财政收入规模往往越低。人口年龄结构变化对财政收入规模变化的影响，同样是两种不同影响共同发挥作用的综合结果。第三，从社会人口的知识结构来看，高知识分子阶层所占比例越大，社会总人口所能够创造出的剩余价值相对越多，整个社会对财政的负担能力也就越强，政府组织财政收入也越容易，财政收入规模也就会越大。反之，如果高知识分子阶层所占比例越小，社会总人口所能够创造出的剩余价值相对越少，则整个社会对财政的负担能力也就越弱，政府组织财政收入也越困难，财政收入规模也就会越小。

（3）人口素质。如上文所述，首先，不同素质的人口，其价值观念和行为习惯各不相同。一般来讲，素质高的人口，法纪观念强，依法治税易于实现，税收征管效率就高，财政收入规模则大；反之，素质低的人口，法纪观念弱，依法治税不易实现，税收征管效率就低，财政收入规模则小。其次，不同素质的人口，其消费需求偏好不同。这种不同的消费需求偏好，会导致其对公共产品和私人产品选择的差异性，直接影响着政府按照社会公共需要兴办的公共经济的规模，影响着处理公共经济与私人经济关系的财政收入总量界限。

（4）人口流动。人口流动对财政收入总量界限的影响主要是通过人口流动引发人口总量、人口结构与人口素质的变动，最终影响到财政收入总量界限。

本章小结

1. 财政收入是政府为满足支出的需要，依据政治权力或生产资料所有权，利用各种财政收入形式集中的一定量的货币收入。狭义的财政收入即预算收入，范围包括：税收收入、依照规定应当上缴的国有资产收益、公共收费和其他收入等。广义的财政收入除了政府预算收入外还应包括预算外收入。

“财政收入”与“政府收入”这两个概念从经济学原理上讲是相通的，但从我国现实情况来看，它们的统计口径并不一致，主要表现在政府部门的行政性收费并没有全部纳入财政的预算内或预算外收入中，使得“财政收入”与“政府收入”

出现了口径的不一致，形成了制度外收入。制度外收入的存在表明了目前我国财政收入体系不规范。我国深入进行的税费改革的最终目的就是要建立规范的法制化的公共收入体系，约束政府职能部门的收费产权问题，逐步取消制度外收入、预算外收入。

从本质上讲，财政收入作为一种分配活动，它体现了国家同各种财政资金交纳者之间的分配关系。财政收入对于国民经济运行和社会发展具有重要影响。

2. 按财政收入形式的不同，可以将财政收入分为税收、国有资产收益、公共收费、罚没收入和公债收入；按财政收入性质的不同，可以将财政收入分为税收收入、社会保险基金收入、非税收入、贷款转贷回收本金收入、债务收入和转移性收入；按财政收入层次的不同，可以将财政收入分为中央财政收入和地方财政收入。

3. 在经济发展的一定水平上，客观上存在着财政收入总量界限。合理确定财政收入的总量界限，是财政收入的基本问题。“拉弗曲线”对于我们确定财政收入总量，寻求最佳财政负担率不无借鉴意义。

4. 影响财政收入总量界限的若干因素主要包括：经济因素、政治因素、财政因素和其他因素等。经济因素对财政收入总量界限的决定性，具体体现在四个方面：经济发展水平、经济体制、经济增长方式与经济结构。政治因素对财政收入总量界限的影响主要体现在国家的制度框架、社会政局的稳定状况、政府履行职能的行政效率与国际安全形势四个方面。财政收入分配制度、政策及财政收入征管效率等财政因素是决定财政收入总量界限能否处于合理状态的最直接的影响因素。文化、人口等其他因素也会影响财政收入总量界限。

主要概念

财政收入　预算收入　预算外收入　政府收入　税收　国有资产收益　公共收费　罚没收入　公债收入　中央财政收入　地方财政收入　财政收入集中率　拉弗曲线

复习思考题

基础性思考题：

1. 什么是财政收入？如何对财政收入进行分类？
2. 什么是税收？税收有哪些形式特征？
3. 什么是国有资产收益？国有资产收益的主要形式有哪些？
4. 什么是公共收费？什么是使用者收费和规费？
5. 什么是中央财政收入和地方财政收入？
6. “拉弗曲线”的借鉴意义有哪些？
7. 试述影响财政收入数量界限的主要因素。

扩展性思考题：

1. 如何规范我国政府的公共收入体系？
2. 从多种角度分析我国目前应有的财政收入集中率水平。

第九章

DIJIUZHANG

税 收 理 论

本章属税收基本理论。本章提供关于税收的基本概念和特征、税收分类的标准和构成、税负设计的公平和效率原则、最优税收理论、税负分配过程的转嫁和归宿、税收收入效应和替代效应，以及税收的经济影响方面的基本知识。本章的主要目的是使学生掌握税收的一般理论知识，熟悉税制改革的理论依据。

第一节 税 收 分 类

税收作用的发挥是通过许多不同的具体税种来体现的。若干具体的税种构成了一个国家的税制体系，表现为不同的税制结构。随着社会商品经济的发展，建立多税种、多层次的复合税制成为一种客观必然。为了正确地发挥税收的作用，建立合理的税制结构，就必须依照不同的标准对不同的税种加以科学的分类。

一、课税对象分类法

以课税对象性质的不同对税收进行分类，是最基本的分类方法。经济合作与发展组织（OECD）就是采用这种方法对税收进行分类的，即把税收分为商品课税、所得课税、财产课税三大类。

商品课税是以商品流转额和非商品流转额（如服务业的营业额）为课税对象的税收统称。由于商品课税以流转额为计税依据，在税率既定的前提下，税额大小直接依存于商品和劳务价格的高低及流转额的多少，而与成本和盈利水平无关。根据这一特点，商品课税又称为流转课税。在我国现行的税收体系中，商品课税主要包括增值税、消费税、营业税和关税。从 2000 年至今，这四个税种的收入占全部税收收入的比重始终在 50% 以上，2008 年流转四税收入总额达到 29962 亿元，占全部税收收入的比重为 55%①。

所得课税是以纳税人的净所得（纯收益或纯收入）为课税对象的税收统称。一般包括个人所得税、企业所得税等。在西方国家，社会保障税、资本利得税也归入所得税类。

财产课税是以各类动产和不动产的数量或价值为课税对象的税收统称。财产课税曾经是税制体系中的主体税种，但随着商品经济的发展，它的主体地位被流转税和所得税所取代。财产课税一般有财产税、遗产税、赠与税等。

如果使用课税对象分类法对全部税收进行更为细致地分类，还可以从中分割出资源税和行为税两类，资源税是以资源的绝对收益和级差收益为课税对象的税收统称，行为税是以特定行为作为课税对象的税收统称。

按课税对象性质分类的主要意义在于分析各类税种的性质和经济作用，为合理设计税制提供前提条件。

二、税负转嫁分类法

以税负能否转嫁为标准，可以把税收分为直接税和间接税。

凡由纳税人自己承担税负，不易发生转嫁关系的税称为直接税，一般认为所得税和财产税为直接税。凡纳税人有可能将税负转嫁于他人，发生转嫁关系的税称为间接税，一般认为流转税为间接税。

划分直接税和间接税的意义主要在于分析税收负担的运动和税负归宿，将国家

---

① 《中国统计年鉴 2009》，中国统计出版社 2009 年版。

税收政策与社会政策更好地结合起来。

三、计税依据分类法

按税收的计量标准分类，可以将税收划分为从价税和从量税。

从价税是以课税对象的价格为计税依据的税类。从价税的应纳税额随课税对象价格的变化而变化，能够贯彻合理负担的税收政策，因而是现代税收的基本计税方法。如营业税、增值税、房产税、关税等都属于从价税。

从量税是以课税对象的自然单位（如数量、重量、容量或体积等）为计税依据的税类。从量税的应纳税额以课税对象实物数量的变化而变化，虽然计税简便，但税收负担不能随价格高低而增减，不尽合理，因而仅有少数税种采用这一计税方法，如车船使用税、资源税等。

四、税收与价格关系分类法

按税收与价格的关系分类，可将税收分为价内税和价外税。

价内税是指税金包含在应税商品或劳务价格中的税，故其计税价格被称为含税价格。价外税是指税金附加在应税商品或劳务价格之外的税，故其计税价格被称为不含税价格。一般认为，价外税比价内税更容易转嫁，价内税课征的侧重点为厂家或生产者，价外税课征的侧重点是消费者。西方国家的消费税大都采用价外税的方式。我国流转税以价内税为主，但现行的增值税采用价外税方式。

需要指出的是，所谓价内税和价外税，仅仅是相对于本税种而言，并非泛指所有税收。比如增值税是价外税，仅指增值税的计税价格中不包含增值税，并不影响包含其他税种；消费税是价内税，也仅指消费税的计税价格中包含消费税，但不含增值税。

五、管理权限分类法

税收的管理权限包括立法权、征管权、所有权。由于各国的政策和财政管理体制的不同，各国在实行分税制、划分中央税与地方税时的具体做法也有所不同。

在实行彻底分税制的国家，将税收分为中央税与地方税。中央税是指中央立法机构立法、征管权限和税收收入归中央所有的税。地方税是指由地方立法机构立法、征管权限和税收收入归地方政府所有的税。

在实行不彻底分税制的国家，将税收分为中央税、地方税和中央地方共享税三类，立法权全部归属中央，地方政府无立法权。中央税与地方税的征管权和税收收入分别属于中央与地方。中央与地方共享税的征管权一般属中央，税收收入由中央与地方按一定比例分成。我国1994年后实行的分税制属于不彻底的分税制。关于我国分税制的详细内容的讨论，本书放在第十六章进行。

第二节 税　收　原　则

税收原则是制定税收政策、设计税收制度应遵循的基本准则，也是评价税收政策好坏、鉴别税制优劣的基本标准。具有代表性的税收原则主要有亚当·斯密的税收原则理论、瓦格纳的税收原则理论、现代税收原则理论。

古典政治经济学派的创始人亚当·斯密在其著名的《国民财富的性质和原因的研究》一书中提出了税收四原则，即平等、确实、便利、最小征收费。这些原则为财政学界对税收原则的深入研究奠定了基础。德国经济学家瓦格纳作为社会政策学派的代表提出了四项税收原则：财政收入原则、国民经济原则、社会公正原则和税务行政原则，大大地丰富了税收原则理论。现代经济学家提出的税收原则实际上是公平与效率原则在税收领域的具体化。

一、公平原则

税收的公平原则是指国家征税应使纳税人承担的税收与其经济状况相适应，并使纳税人之间的负担水平保持均衡。可见，税负公平，是相对于不同纳税人的经济条件而言的，而不能孤立地看税负本身的绝对量。

税收公平原则是自亚当·斯密以来的经济学家普遍推崇的设计和实施税收制度的最为重要的原则之一。它对于维持税收制度的正常运行和维护社会稳定是必不可少的。

实现税收公平需要一个衡量的标准。在迄今为止的税收实践中，围绕对这一标准的认知人们提出了许多不同的观点，并逐渐形成了税收公平的两大准则，即受益原则和能力原则。

（一）受益原则

受益原则的基本观点是：纳税人的税负水平要与其从税款的使用中获得的利益相联系。也就是说，个人所承担的税负应与他从政府公共服务活动中获得的实际利益相一致。按照此原则，征税和受益应是对等的。

受益原则也称“交换说”。它最早产生于17世纪末期。传统的等级制思想受到挑战，强调人的平等，个人与政府之间的关系被解释成一种交换关系，即政府提供了和平稳定的生活生产秩序，个人相应地向政府缴纳税收。根据等价交换原则，个人纳税额的多少要取决于他从政府支出中得到的利益，当一个人从政府支出中得到的好处越多时，他也就应该缴纳更多的税收。

但此原则在执行中存在着难以解决的问题：（1）在许多情况下，政府对税收收入的使用结果中，每一纳税人具体受益多少难以测量；（2）由于公共品的非排他性，使每一个人都会找到“免费搭车”这一捷径，作为公共服务的享受者，人们似乎不愿意诚实地公布自己从政府服务中得到的真实利益水平；（3）在政府向社会提供的社会福利性支出中，享受者大多是收入低微，急需救济者，而按受益原则向这些人多征税，显然有悖于常理。受益原则的三大缺陷使它具有很大的局限性，它只能在某些特定的征税范围内适用，而不能广泛地适用于所有征税范围。

（二）能力原则

能力原则的基本观点是：纳税人的税负水平要与其负税能力相联系。负税能力强者承受较重税负，负税能力弱者只能承受较轻税负。

一般来说，能力原则包含两层含义，即横向公平与纵向公平。所谓横向公平是指负税能力相同的纳税人承担相同的税负，该原则排斥特权阶层的存在，排斥税负分配的区别对待。所谓纵向公平是负税能力不同的纳税人承担不同的税负。纵向公平排斥税负分配上的绝对平均主义，反对一切形式的人头税，往往通过累进税率、差别税率、减免税率、加成征收等办法来体现。

与受益原则相比，能力原则更为合理和可行。站在客观可量化的角度，纳税人负担能力可以利用财产标准、支出标准和收入标准来衡量。但若单独依据财产水平、支出水平和收入水平来评价某纳税人的负税能力，也都具有一定的片面性。

从财产标准来看，它的缺陷在于：（1）等量的财产并不一定会带来等量的收益，或者不同财产的增值能力是不同的，这些财产的拥有者自然有不同的负税能力；（2）财产的种类很多，形态各异，在实践中难以准确地查核。单纯的消费支出标准也有缺陷：由于储蓄部分不包括在支出之中，故储蓄阶层的税负偏轻；而依靠借债维持消费支出的人们的税负又相对较重。收入标准尽管有其综合性强，便于核查等优点，可以作为负税能力的主要判断依据，但仅以收入为标准去衡量纳税人的负税能力，也存有一定的弊端：（1）收入的性质不同。比如收入中既有辛勤劳动所得，亦包括非劳动所得、意外收入和其他收入等等，让不同性质的收入无差别地负税，显然有失公允；（2）收入高低并不能完全代表纳税人的实际负税能力，比如纳税人因拥有财产等因素而增加的负税能力，并不表现在其收入水平中。

由此可见，全面地实现税负公平原则，就应以收入标准为主，并兼顾财产标准和消费支出标准来确定税收种类和选择课税对象。

二、效率原则

税收的效率原则包括两层含义：一是征税过程本身的效率。它要求简化征管手续，节省征收费用，用最小的税收成本取得最大的税收收入，也就是要讲求税收的行政效率。二是征税对经济运转效率的影响。它要求税收制度要有利于经济资源的有效配置，有利于经济机制的有效运行，能促进微观经济效益的不断提高和宏观经济的协调稳定，也就是要讲求税收的经济效率。

（一）税收的行政效率

税收行政效率即税收成本与税收收入的比率。亚当·斯密在其“最小征收费用”原则中指出“一切赋税的征收，须设法使人民所付出的，尽可能等于国家所收入的。”[①] 即以尽可能少的征纳费用获取尽可能多的税收收入，使税收成本占税收收入的比值越小越好。税收的行政效率可用如下公式衡量：

$$\text{税收行政效率}=\frac{\text{税收成本}}{\text{税收收入}}=\frac{\text{征收成本}+\text{奉行成本}}{\text{税收收入}}$$

式中，税收成本包括征税方的征收成本和纳税方的奉行成本。征收成本是征税机关在征税过程中发生的费用，包括税务人员的工资、薪金等各项人员经费和房屋修缮费、设备购置费等公用经费。奉行成本是纳税人为履行纳税义务发生的费用，包括税务代理费、资料费、培训费、办税人员工资等。

因此，要提高税收的行政效率，一方面要采用先进的征收手段，节约征管方面的人力和物力；另一方面在税制设计、税种的选择、征税方法的确定上，贯彻简便易行的原则，给纳税人以便利，使纳税人容易理解掌握，节省纳税费用。

（二）税收的经济效率

税收的经济效率旨在考察税收对经济资源配置和宏观经济运行产生的影响。它

① 亚当·斯密：《国民财富的性质和原因的研究》（下卷），商务印书馆 1974 年版，第 358 页。

要求税收制度和税收政策在保证筹集财政收入的同时，应有利于经济发展，力图给经济发展带来积极影响。

税收的经济效率涉及税收中性问题。所谓税收中性，是指政府课税不扭曲市场机制的正常运行，或者说，不影响私人部门原有的资源配置状况。如果政府课税改变了消费者以获取最大效用为目的的消费行为，或改变了生产者以获取最大利润为目的的市场行为，就会改变私人部门原来（税前）的资源配置状况，这种改变就被视为税收的非中性。税收中性包含两种含义：一是国家征税使社会所付出的代价以税款为限，尽可能不给纳税人或社会带来其他的额外损失或负担；二是国家征税应避免对市场经济正常运行的干扰，特别是不能使税收超越市场机制而成为资源配置的决定因素。然而，在现实生活中保持完全税收中性是不可能的，只要国家征税就必然对纳税人的行为产生影响。因此，税收中性原则的实践意义在于，尽量减少税收对市场经济正常运行的干扰，使市场机制在资源配置中发挥基础性作用，在这个前提下，掌握好税收超额负担的量和度，有效地发挥税收的调节作用，使税收机制与市场机制两者取得最优的结合。

可见，税收中性与税收超额负担密切相关。所谓税收超额负担，是指政府通过征税将社会资源从纳税人向政府部门的转移过程中，给纳税人造成了相当于纳税税款以外的负担。超额负担可以从两个方面来看：一是资源配置方面的超额负担。政府征税一方面减少了纳税人支配的资源，另一方面增加了政府部门的支出，倘若因征税而导致的纳税人经济利益损失大于因征税而增加的社会经济利益，就发生了税收资源配置方面的超额负担。这就要求尽力降低税收成本，合理安排财政支出，增加人们从税款使用中获得的效益，补偿他们的纳税损失；二是经济运行方面的超额负担。政府征税对纳税人的经济行为总会产生影响，倘若因征税干扰了纳税人正常的经济行为或最佳选择，就发生了经济运行方面的超额负担，这就要求税制的设计尽力采用中性税收。

用图示可以更清楚地分析征税产生额外负担的问题。在图 9 - 1 中，S 为税前供给曲线，D 为需求曲线，供求曲线相交于 E 点，这时市场均衡价格和均衡产量分别为 P 和 Q，厂商的收入为 OPEQ。政府征税后，供给曲线由 S 变为 S′，在供求弹性的作用下，形成了新的市场均衡价格 P′和新的均衡产量 Q′。消费者面临的价格水平由 P 上升至 P′，厂商面临的价格水平由 P 下降至 A。厂商的销售收入变为 OP′E′Q′，但其中 AP′E′C 为政府税收。而图中三角形 CE′E（阴影部分，也就是损失掉的消费者剩余和生产者剩余之和）既没有被政府征收，也没有为厂商所得，形成无谓损失。进一步分析可以看到，影响无谓损失大小的因素有两个。其一，税收的多少。征税越多，无谓损失越大；其二，供求弹性。供求弹性越大，无谓损失也越大。这也说明了在现实生活中税收额外负担的发生通常是不可避免的。讲求税收经济效率原则的实际意义在于要使征税的额外负担最小。

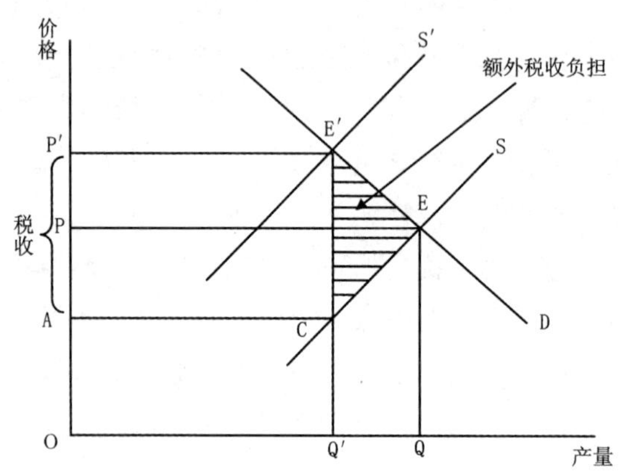

图 9－1 税收额外负担的形成过程

正如在现实生活中保持完全税收中性是不可能的一样，税收超额负担的发生通常也是不可避免的。讲求税收经济效率原则的实际意义在于要使征税的额外负担最小。

一种税收制度可以促进资源配置的合理化，刺激经济的增长和协调经济的均衡发展，那么，税收就是有效率的。如果一种税收制度扭曲了资源配置，挫伤了生产者的积极性，阻碍了经济的发展，那么税收就是无效率的。这就是说，税收效率是通过对经济运行效率的考察来体现的，当经济运行本身已经是高效率的，税收就应以不干预经济运行为有效率；当经济运行本身是低效率的，税收效率则体现为通过对经济运行的调节作用来促进经济效率的提高。实践证明，在市场经济条件下，由于市场机制的固有缺陷，税收在发挥调节资源配置、促进经济稳定增长方面大有用武之地。

三、最优税收

公平原则和效率原则是设计税收制度应遵循的两大基本准则。但公平和效率目标往往是冲突的，提高效率往往以牺牲公平为代价，而实现公平也往往以牺牲效率为代价。怎样建立一种既保证公平又兼顾效率的税收制度是最优税收理论研究的核心问题。最优税收理论对税收的公平与效率原则进行整合，以便能够在公平与效率的权衡取舍之间选择一个最优的组合。

在税收实践和理论的发展中，人们对最优税收问题很早就给予关注，从古典学派到现代经济学的发展中，许多西方经济学者一直在谋求建立一种既能适应市场经济要求，又能满足政府财政需要的最优税制体系。为此目的，斯密、穆勒、萨伊、瓦格纳、马斯格雷夫等学者，提出了各种税制原则。特别是20世纪70年代以来，最优税收理论的研究取得了长足的进展。1996年诺贝尔经济学奖由在不对称信息与刺激性经济理论研究中作出贡献的英国剑桥大学经济学教授詹姆斯·米尔利斯（James A. Mirrlees）和加拿大籍美国哥伦比亚大学名誉教授威廉·维克里（William Vickrey）获得，而他们在不对称信息与刺激性经济理论研究领域最突出的贡献，就是由他们和其他一些经济学家创立的“最优税收理论”。

（一）最优商品税

最优商品税理论最早是由英国剑桥大学的数理逻辑学家和经济学家弗兰克·普伦普顿·拉姆齐（Frank Plumpton Ramsey）于1927年提出的。拉姆齐所要研究和解决的问题是：应当如何设计商品税的税率，才能实现效率损失最小，使商品税达到最优。为此，拉姆齐提出了最优商品税设计的两个法则，即等比例减少法则和逆弹性法则。

1. 等比例减少法则。等比例减少法则的基本思路是，要使税收的超额负担最小，税率的设置应当使各种商品的生产以相等的百分比减少。这一法则的政策含义是，要实现最优商品税，应当对所有的商品课征统一的税率，从而尽可能使税收只具有收入效应而不会产生替代效应。但该法则在实际应用中存在很多问题。比如，出于公平考虑，对高收入者消费较多的商品应课征较高的税率，对低收入者消费较多的商品应课征较低的税率，而不应简单地课征统一税率了事。

2. 逆弹性法则。“逆弹性法则”（inverse elasticity rule）的含义是，对若干种互不相关的商品征税时其税率的确定，应遵照与该商品需求弹性的大小成反比的原则进行。也就是说，对需求弹性较小的商品，应当以较高的税率课税；反之，对需求弹性较大的商品，则应当以较低的税率课税。这一法则的政策含义很明显，即对生活必需品应当课以高税，而对奢侈品则课以轻税。

拉姆齐的研究提出了极有价值的理论见解，无疑为最优商品税理论奠定了基础，但是，拉姆齐的“逆弹性法则”又有着明显的局限性。“逆弹性法则”存在着三个假设前提：一是政府可以充分、完全地获取信息；二是除商品税外，政府不征收其他扭曲性的税收；三是只考虑税收效率而没有考虑税收的公平问题。显然，这些假设是不现实的。原始的拉姆齐法则有悖于常理，应当加以修正。

3. 现代最优商品税。现代最优商品税研究对拉姆齐的成果进行了不少扩展，主要体现是将收入再分配目标纳入了最优商品税理论，从而发展了最优商品税理论。具体体现为两点：

(1) 现代最优商品税认为：税收的标准不仅仅是效率目标，还应考虑公平目标的要求，即便损失一定的效率也不能违背公平原则。基于公平的考虑对于高收入阶层偏好的商品无论其弹性是否很高也应确定一个较高的税率，对于低收入阶层偏好的商品即使需求弹性很低也应确定一个较低的税率。应当指出，上述修正并不是对拉姆齐法则本身的否定，而只是对该法则在使用选择意义上的修正。

(2) 现代优化商品税认为：商品税的纳税人是不同质的，其收入高低不等，需求弹性大小不同，即便是收入水平相同的人，对某些商品的需求弹性也存在较大差异。根据兼顾效率和公平的优化标准，政府课征商品税时也应考虑实行差别税率。

但是对此修正也有不同看法，因为政府课征差别性商品税时，就必须考虑不同个人的收入水平和需求弹性的差异，这一决策过程在很大程度上依赖于对个人信息的掌握情况，然而现实生活中面对众多纳税人政府无法及时准确地获取充分、完全的信息，所以也有人针对希望通过商品税的设计来实现公平目标表示异议。

(二) 最优所得税

1. 最优所得税的边际税率。最优所得税的研究是从如何公平开始的，涉及的主要问题是，累进税率定在什么程度最优。在政府目标是使社会福利函数最大化的前提下，社会完全可以采用较低累进程度的所得税来实现收入再分配，过高的边际税率不仅会导致效率损失，而且对公平分配目标的实现也无益。就标准的累进税制而言，边际税率递增的累进税制要比单一税率的累进税制造成的超额负担更大，而且边际税率越高，替代效应越大，超额负担也越大，经济效率损失越大。同时，相对而言，边际税率越高并不等于越有助于收入分配公平，因为最低收入阶层所获得的免税额或补助额是不变的，高边际税率充其量只是限制了高收入者的收入水平，而无助于低收入者福利水平的提高。

2. “倒U形”最优所得税税率。现代最优所得税出于兼顾公平与效率的考虑提出非线性所得税的观点。米尔利斯（Mirrless）提出了“倒U形”最优所得税税率，主张从兼顾效率与公平的原则出发，对中等收入阶层的边际税率可以适当提高，相反地，对处于两极的低收入阶层和高收入阶层，其边际税率则可适当降低。因为提高中等收入阶层的边际税率能够比提高高收入阶层的税率带来更多的税收收入；降低低收入阶层的边际税率，则有利于增进穷人的福利，体现社会分配的公平；降低高收入阶层的边际税率甚至为零，则可以强化对经济主体的刺激，改善效率，增进总的社会福利。

（三）商品税与所得税的关系

最优税收理论的另一重要方面就是如何在税制建设中选择所得税与商品税的搭配问题。

最优税收理论的研究中，许多经济学家就如何评价商品税与所得税在税制建设中的地位，从不同的角度分析了它们的优劣，一般认为：商品税和所得税各具特点，各有优势，应当是相互补充的而非相互替代，最优税收应当由商品税与所得税共同搭配组成。具体说来，在实现税收公平与效率目标时，所得税是实现税收公平目标的主要手段，这是因为所得税作为直接税，具有调节目标的直接选择性，即想对谁课税就对谁课税，同时，直接税还具有不可转嫁的特点，可以较好地实现再分配的功能。相对而言，商品税在实现税收效率目标时可充当主要手段，因为商品税是一种间接的对物的课税，对商品的课税有着令人不易感知和察觉的特点。差别商品税在校正资源配置失效，较好地实现经济效率方面是所得税不能替代的。可见，商品课税容易实现效率目标，所得课税容易实现公平收入分配目标。

第三节

税负转嫁与归宿

一、税负转嫁与归宿的含义

税负转嫁是指纳税人在商品交换过程中，通过变动价格的方式将其所纳税款，部分或全部转由他人负担的一种经济现象。

税负转嫁机制的特征有：一是税负转嫁与应税商品的价格变动相联系，无论税负转嫁是通过提高销售价格的方法，还是压低购进价格的方法，都会引起价格的升降变化；二是税负转嫁的实质是税负在各相关经济主体之间的再分配过程，也是经济利益的再分配过程；三是税负转嫁是纳税人的理性选择，因为课税是对纳税人经济利益的侵犯，为了自身经济利益的增加，纳税人总是千方百计地将税负转嫁给他人；四是税负转嫁的标志是纳税人与负税人相偏离。纳税人即税法中规定的直接负有纳税义务的单位和个人，负税人指税收负担的最终承担者。在不发生税负转嫁的情况下，纳税人同时也是负税人，两者是同一的；而一旦发生税负转嫁，纳税人与负税人必然发生偏离，就会出现虽然缴纳了税款但并不承担税负或不承担全部税负，以及虽没缴纳税款但却要承担税负的现象。

税收归宿是与税负转嫁密切相关的概念。税收归宿是指税收负担的最终落脚点或税负转嫁的最后结果。作为税收负担的法定归宿，就是税法明确规定的负有纳税义务的纳税人。但如果纳税人千方百计地将税负转嫁给他人的时候，税收负担（全部或部分）也开始了从这个最初的归着点（法定归宿）出发，向最终归着点（经济归宿）转移的运动。最终负担税负的人即为负税人，也就是我们所说的税负转嫁的最后结果，即税收归宿。因此，税收归宿是一种理论抽象，在具体的税负转嫁中它等同于负税人。

可见，税负转嫁是一个税负运动的过程。这个过程可能只经过一次税负转移就能完成，我们把这称之为一次转嫁；但也可能是经过数次税负转嫁来完成的，我们把这称为辗转转嫁。

二、税负转嫁的方式

按照税负转嫁的不同实现途径分类，税负转嫁主要有四种形式：

（一）前转

前转亦称顺转，是指纳税人将其所纳税款，通过提高应税商品或生产要素销售价格的方法，向前转移给商品或生产要素购买者负担的一种转嫁方式。在这个转嫁方式中，税收负担是向前顺着商品流转的方向转嫁出去的，故称为前转。

前转是税负转嫁的最典型和最普遍的形式，大都发生在对商品和劳务的课税上。比如，在产制环节对消费品课征的税款，生产厂商可以通过提高商品出厂价格，把税负转嫁给批发商，批发商再通过提高批发价格，把税负转嫁给零售商，零售商再通过提高零售价格，最终将税负转嫁给消费者。其实质是负税人将一部分税款返还给了纳税人。这一过程可以通过图 9－2 来表示：

（二）后转

后转亦称逆转，是指纳税人将其所纳税款，通过压低应税商品或生产要素购进价格的方法，转移给商品或生产要素提供者负担的一种转嫁方式。在这个转嫁方式中，税收负担是逆商品流转方向转嫁的，因此称为后转。

税收负担向后转嫁一般是通过压低进价或通过降低工资等办法来实现的。后转

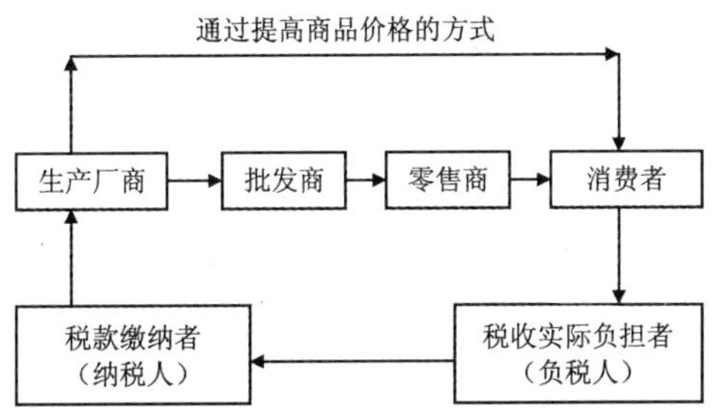

图 9－2 税收转嫁的实现过程

往往出现在市场供求失衡，市场疲软、经济不景气的条件下。此时，纳税人无法将其所纳税款以提高商品销售价格的方法向前转移，于是选择通过压低进货价格来进行税负转嫁。比如政府在零售环节对某种商品征税，在市场疲软，供大于求的情况下，零售商并不能通过提高价格进行前转，只能退而求其次，通过压低进货价格把税收负担逆向转给批发商，同样，批发商又逆转给生产厂商，厂商又通过降低原材料进价和劳动力价格把税收负担转嫁给原材料供应者和劳动者承担。

（三）散转

散转亦称混转，是指纳税人将其税收负担同时向前、向后进行转嫁。在现实生活中，往往是前转和后转并行，即一种商品的税负通过提高销价转移一部分，又通过压低进价转移一部分。仍以对零售商的征税为例，零售商可以将部分税款转嫁给商品的供应者即制造商，也可以将部分税款转嫁给商品的购买者即消费者。这种前转和后转的混合即是散转。

（四）税收资本化

税收资本化亦称资本还原，是指在对某些能够增值的商品（如土地、房屋）交易过程中，买方将其未来应纳的税款，以压低购买价格的方法，事先一次扣除，将税收负担转嫁给卖方负担。税收资本化主要发生在资本品的交易中。从数学角度分析，税收资本化就是将资本品未来各年应纳税收的现值之和（也就是未来税收的资本价值），一次性地从该资本品的交易价格中扣除。可见，税收资本化是将累计应纳税款做一次性转移，实质上这是后转的一种特殊形式。假定某资本品未来各年的税前收益额为（R_1、R_2、R_3、……R_n），各年的利率为 r_1、r_2、r_3、……r_n，则该资本品未来收益的现值 PV（也就是交易价格）的计算公式是：

$$PV = \frac{R_1}{1 + r_1} + \frac{R_2}{1 + r_2} + \frac{R_3}{1 + r_3} + \cdots + \frac{R_n}{1 + r_n} = \sum_{i=1}^{n} \frac{R_i}{(1 + r_i)^i}$$

假定该资本品以后各年的税收相应为 T_1、T_2、T_3、……T_n，在资本品的现值将降为：

$$PV' = \frac{R_1 - T_1}{1 + r_1} + \frac{R_2 - T_2}{1 + r_2} + \frac{R_3 - T_3}{1 + r_3} + \cdots + \frac{R_n - T_n}{1 + r_n} = \sum_{i=1}^{n} \frac{R_i - T_i}{(1 + r_i)^i}$$

有上式可知，该资本品未来各年税收的累计贴现值（未来税收的资本价格）正好等于该资本品税前交易价格和税后交易价格之差：

$$PV - PV' = \sum_{i=1}^{n} \frac{T_i}{(1 + r_i)^i}$$

三、影响税负转嫁的因素

税负能否转嫁，以及转嫁程度主要取决于价格制度、商品供求弹性、税收种类、课税范围等因素。

（一）自由价格制度是税负转嫁的前提条件

由于税负转嫁主要是由税收影响商品和要素的价格而产生的，因此纳税人有无定价权，即社会是否实行自由定价制度就成为税负转嫁的前提条件。如果政府实行指令性价格制度，纳税人没有定价权，这时，就既无法提高售价向前转嫁，也无法降低进价向后转嫁。在国家规定价格的条件下，价格水平确定在前，税收水平确定在后，自然无所谓税收转嫁问题。只有在市场经济和自由定价制度下，纳税人才有可能根据市场供求关系和国家税收的变化，自由的确定价格，从而实现税负转嫁。

（二）商品供求弹性是决定税负转嫁实现程度的关键因素

所谓需求弹性，是指商品或劳务需求量对市场价格升降做出的反应程度。用公式表示为：

$$需求弹性系数 = \frac{需求量变动百分比}{价格变动百分比}$$

$$|E_d| = \frac{\frac{\Delta Q}{Q}}{\frac{\Delta P}{P}} = \frac{\Delta Q}{\Delta P} \cdot \frac{P}{Q} \qquad (1)$$

式中，E_d 为需求弹性系数，Q 为原需求量，ΔQ 为增减的需求量，P 为原价格水平，ΔP 为增减的价格水平。

税负转嫁程度与需求弹性的关系可分两种情况：一是需求富有弹性。即价格较小的变动就会引起需求量较大的变动，如奢侈品。对需求富有弹性的商品因政府征税而提高价格时，购买者因价格提高而引起的购买量下降的幅度会大于价格提高的幅度，迫使商品价格回降或阻止价格的提高。在这种情况下，纳税人税负前转就比较困难，只能采取后转的方式把税负转嫁给生产者。二是需求缺乏弹性。即价格变动较大，需求量则变动较小，如生活必需品。对需求缺乏弹性的商品因政府征税而提高价格时，购买者因价格提高而引起的购买量下降的幅度会小于价格提高的幅度，纳税人进行税负前转就相对容易。另外，还有需求完全有弹性和需求完全无弹性两种情况。当需求完全有弹性时，税负不能进行前转，只能后转到生产者或要素提供者身上；当需求完全无弹性时，商品需求量对价格的变动没有任何反应，税负转嫁极易实现，税收负担完全可以前转给购买者。

所谓供给弹性，指商品或劳务供应量对市场价格升降做出的反应程度。用公式表示：

$$供给弹性系数=\frac{供给量变动百分比}{价格变动百分比}$$

$$|E_s|=\frac{\frac{\Delta Q}{Q}}{\frac{\Delta P}{P}}=\frac{\Delta Q}{\Delta P}\cdot\frac{P}{Q} \qquad (2)$$

(2) 式中，除 E_S 为供给弹性系数外，其他因素的含义与 (1) 式相同。

与需求弹性相同，税负转嫁程度与供给弹性的关系也有两种情况：一是供给富有弹性。当某种商品因政府征税而价格不能相应提高时，生产者因价格下降而反应敏感，其产量下降的幅度会大于价格下降的幅度。由于产量下降驱使价格上升，税款的大部分会通过提高价格前转给购买者。二是供给缺乏弹性。生产者对价格下降的反映程度较弱，其产量下降的幅度小，从而难以控制价格水平，税负会更多地向后转嫁或不能转嫁而由生产者承担。

需求弹性和供求弹性对税负转嫁的影响是同时发生作用的，因此最终的影响要看供求弹性力量的对比或称供求相对弹性。一般认为，当需求弹性小于供给弹性时，税负较易实现向前转嫁；当需求弹性大于供给弹性时，税负不能转嫁或向后转嫁的部分较大。我们可以通过供求曲线的变动来说明。

图 9－3 说明当需求弹性小于供给弹性时，税负转嫁的情况。图中 S 为税前供给曲线，D 为需求曲线，供给弹性大于需求弹性（S 的斜率大于 D 的斜率），供求曲线相交于 E 点，市场均衡价格和均衡数量分别为 P 和 Q。对生产者征税后供给曲线由 S 变为 S′，税后均衡价格上升为 P′，但供给者所得的收益价格下降为 A，均衡数量由原来的 Q 点减至 Q′点。其结果说明由于供给弹性大于需求弹性，则对单位产品税负（P′－A），供给者（纳税人）可将其大部分（P′－P）通过提价转移给

需求者，而另一小部分税负（P－A）供给者只好自己承担。

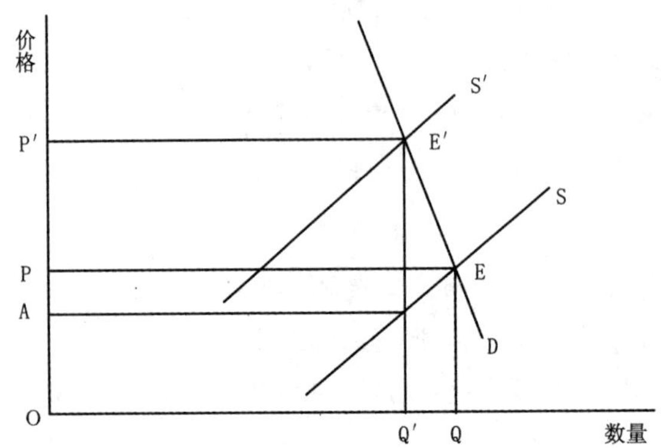

图9－3　需求弹性小于供给弹性的税负转嫁

图9－4说明当需求弹性大于供给弹性时的税负转嫁情况。某商品税前均衡点为E，对应的均衡价格和均衡数量为P和Q。征税后，供给者（纳税人）用提价的方法转嫁税负会受到需求减少的强烈反映。虽可以减少产量与之抗衡，但终因供给弹性小于需求弹性，而不得不将大部分税负自己承担，能转移出去的只是少部分。图中，该商品税后新均衡点E′，均衡价格和均衡数量为P′和Q′。从单位产品税负看，能通过提价转移出去的部分仅为（P′－P），而纳税人自己负担的部分为（P－A），显然能够转移出去的只占较小部分。

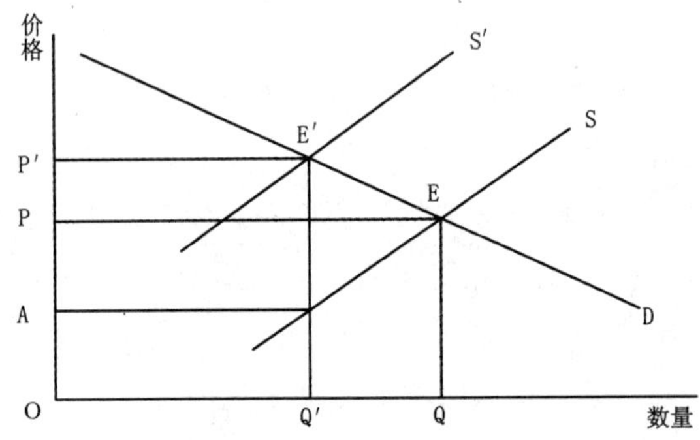

图9－4　需求弹性大于供给弹性的税负转嫁

（三）税收种类影响税负转嫁

税负转嫁一般是通过改变商品的价格来实现的，因此，不同种类的税收在税负转嫁问题上有明显的区别。以商品为课税对象的税收，其课税对象处在流转过程中，其税负与其价格关系密切，这两点便使得商品课税获得了转移税负的基本途径

——随课税对象的流转进行和转移税负的基本方式——改变课税对象的价格。而以财产和所得为课税对象的税收则不具备这些条件，这些税的课税对象并不处于流转过程中，纳税后也不存在相关的交易行为，因此财产课税和所得课税一般不易转嫁。

（四）商品课税范围影响税负转嫁

课税范围愈宽广愈普遍，税负转嫁则相对容易；相反，商品课税范围愈窄小，税负转嫁则愈困难。这是因为，税负转嫁发生时是以商品价格的提高来实现的，当课税范围较小时，消费者很容易找到非税商品来替代已税商品，使税负转嫁的加价失败；而当课税范围较普遍时，税负转嫁引起的价格升高亦非常普遍，使消费者找不到价格不变的替代商品，这时税负转嫁则相对容易。

第四节 税收效应

税收效应是指纳税人因国家课税而在其经济选择或经济行为方面做出的反应。税收对经济的影响是客观存在的，各个税种也会以不同的方式对纳税人的经济行为产生影响，其影响范围涉及消费与投资、家庭储蓄、劳动供给、收入分配等各种经济行为。税收对这些相关经济变量的影响都可以分解成两种效应，即税收的收入效应和替代效应。

一、税收的收入效应

税收的收入效应，是指因征税而导致纳税人实际收入水平和购买力减少方面的影响。税收的收入效应使得纳税人的实际收入减少，对所有商品的购买能力降低，导致总体满足程度下降，但其间所发生的只是资源从纳税人手中转移到政府手中，纳税人面对的相对价格没有改变，因此税收的收入效应并不改变人们的行为方式，即税后纳税人在两种物品之间消费的边际替代率没有变化。

如图 9－5，图中纵轴与横轴分别表示衣物与食品两种商品的数量。假定纳税人的收入是固定的，且全部用来购买衣物和食品两种商品，AB 为纳税人税前预算

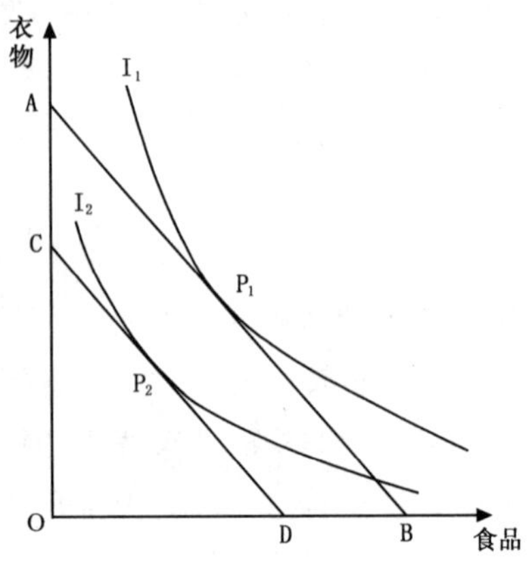

图 9-5 税收的收入效应

线。无差异曲线 I_1 与税前预算线相切，P_1 为切点。P_1 点代表着纳税人税前消费衣物和食品的最优组合，表明购买这些数量的两种商品所得到的效用最大。

假定政府课征一般消费税，对衣物和食品征同样多的税，且消费者承担全部税负，在此情况下，纳税人的预算约束线则发生变化，即 AB 会向左下方平行移动至 CD，一条新的无差异曲线 I_2 与之相切，切点为 P_2，同样 P_2 点代表着纳税人税后消费衣物和食品的最优组合。预算线的这种变化说明征税使纳税人支付能力下降了，他用原来的收入能购买的商品数量减少了，这就是税收的收入效应。应当指出，税收收入效应下发生的只是预算约束线的平行移动，导致的只是纳税人支付能力和满足程度下降了，并没改变纳税人消费倾向，只是使纳税人原有的消费组合在更低的预算约束下实现。

二、税收的替代效应

税收的替代效应是指因征税使纳税人行为方式发生改变，而以一种新的行为方式取代另一种行为方式。当政府对不同的商品实行征税或不征税、重税或轻税的区别对待时，商品的相对价格会受到影响，此时纳税人会减少征税或重税商品的购买量，而增加无税或轻税商品的购买量，即以无税或轻税商品替代征税或重税商品。可见，在税收替代效应下发生的不仅仅是资源从纳税人手中转向政府手中，而且由于商品相对价格的改变，纳税人原有的行为方式也会被扭曲，发生效率损失。

在图 9-6 中，AB 是纳税人的税前预算线，无差异曲线 I_1 与税前预算线相切，P_1 为切点，P_1 点代表着纳税人税前消费衣物和食品的最优组合。

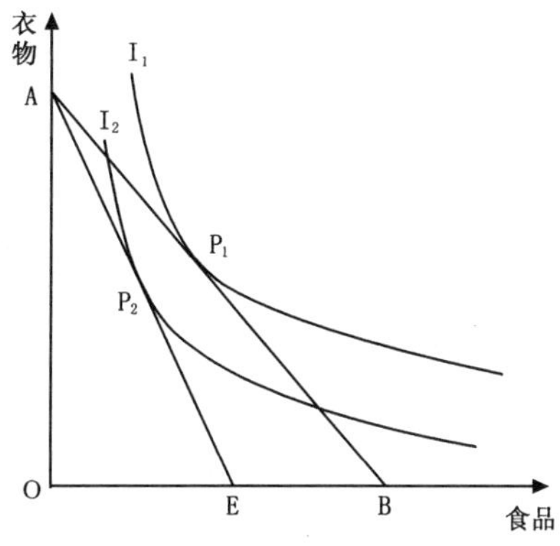

图 9－6 税收的替代效应

假定政府选择对食品课征消费税，且消费者承担全部税负，而对衣物不征税，征税改变了这两种商品的相对价格。在此情况下，纳税人的预算约束线的变化不再是向内平行移动了，由于对衣物不课税所以原来的 A 点仍在税后预算线上，于是预算约束线发生了以 A 为原点的向内旋转，形成税后预算线 AE，很明显税后预算线的斜率已发生了变化。无差异曲线 I_2 与它相切于 P_2 点，P_2 点代表着税后新预算约束条件下纳税人的最优组合，在这个组合中他不得不更多地减少了对食品的购买，这就是税收的替代效应。税收的替代效应不仅仅是纳税人收入水平的下降，它同时改变了纳税人原定的行为方式，产生了资源配置的扭曲，这会导致经济效率的下降。

以上我们以商品课税简单分析了税收的收入效应和替代效应。在以上分析中我们做出许多假定，其目的在于要说明税收收入效应和替代效应的基本含义，但当我们在一般均衡意义上分析税收的收入效应和替代效应时，就会发现，在实际税收实践中，不存在任何一种税只有收入效应而没有替代效应，或只有替代效应而没有收入效应，因为一种税收的影响是多方面的，不仅仅是对纳税人一种行为的选择。前面分析中提到的一般消费税，虽然在商品选择上没有发生替代效应，但它还会影响纳税人其他方面的选择，并带来效率损失。

三、税收的经济影响

在现代税制体系中，所有税种都影响经济行为。下面我们就从税收的收入效应和替代效应两个方面来分析税收对劳动供给、居民储蓄、投资和个人收入分配的影响。

（一）税收与劳动供给

税收对劳动供给的收入效应，是指征税后减少了个人的可支配收入，促使其为维持既定的收入水平和消费水平而减少或放弃闲暇，增加工作时间。税收的替代效应，是指由于征税使劳动和闲暇的相对价格发生变化，劳动收入下降，闲暇的相对价格降低，促使人们选择闲暇以替代工作。税收对劳动供给的这两种效应，如果是收入效应大于替代效应，征税对劳动供给主要是激励作用，它促使人们增加工作；如果收入效应小于替代效应，征税对劳动供给就会形成超额负担，人们可能会选择闲暇替代劳动。

在各税种中，个人所得税对劳动供给的影响较大，在个人收入主要来源于工资收入，且工资水平基本不变的前提下，征收个人所得税通过对人们实际收入的影响，从而改变人们对工作和闲暇的选择。

（二）税收与居民储蓄

税收对居民储蓄的影响，主要是通过个人所得税、利息税和间接税影响居民的储蓄倾向。在此简单分析个人所得税和利息税对居民储蓄的影响。

在对储蓄利息所得不征税的情况下，征收个人所得税对居民储蓄只有收入效应，即征收个人所得税会减少纳税人的可支配收入，迫使纳税人降低当前的消费和储蓄水平。当对储蓄利息征税时，收入效应和替代效应同时产生。此时的收入效应在于对利息征税降低了个人的实际收入，导致个人用其既定的收入减少当前或未来的消费；而替代效应是指在对利息所得征税后，当前消费与未来消费的相对价格发生了变化，即未来消费的价格变得昂贵了，而当前消费的价格相对下降了，个人将增加当前的消费，储蓄意愿降低，导致纳税人以消费代替储蓄。

（三）税收与投资

税收对投资的影响主要表现为对投资预期报酬率的影响、对投资风险的影响和对投资能力的影响三个方面。

1. 税收对投资预期报酬率的影响。对企业实现利润征收所得税将减少投资收益，但如果在税前允许加速折旧、投资抵免、减免优惠，可以减少企业纳税，增加税后利润，增加投资收益。税收对投资成本和投资收益两方面的共同作用影响投资报酬率，并最终影响投资决策。

税收对投资收益的影响，是通过替代效应和收入效应来实现的。课征企业所得税，会压低纳税人的投资收益率，如果因此而使投资者降低了投资的意愿，导致其减少投资而以消费替代投资，就是发生了税收对投资的替代效应。如果征税和提高税率减少了投资者的税后净收益，而投资者为了维持税前的收益水平趋向于增加投资，这是税收对投资的收入效应。

2. 税收对投资风险的影响。税收对投资风险的影响取决于税收对亏损的处理方式：一是不允许亏损弥补的所得税对投资风险的影响。如果政府在企业盈利时征收所得税，但在企业亏损时不允许用利润弥补，政府只分享投资收益，而不承担投资亏损风险。这种税收处理方式有利于安全投资，不利于风险投资；同样，有利于风险小的投资，而不利于风险大的投资。因为，税收减少了风险投资的预期收益，却没有减少投资风险，或者也可以说，税收增加了投资的相对风险。二是允许亏损弥补的所得税对投资风险的影响。如果政府在企业盈利时征收所得税，但在企业亏损时也允许用利润弥补，政府不只分享投资收益，也承担投资亏损风险。这种税收处理方式对安全投资和风险投资决策的影响是中性的。因为，税收减少了风险投资的预期收益，但也减少了投资风险。

3. 税收对投资能力的影响。企业投资能力主要是指企业可动用资金，包括企业税后留利、折旧、发行股票债券、银行贷款，税收对上述各项资金产生不同的影响。以企业税后留利为例，由于企业留利是企业税后利润中分配股息以后保留在企业中的利润，因此，企业所得税对企业留利水平的影响比较大。在企业实现利润水平既定的情况下，提高企业所得税将减少企业留利。除了税率以外，也取决于税基，如果税前优惠比较多，缩小税基，有利于增加企业留利；反之，则减少企业留利。

（四）税收与个人收入分配

个人所得税是调节收入分配的最有力工具。在各种收入来源既定的情况下，个人间收入分配的结果及其差距在很大程度上取决于个人所得税的征税情况。个人所得税直接对纳税人的所得综合或分类进行征税，体现了支付能力原则，即高收入者多征，低收入者少征。尤其在实行累进税率制度下，税类随着收入级次的提高而提高，收入水平越高，适用税率越高，从而具有较强的再分配作用。因此，个人所得税对个人间的收入分配，特别是对抑制收入差距的扩大具有特殊功能。

税收支出也是影响收入分配的重要工具。政府可以通过对许多项目做出不予课税、税额抵免、所得扣除等特殊规定，增加低收入阶层的实际收入。实现这一目标的途径有两条：一是直接对低收入阶层的许多纳税项目给予税收优惠照顾，比如医疗费用扣除、儿童抚养费用扣除、社会保险扣除等；二是对有助于间接增加低收入阶层收入或减少低收入者消费支出的行为给予税收优惠照顾，如对高收入者向慈善机构、公益事业机构等单位的捐款给予免税待遇，以鼓励慷慨解囊举办社会福利事业。

本章小结

1. 为了正确地发挥税收的作用，建立合理的税制结构，就必须依照不同的标准对不同的税种加以科学的分类。税收分类的常用方法有：课税对象分类法，把税收分为商品课税、所得课税、财产课税；税负转嫁分类法，把税收分为直接税和间接税；计税依据分类法，将税收分为从量税和从价税；税收与价格关系分类法，把税收分为价内税与价外税；管理权限分类法，在实行彻底分税制的国家，将税收分为中央税与地方税，在实行不彻底分税制的国家，将税收分为中央税、地方税和中央地方共享税三类。

2. 税收的公平与效率原则。税收的公平原则是指国家征税应使纳税人承担的税收与其经济状况相适应，并使纳税人之间的负担水平保持均衡。税收公平的两大准则，即受益原则和能力原则。受益原则的基本观点是：纳税人的税负水平要与其从税款的使用中获得的利益相联系。能力原则的基本观点是：纳税人的税负水平要与其负税能力相联系。税收的效率原则包括两层含义：一是征税过程本身的效率；二是征税对经济运转效率的影响。

3. 最优税收理论是对税收的公平与效率原则进行整合，以便能够在公平与效率的权衡取舍之间选择一个最优的组合。最优税收理论的内容主要有三方面：(1) 最优商品税。拉姆齐提出了最优商品税设计的两个法则，即等比例减少法则和逆弹性法则。(2) 最优所得税。在政府目标是使社会福利函数最大化的前提下，社会完全可以采用较低累进程度的所得税来实现收入再分配，过高的边际税率不仅会导致效率损失，而且对公平分配目标的实现也无益。“倒 U 形”最优所得税税率，即从兼顾效率与公平的原则出发，对中等收入阶层的边际税率可以适当提高，相反地，对处于两极的低收入阶层和高收入阶层，其边际税率则可适当降低。(3) 所得税与商品税的搭配。商品税和所得税各具特点，各有优势，应当是相互补充的而非相互替代，所得税是实现税收公平目标的主要手段，商品税是实现税收效率目标的主要手段。

4. 税负转嫁与归宿。税负转嫁是指纳税人在商品交换过程中，通过变动价格的方式将其所纳税款，部分或全部转由他人负担的一种经济现象。税负转嫁机制的特征有：一是税负转嫁与应税商品的价格变动相联系；二是税负转嫁的实质是税负在各相关经济主体之间的再分配过程，也是经济利益的再分配过程；三是税负转嫁是纳税人的理性选择；四是税负转嫁的标志是纳税人与负税人相偏离。税收归宿是指税收负担的最终落脚点或税负转嫁的最后结果。税负转嫁的方式包括：前转、后转、散转、税收资本化和消转。影响税负转嫁的因素有价格制度、商品供求弹性、税收种类、课税范围等。

5. 税收效应表现为两种类型，即收入效应和替代效应。税收的收入效应是指因征税而导致纳税人实际收入水平和购买力减少方面的影响。税收的收入效应并不改变人们的行为方式，即税后纳税人在两种物品之间消费的边际替代率没有变化。税收的替代效应是指因征税使纳税人行为方式发生改变，而以一种新的行为方式取代另一种行为方式。税收替代效应下发生的不仅仅是资源从纳税人手中转向政府手中，而且由于商品相对价格的改变，纳税人原有的行为方式也会被扭曲，发生效率损失。

6. 税收对经济的影响是客观存在的，各个税种也会以不同的方式对纳税人的经济行为产生影响，其影响范围涉及消费与投资、家庭储蓄、劳动供给、收入分配等各种经济行为。

主要概念

流转课税　所得课税　财产课税　直接税　间接税　价内税　价外税　从量税　从价税　公平原则　受益原则　能力原则　效率原则　最优税收　税负转嫁　税收归宿　前转　后转　散转　税收资本化　消转　收入效应　替代效应

复习思考题

基础性思考题：

1. 如何对税收进行分类？
2. 如何理解税收的公平与效率原则？
3. 试述最优税收理论的主要内容。

4. 什么是税负转嫁？税负转嫁的基本形式有哪些？
5. 影响税负转嫁的因素有哪些？
6. 如何理解税收的收入效应？
7. 如何理解税收的替代效应？
8. 试述税收对劳动供给的影响。
9. 税收对居民储蓄有哪些影响？

扩展性思考题：

1. 如何在我国的税制设计中更好地体现公平与效率相兼顾的原则？
2. 举例说明税收的收入效应和替代效应。

第十章

DISHIZHANG

税 收 制 度

本章对我国现行税收制度进行实证性分析或描述。本章提供关于税收制度的概念和结构、税收制度的构成因素、若干主要税种的计算和征收等方面的知识。明了税制结构，熟悉税制要素，掌握几个主要税种的正确计算是本章的主要目的。

第一节

税收制度的概念与结构

一、税收制度的概念

税收制度简称税制，是国家通过法律程序确立的征税依据和规范。人们通常将税收制度解释为："税制是国家各种税收法律、法令、条例、实施细则、税收征管办法和征管体制的总和"。税制体现着国家税收政策，规定了国家与纳税人之间的征纳关系，既是税务部门征税的法律依据，也是纳税人纳税的行为规范。

广义的税收制度包括：(1) 税收体系。一个国家的税收体系中各种税类、税种的构成及其相互关系。(2) 具体税种。用来调整国家与纳税人之间具体税收关系的课征制度。(3) 税收管理制度。确定税收管理权限划分的税收管理体制和税收征管办法等内容。

人们通常所说的税收制度，多指狭义的税收制度，即某一具体税种的课征制度，它由纳税人、课税对象、税目、税率、起征点、免征额、纳税期限、纳税环节、减免税、违章处理等要素所构成。这里主要介绍税收制度的狭义概念。

税收制度主要通过税收法律文件体现出来。目前，我国税收法律文件的主要形式有：

1. 税法。由国家立法机关全国人民代表大会和全国人民代表大会代表大会常务委员会制定并颁布实施的税收法律文件。如《中华人民共和国个人所得税法》、《中华人民共和国外商投资企业和外国企业所得税法》。税法在我国税收法律文件形式中属于最高层次，居于最重要地位。

2. 税收条例。由国家立法机关授权国务院制定并颁布实施的税收法律文件。如《中华人民共和国增值税暂行条例》、《中华人民共和国消费税暂行条例》等。税收条例不得违反宪法和其他有关法律，否则无效。税收条例的法律效力仅次于税法，待条件成熟时，立法机关即可完成其立法程序，成为税法。

3. 税法实施细则。由财政部根据立法机关或国务院的授权对税法或税收条例所做出的具体解释性规定。税法实施细则必须根据授权制定不能与税法或税收条例相抵触，否则无效。如《中华人民共和国增值税暂行条例实施细则》、《中华人民共和国消费税暂行条例实施细则》等，它们也具有法律效力。

4. 税收行政法规。由政府财税机关在其职权范围内制定发布的税收法规性文件。如决定、通知、暂行办法、暂行规定等。主要是对税法或税收条例的解释，也可在不违背税法的前提下，根据发展变化了的客观经济情况，对税法做出某些补充规定，同样具有法律效力。

5. 地方性税收行政法规。有地方立法机关制定并颁布实施的适用于本地区的税收法规文件。它不得与国家税收法规相抵触，否则无效。

二、税收制度的结构

税制体系有两大类型，即单一税制和复合税制。所谓单一税制就是在一个国家只征收一种税的税收制度。在税收理论史上，一些学者曾提出单一税的理论主张，比如单一土地税、单一消费税、单一财产税和单一所得税等主张。但由于单一税制无法有效稳定地提供财政收入，也不能对市场经济的失灵之处进行有效弥补，且课税对象单一，课税范围狭小，弹性不足，又难以实现税负公平，因而单一税制难以真正实施。复合税制克服了单一税制的不足，在各国税收实践中广为推行。所谓复合税制就是在一个国家同时开征两个以上税种的税收制度。从保证财政收入角度看，复合税制由多种税构成，课税范围宽泛，税源充裕，比单一税制更好地满足了财政收入的需要；从对经济运行的调节来看，复合税制多税种、多层次、多环节调节，对经济有较强的适应性，同时，复合税制以税制总体设计为标准，从整体效果上实现了既均衡社会财富，又促进经济增长的复合功能，其效果明显优于单一税制。

复合税制因所选税种及其搭配的不同形成了不同的税制结构。在一定时期相对稳定，且具有明确特征的税制结构会形成一定的税制模式。税制模式是对税制结构的理论抽象，它规定了税制结构的基本框架和主要构成。在长期税收实践中，税制模式也是在适应人类社会经济发展的过程中不断发生变化，不同的生产力发展阶段所形成的税制模式不同，一定社会生产力水平决定着一定的生产结构和经济结构，同时也决定着税制结构。迄今的税收实践中，税制结构的演变经历了三个阶段，即传统的直接税为主的税制结构、间接税为主的税制结构和现代的直接税制度。

（一）传统的直接税制度

在古代的封建社会，生产力发展水平很低，自然经济为基础，农牧业是国民经济的唯一支柱，依附于农牧业的商业和小手工业规模很小，商品经济极不发达。这就决定了税收基本是来自农牧业，税制模式也只能是以按土地面积征收的田赋和按人口征收的口赋等直接税为主体，而与商品买卖相关的市场税只能作为辅助税种。这种所谓传统的直接税制度是一种简单的直接税制度，它以课税对象的单一的外部标准来确定税额，不考虑实际应税能力。如对土地征税只考虑土地面积的大小而不像现代税制，不仅考虑面积还要考虑土地的肥力或地理位置；再如人头税也从不考虑纳税人的实际支付能力。因此传统的直接税存在许多弊端，很难适应后来经济发展的需要。

（二）以间接税为主的税收制度

封建社会的末期和资本主义的初期，工商业迅速发展，商品流通迅速扩张，经济结构发生了较大变化，这一变化导致以土地和口赋为主要税源的直接税不再能满足财政收入的需要了。随着商品生产和流通规模的扩大，以商品流转额为征税对象的间接税得以推广，逐步取代了古老的直接税。间接税制以其税源广泛、收入稳定、便于征收等特点较长时间居于主导地位，而由于它易于转嫁，也得到纳税人（生产者和商家）的一定支持。但间接税容易出现的重复课税，对经济发展的阻碍日趋严重，使得间接税稳固的主导地位也出现了动摇。

（三）现代直接税制度

随着工商各业的迅速发展，技术设备更新，工业化使社会生产力得到了长足发展，人均收入大大增加，同时收入分配不公的现象加剧。为适应这种变化，率先进入工业化的国家在税制建设上也率先放弃了以间接税为主体的税制，选择了以所得税等直接税为主体的现代税制结构。从世界各国的税制发展看，以所得为课税对象的税类、税种逐渐在税制结构中成为主导。其间由于各国生产力发展水平的差距和生产结构的很大不同，导致各国具体的税制结构存有差异，但就税制模式来说，已经形成了以直接税为主体的税收制度。

第二节 税制要素

一、纳税人

我国《税收征管法》第四条规定，法律、行政法规规定负有纳税义务的单位和个人为纳税人。纳税人又称纳税义务人，或纳税主体、课税主体，是依照税法规定对国家直接负有纳税义务的人。

负税人和纳税人是两个不同的概念。负税人即税收负担的最后承担者。若税负不转嫁，纳税人同时也是负税人；若税负转嫁，则两者表现为不一致。

扣缴义务人和纳税人也是不同的。我国《税收征管法》第四条规定，法律、行政法规规定负有代扣代缴、代收代缴税款义务的单位和个人为扣缴义务人。实行代扣代缴和代收代缴，有利于简化税款征收手续，加强税收的源泉控制，减少税款流失。扣缴义务人应严格履行代扣代缴义务，否则要视情节轻重受到相应的处罚。

二、课税对象

课税对象，又称征税对象、税收客体，它是指税法规定的征税的目的物，是征税的根据。每一种税都必须明确对什么征税，每种税的课税对象都不会完全一致。课税对象是一种税区别于另一种税的主要标志。

每一种税都有自己的课税对象，否则这一税种就失去了存在的意义。凡是列为课税对象的，就属于该税种的征收范围；凡是未列为课税对象的，就不属于该税种的征收范围。例如：我国增值税的课税对象是货物和应税劳务在生产、流通过程中的增值额；企业所得税的课税对象是企业利润；个人所得税的课税对象是个人的各项所得。

课税对象随着社会生产力的发展变化而变化。自然经济中，土地和人丁是主要的课税对象；商品经济中，商品的流转额、企业利润和个人所得成为主要的课税对象。在可以作为课税对象的客体比较广泛的情况下，选择课税对象一般应遵循有利于保证财政收入，并有利于调节经济，且适当简化的原则。

与征税对象相关的有以下几个概念：

1. 税源和税本。税源是指税收的最终经济来源，是一部分国民收入；而国民收入是由生产劳动者和生产资料相结合创造出来的，这样劳动者和生产资料是生产税源的最基本要素，也就是税本。有的税种的征税对象与税源是一致的，如各种所得税，其征税对象和税源都是纳税人取得的所得或纯收入；有的税种的征税对象和税源又不相同，如各种财产税，征税对象是应税财产的数量或价值，税源却是财产带来的收益。税源是税本之果，有税本才有税源，有税源才有税收。保护税本是西方财政、经济学者提出的一项税收原则。但国家在运用税收杠杆过程中，有时也要限制某些经济单位或经济活动的发展，这也是保护税本的另一种形式。

2. 计税依据。计税依据又称征税基数或税基，是指计算应纳税额的依据。征税对象体现对什么征税，属于质的规定，计税依据则是从量上来限定征税对象，属于量的规定。计税依据按照计量单位的性质划分，多数情况下是从价计征，也有时是从量计征。

3. 税目。税目又称征税品目，是指税法规定的某种税的征税对象的具体范围，是征税对象在质上的具体化，代表了征税对象的广度。税目并非每一税种法都须具备的内容。有些税种的征税对象简单、明确，无进一步划分税目的必要，如房产税。当某一税种的征税对象范围较广、内容复杂时，才将其划分为税目以明确界定。税目的制定方法可分为列举法和概括法两种。列举法是按照每一种商品或经营项目分别设计税目，必要时还可以在税目之下划分若干细目。概括法是对同一征税对象用集中概括的方法将其分类归并。列举法和概括法各有优缺点，应配合运用。

三、税率

税率是税额占课税对象数额的比例，反映了政府征税的深度。在课税对象既定的情况下，税率的高低决定着税负水平，体现着国家的税收政策。税率从存在形式上可分为比例税率、累进税率和定额税率三种，但从经济分析的意义上又有名义税率和实际税率，平均税率和边际税率的区别。

（一）税率的三种基本形式：

1. 比例税率。税率不因课税对象数额的多少而变化，只确定一个固定的比例。比例税率的优势在于计算简便，但它不能发挥很好的调控作用。

2. 累进税率。税率随课税对象数额的增大而逐步提高。累进税率将课税对象划分为若干等级，数额越大，税率越高。累进税率有全额累进税率、超额累进税率、全率累进税率、超率累进税率等具体形式。

（1）全额累进税率和超额累进税率。全额累进税率。计税时要以课税对象的全额来确定所属等级，按其相应的税率计算税款。当课税对象数额增大并达到另一较高等级时，课税对象的全额都按高一级的税率计征税款。

超额累进税率。计税时全部课税对象要分别按照所属等级的税率进行分段计税，然后相加求和，得出全部课税对象的应纳税额。

举例说明全额累进税率与超额累进税率的区别：

假设某纳税人适用的所得税税率表如表 10－1 所示，请分别计算，当其应税所得额分别为 10000 元和 11000 元的情况下，按照全额累进税率和超额累进税率，应缴纳的所得税。

表 10－1　　累进税率表

级数	应纳税所得额	税率（%）
1	0—1000 元	10
2	1000—3500 元	20
3	3500—10000 元	30
4	10000 元以上	40

①当应纳税所得额为 10000 元时：

在全额累进税率下：

应纳税额＝10000×30%＝3000（元）

在超额累进税率下：

应纳税额 =1000×10% +（3500－1000）×20% +（10000－3500）×30%

=2550（元）

②当应纳税所得额为11000元时：

在全额累进税率下：

应纳税额 =11000×40% =4400（元）

在超额累进税率下：

应纳税额 =1000×10% +（3500－1000）×20% +（10000－3500）×30%

+（11000－10000）×40% =2950（元）

从以上计算中可以看出：第一，全额累进税率计算简便，但税负较重；第二，全额累进税率下，在累进分界点附近，税负出现跳跃式递增。而超额累进税率由于采取分段计税，所以税负增长比较缓和。

（2）全率累进税率和超率累进税率。全率累进税率，是指按照一定的相对量（比率）制定分级全率累进表，计税时按纳税人的征税对象相对量确定适用税率，全部征税对象与适用税率的乘积，即为应纳税额。全额累进税率与全率累进税率原理相同，只是累进的依据不同，前者是征税对象的数额，后者为征税对象的某种比率，如销售利润率、增值率等。

超率累进税率，是指对纳税人的全部征税对象，按税率表规定的相对量级距，划分为若干段分别适用不同的税率，各段应纳税额的总和就是全部征税对象的应纳税额。超额累进税率与超率累进税率的原理相同，不同是，前者以征税对象的数额为累进依据，后者则以征税对象的比率为累进依据。

3. 定额税率。定额税率是按照课税对象的计量单位，直接规定税额的税率形式。课税对象的计量单位可以是其自然单位，如土地使用税按使用土地面积计税；也可以是特殊规定和复合单位，如车船使用税，根据车船的种类，分别按车辆、净吨位或载重吨位为计量单位。定额税率计算简便，适用于从量计征。鉴于该税率形式是直接规定税额，为了同时维护国家和纳税人的利益，适用该税率的征税对象一般是价格比较稳定、质量和规格标准较统一的商品。

（二）经济分析中的税率概念

名义税率和实际税率：名义税率就是税法中规定的税率。实际税率是纳税人实际缴纳的税款占纳税人收入的比例。在许多情况下，名义税率与实际税率是不一致的。其原因主要是税法中有一些如起征点、免征额、减税、免税、退税、附加、加成等一些修正性规定，其中许多规定会使名义税率低于实际税率，也有些规定则可以使实际税率高于名义税率。甚至纳税人在存在欠税、漏税、偷税、抗税、骗税等违法行为时（有时也存在缴纳过头税），也会引起名义税率和实际税率的不一致。

平均税率和边际税率：平均税率是纳税人实纳税额占全部课税对象的比率，反映纳税人的总体税负水平。边际税率是纳税人课税对象的增量中，增量的税额占该部分课税对象的比率。

四、起征点与免征额

起征点是税法中规定的开始征税的起点。当课税对象数额未达到该点时不征税，一旦达到或是超过该点，则全部课税对象都应征税。

免征额是税法中规定的免于征税的数额。当纳税人课税对象数额未达到或只是达到该数额时，不征税；超过该数额时，只就超过的部分征税。

可见，起征点与免征额是不同的，起征点是对收入较低的部分纳税人的照顾，而免征额则是对所有纳税人的照顾。

五、附加与加成

附加和加成都是加重纳税人税收负担的措施，但两者在覆盖面、收入去向、设置动机等方面存在区别。附加是随“正税”的征收而加征的、占正税税额的一定比例的附加收入，具有与正税相同的覆盖面。加成是在按基本税率计征税款的基础上，再加征一定成数的税款。例如我国《个人所得税法》规定，对个人源于劳务报酬的应税所得，超过 2 万元和 5 万元的部分，分别加征 5 成和 10 成。即，在基本税率为 20% 的情况下，对单次劳务报酬所得在 2 万元至 5 万元的部分，按 30% 计税；对 5 万元以上的部分，按 40% 计税。

六、税收优惠

税收优惠，就是指为了配合国家在一定时期的政治、经济和社会发展总目标，政府利用税收制度，按预定目的，在税收方面相应采取的激励和照顾措施，以减轻某些纳税人应履行的纳税义务来补贴纳税人的某些活动或相应的纳税人。税收优惠也是国家干预经济的重要手段之一。现代各国采取的税收优惠形式，主要包括有减税、免税、退税、加计费用扣除、投资抵免、税前还贷、加速折旧、亏损结转抵补和延期纳税等。

七、纳税环节

纳税环节是税法规定的征税对象在从生产到消费的流转过程中应当缴纳税款的

环节，有广义和狭义之分。

广义的纳税环节指全部征税对象在再生产中的分布。如资源税分布在生产环节，所得税分布在分配环节等。它制约着税制结构，对取得财政收入和调节经济有重大影响。

狭义的纳税环节指应税商品在流转过程中应纳税的环节，是商品流转课税中的特殊概念。按照纳税环节的多少，可分为一次课征（单环节课征）制度和多次课征（多环节课征）制度。一次课征制度是指一种税收在各个流通环节只征收一次税。多次课征制指一种税收在各个流通环节选择两个或两个以上的环节征税。

八、纳税期限

纳税期限是纳税义务、扣缴义务发生后，纳税人、扣缴义务人向国家缴纳或者解缴税款的期限。纳税期限一般是根据各税种的不同特点，结合纳税人的生产经营情况、应纳税额的大小等确定的。

纳税期限包括纳税计算期和税款缴库期。

纳税计算期是纳税人据以计算纳税、扣缴义务人据以计算解缴税款的期间，一般分为两种：（1）按次计算，是以纳税人从事生产经营活动的次数作为纳税计算期，例如契税。增值税、营业税种也有按次纳税的规定。（2）按期计算，是指以发生纳税义务、扣缴义务的一定期间作为纳税计算期，例如我国企业所得税以一个自然年度作为纳税年度。

税款缴库期是指纳税计算期届满后，纳税人、扣缴义务人向税务机关报缴税款的期限。由于纳税人、扣缴义务人在纳税计算期内所取得的应税收入、应纳税款、代扣代收税款都需要一定的时间来进行结算和办理有关手续，因此，实体税法又根据各税种的特点和纳税计算期的长短，规定了不同的税款缴库期。

我国现行各税种都明确规定了纳税期限。例如，《增值税暂行条例》第二十三条规定，增值税的纳税期限分别为 1 日、3 日、5 日、10 日、15 日、1 个月或者 1 个季度……纳税人以 1 个月或者 1 个季度为 1 个纳税期的，自期满之日起 15 日内申报纳税；以 1 日、3 日、5 日、10 日或者 15 日为 1 个纳税期的，自期满之日起 5 日内预缴税款，于次月 1 日起 15 日内申报纳税并结清上月应纳税款。

九、税务违章处理

违章处理又称罚则，是对纳税人违反税法的行为进行处罚的规定。违反税法的行为主要有欠税、逃避缴纳税款、骗税等类型，根据其性质、数额、态度的不同，税法规定有相应的处罚措施，主要包括：加收滞纳金（我国现行税收征管法规定，从缴纳税款期限届满之日起，按每日 0.5‰的标准加收滞纳金）、处以罚款、追究刑事责任等。

第三节 我国税收制度概况

一、我国税收制度的沿革

新中国税收制度的建立是以 1950 年政务院颁布《全国税政实施要则》为标志的，直至 1994 年适应社会主义市场经济的新税制出台，其间近半个世纪的时间里我国税收制度经历了四次较大的改革和发展。

（一）1950 年建立新税制

1950 年 1 月 30 日，中央人民政府政务院通令公布《关于统一全国税政的决定》和《全国税政实施要则》，规定全国一共设立 14 种税收，即货物税、工商业税、盐税、关税、薪给报酬所得税、存款利息所得税、印花税、遗产税、交易税、屠宰税、房产税、地产税、特种消费行为税和使用牌照税。此外还有一些税种，由省、市或者大行政区根据习惯拟定办法，报经大行政区或者中央政府批准以后征收（当时主要有农业税、牧业税和契税，其中牧业税始终没有全国统一立法）。

在执行中，又对上述税制进行了一些调整。例如，增加契税、船舶吨税和文化娱乐税为全国性税种；将特种消费行为税改为文化娱乐税，部分税目并入工商业税；将使用牌照税确定为车船使用牌照税；试行商品流通税；将交易税确定为牲畜交易税，但是没有全国统一立法；薪给报酬所得税和遗产税始终没有开征。

总地来说，这套新税制的建立和实施，对于保障财政收入，稳定和发展经济，保证革命战争的胜利，发挥了重要的作用。

（二）1958 年、1973 年简化税制

1958 年税制改革的主要内容是将货物税、商品流通税、印花税和工商业税中的营业税部分简并为工商统一税。至此，中国的税制一共设立 14 种税收，即工商

统一税、盐税、关税、工商所得税、利息所得税（1959 年停征）、城市房地产税、契税、车船使用牌照税、船舶吨税、屠宰税、牲畜交易税、文化娱乐税（1966 年停征）、农业税（1958 年由全国人民代表大会常务委员会立法）和牧业税。此后的执行中也对上述税制进行了一些调整，如 1962 年开征了集市交易税（1966 年以后各地基本停征）。

1973 年我国对税收制度进行了更大力度的减并，将国营企业和集体企业缴纳的工商统一税及其附加、城市房地产税、车船使用牌照税、盐税和屠宰税合并为工商税（盐税暂时按照原来的办法征收）。

总地来看，由于“左”的指导思想的作用和苏联经济理论的某些影响，这一时期中国的税制改革，走的都是片面简化的路子。同时税务机构被大量撤并，大批税务人员被迫改行。税收在经济领域中的活动范围和影响大大降低，严重地妨碍了税收职能作用的发挥。

（三）1983 年国营企业“利改税”和全面税制改革

1983 年，国务院决定在全国试行国营企业“利改税”，即将新中国成立以后实行了 30 多年的国营企业向国家上交“利润”改为缴纳“税金”，将“所得税”引入国营企业利润分配领域。可以说，“利改税”是中国税收走向市场化的起点，具有重要的历史意义。

1984 年我国进行了国营企业第二步利改税，同年 10 月 1 日起实施了产品税、增值税、营业税、盐税、资源税、国营企业所得税 6 个税种。此后又陆续发布近 20 个税种的相关行政法规，并于 1991 年将中外合资企业所得税法与外国企业所得税法合并为外商投资企业和外国企业所得税法。

1993 年年底的中国的税制一共包含 37 个税种，即产品税、增值税、盐税、特别消费税、烧油特别税、营业税、工商统一税、关税、国营企业所得税、国营企业调节税、集体企业所得税、私营企业所得税、外商投资企业和外国企业所得税、个人所得税、城乡个体工商业户所得税、个人收入调节税、国营企业奖金税、集体企业奖金税、事业单位奖金税、国营企业工资调节税、房产税、城市房地产税、城镇土地使用税、耕地占用税、契税、资源税、车船使用税、车船使用牌照税、印花税、城市维护建设税、固定资产投资方向调节税、屠宰税、筵席税、牲畜交易税、集市交易税、农业税和牧业税。

这一时期中国的税制改革逐步深入，初步建成了一套内外有别的，以货物和劳务税、所得税为主体，财产税和其他税收相配合的新的税制体系，大体适应了中国经济体制改革起步阶段的经济状况，税收的职能作用得以全面加强，税收收入持续稳定增长。

（四）1994年税制改革

1994年税制改革的主要内容是：（1）全面改革货物和劳务税制，实行以比较规范的增值税为主体，消费税、营业税并行，内外统一的货物和劳务税制。（2）改革企业所得税制，将过去对国营企业、集体企业和私营企业分别征收的多种企业所得税合并为统一的企业所得税。（3）改革个人所得税制，将过去对外国人征收的个人所得税、对中国人征收的个人收入调节税和城乡个体工商业户所得税合并为统一的个人所得税。第四，大幅度调整其他税收，如扩大资源税的征收范围，开征土地增值税，取消盐税、烧油特别税、集市交易税等12个税种，并将屠宰税、筵席税的管理权下放到省级地方政府，新设了遗产税、证券交易税（这两种税后来没有立法开征）。

至此，中国的税制一共设立25种税收，即增值税、消费税、营业税、关税、企业所得税、外商投资企业和外国企业所得税、个人所得税、土地增值税、房产税、城市房地产税、遗产税、城镇土地使用税、耕地占用税、契税、资源税、车船使用税、车船使用牌照税、印花税、证券交易税、城市维护建设税、固定资产投资方向调节税、屠宰税、筵席税、农业税和牧业税。

此后我国又陆续进行了个人所得税法修订、改革农业特产农业税制度、修改契税暂行条例、开征车辆购置税、暂停征收固定资产方向调节税等多项改革。其中影响较大的改革包括：（1）农业税收制度改革。先后取消牧业税和屠宰税，并从2006年起取消农业税，同时对过去征收农业特产农业税的烟叶产品改征烟叶税。（2）大力推进税制的内外统一。2007年起陆续实行了城镇土地使用税、耕地占用税、房产税等相关税种的内外统一，2008年实现内外资企业所得税合并。（3）2009年初步实现增值税从“生产型”向“消费型”转变，消费税、营业税实施修订后新的暂行条例。

1994年税制改革是新中国成立以来规模最大、范围最广泛、内容最深刻的一次税制改革。经过这次税制改革和后来的逐步完善，中国初步建立了适应社会主义市场经济体制需要的税收制度。

二、我国现行的税制结构

目前我国税制由20种税组成，按其性质和作用可以分为五类：

1. 流转税类。包括增值税、消费税、营业税和关税。主要在生产、流通或服务中发挥作用。

2. 所得税类。包括企业所得税、个人所得税。主要是在初次分配的基础上，对生产经营者的利润和个人的纯收入发挥调节作用。

3. 资源税类。包括资源税、土地增值税、城镇土地使用税。主要是对因开发和利用自然资源差异而形成的级差收入发挥调节作用。

4. 特定目的税类。包括固定资产投资方向调节税（目前暂缓征收）、筵席税（目前各地均未开征）、城市维护建设税、车辆购置税、耕地占用税、烟叶税。主要是为了达到特定目的，而对特定对象和特定行为发挥调节作用。

5. 财产和行为税类。包括房产税、车船税、印花税、契税、船舶吨税。主要是对某些财产和行为发挥特殊的调节作用。

从税收收入角度讲，目前我国的税收主要集中在流转税和所得税。2009 年二者分别占全部税收收入的 56.3% 和 26%。相关数据如表 10－2 和图 10－1 所示。

表 10－2　　2009 年税收总收入和主要税种收入表　　单位：亿元

税　种	收入	比上年同期增收	增长率（%）
税收总收入	59514.70	5290.91	9.8
国内增值税	18481.24	484.30	2.7
国内消费税	4759.12	2190.85	85.3
进口环节增值税和消费税	7729.15	338.02	4.6
关税	1483.57	－286.38	－16.2
外贸企业出口退税	－6486.56	－620.63	10.6
营业税	9013.64	1387.25	18.2
企业所得税	11534.45	358.82	3.2
个人所得税	3949.27	226.96	6.1
证券交易印花税	510.47	－468.69	－47.9
房产税	803.64	123.30	18.1
车辆购置税	1163.17	173.28	17.5
城镇土地使用税	920.97	104.07	12.7
土地增值税	719.43	182.00	33.9
耕地占用税	632.99	318.58	101.3
资源税	338.24	36.48	12.1
契税	1734.99	427.46	32.7
上述税种收入合计	57287.78	4975.67	9.5

数据来源：财政部网站。

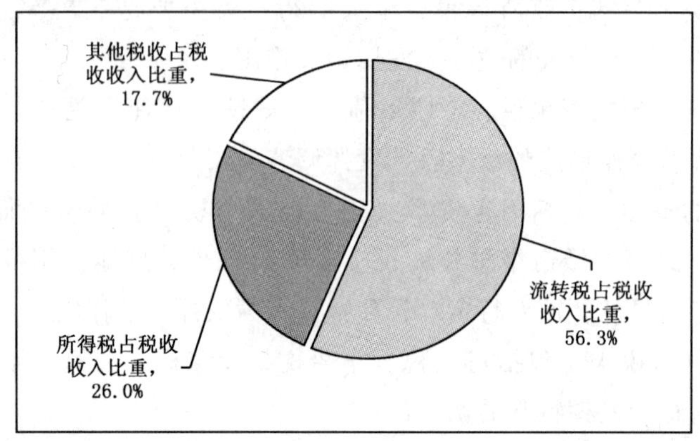

数据来源：财政部网站。

图 10－1 中国 2009 年税收总量结构图

第四节

中国现行流转税制度

一、增值税

（一）增值税的概念和类型

增值税是对生产、销售商品或者提供应税劳务过程中实现的增值额征收的一种税。增值税于 1954 年由法国首次开征，它克服了流转税“重复课税”的弊端，与传统流转税相比具有显著的优越性。目前世界上有 100 多个国家开征增值税。

增值税以增值额为课税对象。增值额是指企业或其他经营者从事生产经营或提供劳务，在购入的商品或取得劳务的价值基础上，新增加的价值额。从一件商品来分析，该商品在各个生产流转环节的增值额之和，等于其最终销售价格，即：

商品销售价格＝Σ 各环节增值额

按照确定增值额时扣除项目内容的不同，可将增值税划分为三种类型。这三种类型的增值税在扣除内容上，对纳税人生产在经营过程中发生的外购商品、原材料、燃料、动力、低值易耗品、包装物等流动资金形态的生产资料消耗通常都纳入法定扣除项目，所不同的主要表现在对购入固定资产的处理上。（1）生产型增值税。确定法定增值额时，不允许将固定资产折旧从商品或劳务的销售收入中扣除。增值额的内容构成相当于 GNP（国民生产总值），故称生产型增值税。（2）收入型增值税。其法定增值额确定时，允许将当期固定资产折旧从商品或劳务的销售收入中扣除。增值额相当于国民生产净值或国民收入（National Income），所以称收入型增值税。（3）消费型增值税。其法定增值额确定时，允许从商品或劳务的销售收入中扣除当期购建的固定资产总额。该类型的增值税的课税对象实际上不包括生产资料部分，仅是对消费资料课税，故称消费型增值税。

（二）增值税基本课征制度

我国现行的增值税制度于 1994 年建立，《中华人民共和国增值税暂行条例》于 1993 年 12 月 13 日由中华人民共和国国务院令第 134 号发布，并于 1994 年 1 月 1 日起实施；后于 2008 年 11 月 5 日国务院第 34 次常务会议修订，2009 年 1 月 1 日起实施。

1. 纳税人。根据《中华人民共和国增值税暂行条例》的规定，凡在中华人民共和国境内销售货物或提供加工、修理修配劳务以及进口货物的单位和个人，都是增值税的纳税人。其中“单位”指企业、行政单位、事业单位、军事单位、社会团体及其他单位；“个人”指个体工商户和其他个人。单位租赁或者承包给其他单位或者个人经营的，以承租人或者承包人为纳税人。为了便于征管和简化手续，我国按国际惯例将增值税的纳税人分为一般纳税人和小规模纳税人，对小规模纳税人采取简易征税办法。

2. 征税范围。增值税的征税范围包括在中华人民共和国境内销售货物，提供加工、修理修配劳务以及进口货物。具体是：

（1）销售货物、视同销售货物和混合销售。销售货物是指有偿转让货物的所有权。这里所谓的货物指的是有形动产，包括电力、热力、气体在内，但不包括土地、房屋和其他建筑物等不动产；所谓有偿指从购买方取得货币、实物或其他经济利益。

视同销售货物是指虽未实施销售或尚未实现的销售，依税法规定按视同销售处理，纳入增值税征税范围。单位或者个体工商户的下列行为，视同销售货物：

①将货物交付其他单位或者个人代销；

②销售代销货物；

③设有两个以上机构并实行统一核算的纳税人，将货物从一个机构移送其他机构用于销售，但相关机构设在同一县（市）的除外；

④将自产或者委托加工的货物用于非增值税应税项目；

⑤将自产、委托加工的货物用于集体福利或者个人消费；

⑥将自产、委托加工或者购进的货物作为投资，提供给其他单位或者个体工商户；

⑦将自产、委托加工或者购进的货物分配给股东或者投资者；

⑧将自产、委托加工或者购进的货物无偿赠送其他单位或者个人。

混合销售。混合销售是指一项销售行为既涉及货物又涉及非增值税应税劳务。对从事货物生产、批发、零售的企业，以及对从事货物生产、批发或零售为主，兼营非应税劳务的企业和企业性单位及个体经营者的混合销售行为，视为销售货物，应当缴纳增值税。其他单位和个人的混合销售行为，视为销售非增值税应税劳务，不缴纳增值税（征营业税）。

纳税人销售自产货物并同时提供建筑业劳务的行为，以及财政部、国家税务总局规定的其他情形，应当分别核算货物的销售额和非增值税应税劳务的营业额，并根据其销售货物的销售额计算缴纳增值税，非增值税应税劳务的营业额不缴纳增值税；未分别核算的，由主管税务机关核定其货物的销售额。

（2）提供加工、修理修配劳务。“加工”是指受托加工货物，即委托方提供原料及主要材料，受托方按照委托方的要求，制造货物并收取加工费的业务。“修理修配”是指受托对损伤和丧失功能的货物进行修复，使其恢复原状和功能的业务。应纳税的加工、修理修配劳务是指有偿提供加工、修理修配劳务，单位或者个体工商户聘用的员工为本单位或者雇主提供加工、修理修配劳务，不包括在内。

（3）进口货物。进口货物指由外部进入我国关境的货物。进口货物增值税由海关代征，与关税一并征收。

（4）免税项目。《增值税暂行条例》规定，免征增值税的项目包括：农业生产者销售的自产农产品；避孕药品和用具；古旧图书；直接用于科学研究、科学试验和教学的进口仪器、设备；外国政府、国际组织无偿援助的进口物资和设备；由残疾人的组织直接进口供残疾人专用的物品；销售的自己使用过的物品。

增值税的免税、减税项目由国务院规定。除以上规定外，任何地区、部门均不得规定免税、减税项目。

3. 税率。增值税采用差别比例税率，具体规定如下：

（1）基本税率为17%，但以下适用13%税率和零税率的除外。

（2）纳税人销售或者进口下列货物，税率为13%：粮食、食用植物油；自来水、暖气、冷气、热水、煤气、石油液化气、天然气、沼气、居民用煤炭制品；图书、报纸、杂志；饲料、化肥、农药、农机、农膜；国务院规定的其他货物。

（3）纳税人出口货物，税率为零；但是，国务院另有规定的除外。

（4）由于小规模纳税人的会计核算通常不够健全，税法规定对其采用以销售额乘以征收率的简易方法计算应纳增值税额。目前小规模纳税人适用的增值税征收率为3%。

4. 应纳税额的计算。

（1）一般纳税人适用的计算方法。纳税人销售货物或者提供应税劳务（以下简称销售货物或者应税劳务），应纳税额为当期销项税额抵扣当期进项税额后的余额。应纳税额计算公式：

应纳税额 = 当期销项税额 - 当期进项税额

当期销项税额小于当期进项税额不足抵扣时，其不足部分可以结转下期继续抵扣。

①销项税额。纳税人销售货物或者应税劳务，按照销售额和规定的税率计算并向购买方收取的增值税额，为销项税额。销项税额计算公式：

销项税额 = 销售额 × 税率

②销售额。计算销项税额的销售额，为纳税人销售货物或者应税劳务向购买方收取的全部价款和价外费用，但是不包括收取的销项税额。

销售额以人民币计算。纳税人以人民币以外的货币结算销售额的，应当折合成人民币计算。

纳税人销售货物或者应税劳务的价格明显偏低并无正当理由的，由主管税务机关核定其销售额。

③进项税额。纳税人购进货物或者接受应税劳务（以下简称购进货物或者应税劳务）支付或者负担的增值税额，为进项税额。

下列进项税额准予从销项税额中抵扣：A. 从销售方取得的增值税专用发票上注明的增值税额；B. 从海关取得的海关进口增值税专用缴款书上注明的增值税额；C. 购进农产品，除取得增值税专用发票或者海关进口增值税专用缴款书外，按照农产品收购发票或者销售发票上注明的农产品买价以13%的扣除率计算的进项税额。计算公式为："进项税额 = 买价 × 扣除率"；D. 购进或者销售货物以及在生产经营过程中支付运输费用的，按照运输费用结算单据上注明的运输费用金额以7%的扣除率计算的进项税额。计算公式为：

进项税额 = 运输费用金额 × 扣除率

下列项目的进项税额不得从销项税额中抵扣：A. 用于非增值税应税项目、免征增值税项目、集体福利或者个人消费的购进货物或者应税劳务；B. 非正常损失的购进货物及相关的应税劳务；C. 非正常损失的在产品、产成品所耗用的购进货物或者应税劳务；D. 国务院财政、税务主管部门规定的纳税人自用消费品；E. 前述第A项至第D项规定的货物的运输费用和销售免税货物的运输费用。

（2）小规模纳税人适用的计算方法。小规模纳税人销售货物或者应税劳务按照简易办法计算应纳增值税，即以销售货物或者应税劳务取得的销售额和规定的征收率计算征收。其计算公式为：

应纳税税额 = 销售额 × 征收率

（3）进口货物应纳税额的计算方法。纳税人进口货物，应按照组成计税价格和规定的税率计算应纳增值税税额。组成计税价格和应纳税额计算公式为：

组成计税价格 = 关税完税价格 + 关税 + 消费税

= （关税完税价格 + 关税）÷（1 - 消费税率）

应纳税额 = 组成计税价格 × 税率

二、消费税

（一）消费税概述

消费税是对在我国境内从事生产、委托加工和进口应税消费品的单位和个人，就其应税消费品的销售额或销售数量征收的一种税。对规定消费品或消费行为的征税是国际上通行的做法。我国现行消费税制度于1994年开始实施，2008年11月5日国务院第34次常务会议对原《中华人民共和国消费税暂行条例》进行了修订，新制度自2009年1月1日起施行。在现行财政体制下消费税是中央财政的主要收入来源之一，在中央财政收入中仅次于增值税名列第二。消费税同其他税种相比，具有如下特征：

1. 征收范围具有选择性。我国的消费税属选择性消费税，它不是课之于所有消费品和消费行为，而只是选择部分消费品课税，入选依据是我国的现实经济状况和国家的调节目标。我国消费税征税范围主要选择了对一部分不可再生的资源性消费品、奢侈性消费品、高能耗消费品来征税，体现了国家引导消费，调节社会消费结构的政策导向。此外我国消费税还选择了消费普遍且具有一定财政意义的税目。

2. 征税环节具有单一性。消费税是一种单环节课征的流转税，通常在消费品的生产、流通、消费的流转过程中选择某一特定环节课征。消费税以调节消费结构为目的，调节范围明确，采用单环节课征可以准确控制调节力度，同时方便征收和管理。我国消费税主要选择在生产环节课征，商品进入流通领域，不再征收消费税。

3. 税率、税额具有差别性。消费税税率、税额设计体现了对消费结构调节的需要，平均税率水平比较高，各税目之间税负差异大。我国消费税对不同应税消费品分别设计了高低不等的税率（税额）。

4. 征收方法具有选择性。消费税对不同应税消费品分别采用不同的计征方法。根据不同课征对象的不同特性，有的采用从价计征的方法，有的采用从量计征的方法，也有的采用从价与从量相结合的计征方法。

5. 消费税税负具有明显的转嫁性。消费税属典型的间接税，具有明显的转嫁性。我国消费税采用价内税形式，以生产、进口和委托加工应税消费品的单位和个人为纳税人，虽不直接对消费者征税，但纳税人可以通过加价将税金最终转嫁到由消费者负担。

6. 消费税是对增值税调节效果的补充。增值税的主体是中性税收，17%的基本税率适用绝大部分应税行为，只是对一些需要鼓励的应税行为进行了一定程度的税率优惠。但对一些需要限制的消费行为，增值税难有用武之地。消费税承担了对这部分需要抑制的消费行为的再调节任务。也就是说，凡是缴纳消费税的商品，肯定已经先期缴纳过增值税，故此，消费税的所有应税商品都是重税产品，原则上都是需要限制的消费行为。

（二）消费税基本课征制度

1. 纳税人。在中华人民共和国境内生产、委托加工和进口《中华人民共和国消费税暂行条例》规定的消费品的单位和个人，以及国务院确定的销售《中华人民共和国消费税暂行条例》规定的消费品的其他单位和个人，为消费税的纳税人。其中，“单位”是指企业、行政单位、事业单位、军事单位、社会团体及其他单位；“个人”，是指个体工商户及其他个人。“在中华人民共和国境内”是指生产、委托加工和进口属于应当缴纳消费税的消费品的起运地或者所在地在境内。

2. 税目税率。我国现行消费税共设了14个税目，采用了比例税率和定额税率两种税率形式（见表10-3）。

表 10－3　　消费税税目税率表

税　目	税　率
一、烟	
1. 卷烟	
（1）甲类卷烟	45%加0.003元/支
（2）乙类卷烟	30%加0.003元/支
2. 雪茄烟	25%
3. 烟丝	30%
二、酒及酒精	
1. 白酒	20%加0.5元/500克（或者500毫升）
2. 黄酒	240元/吨
3. 啤酒	
（1）甲类啤酒	250元/吨
（2）乙类啤酒	220元/吨
4. 其他酒	10%
5. 酒精	5%
三、化妆品	30%
四、贵重首饰及珠宝玉石	
1. 金银首饰、铂金首饰和钻石及钻石饰品	5%
2. 其他贵重首饰和珠宝玉石	10%
五、鞭炮、焰火	15%
六、成品油	
1. 汽油	
（1）含铅汽油	0.28元/升
（2）无铅汽油	0.20元/升
2. 柴油	0.10元/升
3. 航空煤油	0.10元/升
4. 石脑油	0.20元/升
5. 溶剂油	0.20元/升
6. 润滑油	0.20元/升
7. 燃料油	0.10元/升
七、汽车轮胎	3%

续表

税　目	税　率
八、摩托车	
1. 气缸容量（排气量，下同）在250毫升（含250毫升）以下的	3%
2. 气缸容量在250毫升以上的	10%
九、小汽车	
1. 乘用车	
（1）气缸容量（排气量，下同）在1.0升（含1.0升）以下的	1%
（2）气缸容量在1.0升以上至1.5升（含1.5升）的	3%
（3）气缸容量在1.5升以上至2.0升（含2.0升）的	5%
（4）气缸容量在2.0升以上至2.5升（含2.5升）的	9%
（5）气缸容量在2.5升以上至3.0升（含3.0升）的	12%
（6）气缸容量在3.0升以上至4.0升（含4.0升）的	25%
（7）气缸容量在4.0升以上的	40%
2. 中轻型商用客车	5%
十、高尔夫球及球具	10%
十一、高档手表	20%
十二、游艇	10%
十三、木制一次性筷子	5%
十四、实木地板	5%

3. 应纳税额的计算。

（1）一般计税方法。消费税实行从价定率、从量定额，或者从价定率和从量定额复合计税（以下简称复合计税）的办法计算应纳税额。应纳税额计算公式：

实行从价定率办法计算的应纳税额 = 销售额 × 比例税率

实行从量定额办法计算的应纳税额 = 销售数量 × 定额税率

实行复合计税办法计算的应纳税额 = 销售额 × 比例税率 + 销售数量 × 定额税率

纳税人销售的应税消费品，以人民币计算销售额。纳税人以人民币以外的货币结算销售额的，应当折合成人民币计算。

公式中应税消费品的销售额，是指销售应税消费品向买方收取的全部价款和价外费用，但不包括收取的增值税税款。

（2）自产自用应税消费品的计税方法。纳税人自产自用应税消费品，用于连续生产应税消费品的，不纳消费税；用于其他方面的在移送使用时缴纳消费税。

纳税时应按照纳税人生产的同类消费品的销售价格计算纳税；没有同类消费品销售价格的，按照组成计税价格计算纳税。

实行从价定率办法计算纳税的组成计税价格计算公式：

组成计税价格 =（成本 + 利润）÷（1 − 比例税率）

实行复合计税办法计算纳税的组成计税价格计算公式：

组成计税价格 =（成本 + 利润 + 自产自用数量 × 定额税率）÷（1 − 比例税率）

（3）委托加工应税消费品的计税方法。委托加工应税消费品是指由委托方提供原料和主要材料，受托方只收取加工费和代垫部分辅助材料加工的应税消费品。这类应税消费品通常由受托方在向委托方交货时代收代缴消费税税款。

对于由受托方提供原材料生产的应税消费品，或者受托方先将原材料卖给委托方，然后再接受加工的应税消费品，不论纳税人在财务上是否作销售处理，都不得作为委托加工应税消费品，而应当按照销售自制应税消费品缴纳消费税。

委托加工的应税消费品，按照受托方的同类消费品的销售价格计算纳税；没有同类消费品销售价格的，按照组成计税价格计算纳税。

实行从价定率办法计算纳税的组成计税价格计算公式：

组成计税价格 =（材料成本 + 加工费）÷（1 − 比例税率）

实行复合计税办法计算纳税的组成计税价格计算公式：

组成计税价格 =（材料成本 + 加工费 + 委托加工数量 × 定额税率）÷（1 − 比例税率）

（4）进口应税消费品的计税方法。进口的应税消费品，按照组成计税价格计算纳税。

实行从价定率办法计算纳税的组成计税价格计算公式：

组成计税价格 =（关税完税价格 + 关税）÷（1 − 消费税比例税率）

实行复合计税办法计算纳税的组成计税价格计算公式：

组成计税价格 =（关税完税价格 + 关税 + 进口数量 × 消费税定额税率） ÷ （1 – 消费税比例税率）

三、营业税

（一） 营业税概述

营业税是对在我国境内从事交通运输业、建筑业、金融保险业、邮电通讯业、文化体育业、娱乐业、服务业，以及转让无形资产和销售不动产的单位和个人，就其营业额征收的一种税。营业税是世界各国普遍征收的一种税，我国营业税是于1984 年第二步“利改税”时从原工商税中独立出来，成为一个独立税种的，在此基础上为了适应市场经济的发展，营业税又作了进一步改革，现行的营业税制度于1993 年 12 月发布，自 1994 年开始实施，后于 2008 年 11 月 5 日经国务院第 34 次常务会议进行了修订，新制度于 2009 年 1 月 1 日起实施。

与其他流转税相比，营业税具有如下特点和作用：

1. 征收范围广，税源普遍，较好地发挥了保证财政收入的作用。营业税以营业收入额为计税依据，纳税人只要取得营业收入就要依法纳税，而不论纳税人是否盈利。故其税源普遍，纳税人众多，保证了及时稳定地取得财政收入。

2. 按行业设计税目税率，较好地贯彻了国家的产业政策。营业税根据国家的产业政策及各行业盈利水平的差异，分别确定不同的税率，较好地贯彻了国家的产业政策。

3. 计算简单，操作方便，纳税人容易理解。营业税按行业设置税目税率和以不计盈亏的营业收入为计税依据，使得营业税的计算和征收比较简单和容易操作。纳税人可根据各自从事不同行业的税率来测算应承担的税负轻重。

（二） 营业税基本课征制度

1. 纳税人和扣缴义务人。凡在中华人民共和国境内提供应税劳务、转让无形资产或者销售不动产的单位和个人，均为营业税的纳税义务人。但单位或者个体工商户聘用的员工为本单位或者雇主提供条例规定的劳务，不包括在内。

中华人民共和国境外的单位或者个人在境内提供应税劳务、转让无形资产或者销售不动产，在境内未设有经营机构的，以其境内代理人为扣缴义务人；在境内没有代理人的，以受让方或者购买方为扣缴义务人。

2. 税目税率。营业税设置了 9 个税目，实行行业差别比例税率（见表10 – 4）。

表 10－4 营业税税目税率表

税目	征收范围	税率
一、交通运输业	陆路运输、水路运输、航空运输、管道运输、装卸搬运	3%
二、建筑业	建筑、安装、修缮装饰及其他工程作业	3%
三、金融保险业		5%
四、邮电通信业		3%
五、文化体育业		3%
六、娱乐业	歌厅、舞厅、OK 歌舞厅、音乐茶座、台球、高尔夫球、保龄球、游艺	5%—20%
七、服务业	代理业、旅店业、饮食业、旅游业、仓储业、租赁业、广告业及其他服务业	5%
八、转让无形资产	转让土地使用权、专利权、非专利技术、商标权、著作权、商誉	5%
九、销售不动产	销售建筑物及其他土地附着物	5%

其中，纳税人经营娱乐业具体适用的税率，由省、自治区、直辖市人民政府在以上规定的幅度内决定。

3. 应纳税额的计算。营业税以纳税人有偿提供应税劳务、有偿转让无形资产和销售不动产所取得的营业额为计税依据，按照适用的税率计算应纳税额。计算公式如下：

应纳税额 = 营业额 × 适用税率

（1）纳税人兼有不同税目的应当缴纳营业税的劳务（以下简称应税劳务）、转让无形资产或者销售不动产，应当分别核算不同税目的营业额、转让额、销售额（以下统称营业额）；未分别核算营业额的，从高适用税率。

（2）纳税人的营业额为纳税人提供应税劳务、转让无形资产或者销售不动产收取的全部价款和价外费用。但是，下列情形除外：

①纳税人将承揽的运输业务分给其他单位或者个人的，以其取得的全部价款和价外费用扣除其支付给其他单位或者个人的运输费用后的余额为营业额；

②纳税人从事旅游业务的，以其取得的全部价款和价外费用扣除替旅游者支付给其他单位或者个人的住宿费、餐费、交通费、旅游景点门票和支付给其他接团旅游企业的旅游费后的余额为营业额；

③纳税人将建筑工程分包给其他单位的，以其取得的全部价款和价外费用扣除其支付给其他单位的分包款后的余额为营业额；

④外汇、有价证券、期货等金融商品买卖业务，以卖出价减去买入价后的余额为营业额；

⑤国务院财政、税务主管部门规定的其他情形。

（3）营业额以人民币计算。纳税人以人民币以外的货币结算营业额的，应当折合成人民币计算。

4. 税收优惠。《营业税暂行条例》规定，下列项目免征营业税：

（1）托儿所、幼儿园、养老院、残疾人福利机构提供的育养服务，婚姻介绍，殡葬服务；

（2）残疾人员个人提供的劳务；

（3）医院、诊所和其他医疗机构提供的医疗服务；

（4）学校和其他教育机构提供的教育劳务，学生勤工俭学提供的劳务；

（5）农业机耕、排灌、病虫害防治、植物保护、农牧保险以及相关技术培训业务，家禽、牲畜、水生动物的配种和疾病防治；

（6）纪念馆、博物馆、文化馆、文物保护单位管理机构、美术馆、展览馆、书画院、图书馆举办文化活动的门票收入，宗教场所举办文化、宗教活动的门票收入；

（7）境内保险机构为出口货物提供的保险产品。

营业税的免税、减税项目由国务院规定。除以上规定外，任何地区、部门均不得规定免税、减税项目。

四、关税

（一）关税概述

关税是由设在边境、沿海口岸或境内的水、陆、空国际通道的海关机构，按照国家规定，对进出国境或关境的货物、物品征收的一种税。关税发挥着维护国家主权和经济利益、促进对外经济贸易关系和筹集财政收入的作用，是世界各国普遍征收的一种税。我国现行的关税制度的基本规范，是《中华人民共和国进出口关税条例》。该条例于2003年10月29日国务院第26次常务会议通过，自2004年1月1日起施行。

关税按征收对象的不同流向，分为进口关税和出口关税。进口关税是对从国外入境的货物或物品征收的一种税。一般在货物或物品进入国境或关境时征收，或在货物从保税区、保税仓库转出进入国内市场时征收。进口关税是关税中最重要的一种，通常所讲的关税，一般都是指进口关税。出口关税是对从本国出境的货物、物品征收的一种税。主要目的是限制、调控某些商品的出口，特别是防止本国重要的自然资源外流。目前我国仅对一小部分关系到国计民生的重要出口商品征收出口税。

关税按征收目的的不同可分为财政关税和保护关税两种类型。财政关税指以筹集财政收入为目的而征收的关税。一般来讲实行财政关税需将税源广、进口数量多的商品列为征收对象，关税税率也不宜定得过高，以保证贸易的数量和财政收入的取得。保护关税是以保护本国经济发展为目的而征收的关税。一般来讲实行保护关税需将本国尚不具备国际竞争能力的产成品列入征税范围，通过设置较高的关税税率，以达到限制其进口，保护本国经济发展的目的。那些远远超过保护本国工业生产的需要，制定极高税率实施保护关税的做法被称作关税壁垒，它是不利于国际贸易发展的。在现实经济中，关税往往担负着多种功能，所以，大多数国家实行的都是两者兼而有之，以财政关税政策服从于保护关税政策的复合型关税政策。

（二）关税的基本课征制度

1. 纳税人。关税的纳税人为进口货物的收货人、出口货物的发货人以及准许进出境物品的所有人。进出口货物除另有规定外，可以由进出口货物的收、发货人自行办理报关纳税，也可以由其委托海关准予注册登记的报关企业代为办理。进出境物品的所有人可自行办理报关纳税，也可委托他人办理。

2. 征税对象。关税以《海关进出口税则》规定的应税入境物品和应税出境物品为征税对象。只要应税物品通过我国关境就要对其流转额征税。进境的旅客应税行李物品以及应税邮寄物品也要征收关税。

3. 税率。关税税率可分进口税率和出口税率两类。

进口关税设置最惠国税率、协定税率、特惠税率、普通税率、关税配额税率等税率。对进口货物在一定期限内可以实行暂定税率。

最惠国税率适用于：（1）原产于共同适用最惠国待遇条款的世界贸易组织成员的进口货物；（2）原产于与中华人民共和国签订含有相互给予最惠国待遇条款的双边贸易协定的国家或者地区的进口货物；（3）原产于中华人民共和国境内的进口货物。

协定税率适用于原产于与中华人民共和国签订含有关税优惠条款的区域性贸易协定的国家或者地区的进口货物。

特惠税率适用于原产于与中华人民共和国签订含有特殊关税优惠条款的贸易协定的国家或者地区的进口货物。

普通税率适用于原产于以上所列以外国家或者地区的进口货物，以及原产地不明的进口货物。

关税配额税率适用于按照国家规定实行关税配额管理的进口货物。进口数量在关税配额内的，适用关税配额税率；关税配额外的，根据具体情况选择使用最惠国税率、协定税率、特惠税率、普通税率、暂定税率。

暂定税率的适用有以下具体情况：（1）适用最惠国税率的进口货物有暂定税率的，应当适用暂定税率；（2）适用协定税率、特惠税率的进口货物有暂定税率的，应当从低适用税率；（3）适用普通税率的进口货物，不适用暂定税率；（4）适用出口税率的出口货物有暂定税率的，应当适用暂定税率。

按照有关法律、行政法规的规定对进口货物采取反倾销、反补贴、保障措施的，其税率的适用按照《中华人民共和国反倾销条例》、《中华人民共和国反补贴条例》和《中华人民共和国保障措施条例》的有关规定执行。

最惠国税率和协定税率，一般对已建交并订有双边或多边贸易协定的国家的进口货物采用。最惠国待遇是国际贸易协定中的一项重要条款，根据此条款的规定，缔约国的一方现在和将来给予任何第三国的一切特权、优惠和豁免，也同样给对方，因此，这种形式的关税减让是互惠的、双向的。最惠国税率和协定税率都比普通税率低。特惠税率是对签订有特殊优惠关税协定的国家进口的货物采用的，在最惠国税率的基础上再进行减免，因而是最低税率，一般是单向的、非互惠的。

出口关税税率不设普通税率和优惠税率，采用比例税率形式。我国为鼓励出口对一般产品的出口不征关税，只对少数需限制出口的不可再生资源性产品和国内紧缺的原材料征收出口关税。

4. 完税价格。进口货物的完税价格由海关按照成交价格以及该货物运抵中华人民共和国境内输入地点起卸前的运输及其相关费用、保险费为基础审查确定。

进口货物的成交价格，是指卖方向中华人民共和国境内销售该货物时买方为进口该货物向卖方实付、应付的价款，但需要按照我国关税法规进行调整。调整后的价款总额，包括直接支付的价款和间接支付的价款。

以上所述“调整”主要包括两方面内容：

（1）进口货物的下列费用应当计入完税价格：

①由买方负担的购货佣金以外的佣金和经纪费；

②由买方负担的在审查确定完税价格时与该货物视为一体的容器的费用；

③由买方负担的包装材料费用和包装劳务费用；

④与该货物的生产和向中华人民共和国境内销售有关的，由买方以免费或者以低于成本的方式提供并可以按适当比例分摊的料件、工具、模具、消耗材料及类似

货物的价款，以及在境外开发、设计等相关服务的费用；

⑤作为该货物向中华人民共和国境内销售的条件，买方必须支付的、与该货物有关的特许权使用费；

⑥卖方直接或者间接从买方获得的该货物进口后转售、处置或者使用的收益。

（2）进口时在货物的价款中列明的下列税收、费用，不计入该货物的完税价格：

①厂房、机械、设备等货物进口后进行建设、安装、装配、维修和技术服务的费用；

②进口货物运抵境内输入地点起卸后的运输及其相关费用、保险费；

③进口关税及国内税收。

5. 应纳税额的计算。关税的基本计税方法是以进出口货物的价格或数量为计税依据，按照适用的税率或税额标准计算应纳税额。计算公式如下：

从价计征的计算公式为：应纳税额 = 完税价格 × 关税税率

从量计征的计算公式为：应纳税额 = 货物数量 × 单位税额

纳税义务人应当自海关填发税款缴款书之日起 15 日内向指定银行缴纳税款。纳税义务人未按期缴纳税款的，从滞纳税款之日起，按日加收滞纳税款万分之五的滞纳金。

6. 保税制度。保税制度是关税制度的一个重要的组成部分，指对保税货物进行监管的一种制度，具体由保税仓库制度、保税工厂制度和保税区制度等组成。

保税仓库是指专门存放经海关核准的保税货物的仓库。根据国际上通行的保税制度要求，进境存入保税仓库的货物可暂时免纳进口关税，免领进口许可证件，在海关规定的存储期内复运出境或办理正式进口手续。

保税工厂是指经海关特准专门建立的，并在海关监管下，用免税进口的原材料、元器件、零部件、配套件等加工、生产、制造或存放外销产品的工厂。

保税区是指经中国国务院批准的开展国际贸易和保税业务的区域，类似于国际上的自由贸易区，区内允许外商投资经营国际贸易，发展保税仓储、加工出口等业务。保税区一般设在出入境比较方便的地方，实行全封闭管理。设在区内的企业可以享受规定的进出口税收优惠。

第五节 中国现行所得税制度

一、企业所得税

企业所得税是对我国境内的各类企业的生产经营所得和其他所得征收的一种税。我国现行的《企业所得税法》是2007年3月16日由第十届全国人民代表大会通过，自2008年1月1日起施行的。

（一）纳税人和征税范围

在中华人民共和国境内，企业和其他取得收入的组织（以下统称企业）为企业所得税的纳税人，应缴纳企业所得税。但个人独资企业、合伙企业只需要缴纳个人所得税，不需要缴纳企业所得税。

作为企业所得税纳税人的“企业”分为居民企业和非居民企业。其中：

“居民企业”指依法在中国境内成立，或者依照外国（地区）法律成立但实际管理机构在中国境内的企业。居民企业应当就其来源于中国境内、境外的所得缴纳企业所得税。

“非居民企业”指依照外国（地区）法律成立，且实际管理机构不在中国境内，但在中国境内设立机构、场所的，或者在中国境内未设立机构、场所，但有来源于中国境内所得的企业。非居民企业在中国境内设立机构、场所的，应当就其所设机构、场所取得的来源于中国境内的所得，以及发生在中国境外但与其所设机构、场所有实际联系的所得，缴纳企业所得税；非居民企业在中国境内未设立机构、场所的，或者虽设立机构、场所但取得的所得与其所设机构、场所没有实际联系的，应当就其来源于中国境内的所得缴纳企业所得税。

（二）税率

我国企业所得税采用比例税率形式，有以下几档税率：

1. 基本税率为25%。

2. 适用20%的情况：

（1）非居民企业在中国境内未设立机构、场所的，或者虽设立机构、场所但取得的所得与其所设机构、场所没有实际联系的，其来源于中国境内的所得，适用20%税率；

（2）符合条件的小型微利企业，减按20%的税率征收企业所得税。其中“小型微利企业”是指从事国家非限制和禁止行业，并符合下列条件的企业：工业企业，年度应纳税所得额不超过30万元，从业人数不超过100人，资产总额不超过3000万元；其他企业，年度应纳税所得额不超过30万元，从业人数不超过80人，资产总额不超过1000万元。

3. 适用15%税率的情况：国家需要重点扶持的高新技术企业，减按15%的税率征收企业所得税。

（三）应纳税所得额

企业每一纳税年度的收入总额，减除不征税收入、免税收入、各项扣除以及允许弥补的以前年度亏损后的余额，为应纳税所得额。

收入总额包括：销售货物收入、提供劳务收入、转让财产收入、股息、红利等权益性投资收益、利息收入、租金收入、特许权使用费收入、接受捐赠收入，以及其他收入。但下列收入为不征税收入：财政拨款；依法收取并纳入财政管理的行政事业性收费、政府性基金；国务院规定的其他不征税收入。

企业实际发生的与取得收入有关的、合理的支出，包括成本、费用、税金、损失和其他支出，准予在计算应纳税所得额时扣除。但下列支出不得扣除：向投资者支付的股息、红利等权益性投资收益款项；企业所得税税款；税收滞纳金；罚金、罚款和被没收财物的损失；超过规定标准以外的捐赠支出；赞助支出；未经核定的准备金支出；与取得收入无关的其他支出。

企业纳税年度发生的亏损，准予向以后年度结转，用以后年度的所得弥补，但结转年限最长不得超过五年。

在计算应纳税所得额时，企业财务、会计处理办法与税收法律、行政法规的规定不一致的，应当依照税收法律、行政法规的规定计算。

（四）税收优惠

1. 免税收入。企业的免税收入包括：国债利息收入；符合条件的居民企业之间的股息、红利等权益性投资收益；在中国境内设立机构、场所的非居民企业从居民企业取得与该机构、场所有实际联系的股息、红利等权益性投资收益；符合条件的非营利组织的收入。

2. 可以免征、减征企业所得税的所得项目。企业的下列所得可以免征、减征企业所得税：从事农、林、牧、渔业项目的所得；从事国家重点扶持的公共基础设施项目投资经营的所得；从事符合条件的环境保护、节能节水项目的所得；符合条件的技术转让所得。

3. 民族自治地方的税收优惠。民族自治地方的自治机关对本民族自治地方的企业应缴纳的企业所得税中属于地方分享的部分，可以决定减征或者免征，但须报省、自治区、直辖市人民政府批准。

4. 加计扣除和税额抵免。允许加计扣除和税额抵免的项目包括：

开发新技术、新产品、新工艺发生的研究开发费用。

安置残疾人员及国家鼓励安置的其他就业人员所支付的工资。

创业投资企业从事国家需要重点扶持和鼓励的创业投资，可以按投资额的一定比例抵扣应纳税所得额。

企业的固定资产由于技术进步等原因，确需加速折旧的，可以缩短折旧年限或者采取加速折旧的方法。

企业综合利用资源，生产符合国家产业政策规定的产品所取得的收入，可以在计算应纳税所得额时减计收入。

企业购置用于环境保护、节能节水、安全生产等专用设备的投资额，可以按一定比例实行税额抵免。

根据国民经济和社会发展的需要，或者由于突发事件等原因对企业经营活动产生重大影响的，国务院可以制定企业所得税专项优惠政策，报全国人民代表大会常务委员会备案。

（五）应纳税额的计算

应纳税额 = 应纳税所得额 × 税率 − 减免和抵免的税额

企业取得的所得已在境外缴纳的所得税税额，可以从其当期应纳税额中抵免，抵免限额为该项所得依照我国企业所得税法规定计算的应纳税额；超过抵免限额的部分，可以在以后五个年度内，用每年度抵免限额抵免当年应抵税额后的余额进行抵补。

（六）特别纳税调整

企业与其关联方之间的业务往来，不符合独立交易原则而减少企业或者其关联方应纳税收入或者所得额的，税务机关有权按照合理方法调整。企业向税务机关报送年度企业所得税纳税申报表时，应当就其与关联方之间的业务往来，附送年度关联业务往来报告表。税务机关在进行关联业务调查时，企业及其关联方，以及与关联业务调查有关的其他企业，应当按照规定提供相关资料。

企业可以向税务机关提出与其关联方之间业务往来的定价原则和计算方法，税务机关与企业协商、确认后，达成预约定价安排。

由居民企业，或者由居民企业和中国居民控制的，设立在实际税负明显低于我国税率水平的国家（地区）的企业，并非由于合理的经营需要而对利润不作分配或者减少分配的，上述利润中应归属于该居民企业的部分，应当计入该居民企业的当期收入。

企业实施其他不具有合理商业目的的安排而减少其应纳税收入或者所得额的，税务机关有权按照合理方法调整。

二、个人所得税

个人所得税是以个人应税所得作为征收对象的税种。个人所得税是世界各国普遍征收的一种税。目前我国个人所得税的基本规范是 2008 年 3 月 1 日起施行的《中华人民共和国个人所得税法》。

（一）纳税人和征税范围

个人所得税以取得应税所得的个人为纳税人。在中国境内有住所，或者无住所而在境内居住满一年的个人，对我国负完全纳税义务，应当就其从中国境内和境外取得的全部所得缴纳个人所得税。在中国境内无住所又不居住或者无住所而在境内居住不满一年的个人，对我国负有限纳税义务，应当就其在中国境内取得的所得，缴纳个人所得税。

（二）应税所得额与应纳税额的计算

1. 工资、薪金所得。工资、薪金所得，以纳税人每月取得的工资、薪金收入额，减除 2000 元费用以后的余额为应纳税所得额，按照九级超额累进税率计算应纳税额，税率表如表 10－5 所示：

表 10－5　　个人所得税税率表（一）

（工资、薪金所得适用）

级数	全月应纳税所得额	税率（%）	速算扣除数（元）①
1	不超过 500 元的部分	5	0
2	超过 500 元至 2000 元的部分	10	25
3	超过 2000 元至 5000 元的部分	15	125

① 表中速算扣除数是本档次收入的全额累进税率应纳税额与超额累进税率应纳税额之差。比如应纳税所得额为 3000 元时，其全额累进税率应纳税额＝3000×15%＝450（元）；超额累进税率应纳税额＝500×5%＋（2000－500）×10%＋（3000－2000）×15%＝325（元）。二者之差＝450－325＝125（元）。

续表

级数	全月应纳税所得额	税率（%）	速算扣除数（元）
4	超过 5000 元至 20000 元的部分	20	375
5	超过 20000 元至 40000 元的部分	25	1375
6	超过 40000 元至 60000 元的部分	30	3375
7	超过 60000 元至 80000 元的部分	35	6375
8	超过 80000 元至 100000 元的部分	40	10375
9	超过 100000 元的部分	45	15375

全月应纳税所得额 = 月工资、薪金收入总额 - 2000 元

全月应纳税额 = 全月应纳税所得额 × 适用税率 - 速算扣除数

对于在中国境内无住所而在中国境内取得的工资、薪金所得的纳税人和在中国境内有住所而在中国境外取得工资、薪金所得的纳税人，在计算其工资、薪金所得的应纳税所得额的时候，除了可以按月减除费用 2000 元以外，还有附加减除费用（现行标准为每月 2800 元）。

2. 个体工商户的生产、经营所得。个体工商户的生产、经营所得，以纳税人每一纳税年度的生产、经营收入总额减除与其收入相关成本、费用、损失以后的余额为应纳税所得额，按照五级超额累进税率计算应纳税额，税率表如表 10 - 6 所示：

表 10 - 6　　个人所得税税率表（二）

（个体工商户生产经营所得和对企业、事业单位承包、承租经营所得适用）

级数	全年应纳税所得额	税率（%）	速算扣除数（元）
1	不超过 5000 元的部分	5	0
2	超过 5000 元至 10000 元的部分	10	250
3	超过 10000 元至 30000 元的部分	20	1250
4	超过 30000 元至 50000 元的部分	30	4250
5	超过 50000 元的部分	35	6750

全年应纳税所得额 = 年度生产、经营收入总额 - 成本、费用、损失

全年应该纳税额 = 全年应纳税所得额 × 适用税率 - 速算扣除数

3. 对企业、事业单位的承包经营、承租经营所得。对企业、事业单位的承包经营、承租经营所得，以纳税人每纳税年度的收入总额减除必要费用（现规定每

月可以减除800元）以后的余额为应纳税所得额，按照前列《个人所得税税率表（二）》计算应纳税额。

4. 劳务报酬所得、稿酬所得、特许权使用费所得、财产租赁所得。以上所得，每次收入不超过4000元的，减除费用800元；超过4000元的，按收入总额的20%减除费用，以其余额为应纳税所得额。适用税率均为20%。

应纳税所得额 = 应税项目收入额 - 费用（800元，或收入额×20%）

应纳税额 = 应纳税所得额×20%

5. 财产转让所得。财产转让所得，以纳税人转让财产取得收入额减除财产原值和合理费用以后的余额为应纳税所得额，税率20%。应纳税额计算公式：

应纳税所得额 = 财产转让收入 - 财产原值 - 合理费用

应纳税额 = 应纳税所得额×20%

6. 利息、股息、红利所得和偶然所得。利息、股息、红利所得、偶然所得和其他所得，以纳税人每次取得的收入额为应纳税所得额，税率为20%。应纳税额计算公式：

应纳税额 = 每次收入额×20%

（三）主要减免税项目

免纳个人所得税的项目包括：省级人民政府、国务院部委和中国人民解放军军以上单位，以及外国组织、国际组织颁发的科学、教育、技术、文化、卫生、体育、环境保护等方面的奖金；国债和国家发行的金融债券利息；按照国家统一规定发给的补贴、津贴；福利费、抚恤金、救济金；保险赔款；军人的转业费、复员费；按照国家统一规定发给干部、职工的安家费、退职费、退休工资、离休工资、离休生活补助费；依照我国有关法律规定应予免税的各国驻华使馆、领事馆的外交代表、领事官员和其他人员的所得；中国政府参加的国际公约、签订的协议中规定免税的所得；经国务院财政部门批准免税的所得。

经批准可以减征个人所得税的项目包括：残疾、孤老人员和烈属的所得；因严重自然灾害造成重大损失的；其他经国务院财政部门批准减税的。

本章小结

1. 广义的税收制度包括税收体系中税类、税种的构成及其相互关系，以及税收管理权限划分和税收征管办法等内容。狭义的税收制度则仅指某一具体税种的课征制度。它由纳税人、课税对象、税目、税率、起征点、免征额、纳税期限、纳税环节、减免税、违章处理等要素所构成。税制体系分单一税制和复合税制两大类型。单一税制就是在一个国家只征收一种税的税收制度。复合税制就是在一个国家同时开征两个以上税种的税收制度。复合税制以税制总体设计为标准，实现了既均衡社会财富，又促进经济增长的复合功能，其效果明显优于单一税制。迄今的税收实践中，税制结构的演变经历了三个阶段，即传统的直接税为主的税制结构、间接税为主的税制结构和现代的直接税制度。

2. 税制要素包括：纳税人、课税对象、税率、起征点与免征额、附加与加成、税收优惠、纳税环节、纳税期限和违章处理等内容。

3. 新中国税收制度的建立是以1950年政务院颁布《全国税政实施要则》为标志的，直至1994年适应社会主义市场经济的新税制出台，其间近半个世纪的时间里我国税收制度经历了四次较大的改革和发展。现行税制中，流转税类居于主导地位，是税制结构中的主体税类。

4. 现行税制的主要税种包括：（1）增值税，即对生产、销售商品或者提供应税劳务过程中实现的增值额征收的一种税。（2）消费税，即对在我国境内从事生产、委托加工和进口应税消费品的单位和个人，就其应税消费品的销售额或销售数量征收的一种税。（3）营业税，即对在我国境内提供交通运输业、建筑业、金融保险业、邮电通讯业、文化体育业、娱乐业、服务业等应税劳务，以及转让无形资产和销售不动产的单位和个人，就其营业额征收的一种税。（4）关税，即由设在边境、沿海口岸或境内的水、陆、空国际通道的海关机构，按照国家规定，对进出国境或关境的货物、物品征收的一种税。（5）企业所得税，即对我国境内的各类企业的生产经营所得和其他所得征收的一种税。（6）个人所得税，即对公民个人的应税所得征收的一种税，是世界各国普遍征收的一种税。

主要概念

税收制度　单一税制　复合税制　纳税人　课税对象　计税依据　税目　比例税率　累进税率　定额税率　名义税率　实际税率　平均税率　边际税率　起征点与免征额　附加与加成　税收优惠　纳税环节　纳税期限　税务违章处理

复习思考题

基础性思考题：

1. 什么是税收制度？如何理解税收制度的广义和狭义概念？
2. 我国税收法律文件的主要形式有哪些？
3. 什么是单一税制和复合税制？税制结构的演变经历了哪三个阶段？
4. 税收制度由哪些要素构成？
5. 全额累进税率与超额累进税率有什么区别？
6. 新中国的税制体系经历了怎样的演变过程？
7. 我国现行税制由几类税收组成？包括哪些主要税种？
8. 什么是增值税和增值额？如何理解增值税的三种类型？
9. 如何正确地计算和缴纳增值税？
10. 什么是消费税？我国消费税有哪些特征？
11. 如何正确地计算和缴纳消费税？
12. 如何正确地计算和缴纳营业税？
13. 什么是关税？关税税率有哪些种类？
14. 什么是保税制度？
15. 什么是企业所得税？如何正确计算和缴纳企业所得税？
16. 什么是个人所得税？如何正确计算和缴纳个人所得税？

扩展性思考题：

1. 我国现行税制是如何发挥其财政收入职能和宏观调控职能的？
2. 如何改革才能实现更科学的增值税制度？
3. 应如何改革和完善个人所得税，以更好地实现其再分配职能？

计算题：

1. 某电视机厂（一般纳税人）的产品出厂价为1500元/台（不含税价），该企业本月共发生下列经济业务：

（1）向本市各商家销售6000台。

（2）对本厂职工以成本价1200元/台售出50台。

（3）购进生产用原材料，专用发票上注明的货款金额为300万元，税额51万元。

（5）购进生产用设备一台，取得增值税专用发票注明金额40万元，税额6.8万元。

要求：计算该企业本月应纳增值税的销项税额、进项税额和应纳税额。

2. 某日用化学品厂将本厂试制的一批护肤品（适用的消费税税率是30%）分给本厂职工，该产品没有同类产品的销售价格，其生产成本总额为7000元。该产品全国平均成本利润率为5%。

要求：计算该厂该笔业务应纳的消费税税额。

3. 某饭店2010年4月取得以下收入：

（1）客房收入60万元，保龄球馆收入5万元。

（2）餐厅餐饮收入40万元，另收服务费2万元。

要求：计算该饭店本月应纳营业税。

4. 某工业企业当年实现销售收入200万元，产品销售成本105万元，产品销售费用0.4万元，产品销售税金及附加10万元，出租固定资产取得收入8万元，国库券利息收入6万元，允许在所得税前扣除的营业外损失2万元。

要求：计算该企业应纳的企业所得税。

5. 中国公民陈某某月薪金收入5000元，出版专著一本，取得稿酬收入10000元。

要求：计算其应缴纳个人所得税税额。

第十一章

DISHIYIZHANG

国际税收关系

本章对国际税收关系进行理论和实践探讨。本章提供关于国际税收的概念和发展、税收管辖权的概念和类型、免除国际重复课税的方式和方法、国际避（逃）税的概念和途径、国际税收协定的概念和内容等方面的知识。了解国际税收关系的理论和现状，熟悉免除国际重复课税的方式和方法等是本章的重点，也是本章的设置动机。

第一节

国际税收的概念、产生与发展

一、国际税收的概念

国际税收（international taxation）指不同国家在相互经济交往中因行使各自的课税权力而形成的一种国际税收分配关系。其实质是不同国家之间的税收权益分配关系，所以也称之为国际税收关系。

由于税收理论界对国际税收的外延有着不同的理解，因而，国际税收的概念有狭义和广义之分。狭义国际税收指不同国家因对跨国所得和跨国财产课税所形成的国际税收分配关系。广义国际税收指不同国家因对跨国所得、跨国财产和跨国流通商品课税所形成的国际税收分配关系。狭义国际税收与广义国际税收的主要分歧在于对跨国流通的商品课税是否会形成不同国家之间的税收权益分配关系持不同看法。持狭义国际税收观点者认为，所得税和财产税属于“对人税”，且其税收负担不易转嫁，通常由纳税人自身承担。当不同国家对同一纳税人的跨国所得或跨国财产行使课税权力的时候，容易产生国际重复课税问题，并可能引发纳税人避税与逃税行为，这必然影响相关国家的财权利益，从而产生一种国际税收权益分配关系。而流转税属于“对物税”，其税收负担容易转嫁，通常并非是由纳税人负担的。而且对商品课税一般只能在商品交易行为发生地课征，即便是对跨国流通的商品，各国政府也只能就在本国境内发生的商品交易额征税，而不可能对发生在国外的商品交易额行使课税权，对跨国流通商品课税不会引起不同国家之间的税收权益分配关系。因而，国际税收只包括对跨国所得和跨国财产课税所形成的税收分配关系。而持广义国际税收观点者则认为，对跨国流通的商品课税，可能产生不同国家对同一商品重复课税现象。而有关国家的政府如何处理对跨国流通商品课税问题，对出口、进口的商品确定怎样的税收政策，必然对商品以及与之相关的技术、资本等经济要素的国际流动产生影响。进而，影响有关国家之间的经济、财政利益。此外，流转税与企业所得税之间也存在着相互转化、相互影响、此增彼减的关系，在国际经济交往中，两者对相关国家经济、财政利益的影响是不能截然分开的。据此认为，应将对跨国商品课税纳入国际税收的范畴。从国际税收发展现状看，国际税收权益分配的矛盾主要集中在所得税和财产税上。经过长期的理论研究和实践探索，在对跨国所得和跨国财产课税方面，已经形成了比较成熟的理论和比较完整的国际协调方法体系。近年来，随着国际经济关系的发展，对跨国流通商品课税及其国际协调问题逐渐受到重视，WTO及日益增多的地区性自由贸易组织的成员国之间的关税协调就是一个明显例证。但是，此方面的研究目前在我国还处于探索阶段，尚未形成系统的理论和方法体系。上述两种观点相比较，狭义国际税收的观点在税收理论界得到更为广泛的认同。通常人们所说的国际税收都是指狭义的国际税收，即不同国家在国际经济交往中对跨国所得和跨国财产行使各自的课税权力而形成的税收权益分配关系。有鉴于此，本章所论的内容也仅限于狭义国际税收的范围。

二、国际税收与国家税收的关系

论及国际税收的概念，不可避免地会涉及其与国家税收之间的关系。概括地说，国际税收与国家税收是既相联系又有区别的。

(一) 国际税收与国家税收的联系

国际税收与国家税收之间的联系主要表现在两个方面：

1. 国家税收是国际税收的基础。正是由于国家税收的存在，各国在国际经济交往中行使各自的课税权力，才会产生不同国家之间的税收权益分配关系即国际税收关系。如果离开国家税收，国际税收就无法独立存在。因而，国家税收是国际税收存在的基础。

2. 国际税收关系的准则制约着国家税收实践活动。这主要表现在，在经济全球化的历史背景下，当今各个主权国家在制定本国的税收制度时，对有关跨国纳税人和跨国课税对象问题的处理，必须遵循国际税收惯例及有关法律规范，必须顾及他国的合法利益，而不能够完全按照本国政府及立法机构的意志行事。从这一意义上讲，在现代经济生活中，国际税收关系准则约束着每个主权国家的税收实践活动。

(二) 国际税收与国家税收的区别

国际税收与国家税收之间的区别则主要表现在它们各自所体现的分配关系不同。国家税收所体现的主要是在一个国家内部政府与纳税人之间的税收征纳关系，这种分配关系是靠国家的政治权力来维系，通过国内立法建立的，具有强制性的特点；而国际税收所体现的是不同国家之间的税收权益分配关系，这种分配关系只能通过相关国家之间的谈判、协商加以协调，一般不具有强制性。

三、国际税收的产生与发展

国际税收是国家税收发展到一定历史阶段的产物，它是随着国际经济往来的发展而产生的。国际税收的产生主要取决于两个基本条件：一是由于经济活动的国际化导致跨国纳税人和跨国课税对象的存在；二是不同国家对跨国纳税人和跨国课税对象征税权的交叉重叠。跨国纳税人是指在两个或两个以上国家负有纳税义务的自然人或法人。跨国课税对象在此是指跨国所得和跨国财产，即纳税人在其本国（居住国）之外获得的所得和拥有的财产。当某自然人或法人在非居住国获得跨国所得或拥有跨国财产，而居住国和非居住国又分别对其行使课税权力时，该自然人或法人就有可能对两个或两个以上的国家负有纳税义务而成为跨国纳税人。不同国家对同一跨国纳税人课税时自然会涉及税收权益的分配问题，国际税收关系即由此而产生。

在自然经济占主导地位的奴隶社会和封建社会时期，各国的产业结构多以农牧业为主。国家税收也相应地以古老的直接税为主体税种，主要采用土地税、人头税等形式。由于生产力水平所限，人们在这一时期的经济活动范围十分狭窄，国际经济交往尚属个别现象，且规模较小。因而，在这一时期，既没有跨国纳税人大量存在，不同国家之间征税权交叉重叠的现象也不普遍，国家的课税活动及由此而形成的税收分配关系基本上局限于各个国家内部，不会产生普遍意义上的国际税收关系。

在资本主义制度产生之后，由于商品经济的发展和产业结构的变动，税制结构开始发生变化，以流转额为课征对象的间接税逐渐取代古老的直接税占据了主体税的地位。由于生产力的发展，人们经济活动的范围不断扩大，国际经济往来有所增加。特别是资本主义工业革命使生产力水平迅速提高，资本主义国家的大规模商品输出推动了国际贸易的发展，使国际经济交往明显增加，跨国纳税人随之大量出现。但是，由于这一时期的国际经济往来是以商品贸易形式为主，各国的税收制度多以间接税为主，而如前所述，按照狭义国际税收的观点，对国际商品贸易课征间接税一般不存在不同国家征税权的交叉问题，也不会由此而形成不同国家间的税收权益分配关系——国际税收关系。然而，这一时期国际经济往来的发展，毕竟打破了过去那种封闭的经济局面，使不同国家之间发生了更多的税收方面的联系和沟通，为国际税收的产生准备了条件。

从19世纪末到20世纪初，随着资本主义经济由自由竞争向垄断阶段过渡，经济国际化进程不断加快，国际经济往来迅速发展。在国际商品贸易规模不断增长的同时，各种形式的资本输出迅速发展。资本输出必然导致一部分跨国所得和跨国财产的产生。而在这一时期，所得税经历了一百多年的发展与完善后，已经成为许多国家的主要税种。特别是西方资本主义国家，普遍建立了以现代直接税——所得税为主体税种的新型税收制度。由于各国在确定所得税课征范围时既可以收入来源地为标准，对任何企业和个人来源于本国的收入都课税；也可以纳税人是否为本国企业和居民（公民）为标准，对本国企业和居民（公民）来源于国境内外的收入都征税。而许多国家为了维护本国的权益往往同时采用上述两种不同标准确定课税范围。这样，对跨国收入和财产就可能出现重复征税。这种重复课税不但使纳税人难以承受，也会影响国际经济往来的发展。为解决这一矛盾，就需要有关国家就此问题进行协调，这必然涉及不同国家之间的税收权益分配。于是，国际税收关系便由此而产生。

在第二次世界大战之前，由于资本输出主要是由经济发达的资本主义国家输出到经济落后的殖民地、半殖民地国家，资本输出方与输入方的地位往往是不平等的，二者之间谈不上公平地分享税收权益。加之有些国家的所得税制度在这一时期还不够完善，并未成为税制体系中的重要税种。因而，总地来看，这一时期国际税收关系虽已产生，但并没有受到普遍的重视，国际税收关系的协调主要是在有关个别国家之间协商进行，国际税收在理论和实践上都还不够成熟。第二次世界大战以后，资本输出方式发生了很大变化，经济发达国家之间相互投资日见普遍，跨国经济迅速发展，各国的所得税制度也日趋完善，成为许多国家的主体税种。国际税收开始受到包括发展中国家在内的各国政府的普遍重视。国际税收关系的处理方式也由个别协商发展到参照大多数国家认同的国际税收惯例进行协调。这一时期，国际税收的理论与实践都得到迅速发展，内容日臻完善。

现代国际税收的内涵十分丰富，就狭义国际税收而言，其内容主要包括：税收管辖权的协调、国际重复课税的免除、国际避税和逃税的防范、国际税收协定的缔结、跨国纳税人的收入和费用在各国间的分配、国际间的税收优惠以及税收情报交换等。其中前四项属于国际税收的最基本内容，将在本章中分“节”加以介绍。

第二节 税收管辖权

简而言之，国际税收的产生，是由于各国政府行使各自独立的税收管辖权，对跨国所得或财产进行课税的结果。因此，不同国家之间税收管辖权的协调就成为国际税收关系中的一个最基本的问题。

一、税收管辖权的概念及其类型

税收管辖权（tax jurisdiction）指一国政府所拥有的课税权力。它是国家主权的一个组成部分。一般而言，每个主权国家都应当能够完全自主地行使自己的课税权力，自行处理本国管辖范围之内的一切税收事宜，而不受任何外来因素的干涉与控制。当然，税收管辖权的范围必须与国家行政权力的范围相适应，而不能超越这个范围。国家行政权力的范围，从地域概念上讲，可包括其领土范围内的全部空间；从人员概念上讲，可包括居住在国境内外的本国公民和在本国境内居住时间达到一定标准的非本国公民。据此，各国政府在确定税收管辖权时就出现了两种不同的原则：一是属地主义原则（territionalism principle），即根据地域概念，以收入来源地、财产所在地或经济活动地为标准，确定本国的税收管辖权范围；二是属人主义原则（personalism principle），即根据人员概念，以纳税人的国籍或是否属于本国居民为标准，确定本国的税收管辖权范围。

由于确定税收管辖权所依据的原则不同，税收管辖权相应分为以下两种类型：

（一）属地税收管辖权

属地税收管辖权（territional tax jurisdiction），指按照属地主义原则确定的税收管辖权。它以纳税人的所得来源地、财产所在地或经济活动发生地为标准，划定课税范围。不考虑纳税人的国籍或居住地，只对纳税人来源于本国境内的所得和存在于本国境内的财产课税，对来源于境外的所得和存在于境外的财产则不课税。也称为地域税收管辖权或所得来源地税收管辖权。

确定此种税收管辖权的关键在于判定所得的来源地和财产的所在地，其具体判别标准因所得或财产项目不同而有所区别。分述如下：

1. 跨国经营所得来源地的判定，主要有以下两种标准：一是常设机构标准，即以取得该项所得的跨国纳税人是否在本国设有常设机构判定所得的来源地。二是交易地点标准，即以跨国纳税人从事交易或经营活动的地点判定所得来源地。大陆法系国家多采用常设机构标准，而海洋法系国家通常采用交易地点标准。

2. 跨国劳务所得来源地的判定，也有两种不同标准：一是劳务提供地标准，即以跨国纳税人提供劳务的地点为标准判定所得来源地。其中，对独立劳务所得主要是看跨国纳税人在哪个国家设有从事劳务活动的固定基地；而对非独立劳务所得，则主要看跨国纳税人提供的劳务发生在哪个国家。二是劳务所得支付地标准，即以向跨国纳税人支付劳务所得的居民、固定基地及常设机构的所在国为所得来源地。上述两种判定标准中，劳务提供地标准应用更为广泛。

3. 跨国股息、利息所得来源地的判定，通常以所得支付者的居住地为标准。如果跨国纳税人的股息、利息所得是由某国境内的被投资人或债务人支付的，即可判定为来源于该国的所得。

4. 跨国特许权使用费所得来源地的判定，主要以特许权使用地为标准。但也有一些国家以特许权所有者的居住地或特许权使用费支付者的居住地为标准判定特许权使用费所得的来源地。

5. 跨国租金所得来源地的判定，各国所采用的标准不尽相同。不同国家分别依据租赁财产的使用地、所在地、合同签订地或租金支付者居住地等为标准判定租金所得的来源地。

6. 跨国财产转让所得来源地的判定标准，因财产种类而异。对不动产转让所得，通常以不动产所在地为来源地。对动产转让所得，不同国家对不同种类的财产所采用的判定标准不尽相同，分别依据财产转让地、财产出让者居住地以及财产所在地判定财产转让所得的来源地。

7. 跨国财产所在地的判定，对不动产，通常以其物质形态的存在地为标准；对动产，以其所属常设机构或固定机构所在地为标准。

8. 跨国遗产所在地的判定，对不动产和有形动产，以其物质形态存在地为遗产所在地；对股票、债权等遗产，以被投资人或债权人居住地为判定标准。

（二）属人税收管辖权

属人税收管辖权（personal tax jurisdiction），指按照属人主义原则确定的税收管辖权。它以纳税人是否拥有本国国籍或本国居民身份为标准，划定课税范围。又可进一步划分为公民税收管辖权和居民税收管辖权。

1. 公民税收管辖权（citizen tax jurisdiction），指以纳税人是否属于本国公民为标准，确定本国的税收管辖权。一国政府对本国公民来源于世界各地的所得和存在于世界各地的财产都享有征税的权力，而不考虑该公民是否在本国境内居住。由于公民身份的确定必须以拥有该国国籍为前提，因而，公民税收管辖权也称为国籍税收管辖权。

2. 居民税收管辖权（resident tax jurisdiction），指以纳税人是否属于本国居民为标准，确定本国的税收管辖权。一国政府对本国居民来源于世界各地的所得和存在于世界各地的财产都享有征税的权力，而不考虑其是否属于本国公民。

确认纳税人的居民身份是行使居民税收管辖权的前提，但国际上对居民的概念并无统一的定义，不同国家确认居民身份所采用的标准也不尽相同。现将目前各国在税收实践中采用较为普遍的居民身份确认标准归纳如下：

（1）自然人居民身份的确认标准主要有以下三种：

①住所标准。纳税人如果在某个国家拥有永久性或习惯性的住所，即判定为该国家的居民。

②居留时间标准。纳税人如果在某个国家居留达到一定的时间标准，即判定为该国家的居民。不同国家采取的用于判定居民身份的居留时间期限不尽相同，但大

多数国家规定为六个月或一年。

③意愿标准。纳税人如果有在某个国家居留的意愿，即判定为该国家的居民。例如，美国法律规定，在美国居住的外国人，凡有在美国长期定居愿望者，不论其在美国居住的时间是否达到规定期限，均可判定为美国居民。

（2）法人居民的确认标准主要有以下五种：

①登记注册地标准。如果一个公司是按照某个国家的法律注册的，即判定为该国家的居民公司。例如，美国法律规定，凡按照美国法律在美国登记注册的公司，均视为美国的居民公司，而不管其由哪个国家的股东控股，也不管其管理机构设在哪个国家。

②总机构所在地标准。如果一个公司在某个国家设立总机构，即判定为该国家的居民公司。例如，日本法律规定，凡在日本设立总机构的公司即为日本的居民公司。

③管理中心所在地标准。如果一个公司在某个国家设有控制中心或管理中心，即判定为该国家的居民公司。所谓管理中心或控制中心所在地通常是指公司的董事会所在地或股东大会会议场所所在地。

④主要经济活动地标准。如果一个公司的主要经济活动发生在某个国家境内，即判定为该国家的居民公司。

⑤资本控制标准。如果控制一个公司选举权的股东是某国居民，即判定该公司为这个国家的居民公司。

二、税收管辖权的选择

每个拥有独立主权的国家都可以自主地行使自己的课税权力，可以自由地选择本国税收管辖权的类型。但是，不同类型的税收管辖权对国家权益的影响是不同的。因而，各国政府都会根据本国的国情选择对本国有利的税收管辖权类型。

从目前世界各国选择税收管辖权的一般情况来看，经济发达国家由于资本过剩、技术先进，向境外输出资本、技术比较多，来源于境外的各种所得和存在于境外的财产也相应地比较多，从其自身的经济情况考虑，多倾向于按照属人主义原则确定税收管辖权。发展中国家由于资金短缺、技术落后，从国外引进资本和技术相对较多，往往导致外国企业和个人从本国取得大量的所得，或在本国境内存在大量属于外国企业和个人的财产。为了能对这些所得和财产行使课税的权力，发展中国家多倾向于按照属地主义原则确定税收管辖权。

然而，一个国家如果单纯地选择一种类型的税收管辖权，而放弃其他类型的税收管辖权，必然会丧失一部分税收权益。比如，某个国家如果只选择居民税收管辖权，它对非居民自然人和法人在本国境内取得的所得和拥有的财产就无法课税。反之，某个国家如果只选择属地税收管辖权，则意味着对本国居民或公民来源于国外的所得和存在于国外的财产无法课税。因此，目前世界上除少数国家和地区之外，大多数国家为了维护本国的权益，避免财政收入流失，往往同时采用属地税收管辖权和居民税收管辖权，即对本国居民采用属人主义原则，对非居民采用属地主义原则。有的国家甚至在并行属地税收管辖权和居民税收管辖权的同时，还采用公民税收管辖权。不过，各国政府在同时运用两种或三种税收管辖权的过程中，都要根据不同的国情而有所侧重。

我国是一个发展中国家，自新中国成立以来长期采用以流转税为主体的税制结构，而且由于受各种主客观因素的制约和影响，在改革开放以前的近 20 年的时间里，我国的经济基本处于封闭状态，国际经济往来较少，且主要采取对外商品贸易形式，资本和技术引进为数极少。因此，在这一时期，我国很少与其他国家发生国际税收关系，也没有把税收管辖权的选择问题作为税收工作的重要内容。改革开放后，我国与国外的经济往来迅速发展。国外资本、技术的引进及来华工作的外籍人员不断增加，我国的一些企业和个人也走出国门，到国外从事投资、经营、及劳务输出等经济活动。在此情况下，对这些跨国纳税人如何征税成为摆在我国政府面前的现实问题，税收管辖权的选择也随之成为税收工作的一项重要内容。经过 30 多年的探索与实践，逐步确立了适合我国国情、符合国际惯例的税收管辖权。

在 20 世纪 80 年代初期，为了适应对外开放的需要，我国相继开征了中外合资经营企业所得税、个人所得税和外国企业所得税。其中，中外合资经营企业所得税和个人所得税均同时采用居民税收管辖权和地域税收管辖权，这种做法是合乎国际税收惯例，并符合我国国情的。但是，由于当时缺乏国际税收工作经验，我国在外国企业所得税的立法中采用了单一的地域税收管辖权，对外国独资企业不论其总机构是否设立在我国境内，只就其来源于我国境内的所得课税。这种做法是不够规范的，其结果，既违背了国际税收惯例，又可能导致我国应得的一部分税收权益的丧失。因为，按照国际惯例，那些总机构设立在我国境内，获得我国独立法人资格的外资企业应被视为我国的居民企业，并对我国应负有“无限纳税义务”。这些企业来源于世界各地的所得均应在我国汇总缴纳所得税。为此，我国于 1991 年对涉外企业所得税制度进行了改革，将中外合资经营企业所得税与外国企业所得税合并为中华人民共和国外商投资企业和外国企业所得税，并规定，凡总机构设立在我国境内的外商投资企业均视为我国的居民企业，适用居民税收管辖权，就其来源于世界各地的所得在我国汇总纳税；凡总机构不设在我国境内的企业，视为非居民企业，适用地域税收管辖权，就其来源于我国境内的所得课税。这样，我国在涉外所得税立法中全面地采用了居民税收管辖权和地域税收管辖权。当时的内资企业所得税，则采用了居民税收管辖权。2008 年 1 月 1 日，我国对企业所得税制度进行了改革，将原外商投资企业和外国企业所得税与内资企业所得税整合为统一的中华人民共和国企业所得税。新企业所得税在税收管辖权的选择上仍然采用对居民企业实行属人主义原则，对非居民企业实行属地主义原则的模式。

第三节 国际重复课税及其免除

一、国际重复课税的概念、产生的原因及其对社会经济的不良影响

（一）国际重复课税的概念

重复课税（duplicate taxation）指同一国家或不同国家对同一纳税人或属于不同纳税人的同一课税对象及税源课征两次或两次以上的税收。按其发生的范围不同，可分为国内重复课税与国际重复课税。

国内重复课税指在一个国家范围内发生的重复课税。其中最为常见的有三种情况：一是由于实行复合税制而对同一纳税人的同一笔收入在流通、分配等诸环节分别课征流转税、所得税等不同税种所形成的重复课税；二是由于某些流转税以全部流转额为计税依据，并实行多环节课征而形成的重复课税；三是就同一税源对不同纳税人分别课征不同税种所产生的重复课税，例如，先对公司取得的利润征收公司所得税，再对股东从公司分得的股息征收个人所得税。其中，第一、二种情况通常被称为税制性重复课税；第三种情况被称为经济性重复课税。

国际重复课税（international duplicate taxation）指在两个或两个以上的国家范围内发生的重复课税。它是由于两个或两个以上的国家在同一时期内对同一跨国纳

税人或不同跨国纳税人的同一课税对象课征相同或相类似的税收而形成的。由于国际重复课税一般多为两次课征，因而也称为国际双重课税。

（二）国际重复课税产生的原因

造成国际重复课税的基本原因是由于不同国家税收管辖权的交叉重叠，特别是不同类型税收管辖权的交叉重叠。比如，有A、B两个国家，A国采用公民税收管辖权，B国采用地域税收管辖权。当A国的公民到B国工作取得所得之后，作为来源于B国境内的所得，B国政府要对其行使课税权；作为A国公民的所得，A国政府也要对其行使课税权。于是构成了对该公民个人所得的国际重复课税。由于目前世界上大多数国家都同时采用两种甚至三种类型的税收管辖权，从而很容易造成各国之间不同类型的税收管辖权的交叉重叠，使国际重复课税的概率大大增加。当然，采用同类税收管辖权的国家如果在对居民身份或所得来源地的确认标准上存在着差异，也会造成不同国家之间同类税收管辖权的交叉重叠，导致国际重复课税。不同国家税收管辖权的交叉重叠可分为五种情况：一是居民税收管辖权与地域税收管辖权重叠；二是公民税收管辖权与地域税收管辖权重叠；三是居民税收管辖权与公民税收管辖权重叠；四是居民税收管辖权与居民税收管辖权重叠；五是地域税收管辖权与地域税收管辖权重叠。其中，第四、五两种情况分别是由于不同国家对居民身份或所得来源地的判定标准不同而造成的。

（三）国际重复课税对社会经济的不良影响

国际重复课税不仅有悖税收的“公平”原则，而且会影响经济效率，其弊端是十分明显的。国际经济交流与合作有利于资源的合理配置和经济效率的提高，可促进世界经济的发展。而国际重复课税给跨国纳税人造成沉重的税收负担，削弱了其在国际市场上的竞争能力和跨国投资的积极性。其结果，必然会阻碍资金、技术和人力资源在国际间的自由流动，从而对国际经济交流与合作乃至科学、技术和文化的交流造成障碍。因此，免除国际重复课税不仅是各国政府和跨国纳税人的共同愿望，而且已经成为国际税收理论研究和实践活动的重要内容。

二、免除国际重复课税的方式、方法

国际重复课税的免除，主要是在承认所得来源国拥有征税优先权或独占权的前提下，通过协调不同国家之间的税收管辖权，由跨国纳税人的居住国或国籍国作出一定的让步而实现的。承认所得来源国征税优先权或独占权的理由主要在于：其一，所得来源国为纳税人的经济活动提供了法律保护；其二，所得来源国为纳税人提供了投资、经营环境；其三，由所得来源国从源课税，便于征收管理，有利于防止税收收入流失。现将免除国际重复课税通常采用的方式、方法简介如下：

（一）免除国际重复课税的方式

免除国际重复课税的方式有以下三种：

1. 单边方式，指一国政府在本国的税法中单方面地对本国的税收管辖权作出某些限制性的规定，用以消除或缓解对本国公民或居民来源于国外所得的国际重复课税。

2. 双边方式，指发生国际税收关系的两个国家通过谈判，缔结双边税收协定，以避免国际重复课税。

3. 多边方式，指两个以上的国家，通过谈判，缔结多边税收协定，以避免国际重复课税。

（二）免除国际重复课税的方法

在各国的税收实践中，用于免除国际重复课税的具体方法主要有以下四种：

1. 免税法。又称为“豁免法”，指实行属人税收管辖权的国家，对其公民或居民来源于国外的所得和存在于国外的财产免予课税，以免除国际重复课税的方法。在采用累进税制的情况下，免税法又可以分为全额免税法和累进免税法。前者是在对本国公民或居民的所得和财产课税时，完全不考虑已被免税的那部分国外所得或财产，仅就其在国内的所得额和财产额确定适用税率，计算应纳税额；后者是在对本国公民或居民的所得或财产课税时，要就其来源于国内外的全部所得额或财产额确定适用税率，以国内的所得额或财产额为计税依据计算应纳税额。举例说明如下：

假设有 A、B 两国，分别实行属人税收管辖权和属地税收管辖权。A 国的公司所得税采用全额累进税率，具体税率为：

表 11-1　　假设的 A 国公司所得税税率

级次	应纳税所得额级距	税率
1	所得额在 30 万元以下的（含 30 万元）	20%
2	所得额在 30 万元以上至 40 万元的	30%
3	所得额在 40 万元以上的	40%

A 国某公司在本国取得所得 25 万元，在 B 国取得所得 10 万元。在 B 国取得的所得已在 B 国缴纳 15% 的公司所得税，即 1.5 万元。

如果 A 国政府不对该公司采取免除国际重复课税措施，该公司应向 A 国政府缴纳的公司所得税为：（25 万元 +10 万元）×30% =10.5 万元；

如果A国政府对本国公司来源于境外的所得采取全额免税法，该公司应向A国政府缴纳的公司所得税为：25万元×20%＝5万元；

如果A国政府对本国公司来源于境外的所得采取累进免税法，则应根据纳税人境内、外所得总额即25万元＋10万元确定适用税率，以境内所得为计税依据，该公司应向A国政府缴纳的公司所得税为：25万元×30%＝7.5万元。

免税法实质上是承认地域管辖权国独占征税权，完全放弃对本国公民或居民的国外所得和财产的征税权力，因而，能够彻底地免除国际重复课税。但是，由于它不考虑所得来源国和财产所在国的税率高低，有可能损失一部分应得的税收权益。所以，目前只有少数国家为鼓励资本输出而采用这种方法，并且通常都附有一些限制性条件。

2. 扣除法。指实行属人税收管辖权的国家在对其公民或居民来源于国内外的全部所得和财产课税时，允许纳税人将其在国外缴纳的所得税或财产税作为费用扣除项目，冲抵所得额和财产价值后计算应纳税额，以减轻国际重复课税的方法。

由于扣除法只能在一定程度上减轻国际重复课税，而不能彻底地消除国际重复课税，无法彻底地解决国际重复课税所造成的矛盾，所以，目前采用此种方法的国家已经为数较少。

3. 低税法。指实行属人税收管辖权的国家对其公民或居民来源于国外的所得或财产单独制定较低的税率征税，以减轻或免除国际重复课税的方法。例如，我国财政部曾于1985年规定，对“国营对外承包公司”在我国境内、境外取得的所得分别按不同税率计算征收企业所得税，对纳税人的境内所得按55%的一般税率征税，而对其境外所得则按20%的低税率征税。这种做法属于比较典型的“低税法”。

由于低税法不考虑纳税人在国外实际适用税率高低，只按一个既定的低税率征税，当这个低税率与国外税率之和高于国内一般税率时，就不能彻底地消除国际重复课税，而当这一低税率与国外税率之和低于国内一般税率时，又会使本国政府损失一部分应得的税收权益。

4. 抵免法。指实行属人税收管辖权的国家，在对其公民或居民国内外的全部所得或财产汇总课税时，允许其将在国外已缴纳的税额冲抵应向本国缴纳的税额，以免除国际重复课税的一种方法。

抵免法按适用对象不同可分为直接抵免法和间接抵免法。前者是适用于同一经济实体的跨国纳税人的一种税收抵免方法，主要适用于自然人或法人的总机构与分支机构之间的税收抵免。其特点是在对跨国纳税人国内外全部所得或财产征税时，允许其以在国外缴纳的税额直接冲抵应向本国缴纳的税额。后者是适用于跨国母、子公司之间的一种税收抵免方法。其特点是在对国内的母公司征税时，允许抵免其从国外的子公司取得的税后股息在国外已缴纳的那一部分税款。由于这部分税收抵免额需根据母公司从子公司取得的那部分股息额间接还原计算，而不是按子公司缴纳的全部税款直接抵免，所以称为间接抵免。

抵免法按抵免额掌握的限度不同，可分为全额抵免、限额抵免和饶让抵免。全额抵免的特点是在对本国公民或居民国内外全部所得或财产汇总课税时，允许将其在国外已缴纳的全部税额在应向本国缴纳的税额中抵免。限额抵免是只允许公民或居民将其在国外已缴纳的税额按一定限额在应向本国缴纳的税额中抵免，抵免的最高限额通常是按纳税人国外所得额或财产额和本国的适用税率计算出的应纳税额。饶让抵免则是允许将纳税人在国外因享受税收优惠而未缴纳的税额视同已缴纳的税额进行抵免的一种特殊的税收抵免方法，也称为税收饶让。严格地讲，饶让抵免实际上是一种税收优惠形式，而不属于免除国家重复课税的方法。由于饶让抵免法可以保证使所得来源国给予跨国纳税人的税收优惠不至于在其回本国汇总纳税时被抵销，因此，发展中国家为运用税收手段吸引外资和引进国外先进技术，往往在与发达国家缔结税收协定时要求对方对跨国纳税人采用饶让抵免法。而发达国家为鼓励本国公民或居民对外投资，也往往乐于配合。

总地来看，由于抵免法既能够比较彻底地免除国际重复课税，又不会像免税法那样，因完全放弃对本国公民或居民的国外所得和财产的课税权而可能造成部分应得权益的丧失，较好地协调了不同国家之间的税收管辖权，因而，已被许多国家普遍采用。

目前，我国同大多数国家一样，在行使居民税收管辖权的过程中，也是采用抵免法来免除国际重复课税。我国的《个人所得税法》和《企业所得税法》中都明确规定，对我国的自然人居民或法人居民来源于境外的所得在境外缴纳的税款实行限额抵免。

第四节

国际避（逃）税及其防范措施

一、国际避税的概念及其存在的原因

（一）国际避税的概念

国际避税（international tax avoidance）指跨国纳税人利用各国之间税法规定的差异，以各种合法手段减轻或规避税收负担的行为。国际避税不同于国际逃税，运用合法手段以减轻或规避税收负担是国际避税的最基本特征，也是它区别于国际逃税的根本标志。

国际避税虽然是一种合法的行为，但它却会对经济产生一定的消极影响，主要表现在：其一，国际避税会给有关国家直接造成财政利益损失；其二，国际避税会造成纳税人之间税收负担不平衡，影响公平竞争；其三，国际避税行为，尤其是国际避税地的存在，会引起国际资本的非正常流动，影响国际间的正常经济、技术交流。

（二）国际避税存在的原因

税收负担的轻重是影响纳税人经济利益和竞争能力的重要因素。纳税人为追求自身经济利益的最大化和在激烈的市场竞争中处于有利地位，产生避税的愿望是很自然的。经济的国际化，使纳税人有可能在跨国经济活动过程中利用有关国家之间税法的差异，减轻或规避自身的税收负担。概括地说，经济利益的驱动是产生国际避税现象的主观原因，而不同国家之间税收法规差别的存在，则是跨国纳税人避税愿望得以实现的客观条件。归纳起来，能够被跨国纳税人用以进行国际避税的税制差异主要有以下几个方面：

1. 不同国家之间税收管辖权的差别。如前所述，税收管辖权有居民管辖权、公民管辖权和地域管辖权三种类型。如果一个国家采用居民或公民税收管辖权，意味着对本国居民或公民境内、境外的所得和财产都要课税；而一个国家如果采用地域税收管辖权，则仅就来源于本国境内的所得和存在于境内的财产课税。

2. 不同国家之间税制结构的差别。各国之间税种的设置及税制结构是存在差别的。有的国家以直接税为主体税种，有的国家则以间接税为主体税种；一般国家通常都对所得和财产课税，但个别国家对个人所得和财产却不课税；各国对资本利得的税务处理方法也有很大差别，有的国家将资本利得视同普通所得征税，有的国家对资本利得采用特殊优惠方法征税，有的国家则对资本利得不征税。

3. 不同国家之间税率的差别。就同一税种而言，税率是决定税收负担的最重要因素。但不同国家对相同或相类似税种所采用的税率形式、税率结构及确定的税率高低往往是有很大差别的。以公司所得税为例，有的国家采用累进税率，有的国家则采用比例税率；即便同是累进税率，其税率的级次、所得额级距及边际税率的高低也存在差别。

4. 不同国家之间税基的差别。在税率确定的情况下，税收负担的高低与税基的大小呈同方向变动。由于不同国家在对课税范围的选择以及收优惠政策和费用扣除方法等方面存在差异，会造成各国之间相同税种的税基宽窄不同。

5. 不同国家之间避免国际重复课税方法的差别。不同国家采取的避免国际重复课税的方法不尽相同，对跨国纳税人税收负担的影响也显然不同。比如，扣除法和低税法不能彻底地消除国际重复课税，免税法和抵免法则能够彻底地消除国际重复课税，如果在国际税收协定中规定实行税收饶让，还可以在消除重复课税的基础上使跨国纳税人享受到税收优惠带来的额外经济利益。

6. 不同国家之间税收征管水平的差别。税收征管效率是影响纳税人税收负担的重要因素。一个国家如果具有较高的税收征管水平，特别是具有较为完善的反避税措施和丰富的反避税工作经验，会给纳税人避税造成一定的困难。而一个国家如果税收征管水平低下，征管效率不佳，往往会使纳税人的实际税收负担低于名义税收负担，也会给纳税人进行国际避税提供更多的机会。

除去上述税收方面的差别之外，各国之间公司法、移民法以及外汇管制等方面的差别也会成为跨国纳税人用以进行国际避税的条件。

二、国际避税的基本方式

纳税人用以进行国际避税的基本方式主要有以下几种：

1. 采用纳税人跨国移动的方式避税。这是指纳税人采取某种手段，放弃在高税国的自然人居民或法人居民身份，设法取得低税国的居民身份，以达到国际避税的目的。比如，有些自然人为达到国际避税的目的，避免在高税国拥有固定住所，或将住所由高税国迁往低税国，以取得低税国的居民身份；有些自然人将在高税国的居住时间控制在该国确认居民身份的时间标准之内以避免成为高税国居民，或者以旅游方式常年流动于不同国家之间，进行“税收流亡（tax exiles）”，把在任何国家居住的时间都控制在其确认居民身份的居住时间标准之内，也不在任何国家拥有固定住所，甚至居住在游艇上，以放弃任何国家的居民身份，成为所谓“税收难民（tax refugees）”，避免任何国家对其行使居民税收管辖权；有些法人则采取变更注册地点、迁移总机构所在地或管理中心所在地等方式使自己成为低税国家或地区的法人居民，达到避税目的。

2. 采用收入、财产跨国移动的方式避税。这是指纳税人不改变其在所在国的居民身份，而采取某种手段，将收入或财产转移到低税国，以达到避税的目的。比如，自然人为避免在本国缴纳较高的遗产税，可利用信托形式将自己的财产转移到遗产税税率较低或不课征遗产税的国家或地区，以达到避税的目的；法人则可以通过在国外建立信托公司、控股公司和贸易公司等手段，将其财产或收入转移到低税国，以达到避税目的。

3. 利用关联企业转让定价避税。关联企业是指两个或两个以上具有直接或间接的相互控制与被控制关系的企业。利用关联企业转让定价避税是指关联企业之间在相互经济往来中通过人为地提高或压低商品、劳务的转让价格以及贷款利息等方法，使所得额由高税国向低税国移动，以达到国际避税的目的。比如，高税国的某公司在向低税国的关联企业销售商品时，可采取压低价格的方法将一部分利润转移到低税国；在从低税国的关联企业购买商品时，则可采取提高价格的方法将一部分利润转移到低税国。

4. 利用国际避税地进行避税。国际避税地指对所得和财产实行免税、低税以及实行特殊税收优惠的国家或地区，也称为避税港或租税天堂（tax haven）。国际避税地多为一些地理位置优越但地域比较狭小的国家或地区。它们一般都具有稳定的政治、经济环境，拥有良好的交通条件和通讯设施，而且往往在地理位置上靠近经济发达的高税负国家，具备比较理想的国际投资环境。这些国家或地区的政府通常对经济干预较少，财政支出规模相对较小，且对税收依赖程度较低，所以无需课征或仅课征较低的所得税和财产税。国际避税地大体可分为三种类型：一是不征收所得税和财产税的国家或地区。这是最为典型的避税地。二是虽然征收所得税和财产税，但税收负担低于一般国家的水平或对跨国纳税人提供较多的税收优惠待遇的国家或地区。三是仅行使地域税收管辖权，对来源于国外的所得和存在于国外的财产免税的国家或地区。所谓利用避税地进行避税，是指通过在避税地设立各种名义公司等手段，将在高税国的经营收入转入避税地，以达到国际避税的目的。

三、国际逃税的概念及其主要手段

国际逃税（international tax evasion）也称为国际偷税，指跨国纳税人利用不同国家在税收征管方面进行合作的困难和存在的漏洞，采取非法手段，逃避或减轻纳税义务的行为。

国际逃税与国际避税的动机是相同的，它们对经济的影响也是十分相似的。但二者的性质却是截然不同的。国际避税是一种合法的行为，而国际逃税却属于违法行为，它是通过各种隐瞒、欺诈手段来实现的。国际逃税所采取的手段主要有：瞒报应税收入；虚列成本，乱摊费用；虚报投入资本品的价格以多提取固定资产折旧，多分取股利；以及将自有货币资本谎报为借入资金以虚列利息支出等。

四、防范国际避税与逃税的措施

由于国际避税与逃税会给有关国家的财政、经济以及国际经济发展带来诸多的不良影响，因而，应采取有效措施对国际避税与逃税行为进行积极的防范。目前，世界各国对国际避税与逃税行为所采取的基本防范措施有三个方面：一是完善本国的税法，堵塞税法中存在的漏洞，使避税、逃税者无机可乘；二是加强税收执法，严格执行纳税申报、税务稽查等征收管理制度，加强对跨国纳税人的税务监督，并对逃税行为依法进行严厉的处罚。三是加强国际间的税收合作，在有关国家之间进行税收情报交换，建立防止国际避税与逃税的协作关系。

近年来，跨国纳税人利用我国缺乏国际税收实践经验的弱点和税收征收管理上的漏洞逃避纳税义务的情况时有发生。其最为常见的手段有：一是利用我国有关部门对国际市场行情缺乏了解的弱点，运用关联企业转让定价方法向境外转移利润避税；二是采用虚报从国外投入资本品价格的办法，通过多计提固定资产折旧，虚列成本费用偷税；三是利用我国缺乏国际税收情报和对跨国纳税人的经济活动监督不严的漏洞逃避纳税义务。

针对上述情况，我国采取了相应的防范国际避税与逃税措施。其主要内容是：

1. 不断完善本国的税收立法。在原外商投资企业和外国企业所得税法及中华人民共和国企业所得税暂行条例中都就关联企业转让定价问题作出了明确、严格的规定，赋予了税务机关对转让定价的调整权。在新企业所得税法中则针对纳税人可能发生的避税行为设置了“特别纳税调整”专章，进一步强化了反避税措施。在增值税、消费税和营业税的暂行条例中也规定税务机关对企业申报的明显偏低而无正当理由的商品、劳务销售价格拥有调整权。从而为防止跨国纳税人的国际避、逃税行为提供了法律保障。

2. 加强了对国际市场行情信息的收集和了解，并由税务部门会同海关、商品检验等部门加强了对国外投入实物资本的质量检验和价格评估，以防止跨国纳税人采取虚报资本品价格的方式偷逃所得税。

3. 通过缔结国际税收协定扩大和加强了与有关国家之间在防范国际避税与逃税方面的情报交换与税务合作。

4. 以《中华人民共和国税收征收管理法》及其《实施细则》为依托，强化了税收征管工作，进一步健全了税收稽查机构，加强了对税务工作人员的国际税收专业知识培训，并且更新了税收征管手段，为防范国际避税与逃税提供了更好的组织与技术条件。

现阶段，我国在防范国际避税与逃税方面已经取得了一定的成效。但是由于我国的国际税收工作起步较晚，与经济发达国家相比，我国在防范国际避税与逃税方面还处在较低的水平上。随着我国对外开放步伐的加快，特别是在我国加入 WTO 之后，由于外国跨国公司在我国境内投资大量增加，我国企业的资本输出也逐渐增多，使我国政府及税务部门所面临的防范国际避税与逃税任务比以前更为艰巨。今后必须加强国际税收理论研究，不断总结国内外的经验，进一步完善税法，加强税务管理，才能够提高防范国际避税与逃税工作的水平，适应新形势下改革开放的要求。

第五节 国际税收协定

一、国际税收协定的概念与分类

（一）国际税收协定的概念

国际税收协定（international tax convention）指两个或两个以上的国家或地区为了协调彼此之间的税收分配关系，通过政府之间的谈判而签订的具有法律效力的协议或条约。国际税收协定属于国际经济法的范畴，由有关国家的政府谈判签订之后，还需经过各自国家的国会等立法机构按照立法程序批准，并通过外交途径互换文本后方能生效。在其有效期内，缔约国各方政府必须对协定中的所有条款承担义务。

国际税收协定是国际经济往来及国际税收关系发展的产物。导致国际税收协定产生的最直接的原因是国际重复课税现象的存在和世界各国对消除国际重复课税的强烈要求。国际重复课税加重了跨国纳税人的税收负担，给国际间的资金、技术、人才流动造成严重障碍。一些国家为鼓励对外投资采取了种种消除国际重复课税的“单边”措施。但是，仅靠单方面的措施无法解决有关国家之间复杂的税收权益分配问题，难以从根本上消除国际重复课税。在此情况下，由有关国家就国际税收问题进行谈判、协商，寻求能为各方所接受的解决办法是十分必要的，于是，国际税收协定就应运而生了。国际税收协定最早出现于19世纪，在第二次世界大战后得到迅速发展。当前，通过缔结国际税收协定以协调国际税收关系的做法已被国际社会广泛采用。统计数据表明，至本世纪初，已有近200个国家和地区参与签订了国际税收协定，已经生效的避免国际双重课税的税收协定达到3500多个。国际税收协定已经成为进行国际税收关系协调的主要手段。

（二）国际税收协定的分类

为了便于对国际税收协定进行研究，可按照不同的标准对其进行分类：

1. 按照国际税收协定缔约国多少不同，可将其划分为双边税收协定和多边税收协定。双边税收协定指由两个国家签订的税收协定。多边税收协定指由两个以上的国家签订的税收协定。

2. 按照国际税收协定所涉及的内容不同，可将其划分为单项税收协定和综合税收协定。单项税收协定指为协调缔约国之间经济交往中特定行业或项目的税收问题而签订的税收协定。如《中华人民共和国政府和美利坚合众国政府关于互免海运、空运企业运输收入税收的协定》，其内容仅涉及两国海运、空运企业税收互免问题，属于典型的单项税收协定。综合税收协定指不以解决特定行业或项目的税收问题为目的，为全面协调缔约国之间的税收管辖权而签订的税收协定。各国之间签订的关于对所得和财产避免双重课税和防止偷漏税的协定的内容涉及缔约国之间对所得和财产课税税收管辖权的协调、国际重复课税的免除、避免税收歧视、防止国际避税与逃税及税务行政合作等多方面的问题，属于综合税收协定。

二、国际税收协定的基本内容

经过长期的实践，在国际税收谈判方面逐渐形成了一些被人们广泛认同的、规范性的国际税收处理办法，由有关国际组织提出了具有示范性作用的国际税收协定范本。目前，缔结国际税收协定通常以经济合作发展组织（OECD）提出的《关于对所得和财产避免双重课税的协定范本》和由联合国国际税收专家小组提出的《发达国家与发展中国家间避免双重课税的协定范本》为样本。这两个国际税收协定范本的结构基本相同，都设有七章内容，分别为：

第一章，协定范围，包括协定适用的人的范围和税种的范围；

第二章，定义，包括对协定中“人”、“公司”、“缔约国一方企业”和“缔约国另一方企业”、“国际运输”、“主管当局”等一般用语及“居民”、“常设机构”等专业用语的定义；

第三章，对所得的征税，包括对跨国纳税人的各项所得征税的原则和办法；

第四章，对财产的征税，包括对跨国纳税人各种财产的征税原则和办法；

第五章，消除双重课税的方法，包括免税方法和抵免方法；

第六章，特别规定，包括规定缔约国之间应相互给予另一方国民无差别税收待遇、缔约国双方就与协定有关问题进行相互协商的程序、缔约国双方主管当局进行税收情报交换以及保障外交代表和领事官员的财政特权等；

第七章，最后规定，包括协定的生效与终止等内容。

上述两个国际税收协定范本分别简称为《经合组织范本》和《联合国范本》，二者的主要区别在于：前者主要从经济发达国家的利益出发，比较强调属人主义原则；后者则主要从发展中国家的利益出发，比前者更强调属地主义原则，更加注重所得来源国的利益，但同时也注意到所得来源国与纳税人居住国之间税收利益的平衡。

三、我国的国际税收协定工作

在改革开放以前，我国与有关国家缔结的国际税收协定主要限于协调国际运输业务活动中双边税收关系的单项税收协定，对外缔结综合税收协定的实践活动始于改革开放后的20世纪80年代初期，并于1983年首次与日本签订了关于避免国际双重课税和防止偷漏税的协定。在此后20多年的时间里，随着对外开放步伐逐渐加快，我国对外签订国际税收协定工作进展十分迅速。至2010年8月，我国已经与89个国家和地区签订了避免对所得和财产双重课税的国际税收协定，并且已经全部生效。此外，我国还与部分国家签订了有关国际运输业务等方面的单项税收协定。这些国际税收协定在协调我国与缔约对方国家的税收权益分配关系、保护跨国纳税人的正当权益，以及促进国际经济交往方面发挥了积极作用。

为维护我国的主权和经济利益，保护跨国纳税人的合法权益，妥善处理缔约国之间的税收利益关系，促进对外经济与技术合作健康发展，根据本国的国情和一贯奉行的外交政策，并依照国际税收惯例，我国在与有关国家缔结国际税收协定的谈判过程中主要坚持了下列政策原则：

1. 坚持所得来源国与跨国纳税人居住国分享征税权，所得来源国优先的原则。我国作为一个发展中国家，需要从发达国家大量引进资金、技术及人才。跨国纳税人会因此而从我国取得大量的所得。因而，在缔结国际税收协定的谈判中坚持所得来源国与跨国纳税人居住国分享征税权，所得来源国优先的原则有利于维护我国的税收权益。根据这一原则，我国在与其他国家签订国际税收协定时主要以“联合国范本”为参照，坚持维护所得来源地优先课税权。

2. 坚持平等互利，反对税收歧视的原则。平等互利是我国一贯奉行的外交原则。反对税收歧视，缔约国之间相互给予对等税收待遇，则是国际税收惯例。我国在缔结国际税收协定的谈判中按照平等互利，反对税收歧视的原则，坚持要求缔约各方权利与义务对等，妥善、公正地处理了与不同缔约国之间的税收权益关系。

3. 坚持要求缔约对方实行税收饶让的原则。改革开放以来，为有利于引进国外的资金、技术和人才，我国制定、实施了大量的涉外税收优惠政策。为使跨国纳税人切实享受到这些税收优惠政策带来的利益，我国在与有关国家缔结国际税收协定时，一般都坚持要求对方实行税收饶让。在与经济发达国家缔约时尤其重视坚持这一原则。但是，在与发展中国家缔结国际税收协定时，由于我国通常处于资本输出国地位，一般不坚持税收饶让原则。

本章小结

1. 国际税收指不同国家在相互经济交往中因行使各自的课税权力而形成的一种国际税收分配关系，本概念在外延上有广义和狭义之分。国际税收和国家税收之间既有联系，又有区别。国际税收的产生主要取决于两个基本条件：一是由于经济活动的国际化导致跨国纳税人和跨国课税对象的存在；二是不同国家对跨国纳税人和跨国课税对象征税权的交叉重叠。

2. 税收管辖权指一国政府所拥有的课税权力。根据确定税收管辖权所依据的原则不同，税收管辖权分为属人税收管辖权和属地税收管辖权两种类型。每个拥有独立主权的国家都可以自主地确定和行使自己的课税权力，可以自由地选择本国税收管辖权的类型。

3. 国际重复课税的基本原因是由于不同国家税收管辖权的交叉重叠，它对社会经济有不良影响。免除国际重复课税的方式单边方式、双边方式和多边方式。免除方法有免税法、扣除法、低税法、抵免法。使用最普遍的方法是抵免法。

4. 国际避税指跨国纳税人利用各国之间税法规定的差异，以各种合法手段减轻或规避税收负担的行为。合法性是国际避税区别于国际逃税的部分标志。经济利益的驱动是产生国际避税现象的主观原因，而不同国家之间税收法规差别的存在，则是跨国纳税人避税愿望得以实现的客观条件。国际避税的基本方式有纳税人跨国移动、收入和财产跨国移动、关联企业转让定价、利用国际避税地进行避税等。世界各国对国际避税与逃税行为所采取的基本防范措施有完善本国的税法，加强税收执法，加强国际间的税收合作。

5. 国际税收协定指两个或两个以上的国家或地区为了协调彼此之间的税收分配关系，通过政府之间的谈判而签订的具有法律效力的协议或条约。国家间谈判国际税收协定依据的范本有《经合组织范本》和《联合国范本》。

主要概念

国际税收　税收管辖权　属地主义原则　属人主义原则　属人税收管辖权　属地税收管辖权　公民税收管辖权　居民税收管辖权　重复课税　国际重复课税　单边方式　双边方式　多边方式　免税法　扣除法　低税法　抵免法　直接抵免法　间接抵免法　全额抵免　限额抵免　饶让抵免　国际避税　关联企业转让定价　国际避税地　国际税收协定

复习思考题

基础性思考题：

1. 什么是税收管辖权？确定税收管辖权应遵循的原则有哪些？

2. 掌握税收管辖权的不同类型及其基本内容。

3. 掌握当今世界各国税收管辖权选择的一般状况。

4. 什么是国际重复课税？其产生的根本原因是什么？

5. 免除国际重复课税的方式和方法有哪些？

6. 什么是国际避税与逃税？简述国际避税与逃税的手段及其防范方法。

7. 被跨国纳税人用以实现国际避税的客观条件有哪些？

8. 什么是国际税收协定？掌握其分类及基本内容。

扩展性思考题：

1. 我国的现行所得税制度是如何确定税收管辖权的？

2. 在免除国际重复课税的各种方法中，目前使用最为普遍的方法是哪一种？其原因何在？

3. 我国在缔结国际税收协定的谈判中应坚持何种政策原则？

第十二章

DISHIERZHANG

国有资产管理

国有经济是我国经济生活的控制力量。本章提供关于国有资产概念的内涵和外延、国有资产的分类、我国国有资产的形成和发展、国有资产管理的内容、国有资产管理体制概念与改革进程等方面的知识。把握现阶段我国资产管理体制的架构和国有资产管理的定位是本章的重点。

第一节

国有资产管理概述

一、国有资产的概念

国有资产的概念有广义与狭义之分。广义国有资产是指属于国家所有的全部财产，其中包括：（1）财政投资形成的经营性国有资产；（2）财政投资形成的非经营性国有资产；（3）国家依法拥有的资源性国有资产，如土地、森林、河流、矿藏等。狭义的国有资产专指经营性国有资产，亦即能提供经济效益的国有资产，具体包括：（1）国有企业和股份企业中直接由财政投资形成的资产；（2）行政事业单位中的非经营性资产转化为经营性资产的部分；（3）国有资源性资产中投入生产经营过程中的部分；（4）国有法人资本（指国有独资企业向其他企业出资而形成的资本及权益）。国有企业资产是经营性国有资产乃至全部国有资产的核心部分。

二、国有资产的分类

1. 以国有资产是否参与经济活动为标准，可分为经营性资产与非经营性资产。经营性资产是以获取利润为目的，直接参与生产经营活动的国有资产。该部分资产一般情况下可以在生产经营过程中实现保值与增值。非经营性资产是指不直接参与生产经营活动的国有资产，包括国家机关、社会团体、国立学校、科研院所、部队等行政事业单位的国有资产。

2. 以国有资产的存在形态为标准，可分为有形资产与无形资产。有形资产是指既具有价值形态又具有实物形态的资产，包括固定资产与流动资产等。无形资产是指只具有价值形态，不具有实物形态的资产，主要有发明权、专利权、商标权、版权、商誉、特许权等。这些无形资产同样也可以为所有者带来经济收益。

3. 以国有资产的积累方式为标准，可分为自然形成的资产与人类劳动形成的资产。自然形成的资产一般指自然资源，如土地、矿产、森林、河流、滩涂、草原、野生动植物等，它们是自然界自身形成的资产。自然资源具有有限性、依存性和范围无限性三个特征。自然资源绝大部分属国家所有。人类劳动形成的资源一般指机器设备、建筑物、原材料、技术和知识产权等，它们是经过人类加工、改造、开发利用而形成的资产。自然形成的资产经历了自然积累的过程，人类劳动形成的资产经历了人类劳动积累的过程。

4. 以国有资产存在的地域为标准，可分为境内国有资产与境外国有资产。

5. 以国有资产的管理层次为标准，可分为中央政府管理的国有资产与地方政府管理的国有资产。分别由各级政府建立的代表国家履行所有者职责的国有资产监督管理委员会进行统一管理。

三、国有资产收入形式

国有资产收入是指国家凭借资产所有权取得的收入。其中既包括经营性国有资产所创造的收入，也包括非经营性国有资产在使用中所带来的收入，还包括资源性资产、无形资产及其他国有资产在经营与使用中所带来的收入。国有资产收入形式是指国有资产收入纳入财政的具体形式。由于国有资产的性质不同，国有资产具体经营方式不同，因此，国有资产向财政提供收入的方式也有所不同。目前，主要有以下几种方式：

（一）利润上缴

国家凭借资产所有权，直接分配国有企业税后利润取得财政收入的方式。在计划经济体制中，国有企业实现利润的大部分通过利润上缴形式缴至国家财政。在经济体制改革中根据承包经营具体形式的不同，利润上缴又具体分为上交利润递增包干、上交利润定额包干等。

（二）租金收入

国家向国有资产的承租方收取的资产收益，适用于采取租赁方式经营的国有资产。当国有资产采取租赁式经营时，它表明国家在一定时期将资产的使用权与经营权让渡给承租方，因此，要求承租方要对这种让渡进行价值补偿。这种价值补偿形成财政收入的一种来源，即租金收入。

（三）股利收入

股利收入就是股息与红利收入，股息是股份资产的利息，红利是股票持有者参与股份公司管理而分取的利润，适用于国家拥有股份的股份制企业。

（四）国有产权转让收入

国有产权转让既包括所有权转让又包括使用权转让。国有资产所有权的转让主要采取出售、拍卖、兼并等方式；国有资产使用权转让主要有国有土地使用权转让、国有资源开采权转让、国有森林采伐权转让以及其他国有资产使用权转让。所有这些产权转让收入都是国有资产收入，其中的一部分要转化为财政收入。

此外，财政收回以前年度的国家投资贷款的本金与利息收入，即国家借款的归还收入也属于国有资产收入的一种形式。

四、我国国有资产的形成与发展

新中国成立初期的国有资产主要来源于三个方面：在革命战争时期，为了保障军需民用，在革命根据地建立了一些公营企业，新中国成立后转为国有经济；新中国成立后，没收了国民党政府和官僚资本的资产，这些资产是当时国有资产的基本部分，据估算约为人民币 150 亿元左右[①]；在工商业改造中，通过赎买的方式将民

① 杨圣明、杨坚白、李学曾：《当代中国经济》，中国社会科学出版社 1987 年版，第 63 页。

族资本和平转化为国家所有的资产。

新中国成立后，国有资产的发展与壮大，主要来自于四个方面：

1. 财政的投资，是指国家以各种形式的投资和拨款所形成的各类资产，包括国家以财政预算拨款、通过政策性银行贷款给建设单位所形成的国有资产以及各部门、单位以财政资金性的预算外资金所形成的各类财产。这是我国现有国有资产的最基本也是最主要的来源。在财政投资中，形成国有资产最重要部分的当属基本建设支出。表 12－1 反映了新中国成立以来财政用于基本建设支出的情况，可以看出，财政基本建设支出的绝对额呈现不断增长的趋势，从 1950 年的 12.5 亿元增加到 1978 年的 451.92 亿元，增长了 35 倍，2006 年为 4390.38 亿元，比 1978 年增长了近 9 倍。这表明，计划经济时期，国家财政集中全国财力，进行大规模投资，通过国有企业建立了完整的计划经济下的国民经济体系，对国有资产的形成和发展作出了巨大贡献。改革开放以后，随着市场经济体制改革的深入以及政府职能的转变，基本建设支出的增长速度逐步下降。

表 12－1　　1950—2006 年财政基本建设支出情况　　单位：亿元

年　份	基本建设支出	年份	基本建设支出
1950	12.5	1967	161.25
1951	27.03	1968	117.85
1952	46.68	1969	206.22
1953	70.34	1970	298.36
1954	84.28	1971	309.56
1955	88.53	1972	309.09
1956	139.58	1973	317.17
1957	123.71	1974	312.83
1958	229.38	1975	326.96
1959	302.34	1976	311.25
1960	354.35	1977	300.88
1961	110.18	1978	451.92
1962	55.65	1979	443.68
1963	80.21	1980	346.36
1964	123.83	1981	257.55
1965	158.49	1982	269.12
1966	191.04	1983	344.98

续表

年 份	基本建设支出	年份	基本建设支出
1984	454.12	1996	907.44
1985	554.56	1997	1019.50
1986	596.08	1998	1387.74
1987	521.64	1999	2116.57
1988	494.76	2000	2094.89
1989	481.70	2001	2510.64
1990	547.39	2002	3142.98
1991	559.62	2003	3429.30
1992	555.90	2004	3437.50
1993	591.93	2005	4041.34
1994	639.72	2006	4390.38
1995	789.22		

资料来源：刘玉平：《国有资产管理》，中国人民大学出版社 2008 年版，第 13 页；《中国统计年鉴 2007》，中国统计出版社 2007 年版。

2. 国有企业积累，主要指凭借国有资产的所有权或出资权而取得的税后利润、股息、红利、股权转让收入、国有资产转让收入和依法取得的其他收益以及用这些收益进行的投资。这也是目前国有资产越来越重要的来源。国有企业经过几十年的经济建设，目前国有资产的存量规模已经十分庞大，到 2008 年年末全国国有企业国有资产总量为 131828.7 亿元①。表 12－2 列出了 2003—2007 年全国国有企业的主要财务指标。

表 12－2　　2003—2007 年国有企业主要财务指标

年份	2003	2004	2005	2006	2007
企业户数（个）	149988	137753	127067	119254	115087
资产总额（亿元）	197103.3	223081.2	253721.6	290116.1	354813.4
销售收入（亿元）	107339.7	123253.8	142490	161969.3	200823.2
利润总额（亿元）	4951.2	7525.4	9682.8	12242	17625.2
上缴税金（亿元）	8104.5	10107.2	11919.3	13936.9	177220

资料来源：国资委 2009 年 1 月发布的《国资委五年回顾报告》。

① 《2009 中国国有资产监督管理年鉴》，中国经济出版社 2009 年版。

3. 国家依法认定的国有资产，是指凭借国家权力及法律取得的资产。它主要包括法律规定的各类属于国家所有的自然资源；税务、工商、海关、公安、检查、法院等执法机关上交的罚没收入、赃款及赃物的拍卖收入等。我国宪法第九条规定，矿藏、水流、森林、山岭、草原、荒地、滩涂等自然资源，都属于国家所有，有法律规定的属于集体所有的森林、山岭、草原、荒地、滩涂除外；宪法第十条规定，城市的土地属于国家所有。

4. 外国政府、企业、其他组织和个人捐赠的资产，是指在国际交往中，外国政府、企业、其他组织和个人捐赠给我国政府、国有企业和事业单位的资产，这种捐赠形成的国有资产在我国国有资产总量中所占数量不多。

第二节

国有资产管理制度

国有资产管理包括对国有资产产权管理、国有资产收益管理、国有资产保全管理、资源性国有资产管理以及非经营性国有资产管理等内容。

一、国有资产管理的内容

（一）国有资产产权管理

产权是指财产所有权及其相关财产权的总称。我国《民法通则》第5章第1节第71条规定：“财产所有权是指所有权人依法对自己的财产享有占有、使用、收益和处分的权利。”财产所有权是产权的核心和主要形式，其他形式的产权都是由财产所有权派生出来的。而这种派生的产权是在所有权部分权能与所有人发生分离的基础上产生的，是指非所有人在所有人财产上享有的占有、使用以及在一定程度上依法享有的收益或处分的权力。在现代经济条件下，财产所有者可以根据法律或合同等形式，把财产所有权的部分权能让渡给非财产所有者行使。所有者在掌握体现财产所有权的某些收益权或处分决定权的前提下，一般不实际占有或使用其财产。

现实意义上的财产所有者将财产所有权的部分权能让渡给非财产所有者行使就

是指的我国在处理国家与国有企业财政分配关系中所采用的“两权分离”原则，即国家对国有企业占有使用的国有资产的所有权与国有企业财产经营权的分离。具体来讲，国家财产所有权是国务院对全部国家财产的最高支配权，或者称为国有资产的最终产权或终级所有权。国有企业财产经营权是国家授予国有企业经营管理国有资产所享有的占有、使用和依法处分国有资产的权利。国有企业财产经营权适用于企业全部法人财产权，是一种相对独立的财产权。它不仅可以排除第三人的妨害，而且可以抗辩作为所有人的国家。如果国有企业有了充分的经营权，那么作为所有权人的国家对这部分已经设立经营权的财产，则退到出资人的地位，相当于股份制企业的股东地位。

由此可见，国有资产的产权管理关键在于通过一定的手段使产权明晰，这里面既包括明晰国家的所有权，也包括明确国有资产所有权权能分离而产生的其他产权。国有资产产权管理的内容包括国有资产产权的界定和国有资产产权登记。

国有资产产权界定是由国有资产管理机构依法划分财产的所有权和经营权、使用权等产权归属，明确各类产权主体行使权力的范围与权限，其包括两方面内容：一是要对财产所有权进行确认，确定是否属于国有资产；二是要对由国有资产所有权权能分离而产生的其他产权进行界定，即界定各类国有资产经营、使用、管辖主体行使资产占有、使用、收益及处分权的界限与范围。国有资产产权界定要坚持谁投资、谁所有、谁收益的原则，要维护其他经济成分的合法权益，更要对国家所有权实施特殊保护的原则。科学合理地界定国有资产产权，对保护国有资产不受侵犯，促进国有资产合理流动，优化资源配置都有重要的意义。

国有资产产权登记是指国有资产管理机构对各类国有资产、负债、所有者权益等产权内容进行登记的工作。主要包括对新设企业产权登记、占有产权登记、变动产权登记、注销产权登记和年度检查制度等。产权登记是加强国有资产管理的重要措施，对国有资产保全、改组以及产权转让都有重要作用。

（二）国有资产收益管理

国有资产收益是国有资产在经营活动中所带来的增加值。国有资产收益在现实中可以分成两个层次：第一个层次是税前收益，即企业实现的未上缴所得税前的利润；第二个层次是税后收益，即企业上缴所得税之后的利润。在现代企业制度下，国有企业收益首先要上缴所得税，然后再进行税后利润的分配。国有资产收益管理重点是对税后利润的管理。涉及三个问题：一是税后利润如何分配；二是国家作为国有资产所有者应得到哪些收益；三是留归企业的利润如何使用。

按照《企业财务通则》规定，国有企业的税后利润，一般按照如下顺序分配：

（1）弥补被没收的财产损失，支付各项税收滞纳金和罚款；（2）弥补以前年度亏损；（3）按税后利润扣除前两项后的10%提取法定盈余公积金，已达到注册资本金的50%时可不再提取；（4）提取公益金；（5）向投资者分配利润，以前年度未分配利润，可以并入本年度向投资者分配。

国家作为国有资产的投资者，国有资产收益既包括国有企业上缴的收益，又包括企业留存收益。企业留存收益尽管留归企业使用，但仍归国家所有。留归企业的利润要按照国家的有关规定形成各项基金，由企业自主经营使用。

（三）国有资产保全管理

国有资产保全是在国有资产经营活动中，保证国有资产价值和使用价值不能减少的管理活动。通俗地讲，就是保证国有资产不受非法侵蚀，防止国有资产流失。对经营性国有资产来说，还必须通过生产经营活动实现国有资产的保值与增值。保值是指国家所有者期末权益等于期初权益，增值是指国家所有者期末权益大于期初权益。国有资产保值是国有资产保全的重要内容。

在现实中国有资产保全管理的重点是防止国有资产的流失。国有资产流失是指国有资产的经营者、占用者、出资者、管理者，违反国家法律、法规以及其他有关规定，造成国有资产损失的行为。其实质是国有资产价值量的非正常减少，使国有资产所有权收益受到损失。国有资产流失的渠道主要有两条：一是在国有资产的流动过程中，由于当事人违规操作，造成国有资产流失，如故意压低对国有资产的评估价值，导致低价转让国有资产、低价发包或租赁国有资产、非法侵占国有资产等；二是大量国有资产因不能流动，从而导致出现了经营中的亏损流失。后者比前者造成国有资产的损失更大。

国有资产流失已经造成了严重的后果。首先，它使国有资产价值不正常减少，降低了国有资产的经济实力；其次，国有资产管理部门与部分国有单位出现严重的腐败行为，败坏了政府形象；再次，少数侵占国有资产的人非正常暴富，造成了社会分配不公，国家财产受到了严重损失；最后，阻碍了国有企业的改革与发展。

近几年来，对国有资产流失的查处工作已成为国有资产管理的一项重要工作。当然为了从根本上解决国有资产流失问题，需要深化国有资产管理体制改革，重点解决国有资产出资人缺位的问题，同时要建立国有资产产权交易市场，使国有资产产权进行规范的流动，这是有效防止国有资产流失的必然选择。

（四）资源性国有资产管理

资源性国有资产是指根据法律规定所有权属于国家的自然资源。我国宪法规定："矿藏、水流、森林、山岭、草原、荒地、滩涂等自然资源都属于国家所有，即全民所有；由法律规定属于集体所有的森林和山岭、草原、荒地、滩涂除外”。

传统的自然资源管理体制存在着许多弊端：（1）只注意技术管理而忽视了所有权管理。在传统上国家对自然资源管理的重点是资源的使用价值，十分重视对资源的勘探、开发等规划工作。而对其作为经济资源所具有的价值在管理上就相对忽视，对资源开发经济利益归属的合法性与合理性缺乏重视，因此，长期忽视了资源所有权的管理。（2）分散管理，效率低下。在国家突出对资源使用价值进行管理的情况下，由于资源的使用价值各不相同，因而不同的资源就分散在不同的部门进行管理，影响了国有资源的统一开发与综合利用，降低了管理效率。（3）自然资源无偿使用现象严重，这也造成了资源的大量浪费。（4）国有资源不能作为商品流动，即产权不能流动，因此，资源也就难以做到合理开发与使用。

改革自然资源传统管理体制的主要任务，就是要对自然资源实行资产化管理，并强化国有资源的国家所有权。所谓资产化管理，就是把资源作为有一定经济价值的资产来管理。其主要特征应该是：（1）国有资源的所有权为全民所有，即国家所有。资源必须有偿使用，其收益应由国家合理占有；（2）开发利用自然资源的企业应按市场经济的要求进行运作，成为自负盈亏，自主经营的企业；（3）国家要以产权管理为重点，使资源具有产权流动性，实现国有自然资源的合理开发与利用。

（五）非经营性国有资产管理

非经营性国有资产管理是指各级行政事业单位所占有、使用、管理的依法确认为国家所有，能以货币计量的各种经济资源的总和。包括国家拨给行政事业单位的资产，行政事业单位按照国家政策规定运用国有资产组织收入形成的资产，以及接受捐赠的其他经法律确认为国家所有的资产等。非经营性国有资产主要存在于国家机关、社会团体、科教文卫、体育、军队、警察等部门。

非经营性国有资产的来源比较复杂，种类繁多，其性质和主要用途也不尽相同，所以在管理中比较困难，存在许多实际问题需要研究和解决。2006 年 5 月 30 日，财政部公布《行政单位国有资产管理暂行办法》，明确了行政单位国有资产实行国家统一所有，政府分级监管，单位占有、使用的管理体制；坚持资产管理与预算管理相结合、资产管理与财务管理相结合、实物管理与价值管理相结合的原则；同时，该办法还对行政单位国有资产管理的任务、内容、资产处置的程序等方面作了具体规定。2006 年 6 月 7 日，财政部公布《事业单位国有资产管理暂行办法》，明确了事业单位国有资产管理的管理实行国家统一所有，政府分级监管，单位占有、使用的管理体制；实现了事业单位国有资产管理与预算管理相结合、资产管理与财务管理相结合、实物管理与价值管理相结合；规范了事业单位国有资产的配置、使用和处置程序，并要求尽快建立事业单位资产管理信息系统。

二、国有资产管理体制

（一）国有资产管理体制的概念

国有资产管理体制是关于确定国有资产管理机构与职能，管理制度与方法的总称。它所包括的主要内容有：（1）确定国有资产管理部门的性质、职能及内部构成；（2）科学划分国有资产管理部门与国家一般行政管理部门的权力与责任；（3）划分国有资产管理部门与国有企业之间的权力、责任和相互制约关系；（4）确定国有资产管理体系内部中央与地方的权力、责任以及相互关系。

（二）国有资产管理体制改革

1. 国有资产管理部门。我国在国有资产管理专职化上的最初探索，是 1988 年建立的国家国有资产管理局，其任务是对我国境内、外的全部国有资产行使管理职能，重点是管理国家投入各类企业的国有资产。国有资产管理局作为国有资产所有者代表行使包括所有者代表权、投资权、收益权、资产处置权。1993 年制定的《国有企业财产监督管理条例》中，明确国家国有资产管理局的职责主要有：（1）会同有关部门拟定国有企业资产管理法规和制定国有企业资产管理规章制度；（2）汇总和整理国有资产信息，建立国有企业资产统计报告制度；（3）组织清产核资、产权登记、产权界定、资产评估等基础性管理工作；（4）制定国有企业资产保值增值指标体系，从总体上考核国有资产经营状况；（5）国务院授予的其他职责。参与的主要工作有：参与审批国有企业经营方式，参与企业承包、租赁等工作；参与国有企业股份制改制工作，负责股权设计、溢价发行方案、资产评估机构确认、股权代表的委派和考核、股利的收缴工作；参与国有企业产权变动审批工作，组织和监督国有企业产权交易市场，并按规定组织收缴产权转让收益，依法纳入国有资产经营预算；监督检查国家投资收益情况以及参与现代企业制度试点等。

应该说建立国有资产管理局的初衷是实现“三分离”，即“国有资产所有权、管理权和使用权三权分离”。但国有资产管理局成立之后，原来的企业主管部门继续行使职能，这就出现了职能交叉的矛盾，国有资产管理局难以实现预定的任务，只是做了一些国有资产管理的基础工作。1998 年国务院机构改革，国家国有资产管理局被并入财政部。

在 2003 年 3 月召开的第十届全国人民代表大会上，通过了《国务院机构改革方案》，在方案中提出了组建国有资产监督管理委员会（简称国资委）的决定，这是我国国有资产管理体制改革的新探索。它标志着我国对国有资产的管理进入了一个新的体制，即在坚持国有资产由国家统一所有的前提下，建立中央政府和地方政府分别代表国家履行出资人职责，享有所有者权益，权力、义务与责任相统一，管理资产和管人、管事相结合的国有资产管理体制。国资委是国有资产的出资人代表，是国有企业的“老板”，它既不是面向全社会进行公共管理的行政机构，也不是国务院的事业单位。中央国资委与地方国资委之间不是隶属关系，只有指导与监督关系。

组建国资委的必要性在于：首先，明确国资委是代表国家履行出资人职责，并享有所有者权益的机构，这就解决了长期以来国有资产出资人不到位或长期缺位的问题，国资委就能以出资人的地位，通过董事会和股东大会行使自己的权利，对经营者进行必要的业绩考核，并施行相应的激励机制，按市场经济体制的要求管理国有资产。其次，调动了地方政府在国有资产管理上的积极性。我国传统国有资产管理体制的一个重要特征就是国有资产归国家所有，地方分级管理，地方政府只有管理权而没有所有权，不能享有所有者收益，所以地方政府就缺乏对国有资产管理的积极性。现在改为“统一所有，分级行使所有权”，地方政府也要建立相应的国资管理机构，也同样享有一定的所有者权益，从而调动了地方政府管理国有资产的积极性。再次，改变了国有资产分散管理状态，实行了集中管理，有利于提高管理效率。长期以来，我国国有资产是由多个部门参与管理的，其中，财政部门负责资金管理，中组部和中央企业工委负责人事管理与党务管理，国家计委负责基础设施投资的审批，国家经贸委负责技改项目的审批，由此形成“五龙治水”，多头管理。这种各行其是、分散管理的格局，一方面使企业无法对市场的变化作出迅速的反应，决策迟缓，在竞争中经常处于不利地位；另一方面使企业响应市场变化所进行的组织创新难以有效进行，这就影响了企业改革的深入发展。国资委成立后，实现了集中管理，更加明确了管理责任，企业面对一个主管部门，会极大地降低管理成本和决策成本，提高管理效率。最后，组建国资委有利于解决长期存在的政企难以分开的弊端。由于政府既是社会管理者，又是国有企业的出资人，这种双重身份，最容易导致政府对企业干预过多，从而出现政资不分，政企不分的现象，降低了国有资产的运营效率。组建国资委使之专门负责国有资产的运营和管理，而没有直接经营和管理企业的权力，也没有行业管理和宏观调控的权力。要求国资委在管理国有资产中，要突出强调股权管理，按出资的多少行使股东权力，而不能进行行政干预。这就可以较为有效地避免政府对企业的行政干预，有利于放活企业。

2. 我国国有资产管理体制的沿革。新中国成立 60 年来，总地来说，前 30 年和后30年实行了截然不同的两种国有资产管理体制。前30年实行的是政府经营是国有资产管理体制，后30年逐步实行的是出资人监管的国有资产管理体制。

新中国成立后到1978年党的十一届三中全会之前，由于没有意识到社会主义经济仍然是商品经济，国家实行高度集权的计划经济体制，同这一体制相适应，国家建立起了政府经营式国有资产管理体制，即国有资产和国有企业是通过中央各部委的“条条”和地方政府的“块块”来直接管理和经营的。这种国有资产管理体制的主要特征是：政资不分、无人负责，即中央及各级地方政府混淆了其作为国有企业资产的所有者和社会经济的管理者的双重身份，往往对国有企业的生产经营活动实行直接的行政干预；两权不分，国有国营，即把国有资产的国家所有与国家直接经营混同，国有企业被称之为“国营企业”，国有资产所有权与经营权高度统一，企业的经济地位行政化；国资管理，中央集权，即国有资产管理权限高度集中于中央政府，地方政府和企业缺乏积极性和灵活性；中央各部，多头管理，即中央政府各个部门管理中“五龙治水”，讲权利人人有份，而问责任无人负责，导致国有资产所有权虚置。

1978年以来，随着我国社会主义市场经济体制的建立和完善，国有资产管理体制也在逐步展开、不断深化。这段时间国有资产管理体制经历了“政企分开”即微观上为企业扩权、“政资分开”即宏观上将国有资产所有者职能与政府社会管理者职能分开、“资企分开”即国资委国有股东权与公司法人财产权分开的三个国有资产管理体制改革阶段。党的“十六大”提出新的国有资产管理体制的总体架构是三个“三”的架构，即第一个“三”是指三级出资人制度，要把过去抽象的国家所有变为“国家统一所有”，由中央政府和地方政府“分别代表国家”行使出资人职责、享有出资人权益，形成权责利明确的中央、省和市三级国有资产管理体制；第二个“三”是指三结合式管理，管人、管事和管资产相结合，对国有资产保值增值考核，经营、管理人员的考核，人员的招聘、激励机制等都是统一的；第三个“三”是三层架构经营，第一层是国资委，第二层是国有控股公司，第三层是由国有控股公司控股或参股的从事具体生产经营活动的企业。

三、公共财政框架下，我国国有资产管理的定位

近年来，国有企业在增强对国民经济控制力、实现做大做强的目标同时，国有经济在能源、交通运输、冶金、石化等行业的垄断性地位不断提升，甚至出现了“国进民退”的现象。2008年全球金融危机爆发后，我国政府推出了4万亿元的政府投资计划和宽松的信贷政策来拉动内需，以大型央企为主的国有企业成为主要的

受益者，一些大型国企开始了更大规模的兼并民企，并重新向一些竞争性行业扩张，与此同时，许多民营企业的效益下降甚至亏损倒闭，使得原本就已比较严重的信贷配给问题变得更为严重。2009 年“国退民进”现象呈现出进一步扩散的态势，越发引起社会各界的关注和争议。我们说，“国进民退”并非市场公平竞争的结果，而是受国有企业过多的留存利润、歧视性的产业政策、国有银行的信贷支持以及地方政府对中央国企的支持等体制性因素影响所致。因此，“国进民退”现象虽然反映了国有资产管理体制改革以来，国有经济在国民经济中主导性、影响力和带动性的提高，但也会在民营企业的发展、收入分配、产业结构优化、金融风险和增长方式的转型等方面对我国经济产生不利影响，甚至不利于效率的提高和社会福利的改进。要想防止“国进民退”的进一步扩散化趋势，关键在于对国有资产的管理进行合理定位，划定其必要的经营范围。

（一）竞争性行业国有资产管理的目标定位

经营性国有资产有相当数量是处于竞争性行业的，在世界范围内，这些行业是由私人投资、由私营企业来提供商品和服务的。但在我国，由于计划经济时期国家已经进行了巨大的投资，因而至今国有企业在一些竞争性行业还处于重要地位。竞争性国有资产的经营目标和管理体制，与非竞争性国有资产的经营目标和管理体制完全不同。在竞争性行业，由于国有企业存在的主要目的不是单纯地完成政府经济管理的任务、单纯地为了满足国民经济发展的需要，也不是在私人不愿意投资的行业里冒着亏损的风险在经营。

今后这些企业的改革方向是上市公司、不上市公司和有限责任公司。改造的核心是确定法人财产权，实现投资主体多元化，使企业成为以利润为主要目标、自主经营、自负盈亏的市场竞争主体。国有资产应逐步退出竞争性行业，对于已经资不抵债，生存无望的企业，可以通过破产或出售而退出，这类企业大多属于产品无市场，长期亏损，或资源枯竭的企业；对于产品有市场，经营状况较好，但从市场经济中国有企业的功能看，没有必要保留的企业，应通过出售等途径退出；对于产品有市场但负担过重，经营困难但也可勉强维持，有微利或者有少许亏损，但基于安排就业等原因，暂时不能退出的企业应先保留、继续经营，但要进行必要的改革，待条件具备时再逐渐退出。

（二）非竞争性行业国有资产管理的目标定位

非竞争性国有资产主要是指存在于基础性、公益性行业的国有资产，其主要功能是弥补市场的缺陷和提供公共产品或服务。一些高风险、强外部性、公共产品、自然垄断行业或非国有资本限制进入的领域，是非竞争性国有资产的主要活动领域。这部分国有资产的经营目的，不是为了获得盈利，而是为整个社会经济提供相应的产品和服务，是要体现政府宏观经济政策目标的。考察这一部分国有资产经营状况的指标，不仅仅是经济指标，还包括所供应的相应社会产品和服务的质量、成本等指标，完成政府社会经济目标的程度等。因此，对这部分国有资产的管理，主要看是否实现了政府投资的初衷，是否有助于政府管理国家的目标的实现，是否有利于控制自然垄断行业以保护公众利益，是否有利于满足人民群众对公共产品和公共服务的需求等方面。在世界范围内的市场经济国家的国有资产管理一般指的都是非竞争性国有资产管理。这一部分的国有资产都通过政府全资企业或者控股企业的形式，将其经营权力掌握在政府手中。

鉴于非竞争性国有资产在国家经济建设和社会管理中的地位和作用，它应当占有一定的份额和比重。今后完善这部分资产管理的方向应该是改变国有资产总量过多、比例过大的现状，降低国有资产的比重，吸引和带动民间资本的进入，同时优化国有资产的资产配置结构，提高国有资产的利用效率。

本章小结

1. 国有资产是指所有权属于国家的财产，有广义和狭义之分。国有资产的分类标准有是否参与经济活动、存在形态、积累方式、存在地域、管理层次等。国有资产的收入形式有利润上缴、租金收入、股利收入、国有产权转让收入等。

2. 财产所有权是指所有权人依法对自己的财产享有占有、使用、收益和处分的权利。财产所有权是产权的核心和主要形式，其他形式的产权都是由财产所有权派生出来的。在现代经济条件下，财产所有者可以根据法律或合同等形式，把财产所有权的部分权能让渡给非财产所有者行驶。

3. 国有资产管理包括对国有资产产权管理、国有资产收益管理、国有资产保全管理、资源性国有资产管理以及非经营性国有资产管理等内容。

4. 国有资产管理体制改革是经济体制改革的重要内容，国有资产监督管理委员会（简称国资委）的设立，标志着我国国有资产管理体制改革进入了一个新阶段。党的十六大明确了我国新的国有资产管理体制三个“三”的总体架构。

5. 公共财政框架下，我国国有资产的管理应区分国有资产的所处行业，分别制定不同的目标定位。竞争性行业国有资产以必须保证国有资产的增值为前提，否则就要针对企业经营状况实行立即退出或逐步退出竞争性行业。非竞争性行业国有资产对国家经济建设和社会管理有着重要的作用，应保持一定的份额和比重，并在此基础之上吸引和带动民间资本进入，优化资产结构，提高资源利用效率。

主要概念

国有资产　经营性资产　非经营性资产　有形资产　无形资产　财产所有权　产权界定　产权登记　国有资产保全　资源性国有资产　国有资产管理体制

复习思考题

基础性思考题：

1. 简述国有资产的分类。
2. 简述我国国有资产形成与发展的过程。
3. 简述国有资产向财政提供收入的形式。
4. 简述国有资产产权管理的内容。
5. 简述国有资产收益管理的内容。
6. 分析国有资产流失的后果。
7. 简述当前我国国有资产管理体制的架构。

扩展性思考题：

1. 试述我国国有资产管理体制改革的历程。
2. 谈谈你对公共财政模式下我国国有资产管理定位的看法。
3. 谈谈你对“国进民退”现象的看法。

第十三章

DISHISANZHANG

公债理论与制度

本章对公债问题进行理论和制度性分析。提供关于公债概念、产生发展、特性和分类、公债的功能和负担、公债的发行和偿付等方面的知识。本章的主要目的是使学生掌握关于公债的基本理论，熟悉公债负担的若干评价指标，了解公债市场运行的基本原理，以及公债发行的具体方法。

第一节　公债理论

公债是债的一种。债是债务双方按照口头或书面约定抑或法律规定，在当事人之间产生的特定的权利和义务关系，当事人一方（债务人）负有依据约定时间和条件向另一方（债权人）偿还债务的义务。

一、公债的含义

（一）公债的概念

公债是国家以债务人身份在国内外发行债券或向外国政府、银行和金融组织借款所发生的国家债务。公债是政府筹集财政资金的有偿形式，是一个重要的财政范畴。公债是政府举借的所有债务，其债务人包括中央政府和地方政府。而国债仅指中央政府举借的债务，凡属中央政府发行的公债称为国家公债，简称“国债”。它是作为中央政府筹措财政收入的形式而发行的，其收入列入中央政府预算，作为中央政府调度使用的财政资金。凡属地方政府发行的公债，称为地方公债，简称“地方债”；它是作为地方政府筹措财政收入的一种形式而发行的，其收入列入地方政府预算，由地方政府安排调度。

在我国人们往往习惯于将国债称之为“公债”，而在许多西方国家，则只将中央（或联邦）政府发行的债称为国债，将各级地方政府发行的债称为地方公债。形成上述差别的主要原因是由于中西方预算制度的不同。我国长期实行统一的预算管理体制，中央预算和地方预算统一纳入一个国家预算，政府债务收支也全部进入国家预算。《中华人民共和国预算法》（1995 年 1 月 1 日起施行）规定，“中央政府公共预算不列赤字。中央预算中必需的建设投资的部分资金，可以通过举借国内和国外债务等方式筹措，但是借款应当有合理的规模和结构”（第二十七条），“地方各级预算按照量入为出、收支平衡的原则编制，不列赤字。除法律和国务院另有规定外，地方政府不得发行地方政府债券”（第二十八条）。如此，法律赋予了中央政府发行公债的权力，地方政府则不允许发行债券。因此，在我国国债和公债的外延是一样的，这也就使很多人形成错觉，误认为它们也具有内涵上的同一性。而在大多数西方国家，国家预算并不包括地方政府预算；地方政府有权依照国家和地方有关法律，独立发行公债，即地方公债，由此便产生了公债和国债在外延上的差异。公债和国债外延上的一致性是我国财政的特有现象，但并不能因此否认二者之间在内涵上的不一致性。①

对公债这一概念可以从以下几方面来理解：

1. 公债的债务人既包括一国的中央政府，也包括地方政府，但不是一般借贷

---

① 在备受瞩目的 2010 年《中华人民共和国预算法修订草案征求意见稿》中，明确了给地方公债“开前门”的一种设想，“根据法律规定或者国务院同意，省、自治区、直辖市政府可以举借一定额度用于特定支出的国内债务，列入本级预算，报本级人民代表大会批准。举借的债务应当有稳定的偿还债务资金来源。”这意味着有可能第一次从法律层面赋予省级地方政府有限的举债权。

人中的企业、个人或其他经济主体。

2. 公债并不局限于内债。一国的公债，既可以在本国境内发行，也可以到国外发行（举借）。

3. 通过公债形式筹集的是财政资金，而不是一般的经营资金、投资资金或其他别的什么资金。当然，这并不排除通过公债筹集的资金大部分要用于经济建设。但它须首先作为财政资金，然后经再分配成为经济建设资金。这就要把它和一般信用范畴区别开来。

4. 公债是筹集财政资金的一种有偿形式。即意味着它要在不改变资金所有权的前提下，依据有借有还的信用原则把资金使用权暂时让渡出去，并相应支付给债权人一定的报酬（利息）。这又是划清它与其他财政收入形式的界限。

公债与国债、地方债概念的逻辑关系如图 13－1 所示：

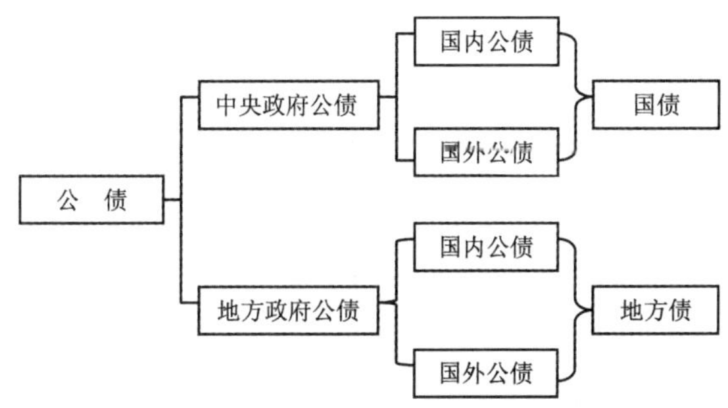

图 13－1 公债逻辑关系图

（二）公债的产生和发展

1. 公债产生与发展的基本条件。公债的产生与发展必须具备如下的几个基本条件：一是财政赤字的存在，政府作为债务人有借债的需求，尤其是随着市场经济发展和政府职能范围不断扩大，税收等经常性收入无法满足财政支出的需要，要求政府寻找新的资金来源解决（或暂时解决）财政困难；二是社会公众手中要有足够的闲散资金存在，形成对国债的充分购买力；三是需要比较成熟的信用体系和信用制度，公债市场的各种运行机制都依赖于信用经济的配套和支撑。

2. 公债的产生。最早的公债可以追溯到奴隶社会末期。公元前 4 世纪左右，古希腊和古罗马就出现了国家向商人、高利贷者和寺院借债的情况。早期的公债由于生产力水平不发达，仅仅处于一种萌芽状态，政府借债只是一种偶发性的、规模很小的行为，并且主要是以高利贷的形式实现。进入封建社会之后，战争和自然灾害频发，封建主和城市王国政府因收不抵支，不得不频繁向富商和大臣借债，尤其是到封建社会末期之后，统治阶级维持封建制度所需的开支越来越多，举借公债变得越来越频繁。

3. 公债的发展兴盛。据记载，世界上第一张公债券是威尼斯政府发行的。按照马克思的说法，“殖民制度以及它的海外贸易和商业战争是公共信用制度的温室”。17 世纪末，正是由于在海外贸易和商业战争中占据了有利位置，荷兰逐渐强大，国内资本所有者竞相将资金贷给政府，政府为了进一步进行海外扩张的需要，大量发行国债。从 18 世纪到 20 世纪初，国债流行于整个欧洲。进入垄断资本主义时期后，凯恩斯的国家干预和赤字管理政策更是将公债发展推到了极致。目前，公债工具的运用早已超过了发达资本主义国家的范畴，发展中国家不仅在国内发债举借资金，还在国外借入大量外债。实践证明，公债已经成为世界各国发展经济的重要杠杆，成为各国财政不可或缺的组成部分。

（三）公债的特征

1. 自愿性。自愿性是指公债的认购者完全建立在自愿的基础上来承购公债的，即买与不买、买多买少等，完全由认购者自主决定，国家不应附带任何其他条件。这一形式特征使公债与税收等其他财政收入形式明显区别开来。税收是以国家的政治权力为依托征收的，具有明显的强制性；在传统的计划经济时期，国有企业利润上缴曾经是财政收入的主导形式，也带有明显的“半强制性”特征。其他的收入形式如罚没收入、基金收入等也明显带有强制性特征。政府发行公债则是以国家信用为依托的，以借贷双方自愿互利为基础，政府不应该强制公民或单位认购公债，而只能由他们自主决定。虽然在社会经济的非常时期如战时经济时期、经济特困时期，以及公债发行的初期等，国家不得不采取一些强制性的办法推销公债，但这种公债实际上是典型公债的“异化”，人们对派购性质的公债，往往也是视同税收的。在正常情况下，公债发行还是应该坚持自愿认购的原则。

2. 有偿性。有偿性是指政府通过发行公债筹集的财政资金，必须按照信用的基本原则有借有还，并且还要按照事先规定的条件向认购者支付利息。也就是说，政府与认购者之间存在着资金直接返还的关系。税收等财政收入一经缴入国库，即发生了资金所有权的转移，政府无需偿还，也不需付出任何代价，更不用支付什么报酬。有偿性与无偿性是公债与税收的本质区别。

3. 灵活性。灵活性是指公债发行与否以及发行多少，一般完全由政府根据财政资金的余缺状况灵活加以确定。对国家而言，公债是一种比税收更加灵活的筹资方式。当期财政支出需要量多，赤字规模大，公债发行规模就可以加大一些；反之，则可以收缩公债规模，减少公债发行。具体债种的发行数额也可以相机调整，国家还可以根据财力分配形势对公债存量进行灵活调控。而税收是按照国家法律规定的标准征收的，具有固定性特征。即在征税之前，就已通过法律形式预先规定课征对象和征收数额之间的数量比例，这个数量比例一旦确定，不经国家权力机构批准不能随意改变。一般来说，公债的发行既不具有发行时间上的连续性，也不具有发行数额上的相对固定性，没有一个较为固定的法律规定；对认购者来说，在认购债种、认购数额，甚至持有时间上，都有足够的灵活性，认购者还可以通过公债二级市场，自由地进行公债交易。

当然，公债的灵活性也是相对而言的，它并不意味着政府可以超过客观可能随意发行公债，制约公债发行量的条件和因素有很多，政府必须予以考虑。

（四）公债和私债的区别

1. 举债目的不同。公债的债务人是拥有至高无上政治权力的中央政府，私债的债务人包括企业法人、团体以及个人等。由于债务人性质不同，因此，公债与私债的举债目的是完全不同的。政府举借公债的目的是筹集资金、用于经济建设、弥补财政赤字和宏观调控的需要，一般不具直接营利性；而私债的举借目的则是满足债务人的生活、生存或投资需要，通常具有营利性。

2. 信用基础不同。公债的信用基础是政府的政治权力和国家所掌握的各种社会资源与财富，因此，其信用基础极为雄厚，政府举债可以不明确提供具体的担保品，但政府卓著的偿债信誉、不断增长的财政收入规模、数额庞大的国有财产，特别是政府独有的发行货币的权力等，都是公众普遍认同的信用基础。而私债则不同，其信用基础主要是债务人的财产和收入，是一个相对薄弱的有限量。一旦债务人的财产价值发生变动、收入无源甚至破产，就会影响其偿还能力，债权人的利益将会受到很大损失。

3. 存在期限不同。就公债发行主体国家而言，其存在期限是十分长久的，因此，相当部分公债是长期的，甚至是无期的。在公债存续期间，即使政权领导人发生更替，债权债务关系也会保持其连续性，国家也会按条件履约偿还公债本息，不会给债权人造成不必要的损失。私债的债务人存在期限是比较短暂的，由此决定了私债期限通常是较短的，偿还期限往往仅有数年甚至数月、数日，发行长期私债的可能性几乎是没有的。

4. 债券的流动程度不同。由于公债债务人身份的特殊性，其信用程度一般是非常高的，而且认同公债信誉的覆盖面可以涵盖全体国民，故而在证券二级市场上，公债的流动性很强，交易十分活跃。而私债的情况就不一样了，私债债务人的偿债信誉只能覆盖较小地域，其流动性大小完全取决于债务人的信用状况和债券收益等方面的因素。一般来说，私债债券的买卖成交，购买者都要求债务人提供其信用等级资质，流动范围也比较狭小。

二、公债的分类

(一) 按发行地域划分，公债可以分为国内公债和国外公债

国内公债是指国家在本国范围内发行的债券和国家借款，简称内债。内债的发行对象主要是本国居民，包括设在本国的银行、企业、社会团体和其他组织，以及生活在本国境内的个人等。内债的发行收入和还本付息通常使用本国货币支付和结算，一般不会影响国际收支，主要以债券形式表现，债务风险较小。国外公债是指国家向其他国家政府、银行、国际金融组织所做的借款和在国外发行的债券，简称外债。外债的债权人多为外国政府、国际金融组织和外国公民等，国外公债的发行和还本付息一般是要使用外币的，外债发行会影响到本国资源存量的增减变化，其形式不仅包括债券，还包括比例更高的对外借款，债务风险较大。因此，外债的发行必须考虑本国的国际收支平衡状况。

(二) 按偿还期限划分，公债可以分为短期公债、中期公债和长期公债

偿还期限在一年以内的公债称为短期公债。这种公债通常是在政府预算年度执行过程中发生暂时收不抵支的现象时而临时举借资金作为周转之用的，主要为应付财政资金季节性周转的需要。短期公债的偿还期限通常为3—6个月，“国库券”是短期公债的主要形式（我国20世纪80年代发行的国库券除外）。短期公债的主要特点是高度灵活性，且变现能力较强。因此，短期公债更适宜在经济发展处于迟缓或低潮时，作为启动经济发展的手段来使用，以对经济施加扩张性影响。在市场经济发达国家，短期公债还常常被用来配合公开市场业务，执行货币政策，调节货币和信贷供应总量。

偿还期限在1年以上10年以内的公债为中期公债。同短期公债相比，中期公债偿还期限较长，有利于政府吸收利用闲置期限较长的资金，这种公债通常是政府为弥补预算年度赤字或筹集资金用于中长期的经济建设项目、公共设施建设项目等。在许多国家，中期公债占有重要位置。

偿还期限在10年以上的公债称为长期公债。通常是在国家遇有重大危机（比如战争、经济危机）或进行大型经济建设投资等需要巨额的资金支付时，而政府财政在数年内又无法及时足额偿还的情况下发行的。发行长期公债，国家虽然可以在更长的时期内支配财力，但由于偿还期限过长，公债持有人的利益会受到币值和物价波动的影响，加大了投资者的风险。为此，政府发行长期公债需完善发行条

件，充分考虑投资者的利益。长期公债中还有一种永久公债，不规定还本期限，债券持有人可按期取得利息，但无权要求清偿，政府可以根据自身的财力，选择合适时机通过赎买方法将其注销。

（三）按公债本位划分，公债可以分为货币公债、实物公债和折实公债

货币公债即以货币为本位发行的公债。根据货币的种类，可以将其进一步划分为本币公债和外币公债。货币公债是公债的主要形式，具有应债资源的普遍性和计算方法简便的特征，在币值稳定的情况下，政府一般都采用货币公债形式。

实物公债是以某种实物为本位的公债，一般于货币流通范围有限，自然经济盛行，币值不稳定时期发行，以保护投资者利益，维持国家债信。比如中华苏维埃诞生之初曾经直接以实物形式举借债务。

折实公债通常是将若干种类的实物及其相应的数量折合成一种综合的、在一定范围内通用的公债计算单位，这种“折合”实际上是借助于该类商品的市场价格完成的。比如我国1950年发行的“人民胜利折实公债”的综合计算单位确定为“分”，每“分”值是按照当时上海等六大城市生活必需品的价格测算规定的。现代市场经济条件下，当国家在币值不稳定、物价波动幅度较大、波动频繁的情况下，往往可以实行“折实公债保值”的方式。

（四）按举债方式划分，公债可以分为强制公债、爱国公债和自由公债

强制公债是指不管债权人愿意与否，国家凭借政治权力强制居民或团体购买的公债，它通常以债权人收入或财产为标准强制分配认购。强制公债的发行往往与应债环境差，或与社会应债的潜在能力较低有关。从政府的动机看，强制公债往往是在国家经济处于异常时期，政府急需资金但在短期内无法通过发行自由公债募足，因而便凭借其政治权力，推销强制公债。所以从形式特征上看，强制公债与税收极为相似。有偿性和自愿性是公债的基本特征，政府若不分时间、场合，经常地或大量地发行强制公债，其结果必将失信于民，增加以后发行公债的难度。强制公债在公债史初期比较常见，在战争等非常时期也较多出现，“二战”期间美英各国通过强制摊派战时储蓄公债筹集了大量战争经费，当今世界各国一般极少采用。

爱国公债，也称为“准强制公债”，是指国家利用人们的爱国心理，而不是利用其对经济利益的追逐而发行的公债。一般在战争等非常时期，或在国家因某种原因而处于暂时困难时期发行。这种公债主要依靠人们的“爱国”热情来支撑，所以不能维持长久，前苏联最初发行的公债都是爱国公债。

自由公债是不附带任何强制性条件、由应募者自由认购的公债，也称普通公债。这是政府按照市场原则，依据经济利益的刺激力量来吸引私人购买所形成的债

务，这是市场经济下正常的公债形式。也只有自由公债才具备公债的各种形式特征，是当今世界各国举借公债的主导方式。

（五）按流通程度划分，公债可以分为上市公债和非上市公债

上市公债，也称可转让公债，是指可以在金融市场上自由流通的公债。上市公债又分为短期上市公债和中长期上市公债。认购者在购入这种公债后，可随时视自身的资金需求状况和金融市场行情而将公债券拿到市场上出售。这类公债的买卖价格，取决于债券市场的供需状况，并随市场利率和币值的变化而波动。这种公债具有流动性大、变现能力强、投资风险相对弱化等特点，一般不记名，对投资者颇具吸引力。各国目前发行的大都是上市公债，在西方发达国家，上市公债的比例往往达到70%以上。

非上市公债是指不能在金融市场上自由流通的公债，即不可转让公债。不可转让公债的主要特点是：不具有流通性，变现能力较差，由于担心不容易被认购者接受，因而利率设计的比上市公债高。短期非上市公债的主要形式是预付税款券，目的在于吸收企业准备用于纳税而储存的资金，中长期非上市公债的类型主要为对居民个人发行的储蓄公债和对特定金融机构发行的专用公债。

除了以上分类方法之外，还有一些其他的分类方法。比如：按照有无担保，可以将公债分为有担保公债和无担保公债；按照利息支付方式，可以将公债分为有息公债和有奖公债；按照利率的确定方式，可以将公债分为固定利率公债和浮动利率公债；按照是否发有证券实物，可以将公债分为证券公债和登录公债等等。

三、公债理论与学说

伴随着公债的产生与发展，公债理论也逐渐发展起来。西方经济学家关于公债的理论和学说形形色色，五花八门，但大体上可以分为两大流派。一是以“古典学派”为代表的正统公债理论，另一个是以“凯恩斯学派”为代表的新兴公债理论。

（一）正统公债理论

1. 亚当·斯密的古典学派。古典学派观点流行于资本主义上升阶段，其基本主张是：国家财政应力求收支平衡，避免赤字，反对公债发行。亚当·斯密（Adam Smith，1723—1790）在其名著《国富论》中，以专门的一章论述了公债问题。他认为：（1）国家之所以要举债，是因为政府奢侈不注意节约。这使得政府平时能勉强维持收支平衡，一旦遇到战争只好借债，这是战时迅速获得军费来源的唯一有效方法和途径。因此，公债助长了战争。政府通过发行公债看到了筹资的容易，

平时就会更不注意节约了，所以，公债鼓励了奢侈。（2）公债是非生产性的，因而举债对国民经济的发展是不利的。他指出“当国家费用由举债开支时，该国既有资本的一部分，必逐年受到破坏，从而，用以维护生产性劳动的若干部分生产物，必会转变来维持非生产性劳动。[①]”他还举出了意大利、荷兰等国家由强转弱的例子来说明举债会导致国家的衰弱。

2. 李嘉图等价定理。古典学派的另一个代表人物大卫·李嘉图（David Ricardo, 1772—1823）也对公债持否定态度。李嘉图将英国公债比喻成“空前的无比的灾祸”。他认为公债的主要负担不在于利息的转移，而在于原有的资本被公债本金抽走所产生的损害。“如果为了一年的战费支出而以发行公债的办法征集2000万镑，这就是从国家的生产资本中取走了2000万英镑。每年为偿付这种公债利息而课征的100万镑，只不过是由付这100万镑的人手中转移到收这100万镑的人手中，也就是由纳税人手中转移到公债债权人手中，实际的开支是那2000万镑，而不是为那2000万镑必须支付的利息。”[②] 他又指出“所以国家既不会由于支付公债利息而陷入困境，也不会由于免除支付而得到解救。国家的资本只能由储积收入与节省开支而增加，取消公债既不能增加收入，也不能减少支出。”[③]

詹姆斯·布坎南（James Mcgill Buchanan）在1976年发表的《巴罗的“论李嘉图等价定理”》的评论中，第一次提出了“李嘉图等价定理（Ricardian Equivalence Theorem）”这一术语，等价定理的核心思想在于认定政府采用征收“一次总付税（Lump-sum Tax）”和发行公债的方式筹集财政资金，经济效应是一样的，发债并不会影响到债务认购者当期的消费、投资和储蓄，否认公债资产效应的存在。我们可以举例说明：假定社会总人口规模不变，且社会公众均为信息完全的理性纳税人。政府有两种筹集财政收入的选择，一种是向每名社会公众收取100元的人头税，另外一种是对每名公众发行一年期面值100元的公债券（年利率5%）。课税的方式会降低纳税人的可支配收入，必然会进一步减少每名纳税人当期的消费。如果是发行公债，一年后政府将归还给认购者105元，但是由于政府自身是不能直接创造生产性物质财富的，所以这105元还是会被政府以增税的方式先征后返，即所谓的“羊毛出在羊身上”。当理性的纳税人意识到这一点之后，就不会把手中的100元公债券视作自己的资产财富从而增加消费，相反会把其视作为缴纳第二年的

① 亚当·斯密：《国民财富的性质与原因的研究》，商务印书馆1974年版，第163页。

② 〔英〕大卫·李嘉图：《政治经济学及赋税原理》，商务印书馆1962年版，第208页。

③ 〔英〕大卫·李嘉图：《政治经济学及赋税原理》，商务印书馆1962年版，第209—210页。

税收负担而作的预先储蓄，认定认购公债无非是一种延期纳税而已。因此发债和课税相比，纳税人的消费方式不会发生任何变化，政府所希望的通过减税发债刺激消费的效应无从发挥。从上述的看法出发，李嘉图主张公债有必要迅速偿还。李嘉图还认为，在举债筹措国家经费的情况下，还有掩盖真实情况，使人民不知节俭的弊端。

3. 巴罗对李嘉图等价定理的支持。巴罗（Robert J. Barro）对等价定理的坚持源自于部分学者对等价定理假设条件的质疑：当政府偿还一部分中长期公债的本息之前，这部分公债的认购者就已经去世，这部分群体既在生前享受到了政府减税发债带来的好处，又无须承担未来会因此增加的税收，因此他们将会提高自己在剩余生命周期中的消费水平。

1974 年，巴罗在他的著名论文《政府债券是净财富吗?》中提出了具有独创性的观点：每一代的消费者都会有一定的利他心理，他也能够从后代的消费水平中获得效用，因此他所认购的公债将会以遗产的形式转移到后代手中。仍以前文的例子进行分析：这 100 元的公债券将被认购者留在手中，应付政府为还本付息而作的征税，即便他在政府还本付息日之前就已去世，也会将这笔公债券以遗产的形式留给后代，以保证后代的消费水平不会因政府增税而下降，如此公债得以永久延续。因此利他动机使得李嘉图等价定理仍然有效。

（二）新兴公债理论

随着自由资本主义向垄断资本主义的过渡，西方经济学家中开始出现了主张和赞同发行公债的观点。

20 世纪 30 年代经济大萧条的出现，客观上要求西方国家放弃传统的健全财政政策，而采取积极克服经济危机的政府干预政策。正是在这种背景下，凯恩斯主义应运而生。凯恩斯（John Maynard Keynes，1883—1946）主张以赤字财政克服经济危机，为此，他反对传统的平衡预算的观点，主张通过赤字预算扩大财政支出，以促进经济的繁荣和复苏。而在扩大支出中形成的赤字，他认为应通过发行公债来加以弥补。第二次世界大战以后，根据资本主义国家公债不断增长的现实，凯恩斯主义的继承者们对公债理论作了进一步的补充。总地来说，凯恩斯学派的新兴公债理论的主要论点可以概括为：（1）公债无害而有益，可以支持赤字预算的实行，从而消除经济危机和失业；（2）公债是经济危机时期刺激经济增长的必要条件，其利弊应从刺激经济增长的角度去考察和评价；（3）公债具有生产性，可以促使物质财富的增加；（4）公债不会造成下一代人的负担，反而通过促使更大数量的资本形成和消费增加，为下一代人增加可继承的遗产；（5）公债无须偿还，因为国家可以通过债务管理，不断用新债去替换旧债，不会形成真正的负担。

此外，美国的一些经济学家也主张发行公债。美国哈佛大学教授阿尔文·汉森（Alvin Hansen，1887—1975）认为，在当今的经济条件下，维持预算平衡并无必要，而公债的持续增长实为经济繁荣和充分就业所必需的条件。美国另一位经济学家穆塞尔·哈里斯在其《公债与新经济》一书中，把公债说成是治疗失业的一种万应灵药。

与此同时，以托宾（James Tobin）为代表的部分西方学者对李嘉图等价定理的成立条件和假设前提提出了大量的质疑，认为李嘉图和巴罗所主张的政府融资形式无关紧要的判断其实大谬不然，坚信以增发国债作为依托的扩张性财政政策对于经济的拉动作用是毋庸置疑的。他们的主要理由如下：一是个人理性行为的选择，等价定理认定所有公债认购者都会考虑到未来自己要承担的税收负担，现实中由于每个人年龄、经济信息量的把握、消费倾向以及偏好均有很大不同，所以对未来纳税义务的负担程度认识也会因人而异，那些预期未来可以取得高收入的群体对现期消费的效用偏好高于未来，所以发行公债还是会增加他们的当期消费；二是巴罗的遗产继承假设也有一定的现实阻力，很多父母都会认定由于社会的进步，子女将会生活得比自己更好，没必要将公债券储蓄起来作为遗产留给后代；三是等价定理主张的债税等价，其中的税是只有收入效应的“一次总付税”，而现实当中的税收多数都是具有扭曲纳税人理性选择功能，也就是具有替代效应的税种，因此发债就会避免由于征税带来的扭曲效应，有利于经济增长；四是公债的认购者和未来的纳税人两个群体并不一定完全契合，即今年购买了100元公债的认购者并不一定是明年要缴纳105元税收的纳税人，因此发债和税收对公众的消费和投资行为选择的影响不可能完全等价。

第二节

公债功能与效应

一、公债的功能

（一）弥补财政赤字，平衡预算收支

弥补财政赤字是公债的首要动机。从公债产生和发展的历史来考察，公债是与

财政赤字紧密相连的。虽然社会主义国家奉行的是收支平衡的财政政策，但是，也无可否认，由于种种原因，国家财政收支不平衡，出现赤字的情况也时有发生。出现了财政赤字，政府就要设法进行弥补，弥补财政赤字的方法一般有这样几种：动用历年财政结余；财政向银行透支；增加税收和发行公债。可以说，发行公债是弥补财政赤字的首选措施，理由如下：

第一种方式一般不宜采用。在中央银行代理国库的前提条件下，历年财政结余已构成银行信贷资金的一项重要来源，如要动用则意味着银行要抽回部分信贷资金，势必影响工商企业正常库存或削减国家必要的物资储备；在不存在历年财政结余的情况下，更是无从谈起了。

关于财政向银行透支的办法，也确实曾是改革开放初期我国政府弥补财政赤字的手段之一。但是，这种方法的弊端也是十分明显的。假如银行信贷资金比较充裕，能够用自有资金借给财政，那么，结果一般是安全的，不会引起货币的财政性发行；反之，如果财政向银行透支，其结果就非常不乐观了，极易引起过多的货币发行，引发通货膨胀。

用增加税收的方式弥补财政赤字也不妥当。税收具有强制性和无偿性的特征，从心理意愿来分析，纳税人往往出于对自身利益的考虑，希望少缴税款。增加税收以弥补财政赤字不外乎两种办法，一是扩大征收面，二是加重征税的深度；但是在一定时期内，无论采取哪种办法或同时并用两种办法，来实现增加税收以弥补数额较大的财政赤字都是不可取的。从纳税人角度看，购买公债与缴纳税款不同，由于公债具有有偿性和自愿性特征，公债认购者不仅不会失去对自己的货币资金的所有权，而且还会获得让渡使用权的报酬——利息。从国家角度看，依据“拉弗曲线”原理，重税会对经济发展产生十分不利的影响，抑制厂商的生产供给积极性，最终还可能降低税收收入总量。

由此看来，与其他弥补财政赤字的方法相比，公债不仅能够及时迅速地筹集资金，而且也不会引起物价波动，还能够有效减少以至消灭货币的财政性发行。因此，用发行公债的方式弥补财政赤字是首选方法。

（二）筹集建设资金，推进经济建设

公债融资作为弥补财政赤字的手段是公债的最基本的功能。但是，随着社会经济的发展，政府职能的扩大，发行公债也已成为政府筹集建设资金的重要渠道。在以公债筹集建设资金方面，一些发达国家为我们提供了负债发展经济的成功经验。19 世纪的美国，开展工业革命比英国晚了半个世纪，但由于从欧洲借入大量建设资金，用了不到 70 年的时间，就发展成为资本主义世界的头号经济强国。再如日本，1965—1972 年间，由于连续在国内发行建设公债，扩大了公共事业投资规模，收到了“投资引致投资”的效果。

公债用于投资，必然导致需求扩张和供给扩大，从而推进经济建设，拉动经济增长。各国投资结构研究资料表明，在发达国家，投资主体主要是个人和企业，而在发展中国家，政府通常是投资的主导者。由于政府承担了大量的投资任务，而课税潜力又有限，这就要求政府在税收之外再开辟新的筹资途径。发展中国家的许多建设项目，尤其是那些投资数额大，投资回收期比较长而且风险比较大的项目，私人一般不愿意或没有能力投资，这时就需要政府出资建设（发行长期公债），以起到示范作用。

从我国的实践来看，1950 年发行的人民胜利折实公债，主要用于恢复经济，解决财政困难；1954—1958 年发行的国家经济建设公债主要用于“一五”时期 156 项重点工程建设投资。这两个阶段的公债发行对于恢复国民经济，完成第一个五年计划起到了重要的财力保证作用。1981 年中央政府恢复发行公债，给国家经济建设注入了新的活力。我国各行各业的兴起，电气化铁路、现代化农机设备、电视机电冰箱流水线、大型集装箱码头、通讯卫星、西部大开发、城乡电网改造、企业技术改造、教育科学等基础设施的投入等，这一切无不凝结着公债的筹资功效。

（三）实行宏观调控，协调经济发展

1. 国家通过公债把社会上暂时闲置的资金转化为财政资金，有助于减少国民经济资金运动中的不确定性因素。企业、单位存款，城乡居民储蓄，流通中的现金等均具有流向、流量不确定的共同特点，要准确地把握它们的流向和流量是比较困难的，而且随时会产生派生存款，极易成为国民经济运行中的一种潜在的不稳定因素，有可能冲击国民经济的协调发展。如果国家通过公债融资方式，把这些暂时闲置资金的一部分转化为流向和流量直接归国家掌握的财政资金，不确定性将大大减少，确保国民经济协调发展。

2. 国家运用公债实现产业结构合理化，有助于调节积累和消费的比例关系。在国民收入总量既定的前提下，积累与消费之间应保持适当的比例关系，当两者的比例出现偏差时，国家既可以通过一定的分配形式（如工资、津贴、奖金、补贴等）将一部分积累基金转化为消费基金，又可以通过其他的分配形式（如储蓄存款、社会集资和发行公债等）将一部分消费基金转化为积累基金，促进两者比例关系合理化。在现实社会中，消费基金与人们的实际消费额存在着数量上的不等和时间上的不一致，因而需要政府适当加以调节。

产业结构的形成是按一定比例投资于不同行业部门的结果，因此，产业结构的合理与否和投资决策有着直接的关系。政府运用“公债—投资”杠杆，把资金投放到那些微观效益不高但宏观效益和社会效益较高的项目上，以发挥调节产业结构、部门结构和地区结构的独到作用。

3. 国家运用公债调节总供给和总需求的平衡，协调国民经济发展。公债是一个重要的财政政策工具，国家可以制定和执行一定时期的公债政策，通过是否发行、发行时间、发行数量、发行种类、发行对象等政策选择调节社会资金余缺，进而影响社会总供求，对国民经济进行宏观调控，保持国民经济持续稳定健康发展。

当社会总供给大于总需求，经济发展疲软时，国家可以运用扩张性财政政策，以增加社会总需求。扩张性财政政策一般体现为政府支出扩大，财政赤字增加，政府可以通过发行公债支持扩张性财政政策的运行；当社会总供给小于总需求，整个社会需求过旺时，国家可以运用紧缩性财政政策，为了配合紧缩性财政政策的实施，政府或者在减少财政支出的前提下减少公债发行，或者在不增加财政支出的前提下增加公债发行，二者都可以起到紧缩社会需求的功效。

在现实中，西方发达国家通常把公债作为执行反“危机”政策的重要手段，他们的成功运作为我们提供了可以借鉴的经验。1998 年面对相当明显的需求约束状态，中央政府为扩大内需，决定实行扩张性的积极财政政策。积极财政政策的切入点就是增发公债，扩大政府支出。1998 年 7 月国务院决定增发 1000 亿元公债用于基础设施建设，积极财政政策自此启动。1998—2003 年，6 年累计发行 8000 亿元长期建设公债，前五年分别拉动国内生产总值增长 1.5、2.0、1.7、1.8 和 2.0 个百分点，取得了明显的成效。

（四）调节货币流通，协调财政金融两大政策

公债属于国家信用范畴，是实施财政政策的工具；从信用角度看，它又是实施货币政策的金融工具。公债的双重性质，使之在财政政策和货币政策之间架起了桥梁，从而成为协调两大政策的工具，并在调节货币供求关系中发挥重要的作用。

首先，适度的公债规模和广泛的持有对象是中央银行进行公开市场业务，调节货币供给量的重要条件。当需要实行紧缩性的货币政策时，中央银行就可以在公开市场上卖出公债，收回基础货币，以减少货币供应量；当需要实行扩张性的货币政策时，中央银行就要在公开市场上买进公债，投放基础货币，以增加货币供应量。公开市场业务的进行，其重要条件就是在金融市场上能够有较大规模的公债流量。

其次，公债是协调财政政策和货币政策同向运作的连接器。我国自 1998 年下半年以来，为了拉动经济增长，实行了积极的财政政策和稳健的货币政策。为了使银行的信贷资金加大投放力度，公债发挥了重要作用：一是政府大量发行公债，尤

其是向国有商业银行发行公债，使信贷资金成为实施积极财政政策的重要资金来源；二是利用公债筹资增加基础建设项目的资本金，为项目从银行融资创造条件；三是利用公债筹资，进行财政贴息，以此诱导信贷资金投入；四是政府投入公债建设资金的同时，要求银行配套投入一定量信贷资金。可见，公债在这里起到了联结财政政策和货币政策共同促进经济增长的目的。

最后，发行公债有利于稳定货币流通。公债的基本职能是弥补财政赤字，比起其他的弥补财政赤字的方法，用发行公债的方式弥补财政赤字，实质上是在政府与非政府之间进行的货币资金使用权的转移，不会影响流通中货币数量的变化，因此，一般不会产生通货膨胀，从而有利于货币流通的稳定。

二、公债的效应

公债作为一种宏观经济政策的调控手段，其发行、流通和偿付过程必然要对国民经济运行产生影响，其作用领域直接波及资源配置和收入分配两大财政范畴。

（一）公债的资产效应

公债的资产效应是指，公债作为认购者的一种资产，其发行量的变化，不仅会影响国民收入，还会对公债认购者的消费和投资行为造成影响。最早提出公债具有资产效应的是勒纳（Abba. P. Lerner）。他认为公债作为一种资产，其认购者的当期消费水平会增加，原因主要有以下两点：一是公债增加了民间的财富存量，使得人们产生一种富裕的感觉，从而导致消费需求增加；二是拥有资产使人们进行社会有酬劳动的积极性下降，在可支配时间一定的情况下，劳动者休闲时间将会增加，闲暇也会刺激消费支出的提高。

（二）公债的“自动稳定器”效应

公债的“自动稳定器”效应是指，公债在经济不景气的阶段具有扩大消费支出的功能，在经济繁荣时又具有抑制消费支出的效果，而无需政府有意识操作扩张或紧缩的财政宏观调控手段。人们持有资产的目的就是为了防备经济萧条时期收入下降所导致的消费水平下降，因此持有公债的消费者因为持有这种资产而保证了自己的消费信心，公债还本的“自动稳定器”效应在经济萧条阶段表现比较明显。而公债付息的“自动稳定器”效应更加突出：当经济萧条比较严重时，政府需要刺激消费，但是由于税收收入的下降不足以保证临时性增支的需要，相对稳定的公债利息支付就成为一种经济萧条阶段维系公债持有者消费水平的必要的转移支付；在经济繁荣时期，公债利息支付同样相对稳定，其变动速度远远慢于税收收入的增速，可以抑制通货膨胀的现象。

（三）公债的挤出效应

公债的挤出效应是指，公债的发行会减少民间部门的资金供给，同时形成金融市场利率上升的压力，进而导致民间投资减少。在货币供给量不变的情况下，发行公债吸收借贷资金，会在私人部门对储蓄的需求基础上增加一种政府对储蓄的需求，当储蓄市场出现需求大于供给时，市场价格——利率的上扬则成为必然，挤出效应由此产生。

第三节

我国公债规模的实证分析

一、公债规模的度量指标

公债规模的评价指标有两类：一类是绝对规模指标，另一类是相对规模指标。

（一）绝对规模指标

1. 公债累积余额，它表明国家尚未清偿的债务负担，属于存量范畴。

2. 公债发行数额，表明国家当年吸纳公债的程度，属于流量范畴。

3. 公债还本付息额，是从政府支出角度来衡量当年政府的债务负担，属于流量范畴。

三者之间存在的逻辑关系如下：当年公债累积余额 = 上年公债累积余额 +（当年公债新增发行数额 - 当年公债还本额），只有括号内的当年的公债发行额大于当年的还本额时，政府才有净债务收入可以利用。

（二）相对规模指标

1. 公众应债能力指标。

（1）公债负担率，指一定时期内公债数量与国内生产总值的比例，它表明政府债务的负担程度。通常可用公债累积余额同国内生产总值的比例来反映。

$$公债负担率 = \frac{当年公债累积余额}{当年国内市场总值（GDP）} \times 100\%$$

（2）公债应债率，指某一时期由国民收入水平决定的购买公债数额的比例，它表明公债购买者的应债能力。通常可用国民收入应债率、企业纯收入应债率和居民应债率来分别反映。如：

$$国民收入应债率=\frac{当年公债发行额}{当年国民收入（NI）}\times 100\%$$

$$居民应债率=\frac{公债累积余额}{居民储蓄余额}\times 100\%$$

（3）财政赤字率，指当年财政赤字在当年国内生产总值中的比重，反映着政府由于财政赤字形成的对当年公债发行的需求程度。赤字率越低表明一国经济对公债的承受余地越大。

$$财政赤字率=\frac{当年财政赤字额}{当年 GDP}\times 100\%$$

2. 政府偿债能力指标。

（1）公债依存度，指公债发行额占当年财政支出的比例，反映着当年财政支出中有多大份额是依靠发行公债来满足的，体现出财政支出对债务的依赖程度，其表示的公债偿还风险将在未来一段较长时期积累并体现出来。

$$公债依存度=\frac{当年公债发行额}{当年国家财政支出}\times 100\%$$

（2）公债偿债率，指一国在某个时期偿付公债本息额占财政收入的比例，反映着财政收入对公债还本付息的保证程度，其表示的公债偿还风险具有当前性和短期性。

$$公债偿债率=\frac{当年公债还本付息额}{当年国家财政收入}\times 100\%$$

（3）公债借债率，指当年公债发行额占当年国内生产总值的比重，反映了财政的借债能力，其表示的公债偿还风险具有未来性和长期性。借债率越低说明当期政府借债负担越轻，未来借债和偿还可能越大。

$$公债借债率=\frac{当年公债发行额}{当年 GDP}\times 100\%$$

3. 外债适度规模的有关指标，有外债偿债率、外债负债率、外债债务率等。

$$外债偿债率=\frac{当年外债还本付息额}{当年贸易和非贸易外汇收入}\times 100\%$$

一般认为，这一比率在20%左右为宜，最高不超过25%。

$$外债负债率=\frac{当年外债余额}{当年国内市场总值 GDP}\times 100\%$$

国际上通常认为，这一比率不得超过20%。

$$外债债务率=\frac{外债余额}{当年贸易和非贸易外汇收入}\times 100\%$$

通常认为，这一比率应维持在100%以内。

上述指标之间有着密不可分的联系，是一个有机的整体。负担率是衡量和确定公债规模的基础；应债率反映了公债规模首先受到认购人负担能力的制约，是适度公债规模可能实现的前提条件；通过赤字率可以直观看出国家财政收支缺口给公债发行带来的压力；偿债率反映了公债规模还受到政府偿债能力的制约，是实现适度公债规模的必要保证；依存度是公债规模是否合理的综合反映；公债借债率则表示公债发行对收支缺口压力所做出的真实反应。外债的各项指标又是从另一个角度衡量外债偿还能力的制约因素。

（三）以上指标的国际警戒线

以上指标中，根据国际经验，发达国家的公债累积余额最多不能超过当年GDP的45%，这相当于其财政收入占GDP的比重；而1991年欧盟各成员国之间签订的《马斯特里赫特条约》中则明确规定，公债负担率的最高限为60%。我国的财政收入，即使加上预算外收入也只占GDP的25%左右，因此，按45%的指标推算，我国的公债负担率以最高不超过25%为宜，按60%的指标推算，最高不超过35%。当然，也有一些学者主张依然在45%—60%之间确定我国的公债负担率警戒线。就公债依存度而言，国际上有一个公认的安全线，即国家财政的债务依存度是15%—20%（公债发行额与全部财政支出之比），中央财政的债务依存度是25%—30%左右（国债发行额与中央财政支出之比）。关于公债偿债率指标的数量界限，学术界分歧不大，大多主张我国的公债偿债率应控制在10%左右。财政赤字率按照《马约》的标准，一般以3%作为警戒线水平。

二、我国公债规模的实证状况研究

新中国成立之初的1950年，当时为满足战争经费和经济建设的需要，中央政府发行了“人民胜利折实公债”；从1954—1958年，为社会主义经济建设需要，前后分五次发行了“国家经济建设公债”；1958年到改革开放之前，由于受“既无内债、又无外债是社会主义制度优越性”的错误观念的影响，公债发行处于停滞阶段，仅允许地方政府发行了某些地方经济建设公债。

改革开放以后，为解决由经济体制变化带来的财政资金匮乏，我国从1979年开始举借外债、1981年恢复发行国库券，公债发行规模的变化经历了以下几个阶段：第一阶段是1981—1990年，年均发行额仅为60.45亿元，占同期财政收入的比例很小，原因在于当时我国财政赤字率不高，政府还可以通过向银行透支弥补财政赤字；第二阶段是1991—1993年，国债发行规模开始大幅度上升，这一时期的年均发行额超过300亿元，原因在于财政赤字大幅上升，且80年代的已发国债逐渐进入还本付息阶段；第三阶段是1994—1997年，国债发行规模更是大幅飙升，从1994起，财政部不能再向中央银行透支和借款，当年国债计划发行额首次突破1000亿元大关，实际发行额达到1028.57亿元，比上年剧增220%。1995年发行规模继续扩大，突破了1500亿元。1996、1997年发行额均比上年增长30%；第四阶段是1998—2004年，1998年开始政府实施了以增发国债为主要内容的积极财政政策，国债发行规模首次突破3000亿元大关，比1997年增长约34%，如果再加上当年为补充四大国有商业银行的资本金而发行的2700亿特别国债，比起1997年国债增长速度将达到143%；第五阶段是自2005年以来，随着积极财政政策淡出，公债增长趋势有所减缓，但2007年为成立国家外汇投资公司注入资本金，又发行了1.55万亿元的特别国债，2009年为保证1.18万亿元的中央政府投资计划的顺利实施，国债发行又步入了新的扩张周期。具体见表13－1：

表13－1　我国公债规模有关指标一览表　单位：亿元，%

年份	累积余额	发行额	还本付息额	负担率	中央国债依存度	中央财政偿债率
1981	—	121.74	62.89	—	19.46	20.22
1982	—	83.86	55.52	—	12.87	16.01
1983	—	79.41	42.47	—	10.45	8.67
1984	—	77.34	28.90	—	8.66	4.34
1985	—	89.85	39.56	—	11.30	5.14
1986	—	138.25	50.17	—	16.53	6.45
1987	—	223.55	79.83	—	26.44	10.84
1988	—	270.78	76.76	—	32.04	9.91
1989	—	407.97	72.37	—	45.90	8.80
1990	—	375.45	190.07	—	37.38	19.15
1991	1059	461.40	246.80	4.90	42.30	26.30
1992	1284	669.68	438.57	4.82	57.22	44.77
1993	1541	739.22	336.22	4.45	56.34	35.11
1994	2287	1175.25	499.36	4.89	66.99	17.18
1995	3298	1549.76	882.96	5.64	77.67	27.11
1996	4358	1967.28	1355.03	6.42	91.45	37.01

续表

年份	累积余额	发行额	还本付息额	负担率	中央国债依存度	中央财政偿债率
1997	5510	2476.82	1918.37	7.40	97.80	45.38
1998	7764	3310.93	2352.92	9.91	105.93	48.10
1999	10546	3715.03	1910.53	12.85	89.47	32.66
2000	13018	4180.10	1579.82	14.55	75.73	22.60
2001	15580	4604.00	2007.73	16.01	79.82	23.39
2002	18594	5679.00	2563.13	17.89	83.86	24.67
2003	21842	6153.53	2952.24	18.71	82.93	24.88
2004	29370	6879.34	3671.59	18.37	87.15	25.32
2005	32614	7022.88	3923.37	17.89	80.02	23.71
2006	35015	8883.3	975.39①	16.72	88.91	—
2007	53365	23483	990.84	21.64	79.39	—
2008	53271	8615	1278.5	17.71	64.4	—
2009	60238	16280.7	1320.7	17.96	106.7	29.64

资料来源：根据历年中国统计年鉴和国家统计局、财政部官方网站数据测算得出。由于缺乏1990年以前的内债余额的数据，故国债负担率指标从1991年开始计算。

（一）我国公债负担实证状况判断

我国的国债发行数量从1998年开始推行积极财政政策之后进入到了一个快速增长的阶段。截至2009年年底，我国国债累积余额达到60238亿元人民币，是1991年的56.9倍，平均每年增长25.2%，大大高于GDP的增长速度，负担率上升趋势明显，虽然远未达到发达国家国际警戒线60%的标准，但未来的趋势性潜在风险不容忽视。

公债依存度反应财政支出中有多少是依赖债务收入安排的。由于中国地方政府没有直接发行地方债的权限，所以按中央财政国债依存度的指标进行分析，更能反映我国的国债规模和风险情况。该指标在1990年以前都维持在较低的水平，但在1990年后有了大幅度的增长，1999年后虽呈现下降的趋势，但数值指标已经大大超出国际公认的警戒线标准。尤其是在应对全球性金融危机的关键时刻，基本可以形成预期：未来几年国债发行规模必然会继续增加。所以从这个角度判断，无论是

① 从2006年开始，我国对国债实行余额管理制度，所以缺乏2006—2008年的国债还本支出，只有付息支出，偿债率无法准确计算。

国家财政还是中央财政的财政支出，都已经处于过分依赖债务收入的脆弱状况中，国债扩容所要求的政府偿还空间很小。

公债偿债率反应政府使用财政收入偿还所举借债务的能力。国债还本付息属于中央政府财政压力，因此中央财政偿债率更能够合理反应国债风险状况。表 13 – 1 数据反映出，我国的中央财政国债偿债率波动性较大，指标明显偏高，从 1984 年的 4.34% 上升到 1998 年最高水平 48.1%，最近几年由于中央财政提高了其本级收入在全国财政收入的比重，该指标在 2009 年达到 30% 左右的水平。说明近年中央财政收入中有近三分之一用于国债还本付息支出，这将影响中央财政合理履行其他公共财政职能的能力，易使中央财政陷入债务偿还危机。所以，从这个指标看，我国也存在着较高的国债偿还风险。

综上所述，从我国债务负担的总体角度来看，国债发行量和国债余额已经处于较高水平，使得国债风险表现愈发明显。在公债体系的实际运行中，存在公众认购能力强而政府偿债能力弱的悖论，在当前世界经济普遍进入下行周期甚至二次探底的阶段，欧洲主权债务危机可谓前车之鉴，我国的公债还本付息压力在未来几年中会比较沉重。尤其是进入 2008 年之后，上一轮东南亚金融危机阶段增发的长期建设国债纷纷进入还本付息阶段，新一轮次贷危机又会催生大量新增政府赤字，双重压力将不可避免导致我国国债风险进入扩张期，国债余额管理制度的推出可谓正当其时。

（二）国债余额管理制度

从 2006 年开始，我国参照国际惯例正式开始推行国债余额管理制度，结束了多年来一直使用的由人大审批年度国债发行额的赤字管理制度。所谓的国债余额管理，指立法机关不具体限定中央政府当年国债发行额度，而是通过限定一个年末不得突破的国债余额上限以达到科学管理国债规模的方式。国债余额包括中央政府历年预算赤字和盈余相互冲抵后的赤字累积额、向国际金融组织和外国政府借款统借统还部分（含统借自还转统借统还部分）以及经立法机关批准发行的特别国债累计额，是中央政府以后年度必须偿还的国债总额，能够客观反映国债负担情况。

实行国债余额管理，突出解决规范运作和有效防范财政债务风险的问题，变每年审批年度国债发行额为批准预算年度年末国债余额限额。实行国债余额管理后，借新还旧的发债由财政部在年度国债余额限额内根据财政收入状况和资本市场情况自行运作，既规范了发债行为，又增加了主动性和灵活性，符合国债管理的客观需要，并有利于有效防范中央财政债务风险。这样财政部门发行短期国债的积极性大大提高，因为短期国债在短短一个财政年度内就会完成从发行到偿付的全过程，不会占用国债累积余额的限额。不仅为财政部门弥补暂时性收支缺口提供了有效渠道，而且为资本市场基准利率的形成、为央行进行公开市场操作、为货币政策宏观调控效力的发挥，均提供了良好的辅助作用和技术支持。

全国人大常委会预算工作委员会在《关于实行国债余额管理的意见》[①] 中，同意了国务院提出的五条建议：一是在每年向全国人民代表大会作预算报告时，报告当年年度预算赤字和年末国债余额限额，全国人民代表大会予以审批；一般情况下，年度预算赤字即为当年年度新增国债限额。二是在年度预算执行中，如出现特殊情况需要增加年度预算赤字或发行特别国债，由国务院提请全国人大常委会审议批准，相应追加年末国债余额限额。三是当年期末国债余额不得突破年末国债余额限额。四是国债借新还旧部分由国务院授权财政部自行运作。财政部每半年向全国人大有关专门委员会书面报告一次国债发行和兑付等情况。五是每年第一季度在中央预算批准前，由财政部在该季度到期国债还本数额以内合理安排国债发行数额。

（三）财政部代发地方债

1998 年，为应对亚洲金融危机，我国首次通过发行长期建设国债并转贷给地方的方式，以求增加地方政府财力，但这些资金并没有纳入中央和地方赤字，属于预算外资金。其后这笔转贷资金的偿还情况并不理想，一些财力薄弱的省份无力归还，最终还得由中央财政兜底。2009 年面对“次贷”危机的冲击，扩大内需的 4 万亿元投资计划中有 1.18 万亿元由中央政府承担，其余近 3 万亿元的投资还要从其他渠道筹措，其中的一项重要举措就是中央财政代地方财政在 2009 年发行的 2000 亿元的地方债，“中央发债以后，打入到地方的预算、地方的赤字，作为地方的配套资金[②]”。成为在现有预算制度框架内，落实积极财政政策的重要途径。

为了有效控制地方发债的规模，此次地方债发行在制度设计上也作了精心安排。例如，募集的资金用途只能是中央财政投资地方项目的配套工程，以及各类民生项目，不得用于经常性支出。为防止偿债风险，将地方债券所募集的资金纳入地方财政预算管理，报地方人民代表大会审核、监督等等。

这一代发政策在 2010 年得以延续，温家宝总理在 2010 年政府工作报告中明确提出，当年拟安排财政赤字 10500 亿元，其中中央财政赤字 8500 亿元，继续代发地方债 2000 亿元并纳入地方财政预算。

（四）注意对隐性和或有负债的控制

政府债务风险的积累并不仅仅体现在上文所介绍的直接、显性的国债和地方债

---

① 十届全国人大常委会第四十次委员长会议 2005 年 12 月 16 日通过。

② 2009 年 3 月 6 日，国家发改委主任张平，十一届全国人大二次会议记者会。

之上，必须还要考虑一些间接、隐性的政府负债。国内外财税理论界对财政债务风险进行的分类研究主要都集中在如下四类上：一是显性负债，主要指建立在某一法律或合同基础之上的政府负债，比较典型的是公债；隐性负债，主要指政府一种道义上的偿付责任，例如养老金缺口、自然灾害救济等；直接负债，主要指任何情况下都会产生的偿付责任，因而相对比较确定；或有负债，主要指在某一或者某些不确定的事件发生的前提下才会实现的负债责任①，例如自然灾害或银行危机等情况。

下面使用一种比较常见的界定财政债务风险的方式——财政风险矩阵对公债风险进行科学分类（见表 13－2）。

表 13－2　　财政债务风险来源矩阵

财政债务风险	直接的（任何情况下都会产生的责任）	或有的（基于某一特定事件的发生而产生的责任）
显性的（由特定法律或合同确认的）	·对内和对外的主权借款 ·预算法规定的支出 ·具有法律约束力的长期预算支出 ·法定公务员养老金	·政府为某些经济实体发行债务提供的担保 ·政府为贷款提供的担保 ·政府提供的贸易和汇率担保 ·政府为投资提供的担保 ·国家保险计划
隐性的（政府“道义”上的责任）	·公共投资项目的未来经常性费用 ·法律没有规定的公共养老金 ·没有法定责任的社保计划和医疗保险	·经济实体负债违约 ·实行私有化企事业的债务清理 ·银行破产、投资失败 ·央行不能履行其职责 ·抵抗私人资本外逃的财政救助 ·环境破坏、自然灾害、军事行动等

资料来源：本分类体系参照世界银行驻华代表处高级经济学家 Hana Polackova Brixi 所著论文《Contingent Government Liabilities：A Hidden Risk for Fiscal Stability》，Oxford University Publishing：102—107。

政府作为社会管理者，将不得不对各种公共风险承担兜底责任，这种担保机制成为政府隐性或有负债的主要来源。在多数国家，金融体系隐藏了多数政府的隐性或有债务，市场对政府援助的期望远远超过法律认可的范围。我国的金融体

① 国际会计准则委员会规定，1997 年。

系运行由于深层次的政府背景，其带给财政的间接隐性债务风险尤其巨大：

1. 国有企业“拨改贷”以及政府担保的其他不良贷款。在传统的计划经济体制下，国家和国有经济单位之间的分配关系，类似于“家长制”的管理。国有企业大范围、大规模享受国家财政无偿拨款的资金支持，也承担着部分公共服务职能，比如教育、医疗、文化事业产品提供等。改革后，国家对国有企业实行“拨改贷”制度，将负责企业经营资金支出的任务甩给了国有商业银行。虽然国有银行已经完成了商业化性质的改革，但政府却总是想方设法要求其代替自己实现某些经济性调控职能。例如，政府经常指示银行对其优先发展的行业或“形象工程”大力投资。这些行业往往规模大、回收期长、回报率低、风险高，很少符合贷款条件，在没有实质性担保和抵押的情况下，潜在的风险都由银行承担了。此外，政府为维护社会稳定，迫使银行发放一些本应由财政弥补的国有企业亏损和安定团结贷款，这些贷款管理不善、利用效率不高且经常被挪作他用，导致银行的大量信贷资金“财政化”，最终形成巨额的不良贷款，出现支付危机。

2. 地方政府对金融机构进行变通举债。在政府举债投资方式上，由于国家对地方政府直接举债行为进行了严格限制（长时期以来不准发行地方债），越来越多的地方政府采用变通方式来举债，如通过成立类似“窗口公司”的负债载体来筹集资金。这也是当前各级地方政府采用最普遍、也是最主要的一种间接筹资方式。为了达到借贷主体合法化和筹资方便的目标，地方各级政府部门尤其是地市级政府部门近年来纷纷设立各类政府名下的经济实体公司，如城建部门成立城市基础设施建设公司，财政部门成立国有资产经营公司，交通部门根据道路名称成立建设公司等等，这些企业又通过增资扩股、参股裂变为多家独立法人企业，分别在金融市场筹资，从事政府投资活动。

表 13－3　　国有商业银行对政府和企业的债权　　单位：亿元

年　份	2002	2003	2004	2005	2006	2007	2008
对政府债权	8379.2	9013.1	11320.9	11418.3	12745.8	17374.2	16906.9
对非金融性公司债权	81548.56	96400.8	103707	103509.2	115488.3	135401.4	143771.8

数据来源：中国人民银行网站。

通过表 13－3 数据对比明显看出，国有商业银行对政府债权的增长速度明显超过对企业债权的增长速度。由于有政府信用做担保，各商业银行对这种“银政合作”形式贷款的积极性很高，登录各大商业银行网站，签署数百亿元乃至超千亿元“银政合作”的例子比比皆是。尤其是在国务院应对次贷危机的“国十条”出台后，各家银行都将目光投向了基础设施建设。地方政府运用“变通”方式推动基层银行过多介入政府投资领域，形成了大量信贷资金长期化、财政化趋势，发展到一定阶段，将形成信贷资金“空壳”状态。在投资项目运转失灵或出现市场风险时，银行业很有可能要为地方政府（或财政）承担巨额的资产损失，风险状况有可能进一步加剧。

3. 政府对金融机构“注资”增大财政债务负担。从西方国家面对金融危机所采用对策的实证状况来看，多数都是采用财政方法化解。经过多年的抗危机实践后，世贸组织给出了商业银行资本充足率 8% 的警戒条件。为满足以上条件，我国政府大规模向商业银行注资，通常是采用两种方式：直接注资和间接注资。直接注资是财政动用预算收入、发行特别国债或动用国家外汇储备补充国有商业银行资本金的方式；间接注资是财政通过税收减让、税收返注等方式调整财政和国有商业银行之间的利益分配关系，增加国有商业银行自身的盈利和积累能力，达到补充商业银行资本金的目的。国家通过直接或间接的方式注资国有商业银行，要么会增加财政支出，要么会减少财政收入，从而对财政收支产生影响，形成财政债务风险。

1998 年在应对东南亚金融危机和推行积极财政政策的宏观背景下，中央财政仍然为补充四大国有商业银行的资本金发行了 2700 亿元的特别国债，这是国家多年来首次以此种方式直接注资国有商业银行。但是同时我们也应该注意：1998 年国家的财政收入仅仅为 9875.95 亿元，而其支出达 10771.0 亿元，收支差额为 -918亿元，从 1998 到 2000 年的三年中，财政赤字平均每年的增长率高达 60% 以上。在自身已经存在较大运行风险的条件下，继续通过发债为金融机构注资必然加剧财政赤字和债务风险。

进入 21 世纪之后，作为重要股东的国家应该为国有商业银行的资本金不足承担补充的职责，但现实情况是尽管国家财政收入有了较大幅度的增长，但其支出的增长更为迅猛，从而使财政收支缺口越来越大，财政赤字 2003 年达到 3198 亿元，加上其他的隐性财政负担，财政自身已无力向国有商业银行继续注资。在这样的情况下，我国采用了较为罕见的方式，由中央银行以外汇储备的方式继续对金融机构注资。对中行、建行及工行进行了 600 亿美元外汇注资（2004 年 1 月 6 日，国务院正式宣布已经将 450 亿美元的外汇储备注资中国银行和中国建设银行，两家银行各获利 225 亿元[①]；2005 年又进一步动用了 150 亿美元国家外汇储备对中国工商银行补充资本金，以支持其实施股份制改革）。

4. 处理不良贷款带来新增财政债务风险。国有商业银行存在的不良资产外溢到经济的其他部门，误导金融资源和其他资源的配置，降低资源运用的效率，会产生昂贵的社会、政治及经济成本。国有商业银行不良资产所导致的一系列负效应正是我国政府采取措施对不良资产进行处置的重要原因。在国有商业银行的股份制改造过程中，我国政府对不良贷款的核销与处置虽然让不良资产比率大幅下降，但这些成就是在财政和其他损失分担主体付出巨大代价的前提下取得的，在国有商业银行不能独担损失且存在严重的风险的情况下，中央银行、资产管理公司等其他损失分担主体的行为，将可能进一步导致金融风险向财政风险转化。

5. 资产管理公司实行“债转股”，剥离不良资产的财政损失。为了剥离商业银行的不良债权，1999 年 4 月以来国家成立了四家金融资产管理公司，将银行与企业原有的部分债权债务关系，转化为资产管理公司与企业之间持股与被持股、控股与被控股的关系。这项改革实施后隐含着较大的财政债务风险。因为资产管理公司接受的不良资产，其实际价值已经低于原账面价值，而在市场上变现的价值又低于其实际价值，由此造成的巨额亏损只能由财政承担。目前财政部已经为资产管理公司拨付资本金，而且资产管理公司还可以发行由财政部担保的公司债券进行筹资，向国内外金融机构借款、向中央银行申请再贷款等。但无论是何种融资方式，最终损失肯定由财政承担。

6. 金融机构关闭重组的财政支持援助。在处理金融机构关闭、破产及其他风险时，中央银行往往要予以贷款支持。这是我国处理金融机构重组的一个特点，因为财政出资十分困难，而央行垫钱相对容易。但实际上央行贷款的损失只是中央财政的变相补贴而已。如某家银行在接受其他濒临倒闭的金融机构债权债务后，可以获得一定时期内央行贷款利息的减免，相当于接受了财政补贴；或某国有商业银行偿付完倒闭的金融机构的外债后，其上缴财政的利润就会减少。

---

① 中国人民银行和国家外汇管理局从国家外汇储备中出资 450 亿美元注册成立中央汇金投资有限责任公司，由人民银行、国家外汇管理局和财政部派员组成公司董事会和监事会，公司董事长为中国人民银行副行长、国家外汇管理局局长郭树清。

第四节

公　债　市　场

公债的运行过程包括公债的发行、使用、调整、流通和偿付等环节，其中公债的发行与偿付是与认购者联系最紧密的两个环节。

一、公债市场理论介绍

（一）公债市场的概念

利用发行公债而不是增发货币来弥补财政赤字，是当前世界各国的一种通行做法。但是大量公债的发行、流通、偿付必须要有一种发育完善、交易成本低廉的公债市场进行支撑。公债市场是指政府债券市场，它是以公债券这种有价证券作为交易对象，在证券市场上发行和流通公债的场所。

（二）公债市场的分类

公债市场通常包括发行市场和流通市场两类：

1. 发行市场。公债发行市场又称公债一级市场，是指政府为筹措资金而发行公债，将公债出售给投资人所形成的市场。发行市场是公债交易的初始环节，一般是由政府和公债承销机构（银行等金融机构）或公债认购者三方组成，通常是由公债承销机构一次全部买下。

2. 流通市场。公债流通市场又称公债二级市场，是指政府已发公债买卖和转让的场所。公债二级市场是相对一级市场而言的，主要由公债承销商和公债投资人组成，有时政府也会适当介入流通市场，配合宏观经济政策进行公债买卖。

（三）公债市场的功能

1. 保证公债的发行和偿还。公债市场的发展可以使得公债发行和偿付更加顺畅有效，使各级财政及时筹集到所需资金，并为闲置资金持有者提供低风险的获取投资收益的机会，保证公债成为一种非常重要的财政政策作用工具。

2. 调节社会资金运行、提高资金使用效率。流通市场的存在保证了中央银行通过买卖公债调节货币流通量（以公开市场业务推行货币政策），发行市场的存在有效协调了资金需要者和公债需要者之间的关系。政府根据不同的目标，确定公债的种类、规模、期限、利率以及内部比例关系，使社会资金的配置更加合理，实现有效的资金再分配。

二、公债发行

公债发行指公债出售被认购的过程，它是公债运行的起点和基础环节。公债发行的条件及方式，并不是由政府主观确定，还取决于市场的供求关系状况。公债的发行条件包括公债的发行数额、票面额度、偿还期限、票面利率、发行价格、利息支付等各方面内容。

（一）公债发行数额

公债发行数额主要取决于财政赤字和市场资金情况。当财政赤字缺口较大或市场资金供给相对充足时，公债发行额较高。

（二）公债偿还期限

公债偿还期限的长短确定主要取决于政府对未来财政收支状况和市场利率走势的预判、未来公债还本付息压力的集中程度、公债市场成熟程度、政府宏观调控政策的取向等因素。预期利率要上升，就要多发长债；公债市场更加成熟，发行长债就比较有利；政府要推行扩张性财政政策，宜多发短债。

（三）公债发行价格

公债发行价格指公债的发售价格或购买价格。它是公债进入运行程序的前提条件。公债的发行价格不一定就是票面值，按照公债发行价格与其票面值的关系，可将公债发行价格分为以下三种：

1. 平价发行，即公债发行价格与公债券的票面值持平。平价发行的前提条件是：（1）公债券票面利率与市场利率（市场收益率）大体一致。如果市场利率高于公债利率，按票面值出售就无法找到认购者；如果市场利率低于公债利率，按票面值出售财政就会遭受不应有的损失。（2）政府有良好的信用基础。采用这种价格发行公债，政府按票面值取得预期收入和偿还本金，不会给政府财政带来额外负担，一般也不会对市场利率带来直接影响，有助于避免债券的投机之弊，有利于经济的稳定。

2. 溢价发行，即公债发行价格高于公债券的票面值。认购者按高于票面值的价格支付购金，政府按这一增价取得债务收入，到期按票面值还本。溢价发行的基本前提条件是：（1）公债利息率高于市场实际收益率。（2）公债利率确定时与市场利率大致相当，但当公债券出售时，市场利率向下调整，低于公债利率。溢价发行虽可使政府财政多获得一部分价差收入，但因公债利率较高，使国家财政为此承受高利支出，而且，由于其收入不规则，也不利于财政收支的计划管理。

3. 折价发行，即公债发行价格低于公债券的票面值。认购者按较低的价格购得公债券，政府按这一折扣价取得债务收入，到期仍按票面值还本付息。折价发行的原因一般是这样的：（1）公债券的票面利率低于市场利率，政府只有降低发行价格，才能完成发行任务。（2）在推销任务较重的情况下，为了鼓励资金持有者踊跃认购公债。折价发行既不能为政府按票面值带来预期收入，政府偿还本金支出又要大于实际公债收入，对政府财政是极为不利的。贴现发行是与折价发行相近的一个概念，唯一不同的是贴现发行公债券到期后，政府只是按照票面值归还本金而不支付利息。

（四）公债利率的确定

公债利率水平直接决定着政府筹资成本的大小，同时也直接决定投资者的获利水平。因此公债利率的设计便成了债券发行设计的核心内容，其高低主要受制于金融市场利率、公债期限长短、政府信用状况、社会资金供应量等因素的影响。一般情况下，前两个因素和公债利率水平正相关，后两个因素和公债利率水平负相关。

（五）公债发行方式

公债发行方式是指国家用何种方法和形式来推销公债。从全球范围看，公债的发行发式很多，但一般说来主要有以下几种：

1. 公募法。指国家向社会公开募集公债的方式。又可分为直接公募、间接公募和公募招标三种具体方法。

直接公募法是指由国家财政部门或委托其他部门如邮政局等，直接向全社会各界公开招募，由单位和个人自由认购，其发行费用和损失皆由国家承担。直接公募还可进一步细分为强制招募法和自愿认购法两类。间接公募是指国家将发行事项委托银行或其他金融机构代为办理，对方收取一定的手续费。间接公募的典型做法是公募招标法，亦即在金融市场上通过公开招标、投标确定发行条件来推销公债。由于招标是公开进行的，属于公募性质。公募招标方法充分利用市场机制，能够有效地调动投资者的积极性，运用价格拍卖、收益拍卖、竞争性出价和非竞争性出价的方式，确定最终中标者，在市场经济条件下，它具有很强的生命力和适应性。公募招标方式主要适用于中短期政府债券，特别是国库券的发行。

公债公募招标以标的物进行分类，可以分成：价格招标、收益率招标和缴款期招标三类。价格招标是以债券的发行价格作为标的物的招标发行方式，投标人根据固定利率投标，价格可以高于或低于面值，招标人按照投标结果价格由高到低进行排序确定中标者；收益率招标是以债券的实际收益率为标的物的招标发行方式，发行方只确定发行规模和票面价格，招标人按照投标结果收益率由低到高进行排序确定中标者；缴款期招标是以缴款时间作为标的物的招标发行方式，政府根据收款先后确定中标者。从目前各国的公债发行实践来看，公募招标主要有英国式和荷兰式两种不同方式。

（1）英国式招标。又称多种价格招标，是指招标人按照出标价格从高到低确定各个投标人的中标价格和数量。由于同样的债券可以卖到不同的价位，显然这种招标对招标人非常有利，但是投标人（尤其是出价最高的投标人）则明显处于一种不利地位，因为购买同样的债券他比后续投标者出价更高，这就是所谓的“胜利者的诅咒”。在英国式招标下，投标者被分为两类，一类是竞争性投标者，使用这种“密封价格招标方式”；另一类是非竞争性投标者（主要指小额投资者或不懂招标业务的投资者），不参与价格竞争，其购买公债的价格为竞争性投标者支付价格的加权平均数。举例来说，财政部拟发行票面值 100 元的公债 150 亿元，A—D 为竞争性投标者，E—G 为非竞争性投标者，公债发行对象分布如表 13－4 所示。

表 13－4　　公债发行的英国式招标模式

投标方式	投标人	投标价格（元）	投标数量（亿元）	中标价格（元）	中标数量（亿元）
竞争性投标者	A	105	20	105	20
	B	102	20	102	20
	C	100	30	100	20
	A	100	30	100	20
	B	100	30	100	20
	D	97	20	—	—
非竞争性投标者	E		20	101.4	20
	F		15	101.4	15
	G		15	101.4	15

150 亿元的公债首先满足非竞争性投标者 E—G 的需求 50 亿元，剩余的 100 亿元公债应按照竞争性投标者的报价由高到低排序，首先满足报价较高的投资者。出

现报价相同，所剩公债又不能满足需要时，按比例进行分配。其结果是，A 公司以 105 元的价格买到 20 亿元，B 公司以 102 元的价格买到 20 亿元，剩余 60 亿元债券在投标价同为 100 元的 A、B、C 三公司中按照其各自原始投标数量进行加权平均分配，三家公司投标数量同为 30 亿元，因此最终分配到中标公债数量也同为 20 亿元。D 公司由于出价过低惨遭淘汰。

E、F、G 三家非竞争性投标者投标成功的 50 亿元公债，价格按照竞争性投标者投标成功的价格的加权平均数执行。

其中标价格 =（105 ×20 +102 ×20 +100 ×20 +100 ×20 +100 ×20）/（20 +20 +60） =101.4（元）

由以上分析可以看出，英国式招标方式保证政府发行的 150 亿元票面值的公债筹集到 152.1 亿元的公债收入，投标人 A 公司则陷入“胜利者的诅咒”（winner's curse），以 102.5 元的高价买进了 40 亿元公债。

（2）荷兰式招标。又称统一价格招标，指招标人首先按出标价格高低募满发行额，然后将最低的中标价格作为全体中标人的最后中标价格。该方法的最大优点在于克服了英国式招标中的“胜利者的诅咒”，保证出标价格高的投标人最后也能按照公平市场价格认购公债。但是对招标人却非常不利：所有中标者最后都按照最低中标价，而且这个最低价有可能低于债券面值。更严重的是：该招标方式更容易使得投标者实现通过暗箱操作达成“勾结”契约。仍以上文的例子作分析，所有投标人的最终中标价格为 100 元，和公债券票面值相等。为了避免出现中标价格最终低于公债票面值的情况，有时政府也会强制性附加一些发行的限制条件。具体结果如表 13 -5 所示。

表 13 -5　　公债发行的荷兰式招标模式

投标方式	投标人	投标价格（元）	投标数量（亿元）	中标价格（元）	中标数量（亿元）
竞争性投标者	A	105	20	100	20
	B	102	20	100	20
	C	100	30	100	20
	A	100	30	100	20
	B	100	30	100	20
	D	97	20	—	—
非竞争性投标者	E		20	100	20
	F		15	100	15
	G		15	100	15

公募招标方式不仅针对标的物为价格的公债发行，有时也会针对标的物为票面收益率的公债发行，具体原理和价格招标相同，此处不再赘述。由于这种方式在市场经济条件下有较强的适应性，当前的多数发达市场经济国家都将其作为发行公债的基本方式。目前，我国的短期贴现公债主要以荷兰式价格招标方式予以发行，中长期附息公债较多采用利率招标方式发行。

2. 固定收益出售方式。这是指国家预先确定公债券的发行条件，即债券的票面利率、偿还期限、发行价格等，然后在金融市场上委托中介机构代理债券发行的方式。适宜在金融市场利率稳定的条件下采用。固定收益出售方式的特点是：认购期限较短，一般应在几周内完成；发行条件固定，按既定的发行条件出售即可；发行机构不限，金融机构、邮政储蓄机构、中央银行、财政机构等可以此方式出售公债；主要适用于中长期的可转让债券的发行。

按固定收益出售方式推销公债，有可能出现预定发行量不能全部销掉的风险，因为政府对金融市场的反应往往难以作出非常准确的预判。因此，政府经常会辅之以一些“销售担保”的措施，比如推行辛迪加财团包销、中央银行包销等方式。因此，“固定收益出售”方式也被称做“承购包销法”。作为包销者担保公债发行风险的补偿，政府一般都会向其支付高昂的佣金和手续费。

承购包销法与间接公募法不同。在间接公募法中，银行只是代理发行权和发行事项，最终应向政府负责并受政府的指导和监督；承购包销法则是公债发行权的转让，在通常情况下，政府不再干预，这种方法只需政府和承销方议定条件，签订合同即可，手续简单，政府筹款迅速而便利，风险较小。

3. 连续经销方式，也称出卖发行法或“随买”法。它是政府委托发行机构在金融市场上设专门柜台，常年经销公债的一种发行方式。连续经销方式的特点是：经销期限不定，一种债券的推销时间可长可短；发行条件灵活，可随行就市；主要通过金融机构和中央银行以及证券经纪人经销；主要适用于不可转让债券，特别是对居民家庭发行的储蓄债券。这是最灵活的发行方式，出售者可以根据市场行情，灵活确定公债的发行条件，从而确保公债发行任务的完成。但是，连续经销会与民间部门争投资，排挤私人企业的筹资活动，从而妨碍企业投资。因此，采用这种发行方式的国家只有少数几个。

4. 直接销售方式，是指由财政部门与认购者直接谈判确定发行条件出售公债的一种推销方式。其特点是：推销机构只限于财政部门，不通过任何中介或代理；发行对象主要集中于机构投资者，如商业银行、保险公司、社保基金等；发行条件通过直接谈判确定；主要适用于某些特殊债券的推销。这种方式的优点在于可以充分挖掘各方面的社会资金，为财政部门提供了解掌握投资者意向的机会，采取“随发行随召集”的办法使得推销时间的选择有了较大灵活性，取消了代理佣金和手续费等举债成本；缺点在于推销任务繁重，只能在部分特殊公债发行时采用，不能针对个人投资者。

在实际工作中，一国发行公债不一定仅采用一种方式，而可以是几种方式的组合。现实中，各国公债发行方式没有完全一致的固定模式，一般是根据本国的实际情况来选择。即使是同一种方式，具体运用时也会显示出自己的特点。

（六）我国公债发行情况

新中国成立之后，公债发行主要集中在20世纪50年代和80年代以来。20世纪50年代共发行6次公债，均采取“分配”与“认购”相结合的方式发行，但从实质看，没有脱离强制摊派之嫌。其中包括1950年的人民胜利折实公债、1954—1958年的国家经济建设公债，到1968年为止全部偿清。

1981年国家恢复发行公债，其后连年发行，从未间断。就发行方式而言，经历了行政摊派、承购包销和招标发行三种阶段。

1. 单一行政摊派发行模式（1981—1990年）。20世纪整个80年代基本上是以“分配任务”和“自由认购”相结合为主的，实际上是依靠行政手段，摊派完成公债发行任务。这是由当时国家的客观条件所决定的：一是公债发行的时间不长，人们对公债的认识还比较肤浅；二是公债品种少，不宜运用多种发行方式；三是公债市场起步较迟，流通市场更是落后，限制了人们购买的积极性；四是人们的收入水平有限，投资意识淡薄，储蓄偏好较强。这样，国家只有借助行政力量，采取摊派的方式完成公债发行任务。

行政摊派方式以宣传动员为基础，按照收入水平、工资标准，层层分配指标，虽然在短时间内完成了任务，但这种发行方式严重违背了国民的意愿，影响了公债声誉，弊端很多。

2. 单一承购包销发行模式（1990—1994年）。根据国务院经济体制改革方案，1991年国库券发行进行了“承购包销”试点，这是自1981年国家重新发行国债以来的一次重大突破。

1991年4月，财政部和当时的承购包销团主干事——中国工商银行信托投资公司举行了国债承购包销签字仪式，承购当时的国库券25亿元，占计划发行量的25%。为了进一步完善承购包销方式，发挥金融机构在公债市场中的作用，1993年我国又推出了国债一级自营商制度。到1994年，由于发行条件的不断完善，国债的发行基本上依靠单一的承购包销模式来完成。

3. 承购包销和招标发行相结合的发行模式（1995 年—今）。从 1995 年至今，在一部分国债中采用了招标发行的方式。1995 年 8 月，财政部对 1995 年 1 年期记账式国债首先采用招标方式发行，这是我国国债发行方式的又一次重大突破。这期国债计划发行 100 亿元，全国 50 家国债一级自营商先按照发行实施办法规定的基本承销数量承销，然后对义务认购份额以上承销部分采取竞争性投标，投标标的为缴款期。后来到 1996 年 1 月，财政部在发行 1996 年记账式（第一期）国债时，第一次采用了价格招标形式。1996 年 6 月，财政部在发行 1996 年记账式（第五期）国债时，又首次采用了收益率招标形式。

1998 年以来，我国凭证式国债发行基本上采取承购包销为主的发行方式。2000 年组建了统一的记账式国债承销团，2002 年组建银行间市场承购包销团，2003 年又组建交易所债券市场承购包销团和凭证式国债承购包销团。

现阶段我国国债发行市场已经形成一种复合式发行模式：以承购包销方式向中介机构出售不可上市的凭证式国债；以公开招标的方式向国债一级自营商出售可上市流通的记账式国债，财政部允许发行额度未募满的情况出现；向社会保险机构和保险公司等以定向募集的方式发行特种定向国债。总之，随着我国经济体制改革的不断深化，公债发行方式逐步从行政发行向经济发行过渡，市场化程度越来越高。

三、公债偿付

（一）公债还本方式

1. 到期一次偿还法。即政府对发行的公债在债券到期日按票面额一次全部清偿。采用这种最为传统的偿还方法，公债还本管理简单，还可以减少还本的成本支出，但容易受到通货膨胀的影响，集中一次性清偿所需资金量较大。

2. 抽签轮次偿还法。即国家通过抽签的方式确定各次还本债券的号码，如约偿还。又分为一次性抽签和分次抽签两种。

3. 分期逐步偿还法。国家对一种债券规定几个还本期，每期还本一定比例，直至债券到期为止，本金全部偿还完毕。

这两种方式能够较好的解决集中偿还问题，分散公债还本对国库支出的压力，但是操作比较麻烦，手续繁杂，工作成本加大。

4. 市场购销偿还法。政府在市场上按照行情，适时购进公债券，以此在该公债券到期前逐步清偿，使得最终的债务清偿变成政府内部的账务处理。这种方法只适用于上市公债，并以短期公债为主。这种方法给投资者提供了中途兑现的可能性，对持有人非常有利，有一定诱导投资的作用。政府通过公开市场业务买卖公债，可以有效维持债券价格的相对稳定，并有效降低还本付息支出。

5. 以新替旧偿还法，也称“调换偿还法”。即政府通过发行新债来偿还旧债。这种方法对政府来说，实际上等于延长了使用公债的时间，但应该以自愿的方式调换，如果操作不当或者经常使用，有可能降低国家债信。

（二）公债付息方式

1. 分期支付。即在公债券到期之前，将应付公债利息分作若干次支付给持有者。政府在发行的债券上附有可以取得利息的息票，债券持有人只要定期剪下息票便可支取利息。这样既可以使持有人利益提前实现，从而激发认购者的积极性；又可以分散财政的偿债资金压力，一般适用于中长期债券，可以按年或按半年支付。

2. 一次性支付。即公债利息随本金到期一次性支付给持有者。这种方式主要适用于短期债券，持有人容易接受，工作成本也会大大减少。我国重新启用国债以后一般都是采用这种方式。

综上所述，公债还本付息方式的选择要从协调政府与认购者的利益关系出发，既要保护认购者的利益，以调动它们认购公债的积极性，又要降低政府还本付息的管理成本，以提高政府对公债的管理效率。

（三）公债还本付息资金来源

政府要有较强的运筹财政资金的能力，保证还债的需要，这是保证公债运行顺畅的重要条件。可以作为偿债资金来源的项目有：（1）经常性预算盈余；（2）偿债基金；（3）公债有偿使用收入；（4）新增税收；（5）发行新债收入等。从目前世界各国政府公债运行现状看，大多数国家将发行新债收入作为偿还旧债的主要资金来源。采用这种方法，能够推迟政府实际偿还时间，延缓偿债负担，暂时度过偿债高峰。从某种意义上讲，政府手中总有一个使用额是不用偿还的。但是，“以新偿旧”也是要有客观限度的，即发行新债的规模不能超出国家的偿债能力和公众的认购能力。

本章小结

1. 公债是国家以债务人身份在国内外发行债券或向外国政府、银行和金融组织借款所发生的国家债务。公债是政府筹集财政资金的有偿形式。国债的债务人是一国的中央政府，地方债的债务人则是地方政府。自愿性、有偿性和灵活性是公债特有的形式特征。

2. 按照不同的标准，公债可以划分为内债和外债、长中短期公债、货币实物和折实公债、强制爱国和自由公债、上市和非上市公债等。

3. 西方经济学家关于公债的理论和学说可以分为两大流派，一是以“古典学派”为代表的正统公债理论，另一个是以“凯恩斯学派”为代表的新兴公债理论。前者流行于资本主义上升阶段，其基本主张是反对发行公债，李嘉图等价定理论证了发债和课税对纳税人消费期限结构并无本质影响；后者的观点也很明确，即国债无害而有益，有助于消除经济危机和失业，刺激经济发展，并对李嘉图等价定理的前提条件提出若干质疑。

4. 公债是政府实施宏观调控的重要工具，其主要功能是：弥补财政赤字，平衡预算收支；筹集建设资金，推进经济建设；实行宏观调控，协调经济发展；调节货币流通，协调财政金融两大政策。同时公债还具有资产、挤出和“自动稳定器”的经济效应。

5. 公债规模指标包括两大类：绝对规模指标和相对规模指标。前者主要有：公债累积余额、公债发行额和公债还本付息额；后者主要有：公债负担率、国债应债率、公债依存度、公债偿债率和公债借债率等。我国公债规模存在公众认购能力强而政府偿债能力弱的悖论，因此从 2006 年开始，我国参照国际惯例正式开始推行国债余额管理制度。在财政部代发地方债的过程中，还要注意对隐性和或有负债的控制。

6. 公债市场运行过程包括公债发行、使用、调整、流通和偿付等环节。其中，发行与偿付是与认购者联系最紧密的两个环节。公债的发行方式主要包括公募招标发行法、固定收益出售方式、连续经销方式和直接销售方式等。

主要概念

公债　国债　国内公债　国外公债　短期公债　中期公债　长期公债　货币公债　实物公债　折实公债　强制公债　自由公债　上市公债　非上市公债　公债累积余额　公债负担率　公债应债率　公债偿债率　公债依存度　公债借债率　外债偿债率　外债负担率　外债债务率　国债余额管理制度　隐性负债　或有负债　平价发行　溢价发行　折价发行　公募发行法　英国式招标　荷兰式招标　固定收益

出售方式　连续经销出售方式

复习思考题

基础性思考题：

1. 如何理解公债的概念？
2. 公债的主要特征是什么？
3. 怎样理解公债与私债的区别？
4. 公债是如何分类的？
5. 公债的功能和经济效应有哪些？
6. 衡量公债规模的主要指标及其意义。
7. 西方公债理论的主要观点及其评述。
8. 简述公债余额管理的背景和主要内容。
9. 简述公债的发行与偿还方式。

扩展性思考题：

1. 如何利用期限结构不同的公债发行政策对经济发展起到积极的影响作用？
2. 利用公债规模指标，评价我国公债的运行规模、运行状态及其前景。
3. 试说明在财政政策与货币政策配合中公债的特殊作用。
4. 试述政府隐性和或有负债在我国的表现形式及控制途径。

第十四章

DISHISIZHANG

政府预算管理

本章对政府预算进行理论和制度性分析。政府预算是财政分配的主要制度形式。本章提供关于政府预算的概念、形式和内容、原则与方式、编制与审批、近年制度改革主要内容以及预算外资金管理等方面的知识。掌握政府预算的基本理论和主要制度规定是本章的重点，也是本章设置的目的。

第一节

政府预算概述

一、政府预算概念

政府预算是比税收、国债都要年轻的一个财政范畴。严格地说，资本主义以前尚未形成政府预算制度。政府预算是社会发展到封建社会末期和资本主义初期，作为新兴资产阶级与封建统治阶级进行斗争的一种经济手段而产生的。

现代政府预算制度最早出现在英国。在历史上，“预算”的英文词是“Budget”，意指皮质的钱袋、皮夹或手提包。在英国，该词曾用来描述财政大臣用来装向议会提交的政府开支需求和收入来源报告的皮包。后演变为政府提交立法机构审批的财政收支计划。1217 年英国《大宪章》规定，课税必须得到贵族和大地主代表会议的同意；1640 年英国资产阶级革命后，议会君主制的英国财政已受到议会的完全控制。1689 年通过的《权利法案》重申，不经议会批准通过，王室政府不得强迫任何人纳税或作其他缴纳；还规定了征税收入和财政支出都必须经过议会批准，并要求按年分配收支，在年前作出收支计划，提请议会审批和监督。1789 年议会通过了《联合王国总基金法案》，把全部财政收支统一在一个文件中，至此有了正式的预算文件。美国国会在 1921 年通过了《预算审计方案》，正式规定总统每年要向国会提出预算报告。我国在清朝光绪 34 年（公元 1908 年），由清政府颁布了《清理财政章程》，1910 年正式编制了政府预算。到 20 世纪初，几乎所有国家都建立了政府预算制度。

就公共财政而言，政府预算是指经法定程序审核批准的具有法律效力的政府年度财政收支计划，是政府筹集、分配和管理财政资金的重要工具。预算的收支项目和数字反映着政府的施政方针和社会经济政策，制约着政府活动的范围和方向。狭义的预算指预算文件或预算书；广义的预算是指编制、批准、执行、决算、审计结果的公布与评价等所有环节，实际上是整个预算制度。

可以从以下几个方面理解政府预算的概念：

（一）从形式上看，政府预算一般以年度政府财政收支计划的形式存在

政府预算是政府对年度政府财政收支的规模和结构进行的预计、测算和安排，是按国家一定的政策意图和制度标准将政府预算年度的财政收支分门别类地列入各种计划表格，通过该表格反映一定时期政府财政收支的具体来源和使用方向。

（二）从性质上看，政府预算是具有法律效力的文件

政府预算不仅仅是计划，市场经济体制下的政府预算，本质上是法律，是纳税人和市场通过立法机构对政府行政权力的约束和限制，是政府必须接受的立法机构对其作出的授权和委托，其整个活动过程要受到法律及立法机构的严格制约。政府预算的形成过程实际上是国家立法机关审定预算内容和赋予政府预算执行权的过程。各国宪法一般规定，政府预算经立法机关批准公布后便成为法律，政府必须不折不扣地贯彻执行，不允许有任何不受预算约束的财政行为。在预算执行中由于客观情况的变化必须修改预算，也必须经过一定的法律程序；紧急情况的处理要补报审批手续。行政部门对立法机构及其代表的广大民众负有法律责任。

（三）从内容上看，政府预算反映政府集中支配的财力的分配过程

从预算收支的内容上看，政府预算的各项收入来源和支出用途体现了政府的职能范围，全面反映了公共财政的分配活动。从预算收入方面看，政府通过预算的安排，采用税收、利润、公债、收费等手段参与国民生产总值的分配，把各地区、各部门、各企业及个人创造的分散的一部分国民生产总值集中起来，集中收入的过程也反映和协调着政府与企业、部门及公民个人的分配关系；从预算支出方面看，通过预算安排，把集中的财政资金在全社会范围内进行分配，以保证政府行使其公共职能的需要。因此，政府预算收支体现着政府集中掌握的财政资金的来源、规模和流向，预算规模和结构又直接反映了公共财政参与国民生产总值分配及再分配的规模和结构。

（四）从程序上看，政府预算通过政治程序决定

从政治角度看，政府预算是纳税人及其代议机构控制政府财政活动的机制。政府在社会中的本来角色是政治主体，而非经济主体。但政府为了进行政治活动，为社会提供一定的公共产品和服务，也要参与经济活动，也要进行资源配置、产品分配。但是政府在根本上还是在公共领域活动的政治主体，其经济活动就不能像民间部门的经济活动一样由市场控制，而必须有一个由政治过程决定的控制系统。这个控制系统不同于一般的政治过程，它要有把政治决定转换成经济决定的特别的系统，这种以政治决定为基础的控制政府经济活动的系统就是预算或预算制度。

必须构造控制政府预算机制的深刻根源在于，具有独立财产权利的纳税人担负着政府的财政供应，就必然要求控制政府的财政，以政治、法律程序保证政府收支不偏离纳税人利益，保障个人的财产权利不受政府权力扩张的侵犯。政府财政是政府花众人即纳税人的钱为众人办事，成本和效用都是外在的。如果没有预算约束，或预算没有法律约束效力，政府官员就不会对公共资金的使用后果承担责任，公共资金就不会基于公众的利益而合理、有效和正当地使用，就不可避免地出现效益低下，或贪污、腐化、挥霍、滥用。

（五）从决策管理体制看，预算是公共选择机制

预算由编制、审议通过、执行实施、决算审计、向社会公布等一系列环节组成，通过这些环节保证财政活动能够满足公共需要。这个过程的实质是公共选择机制。第一，预算编制是公共利益的发现过程。预算的提出和协调，首先是通过专门机构对国内外的经济、政治和社会形势作出分析、评估和预测，发现社会的主要矛盾和问题。在此基础上，通过一定的政治程序提出政府的任务和目标。财政部门据此提出预算指导方针和技术要求，政府各部门据此提出预算请求，并排列出先后次

序。财政部门在最高行政机构领导下进行多方的充分协调，按重要性或紧迫性排序，形成预算草案提交给代议机构讨论。第二，预算在代议机构讨论和批准的过程是公共利益的继续发现和确认。代议机构对政府提交的预算草案进行辩论、听证、修改、宣读、投票批准等，是公共最大利益的继续寻找过程，公众代表和党派从中表述意愿，反映各自所代表的阶层或集团的要求，最后批准预算，公众利益被最后确认。第三，预算的实施和完成是公共利益的实现过程。预算实施依据严格的程序：各支出部门的领导对使用的资金负责，财政部门对其进行审核后批准拨款，遵循政府采购、中期报告、绩效审计等制度，最终执行结果要经过审计部门的审计，审计结果及其详细的说明材料报立法机构确认，并向社会公布。

二、政府预算原则

政府预算原则是指政府确定预算形式和编制预算的指导思想与准则。预算原则是伴随着现代预算制度产生的，并且随着社会经济和预算制度的变化而不断变化着。

19 世纪初，随着现代预算制度的初步确立，资产阶级经济学家提出了一些预算原则，包括完整性、统一性、年度性、可靠性、法律性和公开性等。这些原则与资本主义国家早期的健全财政观念是一致的。当资本主义走向垄断、垄断资本形成并控制了政府之后，政府行政机构的权力加强了。特别是 20 世纪 30 年代经济大危机以后，凯恩斯主义风行资本主义各国，国家干预经济成为一种社会潮流。这时，政府行政机构在政府预算决定上明显地表现出主动权，能典型代表这一倾向的是 1945 年美国联邦政府预算局局长史密斯提出的八条预算原则。其中的主要观点是，政府预算必须反映行政计划，加强行政责任；同时还要求政府应配备足够的编制和执行预算的机构及其相应的人员等。

目前，影响较大并为大多数国家所接受的预算原则主要是：

1. 完整性。要求政府预算包括它的全部财政收支，完整地反映以政府为主体的全部预算活动。预算的完整性是建立规范化、法制化预算的前提条件。只有完整的政府预算才能保证政府控制、调节各类财政性资金的流向，完善财政的分配、调节和监督职能。

2. 统一性。各级政府应编制统一的预算，其中所包含的预算收入和支出，要按统一科目、统一口径和统一程序加以测算和全额编列。统一性还要求各级政府只能编制一个预算，不能以临时预算或特种基金的名义另立预算。

3. 可靠性。要求政府预算每一收支项目的数字指标必须运用科学的方法，依据充分确实的资料精心测算、编制，所列数据必须符合实际，不得假定、估算，更不能任意编造。政府预（决）算数字的准确、真实、可靠，对于保证政府决策的正确性、社会经济发展的良性循环具有重要意义。

4. 年度性。要求政府预算按年度编制，不应该对本预算年度之外的财政收支作出任何事先的规定。

预算年度也称财政年度，是政府预算收支起止的有效期间，它是编制和执行国家预算所必须依据的法定时间期限，通常以一年为标准。各国预算年度的起止日期不尽相同，许多国家采用历年制，即从公历1月1日起至12月31日止；有些国家的预算年度采用跨年制，即一个预算年度跨两个日历年度，比如日本、英国、印度等国的预算年度是从4月1日至翌年3月31日止，美国、泰国的预算年度是从10月1日至翌年9月30日止。各国预算年度的差异主要是由该国的历史、国情、传统习惯，特别是由该国预算审批机关（比如国会或全国人民代表大会）的活动日程等造成的。

5. 法律性。政府预算编制完成后，要经过权力机关审查批准，才成为具有法律效力的文件。预算一经审议通过，任何人均无权随意对其调整。遇有特殊事项需调整预算收支时，必须按法律规定的程序进行，以维护预算的权威性。

6. 公开性。公开性是指政府预算的形成和执行是透明的、受公众监督的。政府虽然是预算编制和执行的主体，但本质上是公众的“受托人”。因此，经权力机关批准的预算和决算，必须采取一定形式向社会公布，让公众了解政府财政收支情况，并置于人们的监督之下。

三、政府预算构成

政府预算组成是指预算体系的组成环节。我国政府预算的组成，是与国家政权结构和行政区域划分一致的，即有一级政府设立一级预算。《中华人民共和国预算法》（1995年1月1日实施）规定，我国设立中央，省（自治区、直辖市），市（设区的市、自治州），县（自治县、不设区的市、市辖区），乡（民族乡、镇）五级预算。

中央政府预算称为中央预算，省级以下各级政府预算称为地方预算，中央预算和地方预算合并组成政府预算。按照预算收支管理的范围和要求，各级预算又分为财政总预算、部门预算和单位预算。总预算是指各级政府本级和汇总的下级政府的年度收支所编成的预算；部门预算是由各主管部门汇总编制的本系统的预算，由本部门所属各单位预算组成；单位预算是指列入部门预算的国家机关、事业单位、社会团体等单位的收支计划。政府预算组成如图 14－1 所示：

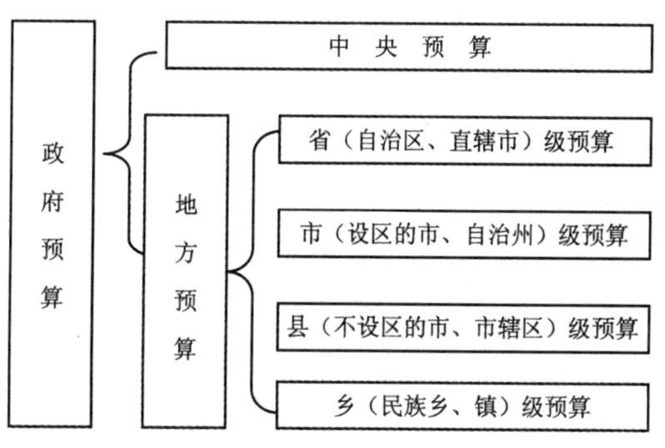

图 14－1　我国政府预算的组成

中央预算由中央各部门预算及中央直接组织的收入和直接安排的支出预算组成，中央预算在政府预算中居于主导地位。中央预算担负着国家安全、外交和中央国家机关运转所需经费；同时，中央预算作为各地区预算平衡的调节中枢，为国家重点建设、促进民族地区和经济落后地区的发展提供必要的资金保障；在对政府预算资金实施纵向调节和横向调节的基础上，以必要的预算手段消除和减少冲击预算平衡的各种突发事件和潜在因素，实现整个预算体系的平衡。

地方预算在政府预算中的地位也是不容忽视的，它担负着地方政权建设、经济建设、社会事业发展等方面的资金供应，特别是支援农业生产、地方经济建设等各项开支主要由地方预算安排。地方预算通过组织本地区预算资金的合理运行，对于促进地方经济发展和各项事业的全面振兴有着十分重要的意义。

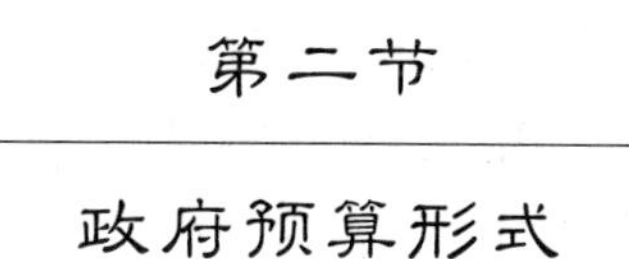

第二节　政府预算形式

一、政府预算的形式类别

（一）单式预算与复式预算

1. 单式预算。单式预算是传统的预算组织形式，其做法是在预算年度内将全部的财政收入与支出汇编在一个统一的总预算内，而不再区分各类预算收支的经济性质。单式预算能够从总体上反映年度内政府预算收支状况，便于了解政府财政的全貌，完整性强，也便于立法机关的审议批准和社会公众监督。

20 世纪 30 年代以前，世界各国普遍采用单一预算的组织形式。当时各国信奉的是古典学派的经济理论，认为经济运行主要是靠一只“看不见的手”来指导的，因而反对政府干预经济，主张缩小政府的职能，压缩政府开支，即谋求所谓的“廉价政府”、“健全财政”，在财政领域提倡预算收支平衡，尽力避免赤字。在当时的历史条件下，单式预算的组织形式对监督和控制政府的预算收支，维持预算收支平衡起着重要作用。我国自新中国成立直至 1992 年，政府预算编制一直采取单式预算的组织形式。

2. 复式预算。复式预算是把预算年度内的全部收支，按照收入来源和支出性质的不同，分别编成两个或两个以上的预算，通常包括经费预算和资本预算。经费预算中，主要反映政府一般行政上的经常性收支项目，收入方以各项税收为主，支出方为各种公共服务，体现政府的社会管理职能。经费预算一般不列赤字，应基本平衡或略有结余。资本预算中，主要反映政府投资性收支，收入方包括经费预算转来的结余、国债收入和国外借款收入等，支出主要反映政府的各项资本性支出，如政府对公共工程项目的投资、对国有企业的投资以及物资储备等，体现政府的生产资料所有者职能。

复式预算的出现，与政府开支大幅度增加有直接的关系。20 世纪 30 年代，经济大危机席卷了整个资本主义世界，为了挽救危机，复苏经济，各国逐步放弃了“自由放任”的经济政策，纷纷推行凯恩斯主义。随着政府对经济活动干预程度的加深，政府活动范围扩大，预算支出也随之增加，正常的收入已经不能满足支出的需要，政府只有通过举债来弥补。由于举债收入是要偿还的，并且要支付利息，因此用债务收入安排的支出应该是有效益的项目，这样就有必要将政府的支出划分为一般性支出和有收益的资本性支出。另外，当时一些西方经济学家也逐步认识到，一国收入分配的变化与该国年度预算的规模以及支出结构关系极为密切，因而主张在长期的经济计划中应该将年度预算的内容作合理的安排，以减缓经济波动和促进经济增长。也就是说，在新的历史条件下，预算不仅是监督和控制政府收支的手段，而且还应当成为政府对国民经济进行宏观调控的重要手段。显然，传统的单式预算有很大的局限性，于是，复式预算便应运而生。最早实行复式预算的国家是丹麦、瑞典，随后美国、英国、法国、日本、印度等许多国家也陆续采用了这种预算编制方式。

复式预算的特点是：

（1）在形式上，复式预算表现为用两个或两个以上的收支表格，反映政府全部的收支活动，便于考核预算资金的来源和用途。

（2）两个或两个以上的预算收支表是相互独立的预算，各个预算以各自收入应付各自的支出，自成一体，自求平衡，但结余和赤字可以结转。

（3）每一个独立的预算表中的收支项目是按照各类资金的不同性质划分的，这样可以使预算收入与支出之间具有明晰的对应关系。

（4）几个预算的内容相互补充，预算的平衡相互管理；几个预算不仅相互独立、自成体系，同时又必须在一定的规则上相互流通，共同构成一个科学、完整的预算体系。

（二）基数预算与零基预算

1. 基数预算。基数预算往往又被称为增量预算，是指在安排预算年度收支时，以上年度或基期的收支为基数，综合考虑预算年度国家政策变化、财力增加额及支出实际需要量等因素，确定一个增减调整比例，据以测算预算年度有关收支指标，并编制预算的方法。基数预算的规模结构及各项收支指标，与上年度预算执行情况和计划年度社会经济发展趋势引起的各项收支变动因素密切相关。基数法是我国预算编制过程中常用方法之一。

基数法编制预算的优点在于，一是简便易行，在数据资料有限、工作人员知识水平较低、预算管理的科学性和规范性要求不高的条件下，可满足财政决策和预算编制的需要；二是预算中使用的各项指标具有连续性，既便于指标的确定又便于相关指标的比较，同时有利于对某些要长期发展项目的持续性支持。

该方法的缺点也是明显的，首先是收支基数的科学性、合理性难以界定。在实际工作中，往往以上年度实际数，或以前若干年度平均数为预算收支基数，以承认既得利益为前提，使以前年度不合理的收支因素继续延续；其次，基期各项收支指标成为刚性的维持性指标，项目之间的指标变动，在维持性指标规模内难以调整，各项收支指标规模的调整基本上限于发展性增量中调节，不利于政府对财政资金的统筹安排、合理使用，也不利于提高支出效益；再次，方法简单、粗糙。在预算编制中，年度国家政策变化、财力增加额及支出实际需要量等因素的分析，以及增减变化率确定，主要依靠预算编制人员的主观判断，主观随意性较大，缺乏准确的科学依据。

2. 零基预算。零基预算起源于美国，在国际上具有较强的代表性。零基预算是指在编制预算时，对预算收支指标的安排，根据当年政府预算政策要求、财力状况和经济与社会事业发展需要，以零为基点重新核定，而不考虑该指标以前年度收支的状况或基数。零基预算的基本特征是不受以往预算安排和预算执行情况的影响，一切预算收支都建立在成本效益分析的基础上，根据需要和可能来编制预算。

零基预算有三个基本要素，即决策单位、一揽子决策和排序。

决策单位是零基预算的基本预算单位，在采用零基预算编制预算时，可以用一个项目作为一个决策单位，也可以用一个部门的一个机构作为决策单位；在确定了决策单位之后，每一个决策单位的管理者都要对它所负责的活动进行分析，考虑提供不同服务水平的影响以及不同的服务水平所需要的经费开支，并将其汇成一揽子决策，可制定出几个不同的工作方案，预测不同方案下所需的资金量；排序是指在制定出一揽子决策方案以后，决策单位根据本部门或机构的职责，将对本部门影响最大的方案按从大到小的顺序排列，对每个方案的服务水平进行分析，最后确定要选择的方案和支出预算数，以求解决在一个财政年度该花多少钱以及应该把钱花在什么地方等问题。

零基预算的优点是，不受现行预算执行情况的约束，对编制预算的各级单位赋予一定的权力，从而能够充分发挥各级管理人员的积极性和创造性，按照轻重缓急确定优先项目，使预算管理工作更符合节约和效益原则。同时，零基预算也大大加强了主管部门和执行单位的责任感和成本意识。

零基预算也是有缺陷的，首先是在实际工作中，并不是所有的预算项目都能采用零基预算方法来编制，有一些支出项目在一定时期内是具有刚性的，如公务员的薪金支出，跨年度的基础设施投资支出，国债还本付息支出等等；其次，由于在政治、法律、技术上存在各种困难，在各国的零基预算实践中，对于大多数预算项目都不是真正从“零”开始编制的，只是在原有基数上做一些修正，比如，在美国，零基预算一般是从一个规定的最低水平开始的（例如，上一年预算拨款的80%），管理者再将决策包集中起来，在这个最低水平的基础之上增加一定的数量（比如上年预算的90%、100%或110%）；再次，实行零基预算，要求每年对所有收支项目都进行审核，这需要消耗大量的人力、物力和财力，对于预算编制人员素质的要求也较高。

（三）绩效预算和计划项目预算

1. 绩效预算。绩效预算就是以项目的绩效为目的，以成本—效益分析确定的支出费用为基础而编制和管理的预算。绩效预算的优点是：以成本的观念来衡量工作成果，对每个项目都必须经过科学论证和评估，这对于监督和控制财政支出，提高支出效益，防止浪费有积极作用；重视了对预算支出效益的考察，使预算支出反映支出所产生的预计效益。绩效预算的特点是按照计划决定预算，按预算计算成本，按成本分析效益，然后根据效益来衡量其业绩。

绩效预算是美国于20世纪50年代推行的一种预算制度。1933美国罗斯福总统上台，为了配合其“新政”的需要，下令联邦政府从1933年7月1日起实行复式预算制度，以利于政府执行赤字预算政策。1935年，美国经济渡过了大萧条时期，开始进入复苏阶段。曾赞成实行“新政”的垄断资产阶级，此时从其经济利益出发，纷纷反对政府干预经济的做法。1935年和1936年，美国最高法院宣布许多重要的“新政”立法为违宪。第二次世界大战爆发，“新政”告终，复式预算也不了了之。第二次世界大战后，美国预算支出急剧增长，赤字大量增加，与此同时，立法机关控制预算的权力则明显遭到削弱。因此，如何控制政府公共支出和加强立法机关对预算的控制权力，引起了美国胡佛行政改革委员会的重视。该委员会提出了两个基本问题：第一，在政府预算主要的项目上，理想支出的最大数字应是多少以便于控制支出？第二，如何通过立法机关有效地和节约地执行被批准的项目？该委员会受到了当时在美国一些大城市和联邦政府中某些部门试行的绩效预算技术的影响，于1949年建议在联邦政府中采用绩效预算。

绩效预算由三个要素组成：政府事物的项目和活动的类别、绩效度量和绩效报告。在编制绩效预算时，要求政府各部门先制定有关的事业计划和工程规划，计算出每项施政计划的成本和效益，然后择优把项目列入预算。在绩效预算执行后，要用对比计划和实际、本期及前期成本效益的方法，考核行政部门使用预算资金的每项工作或业务的绩效。因此，绩效预算又称为成本预算或部门预算。

绩效预算出现后，对西方各国的预算制度产生了较大的影响，如英国、法国、瑞典等国也试行以计划为中心、以成本—效益为考核标准的预算制度。20世纪60年代以来，英国开始实行“功能成本”、“产出预算”和“计划分析与检查”的预算制度；法国实行“预算选择合理化”的绩效预算制度。但在美国由于推行绩效预算制度过程中遇到一些难点，即一些部门支出的成本—效益评估难以进行，如国防、教育等等，因此，绩效预算在美国并没有得到普遍推广和应用。

2. 计划项目预算。计划项目预算起源于20世纪60年代的美国。它是在绩效预算的基础上，依据国家确定的目标着重按项目安排和运用定量分析方法编制的预算。实行计划项目预算的基本步骤是：首先要求按政府确定的目标划分项目，如把国防活动划分为战略报复、一般兵力、运输等若干主要计划，在此基础上再划分诸多细项目；其次要确定完成项目所需的资源，并在此基础上配置资源，确定这部分资源的费用，并从中选出最佳方案；再次，计划的安排既要考虑过去计划的执行情况，更要考虑现在正在设计的未来计划，要善于把两者有机地结合起来考虑。计划规划预算的特点是：（1）可以把预算安排中的项目和政府的中长期计划结合起来，做到长计划短安排，有利于政府活动的开展。（2）在选择和安排项目过程中，由于要依据各种数据资料进行经济分析、评估以及项目间的比较，因此有利于降低各个项目的费用和提高财政资金的使用效果。（3）许多项目往往是跨年度的，按项目安排预算，可以根据发展变化情况，对计划和预算进行调整。

计划项目预算于1965年在美国政府一些部门正式开始实施，但难度较大，最终未能得到广泛推行。据报道，美国联邦政府部门中除国防部和农业部仍采用计划项目预算外，其他部门已从1972年开始陆续放弃推行这项预算制度。

（四）年度预算与多年度预算

年度预算是指按照日历年度（历年制或跨年制）编制的政府在一个预算年度之内的财政收支计划，完整反映政府在一个预算年度中的全部收支活动。多年度预算是指预算收支安排时间在两年以上的预算。其实质是一种对年度预算具有指导功能的财政发展计划。

从预算收支特点分析，有些支出项目需要连续跨年度拨款才能完成，如大型公共设施建设、重大技术攻关项目等。利用编制跨年度的滚动预算，并与年度预算相衔接，使预算收支安排既满足当年执行的需要，便于立法机关审查、批准和监督，又具有前瞻性、连续性。从各国编制多年度预算的实践看，主要为2—5年的中期预算。

二、我国预算形式变革

（一）实行复式预算

新中国成立以后，我国长期实行单式预算。党的十一届三中全会以后，随着经济体制改革的深入和发展，我国国民收入的分配格局发生了重大变化，财政收支结构和投资体制也发生了很大的改变。在这种情况下，传统的单式预算的缺点和弊端暴露得更为明显，已不能适应我国经济体制改革的需要。因此，从1992年起，我国的中央预算和地方省、自治区、直辖市预算试行复式预算，1994年正式实行。1995年1月1日起实行的《中华人民共和国预算法》规定，国家预算按照复式预算编制。我国的复式预算分为经常性预算和建设性预算两部分。

1. 实行复式预算的理论依据。社会主义国家具有双重身份，两种职能。一方面，国家具有政治权力，行使社会管理职能；另一方面，国家又是生产资料全民所有制的代表，具有生产资料所有权，行使经济管理职能。作为反映政府职能的国家预算，应按政府的不同职能分别编列经常性预算和建设性预算，或者编列政府公共预算、国有资本经营预算和社会保障预算等。

2. 实行复式预算的实践意义。

（1）有利于实现国家职能，正确处理积累和消费的比例关系。可以在预算支出安排上按照先维持后发展的顺序，分别以不同的资金来源保证不同的支出需要，有助于处理好国民收入中积累和消费的比例关系。

（2）有利于加强预算管理和监督，提高财政资金的使用效益。在两个预算中，各自的预算收入与支出项目之间建立起一种对应关系，各自独立平衡，透明度大大增加，便于建立较为科学的指标体系，使管理目标具体化，便于进行经济分析，实行有效的预算管理和监督。

（3）有利于国家基本建设投资规模控制，实现宏观调控目标。在建设性预算中，基本建设支出成为该预算单元内的主要方面，它的规模要受建设性预算收入来源制约。这样，国家在安排基本建设支出时，就应该量力而行，确保重点建设需要，注重改善投资结构，提高投资效益。

（4）有利于发挥国家信用的积极作用。建设性资金来源除了经常性预算结转的结余外，另一个主要来源是国债收入。管好用好国债资金，并在国债投资上注重选择预期效果好、有偿还能力的项目，是调整产业结构，促进经济发展的重要措施。

3. 我国复式预算的构成。

（1）经常性预算。国家以管理者身份取得的一般收入和用于维护政府活动的经常费用，保障国家安全与稳定、发展教育科学卫生等各项事业以及用于人民生活等方面的支出，列为经常性预算。经常性收入来源主要是各项税收（不含特定用于建设方面的某些税收），非生产性企业亏损补贴（冲减收入）和其他收入等。经常性支出主要包括非生产性基本建设支出、各项事业费、抚恤和社会救济支出、国防支出、行政支出、公检法支出、武警部队支出、对外援助支出、价格补贴支出和其他支出等。经常性预算支出结余全部划转到建设性预算，作为建设性预算的收入来源。

国家预算法规定，经常性预算要坚持收支平衡的原则，不列赤字。

（2）建设性预算。国家以生产资料所有者身份取得的国有资产收益、其他建设性收入和用于经济建设投资性的支出，列为建设性预算。建设性预算收入来源主要包括：经常性预算结余、国有资产经营收益、城市维护建设税、专款收入等。建设性支出主要包括：生产性基本建设支出、企业挖潜改造资金、新产品试制费、支援农村生产支出、支援不发达地区发展资金、国内外债务还本支出等。

国家预算法规定，中央预算中必需的建设投资的部分资金，可以通过举借国内外债务等方式筹措，但是借债应当有合理的规模和结构。

2000 年起以上结构的复式预算在我国不再编制。取而代之的是一般预算收支、基金预算收支、债务预算收支的新结构。从复式预算的发展方向看，应该是建立政府公共预算、国有资本经营预算、社会保障预算等复式预算结构。

（二）推广零基预算改革

为了适应社会主义市场经济的需要，打破预算资金分配格局，解决多年来单位预算支出苦乐不均，只能上不能下的问题，提高预算科学性和透明度，20 世纪 90 年代，我国部分地区开始进行零基预算改革试点。

1994 年起安徽省在省级财政进行了零基预算试点，1996 年起河南在省本级财政推行零基预算编制方法。此外，云南省、湖北省等也先后开展零基预算改革。

2000 年随着中央实行部门预算改革，零基预算逐步推广开来。部门预算将部门支出分为基本支出和项目支出，在基本支出安排上，中央要求必须实行零基预算编制方法。实行零基预算有利于实现和保持财政收支平衡，有利于加强预算管理，硬化预算约束，增强财政调控能力。实行零基预算强化了财政部门和各单位认真核算、严格管理、注重财政资金使用效益的意识，有利于提高预算管理水平。

（三）试行国有资本经营预算

国有资本经营预算，是国家以所有者身份依法取得国有资本收益，并对所得收益进行分配而发生的各项收支预算，是政府预算的重要组成部分。国有资本经营预算制度，就是指国家对取得的国有资本收入及其支出实行预算管理的一项制度。建立国有资本经营预算制度，对于深化国有企业改革、规范国家与国有企业分配关系、增强政府宏观调控能力具有十分重要的意义。

1993 年，中共中央《关于建立社会主义市场经济体制若干问题的决定》中就提出建立政府公共预算和国有资产经营预算。2003 年中共中央《关于完善社会主义市场经济体制若干问题的决定》再次提出建立国有资本经营预算制度。2007 年 9 月，国务院发布《关于试行国有资本经营预算的意见》，标志我国开始正式建立国有资本经营预算制度。根据该文件精神，中央本级国有资本经营预算从 2007 年起试行，地方试行国有资本经营预算的时间、范围和步骤由各省（区、市）及计划单列市人民政府决定。在对地方试行国有资本经营预算实践的基础上，国务院国资委于 2009 年 9 月草拟了《中央企业国有资本经营预算管理暂行办法》和《中央企业国有资本经营预算执行监督检查暂行规定》，这是国资委按照《企业国有资产法》的规定履行"干干净净"出资人职责的重要一步，对于国有企业战略重组和大型国有企业，特别是中央企业母公司的公司制改革具有巨大的推动作用。

《国务院关于试行国有资本经营预算的意见》和《中华人民共和国企业国有资产法》强调了财政部门在编制预算方面的主导地位，但又为国资委独立编制国有资本经营预算留有余地。国资委草拟的《中央企业国有资本经营预算管理暂行办法》和《中央企业国有资本经营预算执行监督检查暂行规定》，表明了国资委方面对编制、管理国有资本经营预算的基本意见。可以说，如何协调好国有资本经营预算相关部门之间的关系，设计出一套较为完善的国有资本经营预算管理制度，仍是亟待解决的根本问题。

具体说来，财政部将会同有关部门在总结近年编制中央国有资本经营预算试点经验的基础上，进一步加大工作力度，不断完善相关制度，推进国有资本经营预算编制工作迈上新台阶。一是研究扩大中央国有资本经营预算试点范围。中央国有资本经营预算收支范围目前仅限于在国资委监管中央企业、中国烟草总公司和中国邮政集团公司试行。金融企业和铁路、交通、教育、文化、科技、农业等部门所属中央企业均未纳入中央国有资本经营预算试点范围。下一步将在理顺部门关系的前提下，进一步研究扩大试点范围。二是完善国有资本收益收取政策。针对目前国有资本收益收取比例过低，不利于遏制央企盲目投资和国企结构调整的状况，适当提高国有资本收益的收取比例。三是推动地方国有资本经营预算试点工作，做好汇总编制全国国有资本经营预算准备工作。

（四）政府性基金预算编制情况

政府性基金预算是国家通过向社会征收以及出让土地、发行彩票等方式取得收入，并专项用于支持特定基础设施建设和社会事业发展的财政收支预算，是政府预算体系的重要组成部分。编制政府性基金预算，对于提高政府预算的统一性和完整性，增强预算的约束力和透明度，更好地接受人大和社会监督，具有十分重要的意义。

1. 政府性基金预算的基本内容。目前，纳入政府性基金预算管理的基金共43项。按收入来源划分，向社会征收的基金31项，包括铁路建设基金、民航基础设施建设基金、港口建设费、国家重大水利工程建设基金等。其他收入来源的基金12项，包括国有土地使用权出让收入、彩票公益金、政府住房基金等。按收入归属划分，属于中央收入的基金9项，属于地方收入的基金20项，属于中央与地方共享收入的基金 14 项。按支出用途划分，用于公路、铁路、民航、港口等建设的基金 9 项；用于水利建设的基金 4 项；用于城市维护建设的基金 8 项；用于教育、文化、体育等事业发展的基金 7 项；用于移民和社会保障的基金 5 项；用于生态环境建设的基金 5 项；用于其他方面的基金 5 项。

2009 年，全国基金收入 18335.04 亿元，相当于同期全国财政收入的 26.8%。其中：中央基金收入 2507.67 亿元，占 13.7%；地方基金收入 15827.37 亿元，占 86.3%。在基金收入中，国有土地使用权出让收入占主体。2009 年，全国土地出让收入 14239.7 亿元，占全国基金收入的 77.7%。

政府性基金预算的管理原则是："以收定支、专款专用、结余结转使用"。基金支出根据基金收入情况安排，自求平衡，不编制赤字预算。当年基金预算收入不足的，可使用以前年度结余资金安排支出；当年基金预算收入超出预算支出的，结余资金结转下年继续安排使用。各项基金按规定用途安排，不调剂使用。

2. 完善政府性基金预算编制的主要措施。2009 年以来，财政部按照全国人大和国务院的要求，制定印发了《关于进一步完善政府性基金预算编制的工作方案》，明确了完善基金预算编制的主要目标和任务，并抓紧组织实施，逐项落实各项任务措施。具体包括：清理规范基金项目，细化基金收支预算科目，完善中央基金收支预算报表体系，开发中央基金收支预算编审软件，制定中央基金预算管理工作规程等，以确保中央基金预算编制、调整、执行和监督工作有序进行，提高中央基金预算管理的统一性和规范性。

在编制 2010 年基金预算时，财政部将中央基金预算编制纳入部门预算统一布置，同时印发了《关于进一步加强地方政府性基金预算管理的意见》，指导和推动地方基金预算编制工作。与以往年度相比，2010 年政府性基金预算编制有较大程度改进和提高，取得了明显成效。一是提高了预算完整性，二是细化了预算编制内容，三是提高了预算准确性，四是增强了预算透明度。同时，在全国预算草案中增加了对每项基金征收使用政策的说明，使人大代表和社会各界充分了解预算数据的政策含义。在人民代表大会后，首次将基金收支预算向社会公布，让社会了解和监督预算执行。

第三节

政府预算编制、执行与决算

一、政府预算编制

（一）政府预算编制原则

1. 遵循国家有关方针政策和法律法规。政府预算的编制就是制定预算资金筹集、分配的年度计划，政府预算资金从哪里筹集、筹集多少，分配到哪里去，每一项预算收支的安排都要有其法律依据和政策依据。一般来说，国家根据各个历史时期的政治经济形势制定的方针政策和有关法律法规，体现了国家政治经济发展的客观要求，代表着全国人民的根本利益。政府预算是政府分配财政资金的重要手段，必须为实现国家的各项任务服务，保证国家各项法律法规的顺利实施。

目前，政府预算的编制的法律依据主要是《中华人民共和国预算法》和《中华人民共和国预算法实施条例》，以及相关的法律法规。党和国家的方针政策、有关制度又是编制国家预算的政策依据。特别是当年国家财政经济的大政方针，是编制年度预算的基本依据。政府预算编制体现党和国家的方针政策，主要是通过预算收支范围的界定和调整以及预算收支结构的变动来实现的。预算收支范围的变化直接体现着政府对经济和社会事业发展管理范围的界定；预算收支结构的变动反映政府执行的产业政策及地区发展政策的调整。尽管各个财政年度的基本方针政策不尽相同，但是作为年度财政计划的政府预算必须紧紧围绕当年的基本方针政策进行安排。只有这样，才能把国家的方针政策落到实处，为顺利实现年度预算收支任务打好基础。

2. 依据国民经济和社会发展计划的主要指标。国民经济和社会发展计划是我国政府有计划地组织和管理国民经济与社会发展的重要手段，是国家进行国民经济宏观管理的重要工具。它规定着国民经济的建设规模、发展速度以及各部门之间的比例关系。

一方面，政府预算的编制要以年度国民经济和社会发展计划为基础，国民经济和社会发展计划指标是预算收入和支出编制的重要依据。这是因为，国民经济计划所规定的国民经济的发展规模和速度决定着国家预算收支的规模和速度。政府预算收入指标如税收、利润上缴等，主要是根据国民经济计划中的生产指标、商品流转额等指标确定的；而预算支出指标如基本建设支出、文教卫生事业支出等，又主要是依据国民经济和社会发展计划相关指标来确定的。

另一方面，政府预算通过对国家财力的集中和分配。可以对国民经济和社会发展计划起到促进、制约和调节的作用。这种作用主要表现在两个方面：一是政府预算是国民经济和社会发展计划在财力上的主要反映，可以通过货币形式综合反映国民经济和社会发展计划的发展规模和速度，以及国民经济各部门的比例关系，便于检查和发现国民经济和社会发展计划中存在的问题。二是政府预算不仅是国民经济和社会发展计划在财力上的反映，而且还是国民经济和社会发展计划在财力上的主要保证。国民经济和社会发展计划的发展规模和速度受国家财力的制约，不能编制没有财力保证的计划。

可见，政府预算的编制过程也就是政府预算与国民经济和社会发展计划的相互协调和相互平衡的过程。

3. 实事求是，量力而行。量力而行是合理分配国家财力、处理预算收支关系的指导思想。量力而行就是在订计划、办事情时，要坚持实事求是，按客观规律办事。量力而行的“力”是一个重要的数量界限，代表着人力、财力和物力。编制预算时坚持量力而行，是指在预算的安排上坚持量入为出，正确处理预算收支之间的关系，坚持从实际出发，实事求是，有多少钱办多少事，使预算的安排建立在既积极又稳妥可靠的基础之上。这一要求在政府预算编制中体现为，中央公共预算不列赤字，中央预算中必需的建设投资的部分资金，可以通过举借国内外债务来筹措；地方各级政府预算要按量入为出、收支平衡的原则编制，不列赤字。

4. 统筹兼顾，确保重点，留有后备力量。《中华人民共和国预算法》（以下简称《预算法》）中规定：各级预算支出的编制，应当统筹兼顾，确保重点，在保证政府公共支出合理需要的前提下，妥善安排其他各类支出。经济建设和事业发展过程中的各项支出，在国民经济运行和国家事务管理中所处的地位是不同的，预算安排的顺序和数量也是有差别的。因此，在预算编制过程中必须从全局出发，分清前后次序，分别轻重缓急，正确处理不同项目之间的比例关系，既要保证重点，又能兼顾一般，促进国民经济和各项事业协调发展。

安排适当的财政后备也是预算编制的重要内容。财政后备的主要形式有：（1）预备费。即各级总预算的后备基金。指在编制国家预算时不规定具体用途的当年财政后备。《预算法》规定各级预算应当按照本级预算支出额的1%—3%设置预备费，用于当年预算执行中的自然灾害开支及其他事先难以预料的特殊开支。(2) 预算周转金。即各级预算执行中周转使用的资金。这是因为在预算年度内，预算收支不均衡、收支不同步是经常存在的，设置预算周转金，一方面，可以保证必需的预算支出资金的及时拨付；另一方面，还可以用于季节性原因出现的收不抵支的临时垫支。预算周转金只供周转使用，不得安排支出，年终保持余额，逐年结转。

5. 完整可靠，讲求效率。政府预算编制是一个系统工程，编制单位众多，客观上形成一个有机的整体。政府预算讲求完整是指按规定将应当编报的各种报表编报齐全，将应当列报的各项数字填列齐全，将应当汇总在内的单位、部门和地方的有关数字汇总齐全。

真实可靠也是预算管理的一个客观要求。真实性强调的是预算编制中必须做到实事求是，如实反映客观实际情况，不得弄虚作假。政府预算编制的过程就是预算年度财政收支规模和结构的预计和测算过程，这种预计和测算必须以社会经济的发展和政府职能的实现为依据。《预算法》规定，各级政府预算“按照规定必须列入预算的收入，不得隐瞒、少列。也不得将上年的非正常性收入作为本年编列预算收入的依据。”政府预算是政府对本年度预算收支的计划安排，编制预算的目的之一就是要在财政分配领域中发挥计划手段的功能和作用，使本级政府的预算分配活动有依据、有制约。

同时，在具体测算中还要尽可能保持技术上的先进性和指标的合理性，使预算结果与客观实际相吻合。如果预算脱离实际，缺乏现实基础，存在虚假成分，执行中就难以控制，不能充分发挥预算在国民经济管理中的调控作用。

政府预算编制还要讲求效率原则。主要是指政府预算编制要有及时性，即对预算编制的时间要求。《预算法》规定，各级政府、各部门和各单位都应当按照国务院规定的时间编制预算草案，凡是参与预算执行的部门和单位都要及时编报预算；各级政府要及时汇总预算，国务院要按时向人民代表大会提交预算草案，以确保预算及时进入审查和批准程序。

（二）政府预算编制程序

为了保证国家预算编制的及时、准确与完整，各级预算的编制必须按照一定的步骤，有序地进行。政府预算编制的程序是指预算编制的具体步骤，各级预算的编制一般又分为两个阶段，一是测算预算收支指标，二是编制预算草案。

测算预算收支指标是确定预算收支规模、编制国家预算的重要步骤。预算收支指标测算又分为初步测算和具体测算。一般的做法是：在上年第三季度，由财政部门根据本年度预算执行情况和下一年度国民经济和社会发展计划初步安排情况以及下年度的有关变化因素，初步测算下一年度的财力状况，提出财力的集中和分配方案。具体测算方法是，根据国民经济计划中的具体指标和各项社会事业发展计划进行逐项测算，然后再由财政部门对预算收支总量进行对比分析和平衡，接下来进入编制预算草案阶段。

预算草案是指各级政府、主管部门、预算单位编制的未经法定程序审查批准的财政收支计划。预算草案经过权力机关批准后，就成为具有法律效力的正式预算。政府预算编制一般采用自下而上和自上而下，上下结合，逐级汇总的程序。

一般的做法是，国务院在每年第三季度要向各省、自治区、直辖市和中央各部门下达编制下一年度预算草案的指示，提出编制预算草案的原则和要求。财政部在国务院下达指示后，具体部署预算草案编制工作。如布置预算草案编制事项、修订并颁发预算收支科目、报表格式，明确编制预算的具体要求和方法等。中央各部门根据国务院的指示和财政部的具体部署，提出本部门预算草案编制的要求，并具体部署所属各单位编制预算草案，负责汇总编制本部门的预算草案，报财政部审核。

各省、自治区、直辖市政府要结合本地区的实际情况，提出编制本行政区域预算草案的要求，并具体布置所属部门和下级人民政府编制预算草案，同时负责汇总编制本级总预算草案，并报财政部。

财政部对中央各部门预算草案进行审核后，汇编成中央预算草案；并将各地方报上来的分省、自治区、直辖市预算汇编成地方总预算草案。然后连同中央预算草案汇编成政府预算草案，报国务院审查。最后，由国务院提请全国人民代表大会审议，获得大会通过后，即成为具有法律效力的文件，也就是正式的政府预算。

地方各级政府负责审核汇总各部门和下级政府预算草案并编制本级总预算草案，提请本级人民代表大会审查和批准。

概括地说，中央部门预算的编制程序可以归纳为“两上两下”。(1) 上报收支建议数。即首先由各部门在预计本年度全年收支数额完成的基础上，将计划年度收支建议数报财政部；(2) 下达预算收支指标。财政部根据国家的方针政策及有关经济事业发展指标，并参照各部门上报的收支建议数，拟定预算收支控制指标，由国务院批准下达；(3) 上报预算草案。中央各部所属行政事业单位根据上级下达的指标，自下而上地编制单位预算和财务收支计划草案，呈报主管部门审查汇编后，报财政部；(4) 下达批复预算。在人民代表大会批准国家预算后，财政部在规定的时间内批复各个部门的预算。

二、政府预算审批、执行

政府预算由财政部负责汇总编制，在汇总中央预算草案和地方总预算草案时，必须进行认真的审核。审核的主要内容是：预算收支的安排是否符合党和国家的方针政策，以及国务院关于编制预算草案的指示精神，是否体现了当年预算安排的指导思想；预算收支的安排是否符合国民经济和社会发展计划指标及国家下达的预算控制指标的要求；预算收支的安排是否符合财政管理体制的要求；预算编制的内容是否符合宏观管理的需要，各种数据是否真实可靠，表格资料填列是否完整准确，预算说明材料是否齐全等。在审核中还要进行必要的核实和计算，如发现差错和不符合要求的情况，要及时通知编报单位进行修改，协商处理。

财政部将中央预算草案和地方预算草案汇编成国家预算草案，由国务院审定后，提请全国人民代表大会审查和批准。

我国《预算法》规定，国务院在全国人民代表大会举行会议时，向大会作关于中央和地方预算草案的报告；地方各级政府在本级人民代表大会举行时，向大会作关于本级总预算草案的报告。中央预算由全国人民代表大会审查和批准；地方各级政府预算由本级人民代表大会审查和批准。这表明政府预算编制完成以后，并不意味着真正形成了具有法律意义的当年年度预算，还必须经过人民代表大会的审查和批准后才成为一个法律文件。

财政部根据全国人民代表大会审查批准的中央预算，及时向中央各有关部门批复预算；各部门应在财政部批复预算后及时向本系统所属各单位批复预算，各单位根据批复执行预算。地方各级总预算经本级人民代表大会批准后，本级人民政府的财政部门向本级各部门批复预算，各部门再向本部门所属各单位批复预算。

政府预算经过法定程序批准，在新的预算年度开始后，就进入了执行阶段。政府预算执行是按照批准后的预算组织预算收支，并对其进行平衡和监督的活动，是把预算收支由目标变为现实的必经步骤，是预算管理工作的中心环节。政府预算执行涉及每一笔预算收支活动，是一项艰巨、复杂、细致的日常性工作，执行的内容包括各级政府、各部门和各单位等预算执行机关对预算收入、预算支出、预算平衡和预算监督的组织工作。

政府预算执行的基本任务可分为以下四个方面：

（一）积极组织预算收入

根据国家的政策、财政制度法规以及税法，把各地区、各部门、各企事业单位应缴的预算收入，及时、足额地收缴入库。税收是预算收入的主要来源，要加强各项税收的征管工作，严格执法，做到按政策应收尽收，各预算收入征收部门不得擅自减征、免征或者缓征应征的收入，不得截留、占用、挪用应上缴的预算收入，这是预算执行的首要任务。通过组织收入工作，要充分调动各方面的积极性，努力促进各部门根据社会需要调整产业结构，增加生产，加强经济核算，改善经营管理，提高经济效益和盈利水平。

（二）及时拨付预算资金

各级财政部门在大量组织收入的同时，还要做好预算支出的执行工作。做好预算支出的执行关系到国民经济的宏观结构，为此，必须根据年度支出预算和季度用款计划，及时拨付预算资金，保证经济和社会发展的资金供给。在拨付资金的过程中，既要按照计划及核定的资金用途，结合各部门的经济事业发展进度，及时合理的拨付资金，还要监督各用款单位管好用好资金，通过建立预算资金支出效益评价体系，提高资金使用效率。

（三）组织预算收支平衡

政府预算的执行，是从平衡到不平衡再达到新的平衡的一系列过程。这是由于国家政治经济形势的变化，以及在年度执行预算的过程中，会出现预算收入超收或短收，预算支出增加或减少，国家政策的调整，新的改革措施的出台，自然灾害及季节性因素的影响等等，都会引起预算收支的变化。这就要求组织预算执行的机关，及时分析掌握预算收支执行情况，并采取有效措施，不断地组织新的预算收支平衡，以保证预算收支任务的顺利实现。

（四）加强预算执行监督

在预算执行过程中，要按照有关的法律、法规和规章制度，对预算资金集中、分配、使用过程中的各种活动加以控制，即监督检查各预算执行单位执行预算和遵守财经纪律的情况，防止预算执行中的各种偏差。要把事前监督、日常监督和事后监督三者有机结合，使监督成为保证政府预算正确执行的有效措施。

三、政府决算

政府预算执行终了要编制政府决算。可以这样说，预算编制是预算管理的起点，预算执行是预算管理的关键，决算编制是预算管理结果的全面检验。政府决算是预算管理周期中继预算准备和编制、预算执行阶段之后的第三个阶段，其主要任务是对政府预算执行情况进行总结，编制政府决算草案报告，接受立法机关的审查和批准。

政府决算是按照法定程序编制，经立法程序审查批准的年度政府预算执行结果的会计报告，由决算报表和文字说明两部分构成。政府决算是政府预算执行情况的总结，反映了预算年度内政府预算收入和支出的最终执行结果，是政府活动范围和政策导向在财政上的集中表现。

按照《中华人民共和国预算法》的规定，我国的政府决算是由中央政府决算和地方各级政府决算组成，通常按照统一的政府决算体系自下而上逐级汇编而成，最终由各级财政部门汇编成本级政府决算。

按照《中华人民共和国预算法》的规定，我国政府决算草案的审查和批准是由各级人民代表大会常务委员会进行的。中央政府决算草案由国务院财政部门编制并报国务院审定后，由国务院提请全国人民代表大会常务委员会审查和批准；地方各级政府决算由地方各级财政部门编制并报本级人民政府审定后，由本级人民政府提请本级人民代表大会常务委员会审查和批准。

编制政府决算具有重要的意义和作用。具体表现在以下几个方面：

（一）政府决算是国家经济社会活动在财政上的集中反映

政府决算是国家经济社会活动在财政上的集中反映，体现了一个预算年度期间政府实际经济社会活动的范围和政府施政活动的方方面面。通过政府决算的编制，可以掌握年度政府预算的实际执行情况以及政府制定的多年期滚动计划在本年度的实际完成情况；全面、系统地了解政府施政政策和政策导向的贯彻执行情况以及预算年度内财政资金的实际流量、流向和结构。

（二）政府决算反映政府预算执行的结果

政府决算反映政府预算实际执行的结果。其中，政府决算收入反映年度预算收入实际规模、来源和构成，体现政府集中资金的程度和资金积累的水平；政府决算支出反映年度预算支出实际规模、方向和构成，以及各种重要的比例关系，体现着公共财政的发展方向和经济社会事业发展的规模和速度。

（三）政府决算为政府决策提供了依据

通过政府决算的编制与分析，可以从资金积累和资金分配的角度总结一年来各项经济社会活动在贯彻执行政府政策导向和施政理念方面的情况，为政府决策机构研究经济问题、进行公共决策提供信息资料和决策依据。

（四）政府决算便于增强财政透明度，促进财政民主

社会主义市场经济体制改革，已经使中国财政从“资产国家”转向“税收国家”的行列。“税收国家”的特征是：政府主要通过税收为其提供公共产品融资，客观上要求政府在其预算文件中，就公共支出的来源、取得、使用和使用结果做出说明，并承担相应的责任；纳税人对此拥有知情权。政府预算编制和执行结果都要

接受纳税人的监督，从而形成有效的外部制约机制。通过政府决算的编制、审批和相应的信息披露制度，既有利于政府财政部门加强内部监管，又能增强财政透明度，有利于解决政府与纳税人之间的信息不对称问题，提高纳税人参政议政的意识，促进财政民主。

我国的政府决算由中央总决算和地方总决算组成。其中，中央总决算由中央部门汇总所属行政事业单位决算和企业财务决算、基本建设财务决算等组成；地方总决算由省（自治区、直辖市）总决算汇总而成。

各级政府的本级决算由所属各部门决算汇总而成；部门决算是由实行部门预算的政府各部门汇总所属行政事业单位决算、企业财务决算、基本建设财务决算等汇总而成；行政事业单位决算由部门下属执行单位预算的行政、事业单位编制。

第四节 政府预算管理制度改革

一、部门预算改革

（一）实行部门预算的背景和意义

长期以来，我国预算主要是按照支出性质而不是按部门、单位编制，一个部门或单位需要多种不同性质的经费，如行政、教育、科技、基建投资等，由财政部内部的不同职能司局切块管理，层层进行分配。这样，一个部门、单位没有一本完整的预算，财政部门也不清楚一个部门到底支配着多少资源，同时，由于多层次分配，层层留机动，造成预算随意性大，资金分配不透明，部门资金管理责任不清，财政资金运行效率低下等问题。

部门预算是与市场经济体制相适应的现代政府预算管理方式，也是市场经济国家的通行做法。部门预算是部门依据国家有关政策规定及其行使职能的需要，由基层单位编制，逐级上报，由主管部门按规定汇总，经财政部门审核后提交立法机关依法批准的涵盖部门各项收支的综合财政计划。通俗地讲，就是一个部门一本预算。它的编制主体是政府各部门，将原来按支出功能分散在各类不同预算科目的资金，统一编制到使用这些资金的部门，并经财政部门审核后，由同级人代会审议通过的，反映部门所有收入和支出的预算制度。在编制内容上，部门预算涵盖了部门或单位所有的收入和支出。它不仅包括财政预算内资金收支，还包括各项预算外资金收支、政府性基金收支、经营收支以及其他收支，体现了“大收入、大支出”的收支框架。

编制部门预算的重要意义在于：（1）编制部门预算，有利于提高政府预算的透明度，全面体现政府预算公开性、可靠性、完整性和统一性原则，避免预算编制和执行中的不规范操作，加强财政预算约束力。（2）编制部门预算，使预算编制和执行的程序和流程制度化、规范化和科学化，从而提高预算管理水平，有利于财政部门控制预算规模和优化支出结构，有利于财政资金的合理使用，充分发挥财政资金的使用效益。（3）编制部门预算，使预算细化到部门、项目，有利于各级人大履行立法监督职责，也有利于审计部门履行财政审计职能，社会各界也可以清晰地了解预算的编制与执行情况，发挥社会监督作用。（4）编制部门预算，有利于统一预算编制标准，采用“零基”法、“因素”法等科学的编制元素，摒弃“基数法”、“基数加增长”等落后方法带来的种种弊端，使预算分配更加科学、合理，实现依法理财。

（二）部门预算改革的主要内容

2000 年是部门预算改革的第一年，中央选择了教育部、农业部、科技部、劳动和社会保障部等 4 个部门作为部门预算试点单位，向全国人大报送部门预算。此后，进一步扩大改革范围。目前，部门预算已在全国从中央到地方的所有部门实行。

1. 从编制主体看，限定那些与财政直接发生经费领拨关系的一级预算会计单位为预算部门。中央部门预算的“部门”，指的是与财政部直接发生预算缴款、拨款关系的国家机关、军队、政党组织与社会团体及企业和事业单位。

2. 从编制范围看，部门预算属于综合预算，它涵盖了部门和单位的所有预算收支。既反映一般预算的收入和支出，也反映基金预算的收入和支出；在部门一般预算中，既反映预算内收支，也反映预算外收支。总之，部门预算是一种全面反映部门收支活动的预算。

3. 从细化程度看，部门预算既细化到了具体预算单位和项目，又细化到了按预算科目划分的各支出功能。

4. 从合法性看，部门预算必须在符合国家有关政策、规定的前提下，按财政部门核定的预算控制数编制。

5. 从编制程序上看，部门预算是汇总预算。从以前自上而下的代编方式转变为自下而上的汇总方式；从基层预算单位开始编制预算，解决了预算分配不能细化到具体项目的问题。

编制方法上，部门预算是按照定员定额、项目管理等方法并以“零基”的方式计算、确定部门收支而编制出来的部门财政计划。它要求部门的各项收支全部按照统一的标准、规定的管理方式汇总编入一本预算，科学合理地反映各个部门或单位各项资金的使用方向和具体使用内容，并保证部门间支出水平的相对公平及预算编制的透明。

此外，部门预算改革还在延长预算编制时间、统一预算表格、按照法定时间批复预算等方面进行了多项改革进展。

二、国库集中收付制度改革

国库集中收付就是政府将所有财政性资金集中在国库或在国库指定的代理银行开设账户，所有的财政收支均通过这一账户进行。国库集中收付制度又称国库单一账户制度，它是建立、规范国库集中收付活动的各种法令、办法、制度的总称，由国库集中收入制度和国库集中支付制度组成。其中，国库集中收入制度是指对公共收入从取得到划入国库全过程的监控制度；国库集中支付制度则是对从预算分配到资金拨付、资金使用、银行清算，直至资金到达商品供应商或劳务提供者账户全过程的监控制度。国库集中收付是政府预算执行的重要环节，建立国库集中收付制度也是国库制度改革的核心内容。

作为政府预算执行的关键性制度，美国、日本、英国、法国、加拿大等市场经济国家都普遍实行了国库集中收付制度。建立一套规范的、适合我国国情的国库集中收付制度，也是我国政府预算执行改革的一个重要目标。2001 年，根据国务院的要求，按照总体规划、分步实施的原则，我国选择了几个有代表性的部门进行试点，此后，在总结经验、优化和完善方案的基础上，逐年扩大改革试点范围，目前，改革在进一步深化中。改革的目标是逐步建立和完善以国库单一账户体系为基础、资金缴拨以国库集中收付为主要形式的财政国库管理制度。

（一）过去的国库收付制度存在主要问题

我国传统的财政资金收支方式，是一种分散的收付制度，这种制度存在许多的弊端，比如，(1) 重复和分散设置账户。有些征收机关利用制度漏洞，设立多个资金收入过渡账户，甚至私设小金库，不利于管理和监督。(2) 财政资金入库时间延滞资金滞留。一些执行单位将已经实现的财政收入作为“蓄水池”，人为调节税款入库进度和经费余缺，资金使用效率降低。（3）财政信息反馈迟缓。财政资金大量分散在各部门、预算单位的商业银行账户上，财政部门无法及时掌握整个财政资金运行状况，不利于预算编制、执行及宏观调控。（4）资金使用事前监督缺乏。大量资金过于分散，资金拨付使用全程缺乏有效的监督制约机制，容易滋生违法乱纪行为（截留、挤占、挪用等）。此外，编制部门预算和实行政府采购制度改革也要求与国库收付制度改革相配套。

（二）实行国库集中收付制度的重要意义

1. 有助于克服国库分散支付制度的弊端。（1）杜绝收入缴库中普遍存在的拖欠挤占现象，解决财政收入不能及时、足额入库的问题。（2）有利于提高部门预算制定和执行的规范性，硬化预算约束。（3）有利于健全和强化对财政资金支出的监督约束机制，防止腐败。

2. 有利于提高财政资金的使用效率。（1）国库单一账户的设置使财政资金直接从国库流向供应商，不仅提高了资金周转的速度，而且有利于确保财政资金的安全性。（2）由于所有的财政资金都集中在国库单一账户，财政部门有权对该账户存款余额进行自由支配，充分利用短期闲置资金，从而降低了资金持有成本，提高了整体资金的使用效率。（3）有利于加强政府宏观调控能力。

3. 有利于建立适应社会主义市场经济要求的公共财政框架。我国财政改革的目标是构建与社会主义市场经济相适应的公共财政框架。国库集中收付制度不仅是公共财政框架下的一项高效、规范的政府预算执行制度，也是其他公共财政制度得以顺利、有效运行的重要保证。因此，改革传统的分散收付方式，实行集中收付的国库制度，是推进我国公共财政建立的必然要求。

（三）国库集中收付制度改革的基本内容

按照财政国库管理制度的基本发展要求，建立国库单一账户体系，所有财政性资金都纳入国库单一账户体系管理，收入直接缴入国库或财政专户，支出通过国库单一账户体系支付到商品和劳务供应者或用款单位。

首先，建立国库单一账户体系，分别规定国库单一账户体系中各类账户的功能。各类账户和专户与财政部门及其支付执行机构、中国人民银行国库部门和预算单位的会计核算必须保持一致性，相互核对有关账务记录。在建立健全现代化银行支付系统和财政管理信息系统的基础上，逐步实现由国库单一账户核算所有财政性资金的收入和支出，并通过各部门在商业银行的零余额账户处理日常支付和清算业务。

其次，规范收入收缴程序。财政收入的缴库方式包括直接缴库和集中汇缴两种。直接缴库是由缴款单位或缴款人按有关法律法规规定，直接将应缴收入缴入国库单一账户或预算外资金财政专户；集中汇缴是由征收机关（有关法定单位）按有关法律法规规定，将所收的应缴收入汇总缴入国库单一账户或预算外资金财政专户。

再次，规范支出拨付程序，在对财政支出进行分类的基础上，根据不同的支付主体，分别进行财政直接支付和财政授权支付，并规定了支付程序。在财政直接支付程序下，“国库集中支付中心”根据各预算单位的用款情况和实现购买活动开具的付款申请，通过国库单一账户直接向供应商支付货款。中国人民银行国库部门负责国库账户管理、资金清算及监督工作。

国库集中收付制度改革进展顺利，截至2005年年底，地方36个省、自治区、直辖市、计划单列市，200多个地级市，500多个县实施了此项改革。

三、政府预算收支分类改革

政府收支分类和相应的预算科目的设置是财政管理的基础性工作。编制部门预算、政府采购制度、国库集中收付制度改革等，都需要有一套与之相适应的科学的政府收支分类和预算科目设置，才能有效地运行并取得成效。

我国传统的预算收支分类体系是从计划经济体制延续过来的，虽然中间经过几次改动，但总体格局未改变，已经远远不能适应社会主义市场经济体制改革的要求。2007年国务院批准实施财政部提交的政府收支分类改革方案，由此，政府收支分类改革正式启动。

新的政府收支分类和预算科目的设计，主要遵循以下基本原则：

1. 公开透明。确保按新分类和新科目编制的预算如实反映社会主义市场经济下政府职能的转变和财政运行的基本要求，既能让财政部门自身能够说得明白，也能够让人大代表以及普通百姓看得懂。比如，一笔教育经费，一要说明是教育经费，二要说明是哪个部门使用的，三要说明用在哪个项目上，是发放工资还是购买设备。

2. 借鉴国际经验，符合中国国情。在设计过程中，参照了国际货币基金组织和美国、英国、意大利等OECD国家的政府收支分类体系以及部分转轨国家的政府收支分类的改革情况。同时，认真分析了我国现行政府收支分类和预算科目存在的矛盾，结合已经实施的预算体制和预算管理改革的要求，并在全国人大、中央有关部门、地方财政部门的参与和配合下，经过反复讨论、修改和完善，充分考虑我国当前的实际情况，尽可能满足各方面的管理需要，最终形成改革方案。

3. 便于操作。分类和科目设计在内容和层次上既要满足财政管理和财政监督的需要，又要尽可能简化，不能太复杂，注重可操作性。

新的政府收支分类和科目设计改革的主要内容体现在三个方面，即对政府收入进行统一分类，全面、规范、细致地反映政府各项收入；建立新的支出功能分类体系，更加清晰地反映政府各项职能活动；建立新型的支出经济分类体系全面、规范、明细地反映政府各项支出的具体用途。总之，新的政府收支分类和科目设置基本可以实现“体系完整，反映全面，分类明细，口径科比。便于操作”的改革目标。新的分类和科目体系部门分类编码、基本支出预算、项目支出预算相匹配，在财政信息管理系统的支持下，可对任何一项财政收支进行“多维”定位，清楚地说明政府的钱是从哪里来的，分配到哪里去了，做了什么事，从而为预算管理、统计分析、宏观决策和财政监督提供全面、真实和准确的信息。

第五节 预算外资金管理

一、预算外资金内容和性质

预算外资金是指国家机关、事业单位和社会团体为履行或代行政府职能，依据国家法律、法规和具有法律效力的规章制度而收取、提取和安排使用的未纳入国家预算管理的各种财政性资金。但是，事业单位和社会团体通过市场取得的不体现政府职能的经营性、服务性收入，不属于预算外资金。

（一）预算外资金的范围

1. 根据国家法律、法规和具有法律效力的规章所收取、提取的各种行政事业性收费、基金（资金、附加收入等）。

2. 根据国务院和省、自治区、直辖市人民政府及其财政和计划部门审批的项目和标准，收取和提取的各种行政事业性收费。

3. 按照国务院或财政部审批的项目和标准向企事业单位和个人征收、募集或以政府信誉建立的具有特定用途的各种基金（资金、附加收入）。

4. 主管部门按照国家规定从所属企事业单位和社会团体集中的管理费及其他资金。

5. 按国家规定筹集的用于乡镇政府开支的乡自筹资金和统筹资金。

6. 其他未纳入财政预算管理的财政性资金。

（二）预算外资金收入分类

1. 行政性收费。国家法律、法规和财政制度明确规定了国家各级行政机关、司法部门等进行各种管理、提供各项服务的收费项目和标准，此外的一切管理公务和业务活动都不得收费。

2. 事业服务性收费。这是国家按既定收费标准向服务对象收取的服务费、工本费、管理费等，不以营利为目的的。

3. 基金性收入。主要是高等院校、中专、技校向社会各方面提供科研、教学服务收取的培训费，获得的奖励、酬金、稿酬、科研收入、校办工厂收入等。

4. 专项基金。有关部门、单位根据国家有关规定收取的专款专用的基金。

（三）预算外资金支出的形式

1. 预算外经常性支出。是指政府及各部门、各单位将预算外资金用以维护其机构基本运作所规定的支出。一般包括：福利支出、奖励支出、增补流动资金、事业性支出、行政费支出和其他支出等。预算外经常性支出是为了弥补预算内经常性支出不足而存在的，为各部门工作条件的改进和效率的提高提供资金保障。

2. 预算外投资。是指各预算外资金主体运用预算外资金安排的资产性支出。一般包括：基本建设支出、大修理支出、更新改造支出等。预算外投资是预算外资金中主要的支出，可在一定程度上弥补预算内资金的不足，但必须管好用好，防止重复建设和盲目建设。

二、预算外资金特点

预算外资金属于国家财政资金的范畴，但是，同国家预算资金相比，有其自身的特点，主要表现在如下方面：

1. 法定性与自主性。预算外资金是按照国家法律、法规和财政制度的规定设置的。它的范围、项目和使用方法都必须按国务院及其授权部门的有关规定办理，各地区、部门、单位不得随意改变预算外资金的提留标准。但是，预算外资金作为地方财政、有关行政事业职能部门的收入，其支配权和使用权属于上述单位，由各主体按照国家的有关规定自主支配。

2. 专用性。预算外资金是国家预算的必要的补充，其专用性是与建立预算外资金的目的性紧密地联系在一起的。作为国家预算的补充形式，就是因为它的建立主要是用于解决一些局部的、某一方面的特殊需要。绝大部分的预算外资金都有收与支的对应关系，专用性是预算外资金区别于国家预算资金的一个重要特征。

3. 分散性。预算外资金属于非集中性资金，其来源项目繁杂，并分散由各地区、各部门、各单位掌握使用。这种分散性，一方面可以更好地因地制宜、因时制宜地满足各地区、各部门和各单位的多方面需要；另一方面，这种分散性也为预算外资金管理提出了更高的要求。

三、加强预算外资金管理

（一）预算外资金发展及其存在主要问题

预算外资金的产生和发展过程同国家经济体制改革以及财政管理体制的改革有密切的关系。新中国成立初期，我国实行高度集中的财政管理体制，国家为了解决农村文教、行政等经费开支和机关一些零星需要，只把农业税附加、机关生产收入等几项零星收入划给地方、部门和单位自收自支，这就是最初的预算外资金。

20 世纪 80 年代以后，我国预算外资金项目迅速增加，规模急剧扩大，其增长速度明显高于经济增长和预算收入的增长。这一时期，预算外资金管理方面发生较大的变化，主要表现在：

1. 预算外资金的数额增长过快。1989 年，预算外资金数额已相当于预算收入的 94.8%，到 1992 年，预算外资金为 1978 年的 11.1 倍，相当于预算收入的 97.7%，几乎与国家预算并驾齐驱。

2. 预算外资金的增长速度大大高于同期国民收入和预算收入的增长速度。1978—1992 年的 14 年间，国民收入年平均增长 14.6%，国家预算收入年平均增长 9.4%，而预算外资金则平均增长 18.8%。这充分说明，1979 年以后，国民收入分配格局发生了根本性改变，资金分配过于分散。

3. 从预算外资金自身结构变化来看，地方财政部门管理的预算外资金所占比重较低并逐年下降，由 1978 年的 9% 下降到 1992 年的 2.3%，而企业和主管部门管理的预算外资金一直占主导地位。

4. 由于管理不严，财经纪律松弛，许多部门和单位把预算外资金视为自提自用、自行支配的自有资金。有的部门和单位擅自设立收费项目，随意扩大征收范围和提高征收标准，私设“小金库”，甚至化预算内为预算外、化公为私；由于收支活动缺乏严格管理和监督，财政分配职能受到严重削弱。

（二）预算外资金管理改革

造成预算外资金增长过快和管理混乱的原因是多方面的。随着改革的深入，1993年国家对预算外资金的范围作了适当调整，国有企业折旧基金和税后利润不再作为预算外资金管理，将财政部已经规定的83项行政性收费项目纳入了财政预算。从而预算外资金的范围相应缩小，只包括各级财政的预算外资金和行政事业单位的收费（基金）两部分。适应改革的需要，1996年国务院发布了《关于加强预算外资金管理的决定》，其主要内容包括：

1. 重新界定了预算外资金的范围。《决定》明确规定：预算外资金是指国家机关、事业单位和社会团体为履行或代行政府职能，依据国家法律、法规和具有法律效力的规章制度而收取、提取和安排使用的未纳入国家预算管理的各种财政性资金。并明确规定如下：一是国有企业提取的各项基金（包括税后留利）不再作为预算外资金进行管理；二是地方财政部门按国家规定收取的各项税收附加，作为地方财政固定收入，统一纳入地方财政预算后，不再列入预算外资金的管理范围；三是事业单位和社会团体通过市场取得的不体现政府职能的经营服务性收入，不作为预算外资金管理；四是将乡自筹和乡统筹资金明确纳入预算外管理。

2. 禁止将预算内资金转移到预算外。《决定》指出，任何部门和单位都不得隐瞒财政收入，不得将财政预算内资金转为预算外资金，更不得账外设账和私设“小金库”。并规定了追究责任的条款。

3. 完善财政预算分配制度，将部分预算外资金纳入预算管理。具体措施是将养路费、车辆购置附加费、铁路建设基金、电力建设基金、三峡工程建设基金、民航基础设施建设基金、农村教育事业附加费等13项数额较大的政府性基金纳入财政预算管理，这是加强预算外资金管理的一项重要措施。因为这些政府性基金（收费）都是凭借政府权力收取的，在一定程度上具有“准”税收性质，将其中的部分资金纳入预算管理，不仅是履行财政分配职能的需要，也符合市场经济条件下公共财政预算完整性和统一性的要求。

4. 严格控制行政事业性收费和政府性基金规模，重申了行政事业性收费、基金审批权限。《决定》重申各部门、各单位都必须按规定的审批权限设立收费（基金）项目，严禁越权收费和建立基金，否则，都按乱收费行为处理。

5. 建立预算外资金收支预决算制度，对预算外资金实行收支两条线的财政专户管理办法。各部门和各单位要按规定编制预算外收支计划和决算，报财政部门审批；各部门和各单位取得的预算外资金收入要缴入财政专户，支出由财政部门根据预算外收支计划从财政专户中核拨，各部门和单位按规定用途使用。

6. 严格了预算外资金的使用管理，防止乱支挪用。《决定》对预算外资金的使用方向和支出范围作了明确规定：一是专项用于公共工程和公共事业的基金和收费，以及其他专项资金，要按计划和规定用途专款专用，由财政部门审核后分期拨付资金；二是用于工资、奖金、补贴、津贴和福利等方面的支出，必须严格执行财政部门核定的项目、范围和标准；三是用于固定资产投资的支出，立项后要纳入国家固定资产投资计划，并按计划和进度分期拨付；四是用于购买专项控购商品方面的支出，要报财政部门审查同意后，按国家规定办理审批手续。

7. 建立健全监督检查制度，严肃查处各种违法乱纪行为。《决定》要求各级人民政府在加强预算外资金管理的同时，要接受同级人民代表大会（或其常委会）对预算外资金管理和使用的监督，对违反预算外资金管理规定者，除了采取经济处罚措施外，还要视情节轻重追究有关人员的行政责任或法律责任。

国务院《关于加强预算外资金管理的决定》的颁布，进一步规范了我国预算外资金的管理，有利于理顺社会主义市场经济体制下的财政分配关系，增加政府有效支配的财力，也有利于防范腐败和堵塞财政漏洞。随着 1998 年以费改税为突破口的财税改革的发展，规范收费、基金、附加等的管理一直加紧进行，1999 年确定以道路和车辆的收费改革作为突破口，率先规范，积累经验，再逐步推开，便是加大费改税力度的有力证明。

2001 年年底，国务院办公厅转发了财政部《关于深化“收支两条线”改革，进一步加强财政管理意见的通知》，从 2002 年起，选择部分单位进行深化“收支两条线”改革试点。至此，预算外收支进入了深化以“收支两条线”管理为中心的改革时期。

归并和疏导预算外资金，建立统一的财政预算管理体系是社会主义市场经济发展的必然要求，也是我国预算外资金发展的目标模式。

本章小结

1. 政府预算是经法定程序批准的国家年度财政收支计划。预算的收支项目和数字反映着国家的施政方针和社会经济政策，制约着政府活动的范围和方向。政府预算是国家有计划地分配资金的重要工具，是国家基本财政计划。政府预算原则主要包括：完整性、统一性、可靠性、年度性、法律性和公开性。

2. 政府预算组成是指政府预算体系的组成环节。我国政府预算的组成，是与国家政权结构和行政区域划分一致的，即有一级政府设立一级预算。我国设立中央，省（自治区、直辖市），市（设区的市、自治州），县（自治县、不设区的市、市辖区），乡（民族乡、镇）五级预算。

3. 预算形式可分为单式预算和复式预算；绩效预算、计划项目预算；基数预算和零基预算；年度预算和多年度预算。

4. 政府预算编制原则包括：遵循国家有关方针政策和法律法规；依据国民经济和社会发展计划的主要指标；实事求是，量力而行；统筹兼顾，确保重点，留有后备力量；完整可靠，讲求效率。预算编制程序分为两个阶段，一是测算预算收支指标，二是编制预算草案。财政部将中央预算草案和地方预算草案汇编成国家预算草案，由国务院审定后，提请全国人民代表大会审查和批准。

5. 预算外资金是指有关部门或单位根据相关规定而收取、提取和安排使用的未纳入国家预算管理的各种财政性资金。具有法定性与自主性、专用性和分散性的特点。鉴于预算外资金目前存在诸多问题，必须加强管理。

主要概念

政府预算　预算原则　预算年度　中央预算　地方预算　部门预算　单位预算　单式预算　复式预算　绩效预算　计划项目预算　零基预算　国库集中收付　预算外资金

复习思考题

基础性思考题：

1. 如何理解政府预算的概念？
2. 如何理解政府预算的原则？
3. 我国政府预算的组成内容。
4. 预算编制的组织形式如何划分？各形式的含义和特点是什么？

5. 简述编制政府预算的程序及其审批。
6. 试述预算执行的任务。
7. 试述我国实行部门预算改革的必要性。
8. 试述我国实行国库制度改革的必要性。
9. 简述预算外资金的范围。
10. 试述加强预算外资金管理的意义和内容。

扩展性思考题：

1. 如何借鉴国外经验，进一步改进我国预算编制方法？
2. 如何构建适应社会主义市场经济需要的复式预算模式？
3. 如何进一步加强预算外资金管理，建立统一的财政预算管理体系？

第十五章

DISHIWUZHANG

财 政 政 策

本章对财政政策进行规范和实证分析。本章提供关于财政政策的产生和发展、概念与构成要素、政策类型和实施背景、财政政策和货币政策的配合，以及我国财政政策的作用史等方面的知识。掌握财政政策理论，熟悉财政政策类型，明了两大政策武器的搭配方式和效应，是本章学习的主要目的。

第一节 财政政策的概念和构成要素

一、财政政策的概念

财政政策的概念可以从两个角度进行归纳。从行为规范上讲，财政政策是指政府为了实现特定的社会经济目标，主动调整财政分配过程和分配关系的基本准则和行为方式；从操作意义上讲，财政政策是政府为实现预定的社会经济宏观目标，调整财政分配过程所形成的既定财政分配模式。

财政政策作为政府宏观经济调控政策的主要内容之一，它的发展是寓于“国家干预主义”和“经济自由主义”这两大基本经济思想此消彼长、相辅相成的演变过程之中的。在人类社会的经济实践中，“国家干预主义”和“经济自由主义”是两种最基本的经济政策主张，它们是各种经济政策变迁的理论根源和实践动力。财政政策就是在两大基本思潮交替兴衰的演变中孕育和发展的。

早在15至18世纪重商主义时期，原始的国家干预主义已经孕育着财政政策思想的萌芽。无论是在法国、德国还是英国，原始的国家干预主义都不乏尝试通过财政手段来干预经济的事例，但一般而言，多是针对特定经济现象的具有实用性的“财政学术”，很少涉及经济活动的较深层次，因此，政府当时的经济干预表现为一种被动的、零散的行为。

在自由竞争的资本主义时代，国家干预主义者与经济自由主义者的论战呈现白热化，结果是经济自由主义占得上风。推崇“自由放任”思想的古典学派反对政府干预经济，主张“廉价政府”，其财政政策思想的核心是坚持年度平衡预算，认为最小的预算也是最好的预算。新古典经济学派综合发展了古典经济自由主义，虽然有人对自由经济中生产的合理性和分配的公平性提出了怀疑，主张政府干预经济活动，特别重视财政对资源配置和收入分配的调节作用，但这些经济思想和财政政策思想在当时并没有得到应有的重视。占统治地位的经济自由主义及其经济政策，终因忽视市场失效、轻视国家干预，而酿成1929—1933年经济“大萧条”（The Great Depression）。

面对这场空前危机带来的经济大萧条和最严重的失业，古典经济理论束手无策，凯恩斯的以财政政策理论为核心的危机经济学（Crisis Economics）悄然兴起。从经济思想的发展来看，现代财政政策是在凯恩斯宏观经济理论的基础上发展起来的，他在1936年出版的《就业、利息和货币通论》中系统阐述了单靠市场机制调节，不可能使经济运行自动保持平衡，有效需求不足是资本主义经济的常态，国家必须“承担起对生产过程的领导”，通过政府赤字、公共支出、国家信用等财政政策措施，辅之以其他手段，把经济拯救出萧条的“泥淖”。这些理论在其后的经济发展中证实了它的潜在力量。

财政政策是国家有意识活动的产物，它的发展与客观经济发展水平以及反映人们对经济认知程度的经济思想和经济理论密切相关。回顾财政政策的发展，我们会发现存在于不同的经济发展时期，基于不同经济思想的财政政策有着明显的阶段性，这些阶段变化为我们揭示了由传统财政政策向现代财政政策的转变。基于凯恩斯宏观经济理论的现代财政政策与那些早期的基于传统经济思想的国家干预或称传统财政政策相比存有三个转变：第一，政府管理经济观念的转变。早期的财政政策处在政府的经济职能尚未被认可，政府干预经济的行为尚未被完全赞同的观念下，财政政策的运用只表现为政府运用财政手段完成对某一具体的经济活动的干预，因此所实施的这种经济干预是一种被动的、偶尔的、单一的行为；而在现代社会，国家的经济管理职能被人们普遍认同，财政政策是国家实施经济调控职能的主要工具，财政政策的实施是政府的职能行为。因此现代财政政策的实施表现为一种政府主动的、连续的和与其他经济调控手段整体配合的行为；第二，财政政策作用目标和方式的转变。调控目标的单一性和调控方式的直接性是传统财政政策的一大特征，而现代财政政策面对实现经济稳定增长、资源高效率使用和收入分配公平合理的要求，调控目标必然是多极化的，同时，借助市场机制和诸经济要素的内在联系，实现对调节对象的间接调节已成为现代财政政策的主要调控方式。第三，财政政策作用工具的转变。从政策工具的使用看，限于经济发展水平，传统财政政策的政策工具简单，主要依靠税收工具来实施干预和调节，而面对发达的商品经济，现代财政政策拥有众多的政策工具，政策的实施往往需要使用组合工具。

我国的社会制度同资本主义国家有根本的不同，我国的经济运行模式是社会主义市场经济。但是，在经济运行的基本规则上，我国和西方国家并无大的区别。因此，我们完全可以借鉴西方的财政政策理论和实践做法，结合我国经济运行的特点，相机使用，以保持国民经济的平稳运行。

二、财政政策的构成要素

（一）财政政策的作用主体

财政政策的作用主体指财政政策的制定者和执行者。无须论证，财政政策的作用主体只能是国家，确切地说，是各级政府。

国家作为财政政策的作用主体，肯定要决定财政政策的各个构成要素。国家要根据自己对社会经济形势的判断，选择财政政策的作用领域，设置财政政策的调控目标，选择为实现既定目标所必需的最恰当的作用手段和作用方式。国家把这些要素有机地联系起来，就构成一个严密的财政政策模式。

与国家政权层次的划分相适应，财政政策的作用主体也由中央政府和地方政府构成。但毫无疑问，中央政府是财政政策最主要的作用主体，以至于我们一般讨论到财政政策时，仅指中央政府的财政政策。有关社会经济发展的全局性问题，比如国家欲在全国范围内压缩或刺激投资规模、控制通货膨胀或通货紧缩等，必须由中央制定出相应的财政政策，地方政府仅仅扮演执行主体的角色。而涉及一个地区的中观财政政策，地方政府可以拥有较大的制定权力，但也必须符合中央制定的财政政策的调控要求。在我国现阶段，社会主义市场经济的基本运行秩序正在形成，体制改革的终极目标尚未实现，为营造全国性的统一大市场，给所有社会经济主体提供公平竞争的环境，必须强化中央政府在使用财政政策上的主体地位，地方政府则必须放弃地方保护主义的政策主张，自觉执行中央的财政政策，所谓“上有政策，下有对策”的政策思想是完全错误的。

（二）财政政策的作用对象

财政政策的作用对象指财政政策发挥作用的领域。总的说，财政政策的作用对象有三大类：一是国民经济运行过程，也就是社会再生产过程。这是财政政策的最主要的作用领域。无论是国民经济总量平衡关系，还是诸环节内部结构的协调，财政政策都大有用武之地。二是社会经济结构形成过程。社会经济结构是一定时期内各种经济成分的相对关系。与不同层次的生产力水平相适应，社会经济结构必须由多种经济成分构成。国家可以根据自己对客观经济规律的认识，以及对现有社会经济结构的判断，利用财政政策，对一些经济成分的发展能力和发展动力进行干预，以期形成一个合理的社会经济结构。但在市场经济条件下，公平竞争是不同经济成分之间关系的主流，国家应主要采用“中性”财政政策，奉行国民待遇原则，为各种经济成分提供大体相同的财政环境。三是收入分配领域。广义地说，收入分配是再生产中分配环节的基本内容。仅仅由于收入分配状况直接关系到各社会成员之间的相互关系和社会稳定等非经济问题，因此，人们经常把收入分配作为社会问题进行讨论。现代国家都把财政政策作为实施自己的收入分配政策的重要工具。无论是个人收入分配，还是地区之间的收入分配，财政政策都要一展身手。

（三）财政政策的传导方式

财政政策的传导方式指能够把国家制定的财政政策意图传导给被调节者，使政策目标得以实现的具体方式和实施途径。一般来说，财政政策的基本传导方式有两种，即直接传导和间接传导。

1. 直接传导。直接传导是指能够在财政政策意图和财政政策目标之间建立直接联系的传导方式。某些财政分配变量，可以直接体现政府的调节意志，直接帮助政策目标的实现。同间接传导相比，直接传导没有什么中间环节，调节精度较高，从政府实施财政政策到政策效果显现出来所需的时间（所谓“时滞”）最短，无论是传统体制，还是市场经济体制，直接传导都有重要作用。直接传导在政策运用中有多种表现：

比如，财政收支结余方向与数额能够直接改变社会总供求的平衡关系。在社会总供求出现不平衡时，国家可以有意识地使财政分配出现结余或赤字，相应调整它们的规模，消除通货膨胀缺口或填平通货紧缩缺口，使经济运行恢复平衡，这就直接实现了紧缩型财政政策和扩张型财政政策的作用目标。

又如，财政支出结构可以直接调节积累与消费的比例关系。财政积累性支出和消费性支出本身就是积累基金和消费基金的组成部分。一旦非财政渠道形成的积累与消费之间的比例不协调。需要政府启动相应的结构性财政政策时，就可以调整自身的积累性支出和消费性支出的比例，直接实现相应的政策目标。

再如，财政投资性支出可以直接调整社会投资结构。财政投资支出是一条重要的投资形成渠道。当着社会投资结构不合理的时候，最简单的办法就是改变财政投资支出的去向，直接将不合理的社会投资结构矫正过来。

由于受到财政分配规模及其在特定经济领域中财政分配所占的份额的限制等，财政直接传导方式的功效从总体上说还是有限的。

2. 间接传导。间接传导指财政政策中的某些财政分配变量，需要通过中间环节的转换，才可以实现既定的财政政策目标。在社会主义市场经济中，间接传导逐步成为国家传递政策意图，发挥政策效应的主要方式。直接传导方式的弱化，会通过间接传导方式的强化得到补偿。

间接传导最大的特点是在政策意图和政策目标之间插入了中间环节，财政收支变动不是直接表现为政策目标的实现。同直接传导相比，间接传导的缺点是传导时间长，调控精度较低，如果力度不恰当，会出现“劳而无功”，被调节者无动于衷，甚至是背道而驰的窘况。但间接传导的最大优点在于它利用了市场机制，借助于诸经济要素之间的内在联系，放大了财政政策的作用能量，实现对调节对象的整体调节。在财政分配规模相对萎缩的时期，间接传导方式如能得到正确运用，的确可以起到“四两拨千斤”的杠杆作用，从而使财政政策在国家调控体系中占据更加重要的位置。

间接传导在财政政策实施中有多种表现。在总量调节领域，国家可以利用财政支出和财政收入的“乘数效应”，使既定的社会总供求调节目标得到更好实现。经济萧条时期，政府有意识地增加财政支出，经过一系列连锁过程，最终可以引起数倍于支出增量的需求规模扩张；而减少税收，特别是减少个人税收，则还引起个人可支配收入和个人消费需求的数倍增长。这将使政府扩张性财政政策体现得更加充分。而在通货膨胀时期，政府有意识地减少支出和增加税收，则会使社会需求规模成倍收缩，促进紧缩性财政政策尽快显效。有一些财政支出项目还具有横向示范效应，如财政消费性支出增加，会间接诱导非财政性消费需求同向扩张。对投资行为征税，会对非财政性投资规模起到抑制作用，总体上有利于实现收缩投资需求的调控目标。

在结构调节领域，间接调节有更加广阔的作用空间。如果国家欲通过财政政策调节产业结构和产品结构，它一方面可以通过在投资税中设置差别税负，影响不同投资方向的相对成本水平和预期收益水平，诱导非国家投资主体改变投资结构，服从国家产业政策；另一方面，对生产不同产品的企业规定轻重不同的税负水平，改变它们的盈利率结构，能够促进经济资源的存量结构调整。另外，在社会经济结构调节领域，国家可以通过对不同经济成分规定差别税收负担，实现既定的社会经济结构调节目标。

（四）财政政策的作用工具

财政政策的作用工具指可用于实现财政政策目标的一系列财政分配手段，是财政政策的载体。财政政策的作用工具很多，可以说遍及所有财政分配范畴。不同的财政政策工具的变动状态及其相互配合方式是财政政策的核心内容。在此择要述之。

1. 国家预算。国家预算是财政政策的综合表现形式，它最集中地体现了国家财政政策意图，反映了政府活动的范围和方向。国家预算是实施总量财政政策的最主要工具。而这种总量调节又最集中地表现在国家预算的结余方向与数额上。预算收入表示社会产品中归国家集中支配的份额，它属于经济运行中的供给因素；预算支出代表国家实际形成的社会商品购买能力，它属于经济运行中的需求因素。这样，在其他因素正常的条件下，国家预算收大于支，财政净需求为负数，社会总供给大于总需求，经济运行趋于收缩；国家预算支大于收，财政净需求为正数，社会总需求大于总供给，经济运行趋于高涨。根据国家预算的上述调控属性，在政府欲实施紧缩性财政政策时，总要使国家预算出现结余，或者大幅度减少预算赤字；实施扩张性财政政策时，总要使国家预算出现赤字，或者相对减少预算结余。

2. 税收。税收不仅是重要的总量调节工具，更是最主要的结构调节工具。税收调节具有许多特点：（1）调节范围的广泛性。无论何种经济成分，何种居民属性，何种经济行为，所处地理位置如何，都需依法接受税收调节。（2）作用形式的权威性和规范性。纳税人一旦发生应税行为，必须依法履行纳税义务，从而成为现实的税收调节对象，但在具体应税行为发生之前，纳税人具有充分的自由选择权力，它可以根据国家公布的税收法律，权衡各种行为的税负轻重，作出自己的行为抉择。这种权衡和选择过程也就是税收调节过程。（3）手段多样性。不仅具有调节作用的税种众多，而且每一个具体税种的调节手法也有多种选择。不同税种和不同的作用手法结合起来，可以构成不同的税收政策模式。（4）作用目标多极性。税收具有众多的调节手段、千差万别的调节力度和广泛的调节领域，这些也决定了税收可以实现许多财政政策目标。在总量调节上，如果财政支出一定，税收作为最主要的财政收入形式，其规模大小可以决定预算结余方向和数额，故此税收从一个侧面决定着总量财政政策的类型。在结构调节上，税收可以有效弥补市场机制的缺陷和不足，诸如对垄断、分配不公、信息不完全、经济外部性等进行有效干预以实现经济稳定协调发展。此外，前已述及，在社会主义市场经济中，市场机制成为资源配置的主导力量，国家要实施结构性干预，也必须更多地倚重税收。

3. 财政投资。财政安排的固定资产投资支出不仅可以直接传导政府的投资政策意图，还可通过投资行为示范、降低短线制约度等方式间接诱导非财政投资的规模和结构，为特定财政政策的实施提供载体。如前所述，尽管改革以来财政投资占社会投资总额的比重大幅度下降，但中国财政不会退出投资领域。在投资领域里，财政投资主要包括：对公共设施等非盈利性领域的投资，对具有自然垄断性质的基础产业部门的投资和对风险产业及高技术产业的投资。财政投资具有这样的特点：（1）财政投资由国家直接控制，最能体现政府的投资政策意图。（2）财政投资方向的选择主要服从于“高级盈利原则”，直接根据社会经济按比例发展规律，不是具体项目的盈利水平，不完全听命于市场机制。对那些投资规模巨大、受益面广、个别收益率低，甚至毫无内部收益的项目，非国家的投资主体在市场规则的驱使下，不可能或不愿意进入这些投资领域，国家作为最高层次的社会主体，它进入这些投资领域具有必要性；财政分配的无偿性特征，使国家进入这些投资领域具有可能性。因此，在国家投资政策的实现过程中，财政投资的地位是其他投资主体和投资渠道所不能替代的。

另外，利用对不同投资项目财政（主要是中央财政）出资比例和财政贴息程度的控制，财政投资还可以诱导众多的非财政投资于自己的周围，更好地实现政府的财政政策意图。

4. 财政消费。财政消费指由国家预算形成的消费基金。财政消费是实现国家消费政策的重要手段。一方面，财政消费性支出是社会消费基金的重要组成部分，由此它是国家控制消费总规模的有力砝码，也是总量型财政政策的重要实现工具；另一方面，财政消费性支出结构对社会消费结构的形成状况也有重要影响。比如近年来对社会文教事业的支出比重的增加以及提高公务员的收入水平等等措施，对整个社会消费规模和结构的影响是巨大的。在国家利用财政政策调节消费时，首先就要改变财政自身的消费支出水平，尤其要调整财政形成的公共消费支出，再通过横向示范效应，波及大量非财政性消费。

5. 财政补贴。财政补贴是国家为了某种特定需要，给予某些社会主体的无偿补助。抛开中央财政对地方财政的转移支付不说，财政补贴的接受者就是一些企业和居民个人。从理论上讲，财政补贴是一个由国家直接掌握的经济杠杆，是能够传导财政政策意图的重要工具。

同其他一些政策工具一样，财政补贴也有总量调节功能和结构调节功能。在总量上，由于所有的补贴本质上都是财政资金的使用因素，因而财政补贴总量变动，肯定引起预算结余方向和数额的相应变动，体现出相应的政策要求。较多的财政补贴，会增加财政净需求，满足扩张型财政政策的需要；较少的财政补贴，会减少财政净需求，符合紧缩型财政政策的要求。本书第一章已经揭示，许多财政补贴项目，如贫穷救助、失业补贴等，会随着经济景气状况自动作逆向变动，成为著名的“自动稳定器”。在结构上，财政补贴是掌握在政府手中的颇有效率的结构性调控工具。主要体现在专施于特定产品的价格补贴（某些亏损补贴也可包括在内），可以提高该产品的生存和发展能力，从而提高其在产品结构和产业结构中的地位。这可通过两个途径实现：或者生产补贴商品的企业在接受了财政补贴后，可获得较高实际收益水平，从而有了较强的发展能力；或者是在接受了价格补贴后，改善了产品供给条件，适当降低销售价格，以扩大销量，增加市场占有份额，间接促进生产发展。

6. 财政信用。财政信用是国家采用有偿方式分配财政资金的行为，包括财政收入信用和支出信用两个方面。前者是国家以债务人身份，利用信用方式获取的财政收入，主要是公债，它是狭义财政信用的基本内容；后者是国家以债权人身份，利用信用方式使用财政资金的行为。财政信用可以作为国家财政政策的作用工具，主要通过以下途径得到体现：

首先，财政信用（主要是公债）能够调节社会总供求的平衡关系。如果不联系财政支出，仅仅考察公债收入的话，那么，发行公债将相对减少认购者的可支配收入和购买能力（在存在一定的消费倾向时，这种减少还具有倍数效应），能够紧缩社会需求，适于紧缩型财政政策的实现。但如果依靠发债来增加财政支出的话，那这时的国债就具有扩张社会需求的作用。因为从纯理论角度来说，财政支出增量对扩张需求规模的乘数效应肯定大于国债具有的逆向乘数效应（严格的数学推导可以证明，其间的乘数效应相差一倍），而且，在由于种种原因，公众的消费倾向特别低、储蓄倾向居高不下、社会需求规模太小时，政府增加国债发行规模，将沉淀于居民手中的闲置购买力集中到财政手中，再通过财政支出将其变成现实购买力，对需求规模的扩张作用会更加强烈。

其次，财政信用还可以调节国民收入使用方向。国民收入经过一系列分配再分配过程以后，最终形成积累基金和消费基金。国家通过发行国债，可以把一部分个人手中的暂时闲置的收入，纳入国家预算，用于经济建设，这样就使一部分消费基金转化为积累基金，提高了社会积累水平，推动了经济发展。

最后，财政信用也有助于社会投资结构的优化。一是将通过发行国债募集的建设基金，主要投资那些符合国家产业政策，迫切需要加速发展的基础部门或短线部门，可直接优化投资结构；二是作为财政支出信用主体的财政投资信用，其投向不仅要看建设项目的偿还能力，更主要是看建设项目是否符合国家产业政策要求，能否促进社会经济协调发展，因此，财政支出信用有助于社会投资结构合理化。

（五）财政政策的作用目标

财政政策的作用目标是国家运用财政政策所能实现的预定目的，它是选择调节对象，搭配各种调节工具的根本依据。财政政策的作用目标可概括为三个：经济稳定增长、资源高效率使用、收入分配公平合理。

1. 经济稳定增长目标。所谓经济稳定增长是在不发生大的波动的前提下的经济快速发展。这里包含有两个因素：一是经济快速增长，二是物价保持基本稳定。当然，上述两个子目标合二为一，是经济运行最理想的状态。但是，对经济运行过程进行的实证性分析和规范性分析都可以证明，这两个因素的不协调，也是经济运行的常态。或者是经济增长速度较快，但通货膨胀和物价上涨也较快；或者物价基本稳定，甚至物价上涨率为负数，但经济增长率下降，甚至是负增长。在这两种情况下，政府就有必要利用财政政策，将其中一个因素作为调控重点，以求实现它们之间的相对协调。在第一种情况下，政府有必要实施紧缩型财政政策，适当降低物价上涨速度，即使经济增长率有所降低也是值得的。在第二种情况下，政府有必要实施扩张型财政政策，以保持适当的经济增长速度，同时也可保持较低的失业率和较高的社会稳定程度。我国体制改革以来，上述两种情况都曾经出现过，而我们也在可能的条件下采用了相应的财政政策。经济稳定增长目标是财政政策的最主要的目标。

2. 资源高效率使用目标。所谓资源高效率使用是指现有的经济资源能够创造出最多的社会财富，给社会成员带来最大限度的满足。资源的高效率使用需要两个条件：一是所有经济资源都进入使用状态，社会上不存在闲置资源，包括劳动者充分就业和生产资料全部投入使用；二是资源配置结构合理化，不存在明显的长线短线，能给消费者带来最大限度的满足。关于第一个条件，在资源配置结构合理的前提下，所有资源能否充分使用主要是社会总供求平衡与否的问题，也就是经济增长速度问题，对此前已述及，不再重复。关于第二个条件，即资源配置结构问题，前面也多次谈过。在市场经济中，单靠市场机制，难以自动实现资源配置高效率，国家有必要利用财政政策等介入资源配置过程。其作用点有两个：一是通过财政分配，将过于突出的长线压缩下来。具体办法有财政减少投资或者不投资，提高投资税率，加重产品税负等；二是通过财政分配，将过于紧张的短线拉上去。具体实施办法正好和长线相反。

3. 收入分配公平合理目标。所谓收入分配的公平合理，包括两方面的内容：一是收入分配要有差距，且与人们的贡献相适应，否则，不同付出和贡献，只讲分配上的平均，不仅阻碍效率的提高，也谈不上公平；二是收入差距不要过大，否则会危及社会稳定。不过，由于人们只是在市场经济中，针对单纯由市场机制决定的收入分配差距过大，才明确提出公平收入分配问题的，故此这里的公平合理主要指第二种含义。财政本身是典型的分配范畴，促使收入分配的公平合理肯定是财政政策的重要目标。许多财政分配范畴，如累进征收的个人所得税、加成征收规定、区别对待的消费税、对特定人群的转移支付、社会抚恤和救济支出等，都有助于该目标的实现。

第二节　财政政策类型

按照不同的标准，可以将财政政策分为不同的类型，归纳起来，主要有以下几种分类方式：

一、根据调节社会总需求规模的不同作用，将财政政策分为扩张性财政政策、紧缩性财政政策和中性财政政策

这种分类着眼于财政政策的总量调控功能，所以也将这三种财政政策统称为总量型财政政策。总量型财政政策是指国家通过调整财政分配变量，作用于社会总需

求，使社会总供求保持和恢复平衡，促使国民经济稳定运行的财政政策。总量型财政政策是财政政策的主要存在形式。总量型财政政策的作用根据可通过如下宏观经济均衡模型加以说明：

$$C+S+T+M\equiv C+I+G+X \quad (15-1)$$

恒等式的左边为总供给，由消费 C、储蓄 S、税收 T、进口 M 构成；右边为总需求，由消费 C、投资 I、政府支出 G、出口 X 构成。根据恒等式（15－1），我们可以列出描述财政赤字的预算恒等式：

$$G-T\equiv (S-I)+(M-X) \quad (15-2)$$

或者 $$G-T\equiv (S+M)-(I+X) \quad (15-3)$$

根据式（15－2），财政赤字应当等于储蓄、投资账户结余与贸易经常账户赤字之和。根据式（15－3），财政赤字应当等于民间需求缺口（民间供大于求的差额）。式（15－3）清晰地说明了总量型财政政策的存在依据，只要民间供求出现不平衡，国家财政将通过财政收支结余方向与数额的变动，填平供求缺口，恢复供求平衡。

总量型财政政策有如下形式：

（一）扩张性财政政策

扩张性财政政策是通过财政分配诸要素的变动，使社会总需求规模增加的财政政策。扩张性财政政策的实施背景是社会需求萎缩，市场物价低迷，企业经营困难，失业率攀升，在式（15－3）中表示为 $(S+M)>(I+X)$。扩张性财政政策一般体现为财政赤字增加或财政结余大幅度减少（主要是前者）。扩张性财政政策内容有两个方面：一是减税，二是增加财政支出规模。从减税看，它既可以相对增加赤字或减少结余，直接增加财政净需求，也可以相对增加纳税人的可支配收入。降低税率产生的扩张效应因税收种类不同，其扩张效应也有所不同，一般说来所得税特别是个人所得税的减税可直接增加纳税人的可支配收入，增加非财政渠道形成的社会需求规模，而流转税的减税效应则表现在增加需求的同时对供给方面也会产生刺激作用。从增加财政支出看，特别是增加财政投资性支出，不仅可直接增加财政净需求，还可以通过财政支出的“乘数效应”和“示范效应”，对非财政性需求起到强烈的刺激作用，最终实现社会需求规模的扩张。增加财政支出是扩张性财政政策的主要内容和存在方式。这是因为财政支出增加引起的社会需求规模的扩张程度远大于财政收入增加引起的需求规模的减少程度。

不是所有财政赤字都是扩张性财政政策的体现形式。那种完全被动的，没有任何伸缩弹性的财政赤字，不能被看做是政府在采用扩张型财政政策。因为这种赤字不是政府根据经济运行的需要，主动变动财政分配要素的结果，而是在其他因素的作用下，被迫出现的赤字，政府对此无能为力。实际上，这种赤字出现的时期，往往是需求膨胀所至，政府应该采用紧缩性财政政策的时期。因此，这种赤字不能归入扩张性财政政策范畴。

（二）紧缩性财政政策

紧缩性财政政策是通过财政分配诸要素的变动，引起社会需求规模减少的财政政策。紧缩性财政政策的实施背景是社会需求膨胀，市场物价高涨，在式(15－3)中表示为（S＋M）＜（I＋X）。紧缩性财政政策主要表现为财政赤字减少，或者是财政结余增加。实施手段有两个：第一，增加财政收入，主要是增加税收收入，可通过开辟新税源和强化税收征管来实现。增收的紧缩效应体现在，一是它会相对减少财政净需求，甚至使财政净需求为负数，引起社会需求规模的减少；二是它会相应减少人们的可支配收入，利用反向的“乘数效应”，使非财政性需求规模大幅度收缩。第二，减少财政支出，包括投资性支出和消费性支出。减支的紧缩效应也体现在两个方面：一方面，减支会相应增加财政结余或减少财政赤字，引起财政净需求减少；另一方面，减支也会通过反向的“乘数效应”和“示范效应”，引起非财政性需求更大规模的收缩。

（三）中性财政政策

中性财政政策是通过财政分配活动对社会总需求规模既不产生扩张效应也不产生抑制效应而要保持中性的财政政策。中性财政政策的实施背景是社会总供求大体均衡，经济运行协调稳定。一般说来，中性财政政策要求政府对财政收支的安排上既不扩张需求，也不缩小需求，要保持收支的平衡关系。

二、根据调节社会经济结构的不同作用，将财政政策分为产业结构调节政策、分配结构调节政策、消费结构调节政策

这种分类着眼于财政政策的结构调节功能，所以也将这三种财政政策统称为结构性财政政策。结构性财政政策是国家通过调整财政分配变量，引起经济结构内部不同部分之间相对关系的变动，实现经济结构合理化的财政政策。结构性财政政策是财政政策的重要内容。

结构性财政政策的作用根据是，财政分配是影响经济主体的发展能力和发展动力的重要因素。财政收入负担分配上的区别对待，财政支出方向的不同选择，会直接和间接地影响不同经济部门之间的相互关系，进而引起经济结构的变动。结构性财政政策有如下内容：

（一）产业结构调节政策

产业结构调节政策是国家通过调整财政分配变量，改变不同产业部门的发展能力和发展动力，以实现产业结构合理化。由于产业结构是社会商品供给结构的主要决定因素，也是决定其他经济比例的基础，因此，产业结构调节政策是财政结构性财政政策的主要内容。

财政调节产业结构的作用点是部门发展能力和发展动力。发展能力主要取决于可获得的投资规模，包括社会投资和部门内部积累；发展动力也称发展欲望，主要取决于部门利润水平和可支配利润水平。财政分配通过种种手段，如直接投资支出、财政贴息、固定资产投资方向调节税、增值税、消费税、财政补贴，以及折旧政策等，影响不同产业部门的发展能力和发展动力，实现国家调节产业结构的目的。

（二）分配结构调节政策

分配结构调节政策是指国家通过调整财政分配变量，引起分配结构变动，实现既定之分配目标的财政政策。分配结构包括两个内容：一是国民收入最终分配结构——积累和消费的比例关系，二是国民收入在各社会主体之间的分配结构，主要是个人收入结构。但由于个人收入分配问题常被作为社会问题进行讨论，财政在这方面的作用我们还是放在社会性财政政策中研究。在此只讨论财政调节国民收入最终使用结构的政策模式。

在分配总量合理的条件下，积累基金和消费基金是此消彼长关系，高积累伴随低消费，高消费伴随低积累。因此，分配结构调节政策对不同方面总是采取松紧交错的调节模式。在消费膨胀，投资相对不足的背景下，需要实施紧消费，松投资的财政政策。具体手段有提高个人收入的税负水平、缩减财政消费性支出、对高消费行为课以重税、发行国债等。在投资膨胀，而消费不足的条件下，则需要采用松消费，紧投资的财政政策，上述政策手段也要反其道而行之。回顾新中国的财政调节史，改革前期主要是紧消费，松投资模式，传统体制中主要是紧投资，松消费模式。

（三）消费结构调节政策

消费结构调节政策是国家通过调整财政分配变量，调节消费者的消费结构，实现既定之消费目标的财政政策。

一定时期内消费者对消费结构的选择主要取决于两个因素，一是个人可支配收入水平，二是不同消费品的价格结构。一般而言，随着个人收入水平的提高，生存资料（特别是食物）的消费比重会降低，非生存资料的消费比重会提高（所谓

“恩格尔定律”），新的消费对象在涌现，消费领域在拓宽，消费结构日益丰富。这是一个消费成长过程，国家一般不宜作大的干预。财政调节消费结构的主要作用点是消费品的价格结构。在人们消费能力和消费偏好一定的条件下，某种商品的消费量与该商品价格成反比。利用这个原理，国家可以通过列举课税、提高税率等手段，提高某些商品或服务的消费价格，限制这些消费品在消费结构中的比重。比如奢侈品、有害人民健康的产品、不利于保护环境的商品、不可再生的稀缺资源产品等。反之，国家也可通过免于课税、降低税率、实施价格补贴等方法，降低某些商品或服务项目的价格和收费标准，鼓励或保证人们对这些商品的消费，如基本生存资料、健康向上的精神产品等。

三、根据作用方式不同，将财政政策分为相机抉择的财政政策和自动稳定的财政政策

相机抉择的财政政策，也称为“斟酌使用的财政政策”，是指政府根据不同时期的经济形势，相应采取变动政府支出和税收的措施，以消除经济波动，谋求实现经济稳定增长的目标。之所以称之为相机抉择的财政政策，是因为它不是自动地发挥作用，而是一种人为的政策调节。这种财政政策要依靠政府对宏观经济形势的分析和判断，经过深思熟虑再决定采取什么样的政策措施。如果认为总需求已经过大，造成了生产能力的过度紧张和通货膨胀，就采取相应的政策措施抑制总需求；如果认为总需求不足，已经造成了经济水平的下降或经济衰退，就采取相应的政策措施扩大总需求。因此，相机抉择的财政政策的任务是，要么旨在扩大总需求以反经济衰退，执行扩张性财政政策；要么旨在抑制总需求以反通货膨胀，执行紧缩性财政政策。

所谓自动稳定的财政政策，就是随着经济形势的周期性变化，一些政府支出和税收自动发生增减变化，从而对经济的波动发挥自动抵消的作用。之所以将它称之为自动稳定的财政政策，是因为它不是政府斟酌经济形势变化后所决定的，而是一种非人为的自动调节。这种财政政策不需要政府预先做出判断和采取措施，而是依靠财政税收制度本身所具有的内在机制，自行发挥作用，收到稳定经济的效果。正因为如此，这种自动稳定的财政政策也被称作“内在稳定器”。

关于这两种政策类型的作用机制，本书第一章在“财政职能”中已经详细介绍，故不再赘述。

第三节

财政政策的效应与时滞

一、财政政策的效应

财政政策通过变动收支规模和预算结余方向来调节宏观经济运行，财政政策的效应就是财政政策执行的结果及其影响。财政政策效应主要有乘数效应和挤出效应。

（一）乘数效应

财政乘数是指国民收入的变动量与引起该变动的财政要素注入量之间的比率，这里的财政要素一般包括购买性支出、转移性支出、税收等。财政乘数大体分为购买性支出乘数、转移性支出乘数、税收乘数和平衡预算乘数。

可以利用国民收入的决定方程式推导出各财政乘数。国民收入的决定公式为：

$$Y = C + I + G \qquad (15-4)$$

式中 Y 代表国民收入；C 代表消费支出；I 代表私人投资支出；G 代表政府购买性支出。其中：

$$C = a + bY_d \qquad (15-5)$$

式中，a 是常数，表示基本消费水平，也就是，即使收入为 0，人们仍然要消费，他们或者借钱，或者减少储蓄；b 代表边际消费倾向，即每增加 1 单位收入将有多少用于消费；Y_d 代表可支配收入，即扣除税收（T）并加上政府给予的转移性支出（Tr）后的收入，则：

$$Y_d = Y - T + Tr \qquad (15-6)$$

把式（15-5）、式（15-6）代入式（15-4），得到：

$$Y = a + b(Y - T + Tr) + I + G$$

$$Y = \frac{a - bT + bTr + I + G}{1 - b} \qquad (15-7)$$

根据上式，就可以求得各财政乘数。

1. 购买性支出乘数。求式（15-7）对 G 的偏导数，得到购买性支出乘数：

$$\frac{\partial Y}{\partial G}=\frac{1}{1-b}$$

购买性支出乘数表示变动政府购买性支出 G，将使国民收入 Y 发生怎样的变动。购买性支出乘数是正值，说明国民收入的增减于购买性支出同方向变动。购买性支出乘数的效应大小取决于边际消费倾向。假设增加政府购买性支出 100 亿元，边际消费倾向为 80%，在其他条件不变的情况下，购买性支出乘数为 5（$\frac{1}{1-80\%}=5$），国民收入将增加 500 亿元（100 ×5 =500），反之，减少政府购买性支出 100 亿元，将使国民收入减少 500 亿元。

之所以会出现购买性支出的乘数效应，是因为购买性支出会产生国民收入增长的连锁反应。比如，政府购买性支出增加 1 元，用于购买生产者 A 的产品，则生产者 A 的收入（工资、利息、地租、利润等）增加 1 元；若 A 按照 80% 的边际消费倾向将其中 0.8 元（1 ×80% =0.8）用于购买生产者 B 的产品，则 B 增加 0.8 元的收入；B 又按照 80% 的边际消费倾向将其中的 0.64 元（0.8 ×80% =0.64）用于购买生产者 C 的产品……如此下去，最初增加的 1 元钱将使国民收入增加 5 元。

2. 转移性支出乘数。求式（15 –7）对 Tr 的偏导数，得到转移性支出乘数：

$$\frac{\partial Y}{\partial Tr}=\frac{b}{1-b}$$

转移性支出乘数表示变动政府转移性支出 Tr，将使国民收入 Y 发生怎样的变动。转移性支出乘数是正值，说明国民收入的增减与转移性支出同方向变动。与购买性支出类似，转移性支出乘数的效应大小同样取决于边际消费倾向。假设增加政府转移性支出 100 亿元，边际消费倾向为 80%，在其他条件不变的情况下，转移性支出乘数为 4（$\frac{80\%}{1-80\%}=4$），国民收入将增加 400 亿元（100 ×4 =400），反之，减少政府转移性支出 100 亿元，将使国民收入减少 400 亿元。

转移性支出乘数的效应比购买性支出乘数的效应要小，同样增加 100 亿元支出，如果用于购买，则可增加 500 亿元国民收入，而用于转移性支出，则只能增加 400 亿元收入。其原因在于购买性支出一旦使用就立刻全部形成购买力，带来国民收入增加，并继续产生连锁反应；但转移性支出不能直接形成购买力，因为转移性支出的接受者并不是将这笔增加的收入百分之百地用于当期消费，而是将一部分（1 –b）用于储蓄，从而使转移性支出乘数的效应低于购买性支出。

3. 税收乘数。求式（15 –7）对 T 的偏导数，得到税收乘数：

$$\frac{\partial Y}{\partial T}=\frac{-b}{1-b}$$

税收乘数表示变动政府税收 T，将使国民收入 Y 发生怎样的变动。税收乘数是负值，说明国民收入的增减与税收反方向变动。税收乘数效应的大小也取决于边际消费倾向。假设增加税收 100 亿元，边际消费倾向为 80%，在其他条件不变的情况下，税收乘数为 -4（$\frac{-80\%}{1-80\%}=-4$），国民收入将减少 400 亿元［100×（-4）=-400］，反之，减少税收 100 亿元，将使国民收入增加 400 亿元。

与转移性支出乘数类似，税收乘数的效应也比购买性支出要小，原因同样是纳税人从减税中增加的收入不会全部用于当期消费，而是要将其中的一部分用于储蓄。

实际上转移性支出乘数与税收乘数的效应大小相同，只不过作用方向相反，所以可以将转移性支出看成一种负税收。

4. 平衡预算乘数。所谓平衡预算，这里指的是政府支出和税收等量变动，即：

$$\Delta T=\Delta Tr+\Delta G$$

则 $$\Delta Tr=\Delta T-\Delta G \quad (15-8)$$

求式（15-7）对 T、Tr 和 G 的全微分，得到：

$$dY=\frac{-b}{1-b}dT+\frac{b}{1-b}dTr+\frac{1}{1-b}dG \quad (15-9)$$

将式（15-8）代入式（15-9），得到：

$$\begin{aligned} dY &=\frac{-b}{1-b}dT+\frac{b}{1-b}(dT-dG)+\frac{1}{1-b}dG \\ &=\frac{-b}{1-b}dT+\frac{b}{1-b}dT-\frac{b}{1-b}dG+\frac{1}{1-b}dG \\ &=dG \end{aligned} \quad (15-10)$$

平衡预算乘数表示当政府支出与税收等量变动时，国民收入将发生怎样的变动。式（15-10）说明，当进行上述变动时，国民收入的变动幅度与政府购买性支出的变动幅度一致，与边际消费倾向无关。如果定义平衡预算乘数为国民收入变动量与政府购买性支出变动量的比值，则该乘数为 1。假设政府增加 100 亿元税收，同时增加 100 亿元财政支出，其中 20 亿元用于增加转移性支出，80 亿元用于增加购买性支出，则国民收入的最终变动结果是增加 80 亿元。

（二）挤出效应

当采用扩张性财政政策时，增加的政府购买性支出可能会挤掉私人部门的投资和消费支出，从而使财政政策的作用效果下降。这种财政购买性支出增加所引起的私人投资或消费降低的效果被称为财政政策的挤出效应。挤出效应可以用经济学中的“IS－LM”模型分析。

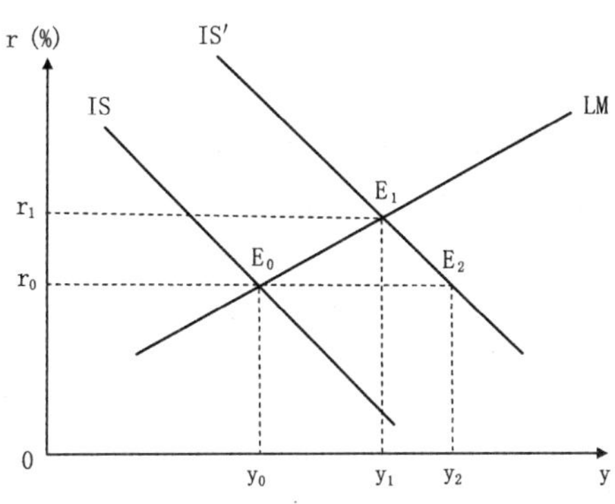

图 15－1 财政政策的挤出效应

图 15－1 中，横轴为国民收入，纵轴为利率，IS 曲线代表商品市场的供求均衡，LM 曲线代表货币市场的供求均衡。两个市场的初始均衡点为 E_0，均衡国民收入为 y_0，均衡利率为 r_0。政府实行一项扩张性财政政策，它可以是增加财政支出，也可以是减少税收，现在假定是增加一笔购买性支出△G，则 IS 曲线向右移动到 IS′，右移的距离是 E_0E_1，E_0E_1 为政府购买性支出增加额与购买性支出乘数的乘积，即 $E_0E_1 = \triangle G \times \frac{1}{1-b}$；相应的，均衡国民收入也应从 y_0 增加到 y_2，但实际上国民收入只能增加到 y_1，因为如果收入要增加到 y_2，必须假定利率维持在 r_0 水平。可是，利率不可能不上升，因为 IS 向右移动时，国民收入增加了，因而对货币的需求增加了，但货币供给未变动（LM 未变），因而人们用于投机需求的货币必须减少，这就要求利率上升，反映在图 15－1 上，就是均衡利率由 r_0 上升到 r_1，利率上升抑制了私人投资，这就是挤出效应，$y_1\,y_2$ 的距离代表了挤出效应的大小。

政府支出在多大程度上“挤占”私人支出，取决于以下几个因素：

1. 购买性支出乘数。乘数越大，政府支出所引起的产出增加固然越大，但利率提高使私人投资减少所引起的国民收入减少也越多，即“挤出效应”越大。相反，乘数效应越小，“挤出效应”也越小。

2. 货币需求对产出变动的敏感程度。政府支出增加会引起一定量的国民收入和产出的增加，进而导致货币需求（交易需求）增加，货币需求对产出变动越敏感，货币需求增加额就越大，因而使利率上升也越多，从而“挤出效应”也就越大；反之，“挤出效应”就越小。

3. 利率对货币需求变动的敏感程度。如果利率对货币需求的变动很敏感，说明货币需求稍有变动就会引起利率的大幅度变动，那么，政府支出增加引起货币需求增加所导致的利率上升就会很多，因而“挤出效应”就大；反之，“挤出效应”则小。

4. 投资需求对利率变动的敏感程度。投资需求对利率变动越敏感，一定量利率水平的变动对投资的影响就越大，从而“挤出效应”就越大；反之，“挤出效应”就越小。

关于在何种情况下扩张性财政支出政策会产生挤出效应的问题，经济学家们之间存在不同观点。凯恩斯学派认为只有当经济处于充分就业的产出水平时，才可能产生挤出效应。而古典学派则持不同观点。这里值得注意的是，扩张性财政支出挤出效应产生的两个前提条件：一是经济已走出萧条，处于复苏状态，或已在充分就业水平上运行；二是扩张性财政支出（赤字财政政策）没有导致货币供应量的扩大。第一个条件说明社会已不存在大量闲置资金，故政府借款需求的扩大，会导致可供借贷资金的短缺和利率的上涨。第二个条件说明中央银行没有通过扩大货币供给量的方式来降低利率，因此财政赤字并未导致社会总需求的扩大，只是通过发行公债将部分私人部门可支配的资金转给了公共部门，并通过相对紧缩性的货币政策排挤了部分非政府部门的投资需求。

二、财政政策的时滞①

经济学家认为，良好的经济政策不仅是单纯的政策配合问题，还要把握住运用政策的时机。因此，政府在运用财政政策时，应当考虑时滞问题。

就相机抉择的财政政策而言，一般会产生五种时滞，分别是：认识时滞、行政时滞、决策时滞、执行时滞以及效果时滞。认识时滞是指从经济形势发生变化到决策者对这种变化有所认识所经过的时间。这段时间的长短，主要取决于政府掌握经济信息和准确预测的能力。行政时滞也称为行动时滞，是指财政部门在制定采取何种政策之前对经济问题调查研究所耗费的时间。财政部门在发现经济问题（如通货膨胀或通货紧缩）后，立即收集有关资料，分析原因，拟定对策，这一过程需要一定时间才能完成。这两种时滞只涉及行政部门而不与立法机构发生关系。也就

---

① 本部分主要借鉴张进昌主编：《现代西方财政学论纲》，中国财政经济出版社 2001 年版，第 484—485 页。

是说，这两种时滞只属于研究过程，与决策单位没有直接关系，因此也将这两种时滞称为内在时滞。内在时滞的长短，一方面取决于财政部门收集资料、研究情况所占用的时间以及采取行动的效率，另一方面取决于当时的政治与经济目的，尤其是在希望实现的目标较多的情况下，须对财政政策目标的优先顺序进行选择，花费更多的时间在各种政策间进行权衡。

与内在时滞相对应的是外在时滞。外在时滞是指从财政部门采取措施到这些措施对经济体系产生影响的这一段时间。主要包括三种时滞：一是决策时滞，指财政部门将分析结果提交给立法机构审议通过所占用的时间；二是执行时滞，指政策议案在立法机构通过后交付有关部门付诸实施所经历的时间；三是效果时滞，指政策正式实施到已对经济产生影响所需要的时间。这三种时滞都与决策部门发生直接关系，而且直接影响社会的经济活动，故称为外在时滞。由于经济结构和经济主体的行为具有不确定性，很难预测，因此，外在时滞可能会更长。图 15－2 说明了财政政策时滞的先后次序及其内容。

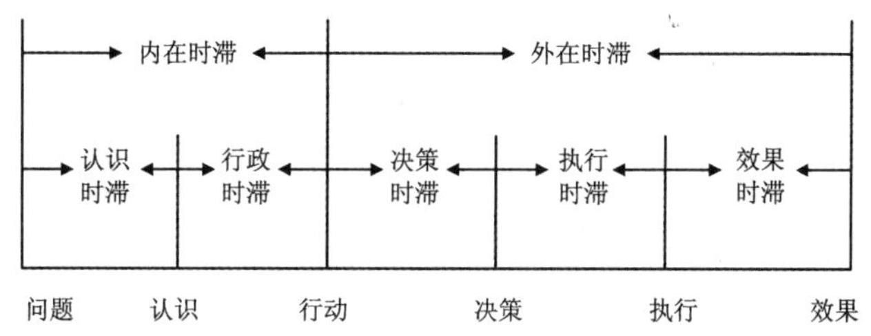

图 15－2 相机抉择财政政策的时滞

需要指出的是，自动稳定的财政政策（即“自动稳定器”）也存在政策时滞，只不过由于它不需要人为干预，所以只有效果时滞，没有上述的前四项时滞。

可见，任何财政政策从制定、执行到产生效应，或长或短都有政策时滞；同时由于影响宏观经济的因素太多，难以逐一准确预计，因此往往会出现政策产生效应时的经济状况与当时制定政策时所预期的状况不一致的问题，从而使政策难以达到效果。更有甚者，还可能起到反作用，致使以熨平经济周期为目标的相机抉择政策成为加剧经济波动的原因之一。图 15－3 显示了这一状况。假设在经济处于萧条时期（A 点）时，政策当局开始着手研究实施扩张性财政政策。但由于政策时滞过长，等经济从萧条期转入繁荣期（B 点）时，扩张性财政政策才开始奏效，结果就会将进一步推动本已高涨的需求至 C 点，从而加剧了经济波动。图 15－3 中实线代表无政策干预时的经济周期，虚线代表政策干预后的经济波动幅度。

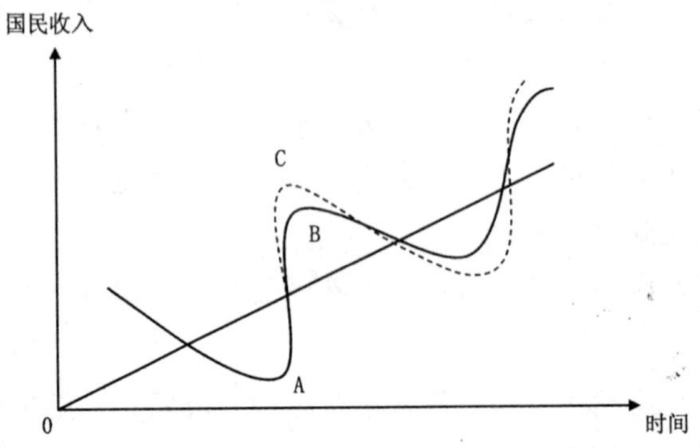

图 15－3 财政政策时滞对经济波动的影响

可见，运用财政政策调节经济运行，尽量缩短政策时滞，这样一方面能尽快地使财政政策发挥作用，另一方面也能降低政策可能出现的对经济稳定的不利影响。

第四节 财政政策和货币政策的配合

财政政策和货币政策是国家调控市场经济运行的两大手段。它们之间只有高度协同，相互补充，各自的调控任务和共同的调控任务才可能完成。

一、货币政策概述

货币政策是国家为了实现一定的宏观经济目标，调整货币金融活动的基本准则和行为方式。货币政策的核心是调节货币供应量，因此货币政策又称货币供应量政策。货币政策的主要制定者和直接执行者是中央银行（我国为中国人民银行）。在传统体制中，由于国民收入分配高度集中，国民经济货币化程度很低，企业的非市场主体色彩比较浓厚，利息率缺乏应有之灵活性，金融活动的规模和范围都十分狭窄，因此，当时不存在典型的货币政策，自然也不存在财政政策和货币政策的配合问题。伴随我国社会主义市场经济体制的逐步建立，经济货币化程度越来越高，货币金融的作用范围迅速扩大，银行逐步成为“万能的垄断者”，货币政策作为政府调控经济运行的重要杠杆，受到前所未有的重视。

货币政策的作用目标有三个：稳定物价、促进经济增长、国际收支平衡，尤以稳定物价为首要目标。在一般情况下，货币供应量应随着商品生产和流通规模的扩大而相应增加，既不使货币供应量太小，使正常的商品流通和收入分配因缺少必要的流通手段和支付媒介而受阻，更不使货币供应量太大，引起通货膨胀，货币贬值，价格总水平上升，扰乱正常的生产秩序、流通秩序和生活秩序。货币政策的主要内容就是把握好货币供应量闸门，使其吞吐适中，松紧有度，稳定经济，稳定生活。从另一个角度来看，这也能够促进经济增长，劳动者充分就业，人民币汇率高低适当，促进国际收支平衡。

在市场经济中，货币政策的主要作用手段有存款准备金率、中央银行再贷款利率和公开市场业务，主要作用点是市场利率。

货币政策的主要类型有紧缩性货币政策和扩张性货币政策两种。它们适用的经济背景和财政政策没有什么区别。在通货膨胀，物价上涨，经济过热时期，中央银行应实行紧缩性货币政策，抽紧银根，关小货币供应量“闸门”；在市场疲软，需求不振，经济增长率过低，企业经营困难，失业率上升时期，应实行扩张性货币政策，放松银根，扩大货币供应量。

二、财政政策与货币政策的比较

财政政策和货币政策配合的可能性决定了它们都是掌握在国家手中的政策武器，调控目标从根本上讲是一致的。它们之间相互配合的必要性则存在于它们各有自己的调控特点。

（一）调控重点不同

货币政策的总量调节功能较强，财政政策结构性调节功能比较突出。

在比较成熟的市场经济中，货币政策是最主要的总量调节武器。一旦经济出现波动，中央银行就可以利用自己的三大政策工具，直接作用于市场利率水平，对存贷款规模发挥反向调节作用，间接地作用于其他金融市场，使社会总需求发生预期变化，实现特定之货币政策。但一般来说，这里的利率是统一的，难以在不同贷款对象之间实行区别对待。尽管银行有时候也对部分贷款户搞点差别利率，但总体上看，货币政策的结构性调节功能较弱一些。相比而言，财政政策的结构性调节功能比较强烈。它可以利用自己手中众多的结构性调节武器，比如差别税负设计、财政补贴、财政投资等，实现特定的结构性调节目标。当然，财政政策也是重要的总量调节工具，甚至在某些时期，财政政策还可以对经济波动发挥主导性调节作用。比如，1996—1998年，社会需求萎缩，经济不太景气，需要实施扩张性政策。但中央银行连续六次降息，对社会需求的刺激作用却不太明显。政府不得已才启动财政政策，增发国债，加大财政投资力度，以期尽快提高社会需求水平。但这里有两个问题需要注意：一是我国的市场经济体制尚不成熟，社会保障体系尚不完善，许多领域（如住房、教育等）的市场化进程还在继续，这使得目前居民储蓄的保险动机十分强烈，这自然大大限制了利率的作用程度。可以肯定，随着我国社会主义市场经济体制的逐步完善，这些限制因素将大为弱化，货币政策的总量调节功能会极大地强化起来；二是即使目前的财政政策负有主要的总量调节任务，但它的结构性调节特征还是相当突出的。财政增加的投资支出，主要投向基础设施建设，以便减轻这些部门对社会经济发展的制约强度。

（二）调节领域不同

货币政策的调节功能仅限于经济领域，财政政策还可以对很多非经济领域发挥调节作用。

中央银行的货币政策总要通过众多商业银行的传导才能显效。而商业银行的企业性质使货币政策难以顾及社会领域的调节要求，从而使财政政策在这些领域独显身手。如矫正过大的收入分配差距，财政政策可以利用累进税率和财政补贴等手段来发挥作用，货币政策则无能为力，甚至货币政策的利息机制还在一定程度上扩大这种差距。对于协调经济发展与社会发展的比例关系，推进科教文卫事业的发展，扶持精神产品的生产，优化经济资源的地区配置等，货币政策的局限性更加明显，财政政策的优势更加突出。

（三）调节方式不同

货币政策的间接性较强，财政政策的直接性较强。

货币政策的传导需要经过“货币供应量——市场利率——货币需求——政策目标”等环节，政策效应受到储蓄动机、企业管理体制和经营机制的市场化程度等因素的影响，传导链条长，调节时滞长，调节方式间接，调节结果的不确定性较大。财政政策的许多作用手段都直接体现政府的调节意志，直接帮助政策目标的实现，如财政投资性支出可以直接调节投资规模和结构，消费性支出可以直接调节消费规模和结构等，政策意图的传递环节少，调节时滞短，调节结果具有较强的确定性。但从另一个角度看，正由于财政政策的直接性太强，灵活性相对较弱，实施阻力较大，对于紧缩型财政政策来说，尤其是这样。而货币政策的间接性，使其具有较强的灵活性，实施阻力较小，市场经济色彩更浓厚一些。

三、财政政策和货币政策的配合

相对于不同的经济背景，财政政策和货币政策有不同的配合模式。

（一）紧缩性财政政策和紧缩性货币政策的组合，简称“双紧”模式

双紧模式的实施背景是社会总需求严重超过社会总供给，通货膨胀势头正猛，物价涨幅过高，经济过热。这时，迅速恢复经济总量平衡，把过高的物价涨幅降下来，维持正常的生产、流通和生活秩序，成为当务之急。实施“紧”的财政政策，政府一方面需要紧缩财政支出，增加税收，减少财政赤字，或增加财政结余，使财政分配成紧缩状态；实施“紧”的货币政策，中央银行往往通过提高存款准备金率和中央银行再贷款利率，在公开市场上大量抛售有价证券，从而抬高市场利率，收紧银根，减少流通中货币的供给，使利率上升，对社会总需求起到抑制的作用。财政、货币的“双紧”配合模式可用图 15－4 说明。

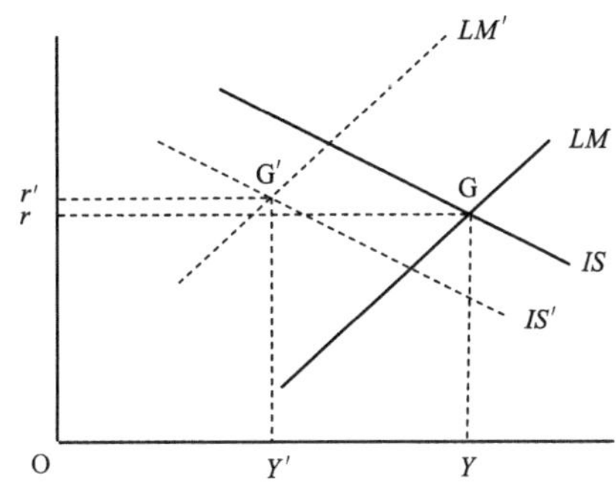

图 15－4　财政、货币政策的“双紧”配合

在图 15－4 中，IS 曲线和 LM 曲线相交于 G，相应的利率水平为 r，国民收入水平为 Y。执行“紧”的财政政策和“紧”的货币政策，需求受到抑制，需求量减少使 IS 曲线向左下方移动至 IS′，LM 曲线向上移动至 LM′，形成新的均衡点 G′。新均衡点 G′对应的利率水平为 r′，国民收入水平为 Y′，这种变动表明“双紧”的财政、货币政策使利率水平得到迅速提高，可以在较短时间内产生紧缩效应，使总供求趋于平衡。但同时“双紧”模式也有较大副作用，它会使 GDP 迅速大幅减少，稍有不慎，它还会带来市场疲软，生产萎缩，企业资金周转困难。因此，“双紧”的财政政策和货币政策在一般情况下实施时间不宜太长，政策力度不宜太大。

（二）扩张性财政政策和扩张性货币政策的组合，简称“双松”模式

“双松”模式的实施背景是，社会总需求严重不足，企业销售普遍困难，价格

总水平呈下跌之势，经济效应严重滑坡，失业率居高不下，大量经济资源闲置，整个经济运行处于萧条状态。这时，增加需求规模，降低失业率，缓解企业资金困难程度，打破交换僵局，成为当前经济调控的重要任务。这就有必要采取“双松”模式。执行“松”的财政政策，政府往往通过增加财政支出，适当减轻企业税负，增加财政净需求，直接和间接地刺激社会总需求；执行“松”的货币政策，中央银行可以通过降低存款准备金率和中央银行再贷款利率，在公开市场上大量收购有价证券等方式向流通中投放货币，放松银根以降低市场利息率，刺激社会的投资，增加社会总需求。财政政策、货币政策的“双松”模式可以用图 15－5 说明。

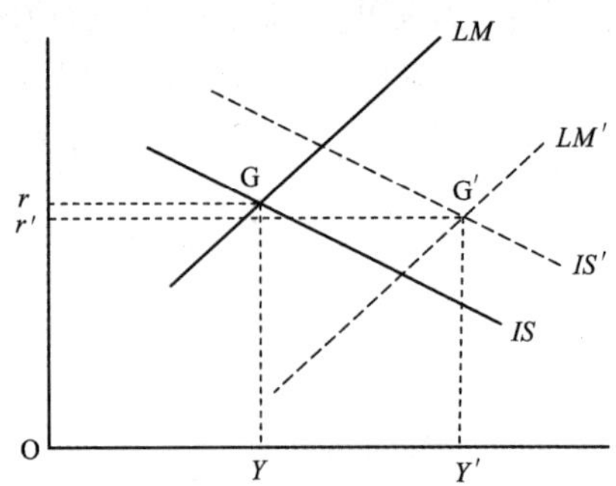

图 15－5 财政、货币政策的“双松”配合

图 15－5 中，IS 曲线和 LM 曲线相交于初始的均衡点 G，相应的利率水平为 r，国民收入水平为 Y。执行扩张性的财政政策和扩张性的货币政策，拉动社会总需求上升，需求量增加使 IS 曲线向上移至 IS′，LM 曲线向右下方移动至 LM′，形成新的均衡点 G′，利率从 r 降到 r′，国民收入水平提高从 Y 右移至 Y′。这种变动表明，执行扩张性财政政策和货币政策的“双松”模式会在较短时间内奏效，国民收入出现迅速增长，把经济运行拖出萧条的泥淖，步入复苏阶段。同任何政策一样，“双松”政策也是一把“双刃剑”，它在刺激经济增长经济复苏的同时，也会因为货币投放的增加，容易导致通货膨胀。因此“双松”模式采用的时间和力度也不应过大，否则，会形成通货膨胀，价格大幅度上涨，而且还会掩盖经济运行中的结构性矛盾。

（三）紧缩性财政政策和扩张性货币政策的组合，简称“一紧一松”模式

该种模式的实施背景是国民经济总体上处于复苏阶段，还有部分资源闲置，失业率还有些高。因此，需要实行较松的货币政策，降低利率，放松银根，活跃投资，刺激经济发展。但消费品市场供求渐趋紧张，价格逐步上扬，非生产性投资势头过猛，故此需要启动紧缩型财政政策，抑制消费性财政支出，特别是过旺的社会

消费需求，强化税收征管，减少赤字规模，相应减少政府债务，腾出较多资源用以发展生产。

（四）扩张型财政政策和紧缩性货币政策的组合方式，简称“一松一紧”模式

“一松一紧”模式的实施背景是国民经济运行总体上渐入高涨状态，需求膨胀已露端倪，市场购买力活跃，价格上扬，失业率降至正常甚至较低水平，这时，需要实行紧缩型货币政策，适当减少货币供应量，调高利率，抑制需求增长，避免经济过热。但经济生活中结构型矛盾依然冲突，且经济渐热使短线制约度日益强烈，影响生产能力的充分发挥和有效供给的增加，相对增加供给缺口。因此，需要实行扩张型财政政策，主要是扩大政府用于短线部门（如能源、交通、重要原材料等部门）的投资数额，迅速提高这些部门在国民经济结构中的地位，即使出现财政赤字，扩大举债规模，也要坚持下去。

第五节

市场化进程中的中国财政政策（1993—2010年）

以1992年邓小平同志的南方讲话为契机，中国共产党第十四次代表大会明确提出中国经济体制改革的目标是建立社会主义市场经济体制。在市场化进程的改革中，我国放弃了计划经济时期由计划配置资源的方式，而将市场作为资源配置的最基本手段，对在此过程中出现的市场失灵或失效进行调控，并建立了新型的以间接调控手段为主的宏观调控体系。财政政策是政府最主要的经济手段之一，运用财政政策配置资源和调控经济是市场经济国家普遍的做法。

一、市场化进程中的中国财政政策回顾

20世纪90年代以来，随着社会主义市场经济的逐步确立，面对日益复杂的国内外经济形势，我国政府审时度势，主动应付，灵活运用财政政策、货币政策等调控手段，对经济发展中的波动进行了有效的宏观调控，极大地促进了国民经济的健康发展。在此期间，针对不同的经济形势，我国相继实行了适度从紧的财政政策（1993—1997年）、积极财政政策（1998—2004年）、稳健的财政政策（2005—

2008年)、积极财政政策(2008年至今)。

(一)适度从紧的财政政策实践(1993—1997年)

从1992年开始,我国进入新一轮的经济快速增长时期,在取得巨大的社会经济成就的同时,也产生了货币投放量过大、投资与消费需求双膨胀、产业结构失衡、通货膨胀加剧、国际收支逆差等问题,出现经济过热的苗头。

1993年初,我国政府明确提出要加强和改善宏观调控,防止经济过热。并于1993年6月24日出台了《关于当前经济情况和加强宏观调控的意见》的标志性文件,提出加强和改善宏观调控的十六条措施,正式确定了实行适度从紧的财政政策和货币政策的基调。其中财政政策的着力点主要是总量从紧和结构调整。

在总量从紧方面,实行总量控制,加大总需求的控制力度。首先整顿财税秩序,强化税收征管,强调依法治税,堵住减免税漏洞,整顿税收征管的薄弱环节,确保税收应收尽收;其次,严格控制财政赤字,1994年起,地方各级预算不列赤字,中央赤字通过国债弥补,不再向央行透支或借款;再次,严格控制社会集团购买力,财政部要求对社会集团购买力实行指标管理、专项审批、统计管理和监督检查等办法,有效控制其过快增长;此外,还通过强化投资管理以控制固定资产投资增长。

适度从紧的财政政策,并不是全面紧缩,而是在调控总量的同时实行有紧有松的结构性调整。通过调整支出结构,加强对国民经济薄弱环节的支持。财政实行了一系列鼓励企业技术进步的措施,如允许企业根据国家统一规定选择加速折旧方法,允许企业自主决定税后利润分配等。积极支持国有企业改革,对具有市场效益的企业,适当地加大公共资金投入,进行重点扶持;对那些扭亏无望、资不抵债的企业实施破产办法。同时进一步改革完善企业职工养老保险、失业保险和医疗保险制度,有力地推动了国有企业改革的深化。通过"紧中有活"的结构调整,促进经济增长方式从粗放型向集约型转变,为以后高质量的经济增长奠定坚实的基础。

经过1993年政府实施的适度从紧的财政政策,经济增长速度进入适度区间,经济增长质量明显提高,宏观经济运行环境的紧张程度明显缓解,取得了既遏制通货膨胀又保持国民经济持续增长的良好态势,具体表现为:一是经济增长速度平稳回落。1997年为9.3%,与1993年相比,回落了4.7个百分点,而且在回落过程中没有任何大的波动。二是投资消费双膨胀现象逐步得到抑制。1995年、1996年和1997年全社会固定资产投资环比增长17.5%、14.8%和8.8%,分别比1993年下降44.3个、47个、53个百分点;社会消费品零售总额环比增长26.8%、20.1%和10.2%,分别比1993年下降3个、9.7个和19.6个百分点。三是通货膨胀得到有效抑制。全国居民消费价格指数涨幅由1994年的24.1%，逐年下降到1996年的8.3%和1997年的2.8%；原材料、燃料、动力购进价格指数由1994年的18.2%下降到1996年的3.9%和1997年的1.3%。四是财税秩序好转。严厉打击了偷漏税行为，乱收费和不合理减免税的现象明显减少。五是财政收入稳定增长。1995—1997年的三年间财政收入增加3433亿元，超过了以往五年计划内的增加额，明显增强了政府的宏观调控能力。

（二）积极财政政策实践（1998—2004年）

1997年爆发的东南亚金融危机，不仅席卷了几乎整个亚洲，并扩展到俄罗斯，波及拉美，进而使欧洲和美国也受到影响，世界经济陷入低迷，我国经济的外部环境急剧恶化。同时，长期以来盲目建设带来的结构不合理等深层次矛盾，在国际经济环境急剧变化和国内市场约束双重因素作用下，更加突出地显现出来。经济运行中出现了较为不利的局面。一是对外贸易受到严重冲击，出口形势趋于恶化，外商投资明显下降；二是国内出现通货紧缩迹象，物价水平持续负增长；三是消费和投资需求增长趋缓；四是下岗和失业人员不断增加；五是结构因素制约经济健康发展。

基于上述情况，中共中央、国务院果断决定实施扩张性的积极财政政策，采取增加政府投资、扩大内需的方针，并且把增加投资的重点放在基础设施建设上，以求优化经济结构，增强发展后劲。这是我国市场经济体制建设中运用财政政策进行宏观调控的第二次重大转型。其主要内容和措施包括以下几个方面。

1. 增发长期建设国债，加强基础设施建设。1998—2004年共发行长期建设国债9100亿元，截至2004年年末，7年累计实际安排国债资金8643亿元，并拉动银行贷款和各方面配套资金等逾2万亿元，主要投向农林水利和生态建设、交通通信、城市、技术进步和产业升级和农网改造，以及教育、文化、卫生、旅游等基础设施建设。

2. 调整税收政策，促进经济社会发展。主要措施是制定和实施了一系列支持经济发展、刺激出口和消费的税收政策。

3. 调整收入分配政策，培育和扩大消费需求。1999—2002年，我国连续三次提高机关事业单位职工工资标准，实施了年终一次性奖金制度，使机关事业单位职工月人均工资水平翻了一倍。同时，重视加强社会保障工作，不断完善社会保障体系，减少人民消费时的后顾之忧。

4. 完善非税收入政策，减轻企业和农民负担。1998—2004年，共取消收费项目1913项，并降低了479项收费标准，减轻社会负担1490亿元。此外，对农村公共收入分配中的农业税等政策进行改革，规范农村税费制度，取消“三提留五统筹”，禁止向农民乱收费乱摊派，切实减轻农民负担。

5. 增加科教、国企改革、社会保障等重点领域的支出。

6. 加大对中西部地区的转移支付，促进中西部地区发展。

历时7年的积极财政政策是我国政府根据国际国内形势的变化，适时调整宏观调控政策的一次成功尝试，在我国财政宏观调控史上具有重大意义。一是通过宏观调控成功地应对了亚洲金融危机的冲击，宏观经济运行环境得到显著改善，社会需求全面回升，经济持续快速增长，全社会固定资产投资增速由1997年的8.8%逐年上升到2004年的26.6%，社会消费品零售总额增幅由1998年的6.8%上升到2004年的13.3%，外贸出口增幅由1998年的0.5%上升到2004年的35.4%。三大需求的持续快速增长，有力地拉动了经济快速稳定增长。1998—2004年，我国GDP增长速度分别为7.8%、7.6%、8.4%、8.3%、9.1%、10.0%和10.1%，表面我国经济正处于新一轮上升阶段。二是促进了经济结构调整，增强了经济发展动力。通过以基础设施建设为主，以优化产业结构、促进地区经济发展为辅的结构调整措施，提高经济自主增长能力，基本上实现了增加总需求的同时生成有效供给，以有效供给增加带动总需求扩大，为国民经济在总供求和谐调整中持续发展奠定了基础。三是物价指数开始回升，通货紧缩趋势得到初步遏制。2004年居民消费价格指数上涨3.9%，工业品出厂价格指数上涨6.1%，原材料、燃料、动力购进价格指数上涨11.4%，固定资产投资价格指数上涨5.6%，呈快速上升的态势。四是增加了城乡居民收入，推进了教育、社会保障等各项社会事业发展。

（三）稳健财政政策实践（2005—2008年）

2003年下半年，我国经济开始走出通货紧缩的阴影，呈现出加速发展的态势。但也出现了部分行业和地区投资增长过快等问题，资源对经济增长的制约越来越明显，并带来煤、电、油、运供求紧张的局面。同时农业特别是粮食生产连续多年减产，粮价逐步攀升，带动了居民消费价格的明显上升，通货膨胀压力逐渐加大。经济形势与1998年相比发生了较大变化，已经基本摆脱通货紧缩、有效需求不足的困扰，转向供求总量大体平衡、结构问题和体制问题日益突出的新阶段。

2004年12月召开的中央经济工作会议作出决定，从2005年起，实行稳健的财政政策，也就是经济学意义上的中性财政政策。稳健财政政策的主要内容概括起来为四句话，十六个字：控制赤字、调整结构、推进改革、增收节支。

1. 控制赤字，适当减少中央财政赤字和长期建设国债规模。重在传递调控导向信号，既防止通货膨胀苗头的继续扩大，又防止通货紧缩趋势的重新出现。具体来说，2005—2008 年中央财政赤字分别环比减少 192.2 亿元、242.5 亿元、749 亿元和 200 亿元（预算赤字）。中央财政赤字占 GDP 的比重从 2004 年的 2.0% 下降至 2008 年 0.6%（预算赤字）；长期建设国债规模从 2004 年的 1100 亿元调减为 2008 年的 300 亿元。

2. 适当调整财政支出结构和国债项目资金投向结构。主要是加大对农业、就业和社会保障、环境和生态建设、公共卫生、教育、科技等经济社会发展的薄弱环节的支持力度。2005—2008 年，中央财政投入“三农”的资金分别为 2975 亿元、3397 亿元、3917 亿元和 5625 亿元。取消农业税、农业特产税和牧业税，惠及全国数亿农民。实行了对种粮农民的粮食直接补贴、良种补贴、农机具补贴和农业生产资料综合补贴政策，大力促进农民增收。文教、科学、卫生支出由 2004 年的 5143.7 亿元增加到 2007 年的 11705.13 亿元，社会保障和就业支出由 2004 年的 3116.1 亿元增加到 2007 年的 5396.01 亿元。2008 年，全国财政预算安排教育、科学、社会保障和就业、医疗卫生的资金分别达到 9081.95 亿元、2152.82 亿元、6684.33 亿元和 2499.06 亿元。中央财政转移支付由 2004 年的 6028 亿元增加到 2008 年的 21626.52 亿元，主要投向中西部地区，促进地区间基本公共服务均等化。

3. 推进改革，为经济社会发展提供体制保障。大力推进增值税转型、统一内外资企业所得税和出口退税等方面的机制完善，注重支持收入分配、教育、社会保障、公共卫生等制度改革，积极支持国有企业的金融体制改革。

4. 增收节支，提高财政资金的规范性、安全性和有效性。一是以有效的财税政策支持经济发展，培植和壮大财源，促进财政收入稳定快速增长。二是依法加强收入征管，规范税收优惠政策。三是进一步加强非税收入管理。

从积极财政政策转向稳健财政政策，其突出的成效是确保了经济的平稳快速增长。2005 年 GDP 增长 10.4%，2006 年增长 11.6%，2007 年增长 11.9%，使得我国提前三年实现了 21 世纪第一个十年国内生产总值比 2000 年翻一番的目标，国内生产总值在国际上上升到第四位。在结构上，产业发展协调性增强，社会需求全面增长，市场价格总体保持稳定，社会事业全面发展。在宏观经济增速加快的基础上，财政收入也快速增长。2003 年全国财政收入突破 2 万亿元，2005 年突破 3 万亿元，2007 年达到 51304.85 亿元。财政收入占 GDP 比重由 2002 年的 15.7% 提高到 2007 年的 20.5%。

总体来看，稳健财政政策的实施，将短期的反周期调节与促进经济长期增长相结合，保持宏观经济稳定与促进结构优化相结合，实施宏观调控与推动经济体制改革相结合，有力地促进了经济社会稳定协调发展。

（四）新一轮积极财政政策实践（2008 年末—2010 年）

2008 年，国内外经济环境发生重大变化。从下半年开始，美国次贷危机演变成国际金融危机。在我国融入经济全球化程度不断加深的情况下，受国际金融危机加重和世界经济增长明显减速的影响，加上长期制约我国经济发展的体制性、结构性矛盾依然存在和周期性结构调整，国内经济运行困难急剧增加，突出表现在：经济下行压力加大；企业生产经营困难加剧；农产品价格全面回落，部分地区出现粮食、棉花、大豆等农产品销售困难问题；房地产市场销售量下降；股票市场低迷等。

2008 年 12 月初召开的中央经济会议，把“较大幅度增加公共支出，实行结构性减税”界定为新一轮积极财政政策的内容，并由此开启了财政上的一系列扩张性操作。

在增加公共支出方面，一是增加政府公共投资支出，2008 年年末先后增加公共投资支出 6115 亿元，而 2009 年中央政府公共投资支出总额达到 9243 亿元，其中保障性住房、农村民生工程、社会事业投资占 44%，自主创新、结构调整、节能减排和生态建设占 16%，重大基础设施建设占 23%，灾后恢复重建占 14%。全社会固定资产投资增长 30.1%，投资结构进一步优化。2010 年中央政府预算公共投资规模为 9927 亿元，将完成中央政府新增 1.18 万亿元公共投资的计划。二是增加对农民的各种补贴支出，2009 年中央财政安排的对农民的各种补贴支出合计达到 1480.8 亿元，中央财政用于“三农”的支出 7253 亿元，增长 21.8%，而 2010 年中央财政预算安排各类补贴资金 1335 亿元，用于“三农”方面的支出安排合计 8183.4 亿元，增长 12.8%。三是增加对城市中低收入群体的补贴支出，2009 年这方面支出达到 2208.33 亿元，2010 年将继续增加。四是增加用于保障、改善民生、支持科技创新和节能减排方面的支出，2009 年中央财政安排社会保障资金 2906 亿元，比上年增长 16.6%；安排保障性安居工程补助资金 551 亿元，比上年增 2 倍；中央财政安排教育支出 1981 亿元，比 2008 年增长 23.6%；中央财政医疗卫生支出 1277 亿元，比上年增长 49.5%；2009 年中央财政安排科学教育技术支出 1461.03 亿元，增长 25.6%。

在减税方面，实行结构性减税。一方面推出了全面实施消费性增值税、实施成品油税费改革、取消和停征 100 项行政事业性收费等新的税费减免举措；另一方面，继续执行 2008 年已经实施的提高个人所得税工薪所得减除费用标准、调高部分产品出口退税率、降低住房交易税收等一系列税费减免政策。2009 年的减税总额达到5500亿元，大体占当年全国财政收入的8.3%。

随着积极的财政政策和适度宽松的货币政策的实施，我国经济运行中的积极因素不断增多，企稳向好的势头日趋明显。2009年，国内生产总值达到33.5万亿元，比上年增长8.7%，粮食产量53082万吨，再创历史新高，实现连续6年增产；城镇新增就业1102万人；城镇居民人均可支配收入17175元，农村居民人均纯收入5153元，实际增长9.8%和8.5%。投资增长势头强劲，全社会固定资产投资增长30.1%；扩大消费政策成效显著，2009年汽车销售1364万辆，增长46.2%；商品房销售9.37亿平方米，增长42.1%；社会消费品零售总额实际增长16.9%，消费对经济增长的拉动作用明显增强；2009年进出口总额2.2万亿美元。2010年，国民经济整体回升向好的势头进一步发展，上半年国内生产总值17.3万亿元，按可比价格计算，同比增长11.1%，比2009年同期加快3.7个百分点；全社会固定资产投资11.4万亿元，同比增长25.0%；社会消费品零售总额7.3万亿元，同比增长18.2%；居民消费价格同比温和上涨2.6%；进出口总额1.4万亿美元，同比增长43.1%，顺差553亿美元。

二、1993年以来中国财政政策实践的基本经验

1993年以来我国财政政策的四次成功转型，有力地促进了国民经济的持续快速发展，充分说明我国立足本国实际，运用财政政策调控经济的能力在不断提高，积累了一些有益的经验。

（一）财政政策的调控工具由单一向多元转变

财政政策工具主要有国债、支出、税收、转移支付、财政补贴等，各种政策工具有不同的着力点和作用机制，各种不同的政策工具及其组合可以达到不同的调控效果。1993年以来，随着财政调控实践的不断丰富，在调控工具多元化方面取得了重要进展，更加注重多种政策工具的组合使用。特别是在1998年实行积极财政政策以来，财政调控工具更加明显地呈现出多元化特征，既使用了国债项目投资、财政贴息、转移支付等工具，又使用了税收政策和收入分配政策，但这其中仍然以“增支”作为主要政策内容。2008年末启动的新一轮积极财政政策，则是支出与收入同时并举：不仅有扩大财政支出的传统举措，也有结构性减税的新动作。就扩大财政支出而言，不仅有增加公共投资项目，也有增加中低收入群体收入以及实施家电下乡、汽车下乡等方面的安排。就结构性减税而言，不仅涉及诸如增值税转型、企业所得税两税合一等份额较大税种的减收，也有包括个人所得税、二手房交易税负等份额相对较小税种的减收。可见，十几年的财政政策实践，财政政策工具多元

化组合的运用日臻完善。

（二）经济周期性波动明显，对世界经济依存度提高，财政政策注重相机抉择

1992 年以来，随着我国社会主义市场经济的逐步发展，经济的波动性特征日益显现，经济波动作为市场经济的一种原生性缺陷，单纯依靠市场机制本身的力量难以克服或成本极高，需要政府的主动干预，社会主义市场经济也并不例外。十几年来，我国经济相继经历了“1992 年过热—1998 年衰退—2005 年复苏—2008 年再次衰退”的周期性波动。

此外，市场经济本质上是开放型经济，在经济全球化、金融一体化的背景下，各国经济与世界经济的相互依存度不断提高，包括财政政策在内的各国宏观经济政策必然受到其他国家的影响。我国社会主义市场经济对国际经济的依存度也在日益提高，两者相互影响，密不可分。1997 年的东南亚金融危机和 2007 年的美国次贷危机是造成我国 1998 年和 2008 年的两次经济衰退的主要原因之一；另一方面，我国实行的两次积极财政政策不仅确保了我国经济的持续发展，而且对于世界经济的复苏起到了重要作用。

财政调控的灵魂或关键是注重预测分析、审时度势、相机抉择，也就是说，在经济运行的不同形态下，财政政策必须随着作用环境与对象的变化而适时适度地进行调整。1993 年以来，正是根据不同的经济运行状况，财政政策相机而动，及时调整政策的方向和力度，实现了四次转型，为促进经济持续稳定健康发展起到了非常重要的作用。

在实行相机抉择的财政政策中，逐步积累了一些有益经验。一是相机抉择财政政策的实施必须以对宏观经济走势的准确把握判断为前提。二是加强经济预测分析工作，为适时调整财政调控方向提供决策依据。三是根据财政收入与支出增长的特点选择政策工具组合。

（三）财政政策与货币政策紧密配合

财政政策与货币政策具有同一性，都是国家的宏观调控政策，以货币为载体和操作对象，通过对社会总需求的调节间接地影响社会总供给的变动，从而促使整个社会总需求与总供给的平衡。建设市场经济以来，我国在历次经济波动中均配合使用财政政策和货币政策，政府对两者的运用日趋娴熟。

1993—1997 年，适度从紧的财政政策与适度从紧的货币政策配合，成功地使过热经济降温，遏制了高通货膨胀。1998—2004 年，积极财政政策与稳健的货币政策搭配，推动经济增长的同时，确保货币供给量的适度增长。2005—2008 年，稳健的财政政策与稳健的货币政策配合，有效地控制了总需求的过快增长，稳定经

济发展。2008年末至今，积极财政政策与适度宽松的货币政策配合，共同致力于扩张经济。

在财政政策与货币政策的不断协调配合的过程中，两者在宏观调控政策中地位也在不断调整。财政政策的作用日显突出，特别是在遏制经济衰退方面逐渐担负起了“主攻手”① 的角色。这一现象在2008年年末开始的新一轮宏观调控过程中表现得尤为突出：在全球性产能过剩危机面前，以调低利率和增发货币为基本工作线索的适度宽松货币政策，对于拉动企业投资和居民消费的功效，是比较有限的。这说明，在全球性金融危机包围下的中国，有两种政策手段共担拉动内需的重任，历史性地向财政政策一方倾斜了。

（四）调控与促进发展和推进改革相统一

财政政策作为政府实现多重发展目标的主要工具，从本质上看，不仅是宏观调控的重要工具，也是政府有效履行职能的主要手段。一方面，财政调控要促进发展。作为一个发展中的大国，我国财政政策促进发展的功能更为突出。没有一定的发展速度，增加就业、保持稳定、推进改革都无法正常进行。一是在财政调控的实践中，我国政府在继续加快城镇发展的同时，更加注重发挥财政政策在支持解决“三农问题”和统筹城乡发展中的积极作用。二是财政政策更加注重发挥促进区域经济协调发展的作用，支持实施西部大开发战略，支持东北地区等老工业基地振兴，实施向中部地区等粮食主产区倾斜的财政政策。三是财政政策更加注重促进社会协调发展，通过增加社会公共领域的支出，不断加强对社会保障、科学、教育、政府服务等方面的保障力度。四是随着财政实力的增强，不断加大对环境保护和生态建设的支持力度，努力促进人与自然和谐发展。

另一方面，在调控中坚持改革创新。体制和制度滞后，仍然是制约我国经济健康发展的重要因素。因此，在财政调控的实践中，我国政府注重以财政政策支持经济体制改革与制度创新，正确处理宏观调控与体制改革的关系，致力于建立有利于经济自主增长和健康发展的长效机制。一是推进公共财政改革步伐，为有效实施财政调控提供制度保证。不断完善财政体制，规范财政管理，为提高财政政策的运行效率，加强和改善财政调控提供基本保障。调整和改革各项税收制度以及非税收入管理，初步建立了财政收入稳定增长机制；推进部门预算制度、国库管理制度、政府采购制度，提高管理效率，增强财政资金的使用效益；完善转移支付制度等财政管理制度，充分发挥中央和地方政府两个主体的积极性，提高财政调控的政策执行

① 高培勇：“新一轮积极财政政策：进程盘点与走势前瞻”，《财贸经济》，2010年第1期。

效果。二是支持和推动经济体制改革，为宏观调控创造体制条件。支持深化国有企业改革，实现政企分开，推动形成成熟的市场经济主体，为实现成功的财政调控打造良好的微观机制；支持推进金融体制改革，加快国有银行改革，形成合理的融资渠道；大力支持收入分配制度改革，形成合理有序的收入分配秩序，缩小收入分配差距，为实现财政调控创造良好的社会环境。

本章小结

1. 从行为规范上讲，财政政策是指政府为了实现特定的社会经济目标，主动调整财政分配过程和分配关系的基本准则和行为方式；从操作意义上讲，财政政策是政府为实现预定的社会经济宏观目标，调整财政分配过程所形成的既定财政分配模式。不管财政政策的具体类型如何，它总由这样几个基本要素构成：财政政策的作用主体、作用对象、传导方式、作用工具和作用目标。

2. 根据调节社会总需求规模的不同作用，将财政政策分为扩张性财政政策、紧缩性财政政策和中性财政政策；根据调节社会经济结构的不同作用，将财政政策分为产业结构调节政策、分配结构调节政策、消费结构调节政策；根据作用方式不同，将财政政策分为相机抉择的财政政策和自动稳定的财政政策。

3. 财政政策的效应就是财政政策执行的结果及其影响。财政政策效应主要有乘数效应和挤出效应。财政乘数是指国民收入的变动量与引起该变动的财政要素注入量之间的比率。财政乘数大体分为购买性支出乘数、转移性支出乘数、税收乘数和平衡预算乘数。财政购买性支出增加所引起的私人投资或消费降低的效果被称为财政政策的挤出效应。就相机抉择的财政政策而言，一般会产生五种时滞，分别是：认识时滞、行政时滞、决策时滞、执行时滞以及效果时滞。

4. 财政政策和货币政策是国家调控市场经济运行的两大手段。它们各有自己的调控特点，主要表现在，调控重点不同、调节领域不同和调节方式不同。相对于不同的经济背景，财政政策和货币政策有不同的配合模式。

5. 1993 年以来我国财政政策的四次成功转型，有力地促进了国民经济的持续快速发展，充分说明我国立足本国实际，运用财政政策调控经济的能力在不断提高，积累了一些有益的经验。

主要概念

财政政策　财政政策的传导方式　直接传导　间接传导　扩张性财政政策　紧缩性财政政策和中性财政政策　结构性财政政策　产业结构调节政策　分配结构调节政策　消费结构调节政策　财政政策的挤出效应

复习思考题

基础性思考题：

1. 什么是财政政策？财政政策由哪些要素构成？
2. 与传统财政政策相比现代财政政策出现了哪些转变？
3. 如何理解财政政策的传导方式？
4. 财政政策的作用工具有哪些？
5. 如何理解财政政策的作用目标？
6. 总量型财政政策的类型有哪些？
7. 结构性财政政策的内容是什么？
8. 什么是财政乘数，包括哪些内容？
9. 什么是挤出效应，影响挤出效应的因素有哪些？
10. 相机抉择财政政策的时滞包括哪些内容？
11. 什么是货币政策？货币政策和财政政策的区别是什么？
12. 财政政策和货币政策有哪些配合模式？

扩展性思考题：

1993 年以来我国财政政策实践的基本经验是什么？

第十六章

DISHILIUZHANG

政府间财政关系

本章对政府间财政关系或财政管理体制问题进行理论和制度性分析。本章提供关于财政体制的概念和内容、层次和构成、初创和演变、分级体制的理论和实践、转移支付制度的理论和现实等方面的知识。掌握政府间财政关系的理论基础，了解分税制财政体制的制度设计，熟悉转移支付制度的效应和改革，是本章学习的主要目的。

第一节

财政管理体制的概念和内容

一、财政管理体制的概念

财政管理体制简称财政体制，是国家如何组织、管理财政分配活动的基本制度。财政体制的概念有广义和狭义之分，广义的财政体制不仅包括国家各级政府之间的财政分配关系，还涉及国家与企业、事业单位之间财政分配关系。狭义的财政体制亦称预算管理体制，仅指国家各级政府间财政关系的处理问题，即关于财政资金如何分配于各级政权之间的根本制度。

预算管理体制是经济管理体制的重要组成部分。经济管理体制从根本上看是国家在一定时期经济活动中的责任、权力、利益如何分配于各社会经济主体之间的制度。预算体制则是经济体制在财政资金分配领域中的体现。

预算管理体制的实质是国家各级政权之间的物质利益关系问题。人们在一般地讨论社会主体之间的物质利益关系时，总是把国家利益作为统一的利益存在形式，把国家作为一个利益整体。当然，作为统一的国家政权的组成部分，不同政权层次之间一般不存在根本的利害冲突，统一的政治构架、上下政权层级之间的行政制约关系，使它们之间的利益关系以一致性为主，一旦利益之间出现矛盾，解决起来总是比较容易的。但是，不能因此就否定它们之间事实上存在的物质利益矛盾。不同政权层次本身都可构成独立存在的利益主体，都有各自的利益存在形式，如中央（国家）利益、地方利益等。同企业利益、个人利益等一样，它们的各自利益也都是它们做出决策、调整行为的重要根据，地方政权尤其是这样。各级政权之间的财政分配关系处理得好，可以在它们之间形成最大合力，推动整个社会经济快速协调发展；否则，利益关系处理不当，必然形成过大内耗，影响国家职能的很好实现。

二、我国国家财政（预算）的管理级次

国家财政的管理级次是指整个国家财政分几级进行管理。一般来说，财政管理级次总是同国家政权级次相适应，有一级政权就有一级财权。

与政权结构相对应，我国的国家财政（预算）由中央财政和地方财政两级组成。地方财政又具体由省（自治区、直辖市）级财政、市（设区的市、自治州）级财政、县（自治县、不设区的市、市辖区、旗）级财政和乡（民族乡、镇）级财政四级构成。连同中央财政，我国共分为五个财政（预算）级次，共同构成我国统一的国家财政管理体系。

不同级次的政权构成不同级次财政的管理主体，它们在整个国家政权体系中所处的不同地位，也决定着不同财政（预算）级次在财政体系中处于不同的地位。中央政权是国家政权的核心，是国家的最高领导力量，是全局利益的集中代表，肩负着最主要的国家职能，负责提供全国人民共同享有的公共产品。这不仅要求中央政权要支配相对多的财政资金，也要求中央政权对全国性的财政分配制度和政策进行决定，因此，中央财政肯定要居于财政体系的主导地位。

地方财政在国家财政体系中处于基础地位。表现为两方面：一是地方政权是国家职能的具体组织实施者，是中央方针政策的传导和实施者，而且地方政府还对本地区社会经济和谐快速发展、本地区人民生活水平的稳定提高、本地区社会经济秩序的安定等负有直接责任。一句话，地方政府需要提供本地区人民共同享有的公共产品。这自然要求地方政府支配一定数量的财政资金。二是地方财政是我国财政分配活动的极其重要的组织力量。国家财政收入的大部分要依靠地方财政组织收缴，国家财政支出的一半左右也要通过地方财政来组织实现。

三、预算管理体制的内容构成

预算管理体制的内容一般都由：财力分配比例、财政收支范围、收支联系方式与体制适用期限这样四种要素构成。

（一）财力分配比例

财力分配比例是指全部财政资金以什么比例分配于各级政权之间（集中体现在中央与地方政府之间）。这是预算体制最基本的问题。

科学确定各级政权之间财力分配比例，必须坚持财权与事权相结合的原则，使各级政权之间财力分配比例与事权划分相一致。哪一级政府在国家职能体系中肩负责任重大，所承担的社会经济发展和调节任务多，自然应使其支配较多的财政资金；反之，负有较次要的国家职能，承担较少或较低层次的社会经济发展任务者，只能使其支配较少的财政资金。人们认为，中央财政在财力分配中应占据主导地位，支配大部分财政资金，完全是根据中央政府所承担的职责范围、任务层次等得出的结论。一个好的预算体制首先要求它必须能为各级政权较好地实现自己的职能提供恰当的资金保证，不使某级政府的资金严重供不应求（相对其承担的合理事权而言），导致其职责不能圆满实现，而其他级次政权由于可支配财力过多而获得片面发展，影响全国社会经济的协调发展。

（二）财政收支范围

财政收支范围是指各级政权具体负责哪些财政支出项目，支配哪些财政收入项目。收支划分是前述财力分配比例的具体化，是特定预算体制的关键内容。

不管预算体制的具体形式如何，其最初核定各级财政收支范围时，总是遵循量出为入原则，即根据本级政权事权结构，划定本级财政支出项目，核定这些支出项目需要支配的财政资金总额，再从收入项目中划出相应数额的财政收入项目。也就是说，基本保证各级财政收支平衡，是财政收支划分的基本依据。当然，在实际执行中，人们一般总把覆盖面广，收入数额大，调控范围广泛，或者关系国家主权的收入项目划归中央支配，只是把数额较小，收入零散，与本地经济发展状况关系密切的收入项目划为地方收入。尽管这样划分会使一部分地区入不敷出，需要中央给予补助，一部分地区收入相对富余，需要解缴中央，但其基本考虑还是各级政权的支出需要。

（三）各级财政收支之间的联系方式

收支之间的联系方式是指各级财政核定的收入和负责的支出项目之间是否存在有机联系，以及联系的具体方式如何。主要存在于地方财政收入与支出之间。这里的收入包括地方财政按规定可以支配的全部资金，它等于地方在核定的收入项目内获取的全部收入减去按规定上解上级财政（主要是中央财政）的部分，或者加上按规定由上级财政（中央财政）补助的部分。

确切地讲，支出权力是地方政府利益的基本存在形式，地方政府关心财政收入状况，只是因为这些财政收入与财政支出之间是存在密切关系的，换句话说，如果收入实现状况与支出之间没有关系，地方政府一般不可能关心收入状况。在社会经济发展的正常时期，一个好的预算管理体制应当在地方财政收入与其可安排的财政支出之间建立有机联系，收支之间要协调，要体现责权利相结合的原则。地方财政收入组织得好，获得了更多的财政收入，它就可以安排更多的财政支出；反之，收入组织的不理想，只能安排较少的财政支出。只有这样，才能调动地方政府大力发展经济、培植或开拓财源、增收节支的积极性。

地方财政收支之间的联系方式主要体现在地方财政结余如何处理上。如果把地方财政实际形成的收支差额完全由中央财政调整，或者年度结余全部上缴，或者年度赤字全部由中央补贴，或者干脆收支两条线，这实际上是各级财政共吃“大锅饭”，只会助长地方财政争支出指标，扩大支出规模，淡化其自求平衡意识；反之，如能在地方财政收支之间形成制约关系，如各级财政结余结转下年继续归己，或者仅仅是计划结余额上缴，或者由中央财政进行按计划（核定）亏空数定额补贴等，都会对促进地方财政在核定期内精打细算，增收节支发挥积极作用。

（四）分配办法的适用期限

适用期限是指前述分配比例、划分收支范围、收支联系方式等要素被确定以后，可以在多长时间内发挥作用，或者说，分配办法的两次调整之间有多长时间的间隔。

一个比较好的预算体制在具体分配办法的适用期限上应当是长短适宜。过于频繁的调整（如一年一变，甚至年度中调整），适用期限过短，固然有助于适应国家政治经济形势的不断变化，使财力分配经常与国家各级政权的职能变化相一致，但却使利益分配的确定性程度降低，地方财政胸中无数，自然也难以使它们瞻前顾后，精打细算；也会对他们建立梯级财源的积极性产生不利影响。当然也不能走到另一个极端，搞成分配体制终身制，或者存续时间过长。任何国家的社会经济运行环境都在不断变化，各级政权职能体系的内涵与外延也在经常调整，分配办法的一成不变将使财力分配结构同国家职能分工结构的不协调程度逐步扩大，影响国家职能的圆满实现。

第二节 财政分权理论

妥善处理政府间财政关系，就是如何通过适度的财政分权，使得不同层次的政府在处理经济社会事务中，能够责权利相结合，具备履行其职责所必备的财政能力，能够更好地提供基本的公共服务。

一、西方财政分权理论

如果按新古典经济学的原理，中央政府能够完全根据居民的偏好、经济中的产品和服务总量以及资源禀赋供给公共品，从而实现社会福利最大化，一个国家就不可能出现多级政府，也就没有必要讨论财政分权。但是，现实是地方政府不仅实实在在地存在，而且作用很大，基于此西方财政分权理论逐渐产生，传统的财政分权理论以蒂布特 1956 年发表的《地方支出的纯粹理论》为标志，然后马斯格雷夫、奥茨等经济学家对此作出补充和发挥。

传统财政分权理论对财政分权的合理性、必要性给出了一定的解释和说明，其研究的一个基本问题是如何将各项财政职能及相应的财政工具在各级政府之间进行适当的分配，核心观点认为：如果将资源配置的权力更多地向地方政府倾斜，那么通过地方政府间的竞争，能够使地方政府更好地反映纳税人的偏好，从而加强对政府行为的预算约束。

（一）马斯格雷夫的分权理论

马斯格雷夫在肯定多级政府必要性的基础上，运用数理模型分别分析了财政的资源配置职能、收入再分配职能与经济发展职能各自应由哪级政府承担的问题。再分析资源配置职能的履行问题时，他运用最佳社会结构模型对政府间财政权限问题作了分析。其所设计的模型中，强调了由于不同公共物品的收益范围不同，因而应由不同层级的政府单位来提供。最佳社会结构模型假设：消费者有完全相同的偏好和收入；公共劳务是纯粹的社会货物，仅受制于收益的空间限制。自此假设成立的前提下，马斯格雷夫分析了公共劳务的人均总成本与社会成员数量之间的函数关系、人均单位成本与劳务水平之间的函数关系以及劳务水平与社会规模的函数关系，最终得出结论是，一个国家，必须有在规模与地区范围上都不同的多级财政单位。其中有些必须是由中央政府提供（如国防设施），而另一些则必须由地方政府提供（如路灯的提供）。换句话说，全国性的资源配置应由中央政府负责，而区域性的资源配置则应由地方政府负责；在分析收入再分配职能的归属问题时，马斯格雷夫将分配划分为个人之间的分配与辖区间的分配两个层次，认为两个层次的分配均需由中央政府履行；至于经济稳定发展职能，马斯格雷夫则认为应由中央政府承担，因为地方政府无法成功地自行执行稳定政策。

（二）斯蒂格勒的最优分权理论

斯蒂格勒的理论贡献在于提出了地方政府存在的必要性的两条基本原则，进而说明由地方政府来进行资源配置比中央政府更有效率，他在《地方政府功能的有理范围》中提出了这两条原则，一是与中央政府相比，地方政府更接近于自己的民众，地方政府更了解它所管辖公民的效用与需求；二是一国国内不同的人们有权对不同种类和不同数量的公共服务进行投票表决。这就说明了地方政府的存在是为了更有效地配置资源，进而实现社会福利的最大化。同时斯蒂格勒并不否认中央一级政府的作用，他指出行政级别高的政府对于实现配置的有效性和分配的公平性目标来说也是必要的。尤其是对于解决分配上的不公平和地方政府之间的竞争与摩擦这类问题而言，中央政府更为有效。

（三）奥茨的分权理论

奥茨在《财政联邦主义》一书中，将全部人口分为两个子集，每个子集内的人都具有相同的偏好，而两个子集间的偏好是不相同的，他从中央政府等量分配公共品出发，认为中央政府忽略了两者的不同偏好，因而达不到帕累托最优，地方政府与中央政府在提供公共品上的效率差别，使后者在配置资源的功能上不如前者。由此，奥茨提出了“财政分权理论”：“让地方政府将一个帕累托有效的产出量提供给它们各自的选民，则总是要比由中央政府向全体选民提供任何特定的并且一致的产出量有效得多。”

奥茨的分权理论主要是从经济效率的角度，强调公共服务的下放有助于提高公共服务的经济效率。但他的关于中央政府对每个人口子集等量的提供公共品这一假定是很难使人信服的。

（四）布坎南的分权“俱乐部”理论

所谓分权“俱乐部”理论，就是把社区比作俱乐部，然后研究在面临外在因素的条件下任何一个俱乐部——为分享某种利益而联合起来的人们的一个自愿协会——如何确定最优成员数的一种理论。理论核心有两个方面：一方面随着俱乐部成员的增加，人均劳动成本会下降，他的假定条件是社区的劳务水平一定；另一方面，新的俱乐部成员的进入，会增加拥挤成本，从而增加外部的不经济等。于是，一个俱乐部的最佳规模就在外部不经济所产生的边际成本正好等于由于新成员分担运转成本所带来的边际节约这点上。这一理论可以用于解释任何一级政府所能有效服务的民众数量和所能有效提供的公共产品的种类和数量都不是无限的。

总之，财政分权理论指出应给予地方政府一定的税收权利和支出责任范围，并允许其自主决定预算支出规模与结构，使处于基层的地方政府能够提供更多更好的服务。有关财政分权的理论不仅在发达国家得到普遍的重视，许多发展中国家也将财政分权视为打破中央计划束缚，走上自我持续增长的道路。

二、构建分级财政管理体制的理论依据

经过几十年的探索，中国的经济体制改革确立了建设社会主义市场经济体制的目标模式，这同时也确立了我国财政改革的市场化取向，决定了我国财政必须实现从国家财政模式向公共财政模式的转变，构建具有中国特色的分级财政管理体制，否则建设社会主义市场经济就是一句空话。

结合上述的财政分权理论，建设分级财政管理体制，有以下几点原因：

（一）国家结构的层级性决定了分级财政管理体制的必要性

当代国家的结构形式，依据国家权力集中程度的不同，主要分为两大类，即复合制（联邦制）国家和单一制国家。无论是单一制国家还是复合制（联邦制）国家，面对现代经济条件下国家规模之大，社会成员之多，公共事务之复杂，要想使国家意志得到行之有效地贯彻落实，国家必须划分若干行政区域，设置若干国家机构，只靠中央政权机构无法全面履行国家的全部职责。这就需要构建一个由多级政府组成的政权架构，并将国家权力在它们之间进行分解，明确它们各自承担的职责和权限，由各级政府进行合理分工共同履行政府职责。毫无疑问各级政府履行职能必须要有相应的财力作保证，因此，多级政府组成的政权架构必然要求建立与之相

应的多级财政体制。

（二）公共产品的层次性决定了分级财政管理体制的必要性

公共产品因其受益范围大小而可划分为全国性公共产品和地方性公共产品两个层次，所谓全国性公共产品是指那些受益范围是跨区域的，可供全国居民同等消费和享用的产品，比如国防、外交等。所谓地方性公共产品是指那些在某一特定区域内被消费者共同消费和享用的产品，比如交通安全，环境保护，社会治安等。全国性公共产品与地方性公共产品之间最大的区别就在于地方性公共产品其受益范围具有明显的地理空间限制，只能是就近的居民才能享受，而超出一定的地理空间便不能享用；而全国性公共产品其受益范围应限定在一个国家的疆界之内，比如国防、外交等公共产品是可供国家全体居民共同享受的，在一个国度内是没有地理空间限制的。

公共产品这种层次划分有着十分重要的意义。它为我们揭示了只有按着公共产品受益范围的大小区分不同层次并相应选择不同级次的政府来提供才能获得较高的经济效率，我们可以从公共产品供给的有效性分析得到这个结论。首先，当着全国性公共产品由地方政府来提供时会出现效率损失。这是因为，全国性公共产品由于其受益范围超出地方政府所辖界限，如由地方政府来提供全国性公共产品时，必然形成公共产品效益的外溢，地方政府为此付出的成本与其所得的收益不相对应，因此难以充分调动地方政府供给的积极性，造成供给的低效率；其次，当着地方性公共产品由中央政府来提供时，应有的经济效率也难以保证。从理论上说中央政府也能够提供地方性公共产品，但实际结果却不能尽如人意，这是因为，第一，与地方政府相比中央政府不能更准确地了解该地区居民对一定地方性公共产品的偏好程度，第二，中央政府同时面对多个地区，而不同地区居民对一定公共产品的需求偏好常常是有差别的。这种情况下由中央政府向全体居民统一提供地方性公共产品必将出现效率损失。如图 16－1 所示，假定中央政府面对两个地区；每一地区内部对某种公共品的需求是一样的，D_1 表示 1 区的需求曲线，D_2 表示 2 区的需求曲线；假定该公共产品每单位产量的提供成本无论中央政府还是地方政府都是相同的，固定不变为 P，则满足 1 区消费的均衡数量为 Q_1，满足 2 区消费的均衡数量为 Q_2，当该产品由中央政府提供时，中央政府无法分别考虑各地区对公共产品需求偏好的差别，而只能提供一个单一的标准量，即图中的 Q_3，尽管这个标准量位于 1 区的最适需求量 Q_1 与 2 区最适需求量 Q_2 之间，但它却使 1 区居民的消费 Q_1 没有得到满足，造成的福利损失为三角形 ABC 的面积。而对于 2 区居民这个标准量又造成超量消费，其福利损失为三角形 CDE 的面积。

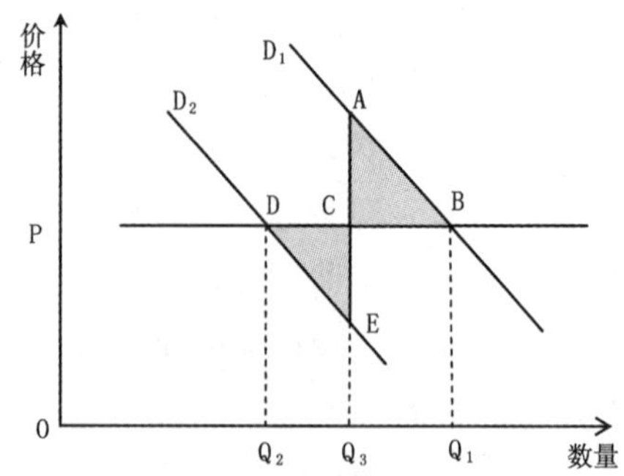

图 16－1 中央政府提供地方性公共品的效率损失

（三）财政职能的层次性决定了分级财政管理体制的必要性

市场机制的缺陷决定了公共财政必须承担的三个基本职能，即资源的有效配置、收入的合理分配和经济的稳定协调发展。财政职能的层次性是指，不同财政职能目标的实现客观上对执行主体层次的要求。不同的财政职能客观上需要由不同层次的主体（中央或地方政府）来履行，否则会造成职能失效或效率损失。

1. 资源配置职能应主要由地方财政来履行。财政资源配置职能以弥补市场机制缺陷为存在前提，其职能的核心内容是，为满足公共产品的生产配置资源。由于中央财政和地方财政分别在不同的受益范围内提供公共产品，所以资源配置是由中央财政和地方财政共同承担的，但是资源配置具有较强的地域性，比如很多的基础设施、交通运输以及城市维护和建设中都带有较强的地方性，因此，表现在现实生活中，大量存在的是地方性公共产品。与中央政府相比，地方政府在较小的地域范围内进行资源配置，对于本地区的需求偏好等信息最了解，可以使资源配置的针对性明显加强，资源配置的效率较高，所以资源配置职能应主要由地方财政来履行。但是对存在较大外溢性的项目，还应由中央政府参与解决。

2. 收入分配职能应主要由中央财政来履行。财政的收入分配职能主要解决两个问题：一是社会成员之间的收入分配失衡的问题；二是不同地区间分配失衡问题，通过财政再分配实现社会公认的公平。

在生产要素可以充分流动的条件下，收入分配职能无法由地方政府来实现。首先从个人收入分配来看，当着某一地方政府独立地执行收入分配职能，加大再分配力度，提高对高收入人群的税收负担，同时对低收入者发放更多财政补助，其结果必将出现本地区高收入者不堪重税从该辖区迁出，而其他地区的低收入者纷纷涌进的局面。这样的结果意味着税源的流失和财政支出的增加，因此也是任何一个地方政府都不愿意做的。那么由地方政府来协调社会成员的收入失衡，它只会在全国范围内形成一个统一的较低水平的收入再分配标准，而公平的目标则难以实现。由中央政府履行分配职能会有很大的优势，在全国范围内实现公平原则，可以避免地区间差别税负、导致生产要素的不合理流动和经济效率的损失。

其次，从地区间的收入再分配来看，各不同地区因资源禀赋、地理位置、居民构成和社会经济发展水平等差异的存在，在财政供给和财政需求上有很大差距，即使提供同一水平的公共产品所付出的成本也不尽相同。也就是说，各不同地区为提供同样的公共产品需要征收不同税收，居住在不同地区的居民在享受同样的公共产品时，会因居住地区的不同而承担不同的税负，这显然是违背公平原则的，需要在地区之间进行收入再分配。各地区间的关系是相对独立和平等的，它们之间的财政关系建立在平等互利基础上，这种直接的利益冲突并不能通过地区之间协商来解决，而只能由中央政府实行转移支付制度进行调节。

3. 稳定经济职能应主要由中央财政来履行。在市场经济条件下，国家内部的各个地区之间是高度统一和全面开放的，地区之间不存在任何贸易壁垒，生产要素可以在各地自由流动。在此情况下，地方政府无法有效地执行经济稳定职能，各地经济的高度开放性和高度流动性严重限制了地方政府平抑经济波动的效果。比如，当经济处于萧条之中，某一地区为刺激本地经济的增长单独实施增支减税的扩张性政策，在各地经济完全开放的情况下得到的结果只能是新增的购买力大量地被外地的商品和劳务所吸收，造成“漏损”，为本地区创造就业机会和促进国民收入增加的政策目标大打折扣。

第三节

我国预算管理体制的沿革

了解我国预算管理体制的过去，有助于了解我国预算体制的现在，还有助于预知我国未来预算体制的大体走向。我国同西方国家不同。西方国家有一个大体稳定的社会经济运行模式和一个大体稳定的社会经济管理体制，因而它可以有一个大体稳定的预算管理体制，所以，它们的财税理论较少谈及自己的预算体制演化过程。而我国预算体制赖于存在的经济运行环境和经济管理体制一直处于变动之中，预算管理体制具体形式的变动也在所难免，因此，我们必须经常“顾后”，才可以更好地“瞻前”，为我们选择一个较好的预算体制奠定基础。

在新中国刚刚建立的1950年，经济由于战争破坏而一片萧条，财政收入拮据，财政支出由于战争和恢复经济却十分庞大，通货膨胀居高不下，经济运行严重失衡。为了尽快抑制通货膨胀，稳定物价，平衡财政收支，政务院于1950年3月发布了《关于统一管理1950年度财政收支的决定》，实行“高度集中，统收统支”的预算体制。主要内容是：除地方税收和少量零散收入外，其他一切收入均作为中央财政收入，一律解缴至中央金库；一切财政收支项目、收支程序和开支标准，统由中央指定；各项财政收支全部纳入统一的国家预算。这是最典型的“收支两条线”，是财政分配权力最高程度的集中。应当说，这种体制在当时是完全必要的，它使国家集中起一切可用资源，形成一只有力的拳头，应付当时社会经济的非常状态。但也正如前面所述，这种体制不适应社会经济发展的一般时期。

1951—1957年，我国实行了“划分收支，分级管理”体制，又称“以支定收，一年一变”体制。主要内容为：（1）将国家财政划分为中央、大行政区、省（市）三级预算进行管理。（2）财政支出依企业、事业和行政单位的行政隶属关系分别列入各级预算，相应划分为中央财政支出、地方财政支出，前者包括国防费、中央企业投资支出、中央级社会文教事业费、中央行政管理费、债务还本付息支出、外交支出等；后者包括地方企业投资支出、地方社会文教事业费、地方行政管理费等。（3）财政收入先是分成中央收入、地方收入及中央与地方的比例解留（即按规定比例上解中央或留归地方）收入，1954年后又改为中央与地方固定收入、固定比例分成收入及中央调剂收入三类。根据规定，由各级管理的企业、事业收入，分别作为各级预算的固定收入；农业税、工商税和工商所得税为固定比例分成；商品流通税与货物税为中央调剂收入。（4）地方支出先由其固定收入和固定比例分成收入抵补，不足部分再由中央调剂收入解决。分成比例一年一定。年终结余可转入下年使用，超收部分一般归地方支配。同统收统支相比，上述体制在一定程度上调动了地方财政理财的积极性。

1958年，我国改行“以收定支，五年不变”的预算体制，原设计方案为：（1）将地方收入分成三类：一是固定收入，包括原有地方企、事业收入及七种地方税；二是企业分成收入，包括中央划给地方管理的企业和虽然由中央管理但地方可以参与分成的企业利润，20%分给地方；三是调剂分成收入，包括农业税、商品流通税等五种税收及公债。（2）核定地方正常财政支出数额，指按1957年决算数形成的地方经济建设事业费、社会文教事业费、行政管理费和其他地方性支出，但不包括基本建设投资、重大灾害救济等特殊性支出。（3）以地方三项收入顺序抵顶其支出，如有结余，按一定比例上解；如不足，则由中央另行拨款补助。地方收入项目和分成比例确定后，五年不变。应该说，这个体制的主体框架是不错的，但由于当时的特殊情况，主要是由于“大跃进”造成的社会经济不正常，该体制只执行了一年，即告结束。

1959—1970 年（1968 年除外），我国实行“总额分成，一年一变”的预算体制。全称为“收支下放、计划包干、地区调剂、总额分成、一年一变”体制。（1）在收入方面，除少数仍由中央直接管理的企业收入和铁道、邮电、外贸、海关等不便于划分的收入外，其他各种收入，包括各项税收和一切企业收入，均作为地方财政收入不再划分为不同类别。（2）在支出方面，除中央各部门直接办理的小部分经济建设支出、中央级行政、文教支出与国防、外援、债务等支出外，其余全部支出，包括地方基本建设拨款和企业增加的定额流动资金等，全部作为地方财政支出，不再区分正常支出与中央专案拨款。（3）地方收入与支出相抵，收大于支的，多余部分按分成比例上缴中央；收入小于支出的，不足部分由中央予以补助，不实行总额分成，在此基础上，归省、市、自治区包干使用。地方的财政收支指标、分成比例与补助数额，由中央每年核定一次。这种体制可以把地方收支结合起来，自然可在一定程度上调动地方财政积极性；同时在操作上实行总额分成，大大简化了手续，方便易行。期间尽管也有过一些项目的调整，集中程度上有些变动，但基本框架一直稳定。仅仅是 1968 年，因受“文化大革命”影响，上年财政出现赤字，曾一度改行统收统支体制。

1971—1973 年，我国又改行“定收定支，收支包干，保证上缴（或差额补贴），结余留用，一年一定”的体制，简称“财政收支包干”体制。主要内容为：（1）扩大地方财政收支范围，除中央部门直接管理的企业收入、关税收入和基本建设、文教行政、对外援助和国家物资储备支出外，其他收支都划归地方财政。（2）地方财政的收支总额，由省、市、自治区提出建议数，经中央核定下达。收入大于支出的，包干上缴中央（按绝对数包干，不再按比例计算）；支出大于收入的，由中央按差额包干给予补贴。（3）上缴或补助数额确定后，一般不作调整，由地方包干使用，超收或结余都归地方支配；遇有短收或超支，除重大特殊问题报国务院批准可适当调整外，均由地方自求平衡。这种体制在执行中尽管出现了一些问题，但基本精神还是正确的。

“收入固定比例留成，支出包干”是我国在 1974—1975 年实行的预算体制。当时正值“文化大革命”后期，国民经济受到严重破坏，财政收入减少，更没有超收，原收支包干体制往往包而不干，难以为继，故推出此体制。主要内容为：（1）中央以各省、市、自治区组织的全年预算收入指标的基数，分别确定比例（全国平均2.3%），留给地方一笔较稳定的收入作为机动财力，主要用于发展农业生产，对老企业进行技术改造和补充流动资金。（2）为促进地方积极组织收入，对超收部分，另定分成比例，地方留成一般不超过30%。（3）地方财政支出则按照核定指标由中央预算拨给，包干使用，结余不上缴。这种体制保证了地方必不可少的支出和稳定的机动财力，但由于收支之间不挂钩，地方财政“旱涝保收”，不利于调动地方财政增收节支和平衡国家财政的积极性，只能作为权宜之计。

1976—1979年，我国又实行了“总额分成，一年一变”体制。但同1959—1970年体制相比，又有一些区别，如依然给地方财政一笔稳定的机动财力，扩大地方财政收支范围和管理权限，改变了过去的超收部分仍按总额分成比例分配的办法等。

1980—1984年实行了“划分收支，分级包干”体制，也称“分灶吃饭”体制，基本精神是明确划分地方财政收支范围，而后由地方财政以收定支，自求平衡，包干使用，目的在于放下财权，权责结合，调动地方理财的积极性。主要内容为：（1）将收入分为固定收入、固定比例分成收入和调剂收入三类。属于中央财政的固定收入有中央所属企业收入、关税、公债、国外借款和其他收入；地方固定收入包括地方企业收入、盐税、农（牧）业税、工商所得税、地方税和其他收入。地方划归中央各部门直接管理的企业收入为固定比例分成收入，80%归中央，20%归地方。工商税为调剂收入，具体比例以各地收支情况而定。（2）支出按隶属关系加以划分。中央支出包括中央投资、地质勘探费、外援支出、国家物资储备支出等；地方支出包括地方投资、各项事业费、城市维护费、支援农业支出、行政管理费和其他支出等；另外还有一些中央专案拨款。（3）地方财政支出先与固定收入和固定比例分成收入相抵，有余即上解中央财政，不足则由调剂收入分成解决，还不足即由中央给予定额补助。（4）地方上解收入比例、调剂收入分成比例、定额补助数额确定后，原则上五年不变，其间由地方财政自求平衡，多收多支，少收少支。该体制的积极意义在于它扩大了地方财政权力，延长适用期限，避免年年变动、年年争指标现象，便于地方主动安排和筹划本地社会经济发展对财政资金的需要。但也存在收支划分不太清楚，地方财权过大等问题。在这期间，除三大直辖市外，其他地区都实行这种体制。

1985—1988年，我国实行的是“划分税种，核定收支、分级包干”体制。这种体制是与“利改税”相适应的，是分灶吃饭体制在新税制形式下的继续，仅仅把过去的划分收入改为划分税种，其他方面也有一些小调整。在此不再详述。

1988—1993 年，我国实行的财政体制是财政大包干体制。全国约有六种包干方法：收入递增包干、总额分成、总额分成加增长分成、上解额递增包干、定额上解、定额补助。各地社会经济发展水平不同，发展潜力不同，原来实行的财政体制不同，选择适用的包干方式也不同。所谓收入递增包干，指确定收入递增比例，比例内的收入，中央与地方按一定比例分成；超过递增比例的收入，全部留归地方；低于递增率者，其影响中央财政收入的部分，由地方用自有财力补足。所谓总额分成，实际上指某些地区沿用 1985 年体制，由中央适当调整地方财政收支后，按地方支出与收入的比例，包干上缴或留用。所谓总额分成加增长分成，指确定地方总额分成和增长分成比例，以上年实际数为基数，当年收入在基数内部分，按总额分成比例分成；超过基数部分，按增长分成比例分成。所谓上解额递增包干，指以 1987 年上缴中央的收入为基数，确定上解额递增比例，地方每年按上年上缴中央收入乘以该比例上缴中央财政收入。所谓定额上解，指地方财政每年上缴中央财政收入为一固定数额。所谓定额补助，指中央财政对那些支出大于收入的地区每年按其差额给予定额补贴。天津市 1988 年实行“总额分成”体制，财政部核定天津市财政收入为 49.17 亿元，财政支出基数为 22.87 亿元，总额分成比例为 46.5%（22.87 ÷ 49.17 = 46.5%）。

截至 1994 年分税制改革之前，纵观 40 余年我国财政体制的发展演化过程，财政体制换型十余次之多，且大部分年份还处在“一年一定”的调整中，但从不同体制中各级财政主体的独立自主程度看，这 40 余年的频繁变换又不外乎于三种类型，即统收统支型体制、集权主导型体制和分权型体制。

统收统支体制是高度集权型体制，它的主要特征是：预算管理权限集中于中央，税收制度、人员编制、开支标准统一由中央制定；地方组织的财政收入全部上缴中央，所需财政支出全由中央核准，按月拨付；地方财政收入与财政支出之间不发生直接联系，因此又称作“收支两条线”。我国 1950 年就实行这种体制（全称为“高度集中，统收统支”体制）。后又于 1968 年再次启用。统收统支体制是集权程度最高的财政体制，它完全否定地方财政因地制宜，自主分配一部分财政资金，充分发挥地方政府主动型和创造性的必要性，把中央政府作为唯一的财政分配主体，同时也实现了经济资源的集中安排使用。它作为财政体制的一种类型，只适用于特殊的经济时期。

集权主导型体制的基本特征是：在中央统一的政策、计划、制度下，实行按行政区划分级管理；全部财政资金的绝大部分由中央政府支配，地方政府只拥有很少一部分财力，地方财政并不能构成一级独立的预算主体；按政府间职责分工和企事业单位的隶属关系确定支出范围；由中央下达地方财政的收入指标，地方负责组织收入入库；实行以支定收，收入大于支出的地方上解收入，地方支出大于收入的由中央补助；体制有效期限相对较短。我国1951年至1980年间的大部分年份，尽管预算体制的具体型式不同，但总体上都属于这种体制。集权主导型体制强调“统一领导、分级管理”，原则上是一级政府一级财政，但地方预算的收支支配权和管理权相对很小，事实上并不构成一级独立的预算主体，体制的重心还是放在中央集权上。

分权型财政体制是同集权型体制相对应而言的，指财力分配比例和收支划分结构相对倾斜于地方，使地方拥有较大财力支配权的财政体制。1980年开始实行的“分灶吃饭”的分权体制和1988年以后实行的多种形式的“大包干”体制均属于这种类型。这一时期的基本思路是充分调动地方政府的积极性，赋予地方政府以更多的可支配财力，使财政资金分配结构分散化，使地方财政在国家财政体制中的地位得到大幅度提高。分权型财政体制的优点是显而易见的。它一改集权型体制只注重中央一个积极性的缺陷，给地方财政以更广阔的作用领域，使其在政府理财舞台上扮演更重要的角色，强调发挥地方积极性，健全社会经济动力体系。但是，同其他一切矛盾的处理方式一样，财力分配也不能从一个极端滑入另一个极端。归根到底，财政资金分配结构必须同国家职能分配结构相一致。过分的分权一方面会降低中央财政自身平衡能力，造成地方结余、中央赤字的不合理的体制性现象，由此推动整个国家财政入不敷出；另一方面又片面增大了地方财政社会投资规模膨胀，恶化投资比例和国民经济结构，由此又给中央财政提出更严峻的调节要求，使中央财政收支平衡更加困难。因此，分权型体制的诸多优越性只能建立在合理分权基础上，一旦“矫枉过正”，也会降低理财效率，危及社会经济的和谐发展。

从总体上讲，20世纪80年代以来的分级包干体制，虽然在一定程度上已含有分级（分权）预算的某些因素，但这种“分权”没有摆脱原有计划经济体制的基础，陷于按行政隶属关系的分割之中，饱含行政性分权的色彩，企业被禁锢于“条块分割”的行政隶属关系之下，地区间的经济分割和封锁日趋严重，严重妨碍了统一市场的形成和经济的发展。在此情况下，各地方财政独立的、能自求平衡的预算主体地位仍难以实现。随着社会主义市场经济的逐步建立，这种体制的弊端日益显现。市场经济体制要求建立与之相适应的财政体制，而这种体制只能是分级预算管理体制。

第四节

我国分税制财政管理体制

一、我国分税制财政体制主要内容

我国财政体制的改革从20世纪80年代后期就已经注意吸收和借鉴国外分级（分税）预算体制的做法，结合我国实际进行实践，并于1994年初步形成了分税制财政体制基本框架。

我国分税制财政体制是以各级政权之间事权划分结构为依据，根据不同税种的不同特性，将其分别划归不同财政级次，确定不同政权间财政分配关系的财政管理体制。其主要内容有四个方面：

（一）支出范围的确定

根据中央和地方的事权确定相应的财政支出范围。中央财政支出主要包括：中央统管的基本建设投资，中央直属企业的技术改造和新产品试制费，地质勘探费，国防费，武警经费，外交和援外支出，由中央财政安排的支农支出，中央级行政管理费和文化、教育、卫生、科学等各项事业支出，以及应由中央负担的国内外债务的还本付息支出。地方财政支出主要包括：地方统筹的基本建设投资，地方企业的技术改造和新产品试制费，支农支出，城市维护和建设经费，地方行政管理费，以及部分武警经费，民兵事业费，地方文化、教育、卫生等各项事业费，价格补贴支出以及其他支出。

（二）收入的划分

按税种划分中央财政收入与地方财政收入。采取的基本原则是，将关系到国家大局和具有宏观调控意义的税种划归中央，把一些与地方经济和社会发展关系密切以及适合于地方征管的税种划归地方，同时将一些收入稳定、数额较大，具有中性特征的增值税等作为中央与地方的共享收入。

中央财政的固定收入主要包括：关税，消费税，海关代征的消费税和增值税，中央企业所得税，铁道部门、各银行总行、各保险总公司等集中交纳的收入（包括营业税、所得税、利润和城市维护建设税），地方银行和外资银行以及非银行金融机构所得税，中央企业上交利润等，其中，最典型的中央税只有关税和消费税。

地方财政的固定收入主要包括：营业税（不含铁道部门、各银行总行、各保险总公司等集中交纳的营业税），地方企业所得税（不含地方银行和外资银行以及非银行金融机构所得税），地方企业上交利润，个人所得税，城镇土地使用税，固定资产投资方向调节税，城市维护建设税（不含铁道部门、各银行总行、各保险总公司等集中交纳的部分），房产税，车船使用税，印花税，屠宰税，农牧业税，农业特产税，耕地占用税，契税，国有土地有偿使用收入等。

中央与地方共享税包括：增值税，资源税和证券交易税。其中、增值税中央分享 75%，地方分享 25%。资源税按照不同的资源品种划分，大部分作为地方收入，海洋石油的资源税为中央收入。证券交易税中央和地方各分享 50%。

按税种划分中央与地方财政收入后，相应分别设立了中央税务机构（即国家税务局）和地方税务机构（即地方税务局）。中央税种和共享税种由中央税务机构负责征收，其中共享税按比例分给地方。地方税由地方税务机构负责征收。

（三）中央财政对地方的税收返还

为保持原有地方既得利益格局，逐步达到改革目标，实行中央对地方的税收返还制度。中央财政对地方的税收返还数额以 1993 年为基期年核定。按照 1993 年地方实际收入以及税制改革后中央与地方收入划分情况，核定 1993 年中央从地方净上划的收入数额（即消费税 +75% 的增值税 - 中央下划收入）。1993 年中央净上划收入全额返还地方，保证地方既得财力，并以此作为以后中央对地方税收返还基数。1994 年以后，税收返还额在 1993 年基数上逐年递增，递增比例按本地区增值税和消费税增长率的 1∶0.3 系数确定。即本地区上述两税每增长 1%，中央财政对地方的税收返还增长 0.3%。如果 1994 年以后地方上划中央收入达不到 1993 年基数水平，则相应扣减税收返还数额。

（四）原体制中央补助、地方上解及有关结算事项的处理

为顺利推行分税制改革，1994 年实行分税制以后，原体制的分配格局暂时不变，逐步过渡至规范化。原体制中央给地方的补助继续按规定补助；原体制地方上解，仍按原规定执行；原中央拨给地方的各项专款，继续下拨。1993 年地方承担的 20% 出口退税以及其他年度结算的上解和补助项目相抵后，确定一个数额，作为一般补助或上解的结算定额。

二、分税体制运行中的一些调整

分税制体制在运行中根据国民经济的运行情况和宏观调控的需要，对体制规定中一些内容作了调整，主要包括：

1. 共享收入中的证券交易税由于没有开征，在体制实践中仅对证券交易的印花税作共享处理，其共享比例由原来的中央与地方各占50%，1997年调整为中央占80%，地方占20%；1998年6月起又调整为中央占88%，地方占12%；2000年10月起又调整为中央占91%，地方占9%；2001年调整为中央占94%，地方占6%；2002年调整为中央占97%，地方占3%。

2. 从2002年起，企业所得税和个人所得税实行中央财政与地方财政按比例分享，主要内容是：

（1）分享范围。除铁路运输、国家邮政、中国工商银行、中国农业银行、中国银行、中国建设银行、国家开发银行、中国农业发展银行、中国进出口银行以及海洋石油天然气企业的所得税作为中央收入外，其他企业所得税和个人所得税收入由中央和地方按比例分享。

（2）分享比例。2002年实施5∶5分享，2003年中央与地方6∶4分享。以后年份的分享比例根据实际收入情况再行考虑。

（3）计算基数。以2001年为基期，按改革方案确定的分享范围和比例计算，地方分享的所得税收入，如果小于地方实际所得税收入，差额部分由中央作为基数返还地方；如果大于地方实际所得税收入，差额部分由地方作为基数上缴中央。

（4）资金使用方向。中央财政因所得税分享改革增加的收入全部用于对地方（主要是中西部地区）的一般性转移支付。地方所得的转移支付资金由地方政府根据本地实际，统筹安排，合理使用。首先用于保障机关事业单位职工工资发放和机构正常运转等基本需要。

3. 出口退税改革。2003年10月中央公布了《关于进行出口退税制度改革的决定》，改革的基本原则是：新账不欠，老账要还，完善机制，共同负担，促进发展。主要内容是：适当调整了出口退税率，2004年后出口退税的增量部分由中央和地方按75∶25的比例承担，累计欠退税由中央财政负担。

4. 从1997年11月起金融保险业营业税的税率由5%提高到8%，所增加的收入归中央财政，2001年起分3年把金融保险业的营业税的税率降低到5%。

三、分税制体制的基本成效和存在的缺陷

分税制改革初步建立了与市场经济相适应的财政体制框架，经过十多年的改革实践与调整，分级分税制财政体制亦显示了其在规范中央与地方分配关系，调动地方理财、增收的积极性，打破僵化的政企关系，提高中央财政宏观调控能力方面的突出成绩，实现了从传统体制模式到适应市场经济的成功转变。同时实施目前的分税制体制也显现出一些亟须改进的问题。

（一）分税制体制的基本成效

1. 分税制体制以事权分割为依据，以税种划分收入的分税制体制，规范了中央与地方政府间的财政分配关系。分税制体制突破了传统体制中“条块分割”按隶属关系划分收入的做法，按税种划分收入，剪断了传统体制中维系政府干预企业关系的绳索，企业不论大小、所有制性质和行政级别，在税法面前一律平等，既是中央财政的税源，也是地方财政的税源。一方面使各级财政走上了按税种组织收入的新轨道，另一方面也有利于企业真正站在同一起跑线上展开公平竞争。

2. 地方各级政府理财思路明显转变，有效促进了产业结构调整和资源优化配置。分税制改革明确了各级地方政府的收入和支出范围，大大提高了财力分配的透明度和规范性，强化了对地方财政的预算约束，这些非常有利于长期行为的形成，地方各级政府面对分税制体制改革的要求，理财思路发生了明显的变化。一是顺应分税制体制带来的财源结构的变化，制定新的财源建设战略，普遍提高了对第三产业和投资环境的支持力度，积极培育新的经济增长点，同时对第二产业一般盈利性项目的重复建设，热度有所降低。二是提高了各级财政坚持财政平衡，改进和加强收支管理的主动性和自主性，比如在提高税收征管力度，狠抓非税收入和预算外资金的管理，强化支出管理等方面，各级财政进行了很多有益探索。

3. 促进了财政总体财力和中央财政的宏观调控能力的提高。分税制改革之前，国家财力分散，1993 年财政收入占 GDP 的比重为 12.6%，中央财政占全国财政收入的比重为 22.0%，财政收入占 GDP 的比重和中央财政占全国财政收入的比重过低，尤其是中央财政难以为继。通过分税制体制改革，消费税和增值税这两个主要的流转税税种成为中央财政的主要财源，奠定了中央财政收入随 GDP 增长的稳定基础。1994 年至 2009 年全国财政收入和中央财政收入都稳定在较高水平上（见表 16－1）。

表 16－1　　1994—2009 年财政收入的两个比重变动情况

年份	GDP	全国财政收入	中央财政收入	财政收入占 GDP 的比重（%）	中央财政收入占全国财政收入的比重(%)
1994	48197.9	5218.10	2906.50	10.83%	55.70%
1995	60793.7	6242.20	3256.62	10.27%	52.17%
1996	71176.6	7407.99	3661.07	10.41%	49.42%
1997	78973.0	8651.14	4226.92	10.95%	48.86%
1998	84402.3	9875.95	4892.00	11.70%	49.53%
1999	89677.1	11444.08	5849.21	12.76%	51.11%
2000	99214.6	13395.23	6987.17	13.50%	52.18%
2001	109655.2	16386.04	8582.74	14.94%	52.38%
2002	120332.7	18903.64	10388.64	15.71%	54.96%
2003	135822.8	21715.25	11865.27	15.99%	54.64%
2004	159878.3	26396.47	14503.10	16.51%	54.94%
2005	183217.4	31649.29	16548.53	17.27%	52.29%
2006	211923.5	38760.20	20456.62	18.29%	52.78%
2007	257305.6	51321.78	27749.16	19.95%	54.07%
2008	300670.0	61330.35	32680.56	20.40%	53.29%
2009	335353.0	68518.30	35915.71	20.43%	52.42%

数据来源：《中国统计年鉴 2009》和财政部网站相关数据。

（二）分税制体制存在的缺陷与不足

1. 各级政府间事权划分及财政支出责任划分不清晰、不规范。在市场经济条件下我国现行的政府职能及财政职能与计划经济条件下相比较出现了很大的变化，但是职能转变并未全部完成，政府与市场、政府与企业的关系没有理顺。这一方面表现在，政府承揽的事物依然过宽、过杂，几乎覆盖了社会生产和消费的各个领域；另一方面，在市场失效的领域，应由政府承担的一些事物，如社会保障、卫生保健、基础科研等社会公益性事业，却因得不到足够资金保证而不能有效提供。这一问题的存在从根本上制约着政府事权划分和财政支出责任的划分。同时，中央与地方事权划分缺乏明确的法律界定，由于地方政府的职权和相应的支出范围是由中央政府授予的，在法律法规不健全的情况下，职权调整的随意性和多变性，以及在政府履行职能时，出现上推下卸等现象是难以避免的。

2. 税收返还政策实际照顾了富裕地区。分税制之初，为了确保中央级收入的稳定增长，国家确定了1：0.3系数返还的政策。这一政策，在分税制初期促进了中央级收入的稳定增长，保证了“两个比重”稳步提高。但是，由于1：0.3系数呈逐步缩小趋势，这一政策执行到现在，很多地方得到的中央增量返还已不到10%。也就是说，1994年地方上划中央“两税”增加1万元，中央财政返还地方0.3万元，而现在地方上划中央“两税”增加1万元，中央财政返还地方还不到0.1万元，严重挫伤了地方政府积极性。很多地方尤其是基层，把主要工作精力都放在了地方税上。因此，国家应适时调整这一系数返还政策，研究对中西部地区按照更高的比例返还，以调动落后地区自我发展的积极性。同时，中央对地方税收返还政策，基本上默认了起点上的不公平，财政收入增长快的东部沿海省份的财力继续增加，而中西部落后地区由于财政收入增长慢，相应地财力没有较快增长，进一步拉开了中西部省份财力分配差距，暴露了财力分配机制的缺陷。

3. 税收政策的制定和举债权力的集中，制约了地方经济发展。实行分税制后，所有税收政策的制定权和举债权都集中在中央，地方无权开设新的税种，更无权举债。但是，从这些年的实际情况看，由于税收政策过于集中，一些适合地方政府征收的税收如遗产税等迟迟无法出台，财政收入大量流失。《中华人民共和国预算法》规定地方政府不能编列赤字预算，也不能举债，一些地方就把应该列支的支出挂起来，本来应落于纸面上的赤字却变成了隐性赤字。“堵不如疏”，中央在政策的制定上，应给予地方适当的自主权，不仅不影响国家政策的严肃性，也有利于加强管理。

4. 省以下财政体制不健全，县、乡财政比较困难。一是受中央与地方政府间事权划分不清、财权事权不统一的影响，省以下财政体制改革不可能在事权划分、支出结构调整上有突破性安排。地方政府明知许多支出项目与结构不合理，也无法进行必要的调整，支出规模也就压不下来，财政困难状况也就不可能从支出管理方面得到改善。二是当前财税分家和国地税分设的局面，增加了地方财政工作的难度。财政部门对税务部门缺乏有效制约，税务部门与财政部门讨价还价的问题时有发生，地方财政预算的安排和执行难度加大。三是省以下政府层级过多，政府间税源差异大，分税制无法给基层政府稳定的收入来源。中央与省级政府分税后，中央虽然留给省以下地方政府很多税种作为地方政府的固定收入，但这些税种中除营业税还算是主体税种外，其他税种不仅税基小、税源少，而且征收难度大、成本高，根本无法满足地方各项支出的需要。加之，省以下地方政府层级多，越是到基层，税源结构越不均衡，地区间收入差别越大，乡镇一级以致无税可分。

5. 转移支付制度不尽科学和规范。这部分内容将在下一节讲述。

第五节

政府间财政转移支付制度

政府间财政转移支付制度是分级财政体制的重要组成部分，世界上实行分级财政体制的国家都普遍存在不同形式的转移支付制度。在分级分税财政体制下，各级政府之间的收入来源和支出需求之间的不均衡是客观存在的，各预算主体之间亦会发生财政能力的差异，这就需要政府间财政转移支付这一协调机制来理顺各级政府间财政关系，促进各级政府财政收支的基本均衡的实现，从而财政转移支付就成为分级分税财政体制的不可缺少的重要内容。

一、政府间财政转移支付的概念和功能

政府间财政转移支付，是指财政资金在各级政府间的无偿转移，既包括纵向转移支付，也包括横向的转移支付。所谓纵向转移支付指上级政府对下级政府各种补助性的财政资金划拨和下级政府对上级政府的收入上解两个方面，但在操作上一般仅指前者；所谓横向转移支付指同级政府相互之间进行的财政资金的无偿转移。政府间财政转移支付一般具有以下功能：

（一）弥补纵向财政失衡和横向财政失衡

纵向财政失衡和横向财政失衡的存在，是政府间转移支付产生的基本理论依据。纵向财政失衡是针对多级财政体制中，各级政府的自有财政收入与其承担的支出责任不对称，导致某级政府出现财政赤字，而其他层级政府存在财政盈余的状况。纵向财政失衡理论认为，不同地方的居民对政府提供的公共服务有着不同的偏好，即存在地方公共需求的差异。在信息成本、交易成本约束下，地方政府相对于中央政府可以掌握更多关于地方公共需求偏好的信息，能够以较低的成本满足差异性的地方公共需求。因此，地方政府往往需要承担比高层级政府更多、更具体的提供公共服务的责任，由此将产生出较高的财政支出需求。另一方面，在许多国家的政府财力分配格局中，出于收入再分配、经济稳定和资源配置等因素的考虑，高层级政府（尤其是中央政府）往往集中了大部分的财权和相应的财力。在这种情况

下，地方政府就会面临着相对较高的支出需求和相对较少的自有财力并存的矛盾，形成本级的财政赤字。与此相反，中央政府承担相对较低的支出需求，但拥有相对较多的自有财力，出现本级财政盈余。纵向财政失衡客观上要求中央政府通过转移支付进行财力的纵向调节。

横向财政失衡是针对同一层级地方政府之间财政收支状况的差异而言的，指的是同一层级不同地区地方政府满足本地公共支出的能力不同，如一些贫困地区的某些公共服务因地方政府自有财力不足难以达到最低标准，而有些富裕地区在公共服务达到最低标准后财力仍富余。横向财政失衡理论认为，就一个国家内部同一级别的各地方政府所辖区域而言，自然资源禀赋和经济发展水平上的差异是绝对的，在国土广袤、疆域辽阔的国家尤其如此。各个地区之间的这种差异，会导致地方财政收支方面的差异。收入方面，受经济基础、产业结构、收入水平等影响，各地税基进而财政收入呈现出较大差异；支出方面，由于自然条件、人口规模和结构、行政管理规模等方面的差别，财政支出需求、公共服务成本也各不相同。具体来说，就是发达地区财政收入大大高于落后地区，同时落后地区往往由于地处偏远、人口分散等原因，需要更多的财政支出才能达到公共服务均等化的要求。由此形成了横向财政失衡的状况。地方政府自有财力与标准财政支出之间的缺口是很难通过地区间自发的财力转移来进行调节的。因此，横向财政失衡客观上要求高层级政府从较高的层次予以调节，缩小不同地方政府满足公共支出的能力差距，尽可能向公共服务均等化的目标靠拢。

（二）矫正辖区间外溢效应

理论上讲，地方性公共产品应由地方政府提供，这类公共产品的受益范围仅限于某一地方政府的辖区范围。与地方性公共产品相对的是应由中央政府提供的全国性公共产品，即受益范围为整个国家疆域范围的公共产品。然而实践中，一些地方性公共产品的受益范围无法恰好被限定在地方政府的辖区之内，也就是说这些公共产品具有辖区间外溢效应。在辖区间外溢效应影响下，地方政府提供公共产品时所采取的策略容易产生某种程度的扭曲和偏差。当存在正外溢效应时，从本地利益出发，地方政府有可能高估提供公共产品的成本，而低估其整体效益，并囿于自身的财政实力，减少此类公共产品的提供数量；与此相反，当公共产品具有负外溢效应时，地方政府则容易高估其正效应，低估或者忽视提供该公共产品的成本，从而使这类公共产品继续存在乃至有所增加。从全国的角度看，这种政策扭曲损害了资源配置效率，也不利于地区间经济关系的协调。因此，中央政府有必要通过转移支付进行调节，如针对溢出收益的补偿。

（三）实现中央政府的政策意图

除了承担公共服务的职能外，一国中央政府还应履行经济调节、社会稳定等职能，以保持国家经济的持续、稳定、健康发展，维护社会的长治久安、民族团结，这就要求中央政府制定有利于经济发展、区域协调、安定团结的大政方针和具体政策措施并加以贯彻实施。中央政府实施的经济社会政策中，有很多需要由各级地方政府加以实施，促使地方政府有效贯彻中央政策意图的手段和工具是多样性的，在很多情况下，中央给予地方相应的专项转移支付既是对政策实施给地方带来的成本的必要补偿，也是使地方政府行为与中央政府确定的“全国性目标”相一致，从而推动政策较快落实的经济杠杆。

二、政府间财政转移支付的基本形式

政府间财政转移支付的形式按是否对转移资金的使用作出规定可分为二种基本形式，一种是一般性转移支付或称无条件转移支付；另一种是专项转移支付或称有条件转移支付。

一般性转移支付指上级政府为均衡下级政府的公共服务水平，增强下级政府的财政能力，将本级财政资金不附带任何条件无偿拨付给下级政府使用的形式。一般性转移支付是为了弥补因财力分配以及地区经济发展不平衡形成的纵向和横向财政缺口而由中央政府下拨的，补助资金的使用不规定具体用途，赋予地方政府以较大自主权。

一般性转移支付对于各级地方政府具有极大的吸引力，操作不当可能导致地方政府的片面依赖性。因此，实施一般性转移支付要贯彻公平、公正的原则，建立科学规范的转移支付制度和办法，进行统一规范管理。一般补助金的确定，不能根据实际收入和支出的差额简单确定，而是要科学地计算和分析影响地方财政收支能力的各项相关因素，包括：人口因素、地区规模因素、基础设施建设状况、经济发展状况、自然条件数量、地区规模和地理位置、人均收入水平、人均财政支出水平等等，测算出各地区实际财政能力和应有公共支出需求的差额，据此确定补助数额。

专项转移支付指上级政府根据特定的目标要求，将本级财政资金无偿拨付给下级政府使用的形式。专项转移支付补助金的使用，下级政府必须按照上级政府的规定用途和要求进行，并要达到预定的效果。专项转移支付是中央政府根据国家政策和宏观调控的需要对地方政府给予的特定用途的补助金，比如专门用于教育、交通、环境保护等专门用途。专项补助金的确定，遵循效率目标的要求，要有利于资源配置的优化。与一般性转移支付相比，专项转移支付能很好地体现中央政府意图，对地方政府的决策有较强的影响力，而对于地方来说，虽然财力有所增加，但资金运用的自由度较差。

三、我国现行的转移支付制度

（一）我国转移支付制度现状

我国现行转移支付制度以一般性转移支付为主要内容，其政策目标是扭转地区间财力差距扩大的趋势，逐步实现地方财政基本公共服务能力的均等化。分税制改革根据中央与地方财政收入的重新划分和关于原体制中央补助、地方上解及有关结算事项的规定，相应地形成了多种形式并存的政府间转移支付制度。除保留了原体制中中央对地方的定额补助、专项补助和地方上解外，新增加了中央对地方的税收返还。此后，为配合国家有关政策的实施，相应地对转移支付进行了调整。

1. 1995 年起实施过渡期转移支付，2002 年变为一般性转移支付。自 1995 年起依照“不调整地方既得利益，兼顾公平与效率和重点缓解财政运行中突出矛盾，体现对民族地区适度倾斜”的指导思想，财政部制订并实施了《过渡期转移支付办法》，并逐年做出改进。基本思路是，从中央财政每年增收的收入中拿出一部分，主要用于少数民族地区和贫困地区的转移支付，调节这些地区的最低公共服务水平。具体办法是，借鉴国际的通行做法，按照规范和公平的原则，根据客观因素计算确定各地区的标准收入和标准支出，以标准收支的差额作为转移支付的分配依据。计算标准支出所选择的客观因素主要有人口、可居住面积、冬天平均气温、平均海拔高度、行政区划个数、都市化程度、学校及学生人数等。计算标准收入所选择的主要因素有该地区的 GDP、产业结构、企业规模、企业盈余、职工平均工资等。过渡时期转移支付办法在一定程度上调节了地区间最低公共服务水平差距，更重要的意义还在于进行了实行中央与地方之间规范化转移支付制度的实验，也推动了地方各级之间转移支付制度的建设。

从 2002 年起，过渡时期转移支付的概念不再沿用，其资金合并到中央财政因所得税分享改革增加的收入中分配，统称为一般性转移支付。一般性转移支付额主要按照各地标准财政收入和标准支出差额乘转移支付系数确定，凡标准财政收入大于或等于财政支出的地区，不纳入转移支付范围。此外，对难以按统一公式量化但又必须解决的特殊问题，增加特殊转移支付。

2. 1999 年中央实施提高低收入者收入水平的一系列政策，2001 年中央又出台两次调整工资政策，考虑各地区间财政状况差距较大，承受能力不一，为此中央实施了调整收入分配政策转移支付。除北京、上海、江苏、浙江、广东、福建和山东等七个沿海经济发达地区自行解决，对财政困难的老工业基地和中西部地区给予适当补助。调整工资转移支付均采取客观、公正的规范办法，做到财政越困难，补助程度越大。

3. 为配合西部大开发战略的实施，从2000年起加大对民族地区（包括民族省区和非民族省区的民族自治州）的转移支付力度。资金来源包括：一是预算安排，即中央财政在2000年安排的民族转移支付资金的基础上，每年按中央增值税增幅递增；二是增值税增量返还，即将各民族地区增值税环比增量80%的一半按来源地直接留给民族地区。此外，为配合西部大开发，保护和改善生态环境，还对天然林保护、退耕还林还草造成的财政减收等进行专项转移支付。实施民族地区转移支付制度，有力地支持了西部大开发，防止了各地财力差距进一步扩大，促进了民族地区经济和社会事业持续稳定协调发展。表16－2反映了1994年至2009年我国政府间财政转移支付的情况。表16－3列出了2009年转移支付的具体项目和数额。

表16－2　　1994—2009年中央对地方转移支付情况表　　单位：亿元

年份	全国财政收入	中央财政收入	地方财政收入	中央对地方的转移支付	转移支付环比增长率
1994	5218.10	2906.50	2311.60	2389.09	—
1995	6242.20	3256.62	2985.58	2534.10	6.07%
1996	7407.99	3661.07	3746.92	2722.50	7.43%
1997	8651.14	4226.91	4424.22	2856.70	4.93%
1998	9875.95	4892.00	4983.95	3323.00	16.32%
1999	11444.08	5849.21	5594.87	4095.30	23.24%
2000	13395.23	6987.17	6406.06	4665.30	13.92%
2001	16386.04	8582.74	7803.30	6002.00	28.65%
2002	18903.64	10388.64	8515.00	7351.80	22.49%
2003	21715.25	11865.27	9849.98	8261.40	12.37%
2004	26396.47	14503.10	11893.37	10378.77	25.63%
2005	31649.29	16548.53	15100.76	11484.00	10.65%
2006	38760.20	20456.62	18303.58	13501.00	17.56%
2007	51321.78	27749.16	23572.62	18137.89	34.34%
2008	61330.35	32680.56	28649.79	22990.76	26.76%
2009	68518.30	35915.71	32602.59	28563.79	24.24%

数据来源：《中国统计年鉴2009》，中华人民共和国财政部网站公布的历年财政决算。

表 16－3　　　2009 年我国中央对地方政府间财政转移支付决算表

项　目	决算数（亿元）	各部分占总支出的比重
1. 一般性转移支付	11317.20	39.62%
（1）均衡性转移支付	3918.00	13.72%
（2）民族地区转移支付	275.88	0.97%
（3）县级基本财力保障机制奖补资金	547.79	1.92%
（4）调整工资转移支付	2357.6	8.25%
（5）农村税费改革转移支付	769.47	2.69%
（6）资源枯竭城市财力性转移支付	50.00	0.18%
（7）定额补助（原体制补助）	138.14	0.48%
（8）企事业单位划转补助	347.87	1.22%
（9）结算财力补助	369.22	1.29%
（10）工商部门停征两费转移支付	80.00	0.28%
（11）村级公益事业一事一议奖励资金	10.00	0.04%
（12）一般公共服务转移支付	23.93	0.08%
（13）公共安全转移支付	329.84	1.15%
（14）教育转移支付	893.56	3.13%
（15）社会保障和就业转移支付	1201.83	4.21%
（16）医疗卫生转移支付	4.07	0.01%
2. 专项转移支付	12359.89	43.27%
其中：教育	520.21	1.82%
科学技术	78.17	0.27%
社会保障和就业	1640.47	5.74%
医疗卫生	1205.64	4.22%
环境保护	1113.90	3.90%
农林水事务	3182.54	11.14%
3. 中央对地方税收返还		17.11%
增值税和消费税返还	3422.63	11.98%
所得税基数返还	910.19	3.19%
成品油税费改革税收返还	1531.10	5.36%
地方上解	－977.22	－3.42%
合　计	28563.79	100%

数据来源：中华人民共和国财政部《2009 年中央对地方税收返还和转移支付决算表》。

（二）我国现行转移支付制度存在的问题

1. 矫正辖区间外溢效应的功能不完善，一些对地方应有的补偿性拨款缺失或不足。对于我国这样一个大国来说，辖区间外溢效应问题复杂多样，如由人口流动带来的教育特别是基础教育的外溢性，由流域跨辖区引起的污染或环保的外溢性等，并且这些外溢性问题对地区间协调发展影响重大。因此，中央政府有必要通过转移支付矫正辖区间外溢性，以促进区域协调发展。

在我国现行的转移支付体系中，已经存在一些涉及辖区间外溢效应的项目，如财力性转移支付项下的天然林保护转移支付、退耕还林还草转移支付，专项转移支付中的退耕还草工程转移支付、京津风沙源治理工程转移支付、生态移民搬迁转移支付等。这些转移支付项目，针对生态治理的问题，对生态治理过程中利益溢出的地区给予一定的转移支付。但是，现有的这种通过转移支付进行的利益补偿，侧重于对工程本身的补助，与外溢效应带来的总体损失所需补偿存在相当的差距；项目限于部分生态建设工程，对诸如基础教育的外源性这类涉及面更广、影响更大的问题尚未考虑在内，补偿明显不够全面；转移支付跟随政策或工程下拨，政策性强，没有明确矫正辖区间外溢性的职能，也缺乏连续性和经常性，尚未形成制度化的长期性解决方案。

2. 省以下转移支付制度不统一，省与下级的纵向财政失衡问题仍普遍存在。在 1994 年分税制改革中，规范了中央与省级之间的收入关系及转移支付制度，但对包括转移支付制度在内的省以下财政体制，至今没有一个统一的规范。在分税制改革后，地方各级政府普遍参照中央做法对本级与下级的收入进行了划分，但出于保本级财力的原因，仅少数省份建立了省对下的一般性转移支付制度，多数省份仅将中央直接对市县的转移支付和由其省级配套的资金下拨到市县。在县级财政得到的转移支付中，专项转移支付约占半数，加之财力性转移支付中的调整工资转移支付、农村税费改革转移支付、县乡奖补转移支付资金计算到县，在县级转移支付中占比不小，表明县级政府能够从省级获得的一般性转移支付比例是较低的。

3. 转移支付管理不规范，影响资金使用效率的提高。转移支付管理方面的问题，一是多头管理。目前，包括发改委、财政部、民政部、科技部、文化部、卫生部、交通部、水利部、农业部、国土资源部、气象局、国家防汛抗旱总指挥部办公室等在内的 10 多个中央政府部门都负责着一部分专项转移支付资金的分配和管理。政出多门、多头管理和缺乏协调使得部分转移支付项目重复，也在一定程度上加大了地方政府的执行成本，从而影响资金实际使用效率。二是部分资金使用范围规定过细。由于地区间差异的广泛存在，各地在同一公共服务领域的现状和实际需求是不同的，采取"一刀切"的方式对资金使用范围加以严格约束，难以满足各地公共服务方面不同的迫切需求，还可能导致重复建设和资金的浪费。三是配套要求没有考虑地方政府的配套能力。不考虑地方财政状况采取统一的配套比例，可能会因贫困地区无财力予以配套而使专项转移支付资金更多地流向富裕地区，或使贫困地区选择增加负债以满足配套需要，又或制造假配套，从而因没有足够的资金造成工程质量差。四是缺乏有效监督机制，在转移支付划拨过程中可能出现跑、冒、滴、漏，上级特别是中央政府也较难掌握每一笔资金的实际使用情况。

4. 转移支付信息透明度差，不利于地方财政预算管理。我国财政的总体透明度不高，转移支付方面同样如此。转移支付透明度，需要公开的信息至少应包括：(1) 转移支付制度的基本框架，如转移支付的功能、分类、分配原则和方法、绩效评价与审计结果等；(2) 转移支付的分配结果，如各类转移支付年度的实际比例结构、不同类型转移支付在地区间的实际分配情况；(3) 转移支付计算确定以及绩效衡量的指标体系，如计算转移支付在地区间分配所依据的指标、衡量转移支付效果的指标体系等。

由于目前我国转移支付信息透明度较低，地方财政对每一年度能够获得的各类转移支付资金规模难以建立稳定、有效的预期，地方在预算中难以准确地把转移支付的影响计算在内。较低的转移支付（特别是专项转移支付）透明度再加上多头管理、缺乏协调，还容易导致地方政府的寻租行为，"跑部钱进"、关系拨款等情况的存在，严重制约着转移支付资金分配的规范化；由于缺少公众监督，资金划拨和使用过程中的跑冒滴漏也难以得到有效约束，资金使用效率降低。

本章小结

1. 广义的财政体制涉及国家各级政府之间的财政分配关系，涉及国家与企业、事业单位之间财政分配关系。其中关于国家各级政府之间的财政关系的处理是它的核心。狭义的财政体制亦称预算管理体制，则仅指财政体制的核心部分，即国家各级政府间财政关系的处理问题。预算体制的实质是国家各级政权之间的物质利益关系问题。与政权相对应，我国的国家财政（预算）由中央财政和地方财政两级组成。

2. 预算管理体制的内容由财力分配比例、财政收支范围、收支联系方式与体制适用期限四种要素构成。上述四个方面是一种特定预算管理体制的主要构成要素，也是预算管理体制改革或调整的主要着眼点。

3. 分级预算管理体制的理论依据主要表现在：国家结构的层次性决定了分级财政体制的必要性；公共产品的层次性决定了分级财政体制的必要性；财政职能的层次性决定了分级财政体制的必要性。

4. 纵观截至 1994 年分税制改革之前的 40 余年，我国财政体制的发展演化不外乎于三种类型，即统收统支型体制、集权主导型体制和分权型体制。统收统支体制是集权程度最高的财政体制，只适用于特殊的经济时期。我国 1951 年至 1980 年间的大部分年份，总体上都属于集权主导型体制，地方预算的收支支配权和管理权相对很小，体制的重心还是放在中央集权上。1980 年开始实行的“分灶吃饭”体制和 1988 年以后实行的多种形式的“大包干”体制均属分权型财政体制。但这种“分权”没有摆脱原有计划经济体制的基础，陷于按行政隶属关系的分割之中，饱含行政性分权的色彩。市场经济体制要求建立与之相适应的财政体制，而这种体制只能是分级预算管理体制。

5. 我国分税制财政体制是以各级政权之间事权划分结构为依据，根据不同税种的不同特性，将其分别划归不同财政级次，确定不同政权间财政分配关系的财政管理体制。它从支出范围的确定、收入的划分、中央财政对地方的税收返还和原体制中央补助等方面规定了体制内容。分税制体制的基本成效表现为：规范了中央与地方政府间的财政分配关系；有效促进了地方各级政府理财思路的转变和产业结构调整；促进了财政总体财力和中央财政的宏观调控能力的提高。存在的缺陷表现为：各级政府间事权划分及财政支出责任划分不清晰、不规范；收入划分尚需进一步完善；省以下分税制基本没有建立起来；转移支付制度不尽科学和规范。

6. 政府间财政转移支付，是指财政资金在各级政府间的无偿转移，既包括纵向转移支付，也包括横向转移支付。政府间财政转移支付分为两种基本形式，一种是一般性转移支付或称无条件转移支付；另一种是专项转移支付或称有条件转移支付。一般性转移支付，指上级政府为均衡下级政府的公共服务水平，增强下级政府的财政能力，将本级财政资金不附带任何条件无偿拨付给下级政府使用的形式。专项转移支付，指上级政府根据特定的目标要求，将本级财政资金无偿拨付给下级政府使用的形式。一般性转移支付产生收入效应。专项转移支付的经济效应一是替代效应，二是收入效应。

7. 我国现行转移支付制度以一般性转移支付为主要内容，其政策目标是扭转地区间财力差距扩大的趋势，逐步实现地方财政基本公共服务能力的均等化。

主要概念

财政管理体制　统收统支型体制　集权主导型体制　分权型体制　分税制财政体制　政府间财政转移支付　一般性转移支付　专项转移支付

复习思考题

基础性思考题：

1. 如何理解财政体制的实质？
2. 我国分税制改革的主要内容。
3. 分级财政管理体制的理论依据是什么？
4. 如何理解政府间转移支付制度？
5. 进一步完善我国分税制财政体制应注意哪些问题？

扩展性思考题：

试说明分级分税财政体制与市场经济体制的关系。

主要参考资料

1. 武彦民：《财政学》，中国财政经济出版社 2004 年版。

2. 武彦民：《财政风险：评估与化解》，中国财政经济出版社 2004 年版。

3. 陈共：《财政学》（第六版），中国财政经济出版社 2009 年 1 月版。

4. 蒋洪：《财政学》，高等教育出版社 2000 年版。

5. 刘玲玲：《公共财政学》，清华大学出版社 2000 年版。

6. 郭庆旺、赵志耘：《财政学》，中国人民大学出版社 2002 年版。

7. 吴俊培：《公共经济学》，武汉大学出版社 2009 年 8 月版。

8. 邓子基：《财政学》，中国人民大学出版社 2001 年 2 月版。

9. 寇铁军：《财政学》，东北财经大学出版社 2009 年版。

10. 高培勇：《世界主要国家财税体制：比较与借鉴》，中国财政经济出版社 2010 年 1 月版。

11. 高培勇：《共和国财税 60 年》，人民出版社 2009 年 9 月版。

12. 高培勇、杨志刚、夏杰长：《中国财政经济理论前沿（5）》，社会科学文献出版社 2008 年 7 月版。

13. 钟晓敏：《财政学》，高等教育出版社 2010 年版。

14. 樊丽明、李齐云、陈东主编：《政府经济学》，经济科学出版社 2008 年版。

15. 储敏伟、杨君昌：《财政学》，高等教育出版社 2006 年版。

16. 谭建立、昝志宏：《财政学》，中国财政经济出版社 2005 年 1 月版。

17. 朱柏铭：《财政学》，高等教育出版社 2007 年 4 月版。

18. 马胜杰、夏杰长：《公共经济学》，中国财政经济出版社 2003 年 6 月版。

19. 巫建国：《财政学》，经济科学出版社 2009 年 9 月版。

20. 陶继侃：《当代西方财政》，人民出版社 1992 年 5 月版。

21. 丛树海：《财政支出学》，中国人民大学出版社 2002 年版。

22. 李厚高：《财政学》，（台北）三民书局 1984 年版。

23.《2007年政府收支分类科目》，中国财政经济出版社2006年版。

24. 上海财经大学公共政策研究中心：《2010中国财政发展报告——国家预算的管理及法制化过程》，上海财经大学出版社2010年6月版。

25. 财政部预算司：《政府收支分类改革问题解答》，中国财政经济出版社2006年版。

26. 马洪等：《什么是社会主义市场经济》，中国发展出版社1993年版。

27. 陶文达：《发展经济学》，四川人民出版社1992年版。

28. 柯武刚、史漫飞：《发展经济学》，商务印书馆2000年11月版。

29.《中国统计年鉴2009》，中国统计出版社2009年9月版。

30.《2009年中国税务年鉴》，中国税务出版社2009年1月版。

31.《2009中国国有资产监督管理年鉴》，中国经济出版社2009年12月版。

32. ［美］詹姆斯·M. 布坎南、理查德·A. 马斯格瑞夫：《公共财政与公共选择：两种截然不同的国家观》，中国财政经济出版社2000年版。

33. ［美］哈维·S. 罗森：《财政学》，中国人民大学出版社2000年出版。

34. ［美］大卫·N. 海曼著，张进昌译：《财政学：理论在政策中的当代应用》（第八版），北京大学出版社2006年3月版。

35. ［美］费雪：《州和地方财政学》（第二版），中国人民大学出版社2000年版。

36. ［美］托马斯·D. 林奇：《美国公共预算》，中国财政经济出版社2002年版。

37. ［英］C·V. 布朗、P. M. 杰克逊：《公共部门经济学》（第四版），中国人民大学出版社2000年版。

38. ［英］亚当·斯密：《国民财富的性质和原因的研究》（下卷），商务印书馆1994年版。

39. ［美］萨缪尔森：《经济学》，商务印书馆1979年版。

40. ［美］坎贝尔·R. 麦克南、斯坦利·L. 布鲁伊著：《经济学——原理、问题与政策》（第15版），中国财政经济出版社2004年版。

41. ［美］阿特金森，斯蒂格利茨：《公共经济学》，上海三联书店、上海人民出版社1994年版。

42. ［美］布坎南著，罗根基、雷家瑞译：《经济学家应该做些什么》，西南财经大学出版社1988年版。

43. ［美］托夫勒著，黄明坚译：《第三次浪潮》，中信出版社2006年版。

44. 美国政府出版物办公室：《美国政府预算——1995 财政年度的前景分析》，Executive Office of the President（1996）。

45. 世界银行：《1991 年世界发展报告》，中国财政经济出版社 1991 年 9 月版。

46. 恩格斯、列宁、斯大林著，中共中央马克思恩格斯列宁斯大林著作编译局：《马克思恩格斯选集》第 3 卷，人民出版社 1972 年版。

47. 恩格斯、列宁、斯大林著，中共中央马克思恩格斯列宁斯大林著作编译局：《马克思恩格斯选集》第 4 卷，人民出版社 1972 年版。

48. P. A. Samuelson and W. D. Nordhaus：Economics，16th Edition，McGraw – Hill Book Company，1998，P769.

49. 斯蒂格利茨：《公共经济学》，上海三联书店 1997 年版。

后记

《财政学》为原国家教委规定的财经类院校11门核心课程之一，是相关专业大学生应有知识结构的重要组成部分。为满足教学需要，我们曾在1995年、2000年和2004年分别出版过三个版本的财政学教材，它们分别是“天津市面向21世纪教学内容和课程体系改革项目”的结项成果，以及天津市高校“十五”规划教材和天津财经大学重点建设教材，投入使用后均取得满意的教学效果。近几年来，伴随着体制改革的逐步深入，财政经济领域屡有创新成果问世，财税实践经验不断地被提炼为理论成果，中西方财政理论走向融合的趋向愈益明显，客观上要求对原有的财政学教材进行更新。2003年9月，本校《财政学》课程被首批评为天津市“精品课程”，对使用的教材进行适时动态更新，自然是精品课程的题中应有之意。

本书由天津财经大学经济学院财政系部分教师集体编写。本书的编写原则是力求知识新颖、生动鲜活，力避观点陈旧、老调重弹；力求深入浅出、层次分明，力避生编滥造、晦涩难懂；力求逻辑严谨、结论明确；力避似是而非，无所适从。编写过程参考了大量的兄弟院校的相关教材版本和研究专著，真所谓“站在巨人的肩膀上”。实事求是地说，本书是我们多年的教学研究体会与大批国内外同行的研究成果的融合。在此，我们向所有直接或间接地为本书的问世输送营养的专家、学者表示深深的谢意。

本书由武彦民教授担任主编。编写分工如下：武彦民教授负责编写绪论、第一章；陈旭东副教授负责编写第二章、第三章；张平博士负责编写第四章、第十二章；王晓雪博士负责编写第五章、第九章；李伟博士负责编写第六章、第十三章；郭彦卿博士负责编写第七章、第八章；黄凤羽教授负责编写第十章；刘植才教授负责编写第十一章；李兰英教授负责编写第十四章；刘辉副教授负责编写第十五章、第十六章。

编 者

2010 年 10 月